I Grandi Capolavori
dell'Antica Letteratura Indiana

IL MAHABHARATA

Il più lungo e famoso poema epico
della storia dell'umanità.

Nella narrazione riassunta da Krishna Dharma

Tradotto da GIORGIO CERQUETTI

OM EDIZIONI

Questo libro è dedicato
a sua Divina Grazia
A.C. Bhaktivedanta
Swami Prabhupada

Tradotto da Giorgio Cerquetti

Coordinamento editoriale:
Annamaria Barilari

Stampa:
Stampato in Italia nel mese di Febbraio 2017
da Fotolito Graphicolor
Città di Castello (PG)

I Edizione - Settembre 2009
II Edizione - Gennaio 2013
III Edizione - Febbraio 2017

Via Badini, 17 - 40050 Quarto Inferiore (BO) - Italy
Tel. (+39) 051 768165 - (+39) 051 6061167
Fax (+39) 051 6058752
www.omedizioni.it - info@omedizioni.it

SOMMARIO

Capitolo 1

La nascita dei Kuru

Ambika si guardò allo specchio mentre le ancelle stavano finendo di prepararla per il letto nuziale. La sua bellezza non si era offuscata dopo i mesi di lutto. Aveva la pelle senza imperfezioni e bianca come il latte, il viso ovale incorniciato da riccioli neri, e sopracciglia arcuate sopra degli occhi scuri che parevano petali di loto. Non c'era da meravigliarsi che Vicitravirya fosse stato così innamorato di lei da starle sempre a fianco. Finché era vivo le ancelle la preparavano ogni sera per le visite del suo signore. E adesso, mentre indossava le sue splendide vesti e gioielli, Ambika rimpianse i giorni passati con il marito, le forti braccia a cui si era abbandonata, e le parve strano prepararsi ad incontrare un altro uomo. Era riluttante e agitata, e licenziò le ancelle che le si affaccendavano intorno.

Alla morte improvvisa di Vicitravirya avrebbe voluto salire sulla pira funeraria per seguirlo in cielo, non potendo immaginare di vivere senza di lui, ma Satyavati, la regina madre, l'aveva fermata dicendole che aveva ancora un dovere da compiere. Malgrado avessero goduto insieme per i sette anni di matrimonio, non avevano avuto figli: il re che non lascia un erede ha mancato a un suo dovere primario. Come avrebbe potuto raggiungere le alte sfere celesti?

Satyavati convinse Ambika e l'altra moglie Ambalika a rimanere per adempiere al dovere del marito per assicurare la salvezza della sua anima. Le scritture, in caso di emergenza, concedevano al fratello maggiore il compito di concepire figli con la moglie di un uomo che non aveva potuto averne. Ambika si sentì più tranquilla. La sua unione con Bhishma non sarebbe stata un tradimento dell'amore che sentiva per suo marito, ma un dono per lui ed un servizio per il regno. Smise di agitarsi, e si sdraiò sul letto di avorio in timida attesa. Bhishma era un uomo potente e retto. Chi meglio di lui avrebbe potuto concepire il futuro re? Si ripromise di farlo sentire onorato ed accettato.

Ambika sentì bussare, la porta si aprì e Ambika si sentì gelare il sangue: non era Bhishma. Era entrato un asceta orrendo, sporco e rugoso, con i capelli arruffati attorno ad un volto emaciato, e uno sguardo di fuoco. I denti erano quasi scuri come la sua carnagione, il corpo peloso era incrostato di sporco, e come unico vestito aveva un lurido straccio attorno alla vita. Senza alcun indugio si sedette sul letto e Ambika si ritrasse per il fetore che emanava dal suo corpo. Chi era mai costui? Non sapeva di avere altri cognati oltre a Bhishma. Pregò gli dei che le facessero perdere coscienza, come avrebbe potuto sopportare di essere toccata da quest'uomo orrendo? Come lui mise mano al suo vestito, chiuse gli occhi, riuscendo a stento a non urlare.

*   *   *

Satyavati si sentiva in colpa. Se non fosse stato per l'avidità di suo padre, adesso Hastinapura non si sarebbe trovata in quella situazione precaria. Bhishma, figlio della dea Ganga, era il più potente eroe della terra. Primogenito di re Shantanu, era l'erede naturale al trono di Hastinapura, ma le fortune del regno erano state compromesse dall'avidità del padre di Satyavati.

Il ricordo era ancora vivido, come fosse il giorno prima. Era seduta sulla riva del fiume aspettando viaggiatori da traghettare, un incarico che le aveva dato il padre, il re dei pescatori, per farle acquisire meriti religiosi. In quel particolare giorno l'imperatore della terra, il potente Shantanu, stava cacciando nella foresta vicina e, attratto dal profumo inebriante che veniva dal suo corpo, lo seguì e rimase incantato dalla sua bellezza. Dal suo sguardo era palese che desiderava sposarla, e saputo che era ancora nubile, corse alla casa del padre per chiedere la sua mano.

Il padre, per consentire alle nozze, chiese che il figlio di Satyavati diventasse l'erede del trono. Ma l'imperatore aveva già un degno erede, suo figlio Devavrata, già nominato principe reggente, e non voleva fargli torto solo per il proprio piacere, e rinunciò a sposarla. Satyavati pianse per molti giorni, pregando gli dei perché rendessero possibile il matrimonio. Poi un giorno, all'insaputa di Shantanu, venne Devavrata per chiedere la sua mano per conto dell'imperatore. Il padre ripeté le condizioni e Devavrata le accettò. Il padre esitò ancora, dicendo che, anche se Devavrata rinunciava al trono, i suoi figli si sarebbero sentiti defraudati e quindi avrebbero potuto opporsi al figlio di Satyavati. Allora Devavrata fece un terribile voto: non avrebbe mai preso moglie, pronto a rinunciare a ogni piacere per la felicità di suo padre. Quando Devavrata fece quel voto piovvero fiori dal cielo, e una divina voce esclamò: "Da questo giorno egli sarà chiamato Bhishma, l'uomo dal terribile voto".

Adesso Satyavati guardò Bhishma, seduto rispettosamente davanti a lei, pronto a servirla. Forse avrebbe potuto persuaderlo, l'aveva sempre obbedita e servita, soprattutto dopo la morte di Shantanu. "Mio caro Bhishma, ripensaci," disse la regina coprendosi il capo col suo sari di finissima seta, "hai fatto il tuo voto soltanto per gli interessi dei nostri due padri. Oggi ti assolvo da quel voto. Sei sempre stato virtuoso, e ti prego di considerare la nostra attuale situazione. Hai fatto anche il voto di servire i tuoi parenti più anziani, e adesso dovresti servirli agendo per il bene del nostro casato: è il tuo dovere. Sali al trono di Hastinapura, concepisci dei figli forti per assicurare il futuro di questo antico regno."

Bhishma, scosse la testa. "Madre, per favore non chiedermi di abbandonare la strada della verità, quello che suggerisci è impossibile. Il sole potrebbe perdere il suo splendore, ma Bhishma non rinuncerà mai al suo voto."

Bhishma chiese a Satyavati di considerare la causa più profonda della situazione: il destino onnipotente. Come sarebbe altrimenti stato possibile che i due potenti figli di Satyavati fossero morti senza eredi? Tutti i re della terra si erano inchinati al primogenito di Satyavati, Chitrangada. La sua fama di valore in battaglia e di incrollabile virtù aveva raggiunto il cielo, tanto che il re dei Gandharva, che era suo omonimo, era divenuto geloso, non potendo tollerare che esistesse un altro re potente e famoso con lo stesso suo nome. Era sceso in terra e lo aveva sfidato, e dopo anni di lotta lo aveva ucciso.

Allora era salito al trono il potente Vicitravirya, che era morto di malattia dopo sette anni di regno.

Bhishma si alzò e guardò fuori dalla finestra. La luna piena illuminava i giardini del palazzo spandendo una luce argentea sui sentieri lastricati di pietra dove Vicitravirya amava passeggiare con le sue regine. Si girò verso Satyavati e disse: "Madre, non possiamo ostacolare la provvidenza agendo in modo immorale. I virtuosi agiscono obbedendo alla volontà divina. Ti prego, non chiedermi di rinunciare al mio voto".

Satyavati tacque, la virtù di Bhishma era incrollabile, e le sue parole erano giuste. "In ogni caso, madre mia, sembra che il destino ci abbia fornito una soluzione accettabile e in accordo con la religione. Se l'illustre Vyasadeva concepisse un figlio con la regina, noi saremmo salvi."

Satyavati fu d'accordo e convocò il potente rishi Vyasadeva, il suo primo figlio. Le ci era voluto molto coraggio per rivelare di aver partorito quel saggio ancora da ragazza. Il divino rishi Parasara l'aveva resa incinta di Vyasadeva, dicendole che la provvidenza l'aveva destinata alla grandezza, e che quel figlio avrebbe giocato un ruolo importante nel suo grande destino. Poi le aveva ridato la verginità, donandole il profumo celestiale che aveva sedotto Shantanu.

* * *

Satyavati camminò avanti e indietro sul pavimento di mosaico. Centinaia di lumi illuminavano la grande sala e gli splendidi ritratti degli antenati, tutti imperatori della terra. Non poteva permettere di lasciar estinguere la dinastia dei Kuru. La regina disse: "Confido che Vyasadeva ci salverà, tuttavia, vedendo l'avversità del fato, non posso far a meno di avere paura".

Il figlio avuto da Parasara era provvidenziale. Appena nato era diventato immediatamente adulto, e l'aveva lasciata dicendo: "Cara madre, se sarai in difficoltà pensa a me e io verrò subito, ovunque io mi trovi".

Mentre Bhishma e Satyavati parlavano, la porta della stanza di Ambika si aprì e ne uscì Vyasadeva. Bhishma si inchinò ai suoi piedi, e Satyavati chiese ansiosamente: "La principessa genererà un degno figlio?".

Il saggio, alzando la mano per benedire Bhishma, rispose: "La regina avrà un figlio forte come diecimila elefanti. Sarà intelligentissimo, saggio e prosperoso, e avrà cento figli. Tuttavia per colpa di sua madre, nascerà cieco".

Satyavati era allibita, e chiese: "Come potrà un cieco diventare re?".

Vyasadeva spiegò che era andato da Ambika pronto a concepire un figlio sano e forte, ma la regina aveva chiuso gli occhi per non vederlo. Satyavati lo aveva chiamato quando era sull'Himalaya, immerso nelle sue dure pratiche ascetiche, e lui era venuto subito rimanendo però sporco e incolto in accordo con i suoi voti ascetici. Disse: "Sarei venuto splendidamente addobbato e ingioiellato se Ambika si fosse preparata con un anno di pratiche religiose. Tu però mi hai chiesto di unirmi a lei immediatamente, e non potevo far altro".

Satyavati si maledisse per la sua impazienza, e per non aver voluto aspettare. Senza un erede al trono un regno è in pericolo, In una terra senza re anche le piogge non cadono regolarmente, e gli dei non sono propizi. Per questo Satyavati aveva chiesto a Vyasadeva di andare subito dalla regina. E ora, un figlio cieco! Come sarebbe mai potuto diventare re?

"Devi dare un altro re alla stirpe dei Kuru" implorò, "ti prego di andare dall'altra regina, Ambalika."

Vyasadeva diede uno sguardo compassionevole a sua madre, e la rassicurò. Sarebbe tornato per concepire un altro figlio quando Ambalika sarebbe stata pronta a riceverlo. Vyasadeva scomparve, e Satyavati disse a Bhishma: "Adesso dovrò chiedere ad Ambalika di ricevere il saggio. Pregherò che abbia più successo di sua sorella".

* * *

Dopo un mese Vyasadeva arrivò ancora in condizioni repellenti. Satyavati lo portò subito alla stanza di Ambalika, e il saggio entrò subito. Anche se Ambalika era stata messa in guardia dalla sorella, inorridì alla vista del saggio. Divenne pallida per la paura pur tenendo gli occhi aperti mentre concepiva. Allora Vyasadeva disse alla principessa: "Dato che sei impallidita mentre eravamo uniti, anche tuo figlio sarà pallido, e verrà chiamato Pandu, che significa appunto 'pallido'.

Il rishi lasciò la stanza, e incontrò sua madre che gli chiese del figlio. Vyasadeva rispose che sarebbe nato un figlio potente, ma che sarebbe stato pallido.

Satyavati fu presa di nuovo dall'ansia, il figlio sarebbe stato pallido? Cosa voleva dire Vyasadeva? C'era qualcosa che non andava. E in ogni caso, con un principe ereditario soltanto, il regno sarebbe rimasto in pericolo. Vyasadeva doveva provare ancora, e lei gli chiese di tornare da Ambika. Questa volta la principessa, che sapeva cosa aspettarsi, avrebbe tenuto gli occhi aperti. Vyasadeva sorrise e rispose: "Bene. Tornerò poco dopo il suo parto.".

A suo tempo Ambika diede alla luce un bimbo cieco, cui fu dato il nome di Dhritarastra, e Ambalika ebbe un bimbo pallido e tuttavia splendido, dotato di segni di buon auspicio in tutto il corpo. Poco tempo dopo il saggio ricomparve a palazzo per incontrare nuovamente Ambika.

La regina disperata per doversi unire di nuovo con l'orribile rishi, chiamò un'ancella di cui era intima amica e le chiese di prendere il suo posto. Le diede le sue vesti e i suoi ornamenti, e la mise nel suo letto.

Il rishi sapeva tutto, ma entrò ugualmente nella stanza. L'ancella, non appena vide il grande saggio si alzò, e con rispetto si inchinò ai suoi piedi, e lo fece accomodare. Gli lavò delicatamente i piedi e gli offrì cibi squisiti. Vyasadeva ne fu contento, e dopo aver giaciuto con la fanciulla disse: "Cara ragazza, il figlio della nostra unione sarà saggio, fortunato e il migliore tra gli uomini".

Vyasadeva disse a Satyavati, che era in attesa davanti alla porta: "La regina mi ha ingannato e mi ha mandato la sua serva, ma quella ragazza semplice mi ha accolto con grande rispetto. Pertanto porterà in grembo un figlio benedetto. Madre, adesso torno alle mie pratiche di ascesi. Tornerò quando avrai bisogno di me, ma non concepirò altri figli". Vyasadeva scomparve, lasciando Bhishma e Satyavati a riflettere sulle sue parole.

L'ancella diede alla luce un bimbo chiamato Vidura, che divenne poi primo ministro e consigliere del regno dei Kuru. Venne allevato a fianco dei due fratelli, e i tre ragazzi crebbero splendenti come dei. Tutti erano contenti e tranquilli che il regno fosse sicuro. La felicità e la prosperità regnarono ovunque e i deva benedissero il regno. Bhishma governò come reggente mentre i ragazzi crescevano.

Benché Dhritarastra fosse il maggiore, la sua cecità lo rendeva inadatto a diventare re, e Vidura non poteva diventare re perché era figlio di una serva. Ma Pandu era perfetto, e quando divenne adulto divenne re dei Kuru. Pandu era un arciere impareggiabile, ed erudito nella scienze vediche del comando e della diplomazia.

A tutti i tre fratelli venne data la migliore educazione possibile, allevati con grande affetto da Bhishma. Come era stato predetto da Vyasadeva, Dhritarastra divenne fortissimo e Vidura mostrò fin da piccolo grande saggezza. La sua devozione religiosa e la sua moralità erano incomparabili. Quando raggiunse la maturità, anche Bhishma cercava i suoi consigli. Così un giorno Bhishma andò da Vidura e gli chiese: "O saggio, dovremmo far sì che la nostra nobile casa non si trovi ancora davanti alla minaccia di estinzione. I tuoi fratelli sono pronti al matrimonio. Cosa ne pensi?".

Bhishma disse che c'era una principessa della stirpe degli Yadu di nome Kunti, e un'altra di nome Gandhari, figlia di Suvala, un re montanaro, e una terza, di nome Madri, del casato di Madra. Disse che due potevano essere le spose di Pandu, e la terza di Dhritarastra.

Vidura giunse le mani e rispose: "Mio signore, tu sei il nostro padre protettore e precettore. Fai ciò che senti giusto per il bene della nostra dinastia".

Bhishma sapeva che Gandhari aveva ricevuto da Shiva il dono di partorire cento figli e sembrava la moglie giusta per Dhritarastra, che aveva avuto un dono simile da Vyasadeva. Cento figli di quel potente principe sarebbero stati una grande risorsa per il regno, e avrebbero assicurato la continuazione della dinastia Kuru. Bhishma mandò dei messaggeri a Suvala per chiedere la mano di Gandhari.

Quando Suvala sentì la proposta rimase perplesso. Sposare sua figlia con un principe cieco? Ma del resto Dhritarastra era un Kuru, una famiglia nobile, gloriosa e di impeccabile virtù, che aveva governato la terra per migliaia di anni. Diede il suo consenso e fece accompagnare Gandhari a Hastinapura da suo figlio Shakuni. Quando la principessa seppe che doveva sposare Dhritarastra, si bendò gli occhi per non essere superiore al suo signore.

Gandhari fu subito devota al marito e lo servì con totale devozione, rimanendo per sempre con gli occhi bendati.

Avendo fatto sposare Dhritarastra, Bhishma pensò al matrimonio di Pandu. Sapeva che Kunti avrebbe scelto il marito con una cerimonia speciale, detta *swayamvara*. La principessa era famosa per la sua bellezza e le sue qualità. Bhishma disse a Pandu di partecipare al *swayamvara* per ottenere la mano di Kunti.

Pandu montò un grande stallone nero e galoppò verso il regno di Kuntibhoja, il padre di Kunti, ed entrò nell'arena del *swayamvara* come un leone orgoglioso. Quando gli altri re presenti lo videro arrivare, gigantesco, con gli occhi come un toro furioso, pensarono che fosse un altro Indra. La sua sola presenza ridicolizzava gli altri contendenti, così come il sole che si alza al mattino oscura le stelle. Quando Kunti lo vide si emozionò, e tremando gli si avvicinò e timidamente gli mise al collo la ghirlanda nuziale.

Quasi sempre il *swayamvara* finiva in una battaglia fra i contendenti, ma i re presenti non pensarono nemmeno a lottare con Pandu. Il re Kuntibhoja era felice, non sperava in un matrimonio migliore per sua figlia. Organizzò subito la cerimonia e ricoprì Pandu di ricchissimi doni.

Bhishma fu felice di vedere Pandu sposato con quella dolce e bellissima principessa, tuttavia voleva che avesse anche un'altra regina. Gandhari era stata benedetta per avere cento figli, ma non Kunti, e Bhishma voleva che il re potesse avere molti figli potenti. Si recò personalmente nel regno di Madra per chiedere la mano di Madri per Pandu. Madri era sotto la protezione di suo fratello, il re Shalya.

Il re ricevette con tutti gli onori Bhishma e il suo seguito di ministri, bramini e rishi. Accolse il figlio di Ganga nel suo palazzo, lo fece sedere su un trono d'avorio incrostato di gemme, gli lavò i piedi e gli offrì dell'*arghya*. Bhishma disse allora a Shalya: "O re, sono qui per chiederti la mano di tua sorella per il re Pandu. Dammi il tuo consenso".

Allora gli uomini di Bhishma portarono mucchi di monete d'oro, perle, coralli, e gemme colorate, e li deposero davanti a Shalya. Bhishma regalò anche centinaia di cavalli, elefanti e carri.

Shalya fu felice dei doni e consegnò Madri a Bhishma, che rientrò a Hastinapura per la cerimonia del matrimonio. Pandu diede a ciascuna moglie uno splendido palazzo e condivise i piaceri con entrambe.

Capitolo 2

La maledizione e la benedizione di Pandu

Per sua natura Pandu non era interessato ai piaceri sensuali. Dopo essersi brevemente intrattenuto con le mogli, la sua mente si volse ad altro. Benché i Kuru fossero stati imperatori di tutta la terra per migliaia di anni, mantenendo alti i valori religiosi, la loro influenza sugli altri re si era indebolita con la morte di Shantanu e dei suoi due figli. Alcuni re erano divenuti arroganti, ed erano usciti dai loro confini attaccando i regni dei re più deboli.

Pandu sentiva di dover agire, e andò da Bhishma. "Mio signore" disse, "La nostra dinastia si è indebolita, e il mondo sta perdendo la retta via tracciata dai nostri antenati. È mio dovere verso il nostro casato e verso il Signore Supremo, di andare a punire i cattivi".

Bhishma sorrise: ecco un degno discendente del grande Bharata, da cui la stessa terra aveva preso il nome. Rispose: "Il tuo lodevole desiderio è degno di un Kuru. Fatti benedire dai bramini, e poi prendi l'esercito e parti. Che la vittoria ti arrida!".

Pandu mise rapidamente insieme un'armata e partì da Hastinapura come il re dei deva a capo dell'esercito celeste. Marciò verso oriente e sconfisse il re dei Dasarna che stava ribellandosi al dominio di Hastinapura, poi andò a Sud verso Maghada dove il potente re Dirgha stava attaccando i regni confinanti, lo affrontò nella sua città e lo uccise.

Poi soggiogò molti altri re guerrieri, attraversando la terra come un fuoco, con le sue frecce e le sue armi come fiamme abbaglianti. La sua fama si sparse, e i monarchi cominciarono a sottomettersi senza combattere, e presto tutti i re della terra lo riconobbero come imperatore del globo, e gli si inchinarono offrendogli tributo.

Dopo una campagna di un anno Pandu ritornò alla sua capitale con carovane di elefanti, cavalli, buoi e carri carichi di ricchezze a perdita d'occhio, e rese ricchi i suoi parenti anziani e i suoi fratelli.

Pandu amava le foreste e le pianure più della vita lussuosa di palazzo. Gli piaceva montare il suo stallone e andare a caccia. Così, dopo pochi mesi decise di andare ad abitare con le due mogli in una semplice dimora ai piedi dell'Himalaya.

Dhritarastra prese le funzioni di governo al posto del fratello minore, assicurandosi che il popolo della foresta lo rifornisse di ogni lusso. Pandu, che aveva raggiunto la padronanza dei sensi, pur accettando i doni con gratitudine, continuò a vivere semplicemente.

Un giorno mentre cacciava, Pandu vide due grandi cervi che si accoppiavano, che quando lo videro, fuggirono. Pandu scagliò cinque frecce che colpirono il maschio che cadde gemendo. Con grande sorpresa del re il cervo si mise a parlare.

"Che vergogna! Anche coloro che sono schiavi dei propri sensi, non agiscono con tanta crudeltà. Come mai tu che sei un re della stirpe dei Bharata, hai agito contro le leggi vediche?".

Pandu replicò: "È mio dovere di re andare a caccia, in modo da rendere le foreste sicure per i rishi. Allo stesso tempo faccio pratica nell'arte del tiro con l'arco. Inoltre anche i grandi saggi uccidono i cervi per offrirli in sacrificio. O cervo, perché mi rimproveri?".

Il cervo rispose che non condannava Pandu per averlo colpito, ma per non aver rispettato il suo accoppiamento. Disse di essere un rishi di nome Kindama, che aveva assunto la forma di cervo per accoppiarsi con sua moglie. Il rishi non aveva casa, pertanto non poteva unirsi a sua moglie in forma umana per non offendere la gente. E il re lo aveva colpito proprio mentre stava per concepire un figlio. Kindama proseguì dicendo: "Nessuna creatura deve'essere uccisa durante l'accoppiamento. Il tuo è un peccato crudele".

Pandu, colpito, guardò Kindama in silenzio, rendendosi conto del suo torto. Come aveva potuto lasciarsi prendere dalla frenesia per la caccia? E quali le conseguenze di aver ucciso un rishi? Che disgrazia! Pandu chinò la testa per la vergogna.

Kindama, vedendo la reazione di Pandu, disse: "Non devi temere per il peccato di aver ucciso un bramino, perché non conoscevi la mia vera identità. Ma dato che mi hai ucciso nel momento del piacere, anche tu morirai la prima volta che ti avvicinerai a tua moglie con desiderio".

Il rishi voleva liberare Pandu dal suo peccato, e con questa maledizione lui avrebbe pagato le conseguenze del suo peccato immediatamente, senza dover soffrire dopo la morte.

Il cervo spirò, e Pandu restò per lungo tempo a piangere davanti al cervo morto. Poi si riprese e tornò alla capanna, raccontò alle mogli cos'era successo, e insieme piansero. Pandu fece un voto di celibato, come aveva fatto Bhishma. Si propose di cercare la salvezza rinunciando ai piaceri del sesso, quel grande ostacolo alla comprensione spirituale. Pandu disse alle mogli inorridite: "Mi raserò la testa e ricoprirò il mio corpo di cenere, e la gioia e il dolore saranno per me la stessa cosa. Rinuncio all'ira, e mi dedicherò al bene di tutte le creature viventi. Non accetterò più doni, e mendicherò per il mio cibo. In questo modo potrò trascendere la dualità di questo mondo e raggiungere la dimora del Signore.".

Kunti e Madri erano disperate e lo supplicarono di permettere loro di seguire la sua strada, pronte a qualunque rinuncia. Kunti disse per conto di tutte e due: "Desideriamo dedicarci alle pratiche di austerità con te. Se tu ci lasciassi, non potremmo continuare a vivere.".

Pandu accolse la loro richiesta. Poi si spogliò degli ornamenti reali, e li donò ai bramini con tutte le sue ricchezze e ordinò al suo seguito di tornare a Hastinapura per informare Bhishma dell'accaduto.

I cittadini si lamentarono amaramente quando ricevettero le notizie, e Dhritarastra ne soffrì in particolar modo. Pensando a Pandu, non riuscì più a trarre piacere dalla comodità del suo letto, dei servi e del lusso, e piangeva tutto il tempo.

* * *

Pandu si addentrò nella foresta con le mogli. Camminarono verso nord per molti giorni ed arrivarono a Saptasrota, la montagna dalle cento vette. Il re costruì una capanna di legno e si dedicò alle sue penitenze. Pandu aveva la mente fissa solo sulla salvezza. Viveva molto semplicemente, mangiando frutta e radici, e bevendo l'acqua delle sorgenti. Anche le mogli seguivano gli stessi voti, e così i tre vivevano serenamente nelle montagne come esseri celesti discesi dalle regioni superiori.

Col tempo Pandu rifletté sulla situazione, e ne parlò con i rishi che risiedevano nella zona, rivelando le sue paure. "O grandi eruditi, un uomo senza figli non può andare in cielo, non avendo pagato il debito ai suoi antenati."

Pandu era preoccupato. Compiva spesso la cerimonia della *sraddha* a favore degli antenati in cielo. Quando lui sarebbe morto, chi avrebbe continuato le offerte per il loro ed il suo bene? Supplicò a mani giunte i rishi di concepire figli con le sue mogli come già aveva fatto Vyasadeva per generare lui e suo fratello.

Un rishi disse sorridendo: "Sappiamo, grazie alla nostra visione mistica, che tu avrai sicuramente dei figli simili ai deva".

Pandu meditò su quelle parole, e gli parve che i rishi erano ben disposti verso di lui. Andò da Kunti e le parlò in privato. "O donna dal dolce sorriso, desidero dei figli, ma per il mio peccato non posso procreare. In questi casi le scritture dicono che un altro uomo può concepire figli per mio conto".

Pandu le ricordò che anche lui e suo fratello erano stati concepiti in questo modo. La nobile Kunti non apprezzò la richiesta. Con lo sguardo rivolto in basso rispose dolcemente: "Ti prego, o re, di non chiedermi questo. Non posso accettare l'abbraccio di un altro uomo nemmeno nell'immaginazione. Abbracciami, e saliremo in cielo insieme".

Kunti narrò al re un'antica storia. C'era una volta un re che era morto senza figli. La moglie in lutto abbracciò il suo cadavere e grazie all'intervento dei deva, concepì tre figli maschi. Kunti chiese a Pandu di fare la stessa cosa.

Pandu disse che non aveva quel potere, e che preferiva che lei concepisse un figlio unendosi con un rishi, e provò a convincerla in tutti i modi.

Alla fine Kunti, vista la determinazione di Pandu, disse: "Quando ero ragazza mio padre mi faceva servire gli ospiti. Un giorno il potente mistico Durvasa, grato per le mie attenzioni ai suoi bisogni, prima di partire mi chiamò da parte e disse: 'O gentile fanciulla, ti insegno un mantra che ti consentirà di convocare il deva che vorrai per esaudire qualunque tuo desiderio'".

Kunti aveva già usato il potere di quel mantra. Una volta, da ragazza, lo aveva pronunciato pensando a Surya, e l'abbagliante deva era comparso, ed aveva concepito un figlio. Quindi Kunti, data l'emergenza, ritenne che fosse il momento di fare buon uso del mantra di Durvasa.

Pandu, che ignorava quel dono, ne fu entusiasta. Kunti chiese a Pandu quale deva convocare, lui ci pensò per qualche istante e disse: "O bella signora, dovresti chiamare il grande Dharma, il deva della giustizia, e suo figlio avrà ogni sua qualità.".

Kunti si mise a meditare pensando a Dharma e recitò il mantra di Durvasa. Subito comparve il deva splendente su un cocchio luminoso, e sorridendo chiese a Kunti: "Cosa posso fare per te?".

Kunti rispose con voce tremante: "Desidero avere un figlio da te".

Dharma subito si unì a lei nella sua forma spirituale e poi scomparve. Kunti concepì, e a suo tempo diede alla luce un meraviglioso bambino. Era l'ottavo mese dell'anno, al mezzogiorno di un giorno di plenilunio, con la stella Jyestha nell'ascendente. In quel momento si udì dal cielo una voce divina: "Questo bimbo sarà di eccelsa virtù. Sarà dedito alla verità, potente e famoso nei tre mondi. Sarà chiamato Yudhisthira, e governerà la terra".

Pandu era al colmo della felicità, i deva non l'avevano abbandonato! Ecco un figlio degno del suo casato, e la fine delle sue preoccupazioni.

Un anno dopo la nascita di Yudhisthira, Pandu tornò da Kunti e disse: "I saggi dicono che un imperatore deve avere sia la rettitudine che la forza. Quindi ti prego di chiamare Vayu, il deva del vento, il più forte di tutti i deva. Con lui avremo un figlio che sarà l'uomo più forte della terra".

Kunti questa volta convocò Vayu, che apparve cavalcando un enorme cervo. Con una voce che rimbombava come cento tuoni il deva chiese : "O Kunti, cosa vuoi da me?".

Kunti rispose timidamente: "Vorrei da te, il più potente fra i deva, un figlio dotato di grande forza fisica, capace di schiacciare l'orgoglio di chiunque".

Il deva si unì a Kunti con i suoi poteri yogici facendole concepire un figlio. Quando venne alla luce si udì tuonare in cielo una voce: "Questo bimbo diverrà il più forte dei forti.".

Pandu e Kunti lo chiamarono Bhima e lo allevarono amorevolmente insieme a Yudhisthira. Qualche mese dopo, Kunti, seduta vicino a un precipizio con Bhima in grembo, udì il ruggito di una tigre, e balzò in piedi facendo cadere il bambino nel precipizio. Pandu, inorridito, scese di corsa, e quando arrivò al fondo dell'abisso trovò Bhima illeso su un mucchio di pietre che erano i frammenti di un macigno che si era frantumato quando Bhima gli era cascato sopra.

Anche con due figli Pandu continuava a preoccuparsi per la sua discendenza, e pensò: "Il successo in questo mondo dipende dai nostri sforzi, anche se l'effetto degli sforzi è subordinato al destino. Tuttavia anche il destino è controllato dal Signore Supremo. Vorrei quindi avere un figlio che sia il migliore dei devoti al Signore".

Pandu pensò a Indra, il re dei deva. Indra aveva fatto mille sacrifici per Vishnu, ed aveva una potenza smisurata, forza, potenza e gloria. Da lui sarebbe potuto nascere un figlio superiore a chiunque. Si consultò con i rishi, che gli consigliarono di praticare con Kunti un voto di ascesi per un anno per compiacere Indra, e dopo quel periodo Kunti avrebbe potuto convocare Indra con il suo mantra.

Così fecero, rimanendo in piedi per un anno su una gamba sola dall'alba al tramonto, senza cibo né acqua, con la mente sempre rivolta alla preghiera e alla meditazione. Alla fine dell'anno Indra parlò a Pandu nella sua meditazione. "Mi hai soddisfatto, o re. Ti darò un figlio che difenderà la religione, punirà i malvagi, renderà felici amici e parenti e sterminerà i nemici."

Kunti recitò il suo mantra e Indra, il deva dai mille occhi, apparve illuminando tutta la regione con la luce che emanava dal suo corpo. Kunti concepì un figlio dalla pelle scura. Quando nacque, si udì una voce dal cielo per la terza volta. "O Kunti, questo bambino sarà potente quanto Indra e Shiva. Si chiamerà Arjuna e sottometterà molti re potenti, e accrescerà la fama e il potere della tua dinastia. Agni, Shiva e Indra si compiaceranno dei suoi servigi."

Pandu chiese a Kunti per la quarta volta di convocare un altro deva. Tuttavia Kunti si rifiutò. "O saggio, anche in tempo di emergenza, le scritture non consentono a una donna di avere rapporti con più di tre uomini. Lo hai dimenticato? Se fossi ingravidata da un altro ancora, peccherei."

Il re tacque, Kunti aveva ragione. Rinunciò ad avere altri figli, e visse serenamente nella foresta con le due mogli. I tre figli sotto le loro cure, crebbero splendidamente.

Un giorno Madri andò da Pandu. "Mio signore, non mi lamento perché mi tratti meno bene di Kunti. Il mio dolore è che tu non abbia figli da me."

Per Madri la situazione era insopportabile. Kunti aveva tre figli, Gandhari aveva dato alla luce cento figli a Hastinapura e lei nessuno. Chiese a Pandu di dire a Kunti di insegnarle il mantra, dicendo che era troppo timida per chiederglielo lei stessa. Pandu sorrise, sentendo compassione per la moglie più giovane. "O Madri, ci avevo pensato anch'io, però non sapevo come ti saresti sentita. Ne parlerò a Kunti, e penso che lei accetterà."

Il re andò subito da Kunti con la richiesta, lei acconsentì e disse a Madri: "O gentil donna, ti reciterò il mantra. Pensa a un deva da cui tu desideri dei figli.".

Madri pensò che probabilmente Kunti le avrebbe lasciato usare il mantra una volta sola. Convocò gli inseparabili gemelli dei deva, gli Ashvini, per avere due figli in una volta. I gemelli apparvero luminosi e loro consentirono subito ad unirsi con lei. Nacquero due figli di bellezza incomparabile, di nome Nakula e Sahadeva. Alla loro nascita una voce divina disse: "Questi figli colti e virtuosi saranno fin più belli e forti dei loro padri".

I rishi celebrarono i riti di passaggio per i cinque ragazzi, e loro crebbero rapidamente. All'età di un anno parevano averne cinque. Erano i beniamini dei rishi, e sembravano dei Gandharva discesi dal cielo.

Pandu voleva avere un altro figlio da Madri, ma quando lo chiese a Kunti lei si arrabbiò e replicò: "Mio signore, sono stata ingannata da quella donna. Le ho dato il mantra una volta sola, e ha avuto due figli. Se glielo dessi ancora, potrebbe avere più figli di me, ti prego, non chiedermelo".

Pandu si accontentò di buon grado. I bimbi crebbero come deva, belli come Soma, il deva della luna, e forti come Indra. Divennero tutti arcieri provetti, capaci fin da giovinetti di affrontare i feroci leoni di montagna. I rishi insegnarono loro i veda fin nei più minuti particolari. Pandu e le sue mogli offrirono preghiere di ringraziamento al Signore Vishnu per la loro fortuna, e vissero nell'Himalaya allevando i figli con amore.

Capitolo 3

I Pandava vanno a Hastinapura

A Hastinapura Dhritarastra fece cinque sacrifici grazie ai tesori ricevuti da Pandu. Il regno fiorì e i sudditi ebbero tutto quello che potevano desiderare. Erano virtuosi, dediti ai sacrifici e alla preghiera, si amavano fra loro ed il loro benessere crebbe. Hastinapura era una città ricca di palazzi e ville, con archi d'oro e fontane di cristallo. Le strade erano lastricate, i giardini numerosi e l'aria era profumata dagli alberi in fiore. Il clangore degli zoccoli dei cavalli e delle ruote dei carri, il barrito degli elefanti si mescolavano con il suono delle conchiglie. Dai meravigliosi templi ornati di sculture uscivano i canti dei santi bramini: Hastinapura sembrava la città di Indra, ed ogni giorno arrivavano dozzine di re feudali a portare tributo.

Dhritarastra, con l'assistenza di Bhishma, governava il regno per conto di Pandu. Dopo aver saputo della sua maledizione e del suo ritiro, Dhritarastra, malgrado la sua cecità, venne ufficialmente incoronato come monarca. Continuò a pensare a suo fratello che gli mancava moltissimo, e si occupò degli affari di stato in modo competente.

Un giorno Vyasadeva arrivò a palazzo affamato e assetato, e Gandhari lo accudì con gran cura. Vyasadeva, ne fu compiaciuto e benedì la ragazza: "Presto avrai cento figli forti come tuo marito.". A suo tempo Gandhari concepì, e l'embrione rimase nel suo grembo per due anni, e lei divenne ansiosa. Poi un giorno seppe che Kunti nella foresta aveva dato alla luce un figlio luminoso come il sole del mattino. Per la frustrazione e la rabbia della sua troppo lunga gestazione, si diede un colpo violento alla pancia, e ne uscì una massa di carne simile ad una palla di ferro. Le sue levatrici le dissero che aveva perso il bambino e lei, disperata pensò alla benedizione di Vyasadeva.

Il saggio le apparve subito e disse: "Cosa hai fatto?".

Gandhari glielo disse, e Vyasadeva chiese alle levatrici di portargli centouno vasi pieni di ghee. Spruzzò la massa di carne con acqua fresca e la divise in centouno parti grandi come un pollice, e le mise nei vasi che vennero sigillati e nascosti. Vyasadeva disse che i vasi dovevano rimanere chiusi per altri due anni, e se ne tornò al suo ashram solitario sulle montagne.

Dopo due anni precisi dal primo vaso uscì un bimbo che fu chiamato Duryodhana. In quel momento gli asini ragliarono, i corvi gracchiarono, gli sciacalli ulularono e soffiò un forte vento. In città scoppiarono degli incendi senza causa apparente.

Dhritarastra si spaventò e convocò i bramini, Bhishma, Vidura e gli altri ministri e consiglieri, per chiedere il significato di quei presagi. "Il primo dei principi è Yudhisthira, e lui erediterà il regno. Dopo di lui il regno andrà a mio figlio?".

Mentre Dhritarastra parlava quei terribili suoni ricominciarono, e Vidura disse: "Colui che nasce con questi presagi sarà lo sterminatore della propria razza. Possiamo salvarci solo se lo ripudiamo. Non esitare, o re, questo bambino deve venir subito allontanato".

Vidura disse a Dhritarastra che avrebbe avuto comunque altri novantanove figli, e questo abbandono non era peccato, in quanto le scritture affermano chiaramente che un individuo può venire ripudiato per salvare una famiglia, una famiglia può venir scacciata per salvare un villaggio, un villaggio sacrificato per una città e il mondo per la salvezza dell'anima.

Dhritarastra non poteva concepire di ripudiare suo figlio, scosse piano la testa, e fece cenno alla levatrice di porgere il bimbo a Gandhari. Bhishma e Vidura si guardarono senza dire nulla: Dhritarastra era il re e la sua parola era finale. Nel corso del mese seguente tutti vasi vennero aperti, e ne uscirono cento maschi e una femmina.Tutti i maschi avevano i segni dei grandi guerrieri e comandanti, e il re e la regina si rallegrarono per la loro grande fortuna. Si scordarono dei cattivi auspici, vivendo contenti e felici a Hastinapura, assistiti da Bhishma e Vidura.

* * *

Sul monte Saptasrota era arrivata la primavera. Pandu, coi suoi cinque figli, si sentiva di nuovo giovane. Andava in giro per le colline con i ragazzi, scalando le rocce e sfidando i leoni nelle caverne, tuffandosi nei laghi di montagna, arrampicandosi sugli alberi, lottando e ridendo con loro e rotolandosi sull'erba.

Una sera Pandu andò nel bosco con Madri per raccogliere radici e frutti per il pasto serale. L'aria era carica di profumi, si udiva il verso del cucù e il canto degli altri uccelli, le api ronzavano sui fiori colorati. L'atmosfera celestiale risvegliò in Pandu la sensualità, e guardando la bellissima Madri la sua mente fu presa da Kamadeva. Era un giorno molto caldo e Madri era vestita con una lunga tunica di seta che lasciava vedere in controluce il profilo delle sue forme squisite.

Pandu non riuscì a reprimere il desiderio, si era trattenuto per dodici anni. Aveva sempre in mente la maledizione di Kindama, e si era rassegnato a praticare il celibato con la fermezza di un rishi. La sua mente si annebbiò e si avvicinò a Madri.

Madri comprese subito le sue intenzioni. Per paura della maledizione, Pandu aveva evitato ogni contatto fisico con lei o con Kunti, e benché lei avesse sempre desiderato il suo abbraccio, aveva scrupolosamente evitato ogni situazione che potesse tentarlo. Tuttavia quando Pandu l'abbracciò, sentì svanire la sua determinazione. Presa dalla paura e dalla delizia insieme, la sua mente si paralizzò.

Madri cercò si respingerlo, ma Pandu sorrise, eccitato dalle sue proteste. Le sue forti braccia abbronzate e coperte delle cicatrici causate dall'arco la avvolsero come serpenti. Preso com'era dal desiderio non la ascoltò nemmeno quando lei gli ricordò la maledizione. Le baciò con forza le labbra, e si coricò sull'erba tenendola stretta fra le braccia. Le alzò le vesti, eccitato dalla sua resistenza.

Il re perse la ragione, quasi che fosse posseduto dal signore della morte. Il pensiero della maledizione di Kindama non gli attraversò neppure la mente. Mentre stava per consumare il suo atto le parole del rishi ebbero il loro effetto. Sentì un terribile dolore al torace, il suo corpo si irrigidì, e poi si afflosciò.

Madri gridò per il dolore, abbracciando il marito. Non era riuscita a impedire la morte del marito, nonostante tutte le sue proteste.

Kunti udì le grida e arrivò di corsa, e Madri le disse di mandar via i bambini. Kunti si gettò sul corpo del marito, e comprendendo quello che era successo gridò: "Mio signore!", e con le lacrime agli occhi si rivolse a Madri dicendo: "O nobile signora, come hai permesso che questo accadesse? Come ha potuto abbracciarti sapendo della maledizione del rishi?".

Madri pianse, incapace di rispondere, e Kunti pianse vicino a lei. Insieme abbracciarono il corpo del marito. Kunti continuò: "O principessa di Madra, tu sei più fortunata di me, perché almeno hai visto la gioia sul volto del nostro signore quando ti ha avvicinato".

Riprendendosi, Madri disse: "O sorella, ho tentato di resistergli con le lacrime agli occhi, ma lui non riusciva a controllarsi, sembrava determinato a far avverare la maledizione del rishi".

Kunti pregò di essere forte. In qualche modo questo era un disegno del Signore. Le vie della provvidenza sono misteriose. Ma cosa fare adesso? Qual'era il suo dovere? Carezzando gentilmente la testa della moglie più giovane, disse: "O Madri, lasciami salire in cielo col nostro signore. Alleva tu i nostri figli, e io salirò sulla pira".

Madri scosse la testa, e implorò Kunti. Non si sentiva in grado di allevare i figli da sola, e pensava che Kunti fosse una madre migliore, ed era sicura che li avrebbe trattati ugualmente come se fossero tutti figli suoi. "O Kunti, ti affiderò la cura dei miei figli senza alcun timore.".

Kunti guardò Madri che abbracciava piangendo il corpo di Pandu, e si sentì il cuore lacerato. Malgrado fosse il diritto della moglie anziana di seguire il re negli altri mondi, come poteva negarlo a Madri? Era a lei che Pandu si era sentito attratto, e se Madri fosse vissuta, il ricordo di quel terribile momento l'avrebbe perseguitata per tutta la vita. La colpa l'avrebbe consumata, insieme all'angoscia di non aver soddisfatto l'ultimo desiderio del suo re. Non poteva essere così crudele con Madri. "Così sia." disse, tornando col cuore greve verso l'ashram.

Quando i ragazzi seppero della morte del padre corsero sul posto dove giaceva il suo corpo, e si prostrarono in lacrime. Madri li benedisse e disse che sarebbe salita sulla pira del padre. Chiese ai suoi due figli di restare con Kunti e di servirla. I ragazzi erano troppo sconvolti per replicare. Rimasero a guardare i rishi che accatastavano la legna per la pira funeraria e che vi deponevano sopra il corpo del re. I rishi chiesero a Yudhisthira di farsi avanti, e il principe, con gli occhi pieni di lacrime diede fuoco alla pira e si ritrasse. Le fiamme si alzarono e Madri si sdraiò sul corpo del marito, rimanendo stretta a lui, e le fiamme li consumarono. In pochi minuti sia lei che Pandu se ne andarono.

I saggi consigliarono a Kunti di tornare a Hastinapura con i ragazzi il prima possibile.

Un gran numero di rishi, Charana e Siddha formarono una processione camminando davanti a Kunti e i suoi figli. Con i loro poteri mistici arrivarono alla porta settentrionale di Hastinapura in un tempo brevissimo.

Saputo del suo arrivo, Dhritarastra, Bhishma, Satyavati e tutti gli altri Kuru andarono a riceverli, seguiti da una gran folla.

Dhritarastra con i suoi cento figli si inchinò ai rishi. Anche Bhishma e gli altri onorarono i saggi, e tutti si sedettero su dei tappeti di seta. Bhishma lavò i piedi dei rishi e offrì loro dell'*arghya*. Allora un rishi si alzò e si rivolse ai Kuru. "Il virtuoso monarca si era recato al monte Saptasrota per osservare il suo voto di celibato. Per l'inscrutabile disegno del Signore e grazie all'opera dei deva, gli sono nati cinque figli."

Il rishi presentò i figli di Pandu uno per uno, rivelando l'identità dei rispettivi padri. Rivolgendosi a tutti, e anche alla folla che si era riunita fuori della città, il rishi aggiunse: "Pandu è salito nell'alto dei cieli seguito da Madri. I suoi figli devono essere accolti come legittimi eredi al trono".

A quel punto il rishi svanì insieme a tutti gli esseri celesti, e i cittadini meravigliati se ne tornarono a casa. Bhishma condusse Kunti e i ragazzi nella città, e diede loro alloggio nel palazzo reale. Dhritarastra diede ordini di preparare il funerale e dichiarò lo stato di lutto nella città per dodici giorni.

Alla fine del lutto i Kuru officiarono il rito funebre *shradda* e distribuirono grandi quantità di cibo e di ricchezze ai bramini per conto delle anime dei defunti. Poi la vita tornò alla normalità e i figli di Pandu presero il loro posto nella famiglia reale.

Fu allora che Vyasadeva tornò in città, e andò a parlare in privato a Satyavati. "O madre, ci aspettano tempi terribili, si sta avvicinando l'oscura era di Kali. Le azioni malvage aumentano ogni giorno e presto, per le azioni malvagie dei Kuru la vostra razza verrà distrutta e il mondo sarà sconvolto."

Vyasadeva consigliò a sua madre di ritirarsi subito nella foresta, dedicandosi allo yoga e alla meditazione, per non restare a vedere tutto il dolore e l'orrore imminente.

Satyavati accolse il suo consiglio. Parlò con le nuore delle sue intenzioni e chiese alla madre di Pandu, Ambalika, di accompagnarla. Le due regine andarono nella foresta per dedicarsi a pratiche ascetiche. A suo tempo lasciarono il corpo e ascesero con gioia alle più alte regioni del cielo. Ambika rimase a Hastinapura con suo figlio Dhritarastra.

Capitolo 4

Le prime trame malvagie di Duryodhana

I Pandava si godettero la vita a Hastinapura, giocando con i cento figli di Dhritarastra, che divennero noti come i Kaurava. I Pandava superavano i Kaurava in tutti i campi: in forza, in conoscenza e nell'abilità con le armi. Bhima specialmente era fortissimo, e si divertiva a sconfiggere per gioco i Kaurava, che non riuscivano in alcun modo ad eguagliarlo. Non si poteva competere con lui nella lotta. Come un monello si divertiva a fare scherzi, ridendo quando si arrabbiavano o provavano inutilmente a vendicarsi.

Duryodhana in particolare non poteva soffrire Bhima. Era il figlio primogenito del re cieco e come tale aveva goduto di gran prestigio nella casa dei Kuru. Gli anziani lo avevano allevato con gran cura, educandolo alle arti del regno, pensando che potesse divenire l'imperatore della terra, e visti i presagi al tempo della sua nascita, presero gran cura ad insegnargli i codici della morale. Il principe era forte, abile con le armi ed era abituato a essere al centro dell'attenzione fin dalla nascita. Quando arrivarono i Pandava questo finì. I figli di Pandu erano gentili, modesti e devoti agli anziani, e presto divennero cari a Bhishma, Vidura e agli altri Kuru. Per contro, Duryodhana e i suoi fratelli erano egocentrici, orgogliosi, e spesso arroganti.

Dopo un altro giorno di umiliazioni subite da Bhima, Duryodhana non ne poté più. Parlò con Dushashana, il secondogenito dei Kaurava. "Caro fratello, questo Bhima è una continua spina nel fianco. Ci sfida tutti e cento assieme e ci getta per aria come pagliuzze. Non possiamo superarlo in nulla, persino mangiando ci umilia divorando il cibo di venti di noi. Facciamo qualcosa."

Mentre parlava i suoi occhi si fecero stretti, le sue intenzioni erano violente e malvagie. Il principe era incline a cattive azioni, e suo zio Shakuni, che era venuto ad abitare a Hastinapura, lo appoggiava. Il principe Gandhara si era offeso per la decisione di Bhishma di dare sua sorella in sposa a Dhritarastra invece che a Pandu, e voleva vendicarsi. Si dedicava agli intrighi di corte per trovare il modo di rivalersi su Bhishma, e un buon modo era quello di ferire i Pandava a lui così cari. Nello stesso tempo avrebbe aiutato la causa dei figli di sua sorella. Duryodhana era il miglior complice, e quando lui venne a lamentarsi di Bhima non ci volle molto per convincerlo a fare qualcosa di terribile contro il ragazzo Pandava.

Duryodhana rivelò il piano a Dushashana. "Domani avvelenerò il cibo di Bhima, e quando perderà i sensi lo legherò e lo getterò nel Gange. Senza di lui gli altri fratelli saranno indeboliti, e potremo facilmente occuparci di loro. In questo modo nessuno potrà ostacolare la mia pretesa al trono.".

Dushashana sorrise, anche lui trovava insopportabile il comportamento di Bhima. Cinse il fratello con un braccio e i due tornarono a palazzo ridendo.

Il mattino seguente Duryodhana propose di andare al fiume. Tutti i principi montarono su cocchi grandi come città e con ruote enormi, che rombavano come tuoni sollevando nuvole di polvere. Quando arrivarono alla riva del fiume i giovani scesero dai carri ed entrarono nel palazzo dei giochi che Dhritarastra aveva fatto costruire per loro.

Duryodhana invitò tutti alla festa che aveva organizzato nei giardini centrali. Duryodhana si sedette accanto a Bhima, e ordinò ai servi di portare il cibo. I piatti erano squisiti, e Duryodhana mescolò personalmente il veleno col cibo, offrì il suo piatto a Bhima fingendo di farlo per amore, imboccandolo con le sue mani. Bhima non sospettò nulla e mangiò allegramente, ingoiando torte e dolci avvelenati, con panna, crema e bevande.

Quando il banchetto terminò, Duryodhana propose di andare al fiume, e i ragazzi discesero di corsa. Si misero a lottare per gioco buttandosi a vicenda nelle acque azzurre. Come al solito Bhima era il più forte di tutti, e non sembrava indebolito dal veleno. Era un lottatore senza pari, e sovrastava gli altri di una testa. Quando qualcuno gli si avvicinava si trovava a volare nell'aria per ricadere nell'acqua. Poi Bhima si tuffò agitando per gioco le braccia per fare delle onde che sommersero tutti quanti.

Nel tardo pomeriggio i ragazzi cominciarono a stancarsi, uscirono dall'acqua, e tornarono al palazzo del piacere per trascorrere la notte. Bhima aveva mangiato abbastanza veleno da uccidere cento uomini, però cominciò a sentirne gli effetti solo la sera. Sentì una forte sonnolenza, si sdraiò sulla riva del fiume e si addormentò profondamente. Duryodhana e Dushashana lo legarono, e guardandosi furtivamente intorno lo fecero rotolare dentro al fiume. Bhima affondò nell'acqua e fu preso dalle correnti. Nel Gange si trovava la dimora celeste dei Naga, i divini esseri serpentini, e Bhima venne portato per una via mistica in mezzo a loro. I serpenti si misero subito a morderlo, e il loro potente veleno si rivelò un antidoto al veleno di Duryodhana. Bhima riprese lentamente conoscenza, e si svegliò su una riva sconosciuta del fiume, circondato da serpenti pronti a mordere.

Bhima spezzò le corde che lo legavano, afferrò i serpenti sbattendoli al suolo, schiacciandoli coi piedi e scagliandoli lontano a centinaia. Gli altri, vista la mala parata, si ritirarono terrorizzati, e andarono dal loro re Vasuki a lamentarsi.

Vasuki assunse una forma umana e andò da Bhima con Arka, un capo dei Naga che aveva vissuto a lungo nella società degli uomini, ed era il bisnonno di Kunti. Arka riconobbe subito Bhima come suo pronipote. Sorrise, si presentò al principe e lo abbracciò.

Vasuki disse ad Akra: "Come possiamo aiutare questo ragazzo? Diamogli gemme ed oro".

Arka guardò il poderoso Bhima e disse: "Penso che la cosa migliore che possiamo fare per lui sia di dargli il nostro *rasa*".

Vasuki fu d'accordo, e portò Bhima al suo palazzo e gli fece preparare dei vasi di quell'ambrosia nota come *rasa*. La bevanda era un distillato di erbe celesti, e bevendone un solo vaso un uomo acquisiva per sempre la forza di mille elefanti. I Naga misero parecchi vasi dinnanzi a Bhima lo invitarono a bere. Bhima si sedette volto ad oriente come faceva sempre prima di bere o mangiare, e offrì le preghiere al Signore. Poi, sollevò uno dei vasi più grandi e lo bevve d'un sorso.

I Naga lo guardarono esterrefatti mandar giù otto vasi del divino elisir, ciascuno in un solo sorso. Anche il più forte di loro non avrebbe potuto compiere un'impresa simile. Dopo aver bevuto l'elisir, Bhima sentì un gran sonno, e Vasuki gli offrì un letto divino su cui lui si sdraiò, rimanendo addormentato per otto giorni mentre il suo corpo assimilava i *rasa*. Il nono giorno si svegliò sentendosi immensamente forte. I Naga gli dissero che il *rasa* gli aveva dato la forza di diecimila elefanti, e che sarebbe stato invincibile in battaglia. Vasuki disse a Bhima di lavarsi nelle acque sacre del vicino fiume Mandakini, per poi tornare dai suoi che dovevano essere in ansia per lui. I Naga entrarono in acqua con lui, ed in un attimo Bhima si ritrovò nel punto dove lo avevano gettato in acqua. Pieno di meraviglia si mise in cammino per Hastinapura.

In città, Kunti aveva visto i suoi figli tornare senza Bhima. Tutti i principi erano sorpresi che lui non li avesse preceduti. Duryodhana e Dushashana finsero di essere preoccupati, ma dentro di loro si rallegrarono, sicuri che Bhima fosse morto.

Yudhisthira, il virtuoso, credeva che gli altri fossero onesti come lui, e non sospettando nulla disse a sua madre: "Abbiamo cercato a lungo Bhima nel palazzo dei giochi e sulle rive del fiume, poi siamo andati nella foresta chiamandolo a gran voce. Poi abbiamo pensato che fosse già tornato in città.".

Yudhisthira cominciò a temere che Bhima fosse stato ucciso. Kunti gli disse di tornare al fiume per cercarlo, poi chiamò Vidura e disse: "O saggio, temo per la vita di Bhima, che non è tornato con gli altri. Spesso vedo uno sguardo malvagio negli occhi di Duryodhana, e so che è pieno di invidia per Bhima".

Kunti sperava che Vidura la rassicurasse, perché le sue parole erano sempre profondamente pensate e di gran conforto, e non ne fu delusa. "Non temere o gentile signora. Il grande rishi Vyasadeva ha detto che i tuoi figli avranno lunga vita e le sue parole non mentono.", disse Vidura, "E anche i deva hanno predetto un gran futuro per i tuoi figli, e nemmeno la loro parola può rivelarsi falsa."

Vidura tuttavia ricordò i cattivi presagi alla nascita di Duryodhana e suggerì a Kunti di stare in guardia. Il malvagio principe avrebbe potuto tentare di tutto.

Per otto giorni Kunti e i suoi figli attesero ansiosamente notizie di Bhima. Il nono giorno lo videro arrivare di corsa. Abbracciò i fratelli sollevandoli uno per uno, e loro, con lacrime di gioia gli chiesero cosa fosse accaduto.

Bhima, quando si era trovato legato, aveva sospettato l'invidioso Duryodhana, e Vasuki aveva confermato i suoi sospetti. Era chiaro che, malgrado i Kaurava avessero tentato di ucciderlo, Bhima, per un inscrutabile disegno della provvidenza, ne aveva tratto una grande fortuna.

Quando Yudhisthira venne a sapere dell'inimicizia di suo cugino, ne fu sconvolto, e considerò attentamente la situazione. Se gli anziani fossero stati informati dell'accaduto, si sarebbe scatenata un'aperta ostilità fra i principi, e Duryodhana avrebbe certamente cercato di eliminarli il prima possibile. La posizione dei Pandava non era molto forte, considerando che il loro padre era morto e Dhritarastra, che naturalmente teneva a Duryodhana e ai suoi altri figli, difficilmente avrebbe preso le loro parti. Yudhisthira disse ai fratelli di tacere e di non dire nulla a nessuno.

Kunti si confidò con Vidura, e lui le consigliò di seguire il suggerimento di Yudhisthira. Così i Pandava non dissero nulla, ma da quel giorno rimasero all'erta, sorvegliando specialmente Duryodhana e Dushashana.

Oltre ai cento figli di Gandhari, Dhritarastra aveva avuto un figlio da una sua ancella che lo aveva servito durante la lunga gravidanza di sua moglie. Questo ragazzo di nome Yuyutsu, a differenza dei sui fratellastri, non invidiava i Pandava. Un giorno disse in segreto a Yudhisthira che Duryodhana voleva riprovare ad avvelenare Bhima con la datura.

Quando Bhima lo seppe si mise a ridere, da quando aveva bevuto l'elisir celestiale dei Naga, non temeva più Duryodhana. Mangiò tutto il cibo avvelenato, e Duryodhana rimase allibito vedendo che Bhima non ne risentiva, e lo guardò con odio feroce.

Benché i principi Kaurava detestassero i Pandava, Bhishma e Vidura li amavano e passavano molto tempo con loro. Bhishma in particolare si sentiva molto paterno nei loro riguardi. Egli aveva amato Pandu, e ora provava un sentimento simile per i suoi figli, e loro lo ricambiavano.

Anche l'istruttore militare, Kripa, li amava. Kripa era il figlio di un bramino che aveva scelto la professione del guerriero. Un giorno narrò ai principi la sua storia. Suo padre, un rishi di nome Gautama, si era dedicato a intense austerità e alla pratica delle armi per cui sentiva una grande affinità. Il suo ascetismo e la sua bravura nelle arti marziali erano tali che Indra si preoccupò che il rishi potesse superarlo ed usurpare la sua posizione in cielo. Indra mandò una bellissima apsara, una ninfa celeste, per distogliere Gautama dalla sua ascesi. Quando il rishi vide davanti a sé l'apsara semisvestita, perse il controllo e il suo seme uscì dal suo corpo e cadde in una zolla di terra da cui nacquero due figli. Gautama fuggì senza realizzare che aveva miracolosamente generato dei figli. Poco dopo la loro nascita i soldati del re trovarono i bimbi e li portarono a Hastinapura. Tempo dopo Gautama, avendo compreso tutto grazie ai suoi poteri mistici, venne in città e spiegò al re ogni cosa. Il rishi insegnò a suo figlio le arti militari, e a suo tempo Kripa divenne l'istruttore dei principi.

Bhishma apprezzava le qualità di Kripa, e i ragazzi divennero bravissimi, ma lui voleva che imparassero anche i segreti delle armi celesti, che Kripa non conosceva.

Un giorno i ragazzi corsero da Bhishma per raccontargli una strana storia. La palla con cui stavano giocando era cascata in un pozzo. Mentre si chiedevano cosa fare, si avvicinò un uomo scuro di pelle. Era un bramino povero e smunto, ma con una gran luce e degli occhi penetranti. I principi gli si avvicinarono e gli chiesero se avesse bisogno di loro. Con un lieve sorriso il bramino disse: "Vergognatevi! Se non riuscite nemmeno recuperare una palla, cosa valgono le vostre conoscenze delle armi? Se mi offrite un pasto vi ridarò la palla e questo mio anello".

Si sfilò un anello e lo gettò nel pozzo, e Yudhisthira gli disse: "O bramino, se puoi riprendere la palla e l'anello, col permesso di Kripa, faremo sì che tu venga mantenuto per tutta la vita.".

Il bramino prese una manciata d'erba, cantò dei mantra e gettò i fili d'erba nel pozzo, uno per uno. Il primo perforò la palla e gli altri formarono una catena, e il bramino tirò su la palla.

I ragazzi esclamarono: "Sbalorditivo! Facci vedere come tiri su l'anello.".

Il bramino si fece dare l'arco di un principe e tirò una freccia nel pozzo, che riportò l'anello infilato sulla punta. I principi gli chiesero chi fosse, non avevano mai visto niente di simile. Il bramino gli disse di andare da Bhishma e di dirgli ciò che avevano visto.

Gli occhi di Bhishma si riempirono di gioia a sentire il racconto, si doveva trattare di Drona, il discepolo di Parasurama. I principi non avrebbero potuto avere un insegnante migliore. Bhishma accompagnò i ragazzi dal bramino e gli offrì l'incarico di maestro d'armi reale. Drona accettò.

Quando tornarono in città, Bhishma chiese al bramino di narrare a tutti la sua storia.

Drona era il figlio di Bharadvaja, un potentissimo rishi che aveva vissuto nelle foreste per migliaia di anni, e che era infine salito in cielo. Pur essendo un bramino, Drona era attratto dalle arti marziali, e aveva imparato la scienza delle armi da Agnivesha, un altro potente rishi. Poi aveva ricevuto la conoscenza delle armi celesti dal grande Parasurama. Malgrado tutte queste conoscenze, Drona era rimasto povero, stentando a mantenere la sua famiglia. Così si era messo in viaggio per Hastinapura, sperando di essere assunto come precettore dei principi.

Bhishma disse: "Ogni ricchezza che ci appartiene, ogni regno e i suoi popoli sono tuoi. O grande bramino, siamo fortunati che tu sia venuto".

Gli venne data una casa lussuosa, completa di servitù. Portò moglie e figli a vivere con sé, e prese come discepoli sia i Pandava che i Kaurava.

Drona insegnò ai principi tutto quello che sapeva, e i principi fecero pratica dall'alba al tramonto. Anche i principi di altri regni vennero ad imparare da Drona. I Vrishni, gli Andaka ed altre potenti dinastie mandarono i loro figli da Drona.

Arjuna era il migliore di tutti, era sempre a fianco di Drona, attento ad imparare ogni piccolo dettaglio e ogni suggerimento. La sua abilità, la sua velocità, la sua determinazione e la sua perseveranza erano senza pari.

Fra gli studenti c'era anche suo figlio Ashvatthama, a cui Drona voleva dare delle lezioni speciali. Diede a tutti i discepoli delle anfore dal collo strettissimo e li mandò al fiume per riempirle d'acqua, e a suo figlio diede un'anfora dal collo largo in modo che potesse tornare prima per dargli gli insegnamenti speciali. Arjuna si rese conto delle intenzioni di Drona e riempì la sua anfora usando l'arma celeste dell'acqua, tornando così prima di Ashvatthama. Arjuna adorava Drona, e per la sua devozione allo studio e al suo guru, divenne lo studente favorito di Drona.

Una notte, mentre Arjuna stava cenando, il lume si spense e lui si rese conto che poteva mettere il cibo in bocca anche nell'oscurità più completa. Allora si esercitò con l'arco al buio, mirando a bersagli invisibili.

Drona, felice di vedere questa grande dedizione, gli disse: "Farò di te un guerriero che non ha pari su questa terra".

Un giorno un principe della tribù della foresta dei Nishada, di nome Ekalavya, chiese a Drona di essere preso come studente. Drona rispose che la sua scuola era solo per principi e per re, ed Ekalavya, deluso se ne andò e si mise a praticare da solo. Fece una statua di Drona e la adorò ogni giorno, e col tempo divenne un arciere provetto.

Un giorno, mentre si stava esercitando, un cane si mise ad abbaiare distraendolo. Con sette frecce, pur senza vedere il cane, gli sigillò la bocca. Arjuna e i suoi fratelli videro l'animale, e si meravigliarono chiedendosi chi mai fosse capace di una simile impresa. Dopo poco si imbatterono in Ekalavya e gli chiesero chi fosse. Lui rispose: "Sono Ekalavya dei Nishada, discepolo di Drona. Voglio diventare il miglior arciere del mondo".

Il ragazzo si dichiarava discepolo di Drona malgrado fosse stato rifiutato. Il Nishada non poteva essere un devoto di Drona, in quanto non aveva ascoltato il suo ordine. La sua abilità era sorprendente, ma era stata acquisita con la disobbedienza.

Arjuna riferì l'episodio a Drona. "O maestro, ho saputo che hai un altro discepolo, il potente Ekalavya la cui abilità è simile alla mia. Questo guerriero si esercita nella foresta, e ti adora."

Drona, dopo una riflessione, disse ad Arjuna: "Vieni con me, andremo subito a vedere di che stampo sia questo principe".

Si recarono nella foresta, ed Ekalavya si gettò ai piedi di Drona, e a mani giunte gli disse: "Mio signore, sono tuo discepolo. Ordinami ciò che vuoi".

Drona stupito osservò Ekalavya e la sua statua. Non aveva voluto insegnargli le arti marziali perché le genti tribali delle foreste, di casta inferiore, erano prive delle qualità morali dei reali e non seguivano la religione vedica. Dar loro accesso alle arti militari poteva rivelarsi pericoloso. Inoltre Ekalavya apparteneva a una tribù che non riconosceva l'autorità dei Kuru, e non poteva accettare nella sua scuola dei principi appartenenti a razze ostili.

La sua valutazione di Ekalavya era stata giusta, il ragazzo si era rivelato privo di virtù volendo essere discepolo di un maestro famoso, senza in realtà obbedirgli.

Con un lieve sorriso Drona disse: "O eroe, se tu vuoi veramente essere mio discepolo mi devi dare *dakshina*. Il discepolo deve essere pronto a dare al suo maestro qualunque cosa, e io chiedo il tuo pollice destro".

La perdita del pollice avrebbe compromesso le sue qualità di arciere, ma se Ekalavya voleva essere riconosciuto come discepolo di Drona, non poteva rifiutare. Inoltre, perdendo il pollice, non sarebbe più stato una minaccia per i Kuru.

Ekalavya senza esitare si tagliò il pollice e glielo diede. Drona lo ringraziò, ed alzando la mano in segno di benedizione, se ne andò con Arjuna.

Capitolo 5

Il saggio di arti marziali

Bhima e Duryodhana, nemici mortali, eccelsero nella lotta con la mazza. Yudhisthira era il più bravo con la lancia e con la lotta dal carro, Nakula e Sahadeva con la spada e Ashvatthama con le armi mistiche. Arjuna comunque era il migliore di tutti sotto ogni aspetto, e divenne un *atiratha*, un guerriero capace di combatterne sessantamila contemporaneamente.

Un giorno Drona decise di mettere alla prova le capacità dei suoi studenti. Mise la sagoma di un uccello su di un albero, e disse a Yudhisthira di prendere l'arco e mirare all'occhio dell'uccello, e gli chiese: "O principe, dimmi cosa vedi".

Yudhisthira rispose che vedeva i fratelli, Drona, l'albero e l'uccello. Drona lo rimproverò, e gli disse di non tirare la freccia. "Non potrai colpire il bersaglio."

Duryodhana fu il prossimo, e Drona gli pose la stessa domanda. Il principe rispose come Yudhisthira, e tutti vennero chiamati, uno per volta, e risposero allo stesso modo. Infine venne chiamato Arjuna. Quando fu pronto a tirare, con l'arco teso a semicerchio, Drona gli chiese: "Dimmi cosa vedi".

Arjuna rispose: "Vedo solo l'occhio dell'uccello". Drona si sentì rizzare i capelli dal piacere, e disse "Tira!".

Arjuna scoccò la freccia che centrò l'occhio. Drona lo abbracciò piangendo di gioia.

Un giorno mentre si stavano bagnando nel Gange, un feroce coccodrillo afferrò Drona. Sarebbe stato capace di liberarsi da solo, ma gridò: "O principi, salvatemi!".

I principi erano paralizzati dalla paura, eccetto Arjuna che con cinque frecce che fecero a pezzi il rettile. Drona tornò a riva, prese Arjuna in disparte, e gli disse: "Voglio darti la più potente di tutte le armi. Ti trasmetterò la conoscenza del Brahmastra, il missile a cui non si può resistere, carico del potere di Brahma. Quest'arma dev'essere usata solo contro dei nemici soprannaturali, altrimenti potrebbe distruggere il mondo intero".

Quando il suo insegnamento fu completato, Drona andò da Dhritarastra e disse: "O re, con il tuo permesso i tuoi figli ti daranno un saggio di ciò che hanno imparato".

Dhritarastra lo ringraziò e disse: "Invidio coloro che li possono vedere. Verrò alla manifestazione con Vidura che sarà i miei occhi. O grande bramino, fai le preparazioni necessarie".

Drona e Vidura uscirono dalla città e scelsero un terreno in pianura. Dopo aver consacrato il luogo con preghiere e offerte ai deva, Drona fece costruire un grande stadio con delle tribune sui quattro lati che si innalzavano fino al cielo, e sopra sventolavano nella brezza stendardi e vessilli.

Gli astrologi reali scelsero un giorno di buon auspicio. Dalla città arrivò la processione con Bhishma e Vidura che guidavano Dhritarastra, seguiti da Drona, Kripa, i membri della corte, Bahlika, Somadatta ed altri re di regni confinanti e la folla dei cittadini di Hastinapura. Le dame reali, vestite con tuniche e gioielli splendenti, accompagnate dalle loro ancelle, salirono in tribuna come devi che salgono sul monte Meru.

Quando tutti furono seduti, Drona con suo figlio Ashvatthama, entrò nell'arena vestito con una tunica bianca, ghirlande di fiori bianchi e cosparso di pasta di sandalo. Anche i suoi capelli e la barba erano bianchi, e insieme a suo figlio sembrava la luna accompagnata da Marte. La folla si azzittì, e Drona diede inizio alla cerimonia. Il canto dei mantra riempì lo stadio, accompagnato dalla musica di molti strumenti.

I principi entrarono nell'arena con Yudhisthira in testa, come leoni potenti e orgogliosi. Indossavano splendenti armature e ogni genere di arma. Drona diede loro il via e a cominciare da Yudhisthira, si presentarono uno alla volta a cavallo di veloci destrieri, colpendo bersagli fissi e mobili con frecce che portavano i loro nomi.

Volarono migliaia di frecce, e nella folla qualcuno si spaventò buttandosi a terra per la paura, mentre altri acclamavano impressionati da un'abilità da togliere il respiro. Poi i principi sfoderarono le spade di acciaio azzurrino e si scagliarono urlando l'uno contro l'altro, con affondi e parate, schivando con grande agilità i reciproci attacchi, mettendo in mostra straordinaria forza, velocità e grazia.

Poi Drona chiamò Bhima e Duryodhana per un duello con le mazze. I due eroi si fissarono, muggendo come tori furiosi, girandosi attorno, impugnando enormi mazze di ferro e scambiandosi colpi terribili, con nuvole di scintille quando le mazze si scontravano. Vidura descriveva la scena a Dhritarastra e Kunti a Gandhari.

La folla si divise fra quelli che tifavano per Bhima o per Duryodhana. Drona, poiché il duello stava diventando troppo reale e la folla si stava eccitando troppo, disse a suo figlio di separare i contendenti. Poi andò al centro dell'arena, fece tacere la musica e disse con una voce forte come il tuono: "Adesso ammirerete le capacità di Arjuna, a me più caro di un figlio".

Arjuna entrò nell'arena con un'armatura d'oro, una grande faretra sulle spalle, come una nuvola illuminata dal sole della sera, fra arcobaleni e lampi. Il principe si muoveva come un leone, e gelava dalla paura quelli che si sentivano fissati dal suo sguardo.

Si innalzarono grida di gioia, suoni di conchiglie e di strumenti musicali. La gente diceva: "È il figlio del potente Indra, il più forte protettore della stirpe dei Kuru!", e ogni sorta di lode. Kunti si sentì scorrere il latte dal seno, che con le lacrime inzuppò le sue vesti.

Dhritarastra chiese a Vidura il motivo di quelle urla, e quando lo seppe, disse: "I tre figli di Kunti sono una benedizione, sono come tre fuochi sacrificali, e Kunti è come il combustibile sacro". Tuttavia fra sé e sé si sentiva scottato. Perché la folla non aveva acclamato allo stesso modo i suoi figli? Duryodhana non era pari ad Arjuna? Ah, se avesse potuto vedere!

Vidura descrisse la scena. Arjuna mostrò l'uso delle armi celesti: con l'Agneya produsse il fuoco, con il Varuna grandi quantità di acqua, con il Vayavya scatenò un gran vento e con il Parjanya scrosci di pioggia torrenziali. Con il Bhouma creò della terra e con il Parvatya fece comparire una collina nell'arena. Poi invocò l'Antardhana e fece sparire tutto.

Un attimo era alto come una palma, il momento dopo era delle dimensioni di un pollice, un attimo sul carro, il momento dopo lontano a piedi. Drona fece correre un cinghiale meccanico, e Arjuna lo colpì in bocca con cinque frecce come se fossero una sola, e scagliò venti frecce nel cavo di un corno di vacca che dondolava da una corda attaccata ad un palo. Dopo aver mostrato le sue qualità di arciere, sfoderò la spada e impugnò la mazza, mostrando abili mosse con le due armi.

La manifestazione era quasi finita, la musica si era spenta e l'eccitazione della folla si era smorzata. Improvvisamente si udì alla porta dello stadio il rumore di qualcuno che si percuoteva le braccia barrendo come un elefante furioso. La gente si guardava attorno dicendo: "Si stanno rompendo le montagne? Si spacca la terra?", ed alcuni pensarono che un deva geloso fosse venuto a mostrare la sua forza.

Dalla porta entrò un guerriero che pareva un sole splendente. Aveva una maglia brillante che era parte naturale del suo corpo, portava orecchini luminosi come il fuoco e la terra rimbombava ai suoi passi. La folla era muta e lo guardava chiedendosi chi fosse.

Il bellissimo giovane si avvicinò a Drona, si inchinò distrattamente ai suoi piedi, poi fece i suoi rispetti a Kripa. Poi parlò con voce tuonante. "Sono Karna. Col tuo permesso, o bramino, farò mostra dei miei talenti simili a quelli di Arjuna, anzi sarò superiore in tutte le imprese del figlio di Kunti. Guardate e stupite".

Arjuna strinse i pugni fissando Karna con uno sguardo di fuoco.

Drona fece un cenno di assenso, e Karna diede subito inizio alla sua prova. Fu pari ad Arjuna in ogni impresa, e la folla lo applaudì. Alla fine Duryodhana andò da lui e lo abbracciò calorosamente. Ecco qualcuno che poteva affrontare Arjuna. Il principe dei Pandava era stato troppo a lungo al centro dell'attenzione. Duryodhana gli disse sorridendo: "Benvenuto, grande eroe, è una grande fortuna che tu sia arrivato oggi. Cosa posso fare per compiacerti?".

Karna gli rispose: "Le tue parole da sole soddisfano ogni mio desiderio, voglio soltanto la tua amicizia. Tuttavia avrei una richiesta: fatemi incontrare Arjuna a duello".

Arjuna si irrigidì stringendo il suo arco. Da quando aveva visto Karna aveva provato un senso di forte rivalità e anelava all'occasione di porvi subito fine.

Duryodhana rise. "O eroe, godiamoci la vita!" rispose, "Insieme ci potremo divertire ed essere felici."

Arjuna aveva sentito abbastanza, e interruppe Duryodhana. "O Karna, ora ti toccherà la sorte dell'intruso non voluto, di colui che parla senza essere invitato."

Karna bruciava di rabbia. "O Partha, quest'arena non è solo tua, è aperta a tutti gli eroi, anche a quelli più bravi di te. Le tue sono solo parole. Parla con le frecce, ed io ti taglierò la testa davanti al tuo precettore".

Arjuna si volse a Drona che fece un lieve cenno di assenso. I due eroi si fronteggiarono con le armi pronte. Il cielo si riempì di nuvole nere e di lampi, ed apparve l'arcobaleno di Indra. Poi le nuvole sopra Karna si dispersero e il sole illuminò la sua figura. I figli di Dhritarastra si schierarono dietro a Karna, mentre Drona, Kripa e Bhishma si misero dietro Arjuna.

Sugli spalti la gente era divisa, ed anche le dame reali non sapevano per chi parteggiare. Kunti svenne, e Vidura le spruzzò gentilmente dell'acqua fresca, chiedendole cosa avesse. Kunti non rispose, come poteva rivelare il suo terribile segreto?

Il duello stava per iniziare quando Kripa si fece avanti e disse: "Il figlio di Pandu e di Kunti è un discendente della stirpe reale dei Kuru. Sentiamo il lignaggio e la discendenza del suo avversario. Poi il Partha potrà decidere se combattere o meno. I duelli possono essere combattuti solo fra pari".

Karna arrossì e tacque. Era chiaro che non era di stirpe reale. Allora Duryodhana disse: "La nobiltà non dipende solo dalla nascita. Gli eroi e i comandanti degli eserciti possono essere nobili anche se non hanno sangue reale. Tuttavia se Arjuna vuole combattere solo con un re, io donerò a Karna un regno".

Duryodhana fece subito la cerimonia. Mandò a prendere dell'acqua consacrata ed asperse la testa di Karna. "Sarai il re di Anga!", la folla applaudì e i bramini cantarono i mantra appropriati, offrendo a Karna riso, fiori ed acqua santa. Karna, seduto su un trono d'oro, rinfrescato da piumini di *chamara*, si commosse per il gesto di amicizia di Duryodhana, e disse: "Come potrò mai ripagarti, o re? Ti sarò sempre fedele". Duryodhana rispose: "Desidero soltanto la tua amicizia".

Mentre il duello stava per iniziare, irruppe nell'arena un vecchio tremulo che si sosteneva con un bastone, sudato, con le vesti scomposte. Karna scese dal trono e mise il capo ai piedi del vecchio, poi si alzò e disse a Duryodhana: "Questo è mio padre Adhiratha.".

Bhima lo schernì: "O figlio di auriga, non meriti di morire per mano di Arjuna. Sarebbe meglio che prendessi una frusta per guidare un carro. In realtà non meriti il regno di Anga come un cane non merita il ghee consacrato ai deva".

Karna abbassò lo sguardo per la vergogna, e Duryodhana si alzò furibondo. "O Bhima, come può uno come lui essere inferiore di nascita? Le più alte qualità di un eroe sono il valore e la forza, e lui oggi ce ne ha dato prova."

Duryodhana citò molti deva ed eroi la cui nascita era stata insolita. Anche Drona, si diceva, era nato da un vaso, Kripa da una zolla, e il grande deva Karttykeya da un cespo di canne. Anche la nascita dei Pandava era misteriosa. "Può un cervo partorire un leone? Guardate quest'uomo, la sua maglia naturale e i suoi segni di buon augurio. Non è certo un auriga."

Duryodhana guardò con sfida i Pandava. "Se qualcuno disapprova l'incoronazione di Karna, si faccia avanti col suo arco".

La folla era eccitata per la prospettiva di un gran duello fra i due eroi. Però durante il discorso di Duryodhana il sole era tramontato, e si dovette rinviare lo scontro.

Kunti ringraziò il Signore fra sé, e quando vide Karna uscire dallo stadio, ripensò alla sua nascita. Si ricordò del giorno in cui, guardando il sole che sorgeva sul Gange, si era chiesta se poteva far venire a sé il deva del sole. Le era venuto in mente il mantra, e immediatamente le era apparso lo splendente Surya. Quando Surya le disse che non poteva andarsene senza darle un figlio, aveva protestato inorridita: "Sono ancora vergine!". Surya aveva sorriso, dicendo che grazie ai suoi poteri, avrebbe potuto avere un figlio senza perdere la verginità.

A suo tempo nacque il bimbo coperto di una maglia d'oro naturale e con degli orecchini, gli stessi che Karna indossava nell'arena. Non aveva potuto dire niente a nessuno, e in lacrime aveva affidato il bimbo alla corrente di un fiume in un cestino. Adhiratha doveva averlo trovato e allevato.

Capitolo 6

L'odio dei Kaurava cresce

La scuola di Drona era terminata. Per completare l'insegnamento i principi dovevano pagare il suo compenso offrendogli *dakshina*. Per tradizione la *dakshina* veniva stabilita dal precettore. Drona riunì i principi e disse: "Desidero che prendiate prigioniero il re Drupada e me lo portiate".

Drupada e Drona avevano vissuto insieme da bambini con il rishi Agnivesha, e Drupada aveva promesso che, quando avrebbe ereditato il regno, ne avrebbe donato la metà al suo caro amico Drona. Più tardi, quando furono cresciuti, Drona andò da Drupada e gli ricordò la loro amicizia e la sua promessa. Vedendo il povero bramino, Drupada aveva detto: "O misero bramino, come puoi considerarti oggi mio amico? Le vecchie amicizie non significano nulla, solo i pari possono essere amici. Non appellarti a una amicizia morta da tempo".

Drona si era sentito profondamente insultato, e aveva lasciato Panchala, il grande regno di Drupada, meditando vendetta. Il momento era arrivato. Drona guardò i suoi discepoli, sicuro che presto Drupada avrebbe rimpianto la sua arroganza.

I principi montarono sui carri dirigendosi velocemente verso Kampilya, la capitale di Panchala. Duryodhana e i suoi fratelli si lanciarono all'attacco ed entrarono urlando in città con le armi in pugno, riversandosi nella strada principale di Kampilya, mentre i cittadini terrorizzati si nascondevano nelle case.

Drona e i Pandava aspettavano fuori dalla città. Arjuna aveva suggerito di non accompagnare i Kaurava. "Non riusciranno a sopraffare il potente Drupada, e noi attaccheremo quando loro saranno stati respinti."

Drupada sentì il clamore dell'invasione dei Kaurava e uscì sul suo immenso carro bianco, felice per l'occasione di combattere. Fece dei caroselli, con l'arco sempre teso a cerchio e le sue frecce che sibilavano in tutte le direzioni, facendo arretrare i Kaurava.

I cittadini uscirono dalle case lanciando mazze, bastoni e tutto quello che gli capitava contro i Kuru. I principi, circondati da migliaia di assalitori, fuggirono dalla città inseguiti dai Panchala.

I Pandava risero, e Arjuna disse a Yudhisthira: "Ecco gli orgogliosi Kaurava, forti solo a parole, messi in fuga da Drupada. Adesso tocca a noi. Tu resta qui, mentre io vado con gli altri".

I quattro fratelli si lanciarono all'attacco. Bhima era davanti con la mazza pronta, Arjuna lo seguiva sul suo carro con Nakula e Sahadeva a fianco. I Panchala li attendevano ed avevano bloccato la porta con una barriera di elefanti. Bhima li attaccò con la mazza, e li sterminò. I Pandava respinsero le forze ostili, come mandriani che guidano il bestiame.

Arjuna diresse nugoli di frecce contro i Panchala. I suoi dardi volavano dritti in file interminabili, trapassando infallibilmente i soldati nemici. Come il fuoco divoratore della fine delle ere, fece cadere migliaia di soldati, protetto ai lati dai due gemelli.

Drupada corse alla testa delle sue truppe, che lo incitarono a gran voce, e condusse un contrattacco. Sui quattro fratelli piovvero frecce, dardi, lance e mazze, ma Arjuna respinse tutto con le sue frecce. I Panchala lo avevano eccitato con il loro assalto, e lui combatté con energia rinnovata. Non si vedeva pausa fra quando prendeva una freccia dalla faretra e quando la scagliava, si vedeva solo un fiume di frecce che sgorgava dal suo arco. I guerrieri Panchala gridarono per l'ammirazione.

Drupada, col suo comandante in capo Satyajit, si lanciò contro Arjuna. Satyajit, con un grande ruggito, gli scagliò contro cento frecce. Arjuna replicò con dieci frecce che trafissero

Satyajit e con altre tre fece a pezzi il suo arco.

Drupada venne in aiuto del suo comandante, e ne seguì un formidabile duello fra il re ed Arjuna. Lentamente Arjuna prese il sopravvento, fracassò l'arco di Drupada, gli distrusse l'armatura, gli fece cascare la bandiera e uccise i suoi cavalli. Poi scese d'un balzo dal carro sfoderando una scimitarra e catturò Drupada premendogli la lama contro la gola, e lo trascinò sul suo carro per portarlo da Drona.

Quando Drona vide il re sorrise. "O potente re, vuoi forse far rivivere la nostra antica amicizia? Sembra che il tuo regno e le tue ricchezze siano diventate mie."

Drupada arrossì e Drona proseguì: "Non temere per la tua vita, sono un bramino, e devo sempre perdonare. In realtà io ti ho sempre voluto bene fin da quando eravamo bambini".

Drona disse ad Arjuna di lasciarlo andare, ed il re ascoltò in silenzio le parole di Drona. "Voglio ancora la tua amicizia, ma come può un re essere amico di chi non è re? Quindi ho deciso di lasciarti metà del tuo regno, e io prenderò l'altra metà."

"O Drona, sei un'anima nobile", disse Drupada facendo ricorso a tutta la sua pazienza, "I grandi come te sono sempre magnanimi. Viviamo in pace, ciascuno regnando sulla sua metà del regno Panchala."

Drupada chiamò i bramini per fare i riti del caso e diede la metà settentrionale del suo regno a Drona. Drupada scottato dall'umiliazione, meditò vendetta.

Durante il ritorno a Hastinapura, Drona andò sul carro di Arjuna per parlargli. "O eroe, adesso sei il miglior arciere del mondo, e benché tu mi abbia già ripagato sconfiggendo Drupada, ti chiedo un'altra *dakshina*. Quando io verrò a combatterti tu dovrai combattere".

Arjuna si stupì: come avrebbe potuto scontrarsi con il suo maestro? Tuttavia rispose senza esitazione: "Così sia. Sarò sempre al tuo servizio".

* * *

I Kuru vennero a sapere di un meraviglioso evento nella città di Mathura, dove era nata Kunti. Kunti aveva un fratello di nome Vasudeva, che era stato imprigionato da un re malvagio di nome Kamsa.

Kamsa aveva sentito una profezia divina che diceva che l'ottavo figlio di Vasudeva lo avrebbe ucciso, e mise in prigione lui e sua moglie Devaki. In seguito uccise i loro primi sei figli appena nati, tuttavia, malgrado l'attenta vigilanza, il settimo e l'ottavo, di nome Balarama e Krishna, riuscirono a sfuggire alla morte. Per un disegno divino, Krishna era stato portato via da Mathura e allevato a Vrindavan, un villaggio di mandriani, dal loro capo Nandan. Secondo i grandi rishi, Krishna era il Signore Supremo, ed era stato lui a trovare il modo di andare a Vrindavan. I Kuru furono meravigliati di sentire dai saggi che Dio stesso era comparso nel vicino regno di Yadu.

Una volta cresciuto, il giovane Krishna era tornato a Mathura ed aveva ucciso Kamsa a mani nude, e questa formidabile impresa stupì chi la vide e confermò l'identità divina di Krishna. Kamsa incuteva paura anche ai deva, e non c'era un re in terra che avesse il coraggio di affrontarlo. Ma il giovane Krishna, ancora ragazzo, con suo fratello Balarama, aveva sopraffatto le truppe e i generali di Kamsa, uccidendo infine il re con i suoi malvagi ministri. I due fratelli divennero così re degli Yadu. Erano amici dei Kuru per la parentela con la zia Kunti e i suoi cinque figli.

Balarama, che i rishi dicevano fosse l'incarnazione della Divina Natura del Supremo, era un combattente di mazza senza pari. A richiesta di Drona, consentì ad addestrare Bhima e Duryodhana in quell'arte a Hastinapura. Si rese conto della feroce inimicizia e dell'invidia che i Kaurava provavano per i loro cugini. Quando Krishna lo venne a sapere si preoccupò per Kunti e i suoi figli, e chiese ad Akrura, un suo consigliere, di andare a Hastinapura per valutare la situazione.

Kunti fu felice di vederlo e chiese notizia dei suoi parenti ed amici di Mathura, e soprattutto di Krishna, certa della sua divina identità. "Mio nipote Krishna pensa a me e a i miei figli?", chiese, "Sa che soffro in mezzo ai nemici come un cerbiatto fra i lupi?".

Kunti raccontò i continui intrighi di Duryodhana e i suoi fratelli contro i suoi figli. L'umiliazione che i Kaurava avevano subito a Kampilya li aveva resi ancor più determinati ad eliminare i figli di Pandu. Kunti disse con le lacrime agli occhi: "Verrà a salvarci Krishna, il potente protettore dell'universo? Io lo prego continuamente. Non vedo chi altro ci possa aiutare".

Akrura la rassicurò dicendole che Krishna lo aveva mandato per rendersi conto della situazione. Akrura rimase a Hastinapura per diversi mesi per comprendere a fondo la situazione. Prima di tornare a Mathura si incontrò con Dhritarastra. Il re era il primo responsabile delle azioni dei suoi figli, e se lo avesse voluto avrebbe potuto controllarli. Akrura disse: "Mio caro re, sei sul trono solo perché Pandu ha lasciato il corpo prematuramente. I figli di Pandu sono gli eredi diretti al trono. Non favorire i tuoi figli a loro discapito".

Akrura gli disse di governare attenendosi strettamente ai principi della morale, trattando tutti i sudditi equamente, e i Pandava in particolar modo, essendo suoi nipoti ed eredi al trono. L'eccessivo attaccamento ai propri parenti è un segno di ignoranza. La parentela è pura illusione.

Dhritarastra ascoltò in silenzio a testa china. Akrura era stato chiaro, i Pandava erano eredi di diritto. Akrura concluse. "Favorendo i tuoi figli, o signore della terra, ti comporti da ignorante, e l'ignoranza porta solo guai e dolori. Agisci con virtù, e dai ai figli di Pandu quello che loro spetta."

Dhritarastra ammise di non essere equo per affetto verso i suoi figli. Anche il re conosceva la vera identità di Krishna. "Le cose accadono per la volontà del Signore Supremo, e nessun essere umano può farci nulla. Krishna è venuto per alleviare le pene del mondo, e questo accadrà inevitabilmente. Cosa dovrei fare, allora? Il destino è onnipotente."

I saggi gli avevano detto che Krishna aveva la missione di distruggere i molti re demoniaci che stavano invadendo la terra. Pandu li aveva a suo tempo frenati tuttavia, da quando si era ritirato, si erano alleati fra loro mettendo insieme grandi eserciti.

Akrura si rese conto che Dhritarastra era sulla strada della rovina. Dhritarastra rifiutava di prendersi le sue responsabilità, e favorendo i figli nel loro antagonismo contro i Pandava avrebbe scatenato un conflitto che avrebbe portato alla distruzione della dinastia dei Kuru. Akrura prese licenza e se ne tornò a Mathura.

Dhritarastra meditò sulle parole di Akrura. Era innegabile che i Pandava erano gli eredi di diritto, e che Yudhisthira sarebbe stato un ottimo re per la sua onestà, pazienza, gentilezza e incrollabile dedizione al dovere. Per i sudditi che avevano amato Pandu, era come se lui fosse tornato sotto forma dei suoi figli, e ovunque la gente esprimeva il desiderio di vedere Yudhisthira incoronato come re. Dhritarastra si consultò con Bhishma, Vidura e i bramini. Insieme decisero di insediare Yudhisthira come principe reggente. La cerimonia ebbe luogo in breve, e il popolo fu felice.

Duryodhana però era furioso. Come mai suo padre lo aveva scavalcato a favore di Yudhisthira? Quando Bhima lo schernì su questo, rendendogli la cosa ancora più insopportabile, si riunì con Karna, Dushashana e Shakuni per studiare come eliminare i Pandava.

Shakuni strinse gli occhi e si mise a pensare. Poi disse: "L'unica soluzione è quella di allontanare i Pandava da Hastinapura, per poi ucciderli facendolo apparire come un incidente".

Duryodhana sorrise, a Karna invece non piacevano i modi sleali di Shakuni. "Solo i codardi ricorrono all'inganno e al tradimento. Se i Pandava sono i nostri nemici, affrontiamoli in campo aperto."

Shakuni rispose con un sorrisetto: "Figlio mio, tu sei forte, ma sciocco. Non ti ricordi cosa è successo a Kampilya? Tu e tutti i principi Kaurava non siete riusciti a sconfiggere Drupada, e solo quattro Pandava lo hanno vinto. È improbabile che possiate prevalere, datemi retta".

Al ricordo di Kampilya, Karna arrossì e gridò che erano stati presi di sorpresa. Karna lasciò la stanza scuotendo la testa. "Fate quello che volete, ma io non prenderò parte ai vostri piani".

L'astuto Shakuni suggerì a Duryodhana di parlare con suo padre per mandar via i Pandava. Sapeva che Dhritarastra non avrebbe detto di no a suo figlio. Insieme fecero un piano dettagliato, e Duryodhana andò dal re.

* * *

Duryodhana andò a visitare Dhritarastra che lo accolse affettuosamente, e visto il suo umore gli chiese cosa lo turbasse.

"Ho sentito cattive notizie, o padre, i sudditi diventano impazienti. Vogliono che tu dia subito il trono ai Pandava. Presto dipenderemo da loro, e in seguito saranno i loro figli ad ereditare il trono. Perderemo ogni potere e l'onore di cui abbiamo sinora goduto. Ho pensato a come evitare tutto questo, ascolta il mio piano".

Duryodhana suggerì di mandare i Pandava a Varanavata, una lontana città, con la scusa di farli partecipare ad un festival in onore di Shiva. Una volta lasciata Hastinapura, forse non vi avrebbero più fatto ritorno.

Dhritarastra capì subito cosa aveva in mente suo figlio. "Pandu è sempre stato dedito alla virtù,", disse, "e la ricchezza non gli interessava. Mio fratello mi ha sempre amato, e mi ha dato tutto, incluso questo grande regno. Come potrei fare del male ai suoi figli?".

A parte queste considerazioni, aggiunse il re, la gente amava i Pandava, e si sarebbero arrabbiati se i Kuru li avessero mandati via, e magari si sarebbero rivoltati detronizzandolo con la forza. Inoltre Bhishma ed altri anziani Kuru si sarebbero schierati con i Pandava.

Duryodhana era pronto per queste obiezioni. Prima di mandar via i Pandava avrebbero dovuto ingraziarsi con ogni mezzo la gente, distribuendo ricchezze ed onori. Poi, in loro assenza, Duryodhana poteva esser incoronato re. Il principe proseguì: "Una volta che la mia posizione sarà stabilita a Hastinapura, Kunti e i suoi figli potrebbero anche tornare.".

Dhritarastra disse: "Cosa pensi di fare con Bhishma, Vidura, Kripa e Drona? Amano i Pandava come figli".

Duryodhana sorrise: "Bhishma rimarrà neutrale, come fa sempre. Il figlio di Drona è un mio sostenitore, e suo padre non andrà mai contro di lui. Drona inoltre ha sposato la sorella di Kripa, e quindi anche il suo sostegno è assicurato. L'unico di cui non ci possiamo fidare è Vidura, lui si schiererà certamente coi Pandava, ma da solo, che male ci potrà fare?".

Duryodhana supplicò suo padre di acconsentire. Se i Pandava fossero rimasti, non avrebbe potuto continuare a vivere. Dhritarastra si sentiva lacerato. Rimase in silenzio sospirando, poi diede il consenso. Tutto era nelle mani della provvidenza. Cosa poteva fare lui contro al destino, un semplice mortale colla mente piena di paure e di desideri? Il re chiamò i suoi servi e si ritirò per la notte.

Capitolo 7

I Pandava vengono allontanati

Nelle settimane che seguirono Duryodhana e i suoi fratelli conquistarono lentamente il favore della gente, distribuendo liberalmente ricchezze ed onori, e fornendo alla cittadinanza ogni sorta di piaceri e servizi. A corte i ministri di Dhritarastra, secondo le sue istruzioni, parlarono spesso delle meraviglie del festival di Pashupata a Varanavata.

I Pandava erano interessati, e Dhritarastra disse: "Mi sembra che a voi ragazzi piacerebbe molto visitare quella città. Perché non ne fate una visita di stato? Portate ricchi doni, divertitevi e tornate quando volete".

Yudhisthira capì che era un piano per allontanarli dalla città, altrimenti avrebbe proposto la vacanza ai suoi figli. Aveva notato l'insolita gentilezza di Duryodhana con il popolo, e sospettava un nuovo complotto. Tuttavia la loro posizione era debole, con pochi amici e sostenitori. Forse un periodo di assenza da Hastinapura avrebbe potuto giovare.

Fu fissata una data per la partenza. Duryodhana esultò e si dedicò subito a completare il suo piano. Chiamò il suo consigliere privato, Purochana, lo prese per mano e disse: "Ascolta, bisogna agire in segreto, non ripetere a nessuno ciò che ti dirò".

Duryodhana disse a Purochana di andare subito a Varanavata, di assoldare degli esperti artigiani per costruire uno splendido palazzo per i Pandava, elegante, riccamente arredato, e costruito con materiali estremamente infiammabili. "Mescola ghee e olio con argilla e lacca per intonacare le pareti, poi tinteggiale bene e profuma la casa per evitare i sospetti."

Poi gli disse di ricevere i Pandava e mostrargli il palazzo fatto erigere per loro dal re, rimanendo con loro per alleviare ogni possibile sospetto, per poi dar fuoco al palazzo quando erano nel sonno.

Duryodhana aggiunse: "Tutto dipende da te, Purochana. Se mi fai questo favore ti ricompenserò con enormi ricchezze".

Purochana accettò l'incarico e con un pugno di uomini partì subito per Varanavata con un convoglio di carri trainati da asini, e appena arrivati si mise all'opera.

Vidura si recò dai Pandava prima della loro partenza. Aveva saputo del complotto di Duryodhana dalle sue spie di palazzo e voleva metter in guardia Yudhisthira senza che nessun'altro lo venisse a sapere. Avvicinò il principe e gli parlò nella lingua del popolo tribale dei Mleccha. "Colui che sa che esistono armi non di metallo che possono ferire, non si farà colpire. Sopravvive colui che comprende che il divoratore del legno e della paglia non raggiunge coloro che stanno in un buco nella foresta. Stai sempre all'erta. Colui che ha i sensi sotto controllo non può essere vinto."

Vidura parlò per qualche minuto, e Yudhisthira comprese il significato del suo messaggio che rimase oscuro per gli altri presenti, e rispose: "Capisco". Vidura sorrise, salutò i principi e se ne tornò a casa.

I cittadini di Varanavata accolsero i Pandava con gran festa. I Pandava si accamparono alle porte della città per dieci giorni. Poi Purochana disse che la loro residenza era pronta, e accompagnò i principi e Kunti alla casa che aveva chiamato 'La dimora benedetta'. Quando entrarono in casa, Yudhisthira disse sottovoce a Bhima: "Dagli odori che sento è ovvio che questa casa è stata costruita con lacche ed altri materiali impregnati di ghee e olio. Purochana ci vuol far morire bruciati qua dentro, su commissione di Duryodhana.".

Bhima rispose: "Perché allora dovremmo vivere in questa trappola mortale? Andiamo da un'altra parte".

Yudhisthira non pensava che fosse un'idea saggia. "Se facciamo capire a Purochana che sospettiamo di lui, potrebbe cercare un altro modo per ucciderci. È un uomo senza scrupoli, deciso a eseguire gli ordini di Duryodhana."

Bhima ed Arjuna gli chiesero di sfidare apertamente Duryodhana. Bhima in particolar modo era arrabbiato, ricordando il suo avvelenamento e disse: "Dammi l'ordine, caro fratello, e schiaccerò i Kaurava a mani nude".

No, disse Yudhisthira, la loro posizione non era uguale a quella dei cugini. "Loro sono cento e noi siamo cinque. Loro hanno rango, potere, amici, alleati e ricchezze. Dhritarastra non li abbandonerà mai, e Bhishma e Drona saranno sempre a fianco del re. Non possiamo sfidare i Kuru direttamente."

I gemelli suggerirono di lasciare subito Varanavata, ma Yudhisthira replicò: "Quando Duryodhana saprà che stiamo fuggendo, assolderà delle spie per trovarci ed ucciderci con mezzi sleali".

Yudhisthira disse che bisognava restare nella casa infiammabile, fingendo di essere ignari di tutto, e nel frattempo scavare una galleria di fuga sotto la casa. Quando Purochana avrebbe dato fuoco alla casa, sarebbero stati in grado di fuggire senza che nessuno lo venisse a sapere, e Duryodhana li avrebbe creduti morti, smettendo di perseguitarli.

In quel momento arrivò un uomo che disse di essere stato mandato da Vidura. Disse di essere un minatore esperto, e che Purochana aveva intenzione di appiccare il fuoco alla porta di casa in una notte di luna nuova.

Yudhisthira lo scrutò attentamente. Che fosse al soldo di Duryodhana? Il minatore lo rassicurò menzionando l'episodio in cui Vidura gli aveva parlato nella lingua Mleccha. Yudhisthira si rasserenò. "Il nostro amato zio ci protegge sempre. È una fortuna che tu sia venuto. Questa casa, per i complotti di Duryodhana, è stata costruita con materiali estremamente infiammabili."

Il minatore disse che avrebbe cominciato subito a scavare il passaggio sotterraneo. Iniziò lo scavo al centro della casa, ricoprendo il buco con tavole di legno ed un tappeto.

I principi perlustrarono i boschi circostanti, per studiare la via di fuga. Quando stavano in casa si comportavano come fossero sereni e ignari, ma di notte tenevano le armi a portata di mano, facendo guardia a turni, in caso Purochana facesse una mossa inaspettata.

Un anno intero trascorse in questo modo, e Purochana era sicuro che i Pandava non conoscessero le sue intenzioni. Allora Yudhisthira disse ai fratelli: "Anticipiamo Purochana prima che possa mettere in atto il suo piano. Diamo noi fuoco alla casa, e fuggiamo".

La galleria era stata completata. Dopo aver esaminato con i fratelli tutti i dettagli, Yudhisthira decise di dare fuoco alla casa la notte seguente.

Il giorno dopo c'era una festa in città, e Kunti distribuì cibo e ricchezze ai bramini, e in molti vennero alla casa dei Pandava per chiedere la carità. Per volere della provvidenza, arrivò anche una donna della tribù dei Nishada con cinque figli. I servi che Kunti aveva incaricato della distribuzione del cibo li fecero accomodare e gli portarono abbondante cibo e vino, e loro si ubriacarono e caddero addormentati. I servi, all'insaputa dei Pandava, decisero di lasciarli dormire dov'erano.

Fuori, al cadere della notte, si scatenò una tempesta. I Pandava aspettarono fino a che Purochana fu addormentato. Allora Yudhisthira disse a Bhima di dar fuoco alla casa. In un attimo la casa si trasformò in un rogo, e Kunti e i fratelli fuggirono nella galleria.

I cittadini udirono il ruggito dell'incendio e videro con orrore il palazzo in fiamme. Sapendo della rivalità fra Duryodhana e i Pandava, intuirono immediatamente quello che era successo. "Questa è opera di Duryodhana!", dissero, "Ha usato i suoi sicari per eliminare gli innocenti figli di Pandu. Vergogna a quel malvagio dalla mente perversa!".

La folla rimase tutta la notte vicino al palazzo in fiamme, e al mattino dopo che le braci furono spente, vennero ritrovati fra le ceneri i resti di Purochana e quelli della donna Nishada con i cinque figli. Fu concluso che i Pandava erano morti per colpa di Duryodhana e suo padre. Nessuno sospettò che i Pandava fossero sopravissuti, e la tremenda notizia arrivò a Hastinapura.

Quando Dhritarastra seppe l'accaduto gridò dal dolore: "Ahi, con la morte dei figli e della moglie di Pandu è come se oggi mio fratello fosse morto di nuovo. Che destino crudele! Come potrò vivere senza i miei cari nipoti?".

Dhritarastra ordinò ai bramini di recarsi immediatamente a Varanavata per i riti funebri. Il re si recò alle rive del Gange con Bhishma, Drona, Kripa e gli altri anziani per offrire acqua sacra alle anime dei morti, e nel fiume gridò: "O Yudhisthira! O Bhima! O Arjuna", e altri invocarono il nome di Kunti e dei gemelli. Migliaia di cittadini in lutto erano presenti per offrire le loro oblazioni. In particolar modo Bhishma era affranto, perché aveva amato i principi come se fossero figli suoi. Solo Vidura non si lamentò, ma non ne parlò nemmeno con Bhishma, che era leale verso il re e Hastinapura.

* * *

I Pandava e Kunti uscirono dalla galleria e si incamminarono per la strada che avevano scelto. Erano stanchi e spaventati, e faticavano ad affrettarsi. Allora Bhima prese Kunti sulle spalle, i gemelli sui fianchi e Yudhisthira e Arjuna sulle braccia, e corse attraverso la foresta, abbattendo alberi e sfondando cespugli. All'alba giunsero al Gange, dove incontrarono un uomo su una barca, che disse che lo aveva mandato Vidura per aiutarli nella fuga. Rassicurò Yudhisthira ripetendo la conversazione in Mleccha con lo zio. "Vidura vi manda i suoi abbracci, e dice che prevarrete sui vostri nemici. Dovete solo restare vigili, e affidarvi al Signore che vi terrà sotto la sua protezione. Salite su questa barca, e io vi porterò lontano da qui."

La barca, spinta dalle vele e da un motore, si mosse rapidamente sul fiume verso sud. Dopo alcune ore approdarono sulla riva opposta vicino a un sentiero che si addentrava nei boschi. I fratelli proseguirono verso sud, entrando in una fitta foresta. Stanchi e affamati, si sedettero per riposare. Yudhisthira disse a Bhima con l'angoscia nella voce: "Siamo persi in una foresta tenebrosa. Chissà quali pericoli abbiamo davanti! O forte figlio di Vayu, ci devi portare ancora, non vedo altra soluzione".

Bhima si caricò i quattro fratelli e la madre, e si mise a correre nella foresta aprendo un sentiero al suo passaggio come un elefante infuriato. Si muoveva così in fretta che Kunti e i suoi figli quasi svennero. A sera si fermarono per trascorrere la notte al riparo di un grande baniano. Bhima depose sua madre e i fratelli, e tutti caddero a terra esausti per la fatica, la fame e la sete. Kunti chiese a Bhima di portarle un po' d'acqua, e lui rispose: "Sento il canto di uccelli acquatici. Siamo vicino ad un lago.".

L'instancabile Bhima trovò subito il lago, si bagnò, bevve, prese dell'acqua e tornò al baniano. Kunti e i fratelli si erano già addormentati profondamente. Vedendoli sdraiati in terra Bhima disse fra sé: "Che tristezza! La mia dolce madre, delicata come il filamento dello stame di un fiore di loto, giace in terra esausta".

Bhima sospirò guardandosi intorno. Avevano viaggiato per molte miglia, e forse c'era un villaggio o una città nelle vicinanze. Rimase sveglio per fare la guardia seduto su una radice del baniano con i sensi allertati ad ogni pericolo.

Non lontano c'era un enorme albero di sal su cui viveva un Rakshasa di nome Hidimba che si stava svegliando dopo aver dormito tutto il giorno. Sbadigliando e stirandosi, annusò l'aria della notte, sentì l'odore degli uomini e chiamò sua sorella Hidimbi che viveva sullo stesso albero. "Hidimbi, svegliati! Sento odore di carne umana. Ho l'acquolina in bocca. Vai ad ucciderli e portameli così berremo il loro sangue e mangeremo a sazietà."

La Rakshasi scosse la sua capigliatura arancione ed aprì gli occhi rossi. Si mosse silenziosamente nella foresta saltando di ramo in ramo, e seguendo l'odore presto raggiunse il luogo dove riposavano i Pandava. Quando vide Bhima venne presa dal desiderio. Il principe sembrava un deva, la pelle del colore dell'oro fuso, le spalle come quelle di un leone, il collo come una conchiglia e gli occhi come petali di loto.

Hidimbi prese la forma di una bellissima donna vestita di seta cremisi e ingioiellata e si avvicinò a Bhima. Con un timido sorriso gli disse: "O bell'uomo, chi sei, e cosa ti porta in questa buia foresta? E chi sono questi uomini dall'aspetto divino che dormono per terra, e quella donna di trascendentale bellezza accanto a loro?".

Bhima, sorpreso, la guardò. Che fosse una divinità della foresta? Cosa faceva una bellissima donna come lei di notte in quel posto? Ascoltò con attenzione le parole di Hidimbi. "La foresta appartiene a mio fratello Hidimba, un potente cannibale Rakshasa che mi ha mandato qui ad ucciderti per divorarti."

Bhima balzò in piedi, ma lei lo fermò dicendo: "Non temere. dal momento che ti ho visto, bello come un deva, sono stata presa da un fortissimo desiderio. Ti prego, prendimi per moglie,".

Hidimbi disse a Bhima che lo avrebbe salvato dal fratello volando in una regione celeste dove avrebbero potuto vivere felici.

Bhima si sedette scuotendo la testa. "O Rakshasi, non posso abbandonare mia madre e i miei fratelli solo per soddisfare il mio desiderio" e Hidimbi replicò: "Svegliali e porterò via anche loro".

Bhima scosse ancora la testa."Non sveglierò mia madre o i miei fratelli per paura di un Rakshasa, di un Yaksha o di un Gandharva. O bellissima donna, fa ciò che vuoi, mandami anche quel cannibale di tuo fratello."

Nel frattempo Hidimba si spazientì, dov'era finita quella sciocca di sua sorella? Il Rakshasa scese dall'albero seguendo le sue tracce.

Hidimbi scongiurò Bhima: "Ti prego, non perdere tempo a discutere, potrebbe arrivare mio fratello. Sveglia gli altri, e lasciatevi salvare".

Bhima sorrise. "Non ti preoccupare, ho braccia forti come proboscidi di elefanti e cosce come mazze di ferro e non temo nulla, nemmeno Indra mi farebbe paura."

In quel momento arrivò Hidimba, scuro come una nuvola e di tremendo aspetto, con le orecchie a punta, un ciuffo di capelli rossi ritti in testa, il corpo possente seminudo e coperto di ispidi peli rossi. Era alto come un albero, le spalle larghe, le braccia grosse come tronchi d'albero, lunghe fino alle ginocchia. La bocca spalancata rivelava file di lunghe zanne appuntite.

Quando vide sua sorella in forma umana vicino a Bhima, sbarrò gli occhi per la sorpresa, poi vedendola così agghindata capì cosa stava succedendo e disse: "Come osi farmi perdere tempo quando ho fame? O sorella, hai perso la testa fino al punto di non temere la mia rabbia? Vergognati! Mi fai un torto e sacrifichi l'onore della tua razza solo per la tua lussuria? Ucciderò anche te".

Hidimba, si scagliò sulla sorella, ma Bhima si fece avanti tuonando: "Fermati! Come osi svegliare i miei fratelli? E non attaccare questa donna innocente, che è sotto l'influsso di Kama Deva e non merita di essere punita".

Bhima sfidò il cannibale a combattere. "Adesso ti farò la testa a polpette davanti a tua sorella. I falchi, gli avvoltoi e gli sciacalli se la godranno a fare a pezzi il tuo corpo. Da oggi questa foresta tornerà ad essere sicura."

Hidimba rise dell'impudenza di Bhima e si fece sotto urlando: "A che ti servono queste vanterie? Pensi di essere forte, e ora vedrai. Lasciamo dormire in pace i tuoi fratelli, ti ucciderò per primo. Dopo aver bevuto il tuo sangue ammazzerò anche loro".

Il Rakshasa caricò Bhima a braccia aperte, e Bhima gliele afferrò, e non volendo svegliare i fratelli lo trascinò per trentadue cubiti, come un leone trascina un cerbiatto.

Il rumore della lotta svegliò i principi e Kunti, che vide la bellissima Hidimbi, e le si rivolse con parole gentili. "O divina fanciulla, chi sei? A chi appartieni? Come mai sei qui? Sei una divinità del bosco o un'apsara?".

Hidimbi disse chi era, e come mai si trovava lì, e puntando ai lottatori disse: "Ho chiesto a tuo figlio di diventare mio marito. Mio fratello si è infuriato e lo ha attaccato".

Yudhisthira e i fratelli andarono a guardare il combattimento. Bhima stava tempestando Hidimba di pugni che risuonavano come tuoni, e il Rakshasa contrattaccò afferrandolo per il collo. Sollevarono un nuvolone di polvere sotto cui scomparvero come due montagne nella nebbia.

Arjuna si avvicinò sorridendo e disse: "Perché non mi hai svegliato, fratellino? Vedo che ti stai stancando a combattere con questo terribile Rakshasa. Riposati, lo ucciderò io".

Arjuna punzecchiava il fratello per farlo infuriare, e le sue parole ebbero l'effetto desiderato. Bhima rispose irosamente: "Limitati a fare da spettatore. Questo cannibale è fra le mie grinfie, e non mi sfuggirà.".

Con un ruggito sollevò il Rakshasa sopra la testa, lo fece roteare in aria per cento volte, poi lo sbatté contro il tronco di un albero di sal spezzandogli la schiena. Sorrise ai fratelli che lo abbracciarono lodandolo per la formidabile impresa.

Capitolo 8
La nascita di Ghatotkacha e l'uccisione di Baka

Poco dopo sorse il sole, e i fratelli decisero di continuare verso sud, sperando di incontrare prima o poi una città.

Camminavano con Kunti in mezzo a loro, mentre Hidimbi li seguiva. Bhima temeva che la Rakshasi volesse vendicare il fratello, e la affrontò minacciosamente.

Yudhisthira lo fermò. "O Bhima, non si deve mai uccidere una donna. E che male ci può fare? Hai già ucciso suo fratello, che era ben più forte.".

Hidimbi ringraziò Yudhisthira, poi si avvicinò a Kunti e le disse fra le lacrime: "O nobile signora, tu conosci le pene d'amore. Kama mi ha trafitto il cuore con le sue frecce, ed io mi struggo d'amore per tuo figlio Bhima. Se non mi prende per moglie, io non potrò più vivere.".

Hidimbi propose di portarli in una regione del cielo dove avrebbero potuto riposarsi, e lei avrebbe potuto godere con Bhima. Hidimbi promise a Kunti di essere sempre disponibile a servire i Pandava, pronta ad apparire quando avessero pensato a lei. Le si inginocchiò dicendo: "Non uccidermi con un rifiuto. La mia è una richiesta virtuosa, e i saggi dicono che salvare una vita è un atto di virtù. La virtù sostiene e protegge la vita; ti prego quindi di esaudire il mio desiderio, che è puro".

Yudhisthira sorrise, colpito dalla conoscenza della religione di Hidimbi. Poteva essere una buona moglie per Bhima, che non sembrava indifferente ai suoi sguardi. "Hai parlato bene, o bellissima donna, sarai la moglie di Bhima. Potrai stare con lui di giorno, però la notte lui dovrà tornare da noi."

Il volto di Hidimbi si accese di gioia, e Bhima le sorrise e disse: "Sono felice di questa unione, ma metto una condizione. Appena avrai un figlio, ti lascerò. I miei fratelli ed io siamo impegnati a riconquistare il nostro regno.".

Hidimbi acconsentì, crebbe magicamente di dimensioni, e li portò in volo a Salivahana, un lago di alta montagna. Fra quegli splendidi boschi i fratelli costruirono una capanna sulla riva del lago, e vissero in pace. Durante il giorno Hidimbi prendeva con sé Bhima, e volavano nei cieli dove lei gli mostrò i giardini celesti abitati dai Siddha e dai Gandharva. E lì giacquero sulle rive sabbiose dei limpidi torrenti.

Bhima era preso da lei, e i sette mesi che passarono insieme gli parvero solo sette giorni. Alla fine dei sette mesi Hidimbi diede alla luce un bimbo che fu chiamato Ghatotkacha. In pochi giorni il bambino crebbe, prendendo la forma di un terribile Rakshasa. Il suo corpo gigantesco incuteva paura, era muscolosissimo, calvo, con degli occhi rossi terrificanti, un lungo naso affilato, le orecchie a punta e un torace possente, ed era alto come una palma.

Benché avesse il fisico di un Rakshasa, Ghatotkacha era di natura virtuosa, e si conquistò l'amore dei Pandava. Era dedito al loro servizio, e loro lo trattavano come un fratello. Lo addestrarono all'uso delle armi e alla lotta, e presto divenne abilissimo. Dopo un paio di mesi chiese il permesso ai suoi genitori di andare nelle regioni settentrionali in cui vivevano i Rakshasa e gli Yaksha, promettendo ai Pandava di essere pronto a tornare a servirli, solo che avessero pensato a lui. Dopo aver toccato i piedi a sua madre e a tutti i Pandava, salì al cielo e scomparve.

Era giunto il momento in cui Bhima doveva lasciare Hidimbi. Si abbracciarono dolcemente, e Hidimbi, in lacrime gli chiese se l'avrebbe mai potuto rivedere. Bhima le disse che si sarebbero potuti riunire dopo la riconquista del regno.

I Pandava e Kunti ripartirono per il loro viaggio, lasciando Hidimbi sulla montagna. Si travestirono acconciandosi i capelli come asceti e indossando abiti fatti di corteccia d'albero. Bhima portò sua madre, ed attraversarono diversi paesi, di foresta in foresta, attraverso le terre dei Matsya, dei Trigarta e dei Panchala. Nessuno li riconobbe, e loro procedettero lentamente, incerti sul da farsi, attendendo un segno del Signore. Mentre viaggiavano studiarono le scritture sacre dei veda

Un giorno, mentre erano seduti nella foresta attorno al fuoco sacro, venne a visitarli Vyasadeva. I Pandava lo accolsero con gioia e lo adorarono, e il rishi disse: "Ho saputo cosa vi hanno fatto i Kaurava. Finora ero stato imparziale, ma adesso sono dalla vostra parte. Sono venuto per aiutarvi".

Il rishi disse a Kunti che a suo tempo i suoi figli avrebbero governato il mondo. Il virtuoso Yudhisthira, con l'aiuto dei fratelli, sarebbe diventato re, ed avrebbe officiato il grande sacrificio Rajasuya, diventando imperatore del globo.

Il saggio li accompagnò al villaggio di Ekachakra, e li portò alla casa di un bramino dove furono accolti come ospiti. Poi se ne andò, dicendo che sarebbe tornato presto.

Il bramino diede loro due stanze, avendo fatto voto di ospitare sempre i pellegrini. Di giorno i Pandava giravano per il villaggio mendicando il cibo, e per la loro gentilezza ed umiltà divennero presto cari alla gente del luogo.

Ogni sera i fratelli portavano alla madre il cibo che avevano ricevuto, e lei preparava la cena. Metà del cibo veniva dato a Bhima, e il resto veniva diviso fra gli altri.

Ogni volta che uscivano per mendicare, a turno uno di loro restava a casa per proteggere Kunti. Un giorno in cui era di turno Bhima, si sentirono dei lamenti. Kunti disse: "Figlio mio, grazie a questo bramino possiamo vivere qui in pace senza paura di Duryodhana e dei suoi fratelli. È bene ricambiare il bene che si riceve e forse adesso ne avremo l'occasione".

Kunti si recò dal bramino che stava lamentandosi con la famiglia del terribile pericolo che incombeva.

La regione in cui vivevano era protetta dai nemici da un potente Rakshasa di nome Baka. Per lungo tempo aveva terrorizzato il villaggio con le sue scorrerie, divorando ogni volta degli abitanti. Alla fine la gente andò da Baka e propose di fornirgli ogni settimana un carro pieno di cibo in cambio della sua protezione. Il cannibale accettò, a patto di poter mangiare anche colui che gli portava il cibo.

Il bramino disse a Kunti che il suo turno era l'indomani, e non sapeva cosa fare. Kunti disse: "Conosco un mezzo per liberarti da questa minaccia. Tu hai due figli, ma io ne ho cinque. Lascia che sia uno dei miei a portare il tributo al Rakshasa".

Il bramino rispose: "Non posso permettere che un ospite muoia per salvarmi la vita".

Kunti disse gravemente: "Non devi temere per mio figlio, il Rakshasa non riuscirà ad ucciderlo. Lui è forte, e conosce la scienza dei mantra".

Kunti disse al bramino che suo figlio aveva già ucciso un potente Rakshasa, e Baka non sarebbe stato un problema per lui. Chiese soltanto di non dirlo a nessuno. Il bramino acconsentì con le lacrime agli occhi.

Kunti raccontò ogni cosa a Bhima che ne fu entusiasta. I suoi occhi si accesero al pensiero di potersi esercitare, e nello stesso tempo rendere un servigio.

Quella notte, mentre tutti dormivano, Bhima scivolò silenziosamente fuori della casa, e guidò il carro pieno di cibo verso la foresta dove viveva Baka. L'odore del cibo era fortissimo, e Bhima era terribilmente affamato e cominciò a divorarlo, chiamando a gran voce Baka mentre si addentrava nella foresta.

Il Rakshasa arrivò correndo, e Bhima lo vide sbucare dagli alberi. La terra rimbombava sotto i suoi passi, e le sue urla erano assordanti. Aveva un corpo enorme, occhi, barba e capelli rossi, la sua bocca si apriva da un orecchio all'altro e la sua fronte era solcata da tre profonde rughe. Baka tuonò: "Chi sei tu che osi mangiare il mio cibo?".

Bhima fece un sorriso di scherno e ignorò la sfida continuando a mangiare. Baka ruggì per la rabbia e gli diede due terribili pugni sulla schiena ma Bhima continuò a mangiare senza batter ciglio, e senza nemmeno alzare lo sguardo. Baka sradicò un albero gigantesco, e lo fece roteare sopra la testa. Bhima si alzò, si lavò le mani con una brocca d'acqua che era sul carro, poi affrontò il demone inferocito.

Baka scagliò l'albero con tutta la sua forza, ma Bhima con un sorriso lo prese al volo con la mano sinistra e lo ributtò indietro. Baka, continuando ad urlare si scagliò su Bhima e lo afferrò. Anche Bhima afferrò il demone con la presa delle sue braccia poderose. I due si dibatterono violentemente, e si rotolarono facendo rimbombare la terra. Bhima strinse la sua presa e colpì ripetutamente con la fronte la testa del demone.

Pian piano Baka si stancò, e Bhima si liberò dalla sua stretta, massacrandolo di pugni. Baka svenne, Bhima lo girò sullo stomaco, gli mise un ginocchio sulla schiena, lo afferrò per il collo e gli spezzò la schiena. Baka morì con un urlo terrificante.

Bhima mise il corpo di Baka sul carro e senza farsi vedere lo depose alle porte del villaggio. Poi se ne tornò a casa con gran sollievo di sua madre e dei quattro fratelli.

Capitolo 9

Il Gandharva Angaraparna

I Pandava continuarono a vivere nella casa del bramino in attesa della promessa visita di Vyasadeva, continuando a mendicare e a studiare le scritture vediche.

Un giorno arrivò un asceta errante, e il bramino gli offerse ospitalità. Lui accettò, e raccontò al bramino e ai Pandava che si sarebbe tenuta a Kampilya una grande cerimonia *swayamvara* per Draupadi, la figlia del re Drupada. L'asceta disse che la principessa non era nata da donna, ma dal fuoco sacrificale, assieme al fratello Dhristadyumna.

I Pandava si incuriosirono e chiesero: "Ti prego, dicci come è possibile che Draupadi e il fratello siano nati dal fuoco. Racconta tutto quello che sai."

L'asceta prima parlò di Drona. Il saggio Bharadvaja aveva un tempo incontrato Gritachi, una bellissima apsara, e al solo vederla aveva sparso il suo seme vitale. Mise questo seme in un vaso e da lì nacque Drona. Da bambino Drona era amico di Drupada che era venuto all'eremo di Bharadvaja per imparare.

Anni dopo Drona seppe che l'invincibile Parasurama si stava ritirando nella foresta e donava i suoi averi. Drona andò da lui e chiese la carità, ma Parasurama rispose: "Non ho più nulla, quello che avevo l'ho già donato. Possiedo solo il mio corpo e le mie armi. Cosa vorresti fra le due cose, o bramino?".

Drona chiese le sue armi celesti e la conoscenza per poterle usare. Il rishi lo accontentò e Drona andò a visitare Drupada. A quel punto Drupada era diventato il re di Panchala.

Poi l'asceta narrò quello che i Pandava sapevano già, l'insulto di Drupada a Drona e la sua rivincita con la divisione del regno.

Dopo quell'umiliazione, Drupada meditò vendetta, e dato che non poteva sconfiggere Drona in battaglia, andò alla ricerca di un potente bramino, sapendo che soltanto il potere spirituale di un bramino avrebbe potuto sconfiggere Drona.

Dopo una lunga ricerca, Drupada trovò due fratelli bramini di nome Yaja e Upayaja, discendenti di Kashyapa, figlio di Brahma. Il re li adorò e li servì, poi chiese aiuto. Andò dal più giovane dei due, Upayaja sapendo che era il più forte dei due, e gli chiese di fare un sacrificio per ottenere un figlio capace di uccidere Drona. Drupada offrì diecimila mucche in pagamento, ma Upayaja rispose: "Non agisco mai per motivi materiali".

Drupada continuò a servire Upayaja sperando che cambiasse idea. Dopo un anno il bramino ebbe pietà di lui e disse: "Una volta vidi mio fratello maggiore prendere da terra un frutto e mangiarlo senza pulirlo. Colui che non si cura della purezza in una cosa potrebbe non curarsene in altre. Vai da lui".

Yaja infatti accettò la proposta di Drupada. Sapendo quanto fosse difficile il compito, chiese aiuto a Upayaja che non poteva rifiutarsi al fratello maggiore. Così i due bramini andarono a Kampilya per fare il sacrificio del fuoco, inteso a propiziare il Signore Vishnu ed i deva. Prima dell'inizio del sacrificio, Drupada chiese a Yaja di avere anche una figlia da offrire in sposa ad Arjuna, pensando che con lui come genero, la sua felicità sarebbe stata completa. Yaja assentì, e Drupada, felice, si sedette accanto al fuoco con la sua regina.

Quando il rito era quasi completato, Yaja chiamò la moglie di Drupada. "Vieni presto, o regina, stanno arrivando per te un figlio e una figlia."

La regina rispose: "O bramino, non sono pura. La mia bocca è piena di zafferano e il mio corpo è cosparso di profumo, non sono pronta a ricevere il ghee sacrificale.".

Yaja rispose: "Che tu sia pronta o no, l'oggetto di questo sacrificio che io ho preparato e Upayaja ha santificato, non può attendere".

Yaja versò l'offerta nel fuoco, e subito dalle fiamme emerse un bellissimo giovane che indossava una scintillante armatura d'oro brillante, con in testa una corona e con in pugno un grande arco e una spada. Uscì dal fuoco ruggendo, montò rapidamente sul carro del re e fece dei caroselli mostrando la sua abilità con le armi.

Mentre il popolo di Kampilya ancora stava esultando, nel fuoco apparve una donna celestiale. Era scura di carnagione, gli occhi come petali di loto, i capelli neri e ricci. Aveva il seno eretto e le cosce tornite, mani aggraziate con unghie color rame, ed emanava un dolce profumo di loto che si sentiva fino a due miglia di distanza. Tutti erano incantati dalla sua bellezza, che non aveva pari nemmeno fra i deva e i Gandharva.

L'asceta continuò il suo racconto ad un'udienza incantata, dicendo che si era sentita dal cielo una voce che tuonava: "Questa bellezza dalla pelle scura sarà la migliore fra le donne, e sarà causa della distruzione dei guerrieri del mondo. Il ragazzo si chiamerà Dhristadyumna e ucciderà Drona".

Il nobile Drona seppe di questa profezia, tuttavia ben conoscendo il potere del destino, accettò di addestrare il figlio di Drupada alle arti marziali.

L'asceta tacque, e i Pandava sentendo che Dhristadyumna avrebbe ucciso il loro amato maestro, sentirono una trafittura al cuore.

* * *

Quella notte, Kunti disse a Yudhisthira: "Abbiamo vissuto qui per molti mesi, penso che adesso sarebbe bene partire. Siete tutti impazienti, e penso che vorreste tutti andare a Panchala per il *swayamvara* di Draupadi.

La mattina seguente salutarono il bramino e la sua famiglia. Camminarono in fila con Kunti nel mezzo, attraversando di nuovo la foresta in direzione di Panchala.

La prima sera del loro viaggio, mentre sedevano attorno al fuoco, comparve Vyasadeva. I Pandava si prostrarono ai suoi piedi, e lui li benedisse, poi disse: "O eroi, state seguendo la via della virtù secondo le sacre scritture? Adorate i bramini? Spero che onoriate sempre coloro che sono degni del vostro rispetto".

Prima di andarsene Vyasadeva diede loro il consiglio di tentare di ottenere la mano della principessa di Panchala.

I fratelli, confortati dalle parole di Vyasadeva, continuarono il loro viaggio. Camminarono giorno e notte, ansiosi di arrivare a Panchala in tempo per il *swayamvara*. Molti giorni dopo, a notte fonda, raggiunsero la riva del Gange, dove l'acqua scorreva tranquilla. Arjuna camminava davanti con una torcia per illuminare il cammino cercando un guado.

Dall'oscurità si sentì una voce urlare: "Fermatevi! Chi osa avvicinarsi al fiume a quest'ora? La notte appartiene agli Yaksha, ai Gandharva e ai Rakshasa. Solo al crepuscolo è concesso agli altri esseri di bagnarsi. Voi siete uomini, tornate indietro".

Dall'acqua emerse una figura scintillante che brandiva un enorme arco. "Io sono il Gandharva Angaraparna, amico di Kuvera e nessuno osa disturbarmi quando mi bagno. Come mai siete così sfrontati? Andatevene subito o vi ucciderò."

Arjuna si inalberò. "O disgraziato, i fiumi e le montagne non sono mai vietati a nessuno. Non esistono orari speciali per venire a questo fiume sacro, e non ci spaventano le tue minacce. Lasciaci passare, perché ora ci bagneremo."

Angaraparna si infuriò, e tese l'arco scagliando cento frecce contro i fratelli. Arjuna con delle mosse fulminee le parò con la semplice torcia, e rise: "Non cercare di spaventarmi, sono esperto di armi, e le tue frecce per me sono come schiuma sul mare. O creatura della notte, so bene che sei più forte degli uomini, e quindi userò contro di te un missile celeste, l'arma del fuoco che fu data per la prima volta a Bharadvaja da Brihaspati, e da lui a Agnivesha che la diede a Drona, il mio maestro, che poi l'ha data a me. Difenditi se puoi".

Arjuna cantò il mantra per invocare l'agneyastra, caricò la torcia della sua spaventosa potenza e la scagliò contro Angaraparna incenerendo il suo carro e facendolo svenire. Arjuna lo afferrò per i capelli e lo trascinò davanti a Yudhisthira.

In quel momento una donna divina uscì dall'acqua e si avvicinò a loro. Giunse le mani e disse: "O nobili signori, io sono Kumbhinashi, la moglie di Angaraparna. Vi prego abbiate pietà di me e lasciatelo andare".

Il Gandharva rinvenne e si mise a sedere, e Yudhisthira gli disse: "O Gandharva, volevi ucciderci, invece ora sei umiliato e ti fai proteggere da una donna! Puoi andare".

Angaraparna si alzò e disse: "Il mio orgoglio è stato schiacciato da tuo fratello, il mio carro bruciato. Ero conosciuto col nome di Chitraratha, 'quello dello splendido carro', ma da ora mi chiamerò Dagdharatha, 'quello del carro bruciato'".

Angaraparna ringraziò Arjuna per non averlo ucciso pur potendolo fare, e per riconoscenza gli offrì la conoscenza divina dei Gandharva. "Questa conoscenza, detta Chakshushi, ti darà la capacità di vedere nei tre mondi qualunque cosa nella sua natura intrinseca. Questa è la conoscenza che dà ai Gandharva il potere che li rende superiori agli uomini."

Poi Angaraparna indicò dei bellissimi cavalli bianchi. "Ti voglio donare anche questi cavalli. Si dice che siano parte dei fulmini di Indra, e saranno sempre al tuo comando. O nobile figlio dei Bharata, voglio che in cambio tu mi insegni ad usare l'arma del fuoco con cui mi hai sopraffatto.".

Arjuna accettò, ma prima volle sapere perché il Gandharva li avesse sfidati, uomini virtuosi, eruditi nei veda e di lignaggio reale.

Il Gandharva rispose: "So bene chi siete. Malgrado questo non potevo cedere di fronte a mia moglie".

Angaraparna proseguì, spiegando perché Arjuna aveva potuto vincerlo, pur essendo lui un essere celeste: "Tu hai osservato il voto di celibato, o eroe, e la tua forza è divenuta irresistibile. Se un guerriero che soddisfa il suo desiderio incontra di notte un Gandharva, non ne può uscire vivo".

Angaraparna disse che anche un guerriero che non è celibe può battere un potente nemico se è accompagnato da un sacerdote bramino. E continuò: "Coloro che si accompagnano con sacerdoti colti e padroni di sé possono conquistare il mondo e ogni fortuna, arrivando perfino a meritarsi un posto in cielo. Quindi, o Arjuna, trovati un sacerdote come guida".

Allora Arjuna gli disse: "O Gandharva, tu sai tutto e puoi vedere tutto con la tua divina veggenza. Dimmi dove posso trovare un bramino che conosca i Veda e possa divenire il nostro sacerdote.".

Angaraparna disse che c'era nelle vicinanze un ashram dove viveva un bramino di nome Dhaumya, fratello minore del famoso rishi Devala. Suggerì loro di andare da lui e chiedergli di diventare loro precettore.

Allora Arjuna, grato per l'amicizia e i consigli del Gandharva, gli insegnò il mantra dell'agneyastra. In cambio Angaraparna gli offrì i cavalli. Arjuna disse: "Adesso non prenderò nulla da te. Non desidero la tua conoscenza, e non posso prendere i cavalli. O grande Gandharva, mi basta la tua amicizia. Un giorno forse quei cavalli mi serviranno".

Si salutarono, e i Pandava ripresero il viaggio, dirigendosi verso l'ashram di Dhaumya. Il sole si era alzato, e si vedevano i rishi che si bagnavano nel fiume recitando i sacri inni dei veda. Anche i Pandava si bagnarono nel fiume, e con l'argilla sacra della riva si disegnarono sul corpo i simboli dei Vaishnava, i devoti di Vishnu.

Infine i Pandava trovarono Dhaumya, e Yudhisthira disse: "O grande saggio, siamo i figli di Pandu e desideriamo la tua protezione. Ti preghiamo di diventare la nostra guida".

Dhaumya sorrise e li fece sedere. Il rishi sentì nascere un grande affetto per loro e acconsentì a diventare il loro sacerdote. I Pandava erano colmi di gioia, come se avessero già riconquistato il regno e vinto Draupadi. Dhaumya li accettò formalmente, dandogli l'iniziazione con dei mantra vedici.

I saggi dell'ashram benedirono i principi e i Pandava proseguirono il viaggio verso Panchala in compagnia di Dhaumya.

Capitolo 10

Il *swayamvara* di Draupadi

Dopo alcuni giorni i Pandava incontrarono un gruppo di bramini. Yudhisthira disse che erano brahmachari, ovvero degli studenti celibi, che provenivano da Ekachakra col loro insegnante. "Venite con noi", dissero, "stiamo andando a Panchala al *swayamvara*. Il grande re Drupada darà abbondanti ricchezze in carità per conto della sua divina figlia."

Aggiunsero che tutta Kampilya era in festa, con attori, danzatori, cantanti, recite delle storie vediche, incontri di lotta, gare di atletica e ottimo cibo in abbondanza.

I bramini ridevano guardando i poveri vestiti dei Pandava. "Avete bisogno di vestiti nuovi. Venite, abbiamo tutto quello che vi può servire." E aggiunsero: "Chi può mai dire? La principessa potrebbe scegliere uno di voi, che siete belli come esseri celesti", e indicando Bhima, "Con un corpo così forte lui potrà guadagnare moltissimo con gli incontri di lotta."

Yudhisthira sorrise. "Verremo con voi a Kampilya."

Dopo alcuni giorni la compagnia giunse in un piccolo villaggio vicino a Kampilya, dove i Pandava vennero ospitati nella casa di un vasaio, pochi giorni prima del *swayamvara*.

Il re aveva preparato una difficilissima prova per i pretendenti alla mano di Draupadi. In cima a un palo c'era un piccolo bersaglio schermato da una placca rotante con un forellino al centro. La freccia doveva colpire il bersaglio passando attraverso il foro quando questo era allineato con il bersaglio. Inoltre si doveva usare un arco speciale, che una persona normale poteva alzare a stento. Solo un guerriero straordinario avrebbe potuto farcela.

Arjuna era eccitato, e pregò Krishna per avere l'opportunità di partecipare alla prova per vincere la principessa. Dalle parole di Vyasadeva, sembrava che lei fosse destinata ad uno dei fratelli, inoltre con il matrimonio si sarebbero alleati con il potente Drupada.

* * *

Drupada aveva organizzato una festa sontuosa. Era stato costruito un enorme stadio con mura di arenaria, con cento grandi porte intarsiate d'oro e gemme preziose e tribune di corallo. Davanti a queste tribune vi erano centinaia di troni incrostati di gemme per i re presenti, e attorno allo stadio il re aveva fatto costruire le loro residenze, degli edifici bianchi a molti piani che si perdevano nelle nuvole come la vetta del monte Kailash. Le finestre degli edifici avevano grate d'oro, i muri erano incrostati di diamanti e smeraldi, e i pavimenti erano coperti di tappeti preziosi.

Il primo giorno del *swayamvara*, i re entrarono nello stadio e si sedettero sui troni, accolti al suono di migliaia di trombe e cimbali.

Erano anche presenti moltissimi rishi, luminosi come il sole. Le tribune cariche di ghirlande di fiori, vennero riempite dagli abitanti di Panchala vestiti a festa. Su tutto aleggiava il profumo dell'aloe nera e dell'incenso.

I Pandava entrarono con i bramini, presero posto in mezzo a loro e nessuno li notò. Si guardarono intorno, e videro davanti a tutti Duryodhana e i suoi fratelli, come un pianeta splendente attorniato da cento stelle luminose. Bhima si sentì montare la rabbia, ma Yudhisthira lo gelò con lo sguardo. Non potevano ancora rischiare di essere scoperti.

La cerimonia ebbe inizio, attori e danzatori intrattennero il pubblico, i bramini accesero i fuochi sacrificali e Drupada distribuì la carità. Andò avanti così per quindici giorni, e ogni giorno il pubblico era più numeroso. I Pandava erano sbalorditi dalla ricchezza di Drupada, che distribuiva mucchi d'oro e gemme ai bramini, tuttavia rimasero al loro posto aspettando la comparsa di Draupadi.

Il sedicesimo giorno la principessa entrò nell'arena, vestita di tuniche di lucente seta gialla e carica di gioielli scintillanti. In mano aveva un vassoio d'oro su cui portava la ghirlanda nuziale da mettere al collo dell'uomo che avesse superato la prova. Draupadi andò a sedersi vicino al padre al suono di una musica soave di flauto e vina. I re e i principi balzarono in piedi brandendo le armi e gridarono: "Sarà mia!", "Vincerò questa principessa!", Nessuno potrà eguagliare la mia forza e la mia abilità!", "Draupadi sarà mia!". Parevano un oceano in tempesta, accecati da Kama, il deva dell'amore, e si guardarono in cagnesco, agitando le armi e percuotendosi le braccia, pazzi di desiderio.

I carri celesti dei deva guidati da Yamaraja, Indra, Kuvera e Vayu, i guardiani dei quattro quarti dell'universo, si sistemarono in cielo sopra l'arena. I grandi rishi, guidati da Narada, Angira e Parvatya erano in mezzo a loro, luminosi come soli.

Quando i cinque Pandava videro il bellissimo volto scuro di Draupadi, si sentirono conquistati. Si alzarono in piedi, guardando il suo corpo squisito mentre si muoveva con grazia accanto al padre. Dal lato opposto dell'arena c'erano gli Yadava di Mathura, e fra loro Krishna li notò. Li guardò attentamente, e rivolgendosi a Balarama disse: "Secondo me quelli sono i Pandava," disse indicandoli con un lieve cenno della testa, "Ho sentito dire che i miei cugini sono sopravvissuti all'incendio di Varanavata. Sembra che sia vero, cosa ne pensi, Rama?".

Balarama li osservò attentamente uno per uno, non c'era dubbio, erano i figli di Kunti. Sorrise a Krishna, e non dissero nulla della loro scoperta.

Tutti avevano occhi solo per Draupadi e suo padre, e nessun altro li notò. Drupada allargò le braccia e i re e i principi si sedettero. Dal cielo cadde una pioggia di fiori, e si udì il suono delle conchiglie e dei cimbali. Dhristadyumna, il fratello di Draupadi, si alzò in piedi e proclamò: "Oggi la mano della principessa andrà a colui che colpirà il bersaglio. Quello è l'arco e le frecce da usare. Colui che riuscirà a colpire il bersaglio attraverso il foro avrà la mano di Draupadi. Potranno partecipare solo coloro che sono di nobile nascita e di grande valore".

Drupada disse ai sacerdoti di accendere il fuoco sacro. Il re osservò i pretendenti. Nessuno di quegli orgogliosi monarchi gli pareva degno della mano di sua figlia. Il re scrutò la folla. Aveva sentito delle dicerie che sostenevano che i Pandava erano sfuggiti all'incendio, ma allora dove erano adesso? La prova avrebbe potuto essere superata solo da qualcuno dell'abilità di Arjuna. Drupada aveva architettato quella prova nella speranza che si presentassero i Pandava. Yaja aveva promesso che sua figlia sarebbe divenuta la moglie di Arjuna, non era possibile che le sue parole non fossero vere. Drupada continuò a guardarsi in giro mentre venivano chiamati i re e i principi per la prova.

Uno per uno i nobili andarono a prendere l'arco. Molti non riuscirono nemmeno a sollevarlo, e quei pochi che vi riuscirono, dopo averlo piegato un poco se lo lasciarono sfuggire andando a gambe all'aria.

Venne il turno di Karna. Vedendolo i Pandava tremarono temendo superasse la prova. Tuttavia, mentre lui si avvicinava all'arco Draupadi si alzò e disse a voce alta: "Non posso accettare per marito il figlio di un auriga".

Karna arrossì, digrignò i denti torcendosi le mani, e tacque.

Allora si alzò Duryodhana con un ghigno di scherno per la debolezza degli altri monarchi. Il silenzio cadde nell'arena. Duryodhana prese l'arco, lo incordò con destrezza e incoccò una delle frecce dall'asta d'oro, e dopo aver preso attentamente la mira la rilasciò. La freccia sibilò verso l'alto, passò esattamente attraverso il foro ma mancò d'un soffio il bersaglio. Il principe gettò con rabbia l'arco e tornò al suo posto.

Nessuno dei re di Yadava affrontò la prova perché sapevano che era destino che Draupadi sposasse Arjuna. Quando la freccia di Duryodhana sfiorò il bersaglio, tirarono un sospiro di sollievo, quell'essere malvagio non meritava Draupadi. Ma dov'era Arjuna? Solo Krishna e Balarama non erano preoccupati.

Quando tutti i re ebbero provato e fallito, e la corona nuziale era ancora sul vassoio d'oro, Dhristadyumna chiese se ci fossero altri pretendenti. Arjuna guardò Dhaumya che sorrise e assentì. Il principe si alzò e andò al centro dell'arena. I bramini urlarono di gioia.

Non tutti i bramini erano d'accordo, qualcuno fra gli anziani era in dubbio. "Come può uno che non è esperto di armi riuscire dove hanno fallito i potenti della terra? Fermate quel giovane, ci coprirà di ridicolo."

Ma altri dissentirono. "Guardatelo meglio, le sue braccia e le sue cosce sono come proboscidi di elefanti, le sue spalle sono larghe e sembra forte e sicuro come un leone".

Altri ancora parlarono del potere dei bramini, che con o senza la forza fisica, erano sempre potenti in virtù della loro forza spirituale. Un tempo tutti i guerrieri della terra erano stati annientati da Parasurama, che era un bramino, e il grande rishi Agastya aveva bevuto l'oceano intero. Non c'era impresa fuori dalla portata di un bramino.

Arjuna giunse al centro dell'arena, e dopo essersi inchinato al re, chiese con voce squillante: "È ammesso che un bramino si cimenti in questa prova?".

Drupada lo guardò con curiosità, poi diede il suo consenso. "Non è disdicevole per un re sottomettersi al potere dei bramini." Arjuna si inchinò a mani giunte e pregò mentalmente Krishna. Dopo aver girato per tre volte attorno all'arco in segno di rispetto, lo prese con la mano destra. In un attimo lo incordò e incoccò una freccia, e mentre sullo stadio era caduto il silenzio, si inginocchiò, prese la mira verso il bersaglio e scoccò la freccia che partì a velocità fulminea, attraversò il foro e colpì il bersaglio esattamente nel centro.

La folla si alzò in piedi acclamando Arjuna, e i musici diedero fiato agli strumenti. I tamburi rullarono, le trombe e le conchiglie suonarono, e i bardi composero poemi sull'impresa. I deva fecero piovere fiori e i bramini, sventolarono le vesti saltando di gioia. Solo i re e i principi rimasero seduti, afflitti per l'umiliazione e la vergogna. Drupada si chiese chi fosse mai il bramino misterioso. Intanto fra i monarchi regnava l'agitazione, sembrava che ci sarebbe stata una battaglia. Il re disse al primo ministro di allertare l'esercito.

La principessa guardò Arjuna, e si sentì subito attratta da quel divino giovane dal portamento aggraziato. Forse era Arjuna, come Yaja aveva promesso, e se non lo era, sarebbe ugualmente stato un matrimonio onorevole. I bramini erano considerati di classe superiore a quella dei regnanti, la classe degli kshatriya. Questa unione sarebbe poi stata santificata dalla presenza di Krishna, l'onnipotente Signore della creazione. Draupadi si avvicinò al figlio di Kunti e gli pose gioiosamente la ghirlanda al collo.

La rabbia dei re montò, e Yudhisthira decise che era il momento di andare. Si alzò e con i suoi fratelli andò verso l'uscita, seguito da Arjuna con Draupadi.

Duryodhana urlò: "Come osa Drupada offenderci così? Ha convocato tutti i potenti della terra per poi dare sua figlia ad un povero bramino senza alcun titolo. Il *swayamvara*, è solo per coloro che hanno sangue reale. Sembra che ci abbia invitato solo per insultarci".

I re gridarono la loro approvazione, agitando le armi. Sishupala disse: "Il re di Panchala è così orgoglioso che pensa che nessuno di noi sia alla sua altezza. Merita una punizione immediata, in modo che gli altri *swayamvara* non vadano allo stesso modo.".

Tutti i re si avvicinarono a Drupada, che vista la grande inferiorità, arretrò spaventato. Yudhisthira ordinò a Bhima e ad Arjuna di aiutarlo. I fratelli corsero verso il palco reale e si misero fra Drupada e gli altri re. Bhima sradicò un albero e lo agitò minacciosamente. I due fratelli sembravano Indra e Yamaraja di fronte alle massicce forze dei Daitya e dei Danava. Alla vista dei due eroi i re esitarono.

Molti bramini si fecero avanti per sostenere i due Pandava urlando: "Non abbiamo paura! Combatteremo questi re arroganti.".

Arjuna sorrise e li respinse gentilmente: "State lontani e guardate, con le mie frecce taglienti li fermerò come serpenti paralizzati dai mantra".

Karna era alla testa dei re, e gridò: "I re possono combattere i bramini quando loro li affrontano con le armi".

Karna scagliò delle frecce contro Arjuna, che rifornito di frecce dai soldati di Drupada, parò tutti i dardi di Karna con i suoi. Shalya, il re di Madras, lottò contro Bhima. Duryodhana e gli altri re ingaggiarono un leggero combattimento con i bramini che continuavano a confrontarli e li tennero facilmente indietro senza far loro del male.

Arjuna tirò una volata di frecce fulminee contro Karna che lo stordirono con la loro forza. Karna, che non si era aspettato una tale abilità e potenza scagliò un'altra volata di frecce, tuttavia Arjuna le fermò in volo con le sue. I re lo lodarono per la sua abilità e la cosa fece infuriare Karna, che lanciò migliaia di frecce che riempirono l'aria come uno stormo di uccelli dorati, ma Arjuna le distrusse tutte in volo invocando le armi celesti che produssero una massa di frecce dirette contro Karna.

Gli altri re stavano a guardare a bocca aperta, lodando l'abilità di ogni loro mossa.

Karna si rese presto conto che non sarebbe riuscito a prevalere, così interruppe il suo attacco e gridò ad Arjuna: "O abile bramino, apprezzo la tua bravura. Sei forse la personificazione della scienza delle armi? Sei forse Parasurama o Indra o addirittura l'infallibile Signore Vishnu? Soltanto loro e Arjuna, il figlio di Kunti, sono in grado di lottare con me".

Arjuna sorrise. "Non sono né Indra né Parasurama, o un deva o altro essere divino. Sono un semplice bramino esperto di armi grazie al suo guru. Sono maestro delle armi terrene e celesti, e sono qui per sconfiggerti."

Karna abbassò le armi, riflettendo. Questo non era un comune bramino, sarebbe stato meglio abbandonare la lotta. Il potere spirituale dei bramini era sempre superiore alla forza marziale di uno kshatriya. Il grande re Vishvamitra, pur esperto in tutte le armi celesti, non aveva potuto sconfiggere il rishi Vasishta, e il bramino Parasurama aveva sconfitto da solo tutti i re della terra. Karna si inchinò al misterioso bramino e si allontanò.

Nel frattempo Bhima e Shalya lottavano ferocemente corpo a corpo. Si rotolarono allacciati fra loro nell'arena e le loro urla e i botti dei colpi riempivano l'aria. Ad un certo punto Bhima sollevò Shalya, lo fece roteare sopra la testa e lo scagliò lontano. Bhima, poiché Shalya era il fratello di Madri, non infierì oltre.

I re erano sbalorditi dai due bramini che avevano fermato Karna e Shalya, e li guardarono a bocca aperta. "Questi due non possono essere bramini. Chi potrebbe lottare con Karna se non Arjuna o Drona, e solo Balarama e Bhima potrebbero atterrare Shalya. Cerchiamo di capire chi sono prima di continuare."

Allora Krishna si fece avanti. "O re, la fanciulla è stata vinta lealmente, non c'è motivo di combattere. Non roviniamo questa sacra occasione con un inutile spargimento di sangue."

Lentamente tutti abbassarono le armi e lasciarono lo stadio.

Capitolo11

I Pandava sposano Draupadi

Bhima e Arjuna, insanguinati e contusi per lo scontro, uscirono dallo stadio aprendosi a fatica la strada fra la folla di bramini acclamanti. Fuori li aspettavano gli altri Pandava e Draupadi, e insieme si diressero alla casa del vasaio.

Kunti, che non aveva accompagnato i figli al *swayamvara* per ridurre le possibilità di farsi scoprire, li aspettava con ansia. Arjuna entrò nella capanna e disse: "O madre, siamo tornati portando un'importante dono: guarda questo gioiello".

Kunti felice e sollevata al sentire la voce del figlio, rispose senza guardare: "Dividi con i tuoi fratelli qualunque cosa tu abbia ricevuto", poi alzò gli occhi e vide Arjuna accompagnato da Draupadi, che si prostrò ai suoi piedi. La principessa aveva saputo chi erano i principi, ed era felice di essere stata vinta da Arjuna, e salutò con rispetto la venerabile regina Kuru.

Quando Kunti vide la principessa vestita di bianco che si inchinava davanti a lei ebbe un moto di orrore. "Cosa ho detto? Come potrete dividere questa donna?". Kunti prese per mano Draupadi e parlò con Yudhisthira. "Le mie parole sono sempre state veritiere. Quando Arjuna è entrato nella capanna dicendo che aveva portato un dono, io non avevo idea che intendesse la principessa, e quindi ho detto, 'Dividilo con i fratelli', e quindi deve essere così. Cosa possiamo fare?".

Kunti non aveva mai mentito, nemmeno per scherzo, e temendo che i suoi meriti religiosi fossero in pericolo, guardò con ansia Yudhisthira.

Yudhisthira era pensieroso, poi consolò sua madre assicurandole che né lei né la principessa sarebbero state sfiorate dal peccato. Si volse verso Arjuna e disse: "Caro Phalguni, hai vinto questa fanciulla, ed è giusto che tu la sposi con i dovuti riti. Accendi il fuoco sacro e prendi la sua mano con la benedizione dei bramini".

Arjuna fu sorpreso. "O re, non mettermi sulla strada del peccato. Come posso prendere Draupadi in sposa mentre tu rimani celibe? Sei tu che dovresti prendere la sua mano. Poi, se tu lo ordini, dovrebbe sposarla Bhima, poi io e infine i gemelli".

Tutti guardarono Draupadi convinti che sarebbe diventata la moglie di Arjuna, tuttavia Draupadi restituì i loro sguardi, e i fratelli si sentirono il cuore pieno d'amore. Non avevano mai visto una simile donna, sembrava che fosse stata foggiata dal Creatore in persona. Era splendida come la dea Lakshmi, l'eterna consorte di Vishnu.

Vyasadeva aveva consigliato ad Arjuna di vincere la mano della principessa. Tuttavia sembrava intendere che lei divenisse la moglie di tutti e cinque, cosa rara ma non contraria alla religione se serviva a preservare qualche altro, più alto scopo religioso. Se Draupadi fosse diventata la sposa di uno soltanto di loro, questo avrebbe potuto comportare dissenso e screzi, e avrebbe contraddetto le parole di Kunti. Sembrava che così volesse il destino. Yudhisthira si decise, e disse: "La sposeremo tutti".

Quelle parole resero tutti felici. Mentre meditavano sull'impatto dell'ordine di Yudhisthira, il vasaio venne ad annunciare la visita di Krishna e Balarama.

I due eroi Yadava entrarono nella stanza e videro Yudhisthira seduto sul pavimento circondato dai fratelli come Indra fra i deva maggiori. I Pandava, felici di vedere i cugini, scattarono in piedi. Krishna toccò i piedi di Yudhisthira in segno di rispetto, abbracciò Bhima ed Arjuna, ed ebbe i rispetti dei gemelli. Poi Krishna e Balarama toccarono i piedi di Kunti che piangeva di felicità.

Krishna chiese loro come stavano, e Yudhisthira rispose: "Stiamo tutti bene, o Krishna, ma dimmi, come sei riuscito a rintracciarci?".

Krishna sorrise: "Il fuoco si vede sempre, anche quando è coperto. Chi se non i Pandava avrebbero potuto compiere quelle imprese al *swayamvara*? Per fortuna siete scampati all'incendio, e avete sventato i criminosi piani di Duryodhana. Siate benedetti, e che il vostro benessere possa soltanto aumentare".

Krishna se ne andò silenziosamente con Balarama per non attirare troppa attenzione su di loro e farli riconoscere. I Pandava rincuorati dal sostegno e dall'incoraggiamento di Krishna, si sentirono certi di riavere il posto che gli spettava a Hastinapura.

Anche Dhristadyumna li aveva seguiti a loro insaputa, e nascosto fuori della capanna, vide Krishna e Balarama. Quei bramini che i due eroi Yadava avevano visitato non potevano essere dei comuni asceti. Si avvicinò con cautela per spiare dalla finestra. Kunti stava insegnando a Draupadi come preparare il pasto dei Pandava.

Dhristadyumna continuò ad osservare sua sorella che obbediva felice alle istruzioni. Dopo che ebbero mangiato si coricarono su delle pelli di cervo, con le teste volte a sud. Kunti era sdraiata lungo le loro teste, e Draupadi ai loro piedi. Dhristadyumna vide che sua sorella sorrideva ed era molto felice. Li sentì parlare di armi celesti, di carri, elefanti, archi, frecce e spade. Discussero la battaglia dello stadio ridendo.

Il principe aveva visto e sentito abbastanza, era ovvio che quegli uomini erano dei potenti guerrieri, probabilmente dei reali travestiti. Silenziosamente Dhristadyumna si allontanò e andò da suo padre a riferire.

* * *

Dhristadyumna raccontò a Drupada ciò che aveva visto. "I due bramini che hanno combattuto si sono allontanati dallo stadio con altri tre, e sembravano fratelli. con loro c'era una donna luminosa come il fuoco, che credo sia la madre. Secondo me sono i Pandava, che vivono in incognito dopo essere sfuggiti all'incendio di Varanavata."

Drupada all'alba chiamò il suo sacerdote e gli chiese di andare alla capanna del vasaio per accertarsi dell'identità dei bramini. Il prete partì subito, e giunto alla capanna lodò i Pandava per il loro valore, e disse: "O eroi, il grande re Drupada desidera conoscere i vostri nomi. Siete per caso i Pandava? Il re ha sempre desiderato che sua figlia si unisse ad Arjuna, e se così fosse, nulla potrebbe renderlo più felice".

Yudhisthira si volse ai fratelli e disse: "Portate dell'acqua e lavate i piedi di questo bramino. È il sacerdote reale di Drupada, e gli dobbiamo speciale rispetto".

Poi Yudhisthira disse: "O bramino, il re ha fissato un prezzo per la mano di sua figlia, che è stato pagato. Quindi non ha diritto di conoscere il lignaggio dell'uomo che l'ha vinta superando la prova. Tutte le domande sulla nostra razza e famiglia hanno avuto la loro risposta da quella freccia che ha colpito il bersaglio".

Yudhisthira sorrise, e assicurò che Drupada non avrebbe avuto rimpianti e aggiunse: "Come avrebbe potuto colpire il bersaglio uno di nascita inferiore senza un addestramento alle armi? È un atto leale, e nessuno lo può annullare.".

Mentre Yudhisthira parlava giunse un messaggero per dire che si stava preparando una grande festa. Chiese ai Pandava di recarsi al palazzo del re, per la cerimonia di matrimonio.

Yudhisthira consentì, e il messaggero fece salire Kunti e Draupadi su un carro d'oro e i Pandava su di un altro, e presto giunsero al palazzo di Drupada. Yudhisthira seguito dai fratelli entrò nella sala coperta di preziosi tappeti, con dei tavoli lungo le pareti incrostate di gemme. Su un tavolo il re aveva messo vari oggetti d'interesse dei bramini, come gli strumenti per i sacrifici, i libri sacri e ghirlande di fiori. Su un altro tavolo c'erano gli oggetti dei vaishya, attrezzi agricoli, corde, semi e simili. Su un altro tavolo ancora vi erano armi, armature, scudi, razzi ed altri oggetti per guerrieri.

Tutti guardarono i fratelli entrare col passo di giovani leoni, trasudanti forza, vestiti di pelli di cervo nero, con lunghe braccia muscolose come serpenti e occhi come tori scalpitanti. Gli eroi sedettero sui troni d'oro tappezzati di seta senza esitare, disponendosi in ordine di età. I servi e le damigelle gli portarono raffinati cibi su vasellame d'oro e d'argento.

A cena finita si alzarono e si diressero al tavolo su cui erano le armi, e le esaminarono attentamente discutendone fra loro. Era evidente per tutti che i fratelli erano di stirpe reale.

Drupada si avvicinò a Yudhisthira e disse: "Signore, siete bramini o kshatriya di rango reale? O siete vaishya, e addirittura sudra? O forse siete esseri celesti travestiti da bramini, venuti a visitare la terra? Per favore, dicci la verità. Quando sapremo a che classe appartenete, potremo organizzare la cerimonia adatta".

Yudhisthira guardò il re sorridendo, e disse: "O re, rallegrati, i tuoi desideri sono stati esauditi. Siamo dei reali, i figli dell'illustre Pandu. Io sono Yudhisthira, e tua figlia è stata vinta da Arjuna, che insieme a Bhima ha lottato contro gli altri re. Draupadi è nella sala delle dame, con Kunti, nostra madre".

Yudhisthira giunse le mani e aggiunse: "O re, tu sei il nostro amato e rispettato superiore. Ti chiediamo protezione. Dicci, cosa fare".

Drupada, sopraffatto dalla gioia, non riusciva a parlare e tremava con gli occhi pieni di lacrime. Infine con uno sforzo disse: "O grande eroe, non posso esprimere a parole la mia gioia. Oggi la mia missione in terra è compiuta, e i miei sogni si sono avverati. Dimmi come siete sfuggiti all'incendio di Varanavata".

Drupada e i suoi due figli Dhristadyumna e Shikhandhi ascoltarono la storia di Yudhisthira, e condannarono Duryodhana e il suo debole padre. Drupada fece voto di aiutarli a riprendere il trono di Hastinapura.

Il giorno seguente Drupada ebbe un altro colloquio con Yudhisthira. "O retto eroe, oggi le stelle sono favorevoli. Celebriamo il matrimonio di Arjuna con mia figlia."

Yudhisthira rispose: "O re, secondo la religione io devo sposarmi prima del mio fratello minore".

Drupada comprese. "Allora sarai tu a sposare Draupadi."

Yudhisthira replicò: "Draupadi diverrà la moglie di tutti noi, nostra madre ha voluto così. Dhananjaya ha vinto la mano di quel gioiello di tua figlia, tuttavia noi abbiamo la regola di spartire ogni cosa. Quindi Draupadi sposerà ognuno di noi, uno dopo l'altro, seguendo l'ordine di età".

Drupada sbarrò gli occhi per la sorpresa. "O eroe, ho sempre saputo che un uomo può avere tante mogli, ma mai che una donna possa avere più di un marito. Tu sei famoso per la virtù, come puoi volere ciò che è contrario alla tradizione e alle scritture sacre?".

Il Pandava disse che la morale è sottile, e la sua applicazione dipende dalle circostanze. Sua madre aveva ordinato loro di dividere la principessa, e Yudhisthira aveva accettato, pur non avendo mai albergato il peccato nel cuore.

Drupada non era convinto e chiese a Yudhisthira di parlarne in una riunione di corte con Dhristadyumna, Kunti e dei colti bramini. Yudhisthira fu d'accordo, ed andarono tutti nella sala del consiglio per la discussione.

Avevano appena cominciato a parlare quando fu annunciato l'arrivo di Vyasadeva. Il saggio fu fatto entrare, e tutti i presenti andarono a toccargli i piedi. Egli salutò tutti e diede la sua benedizione a Drupada e ai Pandava.

Drupada chiese: "O illustre saggio, può una donna sposare molti uomini senza essere contaminata dal peccato? Dimmi la verità".

Vyasadeva rispose che un simile matrimonio era in contrasto con le direttive dei Veda e le consuetudini della tradizione, benché fosse comune nelle ere antiche. Il saggio, guardando Drupada e Yudhisthira, chiese cosa pensavano. Drupada espose i suoi dubbi, non vedeva in che modo i cinque fratelli potessero diventare tutti mariti di Draupadi. In questo modo il fratello maggiore sarebbe andato con la moglie del minore, cosa che secondo le scritture era come andare con la propria figlia.

Yudhisthira rispose che non aveva dubbi o apprensioni riguardo a quel matrimonio multiplo. Citò un esempio storico di una ragazza brahmina di nome Jatila che aveva sposato sette rishi contemporaneamente, e il caso dei famosi asceti Pracheta, che condivisero la sposa. Erano esempi che si trovavano nei Veda, e accettati. In certe circostanze anche le regole potevano venire infrante per preservare qualche valore religioso più alto.

Vyasadeva allora volle parlare con Drupada in privato e gli spiegò perché quel matrimonio era conforme ai principi della virtù. Draupadi nella sua vita precedente aveva pregato Shiva per avere un marito. Nelle sue preghiere aveva fatto cinque volte quella richiesta, e Shiva aveva risposto: "Dato che me lo hai chiesto cinque volte, nella tua prossima vita avrai cinque mariti". Vyasadeva aggiunse che la principessa era un'espansione di Lakshmi, apparsa nel fuoco sacro per divenire la moglie dei Pandava. Il saggio disse anche che i fratelli erano tutti incarnazioni di Indra nei diversi millenni.

Vyasadeva con i suoi poteri mistici permise a Drupada di vedere i Pandava nelle loro vite passate, e il re ebbe la visione della fiammeggiante forma di Indra in ogni fratello.

Drupada congiunse le mani e disse al saggio: "O grande rishi, sono convinto e soddisfatto. Mia figlia accetterà la mano dei cinque fratelli".

Tornati dagli altri, il re diede il consenso al matrimonio. Vyasadeva disse: "Oggi la luna è entrata nella costellazione del Pushya, ed è un giorno di buon augurio. La prima cerimonia dev'essere fatta subito, e Yudhisthira prenderà la mano di Draupadi.".

Drupada diede le disposizioni ai suoi ministri e sacerdoti, e nella corte interna del palazzo venne acceso il fuoco sacro. Fu eretto un bellissimo altare di oro e corallo ornato di gioielli scintillanti, e i bramini cantarono gli inni sacri.

Il re, i suoi parenti ed amici presero posto, vicino ad un lago coperto di fiori di loto, e sudditi di tutte le classi entrarono nella corte per assistere alla cerimonia. I cinque fratelli vestiti di ricche tuniche di seta e gli orecchini d'oro, entrarono come tori possenti preceduti da Dhaumya, il cui splendore era paragonabile al sole. Il sacerdote sedette accanto al fuoco e fece offerte di ghee. Quando le fiamme si innalzarono, cantò i sacri mantra per invocare la presenza di Vishnu e delle divinità principali. Poi chiamò Yudhisthira dicendogli di prendere la mano di Draupadi. La principessa dalla carnagione scura, con una veste di seta gialla e preziosamente ingioiellata e i capelli ricci agghindati con fiori, lo aspettava. Si presero per mano e girarono sette volte attorno al fuoco del sacrificio, consacrando la loro unione.

Nei giorni che seguirono la principessa di Panchala si sposò con gli altri fratelli. Vyasadeva disse al re che per volere divino la principessa tornava vergine dopo ciascun matrimonio.

Infine Drupada diede i suoi doni ai generi. Ciascuno di loro ebbe cento carri d'oro tirati da quattro cavalli, cento elefanti adulti, cento damigelle ingioiellate e inghirlandate e grandi quantità di oro, pietre preziose e ricche vesti. I Pandava passarono giorni felici nella capitale di Panchala. Da parte sua Drupada, con i Pandava come formidabili alleati, non temeva più nemmeno i deva in cielo.

Quando Krishna tornò a Mathura, fece preparare dei ricchissimi doni da mandare ai Pandava. Vennero inviati a Kampilya lingotti d'oro, mucchi di pietre preziose fra cui le gemme vaidurya, rare e senza prezzo, tappeti, tuniche, coperte, pelli. Krishna mandò anche migliaia di giovani e bellissime damigelle di raffinata educazione, elefanti addestrati, cavalli e centinaia di carri.

Per amore di Krishna, Yudhisthira accettò graziosamente i doni, e mandò un messaggio di ringraziamento. Sereni e tranquilli per l'amicizia e le benedizioni di Krishna, i fratelli si sentivano cullati dalla buona sorte.

Capitolo 12

Dhritarastra cede metà del regno

I re lasciarono la cerimonia del *swayamvara* per le loro rispettive città, meravigliati per quanto avevano visto. I famosi Pandava erano ancora vivi! I re biasimarono Bhishma e Dhritarastra per aver permesso che fossero stati perseguitati e privati del regno che gli spettava di diritto.

Duryodhana era abbattuto. I cugini, sfuggiti misteriosamente al fuoco, si erano alleati con Drupada e con Krishna, ed erano diventati più forti che mai. Il loro stesso valore del resto, era eccezionale. In due avevano respinto centinaia di re, e avevano fatto ritirare persino Karna. I Kaurava tornarono a Hastinapura tristi e vergognosi, e anche preoccupati. Drupada era un nemico potente. Quando Duryodhana entrò a palazzo Vidura gli andò incontro, e quando seppe le notizie il suo volto si riempì di gioia. Malgrado le macchinazioni di Duryodhana i Pandava stavano bene! Il Signore li aveva protetti.

Vidura andò subito da Dhritarastra e disse: "Per buona sorte i Kuru stanno bene e hanno avuto successo".

Il re cieco rispose con gioia: "Che fortuna!", convinto che Duryodhana avesse vinto Draupadi. Vidura lo informò meglio dei fatti. Dhritarastra trasalì. "Queste sono bellissime notizie. Quei ragazzi mi sono fin più cari di quanto lo fosse Pandu. Il loro successo e le loro fortune sono anche i miei.".

Vidura sorrise. "O re, che i tuoi sentimenti possano durare cent'anni."

Il re rimase solo con Duryodhana e Karna. Appena Vidura fu uscito, tutti e due balzarono in piedi protestando.

Duryodhana disse: "O re, come fai a considerare una fortuna la notizia del successo dei nostri nemici? È una sciocchezza, noi dobbiamo indebolire i Pandava e privarli delle loro fortune, e non rallegrarcene. Altrimenti loro ci metteranno da parte, con tutti i nostri parenti, eserciti, amici e ricchezze".

Dhritarastra replicò: "Voglio le stesse cose che voi desiderate, ma non voglio rivelare a Vidura i miei sentimenti. Ecco perché ho lodato i Pandava davanti a lui".

Il re chiese a Duryodhana e Karna cosa intendessero fare, e Duryodhana rispose che si doveva usare ogni mezzo diplomatico e ogni intrigo possibile per indebolire i Pandava. Suggerì di cercare di provocare dissapori fra i fratelli, e di convincere Drupada a rompere l'alleanza comprandolo con delle ricchezze. Forse anche Draupadi poteva venir messa contro di loro se si mandavano delle bellissime donne a sedurre i fratelli, o forse si poteva assassinare segretamente Bhima che era il fulcro della loro forza.

Duryodhana concluse: "O padre, usiamo qualunque mezzo pensi sia meglio. Dobbiamo in qualche modo portare i Pandava sotto il nostro controllo. La loro forza aumenta ogni giorno".

Il principe Kaurava si volse verso Karna, e gli chiese il suo parere. Karna alzò il pugno e la sua risposta rimbombò. "O Duryodhana, secondo me i tuoi suggerimenti non sono ben pensati. Io non credo che gli intrighi possano avere successo. Hai già provato e ti è andata male in varie occasioni, e ti andrà male ancora."

Adesso i Pandava erano cresciuti, e si erano assicurati degli alleati potenti, e stavano in guardia contro i Kaurava. Avrebbero scoperto e sventato qualunque piano Duryodhana potesse tentare. E nessuno avrebbe potuto mettere Draupadi contro ai mariti. Li aveva scelti quando pensava che fossero dei poveri bramini, come avrebbe potuto respingerli ora che erano ricchi e potenti? E il virtuoso Drupada non li avrebbe certo lasciati per guadagnare in ricchezza, anche se i Kaurava gli avesse offerto l'intero regno.

Con gli occhi lampeggianti, la corazza d'oro naturale che scintillava sui raggi di sole che entravano dalle finestre, Karna si rivolse al re: "O sire, sfidiamo i fratelli sul campo di battaglia prima che si possano organizzare, prima che Drupada abbia il tempo di chiamare i suoi alleati e prima che Krishna e Balarama arrivino da Mathura con il loro esercito".

Karna dichiarò che preferiva sistemare le questioni lealmente con le armi. Per lui quello era l'unico modo di affrontare con nobiltà i Pandava. La diplomazia, la corruzione e l'inganno si sarebbero provati inefficaci. I Kuru avrebbero dovuto mettere subito insieme un esercito e marciare sulla capitale di Drupada, sconfiggendolo insieme ai Pandava. A quel punto il mondo sarebbe stato loro, libero da ogni minaccia.

Dhritarastra lodò Karna per il suo discorso coraggioso. "Queste eroiche parole ti onorano, però prima di prendere una decisione consultiamo Bhishma, Drona e Vidura. Questi uomini ci consiglieranno sempre per il meglio dei nostri interessi."

Dhritarastra li convocò ed espose il pensiero di Duryodhana e Karna. Bhishma rispose per primo. "O re, non posso dare il mio consenso ad una lite con i Pandava. I figli di Pandu e i tuoi figli mi sono ugualmente cari, ed entrambi meritano la mia protezione. Bisogna dare ai Pandava metà del regno. Per quanto tu senta che questo regno sia tuo, così anche i Pandava lo sentono loro. In realtà il loro diritto precede il tuo. Quindi consegnagli metà del regno. Fallo per il tuo bene."

Bhishma proseguì spiegando cosa sarebbe successo se si rifiutavano di fare pace coi Pandava. I Kaurava si sarebbero coperti di infamia, e tutti li avrebbero condannati. Una volta persa la reputazione, la loro esistenza sarebbe divenuta insostenibile. Bhishma si guardò attorno mentre parlava. "Siamo fortunati che i figli di Kunti siano ancora vivi, e che Purochana sia morto. Dal giorno in cui ho sentito che Kunti e i suoi figli erano morti nell'incendio, non ho potuto guardare in faccia nessuno."

Bhishma chiese a Dhritarastra se sapeva che i suoi sudditi lo avevano incolpato per la morte dei Pandava. Il fatto che fossero sopravvissuti poteva riparare la sua reputazione, tuttavia Dhritarastra avrebbe dovuto trarre vantaggio da questa fortuna. I Pandava erano virtuosi, uniti, e sempre protetti dal Signore Supremo. Persino Indra con tutti i deva non avrebbe potuto privarli dei loro diritti. "Se vuoi giustizia, il bene di tutti e la mia approvazione, dai a questi ragazzi metà del tuo regno."

Drona si alzò per parlare. "O sire, si dice che i consiglieri devono sempre dire ciò che è giusto, vero e che porta benessere e gloria al loro re. Il mio parere è lo stesso di Bhishma. Dai il regno ai Pandava, manda a Drupada un messaggero con dei ricchi doni, e digli che la sua alleanza con la casa dei Kuru ha rafforzato la tua forza e dignità."

Quando Drona finì di parlare, Karna balzò dal suo seggio, non ne poteva più, era furibondo, e disse che secondo lui Bhishma e Drona sbagliavano. Il futuro dipende soltanto dal destino, e le azioni non lo possono influenzare, tutto è segnato. Se Dhritarastra aveva a suo tempo ereditato il trono, chi poteva obiettare? E perché i Pandava erano temibili?

Karna guardò ferocemente Bhishma e Drona concludendo: "Questi due hanno parlato o per paura o per favorire i Pandava. O re, giudica tu i motivi dei tuoi ministri, e poi fai quello che ritieni giusto".

Dhritarastra tacque e Drona ribatté: "Karna, le tue parole nascono dalla tua invidia. Per il tuo attaccamento a Duryodhana, tu pensi solo a colpire i Pandava. Ciò che ho detto è per il bene di questo casato. Se si agisce in altri modi, secondo me sarà la rovina dei Kuru".

Venne il turno di Vidura. "O sire, non credo che tu abbia amici migliori di Bhishma e Drona. Quello sciocco di Karna potrà non essere d'accordo, ma loro sono imparziali e hanno parlato soltanto per il tuo bene. Perché ignori il loro consiglio?".

Vidura aggiunse che la parzialità di Dhritarastra avrebbe portato alla sua rovina. I Pandava erano potenti e virtuosi, e non potevano essere sconfitti con la forza, avrebbero potuto sostenere perfino l'attacco dei deva. E come alleati, oltre al fortissimo Drupada, avevano Krishna e Balarama, e la vittoria era sempre con Krishna.

Vidura parlò con fermezza: "O re, lava la macchia alla tua reputazione per l'incendio di Varanavata, agisci come desiderano i tuoi sudditi, fai ciò che è giusto e dai ai Pandava ciò che gli spetta. Se ascolti i consigli di Duryodhana, Shakuni e Karna, perderai la tua fortuna e il tuo regno".

Dhritarastra tacque per qualche minuto. Per quanto desiderasse dare tutto ai suoi figli, non poteva negare la verità delle parole di Vidura. Appoggiò la mano sullo scettro e disse: "Il colto Bhishma, il rishi Drona e tu, illustre Vidura, avete ragione. I Pandava sono miei figli, e hanno diritto a questo regno. Vai, o Vidura, portali qui con Kunti e Draupadi".

Dhritarastra sciolse la riunione, e Duryodhana e Karna uscirono furibondi, seguiti da Dushashana e dagli altri principi Kaurava, e Vidura andò a fare i preparativi per andare a Kampilya.

* * *

All'alba del giorno seguente Vidura si mise in viaggio per il regno di Panchala recando doni preziosi per Drupada, i Pandava e Draupadi.

Quando giunse a Kampilya, Drupada lo ricevette con onore, e i Pandava lo accolsero con le lacrime agli occhi e gli toccarono i piedi. Il vecchio ministro li abbracciò calorosamente uno per uno. Si fece avanti Krishna e si inchinò a Vidura che lo abbracciò e percepì un'ondata di amore estatico. Poi Vidura offrì a Draupadi dei gioielli d'oro, diamanti e rubini, e a Drupada un mucchio di splendenti pietre preziose.

Quando furono tutti seduti nella sala del consiglio di Drupada, Vidura parlò. "O Drupada, questo è il messaggio di Dhritarastra. Tutti gli anziani Kuru sono felici della tua nuova alleanza, come se avessero acquisito un nuovo regno. Manda i Pandava a Hastinapura, I Kuru desiderano ardentemente rivederli."

Drupada sorrise. "O saggio Vidura, è giusto che questi ragazzi tornino al loro regno ancestrale, che vadano a Hastinapura."

Prima di partire i Pandava, accompagnati da Krishna, andarono a salutare Drupada, e il vecchio re e sua moglie piansero quando la figlia salì sul carro con Kunti.

I cittadini di Hastinapura erano lungo le strade per vedere i Pandava e li acclamarono. "Yudhisthira, il migliore degli uomini, finalmente è tornato!", "Quell'anima nobile conosce i precetti della virtù!", "È come se oggi l'amato Pandu fosse tornato dalla foresta!" "Abbiamo fatto carità e sacrifici, abbiamo guadagnato meriti religiosi, speriamo che per questo i Pandava restino con noi per cent'anni!".

I fratelli sorrisero, alzando le mani in segno di benedizione, e dopo poco videro Dhritarastra e Bhishma che gli erano venuti incontro. Il re e i suoi ministri abbracciarono i Pandava, che si inchinarono agli anziani col dovuto rispetto. Yudhisthira fece delle domande sullo stato del regno e dei sudditi, e gli fu detto che la situazione era fiorente. Lentamente tutti si spostarono verso il palazzo di Dhritarastra.

Nella sala del consiglio il re parlò ai Pandava con voce tremula: "È con grande gioia che oggi siamo qui con i figli di Pandu. Per evitare ulteriori dispute fra di noi, voglio dare ai Pandava metà del regno. O Yudhisthira, figlio mio, vai a Khandavaprastha, e che questa sia la tua parte del regno".

Bhishma e Vidura si scambiarono un'occhiata ma non dissero nulla e Krishna sorrise quando sentì l'offerta del re. Conosceva bene la regione che il re con tanta generosità stava offrendo ai Pandava. Khandavaprastha era una vasta area selvaggia dove anticamente si trovava la capitale, come superficie almeno la metà del regno. Poi, per l'offesa di un re Kuru, un rishi aveva maledetto la terra, trasformandola in una landa desolata.

Yudhisthira non provò rabbia o risentimento per l'ingiusta proposta. Il principe guardò Krishna, sicuro che col suo aiuto avrebbero potuto rendere quella terra abitabile. A mani giunte il Pandava accettò il dono di Dhritarastra. "Così sia, o mio signore."

Il giorno seguente Vyasadeva officiò la cerimonia di incoronazione di Yudhisthira e il principe divenne il re di Khandavaprastha.

Dopo l'incoronazione i Pandava partirono per il loro regno in compagnia di Krishna e Vyasadeva. Con l'aiuto del saggio, i fratelli scelsero la terra per fondare la città. Vyasadeva officiò il rituale vedico per invocare la presenza dei deva, poi Krishna si sedette col rishi e convocò Indra, che apparve subito, luminoso come il fuoco. Il deva si inchinò e chiese: "Cosa posso fare per te, mio signore?", e Krishna gli chiese di costruire una città per i Pandava e di spargere il suo nettare celeste sulla terra per farla tornare ricca e fertile. Indra convocò Vishvakarma, l'architetto dei deva, che si mise subito al lavoro.

L'architetto costruì palazzi con finestre che parevano le ali spiegate della divina aquila Garuda. Poi cinse la città di mura di granito alte fino al cielo con delle porte massicce che nessun'arma poteva scalfire, e sulle mura e sui bastioni difensivi dispose armi capaci di scagliare dardi e missili letali. Le torri erano presidiate da soldati addestrati e armati. Le strade erano larghe e ben disegnate, e nelle grandi piazze vi erano teatri e un gran numero di templi. Al centro della città costruì l'opulento palazzo dei Pandava che sembrava il paradisiaco monte Meru. Intorno alla città fece sorgere leggiadri boschi ricchi di alberi carichi di fiori e laghi con cigni e fiori di loto.

La città, cui venne dato il nome di Indraprastha, attrasse subito i bramini, che aprirono scuole di scienze vediche, poi arrivarono i vaishya attratti dalle opportunità del commercio, poi gli artigiani e gli operai, ed in breve la città si popolò di onesti e pii cittadini, prendendo l'aspetto di Amaravati, la città dei cieli. Yudhisthira e i fratelli governarono con compassione e giustizia, e la gente di Indraprastha ebbe tutto quello che poteva desiderare, e amava i Pandava come padri.

Krishna, rimase nella città per qualche giorno, e passò molto tempo con Arjuna. Draupadi cercava ogni occasione per servire Krishna, e gli diventò molto cara.

* * *

Pochi giorni dopo la partenza di Krishna, arrivò a Indraprastha il rishi Narada. Yudhisthira, alla vista del famoso saggio con i lunghi capelli color oro annodati sulla testa, scese dal trono per offrirgli rispetto. Poi lo fece accomodare e gli porse personalmente dell'*arghya*. Gli lavò i piedi e gli diede il benvenuto con parole gentili. Ordinò a Draupadi di presentarsi al saggio che la benedì.

Quando Draupadi uscì, Narada disse: "L'illustre principessa è la moglie di tutti voi. Dovete darvi una regola per evitare che fra voi nasca il dissenso. Vi racconterò l'antica storia di due famosi Asura, di nome Sunda e Upasunda".

I due Asura erano dei Danava, i demoni celesti, figli di Nikumbha, nemico mortale dei deva. I fratelli erano come un unico essere diviso in due, vivevano insieme, mangiavano insieme e facevano tutto insieme, sempre uguali nei momenti di gioia e difficoltà. Grazie alle loro pratiche di rigide austerità, Sunda e Upasunda avevano ricevuto da Brahma il dono per cui potevano venire uccisi solamente l'uno per mano dell'altro, e sapendo di essere invulnerabili si diedero a terrorizzare l'universo. I deva non poterono fermarli. Allora Brahma creò un'apsara di straordinaria bellezza cui diede il nome di Tilottama, e la mandò dai fratelli un giorno che erano ubriachi. Appena la videro i fratelli si misero a litigare. "Questa sarà mia moglie e tua sorella!", "No, fratello l'ho vista prima io, lei è mia!", e il litigio degenerò in rissa e alla fine si uccisero a vicenda con le mazze.

Narada concluse la storia. "Così i due Asura, benché uniti e ispirati dal medesimo desiderio si uccisero per una donna. Dovreste far sì che una simile situazione non si possa mai verificare tra voi."

I Pandava si consultarono tra loro di fronte al rishi, e infine si misero d'accordo per trascorrere ciascuno del tempo con Draupadi. Se uno di loro avesse visto un altro quando era solo con lei, il trasgressore sarebbe dovuto andare nella foresta per un anno senza poter vedere Draupadi .

Dopo che i Pandava ebbero stabilito questa regola, Narada scomparve davanti ai loro occhi. I Pandava rispettarono attentamente il loro accordo e continuarono a vivere pacificamente a Indraprastha.

Capitolo 13

Il pellegrinaggio di Arjuna

Era passato più di un anno dalla visita del rishi Narada. Il potere e l'influenza dei Pandava si erano accresciuti, ed avevano portato sotto il loro dominio molti re. Governavano con un solo scopo: mantenere il popolo sulla strada della virtù e della pietà. Con il loro esempio dimostravano che la felicità nasce da una vita virtuosa. Indraprastha fiorì e agli occhi del mondo divenne anche meglio di Hastinapura. Yudhisthira, per la sua incrollabile virtù, divenne noto come Dharmaraja, il re della religione.

Draupadi rendeva felici i suoi cinque mariti con le sue attenzioni e le sue grazie femminili. Secondo il loro accordo a ciascun fratello era assegnato del tempo da trascorrere con lei. Un giorno, mentre Draupadi era sola con Yudhisthira, arrivò a palazzo un bramino, che dalla porta gridò: "O re, degli uomini spregevoli e malvagi mi hanno rapinato. Come mai i bramini non sono protetti? Il re che riscuote le tasse ma non protegge i suoi sudditi è il peggiore degli uomini. O eroi, proteggetemi come è vostro dovere".

Arjuna gli disse di non temere, e andò a prendere le sue armi per punire i ladri. Nella sala delle armi Yudhisthira era in compagnia di Draupadi. Arjuna esitò, non poteva disturbare il fratello maggiore, tuttavia se non avesse aiutato subito il bramino, la fama e la gloria di Yudhisthira sarebbero state macchiate. Arjuna doveva prendere le armi, anche a costo di venire esiliato alla foresta.

Bussò alla porta, entrò, e guardando dritto davanti a sé andò verso le armi. Yudhisthira gli sorrise, sapendo che doveva avere una ragione importante per entrare. Arjuna gli spiegò la situazione, prese l'arco e si precipitò fuori. Fece salire il bramino sul suo carro e inseguì i rapinatori. Quando li raggiunse, Arjuna colpì i ladri con le sue infallibili frecce e restituì le vacche rubate al bramino, poi tornò in città.

Yudhisthira accolse il fratello calorosamente, e con i fratelli si complimentò con Arjuna per aver aiutato il bramino. Arjuna si inchinò e disse: "O signore, dammi il permesso di osservare il voto che abbiamo concordato. Partirò subito per la foresta".

Yudhisthira si addolorò e rispose: "Perché dovresti andare? Non hai peccato, non mi hai disturbato entrando nella sala, e non c'è nessun bisogno che tu vada nella foresta".

Arjuna fu inflessibile. "Mio signore, ho imparato da te che la virtù si pratica senza esitazioni o cavilli. La verità e la virtù sono la mia forza. Dammi il permesso di partire oggi stesso."

Yudhisthira cedette e gli accordò il permesso. Certamente il Signore aveva i suoi scopi imperscrutabili, e alla fine ne sarebbe derivato solo del bene.

Il giovane principe si incamminò verso nord. Aveva deciso di risalire il corso del Gange verso l'Himalaya, per poi dirigersi verso la costa orientale che poi avrebbe seguito per fare tutto il giro, ritornando così a Indraprastha.

Arjuna viaggiò con andatura tranquilla, incontrando molti eremi abitati dai saggi sulla riva del Gange dove si fermava la sera a pregare ed ascoltare le storie delle antiche scritture sui divertimenti del Signore Supremo nelle sue varie incarnazioni. Pensava spesso a suo cugino Krishna, e decise di andare a fargli visita alla fine del suo esilio. Una sera, mentre i bramini accendevano il fuoco sacro, Arjuna entrò nel Gange per bagnarsi, e quando stava per uscire sentì una forza invisibile che lo afferrava. Malgrado i suoi sforzi per liberarsi fu trascinato sul fondo del fiume, da dove venne trasportato misticamente in un palazzo celeste. Si trovò in una sala dove bruciava un fuoco sacrificale, e si sedette offrendo del ghee nelle fiamme recitando senza paura i mantra.

Mentre stava completando i riti serali in quello strano luogo, entrò nella sala una bellissima ragazza che guardò Arjuna sorridendo. Egli la riconobbe subito come una vergine della razza celeste dei Naga, che attratta da lui, lo aveva portato nella sua dimora. Le sorrise e le disse: "O bellissima vergine, sei stata coraggiosa. Chi sei, e dove siamo?".

La ragazza disse che il suo nome era Ulupi, la figlia del re Kauravya, un Naga. "Ero al fiume muovendomi nella corrente nella mia forma eterea, e appena ti ho visto sono stata colpita dalle frecce dell'amore. O discendente dei Kuru prendimi per moglie e rendimi felice."

Arjuna rispose che era legato da un voto di celibato per un anno. Per contro le scritture dicono che uno kshatriya non può rifiutarsi a una vergine che gli si offre. Le chiese come avrebbe potuto esaudire il suo desiderio mantenendo la sua rettitudine. Ulupi rispose: "I deva conoscono bene la regola che avete istituito per Draupadi, che però riguarda solo lei. Non ci sarà peccato se prenderai un'altra donna".

Ulupi lo implorò dicendo che quell'atto era il suo più alto dovere. Gli disse che se non l'avesse presa per moglie si sarebbe suicidata, e quindi, accettandola, le avrebbe salvato la vita. Anche se i suoi meriti potevano venir lievemente diminuiti dalla sua unione con lei, avrebbe guadagnato meriti ben più alti salvando la vita di una donna che gli si era affidata.

Arjuna valutò attentamente le sue parole e decise di accettarla. Ulupi prese due ghirlande celesti che lei ed Arjuna si scambiarono ritualmente. Avendo sigillato la loro unione secondo i riti delle scritture sacre, Arjuna trascorse la notte con lei nel palazzo di Kauravya. Giacquero insieme su un letto d'oro nella dimora celeste, e concepirono un figlio.

La mattina dopo Arjuna si alzò prima dell'alba, e Ulupi lo riportò al Gange nello stesso punto in cui l'aveva trovato. Prima di lasciarlo, Ulupi lo benedì con un dono: "Nell'acqua sarai invincibile, e potrai sconfiggere ogni creatura acquatica".

Disse ad Arjuna che lo avrebbe raggiunto quando lui sarebbe tornato nel suo regno, e scomparve nel fiume.

Arjuna proseguì verso l'Himalaya, e giunse al monte Bhrigu, dove aveva vissuto il rishi Vasishta. Si bagnò nelle acque di un lago vicino al monte Bhrigu, visitò molti altri luoghi sacri, e proseguì verso oriente, scendendo dall'Himalaya. Giunse alla foresta di Naimisharanya, che i saggi descrivono come il centro attorno a cui ruota l'universo. Attraversò i fiumi Nanda e Upananda e il Kaushika, dove nei tempi antichi il famoso rishi Vishvamitra aveva praticato la sua ascesi per migliaia di anni.

Arjuna, che voleva aumentare i suoi meriti religiosi, andò da un sito di pellegrinaggio all'altro con il suo seguito, facendo molti sacrifici e distribuendo ricchezze. Raggiunse i confini del regno di Kalinga sulla costa orientale, passò a fianco del grande monte Mahendra, e giunse a Manipur, dove visitò il re Chitravahana nella sua città di Manalur. Il re aveva una bellissima figlia di nome Chitrangada, e quando Arjuna la vide nei giardini del palazzo, ne fu incantato. Andò dal re e gli chiese la sua mano.

Chitravahana gliela concesse con gioia, tuttavia pose una condizione. I suoi antenati avevano pregato Shiva per avere un figlio, e il dio aveva accolto la richiesta dicendo: "Avrai un figlio, e d'ora in poi i tuoi discendenti avranno un figlio ed uno solo per continuare la vostra razza".

Chitrangada era la sua unica figlia, e se avesse concepito, il figlio doveva restare per divenire il prossimo re di Manipur. Arjuna accettò la condizione con entusiasmo e sposò la principessa. Rimase in città per tre mesi, e quando seppe che Chitrangada aveva concepito, le promise di portarla a Indraprastha dopo il suo viaggio, e ripartì.

Arjuna proseguì lungo la costa, e quando raggiunse l'estremo sud trovò una comunità di rishi. Chiese direzioni per i luoghi di pellegrinaggio, e i rishi gli dissero che c'erano cinque laghi sacri infestati dai coccodrilli. I laghi potevano dare grandi meriti religiosi a chi si bagnava nelle loro acque, ma ogni volta che qualcuno vi si avvicinava, un terribile coccodrillo se lo portava via.

Arjuna andò al lago Agastya, che aveva preso il nome dal famoso rishi che aveva vissuto lì, e si tuffò. Subito un coccodrillo lo afferrò per una gamba, e Arjuna, grazie al dono di Ulupi, trascinò l'animale fuori dall'acqua e lo sbatté sulla riva. L'animale si afflosciò e dal suo corpo emerse una bellissima vergine celeste. Arjuna chiese alla splendida visione: "Chi sei tu, meravigliosa creatura? Perché uccidevi gli asceti?".

La vergine, con le mani giunte disse: "O grande eroe, sono un'apsara di nome Varga, l'amata di Kuvera".

Varga raccontò che una volta, mentre stava passeggiando con quattro amiche nei boschi celesti, vide un bellissimo bramino che meditava in solitudine. Per gioco le apsara cercarono di distrarlo dalle sue meditazioni, cantando e danzandogli vicino. Il bramino si arrabbiò e le maledisse dicendo: "Siccome mi avete aggredito senza alcun riguardo, voi diverrete dei coccodrilli, che per natura attaccano tutti". Le fanciulle chiesero pietà, e il bramino si intenerì e disse che presto sarebbero state liberate da un forte eroe.

Varga si inchinò al Pandava, lo ringraziò e gli chiese di liberare anche le sue quattro amiche. Arjuna sorrise, e andò nei quattro laghi e uccise i quattro coccodrilli. Le cinque Apsara ringraziarono il principe e salirono in cielo, e Arjuna proseguì nel suo viaggio.

* * *

Arjuna risalì Bharata lungo la costa occidentale e giunse a Prabhasa. Lì vicino Krishna aveva costruito nel mare una città di nome Dwaraka. Arjuna scorse la splendida città fortificata che splendeva come il sole sull'orizzonte. Il solo modo di raggiungerla era di passare su un ponte difeso da una forte guarnigione. Arjuna mandò a Krishna il messaggio del suo arrivo, ed egli venne subito ad accoglierlo, abbracciandolo con gioia.

Arjuna raccontò i suoi viaggi e le sue avventure, e l'eroe Vrishni gli disse: "Sta andando tutto per il meglio, la tua pietà e la tua virtù si sono accresciute".

Krishna sapeva che Arjuna voleva la mano di sua sorella Subhadra. Si era innamorato di lei solo a sentir parlare della sua bellezza. Inoltre quell'unione avrebbe rafforzato l'alleanza fra i Pandava e Kriṣhna, il loro amato Signore.

Il Pandava passò subito all'argomento di Subhadra, e chiese consiglio a Krishna, che sorrise. "Questa principessa è veramente degna di te, o tigre d'uomo, ma chissà quale sarebbe la sua scelta a un *swayamvara*? Per un eroe il modo migliore per conquistare una vergine è di portarla via con la forza, come raccomandano le sacre scritture."

Krishna sapeva che Balarama voleva che sposasse Duryodhana. Balarama era il padre della città e il fratello maggiore di Krishna, e lui non voleva opporsi ai suoi desideri. Disse ad Arjuna di pazientare, e insieme avrebbero studiato un piano. Nel frattempo Arjuna, che aveva ancora quattro mesi di esilio, sarebbe rimasto a Dwaraka in sua compagnia.

Subhadra viveva nel palazzo di Balarama, e non si mostrava mai in pubblico. Krishna sapeva che a suo fratello piaceva intrattenere gli asceti e i saggi, e li faceva servire da Subhadra affinché loro la benedicessero. Se Arjuna si fosse travestito da sannyasi, nessuno lo avrebbe riconosciuto con la barba e la tunica color zafferano dei sannyasi. La stagione delle piogge era in arrivo, ed era normale che gli asceti itineranti rimanessero nelle città ad aspettare la fine delle piogge.

Krishna tornò in città ed Arjuna attese qualche giorno. Il piano di Krishna sembrava buono, il Pandava voleva avere l'occasione di incontrarla. Non voleva forzarla, e se lei non fosse stata attratta, l'avrebbe lasciata in pace.

Travestito da sannyasi, con il classico bastone a tridente dei Vaishnava, gli adoratori di Vishnu, entrò a Dwaraka. Le guardie lo lasciarono passare inchinandosi in segno di rispetto. Arjuna attraversò il grande ponte d'oro incrostato di gemme che univa la città alla terraferma. La città lo colpì per la sua opulenza. C'erano sedicimila palazzi bianchi disposti simmetricamente attorno al centro per le sedicimila regine di Krishna, ogni palazzo decorato con oro e pietre preziose, maestoso come il monte Meru per dimensione e bellezza. L'aria era carica di profumi di incenso, e c'era un gran traffico di carri ed elefanti. Gli abitanti riccamente vestiti passeggiavano per i viali intarsiati di smeraldi, e nei giardini fioriti, e le fontane gorgogliavano nei laghetti pieni di fiori di loto. La città era circondata da mura massicce lunghe cento miglia che sorgevano dal mare. Arjuna andò nella casa che Krishna gli aveva fatto preparare nel quartiere dei bramini.

Come previsto, Arjuna fu invitato a palazzo e Subhadra gli servì il cibo. La principessa era fin più bella di quanto gli era stato descritto, bella come Lakshmi, la divina consorte di Vishnu. Nel servire gli asceti, si muoveva con grazia e ritegno.

Subhadra colse il suo sguardo e vide la scintilla nei suoi occhi. Lo guardò con più attenzione, le sembrava un principe piuttosto che uno dei soliti asceti. Dietro la sua barba il sannyasi sembrava molto bello, i suoi occhi scuri e penetranti le toccarono il cuore. Era evidente che lui la desiderava, forse stava cercando una moglie.

Nelle settimane seguenti Balarama invitò Arjuna a palazzo in svariate occasioni, e ogni volta Subhadra lo servì, e la loro attrazione crebbe. Un giorno Krishna parlò alla sorella di matrimonio. Lei gli confidò i suoi sentimenti per lo strano sannyasi. Krishna sorrise e le chiese cosa provasse per Duryodhana, e lei ebbe un'espressione di disgusto. Allora Krishna le disse che Arjuna la desiderava, ed era venuto a Dwaraka per avere la sua mano. Subhadra di colpo capì che il bell'asceta era Arjuna. Come aveva fatto a non indovinarlo? Quel sannyasi che si muoveva come un leone, poteva solo essere un grande re.

Subhadra era eccitata e felice. Krishna le raccomandò di tenere il segreto, perché se Balarama lo avesse saputo sarebbero stati guai. Doveva essere paziente, e Arjuna avrebbe trovato il modo di sposarla.

Verso la fine della stagione dei monsoni Balarama invitò il sannyasi a palazzo per l'ultima visita. Subhadra con sguardi e sorrisi fece capire i suoi sentimenti. Il cuore di Arjuna batté forte, e non riuscì quasi a mangiare.

A fine pasto Balarama donò oro e gioielli al sannyasi e lo mandò a casa. Nelle ultime settimane di pioggia Arjuna aveva pensato solo a lei, e adesso che i monsoni stavano finendo, doveva agire. Krishna gli disse che ci sarebbe stato un festival sulle colline di Raivataka in terraferma con tutti gli Yadava, inclusa la bella Subhadra. Era l'occasione che Arjuna aveva aspettato.

Gli occhi del Pandava si accesero, mentre Krishna, seduto accanto a lui, gli spiegava il suo piano: "O Arjuna, non vedo altro modo per avere Subhadra che rapirla dal mezzo dei parenti. Il festival ti darà l'occasione, perché gli Yadu saranno rilassati non aspettandosi pericoli".

Krishna mandò dei messaggeri alla vicina città di Indraprastha, perché Arjuna voleva avere il permesso di Yudhisthira prima di rapire Subhadra. Era un'azione che avrebbe suscitato l'ira di Balarama, e avrebbe potuto persino causare una guerra tra gli Yadu e i Pandava. Krishna gli disse di non temere. "Convincerò il mio irascibile fratello del valore e dell'eccellenza dell'alleanza con il tuo casato, o Partha. Tu pensa solo a rapire Subhadra e a fuggire a tutta velocità."

Quando giunse il permesso di Yudhisthira, Arjuna si preparò al rapimento. Il giorno della festa Tutti gli Yadava uscirono dalla città. Il re Ugrasena, Akrura, Gada, Saraba, Bahru, Satyaki, Uddhava e molti altri precedettero gli abitanti di Dwaraka sui loro carri d'oro e sulla groppa degli elefanti. Vennero anche i Gandharva e suonarono musiche celestiali per le danze delle apsara. Nei cieli volavano i carri aerei dei Siddha e dei Charana che cantavano sacri inni vedici in onore di Krishna e Balarama, spargendo piogge di fiori celesti.

Verso sera, Arjuna uscì dalla città senza farsi notare. Si era cambiato di vestiti ed indossava un'armatura. Il suo anno di esilio era finito, si era tagliato barba e capelli riprendendo il suo aspetto consueto. Krishna gli diede un carro trainato da Shaibya e Sugriva, due dei suoi destrieri celesti. Mentre gli Yadu si stavano intrattenendo nei boschi profumati di Raivataka, Arjuna scorse Subhadra fra le sue amiche vicino a un tempio di Vishnu. Senza alcun indugio incitò i cavalli dirigendo il carro verso la principessa.

Sentendo il fragore del carro che si avvicinava, Subhadra alzò lo sguardo per la sorpresa, e alla vista di Arjuna con le redini in mano e l'arco in spalla, il suo cuore ebbe un fremito di gioia. In un baleno Arjuna la prese per mano e la tirò sul carro, e prima che qualcuno potesse reagire si diresse a tutta velocità verso Indraprastha.

Quando gli Yadu si resero conto di cos'era successo, si infuriarono. Chi aveva osato rapire la principessa sotto i loro occhi? Qualcuno disse che aveva riconosciuto Arjuna. Gli Yadu tornarono immediatamente a Dwaraka e il comandante militare fece suonare la tromba per la chiamata alle armi. In fretta e furia venne convocato un consiglio di guerra. Quando i ministri e i generali ebbero preso posto nella sala Sudharma, Balarama parlò. La sua voce rabbiosa rimbombava nella sala. "Perché Arjuna ci ha offesi in questo modo? Non poteva avvicinarci in pace? Sarà guerra!".

Le migliaia di guerrieri Yadu balzarono in piedi come fiamme alimentate dall'olio. "Portatemi la corazza!", "Prendete le mie armi!", "Attaccate i cavalli e darò la caccia a quel Pandava insolente!".

In mezzo al clamore solo Krishna rimase imperturbabile. Balarama lo vide e la sua voce rimbombò di nuovo per la sala. "Fermatevi! O gente priva di buonsenso, Krishna sta tacendo. Smettete di urlare e sentiamo il suo parere."

Balarama disse al fratello: "O Janardana, Arjuna è nostro amico, tuttavia ci ha insultato. O Govinda, come tollerarlo? Spazzerò i Kuru via dalla terra".

L'assemblea esplose di nuovo con urla di approvazione. Solo Krishna sorrise, e quando l'assemblea si quietò, disse: "Non mi sembra che Arjuna ci abbia insultato, anzi credo che abbia contribuito a far crescere la nostra gloria. Partha sapeva che non avremmo accettato un pagamento o dei doni per la principessa. Chi venderebbe mai sua figlia? E neppure poteva accettarla in dono come fosse un animale. Quindi ha scelto il modo dei grandi eroi."

Nella sala silenziosa, Krishna proseguì dicendo che considerava ottima l'alleanza con i Pandava, e in particolar modo con Arjuna. Arjuna era della nobile razza dei Bharata, figlio dell'illustre Kunti che era loro parente. Subhadra e Arjuna erano una bella coppia, e sarebbe stato meglio farlo tornare in pace per il matrimonio. Del resto Subhadra non poteva più esser data in sposa ad altri.

Krishna concluse il suo discorso e si guardò intorno. Qualche Yadu aveva dei dubbi, e Krishna li dissolse con maestria. Lentamente l'umore nella sala cambiò. Arjuna era il più grande guerriero al mondo, e apparteneva ad una dinastia di imperatori della terra. Vennero mandati dei messaggeri celeri per richiamare Arjuna. In una sontuosa cerimonia Arjuna prese la mano di Subhadra davanti al fuoco sacro, con la benedizione dei rishi.

Dopo qualche giorno chiese a Balarama e Krishna il permesso di partire. L'anno di esilio era finito, e voleva rivedere i fratelli e presentare Subhadra.

Capitolo 14

L’incendio della foresta di Khandava

Arjuna partì con Subhadra su un carro d’oro tirato da grandi cavalli bianchi, seguito da un treno di carri ed elefanti carichi dei ricchi doni degli Yadu. In breve giunsero a Indraprastha, e Arjuna andò subito da Yudhisthira. Gli toccò i piedi e abbracciò gli altri fratelli con lacrime di gioia, poi raccontò le sue avventure.

Quando poi Arjuna andò a trovare Draupadi, lei gli voltò le spalle, e disse: “O Arjuna, perché vieni da me? Dovresti essere con la tua nuova sposa, le mancherai”.

Arjuna era il suo favorito fra i Pandava, e Draupadi temeva che le preferisse Subhadra. Il Pandava le chiese ripetutamente perdono, e cercò di rassicurarla dicendo che il suo amore per lei non era diminuito, ma Draupadi tenne il broncio. “Un secondo legame allenta sempre il primo, non importa quanto questo sia forte.”

Vedendo che non riusciva a placarla, andò da Subhadra e le chiese di vestirsi da pastorella.Voleva ricordare a Draupadi che Subhadra era la sorella di Krishna, il suo amato Signore, che nella sua infanzia era stato un pastore in un piccolo villaggio. La principessa Yadu si recò nelle camere di Draupadi vestita di semplice seta rossa, e le damigelle che la accompagnavano dissero: “Questa fanciulla desidera servirti”. Subhadra si inchinò a Draupadi e disse: “Sono qui ai tuoi ordini”. Draupadi, che non conosceva Subhadra, quando vide il suo portamento modesto e il suo semplice vestito, pensò a Krishna e si sentì sciogliere il cuore. Disse: “Ti auguro di divenire la moglie di un eroe e la madre di un eroe”.

Subhadra si presentò. “Sono Subhadra, la sorella di Krishna.” Draupadi sorrise e la abbracciò. La sua gelosia si era dissolta. Le due regine Pandava divennero presto amiche intime, e passarono molto tempo insieme parlando di Krishna e dei suoi congiunti.

Qualche giorno dopo arrivarono Krishna e Balarama accompagnati dai figli e dai ministri, con un grande esercito al seguito. Alle porte della città vennero accolti da Nakula e Sahadeva, e mentre procedevano in processione lungo la strada principale, gli abitanti della città li acclamarono dai bordi delle strade, adorando Krishna e suo fratello maggiore.

Yudhisthira ricevette Balarama secondo i dovuti rituali ed abbracciò Krishna con affetto. Krishna regalò a Yudhisthira mucchi di lingotti d’oro e di gemme preziose, e mille carri decorati con file di sonagli d’oro, ogni carro aggiogato a quattro cavalli guidati da abili cocchieri, diecimila mucche da latte, mille cavalli bianchi con selle e finimenti d’oro, e mille muli bianchi che potevano correre alla velocità del vento. Balarama regalò ad Arjuna come dono di nozze mille elefanti grandi come colline, addobbati con finimenti e sonagli d’oro. Queste ricchezze donate dagli Yadu, deposte fuori della sala delle assemblee, sembravano un mare sconfinato.

Yudhisthira accettò con gratitudine i doni e ospitò gli Yadu nel palazzo. Trascorsero molti giorni felicemente insieme, e quando venne il momento di partire, i Pandava ricambiarono i doni. Con Balarama in testa, gli Yadu si avviarono verso Dwaraka, mentre Krishna decise di restare con Arjuna.

Un giorno Arjuna disse: “O Krishna, oggi fa caldo. Andiamo sulle rive del fiume Yamuna, conosco un bel posto fresco”.

Si recarono in un delizioso luogo ombreggiato da alberi frondosi. Lungo la riva c’erano dei palazzi bianchi che facevano pensare ad una città divina. Krishna e Arjuna entrarono in uno degli edifici, e si ristorarono. Dopo aver riposato andarono a fare una passeggiata nei boschi, parlando di arti marziali e delle battaglie in cui avevano combattuto.

Dopo un po' si sedettero su una panchina al bordo di una fitta foresta. Mentre stavano parlando, uscì dalla foresta un bramino con la carnagione del colore dell'oro fuso. La barba e i capelli erano di un giallo luminoso, gli occhi erano come petali di loto, e il suo corpo era armonioso e forte. Il bramino si avvicinò, e Krishna e Arjuna si alzarono in segno di rispetto.

Il bramino disse: "Vi conosco entrambi come i più eccellenti fra gli uomini. Io sono un bramino vorace, che mangia molto. Sono venuto da voi per chiedere cibo".

Krishna ed Arjuna giunsero le mani e chiesero al bramino che cibo volesse. Il bramino rispose: "Io sono Agni, il deva del fuoco. Aiutatemi a mangiare Khandava, questa foresta". Benché avesse tentato molte volte di bruciarla, i suoi sforzi erano stati resi vani da Indra, che era amico di Takshaka, il re Naga che vi abitava. Ogni volta che Agni si accendeva, Indra mandava torrenti di pioggia per fermarlo. Il deva del fuoco proseguì: "Siete due grandi guerrieri, con il vostro valore potrete impedire a Indra di fermarmi".

Krishna ed Arjuna si guardarono sorpresi. Dissero ad Agni che avrebbero fatto tutto il possibile, tuttavia erano curiosi di sapere perché lui volesse consumare proprio quella foresta. Il deva raccontò che un re di nome Swetaki aveva fatto un sacrificio in cui aveva offerto talmente tanto ghee che Agni si era ammalato. Brahma allora gli aveva detto che si sarebbe potuto curare con delle erbe che crescevano solo a Khandava. Quando Agni fallì nei suoi tentativi di bruciare la foresta, Brahma gli suggerì di chiedere l'aiuto di Krishna e Arjuna.

Agni concluse: "Adesso io dipendo da voi due, devo assolutamente divorare questa foresta. Brahma mi ha detto che coloro che vi abitano sono cattivi e devono essere distrutti, quindi non esitate. È un atto sancito dall'autorità divina".

Arjuna disse: "Possiedo molte armi celesti, ma non ho un arco che possa sopportare la loro potenza. Per compiere l'impresa che tu chiedi, avrò bisogno anche di una faretra inesauribile e un carro trainato da destrieri celesti".

Agni meditò su Varuna, il deva del mondo dell'al di là, che apparve subito chiedendo: "Cosa posso fare per te?".

Agni sapeva che Varuna aveva un deposito di armi sul fondo del mare, e gli chiese di dare ad Arjuna il divino arco Gandiva, due faretre inesauribili e il carro di Soma, il deva della luna. Varuna fece comparire ogni cosa.

Arjuna era stupefatto. Il Gandiva sembrava un arcobaleno incrostato di gemme. Era alto come un uomo e privo del benché minimo difetto. Il Pandava lo prese in mano, e pizzicò la corda. Si sentì un rombo che echeggiò nella foresta terrorizzando tutti gli animali. Poi Arjuna guardò l'enorme carro d'oro, carico di ogni genere di arma divina e delle due faretre inesauribili. Il carro era aggiogato con delle finiture d'oro a dei destrieri argentei delle terre dei Gandharva. Erano cavalli capaci di andare in tutti i mondi muovendosi alla velocità della mente. Sul carro sventolava una bandiera con l'immagine di Hanuman, la grande scimmia, servitore di Rama, che pareva bruciare con gli occhi tutto ciò che guardava. C'erano altri stendardi con figure di belve feroci che ruggivano.

Arjuna girò attorno al carro, e poi vi salì come un virtuoso ascende al cielo. Indossò un'armatura che trovò sul carro, e dritto in piedi, con il Gandiva in mano, splendeva come il sole. Fece qualche giro col carro, godendosi il cupo fragore delle sue ruote.

Varuna diede a Krishna una mazza di nome Kaumodaki, che rombava quando veniva roteata e che poteva abbattere perfino i Daitya e i Danava. Krishna salì sul carro dicendo che avrebbe fatto l'auriga.

Arjuna disse ad Agni: "O deva del fuoco, adesso siamo pronti. Possiamo affrontare un intero esercito di deva e Asura, altro che Indra! Infiammati dunque a tuo piacimento, e divora la foresta".

Agni si mise a bruciare con i suoi sette tipi di fiamma, assumendo la forma terrificante che prendeva alla fine di ogni era per distruggere ogni cosa. Krishna guidava a una tale velocità che pareva che il carro fosse contemporaneamente su tutto il bordo della foresta. Ogni volta che Arjuna vedeva una creatura che tentava di sfuggire all'incendio, la abbatteva immediatamente. Uccise in presenza di Krishna, tutte le creature assumevano una forma spirituale e salivano verso le regioni trascendentali.

Il rombo dell'incendio si sentiva a miglia di distanza, e le fiamme rosse, arancioni e blu raggiunsero il cielo. I laghi e gli stagni evaporarono e le rocce si sciolsero, e neanche un'anima riuscì a sfuggire. L'incendio era così violento che gli esseri celesti si spaventarono e andarono da Indra. "O signore degli immortali, Agni là sotto sta bruciando ogni cosa. È forse il tempo della distruzione del mondo?".

Indra andò a guardare cosa succedeva, e preoccupato per il suo amico Takshaka, cercò di spegnere il fuoco con dei torrenti di acqua. La pioggia però, a contatto con il fuoco si trasformò in vapore prima di raggiungere la foresta. Allora Indra si infuriò e ammassò enormi nuvoloni che raddoppiarono il diluvio. La foresta, con fiamme, fumo, fulmini e vapori, sembrava un'inferno.

Arjuna con centinaia di migliaia di frecce creò una rete fitta come un enorme ombrello. Takshaka non era in quel momento nella foresta, ma sua moglie ed il figlio, incalzati dalle fiamme, cercarono di fuggire volando verso l'alto. Arjuna tagliò la testa della donna serpente con una freccia, poi puntò l'arco verso il figlio Ashwasena. Indra allora provocò un vento violento, che confuse Arjuna per un attimo, e Ashwasena fuggì.

Quando Arjuna si riprese, si arrabbiò con Indra e lo sfidò. Anche Indra si infuriò con Arjuna e gli scagliò contro la sua terribile arma del fulmine. Arjuna invocò l'arma Vayavya, la potente arma del vento che disperse i nuvoloni neri e dissolse l'energia dei fulmini e della tempesta. Il cielo tornò sereno, con una leggera brezza. Agni bruciò ancora di più grazie alla brezza, e si nutrì del grasso delle creature che bruciavano.

Indra chiamò i deva in suo aiuto. I fortissimi guerrieri celesti bersagliarono Arjuna e Krishna con una tempesta di palle di ferro incandescente, pietre e dardi. Arjuna parò tutto con le sue frecce, e allo stesso tempo colpì i suoi assalitori che caddero urlando nel fuoco. Allora Indra montò sul suo elefante celeste, Airavata, e caricò Arjuna e Krishna gridando: "Siete morti!", e alzò la sua arma personale, la Vajra, incitando l'elefante. Tutti gli altri deva lo seguirono nella carica, Yamaraja con il suo bastone mortale, Kuvera colla sua mazza, Varuna col suo cappio, il comandante dell'esercito celeste, Skanda, con l'arma Shakti, e Surya con i suoi raggi brillanti. Gli altri deva seguirono con le armi in pugno. I Vishvadeva, i Sadhya, i Rudra, i Vasu e i Maruta avanzarono come un sol uomo verso Krishna e Arjuna.

I deva si impegnarono a fondo, ma non riuscirono a prevalere, e sotto i colpi delle armi mistiche di Arjuna, furono costretti a ritirarsi.

A quel punto si udì una voce. "O Indra, il tuo amico Takshaka non è nella foresta, e tu non potrai vincere la battaglia contro Krishna e Arjuna. Loro sono Nara e Narayana, i rishi invincibili e immortali. Il fato ha voluto che Khandava fosse bruciata."

Era la voce di Brahma, il creatore universale, e Indra con tutti i deva tornò alla sua dimora. Per quindici giorni Agni continuò a bruciare la foresta e i suoi abitanti. Orde di Rakshasa, Danava e Naga tentarono di fuggire dal rogo, e Arjuna li sterminò con le sue frecce mortali. La foresta fu distrutta completamente con soddisfazione di Agni.

C'era un capo degli Asura di nome Maya che abitava nella foresta e si era salvato nascondendosi sottoterra. A quel punto uscì dalla foresta cercando di scappare. Agni lo incalzò, e Krishna sollevò la sua arma a disco, il Sudarshan, pronto ad ucciderlo. Maya si gettò ai piedi di Arjuna. "O Arjuna, chiedo la tua protezione. Salvami, ti supplico!".

Arjuna alzò la mano e disse: "Non temere", non potendo rifiutare di proteggere chi gli chiedeva aiuto. Si volse verso Krishna e gli chiese di risparmiargli la vita.

Quando le fiamme morirono, Indra si ripresentò davanti a Krishna e Arjuna, mettendosi al fianco di Agni. "O Partha, o Keshava!", disse "avete compiuto un'impresa eccellente. Chiedetemi il dono che volete. Sono molto contento di voi".

Arjuna chiese a Indra le sue armi celesti, e Indra gli disse che gliele avrebbe date soltanto dopo che Shiva gli avesse donato l'arma Pashupata.

Krishna chiese che la sua amicizia con Arjuna potesse durare per sempre, e Indra disse: "Così sarà!".

Infine Agni disse: "Anche io voglio darvi un dono. Allo stesso modo in cui pervado l'universo, col mio potere potrete andare ovunque lo vorrete".

Mentre Krishna e Arjuna se ne tornavano alla casa sul fiume, Maya toccò i piedi di Arjuna. "O figlio di Kunti, mi hai salvato dalla furia di Agni. Dimmi come ti posso ripagare."

Arjuna rispose: "Non posso prendere compensi, era mio dovere salvarti, e quindi non mi devi nulla". Maya lodò la virtù di Arjuna, e insistette . "Voglio soltanto esprimere la mia gratitudine, o Partha, non considerarlo un pagamento."

Arjuna replicò: "Se proprio vuoi, fai ciò che Krishna ti chiederà".

Krishna ci pensò un momento e poi disse: "Costruisci una sala per le assemblee per Yudhisthira. La sala deve essere unica al mondo, con le caratteristiche dell'architettura divina, e impossibile da emulare".

Krishna conosceva il talento dell'Asura, che aveva costruito molti spettacolari edifici nei pianeti superiori per i Daitya e i Danava. Maya acconsentì e li accompagnò a Indraprastha dove fu presentato a Yudhisthira. Dopo lunga riflessione, Maya presentò un progetto, e disse che doveva andare nell'Himalaya. Maya quando aveva costruito degli altari per Vrishaparva, il re dei Danava, aveva immagazzinato molti materiali adatti in una casa sulle pendici del monte Mainaka. C'era anche una mazza straordinaria che Maya voleva regalare a Bhima e una conchiglia chiamata Devadatta da donare ad Arjuna, che suonata sul campo di battaglia poteva spaccare il cuore del nemico.

Capitolo 15

La sala celeste

Poco tempo dopo Krishna andò da Yudhisthira e gli chiese il permesso di tornare a Dwaraka. Era in giro da molti mesi, e desiderava rivedere i suoi parenti. Yudhisthira gli diede il permesso con riluttanza, sentendo che gli sarebbe mancato. Krishna salutò Kunti, Subhadra e Draupadi che piansero per la sua partenza.

Dopo i riti di partenza e aver dato la carità ai bramini, Krishna montò sul carro con Satyaki, che era rimasto con lui a Indraprastha per imparare da Arjuna l'arte dell'arco.

I Pandava accompagnarono Krishna per quattro miglia fuori dalla città. Poi Krishna disse loro di tornare a casa. Si inchinò a Yudhisthira che gli disse: "Mio caro Krishna, non so quali azioni pie e meritevoli noi abbiamo fatto nelle vite passate perché tu sia così benevolo con noi. Perfino gli yogi che hanno fatto vite intere di rinunce hanno grandi difficoltà solo per riuscire a vederti. E noi siamo semplici monarchi che si occupano di politica ed affari mondani".

Krishna disse che sarebbe sempre stato pronto ad aiutarli in caso di bisogno, bastava che pensassero a lui. Poi incitò i cavalli, e i cinque fratelli rimasero a guardare il carro che svaniva in lontananza.

* * *

Pochi giorni dopo Maya completò il progetto e i disegni. In un giorno di buon auspicio l'Asura diede la carità a migliaia di bramini. Fece sì che venissero nutriti con cibi sopraffini e fece loro dei ricchi doni, invocandone la benedizione. Poi misurò un'area di cinquemila cubiti e si mise all'opera.

La sala fu completata in quattordici mesi. Sembrava una massa di nuvole che con il suo splendore sminuiva i raggi del sole. Era spaziosa, fresca, deliziosa e ricca. I muri e gli archi d'oro intarsiati di gemme divine, le scale di cristallo lavorate insieme al corallo, rendevano la sala più grandiosa perfino della sala Sudharma degli Yadu. Al suo centro c'era un lago artificiale pieno di loti e ninfee, con gli steli di gemme luccicanti e le foglie e i fiori d'oro e d'argento. Nelle acque limpide c'erano anche dei loti veri in pieno fiore e dei cigni, e sul fondo giocavano delle tartarughe color oro. Le rive del laghetto erano di marmo prezioso con perle incastonate, e tutt'intorno i fiori celesti fremevano con la dolce brezza. Nella sala c'erano giardini pieni di alberi perennemente in fiore, e l'aria era piena di una fragranza deliziosa che si mescolava col profumo dei loti.

A protezione della sala c'erano ottomila invisibili guerrieri Kinkara armati fino ai denti, sempre pronti ad ogni evenienza.

Yudhisthira si consultò con i bramini, per scegliere un giorno di buon auspicio per l'inaugurazione. Fu organizzata una cerimonia con attori, bardi, lottatori e cantanti, che intrattennero i Pandava e tutti i sudditi di Indraprastha. A mezzogiorno preciso i Pandava, seguiti da una folla di rishi, entrarono nella sala attraverso le gigantesche porte d'oro orientali e presero il loro posto sui troni incrostati di gemme a capo della sala. Accanto a loro presero posto i rishi e molti re che erano stati invitati. Fra i rishi più famosi c'era Asita, Devala, Vyasadeva, Maitreya, Parvata, Markandeya, Jaimini, Brighu e centinaia di altri.

I Pandava ascoltarono con rispetto le storie Vediche narrate dai rishi per buon augurio. Poi i re si fecero avanti per fare le loro offerte a Yudhisthira e per onorarlo. Chitrasena, il capo dei Gandharva, si presentò con le Apsara, ed insieme ai Charana deliziò l'assemblea con musiche celestiali e danze. Yudhisthira, sembrava Brahma seduto nella sua assemblea nei pianeti superiori.

A un certo punto si materializzò il rishi Narada, vestito di una pelle di cervo nero e i capelli color oro annodati sopra la testa, irradiando una luce luminosa come il sole. Assieme a lui erano comparsi tre altri grandi saggi, Parijata, Raivata e Sumukha. Yudhisthira e i fratelli si alzarono subito e si inchinarono profondamente. Yudhisthira, li onorò e li fece accomodare. I saggi erano felici della splendida sala delle assemblee.

Narada disse: "O re, stai spendendo bene le tue ricchezze per il benessere della gente? La tua mente è sempre nella virtù? Ti godi i piaceri della vita? Spero che non trascuri la religione e i sacrifici per motivi di profitto, o il profitto per la religione, o entrambi per il piacere che così facilmente tenta l'uomo".

Narada continuò a fare domande su vari argomenti, il suo modo per insegnare l'arte di governo. La sua conoscenza e la sua saggezza erano famose in tutto l'universo ed era un gran devoto e servitore del Signore Supremo. Era consapevole dei desideri del Signore, e ogni sua azione era diretta a favorire il piano divino. Il solo scopo di un monarca, disse Narada, era di mantenere i sudditi sulla strada del progresso spirituale, aiutandoli a progredire verso la liberazione, l'ultima meta della vita, assicurandogli nel frattempo protezione e la soddisfazione delle necessità materiali.

Quando Narada finì di parlare, Yudhisthira lo ringraziò e disse: "O eccelso fra i rishi, mi hai chiesto se ho successo nello studio delle scritture, nel matrimonio e con la ricchezza. Ti prego di dirmi in cosa consista questo successo".

Narada rispose: "La conoscenza delle scritture ha successo quando genera umiltà e buona condotta, la ricchezza ha successo quando è goduta e permette la carità, il matrimonio ha successo quando ci si gode la moglie e si generano figli".

Concludendo, il rishi aggiunse: "O grande re, assicurati di essere libero dai cinque mali dell'uomo: Troppo sonno, paura, rabbia, debolezza di mente e procrastinazione".

Yudhisthira si inchinò e toccò i piedi di Narada dicendo: "Farò certamente quello che dici. La mia conoscenza si è approfondita grazie alle tue sagge parole", e rispose alle domande di Narada, e il saggio lo benedisse.

Yudhisthira era curioso di sapere da Narada come fossero le sale delle assemblee dei deva. Chiese: "O grande rishi, tu puoi viaggiare alla velocità della mente e andare in ogni luogo dell'universo. Dimmi, fra tutte le sale ce n'è una pari alla mia?".

Gli chiese di descrivergli le altre sale e chi le usava. Chi stava con Indra , e chi con Yamaraja? Quali anime fortunate erano con Brahma nella sua assemblea? La domanda di Yudhisthira aveva una ragione precisa, lui voleva sapere dove erano i suoi antenati, e in particolare voleva notizie di suo padre, Pandu.

Narada descrisse le sale delle assemblee dei principali deva, cominciando da quella di Indra. La sua sala, disse, era lunga centocinquanta yojana, più di mille miglia, larga cento yojana e luminosa come il sole. Indra la presiedeva nella sua meravigliosa forma eterea, inghirlandato di corone di fiori. Al suo fianco sedevano le personificazioni della Bellezza, della Fama e della Gloria. Narada citò il nome di tutti i rishi presenti alla corte del re dei deva. Fede, Intelligenza, Apprendimento, poi Sacrificio, Carità, Religione, Profitto e Piacere. Era presente soltanto un re della terra, il saggio Harischandra.

Poi descrisse la sala di Yamaraja. La sala era di cento yojana quadrate. Al suo interno non c'era dolore, e invece erano presenti tutti gli oggetti di desiderio, sia divino che umano. Inoltre la sala poteva muoversi in qualunque luogo dell'universo Yamaraja volesse. Al suo fianco sedevano il Tempo e la Morte personificati, e un gran numero di rishi. I Gandharva e le Apsara intrattenevano i presenti con musiche e danze, e un profumo celeste pervadeva l'aria. Narada citò le personalità che lo attorniavano, fra cui molti monarchi della linea di

Yudhisthira, Pandu incluso.

Di seguito vennero descritte le sale di Varuna e di Kuvera, il deva della ricchezza, splendide al di là di ogni immaginazione, piene di ori e gemme, e frequentate da deva e rishi con le mogli. Poi Narada parlò della sala di Brahma. Non si poteva descrivere la vera forma di quella sala perché cambiava di momento in momento. Era fatta di gemme celesti cangianti, e sembrava fosse appesa al firmamento. Brahma era attorniato dalle forme personificate di Mente, Spazio, Conoscenza, Suono, Tocco, Forma, Gusto, Profumo e Natura, tutte gli elementi e le Cause Prime dell'universo. Erano presenti anche il Sole, la Luna, le stelle e le costellazioni, la Gioia, l'Odio, l'Ascetismo, la Comprensione, la Pazienza, la Saggezza, il Perdono, la Fortuna e tutti i veda.

I Pandava ascoltarono affascinati, e Narada fece il nome delle principali divinità che erano alla corte di Brahma.

Quando Narada smise di parlare, Yudhisthira gli fece altre domande. Voleva sapere perché solo Harischandra fra tutti i suoi antenati era arrivato alla dimora di Indra.

Narada disse che Harischandra aveva raggiunto il pianeta di Indra perché aveva fatto il grande sacrificio Rajasuya. Il sacrificio implicava la sottomissione di tutti i re, la distribuzione di ricchezze a centinaia di migliaia di bramini, ed aveva posto Harischandra su un piano superiore agli altri re.

Poi Narada disse che aveva un messaggio di Pandu. Se Yudhisthira avesse fatto il Rajasuya, sia Pandu che i suoi figli avrebbero potuto salire nel regno di Indra. Inoltre avrebbe favorito il piano divino per liberare l'umanità dalle influenze demoniache. Al momento c'erano troppi re e kshatriya malvagi sulla terra. Prima di fare il sacrificio, Yudhisthira doveva sconfiggerli, e solo allora, col compimento del sacrificio, avrebbe potuto riportare la pietà e la virtù nel mondo. Narada concluse: "Quindi, o re, fai il Rajasuya, gli esseri celesti lo chiedono. Io tornerò quando il sacrificio avrà inizio".

Yudhisthira gli chiese di invitare Krishna a tornare a Indraprastha. Narada acconsentì, e i rishi scomparvero nel cielo.

* * *

Dopo la partenza di Narada, Yudhisthira pensò a fare il Rajasuya. Erano necessarie grandi ricchezze, e avrebbe dovuto imporre una supremazia indiscutibile su tutti gli altri re. Sarebbe stato difficile, c'erano dei re che non lo avrebbero mai voluto come imperatore, ad esempio il fortissimo Jarasandha, re di Magada. Era un malvagio e aveva invaso i regni confinanti al suo. Jarasandha era ambizioso, tramava per diventare imperatore, e non era certo facile da sconfiggere. Yudhisthira si rese conto che non sarebbe riuscito a compiere il sacrificio senza l'aiuto di Krishna.

Il regno di Yudhisthira era fiorente, e i sudditi erano dediti alla pietà e avevano tutto ciò che desideravano. I Pandava li consideravano come la loro famiglia, e Yudhisthira era più che un padre per loro. Lo chiamarono Ajatashatru, 'Colui che non ha nemici'. Anche i deva erano contenti del suo modo religioso di governare, e quindi nel regno non c'erano incendi, malattie o altre calamità naturali.

Yudhisthira convocò un'assemblea di ministri e consiglieri per parlare del sacrificio. Quando tutti furono seduti nella nuova sala delle assemblee, che era stata chiamata Mayasabha, Yudhisthira prese la parola. "Voglio fare il Rajasuya, è desiderio dei deva come ho saputo da Narada. Voglio il dominio del mondo per fare la volontà dei deva e del Signore Supremo."

Yudhisthira disse che si sarebbe adorato Krishna come la principale personalità presente. Krishna era superiore a tutti i deva maggiori, Brahma e Shiva compresi. Yudhisthira sapeva che tutti loro avrebbero preso parte alla cerimonia, e la gente li avrebbe visti adorare Krishna come il Supremo.

Allora parlò Dhaumya. "O re, tu sei degno di diventare l'imperatore di questo mondo. Accenderemo i sei fuochi e canteremo i mantra sacri. Prima però bisognerà soggiogare i re di questo mondo".

Avendo ottenuto l'approvazione dei sacerdoti e dei consiglieri, si discusse sui mezzi da impiegare per raggiungere lo scopo. Tutti furono d'accordo di consultare Krishna, per i suoi consigli infallibili. Allora Yudhisthira pensò a Krishna pregando perché venisse in aiuto.

Capitolo 16

Il potente Jarasandha

A Dwaraka Krishna andava tutti i giorni nella sala delle assemblee Sudharma per incontrare i sudditi. La sala era stata costruita da Vishvakarma, l'architetto dei deva, e aveva la caratteristica particolare di liberare coloro che vi entravano dalle sei sofferenze materiali: fame, sete, lamentela, illusione, vecchiaia e morte. Quando Krishna entrava nella sala si inchinava al re Ugrasena, poi prendeva posto sul suo trono. Non era il re di Dwaraka, tuttavia era considerato il personaggio più importante.

Un giorno si presentò un re di un territorio che era stato invaso da Jarasandha. Disse che il re di Magadha era sempre più aggressivo, e che imprigionava i re che sottometteva, mantenendoli in condizioni disumane, con l'intenzione di sacrificarli a Shiva. Lui era riuscito ad evadere, ed era venuto come messaggero degli altri re.

"O Krishna, tu che non hai limiti, ti chiedo di salvarci dalla nostra terribile situazione. Jarasandha è forte come diecimila elefanti. Tu sei l'essere più potente al mondo, e sei sempre ben disposto verso chi chiede il tuo aiuto. Per favore, soccorrici."

Jarasandha odiava Krishna perché aveva ucciso Kamsa, che era suo genero e amico. Jarasandha aveva attaccato più volte gli Yadu alla testa di un grande esercito, ma ogni volta era stato sconfitto, e il suo odio per Krishna si era ingigantito.

Krishna guardò il messaggero con occhio compassionevole, e mentre stava per rispondere apparve d'improvviso il rishi Narada. Krishna che si alzò subito in piedi con i suoi ministri per offrire i suoi servigi, lo invitò a sedersi, e lo adorò personalmente con l'*arghya*. Poi disse: "O saggio eccelso, è una grande fortuna averti fra noi. Tu che sei ovunque e conosci tutto, dicci come stanno i Pandava e quali sono i progetti di Yudhisthira".

Narada rispose: "Adorato Signore, nulla so che tu non conosca, tuttavia visto che me lo chiedi, ti dirò che Yudhisthira regna a Indraprastha come Indra a Amaravati, e si appresta a preparare il Rajasuya. Ti sta pregando di aiutarlo, e mi ha chiesto di invitarti a Indraprastha".

Krishna allora si rivolse a Uddhava, il suo più fidato consigliere. "Cosa dovremmo fare?". Uddhava rispose: "Sembra che tu possa ottenere contemporaneamente due risultati. Se vai a Indraprastha potrai aiutare i tuoi cugini per il sacrificio, e occuparti di Jarasandha. Lui ha ammassato un esercito così grande che solo noi possiamo sconfiggerlo. Tuttavia Bhima lo potrebbe superare in un duello. Se lo avvicinasse travestito da bramino, gli potrebbe chiedere di combattere con lui. Jarasandha non rifiuta mai le richieste dei bramini, e accetterà la sfida. Mio caro Krishna, porta Bhima a Magadha. Sotto la tua guida lui vincerà".

L'assemblea approvò la proposta all'unanimità, poiché gli Yadu da tempo volevano uccidere il bellicoso Jarasandha, e questa sembrava un'ottima soluzione.

Krishna volle fare un viaggio solenne. Si formò un convoglio di migliaia di carri d'oro, al suono di trombe, tamburi e conchiglie, protetto da cavalieri armati di spade e lance montati su destrieri neri. Le nobili dame viaggiavano in palanchini, e dietro di loro tori, muli ed asini portavano le scorte e tutte le attrezzature per il viaggio. Krishna e Rukmini erano al centro del corteo su un carro guidato da Daruka e Jaitra, i suoi servitori personali.

Il convoglio attraversò le province di Anartha, Sauvira e Kurukshetra, guadò i fiumi Drishadvati e Sarasvati, attraversò i regni di Panchala e Matsya e giunse a Indraprastha.

Quando Yudhisthira seppe dell'arrivo di Krishna pianse di gioia e tutta la città lo festeggiò.

Dopo che Krishna si fu sistemato e riposato, si recò nella sala del consiglio dove Yudhisthira gli parlò del Rajasuya. "Mio caro Krishna, desidero fare questo sacrificio, però mi chiedo se è possibile. Dammi il tuo consiglio."

Yudhisthira era seduto nella sala con i suoi fratelli, e una luce iridescente, proveniente dalle migliaia di gemme celesti incastonate nelle pareti, illuminava il suo volto. Nel silenzio pieno di aspettativa si udiva il dolce mormorio dei bramini che cantavano inni nei templi vicini.

Krishna sedeva tranquillo con le mani in grembo, e delle damigelle lo rinfrescavano con piumini di chamara e ventagli di piume di pavone. Rivolgendosi a Yudhisthira disse: "Tu sei pronto per il Rajasuya, tuttavia prima dovrai sconfiggere il potente Jarasandha, che ha formato un'alleanza quasi invincibile con altri re, ha esteso la sua influenza e il suo controllo sulla parte centrale della terra ed ha già dei piani per il resto del mondo".

Krishna elencò i re che si erano alleati con Jarasandha, tutti nemici di Krishna. Molti di loro erano stati sconfitti da lui e Balarama in svariate battaglie nel corso degli anni. In questa situazione sarebbe stato impossibile sconfiggere il loro esercito. "Cosa pensi di fare allora, o re, come pensi di battere Jarasandha?".

Bhima balzò in piedi. "Non sarebbe saggio mandare un esercito per attaccarlo sul suo territorio. Sfidiamolo a duello. Io ho la forza per batterlo, tu sei esperto nella diplomazia e Arjuna è sempre vittorioso. Andiamo noi tre a Magadha, sono sicuro che avremo successo."

Krishna rispose: "Anch'io la penso così, e il saggio Uddhava mi ha dato lo stesso consiglio".

Yudhisthira era perplesso. "Come posso permetterlo? Come posso rischiare le vostre vite? O Krishna, Bhima e Arjuna sono i miei occhi e tu la mia mente. Senza uno solo di voi non potrei vivere. Vi scongiuro, desistete dal vostro proposito, piuttosto rinuncio al mio desiderio di fare il Rajasuya. È un'impresa impossibile."

L'amore di Yudhisthira per Krishna gli impediva di essere consapevole della sua natura divina e della sua invincibilità.

Allora parlò Arjuna. "Siamo nati da una stirpe famosa per il suo valore. Come possiamo comportarci da deboli, ritirandoci spaventati di fronte al nemico? Il nostro dovere è di combattere e se necessario dare la vita in battaglia. Non c'è azione più degna di combattere Jarasandha per liberare i re imprigionati. Se non andiamo saremo disprezzati e questo è peggio della morte."

Krishna era d'accordo. "Arjuna dimostra lo spirito della razza dei Bharata. Non si può sapere quando la morte ci porterà via. O lo uccidiamo, o se lui ci ucciderà, saliremo in cielo."

Jarasandha era figlio del re Brihadratha, potente monarca di Magadha. Un rishi lo aveva benedetto perché avesse un figlio dandogli un mango incantato da dare alla prima regina. Il re lo divise in due sperando di far concepire entrambe le regine, ma le due mogli dettero alla luce due mezzi bambini. Le regine li abbandonarono nella foresta, e una Rakshasi di nome Jara li raccolse, li mise insieme e il bimbo rinvenne con un ruggito. Jara restituì il bambino al re che gli diede il nome di Jarasandha, "colui che fu unito da Jara".

Krishna disse: "È venuto il momento di ucciderlo, e Bhima lo può fare. Quindi, o re, dacci il permesso di partire".

Yudhisthira acconsentì. "O Keshava, vedo che sei deciso. Sono sicuro che guiderai Bhima e Arjuna alla vittoria. Cosa non riuscirebbe a compiere qualcuno sotto la tua guida?".

I tre eroi partirono immediatamente travestiti da *snataka*, religiosi alla fine degli studi che vivono di carità. Viaggiarono verso oriente per molti giorni, e infine giunsero alle colline di Goratha, da dove potevano vedere Girivraja, la capitale del regno di Jarasandha. Era una città splendida, che sorgeva in mezzo a boschi e laghi. Al centro della città, circondato da cinque colline coperte di alberi fioriti, risplendevano degli splendidi palazzi. Krishna disse ai due Pandava che quel territorio era stato civilizzato in un'era lontana dallo stesso Manu, il padre dell'umanità.

La più grande delle cinque colline, Chaityaka, proteggeva la porta principale della città. I tre eroi scalarono le mura entrando in città evitando le guardie. Si diressero verso il palazzo reale e passando davanti a dei negozi di fiori presero delle ghirlande e le indossarono. Entrarono nel palazzo di Jarasandha dirigendosi verso il cortile centrale, dove il re stava facendo un sacrificio.

I bramini di Girivraja avevano notato dei segni infausti e avevano consigliato al re di digiunare e di fare dei sacrifici. Jarasandha, seduto davanti al fuoco, vide entrare i tre imponenti *snataka*. Li accolse come bramini, e gli diede il benvenuto.

Krishna disse al re che i suoi due amici stavano osservando un voto di silenzio, e non avrebbero parlato prima di mezzanotte. A quell'ora gli avrebbero detto lo scopo della loro visita. Jarasandha li fece alloggiare nel suo palazzo, e a mezzanotte andò da loro e li onorò, e offrì doni e vacche da latte.

I suoi ospiti rifiutarono le offerte e Krishna disse: "O re, siamo venuti per chiederti una carità particolare".

Jarasandha li osservò attentamente, non assomigliavano a nessun bramino che avesse mai visto. Ma dato che erano venuti da lui come tali chiedendo la carità, non poteva rifiutare. Disse: "Vi darò ciò che mi chiederete. Però non mi sembrate dei bramini. Le vostra forti braccia cosparse di pasta di sandalo assomigliano a tronchi d'albero, e le vostre mani hanno le cicatrici della corda dell'arco. Siete entrati in città da nemici evitando la porta e avete rifiutato i miei doni. Penso che siate degli kshatriya oltre che bramini".

Krishna rispose allo sguardo glaciale del re con un sorriso. "Le tue osservazioni sono giuste, non siamo bramini. Il voto degli *snataka* può essere preso sia dai bramini che dagli kshatriya. Inoltre tu hai intuito giustamente che ti siamo nemici. Siamo venuti a chiederti un duello."

Jarasandha fu sorpreso. "Non mi ricordo di avervi fatto nulla di male. Non ho commesso delitti. Colui che attacca un uomo innocente provoca delle reazioni negative che lo porteranno all'inferno. Ho sempre osservato i doveri del mio rango, proteggendo il mio popolo. Perché allora mi vedete come un nemico?".

Krishna si infuriò e rispose: "Come fai a considerarti religioso avendo imprigionato dei re? E vuoi persino offrire la loro vita per un sacrificio a Rudra. Chi potrebbe trattare dei re come animali se non un peccatore? Raccoglierai ciò che hai seminato, poiché la legge del karma è infallibile. Sappi che io sono Krishna e loro sono Bhima e Arjuna. Adesso fai il tuo dovere di kshatriya e combatti, oppure libera i prigionieri".

Jarasandha rise. "Avrei dovuto indovinare. Il mio vecchio nemico Krishna che viene travestito per uccidermi dopo averci inutilmente provato molte volte. Che peccato ho commesso catturando dei re per compiacere Shiva? Li ho sconfitti lealmente in battaglia, e ho il diritto di fare di loro quello che voglio. Non li libererò certamente per paura di te o di questi altri due. Combatterò."

Krishna disse: "A te la scelta, Jarasandha. Scegli uno di noi per un duello, e sistemiamo la disputa." Jarasandha scelse di lottare con Bhima, perché Krishna e Arjuna non gli sembravano all'altezza della sua forza. Decisero di incontrarsi all'alba, e il re andò a prepararsi per lo scontro.

Jarasandha fece cantare dai suoi bramini inni vedici di buon augurio e si spalmò sul corpo unguenti benedetti dai deva. Poi mise suo figlio sul trono, e si legò i capelli. Si tolse le vesti reali indossando solo un panno in vita. Quando sorse il sole uscì dalla città con Bhima. Il re si fece portare due enormi mazze dall'armeria e i due contendenti le presero entrando in un'arena cintata di corde. Al segnale di un bramino si gettarono l'uno sull'altro scuotendo la terra coi loro passi.

Si scontrarono scambiandosi colpi tremendi con grande frastuono ed esplosioni di scintille delle mazze in collisione. Si giravano e si schivavano come danzatori, meravigliando gli astanti per la loro abilità. Erano entrambi forti come diecimila elefanti, e quando venivano colpiti ridevano. In breve le mazze furono distrutte, e continuarono la lotta a mani nude.

Si afferrarono a vicenda per il collo trascinandosi in giro per l'arena, cercando l'opportunità per gettare a terra l'avversario. Bhima cercò di stritolarlo con le braccia, e Jarasandha si liberò cercando di fargli perdere l'equilibrio con un calcio alle gambe. Nessuno dei due faceva mostra di stancarsi, e continuarono a combattere fino al tramonto. Quando cadde la notte la lotta venne rimandata alla mattina dopo. Jarasandha invitò Bhima e i suoi due amici a palazzo, e li intrattenne come ospiti d'onore.

La mattina dopo la lotta riprese e continuò per tutto il giorno senza che nessuno dei due riuscisse a prevalere. Il duello continuò per ventotto giorni. Il ventottesimo giorno Krishna pensò al modo in cui Bhima avrebbe potuto vincere. Per la sua nascita Jarasandha era debole nella sua giuntura. In un momento in cui Bhima poteva vederlo, Krishna prese un rametto e lo spezzò esattamente al centro, e Bhima comprese. Quando ne ebbe l'opportunità, gettò a terra Jarasandha e gli montò su una gamba, afferrò l'altra e la tirò. Con un tremendo ruggito strappò in due Jarasandha dall'ano alla testa.

Il re morì con un urlo che fece tremare la città. I cittadini spaventati si precipitarono a vedere cosa era successo, e videro Bhima in piedi sopra le due parti del monarca ucciso. Krishna e Arjuna abbracciarono Bhima, e i tre ordinarono al figlio di Jarasandha, Jayatsena, di rilasciare i re prigionieri dalla fortezza.

Un re, parlando a nome di tutti, disse: "Mio Signore, ci rendiamo conto che le sofferenze che abbiamo patito per mano di Jarasandha sono causate dai nostri peccati. Eravamo orgogliosi della nostra forza e della nostra posizione, e non facevamo che combattere fra noi per la supremazia e la ricchezza. Adesso siamo ridotti in condizioni miserevoli, tuttavia abbiamo la fortuna di dipendere da te.".

Krishna accettò la loro adorazione, e fece portare cibo e indumenti. Gli disse di tornare nei loro regni e di accettare Yudhisthira come imperatore del mondo. Poi avrebbero dovuto andare a Indraprastha per il Rajasuya.

Anche Jayatsena accettò l'autorità di Yudhisthira, e fu incoronato da Krishna come re di Magadha.

Al ritorno Krishna disse a Yudhisthira: "O grande re, per nostra grande fortuna Jarasandha è stato ucciso, e i re sono liberi. Bhima e Arjuna stanno bene".

Yudhisthira abbracciò tutti con gran gioia. "Per grazia tua, caro Krishna, si può ottenere tutto."

Krishna sorrise e chiese licenza di partire. Yudhisthira fissò la data per l'inizio del Rajasuya, e Krishna disse che sarebbe tornato per quel giorno.

Dopo la sua partenza, Arjuna disse a Yudhisthira: "O re, io ho l'arco Gandiva e le faretre inesauribili, e la forza per usarle al tuo servizio. Voglio andare a sottomettere i re della terra. Andrò a settentrione per conquistare quei regni".

Yudhisthira rispose: "Hai il mio permesso, o Dhananjaya. Parti in un giorno di buon auspicio con la benedizione dei bramini".

Arjuna radunò un esercito e partì, e con altrettante forze Bhima si diresse a oriente, Sahadeva a meridione e Nakula ad occidente.

Yudhisthira si consultò con Dhaumya, Vyasadeva e gli altri alti bramini per preparare il sacrificio.

Capitolo 17

Il Rajasuya

Arjuna sconfisse il re di Kulinda, poi gli Anasta e quindi i Kalkutta. Sottomise i molti re dell'isola continente di Sakala, poi incontrò il re Bhagadatta, un forte guerriero. La battaglia durò otto giorni, e quando il re si sentì sovrastato, accettò la supremazia di Yudhisthira.

Arjuna continuò verso nord, raggiunse le montagne e sottomise le tribù barbariche. Giunto in Kashmir, vinse gli kshatriya locali, e poi valicò l'Himalaya. Al nord della montagna c'era la terra abitata dai Kimpurusha, esseri semi-divini nati da donne Yaksha. Furiosi per l'invasione di un esercito umano combatterono ferocemente, ma alla fine Arjuna li sconfisse. Il Pandava procedette a conquistare la terra dei Guhaka, altra tribù di guerrieri celesti, e poi una regione abitata dai Gandharva.

Infine giunse a Harivarsha, dove abitavano i Kuru del nord. Al confine le guardie lo fermarono dicendo: "O Arjuna, in questa terra gli umani non possono entrare. Se ci proverai, perirai con il tuo esercito, e anche se riuscissi ad entrare non vedresti nulla, perché l'occhio umano non può vedere questa terra e i suoi abitanti. Torna indietro, qui non c'è nulla per te, le tue conquiste bastano già. Siamo contenti di te e ti offriremo un dono. Cosa desideri?".

Arjuna si inchinò con rispetto agli esseri divini e disse: "Desidero la dignità imperiale per Yudhisthira. Se lo accettate come imperatore di questa vasta terra, date qualcosa come tributo".

I Kuru del nord gli diedero subito delle vesti e ornamenti divini dicendo: "Sappiamo che tu e i tuoi fratelli siete devoti servitori del Signore Supremo. Vai ora con la nostra benedizione, e che là vittoria ti arrida sempre".

Arjuna tornò a Indraprastha portandosi dietro tutte le ricchezze che aveva conquistato, e riferì a Yudhisthira i suoi successi.

Bhima, che era andato a oriente con il suo potente esercito, incontrò i Panchala che accettarono con gioia il governo di Yudhisthira. Poi sconfisse in battaglia i Gandaka, i Videha e i Dasharna. Uno per uno sottomise tutti i re d'oriente, e quando raggiunse Chedi venne ricevuto affettuosamente dal suo re, Sishupala, che gli chiese: "Mio caro Pandava, cosa ti porta qui?".

Bhima gli parlò del Rajasuya e Sishupala sorrise, accettando di partecipare e di offrire tributo. Benché avesse un'antica inimicizia con Krishna, rispettava i Pandava come sovrani giusti e potenti. Il re offrì a Bhima ospitalità per qualche giorno, e poi il Pandava continuò per la sua strada.

Conquistò i regni di Kumara, Koshala e Ayodhya. Raggiunse le paludi ai piedi dell'Himalaya, e soggiogò i re locali. Da lì incontrò i Matsya e i Malava. Erano dei nobili kshatriya che non erano mai stati sconfitti, e per orgoglio si sentirono obbligati a resistere alle richieste di Bhima, benché non avessero particolare ostilità verso i Pandava. Bhima comunque li sconfisse.

Con la diplomazia e la forza Bhima sottomise dozzine di re. Molti di loro si unirono a lui portando dei tributi da offrire a Yudhisthira a Indraprastha. I re che non si vollero arrendere vennero uccisi, e gli altri fecero ricchi doni. Bhima accumulò enormi quantità di oro, argento, gemme, stoffe preziose, sandalo, coperte, tappeti, coralli, avorio, che caricò su una lunga carovana di elefanti e asini. Sottomise persino Karna, il re di Anga, e gli altri re della regione che erano leali a lui e a Duryodhana. Poi ritornò a Indraprastha, portando tutte le sue conquiste a Yudhisthira.

Sahadeva, nella sua spedizione a sud aveva sconfitto molti re, fra cui Surasena, Adhiraja e Dantavakra. Giunse al regno di Kuntibhoja e suo nonno lo ricevette con grande affetto. Da lì marciò alla conquista dei regni di Jambaka, Sheka e Avanti. Attraversò il fiume Narmada e giunse a Bhojakota, dove combatté con il re Bhishmaka che dopo un battaglia di due giorni ammise la sconfitta.

Poi Sahadeva giunse a Mahismati dove incontrò il re Nila, suocero di Agni. Le fiamme uscirono dal terreno e lo circondarono. Anche la vita di Sahadeva era in pericolo. Il Pandava scese dal carro e si inginocchiò in preghiera al deva del fuoco. "O essere eccelso, tu sei la bocca dei deva in cui vengono messe le offerte. O eccelso fra i deva, non porre ostacoli al sacrificio di Yudhisthira."

Le fiamme si acquietarono, e Agni apparve dicendo: "O rampollo dei Kuru, alzati, ti stavo solo mettendo alla prova. Conosco lo scopo della tua impresa e ti aiuterò a ottenere ciò che vuoi".

Agni disse al re Nila di ricevere Sahadeva con onore e di offrire tributo a Yudhisthira. Il re accettò di buon grado la sudditanza a Yudhisthira.

Sahadeva continuò la sua marcia e sottomise molte tribù cannibali, fra cui quella famosa dei Kalamukha, che erano un incrocio fra i Rakshasa e gli umani. Alla fine tornò a Indraprastha con grandi ricchezze.

Ad occidente Nakula conquistò le regioni collinari e poi i deserti. Vennero assoggettati i Mattamayuraka, i Sivi, i Trigarta, gli Amvashta e i Karnata. Raggiunse Madras dove suo zio Shalya lo ricevette calorosamente e gli diede tributo per il sacrificio. Poi andò ad asservire le tribù Mleccha e Yavana sulla costa occidentale. Avendo completato la supremazia e il dominio di Yudhisthira a occidente, tornò a Indraprastha.

Yudhisthira accolse con gioia i fratelli al ritorno dalle loro spedizioni. Non restava nessuno che potesse osteggiare la sua supremazia, e il suo tesoro era così pieno da non potere essere svuotato nemmeno in cent'anni.

* * *

Era quasi giunto il momento per il Rajasuya. Krishna ritornò come promesso con mogli e parenti e gli immensi eserciti degli Yadu e dei Vrishni. Quando Krishna offrì i suoi doni, l'immenso oceano di gemme dei Pandava straripò.

Yudhisthira si riunì in assemblea con Krishna e disse: "O Krishna, grazie a te tutta la terra è ora sotto al mio dominio. Voglio dare tutte le mie ricchezze ai bramini e a Agni, il corriere delle offerte sacrificali. Ti prego, dammi il permesso di officiare il sacrificio Rajasuya".

Krishna lodò le virtù di Yudhisthira. "Tu meriti la dignità imperiale. Adesso fai il sacrificio, e se avrà successo lo considererò il mio successo."

Yudhisthira incaricò Vyasadeva di dirigere il sacrificio con i rishi Yagyavalkya, Soshama, Paila e Dhaumya, che eressero sei altari sacrificali nell'appezzamento consacrato fuori dalle mura.

Vennero costruiti i palazzi per ospitare migliaia di re, e i quartieri per le altre classi. Arrivò in città un fiume di bramini, e a ciascuno di loro vennero offerti doni e ospitalità.

Arrivò la delegazione di Hastinapura guidata da Dhritarastra e Bhishma, e Yudhisthira li ricevette amorevolmente. Si inchinò agli anziani, toccò loro i piedi e disse: "Tutta la mia ricchezza e i miei dominii sono vostri, sono il vostro servitore".

Bhishma, Drona e Kripa abbracciarono Yudhisthira, colmi di felicità alla vista di tanta opulenza e anche Dhritarastra si complimentò. Dopo tutto i Pandava esaltavano la fama e la supremazia della dinastia che era stata persa con la morte di Pandu.

Bhishma disse: "È una grande fortuna che tu oggi sia pronto al Rajasuya, per grazia del Signore Supremo. Sei la persona più degna per avere l'onore imperiale. Permettici di essere i tuoi servitori, e dacci un compito nel sacrificio.".

Dopo essersi consultato con Vyasadeva, Yudhisthira chiese a Bhishma e a Drona di occuparsi dell'organizzazione generale. Dushashana fu incaricato della distribuzione del cibo, Ashvatthama di occuparsi dei bramini, Duryodhana di ricevere i doni in arrivo e Vidura fu fatto capo del tesoro. Krishna, si prese il compito di lavare personalmente i piedi ai bramini per avere le loro benedizione.

L'arena sacrificale presto si affollò di bramini che cantavano gli inni del Sama Veda. Fra i saggi presenti c'era Narada, Bharadvaja, Gautama, Asita, Vashista, Vishvamitra, Parasurama, Kashyapa e molti altri rishi provenienti dai pianeti superiori. Gli esseri celesti, vennero sui loro carri splendenti quando furono versate nel fuoco le offerte di ghee. I deva, guidati da Brahma, Shiva e Indra, presero posto nell'arena sotto gli occhi di tutti.

Dopo alcuni giorni Yudhisthira fu incoronato imperatore, e l'ultimo giorno del sacrificio i bramini prepararono il succo della pianta di soma da offrire alle persone importanti. Prima sarebbero state venerate, poi invitate ad assaporare la bevanda divina. Bhishma disse a Yudhisthira: "Scegli ora la persona più importante qui presente, e adorala offrendogli la *soma-rasa*. Poi prosegui con il guru, il sacerdote, il parente, lo *snataka*, l'amico e il re.".

Yudhisthira chiese ai suoi consiglieri chi fosse la persona da scegliere. Ci fu incertezza, chi suggeriva Brahma, chi Shiva e chi Vyasadeva. Allora Yudhisthira chiese a Bhishma. "O Kuru, chi pensi sia il primo fra i presenti? Chi deve essere adorato per primo con l'*agra-puja*?"

Bhishma rispose: "Così come il sole risplende sugli altri corpi, così Krishna risplende fra i re".

Yudhisthira era completamente d'accordo, e Sahadeva, su ordine di Bhishma, si alzò e proclamò: "L'imperatore Yudhisthira vuole offrire l'*agra-puja* a Krishna. Benché tutti i principali deva siano presenti, sono tutti subordinati a Krishna. Egli è la meta suprema di tutti gli yogi e gli asceti che ricercano la propria realizzazione. C'è bisogno di parlare delle sue glorie? Siete tutti consapevoli di chi egli sia, la Superanima di tutti. Quando abbiamo soddisfatto lui, abbiamo soddisfatto tutti".

I rishi, i deva e i re presenti approvarono entusiasticamente e Yudhisthira, commosso, adorò Krishna con le lacrime agli occhi. Quando gli offrì l'*arghya* e la *soma-rasa*, cadde dal cielo una pioggia di fiori

Tuttavia qualcuno dissentiva. In particolare Sishupala si sentiva oltraggiato. Un tempo stava per sposare la bellissima Rukmini, ma Krishna l'aveva rapita il giorno del matrimonio per sposarsela lui. Da quel giorno la sua inimicizia verso Krishna era andata crescendo. Questo onore che gli veniva reso adesso era intollerabile. Balzò in piedi e gridò: "Come è possibile che i presenti si lascino influenzare dalle parole di Sahadeva che è solo un ragazzino sciocco? Ci sono esseri molto più degni di Krishna. Sono presenti i grandi rishi, i deva e tutti i re della terra, e Krishna non è nemmeno un re, è figlio di un pastore. Non siamo nemmeno certi della sua casta o della sua posizione sociale, e non mi pare che egli rispetti i principi ed i precetti vedici. Come si permette che venga venerato in questa assemblea?".

Il re Chedi concluse con rabbia. "Abbiamo pagato tributo a Yudhisthira pensando che fosse un uomo saggio e virtuoso, ma è stato un errore. Oggi ci ha insultato adorando Krishna, che ha fatto uccidere ingiustamente Jarasandha. Ecco che genere di gente sono Yudhisthira e i suoi fratelli, e anche Bhishma che ha approvato questa follia."

Sishupala si volse a Krishna: "E per quanto riguarda te, come hai potuto lasciarti adorare così? Sei come un cane che ha rubato le offerte di ghee ad un sacrificio".

Sishupala si avviò verso la porta dell'arena seguito da parecchi re che erano d'accordo con lui. Altri, infuriati dalle parole di Sishupala si alzarono, lo criticarono e presero le armi per combatterlo.

Bhishma si alzò subito in piedi e giustificò la scelta di Krishna. Parlò senza paura condannando Sishupala. "Colui che non approva l'adorazione di Krishna, la persona più antica dell'universo, non merita rispetto. O re di Chedi, non adoriamo Krishna per motivi materiali. Molte volte ho udito da coloro che hanno conoscenze superiori che Krishna è la Persona Suprema, e in lui si trova l'universo intero. Gli sciocchi come te non lo capiscono".

Bhishma elencò i motivi per cui adorare Krishna, e le sue meravigliose imprese. Anche da bambino aveva ucciso a mani nude i demoni che Kamsa aveva mandato per assassinarlo, e alla fine aveva ucciso lo stesso Kamsa. Una volta aveva alzato un'intera collina con una mano tenendola sollevata per una settimana. Bhishma sfidò i re a eguagliare la forza di Krishna in combattimento, e i ricchi ad eguagliarlo in ricchezza. Nessuno era più erudito o saggio, e ogni sua qualità era immensa.

Quando Bhishma smise di parlare, Sahadeva si alzò in piedi e sollevò il piede sinistro. Era furioso e la sua voce tuonò: "Se c'è qualcuno che non approva l'adorazione di Krishna, si faccia avanti! Metterò il mio piede sinistro sulla sua testa".

Poi parlò Narada. "Coloro che non adorano Krishna possono essere ritenuti morti anche se respirano, e non si dovrebbe nemmeno guardarli."

La rabbia di Sishupala crebbe, e gridò ai suoi sostenitori: "Sono qui a guidarvi! Non esitiamo, scateniamo la battaglia contro gli Yadu e i Pandava!" e loro si strinsero attorno al re di Chedi, con un gran clangore di scudi, armature e spade. Anche i sostenitori di Yudhisthira si prepararono alla lotta. Yudhisthira temette che il sacrificio andasse in rovina quando era quasi concluso. Si rivolse a Bhishma e disse: "O grande signore, questi re infuriati stanno per combattere. Cosa facciamo?".

Bhishma rise e disse ad alta voce per farsi sentire anche da Sishupala: "O grande Kuru, Sishupala non potrà creare un gran disturbo in presenza di Krishna. Lui e il suo gruppo sono come un branco di cani che abbaiano a un leone addormentato. Lui è il creatore e il distruttore di tutti gli esseri dell'universo. Sishupala non è molto intelligente, e trascinerà quei re nella rovina. Adesso Krishna si riprenderà il potere che gli ha dato".

A queste parole Sishupala schiumando di rabbia, gridò: "O disgraziato, non hai paura a dire queste parole davanti a tutti? Con te a capo i Kuru sono come ciechi guidati da un cieco. Ti sei dato da fare a descrivere le imprese di un povero pastore. Sei arrogante e stupido, e mi meraviglio che non ti caschi la lingua".

Sishupala continuò a blaterare insultando Bhishma e Krishna. Bhima, sentendo insultare il nonno, si infuriò. I suoi grandi occhi, simili a petali di loto, si allargarono ancora di più prendendo il colore del rame. Balzò in piedi, come la morte pronta ad ingoiare tutte le creature alla fine di uno *yuga*. Bhishma lo trattenne e lo calmò con parole dolci. Come l'oceano non può uscire dalle sue rive, così Bhima si sentì incapace di disobbedire al re anziano, e si sedette fulminando Sishupala con lo sguardo.

Sishupala rise. "Lascialo andare, Bhishma. Sguinzaglia tutti i tuoi re, e li brucerò come insetti."

Bhishma, fissando severamente il re di Chedi narrò la sua storia. Sishupala era nato con tre occhi e quattro braccia, e appena nato ragliava come un asino. Una voce invisibile dal cielo disse che sarebbe cresciuto forte e senza paura, ma un giorno sarebbe stato ucciso da colui che gli avrebbe fatto sparire il terzo occhio e le due braccia in più. Ciò accadde quando Krishna prese in braccio il piccolo Sishupala. La madre di Sishupala implorò Krishna. "Ti prego, fammi una promessa, o Madhava, perdona mio figlio per le offese che ti farà."

Krishna aveva risposto: "O donna benedetta, lo perdonerò anche quando Sishupala meriterà di essere ucciso, e tollererò da lui cento offese ".

Bhishma concluse: "Questo disgraziato è destinato ad essere ucciso da Krishna, ed è giunto il suo tempo. Ecco perché urla in questo modo contro di noi e l'infallibile e inconoscibile Krishna. Colui che è alla soglia della morte perde la ragione e può dire di tutto".

Sishupala lo attaccò di nuovo con una fila di insulti, e quando finì Bhishma rispose con calma: "Taci, o re di Chedi. Non ci può essere fine a questa discussione, perché si può sempre rispondere alle parole con le parole. Govinda è qui, e chiunque gli sia contro lo affronti".

Sishupala ruggì come un leone inferocito. A quel punto Krishna parlò in modo che tutti potessero sentire. "Quest'uomo dal cuore duro è figlio di mia zia, tuttavia mi odia. Una volta venne a dar fuoco alla mia città in mia assenza, uccise molti cittadini e ne portò via altri in catene. Questo disgraziato ha anche rapito la moglie di Akrura.

In un'altra occasione, astutamente travestito, ha violentato la principessa di Vishala, promessa in sposa al re di Kurusha, e ha persino tentato di violentare Rukmini. Ho tollerato questo insulto e molti altri ancora per la promessa fatta a sua madre. Ma ho promesso di sopportare solo cento insulti, e il numero è stato raggiunto. Adesso lo ucciderò davanti a tutti.

Sishupala rise e disse: "O Krishna, come osi parlare di Rukmini che mi era destinata, e che tu mi hai portato via con l'inganno?".

Mentre Sishupala parlava, Krishna pensò alla sua arma a disco, e gli apparve in mano il *chakra* Sudarshan. Il *chakra* lasciò la mano di Krishna e sfrecciò verso Sishupala che continuava a blaterare. Il re cercò disperatamente di estrarre la spada per pararlo ma quell'arma potente era troppo rapida. Lo colpì al collo e gli spiccò la testa. Il re cadde come una roccia colpita dal fulmine, e dal suo corpo afflosciato uscì una luminescenza che entrò nel corpo di Krishna. Cadde la pioggia da un cielo senza nuvole, e la terra tremò. I seguaci di Sishupala erano furiosi, ma nessuno osò muoversi.

Piano piano l'assemblea si tranquillizzò e Yudhisthira ordinò ai fratelli di fare immediatamente il funerale di Sishupala, e incoronò suo figlio come re di Chedi. Vennero eseguite le ultime cerimonie, Yudhisthira fece il bagno rituale con Draupadi nelle sacre acque del fiume Yamuna, e così il Rajasuya fu completato.

Dopo qualche giorno i re ripartirono per i loro regni. Yudhisthira implorò Krishna perché si fermasse più a lungo, e lui acconsentì, mandando il suo seguito a Dwaraka e rimanendo con le sue mogli.

Durante il suo soggiorno a Indraprastha, Draupadi servì personalmente Krishna, e lui le si affezionò moltissimo. Un giorno si fece un taglio a un dito sbucciando della frutta con un coltello, e Draupadi glielo bendò strappando un pezzo del sari. Krishna sorrise e disse: "O donna gentile, ti ripagherò per questo dono". Draupadi abbassò modestamente lo sguardo e lo ringraziò.

Capitolo 18

L'invidia di Duryodhana

Anche Duryodhana aveva deciso di rimanere più a lungo a Indraprastha con Shakuni. Il principe soffriva per l'invidia del successo dei Pandava e non poteva sopportare che Yudhisthira fosse diventato l'imperatore del mondo, una posizione che pensava dovesse essere sua.

Duryodhana andò a visitare la sala Mayasabha con Shakuni. Ammirò dei dipinti celesti di cui non aveva visto l'eguale, e rimase colpito dalla qualità e dallo splendore di tutto l'edificio. La sala risplendeva per la luce delle gemme, e c'era una fresca brezza carica di profumi divini. A fianco dei laghi pieni di fiori di loto vi erano i troni d'oro e di avorio, e i muri erano intarsiati con figure di squisita fattura che rappresentavano i deva e le loro mogli.

Duryodhana passeggiò per la sala cercando di non far trapelare la sua ammirazione, e alla vista della meravigliosa opera di Maya divenne ancora più invidioso.

Quando arrivò al laghetto di cristallo al centro del palazzo, dove l'acqua sembrava la continuazione del marmo del pavimento, cadde in acqua completamente vestito. I Pandava erano affacciati a un balcone d'oro lì sopra, e Bhima scoppiò a ridere. Molte delle regine di Krishna erano con loro e si unirono alla risata.

Il principe Kaurava uscì dall'acqua con l'aiuto di Shakuni. Yudhisthira gli fece portare dei vestiti asciutti e Duryodhana si cambiò velocemente e proseguì il suo giro. Tutto gli era intollerabile, la magnificenza del palazzo, la bellezza incomparabile delle regine e in particolare di Draupadi. Anche lei aveva riso quando lui era caduto in acqua, e lui era ancora scottato per aver perso la sua mano. Improvvisamente si sentì vittima di un piano. Si diresse a una porta che sembrava aperta ma era chiusa, mentre ne evitò un'altra che gli pareva chiusa ma era aperta. I servitori cercavano di non ridere e il principe, umiliato ed offeso, uscì come una furia.

Yudhisthira era dispiaciuto e cercò di consolarlo ma Duryodhana lo respinse. Salutò i Pandava e partì per Hastinapura col suo seguito, meditando vendetta.

Anche Krishna decise di tornare a casa, e dopo la sua partenza, Yudhisthira chiese a Vyasadeva se il sacrificio avesse avuto successo. Il rishi rispose: "O figlio dei Kuru, questo sacrificio darà dei grandi risultati per tredici anni. Sarai l'indiscusso imperatore della terra, tuttavia alla fine di quel periodo sarai la causa di una guerra che libererà il mondo dagli kshatriya".

Vyasadeva, vedendo l'espressione di Yudhisthira proseguì: "Non dolerti, nessuno può cambiare il destino. Tutto è scritto dal Supremo per il bene ultimo di tutti. Questa guerra sarà causata da Duryodhana, non da te. Io adesso vado sulle montagne, e quando sarà necessario mi rivedrai".

Yudhisthira continuò a rimuginare sulle parole di Vyasadeva. Benché i Pandava avessero stabilito il loro governo sul mondo, era ancor vero che molti re di scarsa pietà stavano sfruttando le ricchezze della terra. In molti avevano sostenuto Sishupala contro Krishna, pur temendo di affrontarlo apertamente. Inoltre chissà quali macchinazioni si sarebbero inventati Duryodhana e i suoi fratelli! Tutto stava accadendo per volontà di Krishna per eliminare dalla terra i profani.

* * *

Duryodhana, sulla via del ritorno a Hastinapura, era seduto sul suo carro con l'aria depressa. Shakuni gli chiese: "Cosa ti tormenta, o re? Perché non fai altro che sospirare?".

Il principe rispose distrattamente. "O zio, sono pazzo di gelosia a vedere il mondo sotto il dominio dei Pandava. Abbiamo visto il loro spettacolare sacrificio con loro che risplendevano come deva in cielo, e mi sto consumando come una pozzanghera al sole d'estate."

Duryodhana guardò il paesaggio di campi ben coltivati ed alberi in fiore. Gruppi di contadini li guardarono passare. Il principe proseguì: "Quando Krishna ha ucciso Sishupala, nessuno ha osato parlare, spaventati dalla forza dei Pandava. Altrimenti come avrebbero tollerato una simile ingiustizia?".

Torcendosi le mani aggiunse: "Io non ne posso più, mi butterò nel fuoco, mi annegherò o prenderò del veleno. Come potrò mai eguagliare la loro forza e la loro ricchezza? Il destino è padrone, e gli sforzi dell'uomo sono inutili. Tutti i miei tentativi di distruggere i Pandava sono falliti, anzi loro fioriscono come loti in un lago. Mi toglierò la vita e tu, caro zio, porta la notizia a mio padre".

Shakuni si avvicinò al nipote. "O Duryodhana, non invidiare i Pandava. Stanno avendo quello che si meritano, e se lo sono guadagnato con le loro imprese. Hanno metà del regno, e con l'aiuto di Krishna e l'alleanza con Drupada sono diventati ricchi. Perché te ne dispiaci?

I tuoi cugini hanno conquistato il mondo e possiedono una ricchezza sconfinata. Questa ricchezza potrebbe diventare tua. Hai detto che nessuno ti può aiutare, ma guardati, hai cento fratelli, il grande e potente Drona, Karna e l'invincibile Kripa. Inoltre i miei fratelli, con il fortissimo Somadatta, sono al tuo comando."

Duryodhana pensò che forse suo zio aveva ragione. La forza dei Kaurava era immensa. Drona, Bhishma, Kripa e Karna schierati insieme avrebbero potuto affrontare chiunque. Duryodhana tutto eccitato, disse: "O re, se pensi che sia saggio, sconfiggerò i Pandava con una guerra. Allora tutto il mondo sarà mio, con quella meraviglia della Mayasabha".

Shakuni scosse la testa, giocherellando coi dadi che si portava sempre con sé. "Non essere avventato, o re. Ci sono molti modi oltre alla guerra per vincere un nemico. Non possiamo vincerli con una battaglia, specialmente se sono alleati con Krishna. Nemmeno Indra con tutto l'esercito dei celesti ha potuto prevalere. Stavo pensando ad un altro modo per batterli."

Shakuni suggerì di sfidare Yudhisthira al gioco dei dadi. Sapeva che gli piaceva giocare, pur non essendo molto bravo. Ai dadi, Shakuni era il più bravo al mondo."Certamente Yudhisthira accetterà la tua sfida," continuò mettendogli una mano sulla spalla, "Non può resistere al gioco, e con qualche incoraggiamento rischierà tutte le sue ricchezze. E così io potrò vincere per te l'intero regno."

Appena arrivarono a Hastinapura, andarono da Dhritarastra per farsi approvare il piano. Shakuni disse al re cieco: "O grande monarca, tuo figlio Duryodhana è pallido e consunto dal dolore".

Dhritarastra chiese: "Perché sei triste, figlio mio? Hai tutto ciò che può avere un deva. Ricchezze, vestiti, i cibi più squisiti e bellissime donne".

Duryodhana disse di essere roso dalla gelosia per i Pandava. "Durante il sacrificio Yudhisthira ha ricevuto talmente tanti tributi da essere costretto a darli via. Milioni di elefanti, cavalli, vacche e cammelli, mucchi di gemme e di oro grandi come montagne". Era impossibile descrivere al padre cieco tutto quello che aveva visto.

Dhritarastra rimase in silenzio, poi parlò Shakuni. "O re, conosco un mezzo per cui tuo figlio potrebbe vincere tutte quelle ricchezze. Invita Yudhisthira a una partita a dadi, a cui nessuno mi può battere. Vincerò facilmente tutto quello che Yudhisthira possiede".

"Padre, dacci il permesso. Sconfiggiamo i nostri nemici e conquistiamo la terra".

Dhritarastra non era convinto. "Lasciatemi consultare Vidura."

"Vidura sicuramente boccerà il piano", protestò Duryodhana, "E se lo fa, io mi suiciderò. Poi tu e Vidura potrete vivere felici e contenti."

Dhritarastra non sapeva cosa fare, Duryodhana era il suo figlio più caro. Come poteva rifiutare le sue richieste? Il re decise che avrebbe parlato con Vidura e lo avrebbe convinto. Poi fece costruire per la partita una sala con mille colonne e mille porte che copriva due miglia quadrate. Il giorno in cui fosse stata completata avrebbe invitato i Pandava per la partita a dadi.

Tuttavia Dhritarastra si sentiva a disagio e ne parlò con Vidura. "Ho deciso di invitare i Pandava per un'amichevole gioco a dadi con i miei figli. Possono giocare un po' e divertirsi insieme."

Vidura aggrottò la fronte. "Non approvo questa idea, o re. L'azzardo porta sempre alla disputa e al litigio. Evita il dissenso fra i tuoi figli e i Pandava."

Dhritarastra cercò di rassicurare il fratello. "Con me, te, Bhishma e Drona presenti, che male può succedere? In ogni caso il destino è sovrano, e quello che il potere supremo ha scritto dovrà accadere. Ho già dato le disposizioni per questa partita, non cercare di farmi cambiare idea."

Vidura sospirò. "Il fato è onnipotente, o re, tuttavia noi raccogliamo sempre il frutto delle nostre azioni. Abbiamo il libero arbitrio, e il potere supremo si limita a rispecchiare i nostri desideri. È la conseguenza dei nostri atti che è inevitabile, non gli atti stessi. O signore, considera attentamente le tue motivazioni prima di permettere questa gara."

Dhritarastra non rispose, e Vidura lasciò la sua stanza col cuore pesante. Si rendeva conto che il kali-yuga, la oscura età delle guerre e della sofferenza, stava incominciando. Il gioco dei dadi avrebbe messo in moto gli eventi che avrebbero portato alla distruzione dei re della terra. Vidura si ricordò del Rajasuya e dei re che avevano sostenuto Sishupala contro Krishna. Era in apprensione e si sentiva impotente. Malgrado il re non fosse uno sciocco, era succube del figlio, e i suoi saggi consigli avevano trovato orecchie sorde.

* * *

Nelle settimane seguenti, mentre la sala era in costruzione, a Dhritarastra tornarono in mente le parole di Vidura. Gli dispiaceva andare contro il suo consiglio. La partita di dadi era chiaramente piena di pericoli. Se avesse provocato una battaglia tra i Kaurava e i Pandava sarebbe stato un disastro.

Il re decise di provare un'altra volta a far cambiare idea a suo figlio, ma Duryodhana non volle ascoltarlo, gli parlò dell'incidente nel laghetto del Mayasabha, e di come i Pandava, e specialmente Draupadi, avessero riso di lui.

Dhritarastra ascoltò in silenzio il figlio che incalzò: "O padre, i Pandava hanno allargato il loro dominio alle lontane regioni settentrionali degli Harivarsha, dove l'uomo non può arrivare. Gli abitanti di quel luogo gli hanno regalato centinaia di conchiglie celesti, che io ho sentito suonare durante il sacrificio. Quel suono mi ha fatto rizzare i capelli, ed alcuni re più deboli sono addirittura svenuti".

La voce di Duryodhana divenne sempre più assillante mentre implorava il padre. "Non posso vivere fintanto che i Pandava sono così opulenti. Se li lasciamo in pace, è solo questione di tempo prima che ci schiaccino. Sono i nostri nemici, ed è giusto attaccarli per privarli della loro ricchezza. Questo è il codice degli kshatriya: o conquistare la terra o morire. Questa partita di dadi è il modo più sicuro per raggiungere il mio scopo."

Dopo una breve riflessione, Dhritarastra rispose: "O figlio, odio questa inimicizia. Ti rendi conto che quello che proponi porterà di sicuro a una guerra spaventosa?".

Duryodhana impazientemente disse: “Che violenza c’è in un gioco di dadi? Se Yudhisthira sceglie di giocare e perde la sua ricchezza, chi ci può biasimare? Non abbiamo niente da perdere. Shakuni vincerà tutto. O padre, ti prego, dammi il permesso di invitare i Pandava”.

Il re si alzò dal suo trono e chiamò i servi. Mentre lo accompagnavano via, disse: “Non approvo le tue parole, figlio mio, ma farò ciò che vuoi. Più tardi certamente ti pentirai, perché le azioni prive di pietà non portano mai felicità. Chiederò a Vidura di invitare i Pandava”.

Qualche giorno dopo la sala venne terminata, e Dhritarastra chiamò Vidura. “Ti prego, vai a Indraprastha e invita Yudhisthira e i suoi fratelli per un’amichevole partita a dadi con i loro cugini.”

Vidura tentò di dissuadere il re per l’ultima volta. “Questa gara porterà alla distruzione della nostra razza. Il dissenso in famiglia sarà la nostra rovina.”

Dhritarastra ormai era deciso. “O fratello, tutto è ormai nelle mani del destino, e se dobbiamo soffrire, soffriremo. Tutto avviene per il volere della provvidenza. Vai quindi, e torna con gli invincibili figli di Kunti.”

Vidura disperò. L’attaccamento del re per Duryodhana era troppo forte e gli cedeva pur vedendone le conseguenze. Temendo il peggio Vidura andò a prepararsi per il viaggio.

Capitolo 19

La partita a dadi

Dopo il Rajasuya, Indraprastha era diventata incredibilmente ricca e prospera.

Yudhisthira sedeva nel Mayasabha con i fratelli, e quando non erano occupati dagli affari di stato si intrattenevano ascoltando le lezioni spirituali dei bramini.

Quando fu annunciato l'arrivo di Vidura, Yudhisthira andò subito a riceverlo. Amava Vidura, che si era preso tanta cura di loro fin dall'infanzia, e si inchinò ai suoi piedi. Quando si rialzò notò la sua espressione e disse: "O Khattwa, mi pari preoccupato. Sei venuto in pace? Il re sta bene? I suoi figli e i suoi sudditi gli sono obbedienti?".

Vidura rispose: "L'illustre monarca e i suoi parenti stanno bene, e con l'aiuto dei figli e dei ministri, regna felice. Mi ha ordinato di dirvi che ha costruito una sala pari alla vostra e desidera che voi veniate per una partita a dadi con i vostri cugini".

Yudhisthira lanciò un'occhiata a Vidura e poi ai suoi fratelli, e disse con apprensione: "O Khattwa, se giochiamo d'azzardo è probabile che litigheremo. Come posso accettare questo invito?".

Vidura disse: "Ho provato a dissuadere Dhritarastra, ma non mi ha ascoltato, e così mi ha mandato per invitarti a Hastinapura. Sembra che Duryodhana voglia una partita in cui Shakuni giocherà con te. Il re cieco gli ha dato il permesso, ed ora vuole che tu venga subito".

L'invito veniva da Dhritarastra, e Yudhisthira si sentì obbligato ad andare. Aveva fatto voto di non rifiutare gli ordini degli anziani. "Non ho nessun desiderio di giocare d'azzardo, ma non posso rifiutare una sfida, perché sarebbe contrario al codice degli kshatriya. Verrò a Hastinapura per l'ordine del re."

* * *

Il giorno seguente partirono per Hastinapura, e quando arrivarono vennero accolti dal re e dai suoi figli, insieme a Bhishma, Drona, Kripa e Karna e gli altri re che Dhritarastra aveva invitato.

Il mattino seguente i Pandava furono accompagnati alla nuova sala delle assemblee, e si andarono a sedere sui seggi ricoperti di preziosi tappeti con il suono dei tamburi e di altri strumenti. La sala era affollata di re venuti da molte provincie, e alla loro testa sedeva Dhritarastra. Duryodhana e Shakuni erano seduti di fronte ai Pandava e sorridevano. Quando Yudhisthira si fu accomodato, l'assemblea si azzittì e Shakuni disse: "Ti aspettavamo, o re. La sala è piena, e siamo impazienti di giocare a dadi".

Yudhisthira rispose: "O re, non c'è alcun valore nel barare al gioco, ed è contrario alla morale. Perché allora vuoi giocare?".

Shakuni inarcò le sopracciglia. "Non voglio barare, o Yudhisthira, è solo una partita amichevole. Possiamo fissare le puntate in modo che nessuno abbia a soffrire."

"Il grande rishi Devala mi ha insegnato che non ci si deve impegnare con un giocatore professionista", replicò Yudhisthira. "O Shakuni, non cercare di togliermi le ricchezze che uso per servire i bramini. Nemmeno il peggior nemico deve venir spogliato con puntate esagerate in partite truccate. Io non desidero guadagnare altre ricchezze col gioco, perché allora dovrei giocare con te?".

Shakuni rise. "Ovviamente si gioca per vincere qualcosa. Se hai paura di me, o se pensi che abbia dei motivi disonesti, allora non giocare".

Yudhisthira guardò gli anziani dei Kuru, che sedevano in silenzio. Bhishma e Vidura stavano a capo chino. Anche Bhishma aveva cercato invano di dissuadere il re dal permettere la partita.

Yudhisthira disse: "O Shakuni, una volta sfidato, non mi posso rifiutare. Il fato è potente, siamo tutti sotto il suo potere. Con chi devo giocare? Chi può puntare al mio stesso livello?".

Shakuni, benché molto bravo a giocare, non aveva grandi ricchezze, e quindi non era un avversario adatto, ma Duryodhana disse subito: "Io fornirò gemme oro ed altre ricchezze, o re, e Shakuni tirerà i dadi per mio conto".

Yudhisthira inarcò le sopracciglia. Era proprio come temeva. Era chiaro che la partita non era affatto amichevole, ed obbiettò con voce ferma. "Non ho mai sentito che uno giochi e un altro punti, o Duryodhana, non sono queste le regole del gioco."

Duryodhana rise e disse che se aveva paura poteva anche non giocare. Anche Shakuni sorrise coi dadi in mano. Il suono dei dadi di avorio che si urtavano tra loro era l'unico rumore nella sala. Vedendo la complicità di Dhritarastra, Yudhisthira disse: "Che il gioco abbia inizio".

Il Pandava prese dal collo una fila di perle di valore inestimabile."Questa è la mia puntata, o re. E tu cosa punti?".

Duryodhana rispose: "Giocherò tutte le mie ricchezze in questa puntata. Tira i dadi, o Shakuni, e vediamo chi vince".

Shakuni disse un numero e tirò i dadi, e quando i dadi si fermarono su quel numero disse: "Vedete, ho vinto".

Yudhisthira disse: "È un gioco concepito solo per sconfiggermi e hai vinto in modo sleale. Sei contento? Che il gioco continui. Ho molti bellissimi vasi, ciascuno con dentro mille monete d'oro. Questa è la mia prossima puntata". Yudhisthira disse un numero e tirò i dadi e perse. Shakuni riprese i dadi, chiuse gli occhi e chiamò il numero otto. I dadi rotolarono sul tavolo levigato e si fermarono sull'otto.

Shakuni li indicò come un bimbo eccitato: "Ho vinto di nuovo!", e la sua risata echeggiò nella sala.

Yudhisthira rimase impassibile. Aveva poche possibilità di battere Shakuni, che aveva fatto del gioco la sua vita. Yudhisthira disse: "Punterò il mio carro d'oro massiccio e ricoperto di pelli di tigre, con otto destrieri bianchi come raggi di luna e più veloci del vento".

Era il turno di Shakuni, che chiamò un numero e i dadi caddero come fossero al suo comando. "Ho vinto!" e il suo grido si mescolò con la risata di Duryodhana e i suoi fratelli, che lo provocarono: "Cosa punterai adesso, o imperatore?".

Yudhisthira era seduto fra i suoi fratelli. Arjuna lo toccò sulla spalla, ma lui scosse la testa e disse: "Punto centomila serve, tutte giovani, eleganti e ingioiellate, esperte nelle sessantaquattro arti del servire".

Duryodhana disse: "Copro la tua puntata", e Yudhisthira mancò il numero che aveva chiamato mentre Shakuni tirò i dadi magistralmente. "Vinto ancora!".

Sul podio reale Dhritarastra si chinò verso Vidura e chiese eccitato: "Qual'era la puntata? Cosa hanno vinto?". Vidura era a disagio, non poteva sopportare che i Pandava venissero derubati con quei mezzi sleali. Il Pandava, preso dalla febbre del gioco, puntò migliaia di elefanti, carri, cavalli e altri animali da tiro, poi centinaia di migliaia di soldati con armi e armature, pietre preziose, oro ed altri metalli. Si sentiva solo la puntata di Yudhisthira, Shakuni che gridava "Ho vinto!" e la grassa risata dei Kaurava.

Bhima ribolliva di rabbia. Dalla volta in cui Duryodhana aveva tentato di avvelenarlo, desiderava ardentemente affrontarlo in un duello. Questa aggressione sleale era insopportabile. Tuttavia, senza l'ordine di Yudhisthira non poteva fare nulla. Anche Arjuna avrebbe voluto armare il suo arco per sfidare i malevoli cugini ad un combattimento leale.

Vidura non ne poté più. Si alzò, e facendosi sentire da tutti disse a Dhritarastra: "O re, ascolta attentamente, ti dirò qualcosa che ti sarà sgradita quanto una medicina amara. Al momento della nascita, quel disgraziato peccatore di tuo figlio Duryodhana ha ululato come uno sciacallo, e io ti ho consigliato di ripudiarlo. Tu non mi hai voluto ascoltare, malgrado fosse chiaro che avrebbe portato alla distruzione della tua razza. Non vedi che la profezia si sta avverando?".

Il gioco si fermò, e tutti fissarono Vidura. Duryodhana gli lanciò un'occhiataccia, ma suo padre rimase in silenzio. Vidura proseguì. "Ascolta l'antico consiglio di Sukra, il rishi celeste. Coloro che cercano in alto il miele sono così assorti che non vedono il precipizio, e salendo ad un'altezza pericolosa, cadono e periscono.Tuo figlio è come il cercatore di miele, e con il suo attacco ai Pandava non vede la caduta che lo attende.".

Mentre parlava, Vidura fissò il re cieco, ricordandogli come il malvagio re Kamsa era stato ripudiato e trucidato dalla sua gente per salvare la dinastia. I Kaurava avrebbero dovuto fare la stessa cosa con Duryodhana. Il re doveva ordinare ad Arjuna di ucciderlo all'istante. "In questo modo, o re, acquisterai i pavoni, che sono i Pandava, col prezzo di un corvo. Non gettarti in un mare di dolore a causa di un familiare marcio. C'era una volta un uccello che faceva uova d'oro. Un re stolto lo catturò, e lo uccise per avere l'oro più in fretta, e in quel modo distrusse la sua felicità presente e futura. O Dhritarastra, non imitare quel re, sii come il fiorista che cura le piante con affetto, e continua a coglierne i fiori.

Se questo gioco continuerà, ci sarà una guerra in cui tutti i Kaurava e i loro alleati periranno, e tu sarai stato la causa di questa guerra, o re, perché solo tu hai il potere di fermare tuo figlio. E ancora stai tacendo. O re, chi ti proteggerà nell'ora della confusione, quando Ajatashatru e i suoi fratelli, derubati del loro regno, saranno presi dall'ira? E perché vuoi la loro ricchezza? Questi uomini forti come tigri, valgono più di una qualunque ricchezza. Rimanda Shakuni a Gandhara, e non provocare una guerra che ti distruggerà fino alle radici."

Duryodhana balzò in piedi e attaccò duramente Vidura. "Adesso si vede la tua vera natura: ti rivolti contro coloro che ti danno da mangiare alleandoti con i loro nemici. O Khattwa, non ti vergogni? Sei un vigliacco e un ingrato. Perché mi accusi? Qual è la mia colpa? Io seguo la mia natura così come l'acqua scorre verso il basso, e questa natura mi è stata data dal Supremo, che controlla tutte le azioni umane. Te ne puoi andare dove vuoi, non diamo rifugio ai nemici."

Vidura scosse la testa per la disperazione, e si rivolse a Duryodhana: "O principe, sciocco è colui che ignora i consigli di chi vuole il suo bene. Questo mondo è pieno di peccatori che dicono belle parole, tuttavia sono rari coloro che dicono parole sgradevoli ma volte al bene".

Duryodhana fece un sorriso di scherno: "Vergognati vecchio Khattwa! A che ci servi?".

Ignorandolo, Vidura indicò i Pandava. "Ecco cinque serpenti infuriati con il veleno negli occhi. Non provocarli più, o grande re. L'umiltà è una medicina amara, aspra, bruciante e rivoltante ma anche disintossicante. Bevila e riacquista la tua sobrietà. Agisci subito per evitare la calamità che bussa alla tua porta."

Vidura si sedette accanto a Dhritarastra, ma il re continuò a tacere. Duryodhana rise e tornò al gioco, dicendo a Shakuni di continuare. Il re di Gandhara disse a Yudhisthira: "O re, hai perso molte ricchezze. Dimmi, ne hai altre da puntare?".

Yudhisthira rispose: "O figlio di Suvala, possiedo oro a decine di migliaia, milioni, miliardi, milioni di miliardi ed anche più. Lo punto adesso. Getta i dadi".

Shakuni rise, e come per incanto i dadi caddero sempre sul numero che lui chiamava. Nel silenzio della sala si sentì ripetere ancora ed ancora la sua voce "Ho vinto!". Yudhisthira puntava come posseduto, pareva determinato a perdere tutto. Puntò smisurati numeri di vacche, cavalli, capre, pecore ed altri animali. Alla fine, avendo perso tutto, puntò il regno. Perse anche quello, e Shakuni disse: "Sembra che tu abbia perso tutto, o re".

Yudhisthira a capo chino, con il volto sudato sapeva che era il momento di chiudere il gioco, ma qualcosa dentro di lui lo costringeva a continuare. Il suo pensiero andò a Krishna. Se lui fosse stato presente avrebbe potuto salvare la situazione. Tuttavia lui era il controllore supremo di ogni cosa, e forse poteva fargli riavere ciò che aveva perduto. Cosa era rimasto da puntare? Yudhisthira guardò i fratelli.

Nel silenzio della sala Yudhisthira disse a Shakuni: "Qui c'è il giovane Nakula, dalla pelle chiara, adorno di gioielli e luminoso come un essere celeste. Questo principe sarà la mia prossima puntata". Un attimo dopo si udì il grido di Shakuni: "Ho vinto!".

Yudhisthira respirò profondamente e mentre al suo fianco Bhima ed Arjuna stringevano i pugni per la rabbia, indicò Sahadeva. "Questo bellissimo principe dispensa la giustizia come Yamaraja, e ha una grande reputazione per la sua conoscenza del mondo. Non si merita di venire usato come una puntata, ma io lo giocherò."

I dadi rotolarono e la stessa voce monotona disse ancora: "Vedete, ho vinto anche lui!".

Shakuni guardò Yudhisthira con uno sguardo astuto."Sembra che Arjuna e Bhima ti siano ancora più cari dei figli di Madri, perché non li hai ancora puntati."

A Yudhisthira gli occhi divennero rossi di rabbia. "Sciocco! Spregiando la morale cerchi di gettare il dissenso tra noi, che siamo un cuore solo."

Shakuni, che non voleva che il gioco finisse, rispose in fretta: "O re, nell'eccitazione della partita, un giocatore può dire parole che in altre circostanze non direbbe mai. Mi inchino a te, che mi sei superiore in tutto. Continuiamo".

Yudhisthira guardò Arjuna, certamente Krishna non avrebbe permesso che il suo amico venisse perduto. "Con colui che è sempre vittorioso sui nemici, ed è il più grande eroe di questo mondo, con questo principe io farò la mia puntata."

Duryodhana si sporse in avanti mentre Shakuni faceva rotolare i dadi. Karna gli sedeva accanto in silenzio, avrebbe preferito uno scontro leale con i Pandava sul campo di battaglia. Dushashana e gli altri fratelli si stropicciarono le mani per la gioia quando i dadi si fermarono e Shakuni disse: "Ho vinto!".

Shakuni raccolse i dadi e guardò Yudhisthira, che era scosso e abbattuto. "Abbiamo vinto questo eccelso arciere, o re. Adesso puoi puntare il forte Bhima, l'unica ricchezza che ti è rimasta."

Yudhisthira scosse la testa, non riusciva a fermarsi. Rispose piano: "Benché non si meriti di essere messo sul piatto, ora giocherò questo principe, che è il nostro condottiero, e lotta come Indra, il re dei fulmini. Tira i dadi".

Bhima guardò Duryodhana con gli occhi serrati, avrebbe voluto afferrarlo per il collo, ma non avendo il permesso di Yudhisthira, non si mosse. I dadi rotolarono inesorabilmente sul numero chiamato da Shakuni. Bhima era perduto.

Ridendo, Shakuni disse: "O re, hai perso il tuo oro, i tuoi gioielli, i tuoi animali, il tuo regno e persino i tuoi fratelli. C'è altro che vuoi puntare?".

Yudhisthira lo guardò. "Sono rimasto solo io, il maggiore dei fratelli. Se vinci me, farò tutto ciò che uno schiavo è obbligato a fare.".

Shakuni gettò i dadi e disse "Sei stato vinto!", si girò verso gli altri re nell'assemblea vantandosi. Poi sorrise a Yudhisthira e disse: "Hai perso anche te stesso, o re. Avevi ancora della ricchezza, non avresti dovuto puntare te stesso. Scommetti Draupadi, la principessa di Panchala, e vincendo lei riscatta te stesso".

Yudhisthira digrignò i denti in angoscia. Era disperato, come avrebbe potuto puntare Draupadi? Ma non c'era più altro. Il suo regno era perso ed era ridotto in schiavitù con i fratelli. Era stato un errore tremendo, come aveva fatto a perdersi così? Ora Draupadi era l'ultima speranza per far girare la fortuna. Confuso, e pregando Krishna con fervore, il Pandava guardò Shakuni che rideva.

"Ora scommetterò colei che non è alta né bassa, né magra né grassa, dai neri capelli ricci e gli occhi come petali di loto autunnali. Quella principessa dal profumo di un giglio, bella come la dea Lakshmi, è la mia puntata.".

I fratelli erano inorriditi, e gli anziani dei Kuru gridarono: "Vergogna, vergogna!". Tutta l'assemblea rumoreggiò ed i re virtuosi che erano presenti si misero a piangere. Bhishma, Drona e Kripa erano sudati, e Vidura sospirava soffiando come un serpente. Dhritarastra tuttavia, felice in cuor suo, non riuscì a nascondere le sue emozioni e chiese: "La puntata è stata vinta?".

Shakuni, rosso in volto per l'emozione, gettò i dadi che ancora una volta obbedirono al suo comando e gridò: "L'ho vinta! L'ho vinta!".

Duryodhana e Karna risero battendo le mani. Duryodhana si rivolse a Vidura: "Forza, o Khattwa, porta qui Draupadi, la cara moglie dei Pandava, e facciamole scopare la sala. Quella donna sfortunata ora dovrà vivere con le serve".

Vidura rispose: "O stolto, non capisci che con queste parole ti metti il cappio al collo? Non ti rendi conto che stai provocando la furia di cinque tigri? Se li provochi ancora finirai presto nel regno di Yamaraja".

Vidura si guardò in giro e disse: "Draupadi non può essere considerata schiava perché Yudhisthira l'ha persa dopo aver perso se stesso, e quindi non era in posizione da poterla puntare. Quell'idiota di Duryodhana ha vinto queste ricchezze come un bambù che fiorisce prima di morire. È completamente ubriaco, e non vede la tragedia che sarà causata da questo gioco".

Vidura si rivolse a Dhritarastra. "Adesso devi fermare tuo figlio, o re. Questo principe non ascolterà mai i buoni consigli. Non riesce a capire che la disonestà è la tragica porta attraverso cui porterà all'inferno se stesso, i suoi fratelli e tutta la razza dei Kuru."

Duryodhana rise. "Vergogna, o Khattwa!". Si guardò in giro e vide il capo servitore del palazzo e lo chiamò. "Porta qui Draupadi, o *pratikamin.* Non hai nulla da temere dai Pandava, e Vidura vaneggia."

I Pandava sedevano a capo chino, silenziosi, davanti a Dhritarastra, Bhishma e Drona. Yudhisthira era gelato dall'orrore, la sua passione per il gioco aveva portato alla completa rovina. Adesso la casta Draupadi sarebbe stata umiliata davanti agli occhi di tutti. Con la sola eccezione di Vidura, gli anziani non dicevano nulla. Se loro, e soprattutto Dhritarastra, approvavano il comportamento di Duryodhana, lui era impotente. Non aveva mai disobbedito ai loro ordini, per lui gli anziani erano come dio, e ne accettava i comandi come se fossero impartiti dal Signore Supremo. Vedendo che Yudhisthira rimaneva in silenzio, anche i fratelli non fecero nulla, pur ardendo dal desiderio di impedire a Duryodhana di insultare Draupadi.

Capitolo 20

Draupadi viene trascinata davanti all'assemblea

Il *pratikamin* andò subito ai quartieri delle donne, e disse a Draupadi con voce tremante: "O regina, tuo marito ha giocato ai dadi e ti ha perso. Ti prego di seguirmi alla sala delle assemblee, dove ti daranno da fare un lavoro umile".

Draupadi mandò via la cameriera che la stava pettinando e chiese sorpresa: "O *pratikamin*, come può essere? Come si può puntare la moglie in un gioco d'azzardo? Il re doveva essere ubriaco, non poteva scommettere qualcos'altro?".

"Aveva perso ogni cosa, incluso il regno, i suoi fratelli e persino se stesso prima di giocarsi te, o principessa benedetta."

Draupadi si arrabbiò. "Torna nella sala o *pratikamin*, e chiedi a quel giocatore che ha perso anche se stesso, se era ancora il mio signore quando mi ha puntato. Verrò soltanto quando avrò la risposta."

Il servo tornò nella sala. Vedendolo solo Duryodhana gridò: "O sciocco, dov'è la principessa Panchala?".

"Mi ha mandato con una domanda, o re", rispose il *pratikamin*, "Draupadi chiede, Yudhisthira ha perso prima se stesso o lei?".

Yudhisthira non disse nulla, scuoteva la testa come un demente, completamente sconvolto.

Duryodhana con un lieve sorriso disse: "Falla venire qui, potrà chiederlo lei stessa a Yudhisthira, e tutti potremo sentire la sua risposta".

Il *pratikamin* tornò da Draupadi piangendo, senza riuscire a parlare. La regina gli chiese cosa aveva detto Yudhisthira, e il servitore disperato rispose: "O principessa, l'assemblea ti vuole".

Draupadi ebbe compassione del servitore. "La felicità e il dolore si alternano sia per i saggi che per gli stolti. La morale invece è il valore più alto che esiste. Che i Kuru non dimentichino oggi la morale, torna, o *suta*, e ripeti queste parole agli anziani dei Kuru. Sono pronta a obbedire a quegli uomini di alta morale, che sono consapevoli di ogni precetto della virtù."

Il *pratikamin* giunse le mani e si inchinò. Ritornò alla sala e in piedi di fronte a Dhritarastra ripeté le parole di Draupadi. Vedendo la complicità del re e lo sguardo avido di Duryodhana, tutti tacquero rimanendo a capo chino. Yudhisthira disse al servitore: "Vai dalla principessa, e dille di venire. Questo è l'ordine di Duryodhana.".

I Pandava guardarono i Kuru anziani, che rimasero in silenzio anche dopo le parole di Yudhisthira. Bhima si trattenne a stento, e Arjuna, che respirava come un serpente, sembrava che bruciasse.

Duryodhana rise, godendosi ogni attimo della sua vittoria, e disse al *pratikamin*: "Vai, o *suta*, e porta qui la principessa. Glielo ordina Yudhisthira".

Il servitore era confuso, aveva sempre obbedito a Duryodhana, ma temeva la rabbia di Draupadi. Esitando, disse: "Cosa le dovrò dire?".

Duryodhana sbuffò e si rivolse a Dushashana: "O fratello, questo servo ha paura di Bhima, vai tu e porta qui Draupadi. Cosa possono fare i Pandava, ora che sono nostri schiavi?".

Dushashana andò da Draupadi e disse: "Vieni principessa, ti abbiamo vinto onestamente. Metti da parte la tua modestia e vieni dal tuo padrone Duryodhana. Adesso i Kaurava sono i tuoi signori".

Draupadi si alzò piangendo e corse verso la stanza di Gandhari. Dushashana ruggì di rabbia e le corse dietro, l'afferrò per i capelli e la trascinò con la forza. Ignorando i suoi lamenti la trascinò per i corridoi del palazzo, e Draupadi gli disse: "Sei un disgraziato ed un violento, non puoi portarmi davanti all'assemblea vestita di un solo panno macchiato di sangue!".

Dushashana rise. "Non importa, o Panchali, che tu abbia solo uno straccio o sia nuda. Ti abbiamo vinto, e dovrai vivere con le nostre serve."

Il Kaurava trascinò Draupadi nella sala, mentre lei pregava Krishna e Arjuna. Dushashana la gettò davanti a Duryodhana dove cadde con la veste in disordine e i capelli scompigliati. I Kuru anziani quasi non riuscirono a guardarla. Bhishma, Drona e Vidura piansero apertamente. Dhritarastra chiese: "Cosa sta succedendo adesso? La principessa Panchala è qui?".

Draupadi si alzò come una fiamma e si rivolse all'assemblea piena d'ira: "Tutti i presenti in questa assemblea conoscono le scritture sacre. Alcuni sono i miei anziani e maestri. Come è possibile che io sia davanti a loro in questo stato".

Draupadi volse lo sguardo a Dhritarastra, con gli occhi gonfi di lacrime. Al suo fianco vide Bhishma, Drona e Vidura, con il volto angosciato. Tutti rimasero in silenzio mentre lei continuò a rimproverarli. "Come fate a tacere quando questo disgraziato mi ha trascinato nella sala con la forza? Allora siete tutti d'accordo! Vergognatevi! Dhritarastra, Bhishma, Drona e Khattwa hanno perso la loro grandezza, perché nessuno di loro ha condannato quest'azione infame."

Draupadi cadde a terra piangendo, impotente e disperata. I suoi mariti erano furibondi. La perdita del regno e della ricchezza non li feriva quanto quell'infame spettacolo.

Dushashana la trascinò avanti e indietro, gridando: "Schiava, schiava!", e Duryodhana, Shakuni e Karna lo applaudirono con lui. A parte loro quattro, tutti tacevano impietriti.

Bhishma, cercando di trattenere le lacrime, disse a Draupadi: "O benedetta signora, chi non ha più ricchezze da puntare non può giocarsi ciò che appartiene ad altri, tuttavia le mogli appartengono sempre ai mariti, quindi non so rispondere alla tua domanda".

Bhishma guardò Dhritarastra, ma il re rimase in silenzio. Draupadi parlò ancora. "Yudhisthira è stato convocato in questa assemblea dal re, e benché non sia bravo ai dadi, è stato costretto a giocare con un professionista esperto, malvagio e baro. Come si può affermare che ha puntato volontariamente? È stato privato del buon senso da un malefico complotto. È un atto infame. In questa sala ci sono molti discendenti dei Bharata, e chiedo che riflettano sulla mia domanda e mi diano una risposta."

Dushashana insultò pesantemente Draupadi, e lei pianse guardando i mariti impotenti. Bhima era il più agitato e sbottò dicendo a Yudhisthira: "I giocatori professionisti, nelle case da gioco non puntano mai le loro donne e le rispettano. Tu hai puntato e perso il nostro oro, le gemme, i gioielli, le armi e ogni altra ricchezza, e alla fine anche noi stessi. Fino a quel punto non ero arrabbiato con te, ma giocare Draupadi è stata un'azione abominevole. Questa donna innocente non se lo meritava. Per colpa tua adesso viene maltrattata da questi spregevoli, infami e crudeli Kuru. Tu sei il mio signore, tuttavia riesco a stento a controllare la mia rabbia verso di te".

Bhima aggiunse: "Gli brucerò le mani. Sahadeva, prendi del fuoco".

Arjuna trattenne il fratello. "O Bhima, non parlare così, il tuo senso della morale è stato scosso da questi terribili eventi. Non fare ciò che loro vorrebbero, ricorda la virtù e rimani obbediente a nostro fratello che ha giocato contro il proprio volere per i doveri degli kshatriya e per ordine del re."

Bhima, a questo rimprovero si calmò, e i due fratelli guardarono l'angosciato Yudhisthira, sapendo che si sentiva vincolato dalla presenza di Bhishma e Dhritarastra. Se i due anziani continuavano a tacere lui non si sarebbe opposto.

Si sentì la grassa risata di Duryodhana, che si godeva la sofferenza dei cugini, e in particolare quella di Draupadi, come vendetta della sua risata al Mayasabha.

Infine Vikarna, un figlio di Dhritarastra, disse: "O re, rispondi alla domanda di Draupadi. Se non si decide su questa faccenda andremo tutti all'inferno. Dhritarastra, Bhishma, Vidura, voi siete i più anziani e tacete. Perché Kripa e Drona non parlano? Che i re qui presenti diano una risposta a Draupadi".

Vikarna si guardò in giro, ma tutti rimasero in silenzio. Lui chiese ripetutamente una risposta alla domanda di Draupadi. Il silenzio nella sala era rotto solo dai singhiozzi di Draupadi. Dopo qualche terribile minuto, Vikarna disse: "Se nessuno vuole rispondere, dirò io ciò che considero giusto. I vizi in cui i re possono cadere sono quattro: la caccia, il bere, le donne e l'azzardo. Ciò che si fa sotto l'influenza di uno di questi vizi non può essere preso sul serio. Yudhisthira ha puntato la principessa nella follia del gioco spronato dal malvagio Shakuni. Lei appartiene a tutti i Pandava, ed è stata persa dopo che Yudhisthira aveva perso se stesso. Inoltre Yudhisthira giocava contro la sua volontà, obbligato dal re in una partita sleale. Considerando tutto questo, affermo che Draupadi non è stata vinta".

L'assemblea esplose in un clamore, e quasi tutti lo applaudirono condannando Shakuni. Karna balzò in piedi agitando le braccia per fare silenzio. Gridò con voce tuonante: "O Vikarna, tutti i Kuru tacciono perché ritengono che la principessa sia stata vinta. Tu sei immaturo, e parli a vanvera senza conoscere le leggi della morale. Yudhisthira l'ha puntata in una scommessa leale, e l'ha persa".

Anche Karna ricordava l'umiliazione ricevuta da Draupadi quando gli aveva impedito di partecipare al suo *swayamvara*, e si sentiva ancora bruciare per quel rifiuto, e pensò: "Adesso la principessa ha quello che si merita". Si rivolse all'assemblea dicendo che non era peccato trascinare Draupadi nella sala in quello stato. Dopo tutto aveva preso cinque mariti, che razza di morale poteva avere? Nella sua opinione, non si poteva considerarla casta. "Per una donna del genere non c'è nulla di male anche se viene trascinata qui nuda. Adesso appartiene ai Kaurava e deve obbedire. O Dushashana, perché non la spogli? Anche i Pandava, che non sono più re, devono essere spogliati delle vesti regali."

I Pandava gettarono le tuniche regali, rimanendo in silenzio e Dushashana si avvicinò a Draupadi. Il Kaurava afferrò il lembo della sua veste e lo tirò con forza. Draupadi cercò di trattenere il suo sari nel tentativo di proteggersi ma era inutile. Guardò i mariti impotenti. Solo Krishna poteva salvarla. Draupadi concentrò la sua mente su di lui, alzò le braccia gridando: "O Govinda! O Keshava! O amato dalle gopi, e Signore di Vrindavan! O Janardana, salvatore degli afflitti! O Signore, o Anima universale, o Creatore del mondo, salvami da questa assemblea maledetta!".

Krishna, che era a Dwaraka, sentì l'invocazione di Draupadi. Si espanse grazie al suo inconcepibile potere giungendo in un lampo nella sala di Hastinapura. Senza farsi vedere da nessuno fornì a Draupadi una quantità illimitata di stoffa. Dushashana tirò il suo sari, facendola girare su se stessa, ma non riuscì a spogliarla, sembrava che il suo sari non avesse fine. Il principe sbalordito tirò con forza sempre maggiore, ma Draupadi rimase coperta, mentre sul pavimento si accumulava un enorme mucchio di stoffa.

Tutti i presenti lodarono Draupadi, condannando Dushashana. Il principe sfinito si sedette sudando profusamente. Bhima si alzò in piedi e tuonò: "O re della terra, ascoltate le mie parole! Faccio un voto che mai prima venne pronunciato e che mai più verrà fatto in futuro. Squarcerò il petto di questo disgraziato peccatore e berrò il suo sangue, altrimenti non seguirò la via dei miei antenati in cielo".

L'assemblea lo applaudì e condannò Dushashana gridando: "Vergogna! Vergogna!".

Vidura chiese silenzio rivolgendosi a Dhritarastra: "Nessuno ha risposto alla domanda di Draupadi, e quindi in questa sala si è persa la religione. Ella chiede i suoi diritti secondo la morale, e deve avere una risposta. O re, Vikarna ha dato una risposta alla domanda di Draupadi secondo la sua conoscenza e il suo giudizio. Adesso devi parlare tu".

Bhishma, Drona e Kripa guardarono il re, non potendo tollerare più il comportamento di Duryodhana, ma il re tacque. Vidura proseguì: "Colui che non risponde ad una giusta domanda pur conoscendo le leggi della morale, pecca. Ascoltate l'antica storia di Prahlada e del figlio del rishi Angirasha.".

Il figlio di Prahlada, Virochana, un tempo aveva litigato con un rishi di nome Sudhanva per una donna. Si recarono insieme da Prahlada e chiesero: "Chi fra noi è superiore? Rispondi sinceramente:".

Prahlada li guardò e tacque. Sudhanva si arrabbiò e disse: "Se non rispondi alla mia domanda, o se mi dai una risposta falsa, la tua testa si romperà in cento pezzi.".

Tremando di paura, Prahlada consultò il saggio celeste Kashyapa. "O saggio, dimmi in che regione andrà colui che non risponde a una domanda oppure dà una risposta falsa."

Kashyapa rispose: "Colui che sa ma che non risponde per paura, tentazione o rabbia viene legato dai mille cappi di Varuna, e chi dice il falso viene punito nello stesso modo. Se uno conosce la verità, la deve dire. Se in un'assemblea la virtù viene tradita dal peccato, è dovere di tutti rimuovere il peccato. Se in un'assemblea non viene condannato un atto riprovevole, ogni singolo membro dell'assemblea commette peccato, e verrà punito a tempo debito".

A queste parole Prahlada disse a suo figlio: "Sudhavna ti è certamente superiore, così come suo padre Angirasha è superiore a me".

Sudhavna benedì Prahlada. "Dato che hai detto la verità senza essere influenzato dall'amore per tuo figlio, che lui possa vivere per cent'anni."

Vidura concluse: "Dopo questa grande lezione di religione, i presenti deliberino sul da farsi. Bisogna dare una risposta a Draupadi".

Ancora tutti rimasero in silenzio, e vedendo che gli anziani dei Kuru non dicevano nulla, prendendo il loro silenzio come tacito assenso alla condizione di Draupadi, Karna disse a Dushashana: "Prendi questa serva e portala nei quartieri della servitù".

Dushashana afferrò nuovamente Draupadi per i capelli, ella si liberò della sua presa e si rivolse all'assemblea. "Aspettate un attimo, o malvagi. Non ho ancora onorato i miei superiori, perdonatemi. Non è colpa mia se sono stata trascinata qui con la forza da questo miserabile. Oggi i Kuru hanno perso per sempre la loro virtù. Mai una donna sposata è stata portata in questo stato di fronte ad un assemblea. Io, che non sono stata vista nemmeno dal vento e dal sole, sono stata esposta a tutti".

"Quale peggiore insulto? Sono di nobile nascita, moglie dei Pandava e amica di Krishna, e questo ignobile essere che infanga la vostra fama mi tratta in questo modo ignobile. Devo essere o no considerata una schiava? Obbedirò al vostro comando, o Kuru. Ditemi cosa devo fare."

Bhishma disse piangendo: "I Kaurava, schiavi dell'avidità e della follia, saranno annientati. O Panchali, il fatto che in questa situazione tu ti sia rivolta alla religione mostra quanto tu sia degna di lode. Anche i tuoi mariti in queste difficili circostanze non hanno tradito la virtù. I Kuru invece siedono a capo chino, e sembrano morti. Non penso che ti risponderemo. Devi rivolgere la tua domanda a Yudhisthira".

Draupadi piangeva come un'ossifraga e i re rimasero in silenzio nel timore di Duryodhana. Il principe Kaurava aveva il sorriso stampato in volto, anche dopo le parole di Bhishma. Si alzò e disse a Draupadi: "O Panchali, sono d'accordo con Bhishma. Che l'illustre Yudhisthira, sempre dedito alla virtù, dica se ha agito rettamente. Se ammette che ti ha giocato slealmente, perché in quel momento non era più il tuo signore, ti libererò, e libererò anche i suoi fratelli se dice la stessa cosa per loro. Che Yudhisthira dica che ha perso il senso della ragione. Tutti i Kuru qui presenti non sanno rispondere alla tua domanda".

L'assemblea esplose di nuovo. Molti re applaudirono le parole di Duryodhana, altri tacquero, ansiosi di conoscere la risposta di Yudhisthira.

Quando le voci tacquero, si alzò Bhima, e la sua voce tonante riempì la sala. "Se Dharmaraja non fosse il nostro signore, puniremmo subito i Kuru, tuttavia lui è il padrone delle nostre vite. Se lui ritiene di averci perso, ci ha perso. Se così non fosse, chi mai potrebbe toccare i capelli della principessa senza perdere la vita? Guardate le mie braccia, sono come mazze d'acciaio. Tuttavia sono paralizzato dai vincoli della virtù e dal rispetto per mio fratello maggiore. Se Yudhisthira mi dicesse una sola parola, ucciderei a schiaffi tutti i figli di Dhritarastra."

Bhishma, Vidura e Drona si allarmarono e dissero: "Pace, o Bhima, sappiamo cosa puoi fare".

A quel punto Karna balzò in piedi e disse con il volto rosso di rabbia: "Sembra che Bhishma, Khattwa e Drona critichino sempre il loro signore e non pensano al suo bene. Dirò io quello che è giusto in questo caso. Lo schiavo, sua moglie e suo figlio sono inferiori, e qualunque cosa possiedono appartiene al loro padrone. O Draupadi, sei moglie di uno schiavo, che non può avere nulla di sua proprietà. Vai a servire i Kaurava e cercati un marito che non ti perda al gioco. I tuoi mariti sono schiavi, e non sono più i tuoi signori".

Yudhisthira era affranto e sedeva in silenzio. Duryodhana disse ridendo: "Forza, o re, dillo. Hai perso Draupadi o no?".

Godendosi l'angoscia dei cugini, Duryodhana sorrise a Karna, e per stuzzicare e provocare Bhima, il principe Kaurava si scoprì una coscia, che sembrava la proboscide di un elefante e la mostrò a Draupadi dicendo: "Siediti qui in grembo al tuo signore, o principessa. Non hai più nulla a che fare coi Pandava".

Bhima esplose: "Ascolta, disgraziato! Se non spezzerò in battaglia quella coscia, non andrò mai nel regno dei miei antenati".

Duryodhana disse ai Pandava: "Sono pronto ad accogliere le decisioni di Bhima, Arjuna e i gemelli. Se loro dichiarano che Yudhisthira non è più il loro signore, lascerò libera Draupadi.".

Arjuna replicò: "Yudhisthira era il nostro maestro e signore prima del gioco. Dato che ha perduto se stesso, che i Kuru dicano di chi è signore adesso".

In quel momento si udì il grido di uno sciacallo proveniente dalla sala sacrificale di Dhritarastra. Degli asini ragliarono in risposta e orribili uccelli schiamazzarono in cielo. Bhishma e Drona, si spaventarono e gridarono: "Pace!", e Vidura disse al re di intervenire prima del disastro.

Finalmente Dhritarastra si rese conto che le cose erano andate troppo oltre. Alzò la mano per fare silenzio nel caos che era nato con i cattivi presagi. Il re cieco disse: "O malvagio Duryodhana, disgraziato, sei già come morto per aver insultato in questo modo una moglie dei principi Kuru".

Dhritarastra si rendeva conto del pericolo. Se non avesse placato i Pandava, si sarebbero scatenati in una tremenda vendetta contro i Kaurava insieme a Krishna. Il re parlò gentilmente a Draupadi. "O Panchali, chiedi qualunque favore desideri. Sei casta e virtuosa, la migliore fra le mie nuore.".

Draupadi sapeva che Dhritarastra stava intervenendo solo per paura, tuttavia questo le dava la possibilità di salvare la situazione. Si inchinò al re e disse: "O grande re, se mi vuoi fare un favore, libera Yudhisthira dalla schiavitù. È il padre di mio figlio Prativindya. Che la gente non possa dire di lui che è figlio di uno schiavo".

Dhritarastra rispose: "Che così sia. O benedetta, chiedi un altro favore".

"Allora libera anche Bhima, Arjuna e i gemelli, con le loro armi e i loro carri."

Dhritarastra assentì senza esitare, e le offrì un terzo dono. Questa volta la principessa disse: "O re, l'avidità distrugge la virtù. Non chiedo altro. Ritroveremo la prosperità grazie alla virtù dei miei mariti".

Karna si mise a ridere. "Questi eroi sono stati salvati da una donna. Non avevo mai sentito nulla di simile prima d'oggi."

Bhima si infuriò, ma Arjuna lo trattenne. "Lascia perdere, fratello, i grandi uomini non si curano delle parole degli inferiori."

Bhima non si calmò, e sussurrò a Yudhisthira in un orecchio: "Li uccido subito tutti. Che bisogno c'è di parlare ancora? O signore, dopo questo regnerai di nuovo indisturbato sulla terra". Yudhisthira si rivolse a Dhritarastra. "O re, dicci cosa fare."

Dhritarastra rispose: "Vai in pace, Ajatashatru, tu sei profondamente umile, rispetti gli anziani e sei saggio. I saggi dimenticano gli atti ostili del nemico, e si sforzano di vedere quanto di buono è in loro".

Dhritarastra scongiurò Yudhisthira di perdonare gli affronti di Duryodhana, e di ricordare tutte le gentilezze che lui e Gandhari gli avevano fatto. Disse che aveva permesso il gioco per mettere alla prova le forze e le debolezze dei suoi figli e dei Pandava. Il re concluse: "In te, Yudhisthira, vedo la virtù, in Bhima la forza, in Arjuna la pazienza e nei gemelli la pura riverenza e il servizio agli anziani. Tornate nel vostro regno e che ci sia amore fraterno fra voi e i miei figli".

I Pandava si inchinarono al re e partirono. Salirono sui carri con Draupadi e si avviarono verso Indraprastha. L'assemblea si sciolse, e i re si ritirarono. Mentre lasciavano la sala, alcuni si schierarono con Yudhisthira ed altri con Duryodhana. Dhritarastra ripensò all'odioso trattamento che i suoi figli avevano inflitto ai Pandava e peggio, alla loro moglie, e si sentì prendere dalla paura. La restituzione dei loro beni non poteva riparare al danno fatto dall'insulto a Draupadi. Bhima non avrebbe mai scordato i suoi voti, e alla prima opportunità si sarebbe vendicato. Sospirando, il monarca entrò nelle sue stanze e si dedicò alle preghiere della sera.

Capitolo 21

L'esilio dei Pandava

Dopo che tutti ebbero lasciato la sala, Dushashana disse a Duryodhana: "O eroe, il vecchio ha ridato indietro tutto ciò per cui abbiamo lottato. I Pandava sono tornati al loro regno e noi siamo al punto di partenza".

I due fratelli si consultarono con Shakuni e Karna, e criticarono il re per la sua debolezza. Come aveva potuto essere così sciocco da mostrare indulgenza a nemici così potenti? Era stato un grave errore, e a meno che avessero agito rapidamente per rovesciare la situazione, sarebbero stati in grave pericolo. Le loro spie avevano riportato che i Pandava stavano viaggiando velocemente per Indraprastha, e Bhima roteava la sua mazza, Arjuna pizzicava il Gandiva, i gemelli agitavano le spade e Yudhisthira stava con la lancia in resta. Era chiaro che erano pronti alla guerra.

Su suggerimento di Shakuni, Duryodhana tornò dal re. La loro unica speranza era un'altra partita a dadi. Duryodhana si sedette ai suoi piedi, e disse: "Padre, dobbiamo richiamare i Pandava per un'altra partita prima che sia troppo tardi. Li abbiamo provocati troppo e non possiamo sperare che tollerino l'insulto alla loro moglie. Bisogna distruggerli con ogni mezzo possibile, abbiamo messo in moto qualcosa di inarrestabile".

Duryodhana disse al padre che se si riusciva ad esiliare i Pandava, avrebbe avuto il tempo di rafforzarsi e trovare degli alleati. Usando la sconfinata ricchezza dei Pandava, avrebbero potuto diventare invincibili, ma prima Yudhisthira e i suoi fratelli dovevano venir tolti di mezzo. Gli spiegò il piano: il re doveva richiamare i Pandava per un altro gioco di dadi. Come ultima puntata, chi avesse perso sarebbe dovuto andare in esilio nella foresta con i fratelli per dodici anni. Il tredicesimo anno dovevano uscire restando nascosti, e se scoperti avrebbero dovuto tornare in esilio per un altro periodo di dodici anni.

Dhritarastra rimase in silenzio, era vero che i Pandava costituivano una minaccia reale. Chi poteva valutare l'esito di una guerra fra quei potenti fratelli e i suoi figli? Ma un altro gioco d'azzardo! Cosa avrebbero detto Bhishma e Vidura? Era più saggio lasciar le cose come stavano, sperando che Yudhisthira agendo da virtuoso, trattenesse i suoi fratelli.

Vedendo che suo padre esitava, Duryodhana lo supplicò. Il re si sentì indebolire nella sua decisione, era impossibile per lui resistere a suo figlio. Inoltre se Duryodhana avesse vinto questa partita, cosa quasi certa, i Kaurava sarebbero divenuti padroni della terra, e lui il capo indiscusso. Pensando che tutto era nelle mani del fato, il re acconsentì alla proposta di Duryodhana e ordinò di far tornare i Pandava.

Quando gli altri anziani lo vennero a sapere, si opposero con veemenza, ma Dhritarastra non li ascoltò.

Gandhari, rendendosi conto che suo marito accettava ciecamente i piani oscuri di Duryodhana, venne presa dall'angoscia. Era già rimasta malissimo quando aveva saputo del trattamento inflitto a Draupadi. Duryodhana era privo di ogni scrupolo morale, come era possibile che il re lo avesse sostenuto? Come aveva potuto tacere mentre si abusava così crudelmente della gentile regina Pandava? Quando Gandhari fu sola con Dhritarastra gli parlò. "Ti ricordi che quando nacque Duryodhana, Vidura ci disse che se non lo avessimo ripudiato lui avrebbe causato la fine della nostra stirpe? Oggi le sue parole si stanno avverando. O re, non accogliere i malvagi consigli di ragazzi perversi. Perché riaccendere un incendio dopo averlo spento? Provocare di nuovo i pacifici figli di Kunti sarebbe un'imperdonabile sciocchezza."

Il re non reagì. Gandhari era saggia, e aveva sempre pensato al bene suo e del casato dei Kuru, però il suo consiglio era una medicina troppo amara. Ella proseguì. "Tu hai provocato il disastro che ci attende. Riporta i tuoi figli sulla retta via, e non restare inerte mentre corrono verso la morte. Ripudia subito Duryodhana. L'affetto che provi per lui distruggerà questo regno. Segui la tua tendenza naturale verso la pace e la virtù".

Dhritarastra sospirò e si alzò per uscire. "Se è giunto il tempo della fine della nostra razza, cosa posso farci? Se questa è la volontà del Signore, come posso influenzare gli avvenimenti scritti nel destino?".

La regina non disse altro, era senza speranza. Siccome nessuno riusciva a smuovere il re dalla sua follia, la fine dei Kuru era imminente.

* * *

I Pandava erano già a una certa distanza da Hastinapura quando vennero raggiunti da un gruppo di messaggeri guidati dal *pratikamin*. Il servitore si fece avanti e disse: "O Yudhisthira, tuo zio ti manda quest'ordine: 'O grande fra i Bharata, l'assemblea ti aspetta di nuovo per un'ultima partita a dadi'".

Yudhisthira si rivolse ai fratelli dicendo: "Benché sappia che i Kaurava mi vogliono distruggere, non posso ignorare la chiamata".

Yudhisthira si girò e tornò sui suoi passi verso Hastinapura. Era spaventato, perché malgrado i suoi sforzi per obbedire agli anziani ed evitare il conflitto, la guerra sembrava inevitabile. Rifiutare la chiamata di Dhritarastra avrebbe solo anticipato le ostilità.

In breve i Pandava tornarono a Hastinapura, e fra la costernazione degli amici, entrarono nella grande sala di Dhritarastra. Yudhisthira sedendosi di fronte a Shakuni, sapeva di non avere alcuna speranza di successo. Quando i Pandava si furono tutti seduti, Shakuni disse con una smorfia sinistra: "O Yudhisthira, il re ti ha restituito le tue ricchezze. Bene. Adesso propongo una puntata di valore più alto. Se noi perdiamo, andremo in esilio nella foresta, indossando pelli di cervo e vi resteremo per dodici anni. Il tredicesimo anno vivremo in un villaggio o in una città, ma se tu ci scoprirai saremo esiliati nella foresta per altri dodici anni. Se perdi tu, accetterai le stesse condizioni per te, i tuoi fratelli e Draupadi. Chi perde consegnerà il suo regno al vincitore, e gli verrà reso alla fine dei tredici anni.".

Nell'assemblea tutti gridarono: "Ahi! Vergogna agli amici di Duryodhana che non lo mettono in guardia dal pericolo che si tira addosso!". Alcuni si rivolsero a Dhritarastra dicendo: "Che Duryodhana capisca o no la sua idiozia, dovresti ordinargli di fermarsi. Fermalo, è tuo dovere".

Dhritarastra tacque, e Yudhisthira disse a Shakuni: "O re, io che osservo sempre i doveri degli kshatriya, sono costretto ad accettare la tua sfida. Inoltre Dhritarastra, mio padre e maestro, mi ordina di giocare. Cosa posso fare, se non accettare la puntata?".

Il gioco iniziò, e tutti trattennero il respiro mentre si arrivò all'ovvia conclusione. Infine il grido di Shakuni. "Ho vinto!", echeggiò per la sala. I Kuru anziani gridarono: "Che vergogna! Questa antica famiglia è condannata alla rovina".

Duryodhana rise ed ordinò che venissero portate delle pelli di cervo per i Pandava. Quando i fratelli le ebbero indossate Dushashana disse allegramente: "Adesso inizia il regno assoluto e incontrastato di Duryodhana, e i Pandava sono sconfitti. Non ha importanza se abbiamo agito secondo la morale o se abbiamo peccato. Oggi abbiamo vinto, e i deva ci hanno favoriti. I figli di Kunti hanno perso per sempre le loro ricchezze e il loro regno".

Poi Dushashana si rivolse a Draupadi. "Il re Drupada non ha agito con saggezza quando ti ha dato in sposa a costoro. O Draupadi, che gioia trarrai dal servire i tuoi mariti nella foresta? Scegliti un marito migliore fra i Kaurava, così eviterai questa umiliazione. Non sprecare più tempo al servizio dei Pandava."

Bhima ruggì. "O disgraziato, stai sputando le parole di un peccatore. Hai vinto solo grazie agli inganni di Shakuni, e te ne vanti. Oggi ci ferisci al cuore con parole taglienti come frecce, e io ti strapperò il cuore in battaglia per ricordarti di queste parole."

Per tutta risposta Dushashana si mise a danzare e cantare ridendo come uno svergognato.

Yudhisthira si avviò verso la porta seguito dai fratelli e da Draupadi. Duryodhana al colmo della felicità, camminò accanto a Bhima imitando il suo passo leonino. Girandosi verso di lui, Bhima disse: "Tornerò per ucciderti. Non potremo scordare ciò che è successo oggi".

Dhritarastra era sempre in silenzio. Bhishma, Vidura, Drona e Kripa piangevano vedendo i Pandava che andavano in esilio.

Prima di lasciare la sala, i Pandava si fermarono davanti a Dhritarastra, e Bhima disse: "Ucciderò Duryodhana e tutti i suoi fratelli, o re. Arjuna ucciderà Karna e Sahadeva ucciderà il malvagio Shakuni. Quando avrò abbattuto Duryodhana con la mia mazza, gli metterò un piede in testa".

Arjuna aggiunse: "Le promesse dei grandi non sono mai vuote, fra quattordici anni lo potrai vedere. Come ha detto Bhima, ucciderò Karna che è malvagio, geloso, crudele e vano. Ucciderò anche i re che mi combatteranno. Se il mio voto non si avvererà, allora si sposterà l'Himalaya, o i raggi del sole diverranno freddi. Questo accadrà fra quattordici anni se Duryodhana non ci restituirà il regno".

Arjuna era sicuro che Duryodhana non avrebbe mai restituito il regno, e la guerra era inevitabile. Tutti i fratelli lo sapevano. Quando Arjuna smise di parlare, Sahadeva che sbuffava come un serpente, disse: "O Shakuni, tu li chiami dadi, ma sono frecce aguzze puntate al tuo cuore. Se ti resta qualcosa da fare in questa vita fallo ora, perché io ti ucciderò quando torneremo dalla foresta".

Nakula fece voto di liberare la terra dai sostenitori di Duryodhana. Infine Yudhisthira disse al re. "Ti saluto, o re e saluto anche voi, o Kuru anziani. Vi rivedrò di nuovo al mio ritorno. Mi inchino a voi e chiedo la vostra benedizione."

Gli anziani si vergognavano troppo per rispondere. Dopo un momento, Vidura disse: "Tua madre, la nobile Kunti, è una principessa reale, e non dovrebbe andare nella foresta. È vecchia e delicata, lascia che resti a casa mia durante la vostra assenza."

Yudhisthira assentì. "Tu sei nostro zio, e per noi come un padre e un maestro. Che sia come tu dici. Dicci cos'altro dovremmo fare."

"O Yudhisthira, tu sei il migliore tra i Bharata.", rispose Vidura, "Non dolerti per questa svolta negli avvenimenti. Non c'è da vergognarsi per essere stati sconfitti slealmente. Trascorrerete serenamente questi anni, godendovi la compagnia. Avete ricevuto gli insegnamenti dei rishi e dei santi, e questo esilio sarà un'ulteriore opportunità per la vostra educazione spirituale. In realtà trarrete un grande beneficio dal vostro ritiro dagli affari del mondo."

Vidura pregò per un loro felice ritorno, li benedì affinché potessero ottenere dai deva le loro ricchezze: da Indra, la vittoria, da Yamaraja la pazienza, da Kuvera la carità, da Varuna il controllo dei sensi, da Vayu la forza, dalla devi della terra la resistenza e dal deva del sole l'energia. Infine aggiunse: "O figlio di Kunti, parti ora, nessuno ti può accusare di aver peccato. Addio".

Yudhisthira ringraziò lo zio per la sua benedizione e si inchinò davanti a lui, Bhishma e Drona. Tutti i fratelli fecero i loro rispetti agli anziani e uscirono dalla sala.

Prima di seguire i fratelli, Draupadi andò da Kunti per chiederle il permesso di partire. Quando entrò nei quartieri femminili, sentì tutte le donne che si lamentavano per la sua sorte.

Draupadi le salutò e le abbracciò, poi si inchinò a Kunti, che la prese fra le braccia dicendole fra le lacrime: "O bambina, non dolerti per questa tremenda disgrazia che ti ha colpito. Il cuore di una donna virtuosa non viene scosso dagli eventi di un destino ineluttabile. Segui i tuoi mariti serenamente, e continua a servirli. Sei casta e garbata, un gioiello dell'antica casa dei Kuru. Ora vai con la benedizione delle mie preghiere. Sarai protetta dalla tua virtù e presto la fortuna ti arriderà".

Kunti era affranta, non era mai stata separata dai figli prima d'ora. Singhiozzando chiese a Draupadi: "O bambina, prenditi cura in particolare di Sahadeva, quel ragazzo gentile ha un posto speciale nel mio cuore". Draupadi assentì, e con ancora indosso la veste macchiata di sangue e i capelli spettinati, lasciò i quartieri delle donne insieme a Kunti. La regina trovò i suoi figli vestiti di pelli di cervo, circondati da nemici in tripudio e amici che li compativano. Li abbracciò. "Siete tutti virtuosi, devoti al signore e sempre dediti al servizio degli anziani. Perché mai vi ha colto questa disgrazia? Non riesco a comprendere di quale peccato stiate raccogliendo il frutto. Penso che vi troviate in questa situazione perché siete nati dal mio grembo".

Kunti esclamò: "O figli miei, come posso lasciarvi? Verrò con voi nella foresta". Poi unì le mani e pregò Krishna: "O Krishna, tu che vivi a Dwaraka, dove sei? Perché non salvi me e i miei figli?". Si rivolse a Sahadeva piangendo. "O figlio mio, resta con me e guadagnati i frutti della virtù dal servizio di tua madre, e lascia che i tuoi fratelli adempiano ai termini del voto."

I Pandava la consolarono come potettero, poi presero congedo. Vidura la prese per mano e la portò a casa sua.

I Pandava si fecero largo a fatica per le vie della città, la notizia del loro esilio si era sparsa rapidamente e una folla di cittadini sconsolati riempiva le strade. Lasciarono Hastinapura e coloro che amavano al seguito di Dhaumya, incapaci di dir nulla a nessuno.

Capitolo 22

Nella foresta

Dhritarastra era angosciato dai pericoli che attendevano i suoi figli, e non riusciva a trovar pace. Chiamò Vidura e gli chiese timidamente: "Vorrei che mi raccontassi ciò che hai visto alla partenza di Yudhisthira e dei suoi fratelli. Come stava Draupadi? Cosa faceva l'eccelso Dhaumya?".

Vidura rispose: "Yudhisthira camminava col volto coperto da un panno, Bhima si guardava le braccia, Arjuna faceva volare la sabbia coi piedi, Sahadeva si era coperto di fango il volto e Nakula si era cosparso il corpo di cenere. Draupadi, dagli occhi di loto, li seguiva in lacrime con i capelli scarmigliati e Dhaumya camminava davanti a loro recitando dei terribili mantra dal Sama Veda che riguardano Yamaraja.".

Incuriosito da questa descrizione, Dhritarastra chiese: "O Vidura, perché si comportavano così?".

Vidura rispose: "Il saggio Dharmaraja, benché perseguitato dai tuoi figli e privato del suo regno con mezzi infami, non si è mai allontanato dalla strada della virtù, e si è coperto la faccia pensando: 'Potrei bruciare degli innocenti con la furia dei miei occhi.', Bhima continuava ad agitare le braccia desiderando di usarle contro i suoi nemici. Arjuna, che sa usare l'arco con entrambe le mani, spargeva la sabbia come simbolo delle infinite frecce che scaglierà in battaglia, e Sahadeva si è sporcato il volto pensando: 'Che nessuno mi riconosca in quest'ora di tragedia', e il bellissimo Nakula si è coperto di cenere pensando: 'Non devo rubare il cuore alle donne mentre vado per la pubblica strada'".

Il re, a sentire l'atteggiamento bellicoso di Bhima e Arjuna, si spaventò ancor di più. Che fine avrebbero fatto Duryodhana e i suoi fratelli? E ascoltò sempre più preoccupato la descrizione di Vidura.

"La casta Draupadi, con la veste insanguinata e i capelli in disordine per la brutalità di Dushashana, li seguiva dicendo: 'Le mogli di coloro che mi hanno ridotto in questo stato fra quattordici anni si lamenteranno come io mi lamento oggi, percorrendo questa strada dopo aver offerto ai loro parenti morti l'acqua consacrata sulle rive del fiume'. Dhaumya reggeva dei fili d'erba *kusha* orientati verso sud, e recitava il Sama Veda pensando: 'Quando tutti i Kaurava saranno stati uccisi, i loro sacerdoti reciteranno questi stessi mantra'".

Vidura aggiunse che i cittadini di Hastinapura condannavano i Kuru e piangevano. Mentre i fratelli se ne andavano, vi erano stati dei presagi sinistri: lampi in un cielo senza nuvole, la terra che tremava, il sole oscurato in eclisse e una pioggia di meteore. Gli sciacalli avevano ululato mentre gli avvoltoi e i corvi schiamazzavano sui tetti dei templi. "Tutti questi segni indicano la fine della nostra razza, o re, e questo è il risultato della tua folle iniquità." Dhritarastra si torse le mani senza parlare.

In quel momento apparve il grande rishi Narada circondato da grandi saggi. Disse gravemente a Dhritarastra: "Il quattordicesimo anno, per colpa di Duryodhana, Bhima e Arjuna distruggeranno i Kaurava.".

Detto questo Narada e gli altri rishi scomparvero, e tutti i Kuru furono presi dal terrore perché le parole di Narada non potevano provarsi false. Duryodhana, visto che la guerra era inevitabile, offrì a Drona il comando dell'esercito, e lui disse: "I bramini affermano che i Pandava sono di origine divina e non possono essere sconfitti. Ma voi avete chiesto il mio aiuto e io non posso rifiutare. Farò tutto ciò che è in mio potere per proteggervi, anche se i Pandava sono alleati di Drupada, il cui figlio è nato per uccidermi. Quindi dovrò morire anch'io. O Kuru, godetevela finché potete, fate sacrifici e date abbondante carità. Alla fine dei quattordici anni la tragedia ci colpirà tutti".

Dhritarastra lo sentì, e divenne sempre più preoccupato ed ansioso pensando all'ingiustizia di cui era stato responsabile. Adesso suo figlio aveva tutto quello che voleva, ma quanto sarebbe durato? La mente di Dhritarastra tornò al giorno della nascita di Duryodhana. Perché non aveva ascoltato il consiglio di Vidura? Anche allora l'affetto per il figlio aveva sovrastato la sua ragione e il suo giudizio, e adesso si trovava davanti alle conseguenze della sua debolezza sentimentale.

Il re chiamò il suo segretario Sanjaya, che benché per nascita fosse un auriga ed un *sudra*, era suo amico e discepolo di Vyasadeva. Sanjaya era spesso riuscito a dare conforto al re con la sua saggezza. Adesso il monarca era seduto a testa bassa e sospirava. Con un sorriso asciutto l'auriga disse: "O re, perché ti rammarichi adesso che hai tutta la terra con le sue ricchezze?".

Dhritarastra scosse la testa: "Come non dolersi, quando dovremo affrontare una battaglia con gli invincibili guerrieri Pandava?".

Sanjaya disse con franchezza: "O re, è colpa tua, tu hai generato l'odio che distruggerà il mondo. Bhishma, Vidura e Drona hanno condannato il comportamento di Duryodhana, ciò malgrado tuo figlio ha fatto trascinare in sala l'amata Draupadi e l'ha fatta insultare. Perché non l'hai fermato?".

"I perfidi Kaurava si sono tirati addosso la rovina totale. Chi altro se non Duryodhana con i suoi sostenitori avrebbe violato la divina figlia di Drupada, trascinandola nella sala macchiata di sangue mestruale? Ha visto i mariti derubati delle loro ricchezze, del regno, spogliati e resi schiavi, impossibilitati a reagire essendo legati dai principi della virtù".

Dhritarastra rispose con voce spezzata: "O Sanjaya, gli occhi pieni di dolore di Draupadi possono consumare l'intera terra. Che possibilità esiste che solo uno dei miei figli sopravviva? Tutte le donne Kuru, con Gandhari in testa, hanno pianto quando Dushashana ha trascinato via Draupadi, e continuano a lamentarsi insieme ai miei sudditi. I bramini, infuriati per la persecuzione di Draupadi, si rifiutano di fare i sacrifici, e ovunque si vedono cattivi presagi. Che sciagura! Dev'essere il volere del destino".

Dhritarastra licenziò Sanjaya e rimase sveglio tutta la notte, col pensiero che continuava a tornare alla partita a dadi.

* * *

I Pandava lasciarono Hastinapura dalla porta settentrionale, e trovarono una folla di cittadini che condannava i Kuru anziani.

Alcuni di loro parlarono con Yudhisthira. "Se il malvagio Duryodhana vuole questo regno, siamo perduti. La nostra ricchezza, le nostre famiglie e anche noi stessi andremo in rovina. Non vogliamo andare incontro alla distruzione vivendo nel paese di un re peccatore, verremmo contaminati dai suoi peccati."

Yudhisthira parlò con affetto: "Siamo molto grati, perché il popolo, con i bramini in testa, ci approva. Per l'amore che avete per noi, vi prego di rimanere a Hastinapura, e amare e servire il re, nostro nonno Bhishma, il saggio Vidura, nostra madre Kunti e i nostri amici". I cittadini tornarono a malincuore in città.

I Pandava salirono sui carri e si diressero a nord. Al crepuscolo giunsero alle rive del Gange, e trovarono un grande baniano noto come Pramana. Decisero di trascorrere lì la notte, smontarono dai carri e si bagnarono nel fiume. Quando cadde la notte molti bramini che li avevano seguiti accesero i fuochi sacrificali e cantarono i mantra vedici con toni melodici e confortanti.

La mattina seguente i fratelli si sedettero davanti ai fuochi sacrificali ed offrirono preghiere ai deva. Poi chiesero ai bramini di benedirli e di permettergli di partire. Yudhisthira disse: "Siamo stati derubati del regno, delle ricchezze e di tutto ciò che possedevamo. O grandi saggi, non saremo in grado di mantenervi come sarebbe nostro dovere. Nella foresta dovremo sopravvivere di frutti e radici selvatiche, e la giungla è piena di animali feroci e di serpenti. Vi prego, tornate a Hastinapura, non voglio essere la causa delle vostre privazioni".

Shaunaka, il capo dei bramini, rispose: "O re, noi verremo con voi, non preoccuparti di come sopravvivremo. Ci procureremo il nostro cibo, e saremo felici di una vita di ascesi. Con le nostre preghiere e meditazioni, vi faremo del bene e vi intratterremo recitando le sacre scritture".

"Non ho esitazioni ad accettare la tua offerta," rispose Yudhisthira, "Sono sempre felice di essere in compagnia dei bramini. Tuttavia ora siamo poveri, e io mi sento indegno".

Yudhisthira si sedette e si prese la testa fra le mani. A Indraprastha manteneva centinaia di migliaia di bramini, e adesso non poteva nemmeno procurare il cibo a pochi di loro. Shaunaka lo consolò citando i sacri Veda. "Mille cause di dolore e cento cause di paura affliggono gli ignoranti, ma non affliggono coloro che sanno. O re, tu che conosci le eterne verità dei Veda, non farti abbattere dai rovesci della fortuna. Adesso riprenditi e richiama alla mente quella saggezza, o Yudhisthira."

Aggiunse che l'attaccamento alla materia è la radice della sofferenza. Un focherello nel cavo di un albero lo consuma fino alle radici, e così anche un piccolo attaccamento, se viene alimentato, può distruggere un uomo. Il desiderio di ricchezza è il peggior nemico dell'uomo. La felicità viene dall'accontentarsi, mentre la lotta per la ricchezza, la fama, il potere e le unioni d'amore, creano legami e infine fanno soffrire.

"Pertanto, o re, non desiderare nulla, non voler accumulare ricchezza, nemmeno per scopi virtuosi. È meglio non aver mai toccato il fango che lavarlo via quando ne si è ricoperti. Se vuoi innalzare la tua virtù, libera il tuo cuore dal desiderio di ricchezza."

Yudhisthira era perplesso. "O rishi, non desidero nulla per me, vorrei solo avere sufficienti ricchezze per poter mantenere i bramini. Che scopo può avere la vita del re se non si riesce a prender cura e mantenere coloro che dipendono da lui?".

Shaunaka rispose: "Ah, il mondo è pieno di contraddizioni. Ciò che fa vergognare i buoni e gli onesti, piace ai malvagi, che spinti dall'ignoranza e dalla passione, agiscono solo per gratificare la pancia e gli organi sessuali, credendo così di ottenere la felicità".

Shaunaka disse che anche gli uomini pii possono venire sopraffatti dai desideri quando sono nel mondo e si godono i suoi piaceri. Yudhisthira aveva già vissuto il successo, e adesso avrebbe dovuto concentrarsi nelle sue pratiche di yoga e di austerità, senza attaccamenti e desideri materiali, per ottenere il pieno successo spirituale.

Yudhisthira ringraziò il rishi. Poi, sempre cercando di trovare i mezzi per mantenere gli asceti che lo seguivano nella foresta, chiese consiglio a Dhaumya. "O grande saggio, non posso abbandonare i bramini e allo stesso tempo non posso provvedere ai loro bisogni. Che fare?".

Dhaumya rispose: "Molto tempo fa tutte le creature della terra pativano la fame, Surya ne ebbe compassione, ed estrasse dell'acqua con i suoi raggi. Poi la luna, con i suoi poteri raffreddanti, la trasformò in nuvole, e quindi cadde la pioggia, che in combinazione col sole diede il cibo alla terra. Tutti gli esseri sono dunque mantenuti dal sole. Chiedi aiuto al deva del sole, o re, e potrai soddisfare questo tuo desiderio".

Dhaumya aggiunse che i grandi re del passato avevano protetto e mantenuto i loro sudditi grazie alle meditazioni ascetiche e i voti. Il Pandava allora chiese al saggio che metodo usare.

Dhaumya trasmise a Yudhisthira i centootto nomi del sole e le preghiere vediche che doveva recitare. Yudhisthira entrò nel Gange, si rivolse al sole e offrì molte preghiere ed adorazioni alla sua divinità. Per tre giorni non prese né cibo né acqua, e controllò il respiro con la tecnica del pranayama yoga. Si astenne dal sonno, lodando continuamente il deva del sole.

Tre giorni dopo Surya gli apparve e disse: "Sono compiaciuto per le tue preghiere e le tue austerità. O re, avrai ciò che desideri, ti darò il cibo che ti serve per i tuoi dodici anni di esilio nella foresta".

Il deva diede a Yudhisthira un grande piatto di rame con le seguenti istruzioni: "Quando Panchali avrà cotto il pasto, lo dovrà mettere su questo piatto. Quel cibo non finirà prima che ella abbia mangiato. In questo modo, o re, con questo piatto potrai sfamare qualunque numero di persone.".

Surya salì in cielo, aggiungendo: "Fra quattordici anni riavrai il tuo regno.".

Yudhisthira uscì dal fiume e andò a toccare i piedi di Dhaumya, e diede il piatto divino a Draupadi. Ella cucinò un pasto e lo mise sul piatto. Dopo aver offerto il cibo al Signore con le preghiere appropriate, servì i bramini. Con sua grande meraviglia vide che il piatto era sempre pieno, e cessò di riempirsi solo quando, per ultima, si servì anche lei. Rifocillati, i Pandava si misero in cammino per la foresta di Kamyaka, accompagnati da centinaia di bramini.

Capitolo 23

Le paure di Dhritarastra

A Hastinapura, Dhritarastra divenne sempre più inquieto, e per consolarsi parlò con Vidura: "O Khattwa, sei di intelligenza profonda, conosci tutte le sottigliezze del dharma, e sei imparziale verso tutti i Kuru. Ora che le cose hanno preso questa piega, cosa possiamo fare? Come ci possiamo riguadagnare la fiducia e l'amore dei cittadini? E soprattutto, come possiamo evitare lo sterminio della nostra razza?".

Vidura rispose: "O re, la religione, il benessere e i piaceri dipendono dalla virtù, e così anche il successo del regno. Quindi ama e favorisci i tuoi figli quanto quelli di Pandu. Quando hai permesso quella partita di dadi, hai fatto scempio della virtù. Il solo modo per rimediare e riguadagnare il rispetto è di ridare ai Pandava il loro regno. Accontentati di ciò che è tuo di diritto e non desiderare ciò che appartiene ad altri".

Dhritarastra si mosse a disagio sul suo trono. Non era ciò che voleva sentire, casomai era più interessato a sapere come i Kaurava avrebbero potuto consolidare la loro posizione. Ora che avevano la sovranità su tutta la terra, era necessario soltanto rafforzarsi. A cosa sarebbe servito rendere il regno ai loro nemici più potenti? Dhritarastra si sentì montare la rabbia.

Vidura proseguì: "O discendente di Bharata, ti ho già detto una volta di ripudiare Duryodhana, e se tu mi avessi ascoltato, adesso non avresti di che pentirti. Mandalo via, e chiama Yudhisthira ed incoronalo. I tuoi figli ed i loro seguaci dovrebbero servirlo. Chiedi a Dushashana di fare le sue scuse a Draupadi in pubblico, chiedendo anche perdono a Bhima. Questo sarà un bene per tutti noi, e salverà il regno dalla distruzione".

La rabbia di Dhritarastra esplose. Sembrava che Vidura si schierasse sempre con i Pandava, e non favorisse mai né lui né i suoi figli. Mise la mano sul suo scettro di gemme e disse: "O Vidura, parli soltanto a favore dei Pandava, e non ti curi di me. Non approvo le tue parole, come ti aspetti che io tradisca il sangue del mio sangue? Ho una grande stima di te, ma oggi penso che le tue parole siano sbagliate, e non le accetto. Puoi restare o andartene, come preferisci, ma non ti chiederò più consiglio".

Dhritarastra si alzò di scatto e andò nelle sue stanze, e Vidura scosse tristemente la testa. "Questa razza è condannata" disse e decise di raggiungere i Pandava nella foresta.

* * *

I Pandava lasciarono i carri e si portarono dietro soltanto le armi. Attraversarono Kurukshetra e i fiumi Yamuna, Dishadwati e Sarasvati. Infine, sulle rive del Sarasvati raggiunsero la grande foresta Kamyaka. Sulla riva del fiume vivevano molti asceti, praticando sacrifici ed austerità. I Pandava entrarono nella foresta e costruirono delle capanne dal tetto di paglia. Si dedicarono allo studio delle sacre scritture e ai sacrifici.

Una sera, mentre erano seduti davanti al fuoco sacro ascoltando i bramini che narravano storie vediche, i fratelli sentirono un carro che si avvicinava, e furono sorpresi nel vedere Vidura.

Lo accolsero con gioia e rispetto, lo fecero sedere fra loro, e Yudhisthira gli offrì cibo ed un posto dove riposare. Il giorno seguente Vidura raccontò ai fratelli del suo incontro con Dhritarastra. "O Ajatashatru, ho dato al re i miei consigli, ma non mi ha voluto ascoltare. Mi ha mandato via con parole dure e crudeli."

I Pandava consolarono Vidura. In quel mentre si sentì arrivare un altro carro. Questa volta si trattava di Sanjaya. L'auriga di Dhritarastra si inchinò a Yudhisthira e fu ricevuto affettuosamente. Quando si fu seduto, spiegò a Yudhisthira la ragione della sua venuta.

"Il re, dopo aver scacciato Vidura con parole dure, si è profondamente pentito ed è addolorato. Un giorno è svenuto nella sala dell'assemblea, e quando ha ripreso coscienza ha detto ai re riuniti: 'Mio fratello Vidura è come il deva della giustizia, Yamaraja. Il mio cuore brucia di dolore ed angoscia al suo ricordo'".

Sanjaya proseguì: "Il re mi ha ordinato: 'Vai subito, o Sanjaya, e riporta mio fratello. Non mi ha mai fatto il minimo torto, piuttosto ha sofferto lui a causa mia. Non posso vivere senza di lui'. O discendente dei Kuru, ti prego, torna in città".

Vidura decise di tornare, amava il fratello maggiore malgrado il suo comportamento irresponsabile, e con i suoi consigli ci sarebbe almeno stata la speranza che sentisse ragione.

Quando Vidura arrivò a Hastinapura, il re gli disse: "O uomo virtuoso e senza peccato, sono fortunato a riaverti qui. In queste notti non ho potuto dormire, pensando che senza di te ero perduto."

Vidura gli perdonò gli insulti. "Tu sei il mio fratello maggiore, e hai il mio rispetto. Appena Sanjaya mi ha detto del tuo volere, sono venuto immediatamente. O re, è giusto e virtuoso aiutare chi soffre. Amo i tuoi figli quanto i Pandava, ma siccome i Pandava stanno soffrendo, io soffro per loro."

I due fratelli continuarono a conversare per chiarirsi, felici di essere di nuovo insieme.

* * *

Duryodhana non era contento del ritorno di Vidura. Convocò Shakuni, Karna e Dushashana e disse: "Vidura è tornato. Lui favorisce sempre i Pandava. Spero che non convinca il re a farli tornare indietro, non riuscirei a sopravvivere".

Shakuni rise. "Quali follie vai dicendo, o re? I Pandava staranno via per tredici anni. Yudhisthira non tradirà mai la sua parola, nemmeno se vostro padre gli chiedesse di tornare. Non temere, dobbiamo soltanto trovare l'opportunità di sconfiggerli di nuovo."

Karna, per tranquillizzare Duryodhana, disse: "O re, non hai nulla da temere, sono d'accordo con Shakuni. I fratelli non infrangeranno il loro voto, e se anche dovessero tornare, troveremmo il modo di sconfiggerli.

"So cosa ti turba, o re, e condivido i tuoi sentimenti. Eliminiamo i Pandava una volta per tutte. La partita a dadi non ha sistemato la faccenda, perché loro sono ancora vivi."

Karna, pensando ad Arjuna, il suo vecchio rivale, contorse il bel volto in una smorfia di rabbia. Fremeva dal desiderio di scontrarsi con lui, e tredici anni gli parevano troppo lunghi. Camminando avanti e indietro, Karna disse con passione: "Ecco il mio consiglio, o re. Andiamo in forze nella foresta, troviamo i Pandava e uccidiamoli. È un buon momento, adesso sono deboli e avviliti, non hanno esercito e alleati, e li possiamo sconfiggere facilmente".

Il discorso di Karna entusiasmò tutti quanti, e Duryodhana senza alcuna esitazione, radunò un grande esercito e partì per la foresta con Karna e i suoi fratelli.

All'uscita dalla città incontrarono Vyasadeva. Il saggio, grazie alla sua visione mistica, aveva saputo del piano di Duryodhana, e gli ordinò di tornare in città. Il principe non osò sfidarlo per paura della sua maledizione, e annullò la spedizione.

Vyasadeva andò nella sala delle assemblee. Dopo essere stato ricevuto ed adorato, disse: "O Dhritarastra, ascolta bene quello che ti dico per il bene dei Kuru. Non sono affatto contento che i Pandava siano stati esiliati slealmente. Se non restituisci il loro regno, alla fine dei tredici anni trucideranno tutti i Kaurava".

Vyasadeva, di fronte al re e ai suoi ministri e consiglieri, proseguì: "Il tuo stolto figlio vuole uccidere i Pandava. Devi fermarlo. Se ci proverà perderà la sua vita e farà distruggere la razza dei Kuru.

"O re, perché non mandi Duryodhana a servire i Pandava nella foresta? In quel modo non potrà nuocere, e forse i Pandava arriveranno anche ad apprezzarlo, anche se lo dubito. La natura che un uomo acquisisce alla nascita rimane con lui per tutta la vita. Sembra impossibile che Duryodhana sia in grado di essere umile."

Il saggio si guardò intorno. "Cosa pensano Bhishma e Vidura? Qual'è il tuo punto di vista o re? Devi fare subito la cosa giusta, altrimenti sarà la rovina."

Dhritarastra rispose con un sospiro: "O illustre saggio, la partita a dadi non mi è piaciuta, e sono stato costretto dal destino a dare il mio consenso. Quel gioco non è piaciuto nemmeno a Bhishma, Vidura, Drona e alla regina Gandhari, e sono sicuro che è successa per il potere illusorio del maya. Per affetto paterno non ho potuto fermare mio figlio".

"O re, posso capire cosa senti, un figlio è quanto di più caro un padre possa avere. Ma non capisci che anche i Pandava sono i tuoi figli? Perché non provi alcuna compassione per loro? Io ti parlo da padre, e sento lo stesso amore per i miei altri figli, Pandu e Vidura. O re, se vuoi che i Kuru sopravvivano, ordina a Duryodhana di fare pace con i Pandava."

Dhritarastra scosse la testa, e la sua corona scintillò con i raggi di luce che entravano dalle finestre. "O saggio rishi, ciò che dici è giusto, lo so bene e anche tutti i re qui presenti lo sanno. Anche Bhishma, Vidura e Drona mi hanno detto la stessa cosa. Tuttavia mi sento impotente. Ti prego, sii gentile verso i Kuru e istruisci mio figlio affinché scelga la retta via."

Vyasadeva, che aveva la visione del passato, presente e futuro, disse: "Presto l'illustre rishi Maitreya, dopo aver fatto visita ai Pandava, verrà qui e parlerà a tuo figlio per ammonirlo e consigliarlo. Se non verrà ascoltato, lo maledirà".

Come predetto, il rishi Maitreya arrivò presto. L'asceta itinerante, che aveva con sé solo un bastone ed un vaso per l'acqua, venne ricevuto con tutti gli onori e rispetti da Dhritarastra e i suoi figli. Il re gli chiese: "O illustre rishi, hai fatto un buon viaggio? Quegli eroi, i cinque Pandava, stanno bene? Rimarranno laggiù tutti i tredici anni? Come si può ripristinare l'affetto tra i miei figli e i miei nipoti?".

Maitreya scrutò l'assemblea. "Nel mio pellegrinaggio sono arrivato alla foresta Kamyaka e ho incontrato Yudhisthira e i suoi fratelli. Sono vestiti da asceti vivono fra i rishi. Ho saputo da loro dei gravi peccati commessi da Duryodhana. Sono venuto per dare dei consigli perché desidero il vostro bene."

"Tu sei il re, qui", disse severamente il rishi, "ed è tuo dovere punire coloro che peccano. Per aver consentito delle azioni malvagie nella tua sala delle assemblee, o re, i saggi ti condannano. Non ne temi le conseguenze?".

Maitreya si rivolse poi a Duryodhana che si incupì alle sue parole. Il saggio parlò con dolcezza. "O eroe dalle forti braccia, ti dico parole rivolte al bene tuo, dei Kuru, dei Pandava e di tutto il mondo. Non litigare con i Pandava. Sono forti come mille elefanti, virtuosi e valorosi. Bhima a mani nude ha ucciso tre fortissimi Rakshasa, nemici dei celesti, che potevano cambiare forma a loro piacere. Ha ucciso quei tre – Hidimba, Baka e Kirmira – con la stessa facilità con cui una tigre uccide un cerbiatto. Ti ricordi come Bhima ha ucciso Jarasandha? Chi è così sciocco da farsi nemici quegli eroi che hanno come alleati Krishna, Drupada e i suoi figli? Ascolta il mio consiglio, caro figliolo, e fai pace con loro."

Duryodhana guardò dall'altra parte e non rispose. Denudò la coscia e la schiaffeggiò sonoramente, poi abbassò la testa. Poi si stirò come se fosse annoiato.

A questa impudenza gli occhi di Maitreya si arrossarono per la rabbia. Toccò dell'acqua consacrata e tenendo in mano il filo sacro che pendeva dalla spalla, disse con voce tuonante: "O insolente, dato che disprezzi le mie parole e non ascolti il mio consiglio, presto sarai ripagato. Nella grande guerra che nascerà per le tue malefatte, Bhima ti fracasserà la coscia con la sua mazza".

Dhritarastra si spaventò e cercò subito di pacificare Maitreya con dolci parole, chiedendogli pietà per Duryodhana. Maitreya disse che la sua maledizione sarebbe cessata solo se Duryodhana avesse fatto pace con i Pandava.

Dhritarastra si sentì un po' sollevato e disse: "O rishi, abbiamo saputo come Bhima abbia ucciso Hidimba e Baka, ma non Kirmira. Chi era quel demone, e come è stato ucciso? Ci piacerebbe saperlo".

Maitreya rispose: "Non parlerò più in questa assemblea perché Duryodhana ha disprezzato le mie parole. Vidura conosce bene la storia di Kirmira". e con questo si alzò e lasciò la città.

Dhritarastra chiese a Vidura di raccontare la storia. "O re, ho sentito questa storia da Yudhisthira. Quando i Pandava giunsero alla foresta Kamyaka, mentre camminavano nelle buie ore della notte, incontrarono un terribile Rakshasa dagli occhi fiammeggianti. Era alto come un albero, portava una torcia, e con le lunghe braccia aperte bloccava la strada dei Pandava. Aveva otto canini che sporgevano dalla sua bocca gigantesca, gli occhi color del rame, i capelli rossi fiammeggianti diritti in testa. Ruggiva come il tuono e spargeva le illusioni dei Rakshasa confondendo i sensi dei Pandava.

Il Rakshasa osservò i fratelli a distanza, e gli bloccò il passaggio come il monte Mainaka. Dhaumya pronunciò subito dei mantra vedici per contrastare le visioni illusorie create dal demone, e il vento cessò e la polvere si depose. Vedendo che i suoi poteri erano vanificati, il Rakshasa dilatò gli occhi per la rabbia.

Yudhisthira gli chiese: 'Chi sei tu? Cosa vuoi da noi?', e il Rakshasa rispose: 'Sono Kirmira, il fratello di Baka. Divoro tutti coloro che sono abbastanza sciocchi da passare di qui. Chi siete?'.

'Siamo i cinque figli di Pandu,' rispose Yudhisthira, 'siamo stati privati del nostro regno ed esiliati. Vogliamo trascorrere l'esilio in questa foresta.'

Il Rakshasa fece un urlo di gioia. 'Che fortuna! Il fato ha finalmente esaudito il mio desiderio. Da tempo cercavo Bhima, l'assassino di mio fratello che ha pure rapito sua sorella. Adesso lo ammazzo, offrirò il suo sangue all'anima trapassata di Baka, e lo divorerò, digerendolo come Agastya ha digerito l'Asura Vatapi.'"

Bhima sradicò un enorme albero, lo spogliò dei rami, mentre Arjuna incordò il suo arco e incoccò una freccia. Bhima fermò il fratello e affrontò da solo il demone. Come Indra scaglia il fulmine, Bhima abbatté l'albero sul cranio di Kirmira, e l'albero andò in schegge, ma il demone rimase imperturbato, e scagliò la sua torcia con una scia di scintille. Bhima la schivò gettandosi a lato e la calciò via.

La battaglia assomigliava all'antico duello tra Vali e Sugriva. Si accapigliarono e si rotolarono come una coppia di leoni in un combattimento mortale.

La lotta fu dura e feroce e durò quasi un'ora. Bhima aveva una grande rabbia accumulata per gli insulti subiti dai Kaurava. Vide il demone come uno di loro e la sua furia crebbe. Afferrò il Rakshasa come un elefante infuriato, lo alzò e lo gettò con violenza a terra. Poi lo afferrò per la vita, lo scosse come un albero nell'uragano, e lo fece roteare sopra la sua testa a velocità spaventosa, fino a che il demone perse i sensi e lo strangolò.

Bhima lasciò il corpo di Kirmira sul sentiero, e i fratelli lo lodarono. Poi, con Draupadi in mezzo, si addentrarono nel fitto della foresta.

L'assemblea era incantata dalla storia, e Vidura concluse: "Io stesso ho visto il corpo del Rakshasa distrutto dai colpi di Bhima".

Dhritarastra sospirò e non disse nulla. Bhima aveva fatto voto di uccidere tutti i suoi figli. Il re era angosciato e spaventato.

Capitolo 24

Le lezioni di morale di Yudhisthira

Quando Krishna venne a sapere che i Pandava erano stati esiliati, decise di fargli visita nella foresta. Invitò Balarama, Dhristadyumna, Shikhandhi e molti altri re ad accompagnarlo insieme a Subhadra e suo figlio. Balarama e Krishna erano furibondi.

Krishna disse: "Non posso tollerare questa ingiustizia. La terra berrà il sangue di Duryodhana, Karna, Shakuni e Dushashana. Li uccideremo con tutti i loro seguaci e metteremo Dharmaraja sul trono. Quegli esseri malvagi e maliziosi meritano la morte".

La rabbia di Krishna era tale che pareva che avrebbe incenerito tutto il creato. Arjuna cercò subito di calmarlo.

"O Krishna, il grande rishi Vyasadeva mi ha detto che tu sei la causa della creazione, colui che muove tutte le menti, e sei l'inizio e la fine di ogni cosa. L'ascetismo è in te, che sei l'incarnazione di tutti i sacrifici e dell'eterna Persona Suprema. Tutte le divinità dipendono da te, e tu sei l'origine del creatore universale, Brahma."

Arjuna proseguì descrivendo i vari avatara di Vishnu apparsi nelle epoche andate, e affermò che Krishna era l'origine anche del potente Vishnu. "O Krishna, come Narasimha tu hai ucciso il potente Asura Hiranyakashipu, e come figlio di Aditi, Vamana, hai attraversato tutto l'universo con tre passi. O anima di tutte le cose, che copri i cieli, tu abiti nel corpo del sole e lo imbevi della tua luce."

Arjuna proseguì descrivendo le imprese di Krishna in questa incarnazione. "Hai ucciso numerosi re demoniaci, feroci nemici persino dei deva. O Janardana, ti sei manifestato sulla terra nella eterna città sacra di Dwaraka, grande ed opulenta, sempre affollata di rishi. L'invidia, la falsità, la malizia e la crudeltà non hanno posto in te, amico di tutte le creature. Narada mi ha detto che alla fine dello yuga, tutte le cose rientreranno nel tuo corpo. O Krishna, non c'è limite alla tua gloria."

Arjuna si sentì colmo di estasi trascendentale, la sua voce si strozzò e non riuscì più a proseguire. Krishna si tranquillizzò e fu compiaciuto da quell'espressione d'amore di Arjuna, e disse: "Tu sei mio, ed io sono tuo.Tutto ciò che è mio è tuo, colui che ti odia, odia anche me e chi ti segue, segue anche me. Tu sei stato Nara, ed io Narayana, e benché siamo individui diversi, siamo come uno. Nessuno può comprendere la nostra unità e la nostra diversità".

Draupadi, la cui scura bellezza era esaltata dalle vesti di soffici pelli di cervo, giunse le mani e disse a Krishna: "O eccelso signore, tutti i rishi ti descrivono come la Persona Suprema. Tutto l'universo vive in te e tu sei il rifugio di tutti gli asceti ed i saggi. Coloro che ti chiedono protezione non sono mai afflitti dalle calamità. O sterminatore di demoni, come è possibile che una come me, moglie dei Pandava, sorella di Dhristadyumna ed amica tua, possa essere stata insultata dai Kaurava?".

Gli occhi di Draupadi si riempirono di lacrime, e pianse anche Subhadra. Ricordandosi della partita a dadi, Draupadi si infuriò. "Perché, o Krishna, i miei cinque mariti sono rimasti in silenzio mentre io venivo umiliata da un bruto insignificante? Vergogna alle forti braccia di Bhima e al celebre arco Gandiva di Arjuna, perché non hanno potuto proteggere la loro moglie. Vergogna a Bhishma e Dhritarastra! Malgrado io sia la loro nuora erano pronti a vedermi schiava."

Draupadi nascose il viso fra le sue mani soffici, simili a boccioli di loto, sussultando per i singhiozzi. Dopo qualche istante si ricompose, e con un profondo sospiro concluse. "O Krishna, tu sei il mio solo rifugio. Mi merito la tua protezione per quattro motivi: per il legame familiare, la nostra amicizia, il rispetto che hai per me e per il fatto che sei il mio Signore."

Krishna rispose: "O bella signora, vedrai un giorno le mogli di coloro con cui sei arrabbiata che piangeranno i loro mariti morti sul campo di battaglia, con i corpi insanguinati straziati dalle frecce. Non dolerti, io farò per i Pandava tutto ciò che è in mio potere, e tu sarai regina. Che cadano i cieli e si muovano le montagne dell'Himalaya, che la terra si squarci e gli oceani si asciughino, ma sappi per certo, o Draupadi, che le mie parole si proveranno vere."

Krishna si rivolse a Yudhisthira: "O signore della terra, se a quel tempo io non fossi stato occupato in altre faccende, sarei venuto personalmente a impedire la partita a dadi. Krishna aggiunse che se il re non lo avesse ascoltato avrebbe usato la forza per farlo tornare alla ragione. "E se qualcuno avesse sostenuto il re nella sua ignoranza, lo avrei distrutto. Però io ero assente da Dwaraka, e solo al mio ritorno Satyaki mi ha informato degli eventi e sono venuto qui immediatamente. Il mio cuore è triste di vedervi ora, piombati nella sventura."

Yudhisthira chiese a Krishna dove era a quel tempo, e Krishna disse che era andato a lottare contro un re di nome Shalva, amico di Sishupala. Quando Shalva aveva saputo che Krishna aveva ucciso Sishupala, era andato a Dwaraka ed aveva attaccato la città mentre Krishna era a Indraprastha. Shalva aveva una grande nave aerea, simile ad una città celeste, che aveva ricevuto in dono da Shiva. Nelle battaglie la usava come base da cui attaccare il nemico, lanciando piogge di proiettili. Aveva lanciato una sfida a Krishna senza sapere che era assente, e dopo aver mezzo distrutto Dwaraka era tornato alla sua città. Dopo esser tornato a Dwaraka ed aver sentito dell'attacco, Krishna era andato di persona a combatterlo. Shalva aveva ottenuto un grande potere mistico con le sue pratiche ascetiche. Combattendo con Krishna creò un'illusione per cui sembrava che uccidesse il padre di Krishna sul campo di battaglia. Dopo una lotta terribile Krishna uccise Shalva e distrusse la sua nave celeste con il chakra Sudarshan.

Krishna concluse il racconto. "Ecco perché, o Yudhisthira, non ho potuto venire a Hastinapura. La partita a dadi si è svolta subito dopo che avevo ucciso Shalva ed ero impegnato nella ricostruzione di Dwaraka. Se fossi venuto, Duryodhana adesso non sarebbe vivo, e la partita non avrebbe mai avuto luogo. Che posso fare ora? È difficile fermare la marea quando la diga è infranta."

Krishna non poteva fare nulla per i Pandava fino alla fine dei tredici anni. Sapeva che Yudhisthira e i suoi fratelli erano troppo virtuosi per infrangere la loro parola, e sarebbero rimasti nella foresta per tutto il periodo. Se poi Duryodhana non avesse restituito il loro regno, disse, ci sarebbe stata una guerra in cui i Kaurava e i loro alleati sarebbero stati annientati.

I Pandava salutarono Krishna e la sua compagnia, e Arjuna in particolare diede un addio affettuoso a Subhadra ed al loro figlio Abhimanyu.

Yudhisthira ordinò ai fratelli di prepararsi a partire. Voleva addentrarsi nella foresta per trovare un posto adatto a trascorrere il tempo dell'esilio. I fratelli, accompagnati da centinaia di bramini, raggiunsero le rive del lago Dwaitavana. Nelle sue acque nuotavano cigni, chakravarka ed altri graziosi uccelli, e le sue rive erano cosparse di fiori di loto bianchi, rossi e blu, che profumavano l'aria. Lungo la riva c'erano molti alberi carichi di frutti dorati, e i pavoni, i chakora, i cucù ed altri uccelli svolazzavano fra gli alberi con i loro canti melodiosi. I fratelli videro anche molti Siddha e Charana che giocavano e molti rishi immobili, con la mente fissa sul supremo Brahman.

Yudhisthira era estatico per la bellezza del luogo, e decise di vivere lì. Dhaumya fece i sacri riti per consacrare il posto dove erigere le capanne, e si dedicarono a costruirle.

In quella foresta i Pandava erano come tanti Indra fra i celesti. Servivano i rishi e i bramini offrendogli frutti e squisite radici, mentre Dhaumya e gli altri sacerdoti facevano sacrifici quotidiani in onore dei deva e degli antenati dei Pandava.

Poco dopo il loro arrivo a Dwaitavana, Markandeya, il rishi senza età, venne a visitarli. Si diceva che Markandeya vivesse fin dagli albori della creazione e che sapeva tutto quello che era accaduto nella storia dell'universo. Salutò i Pandava con affetto, e accettò la loro adorazione. Il rishi, dal corpo radiante di luce spirituale, aveva le sembianze di un giovane di sedici anni. I Pandava gli ricordavano Rama e Lakshmana che erano stati esiliati nella foresta centinaia di migliaia di anni prima.

Da quando erano entrati nella foresta, Yudhisthira si era sentito soffocare dalla sofferenza. Vedendo Markandeya che sorrideva, chiese: "O illustre saggio, tutti questi asceti sono tristi a vederci in questa situazione, come mai tu sorridi?".

"Non provo piacere, figlio mio, ma sono stupito nel notare la somiglianza della vostra situazione con quella di Rama, il figlio di Dasarath. Anche lui ha sofferto per la sua incrollabile rettitudine, e anche lui ha vissuto esiliato nella foresta per molti anni. Ricordo di averlo visto migliaia di anni fa mentre vagava sul monte Rishyamukha col suo arco. Come te, era di animo nobile e innocente e come te ha vissuto nella foresta per obbedienza a suo padre. Ecco perché sorrido. Non importa quanto siamo potenti, non possiamo evitare le sciagure che ci manda il destino."

Markandeya assicurò a Yudhisthira che, come Rama, avrebbe riavuto il suo regno dopo la fine dell'esilio. Promise di ritornare ancora a visitarli, e partì verso il nord.

* * *

I Pandava rimasero a Dwaitavana, una foresta sacra come la dimora di Brahma dove si poteva ascoltare sempre il suono dei mantra vedici. Erano i mantra dei Yajur, Rig e Sama Veda, una delizia per le orecchie e per la mente, mescolati col suono delle corde degli archi dei Pandava che continuavano a raffinare le loro arti di guerra con la caccia. In armonia con i codici delle sacre scritture, i fratelli controllavano la popolazione delle tigri, dei cinghiali, dei bufali e di altre fiere della foresta Kamyaka, proteggendo i rishi impegnati a meditare e officiare i sacrifici.

Yudhisthira amava la compagnia dei bramini. Ora che viveva in mezzo a loro, la sua mente era serena e il suo dolore si era dissipato. Tutti i più grandi rishi del mondo erano venuti a Dwaitavana per stare con lui: Narada, Vyasadeva, Vasishta, Bhrigu, Angira, Kashyapa e molti altri adoravano Yudhisthira come i saggi adorano Indra in cielo. Yudhisthira li adorava di ritorno e passava molto tempo con loro a parlare di argomenti spirituali. Il gentile figlio di Dharma era felice di vivere una vita semplice e spirituale, pur consapevole dei suoi doveri di kshatriya. Non poteva abbandonare quella responsabilità per un capriccio, e il dovere, anche quando spiacevole, deve sempre essere rispettato per compiacere il Signore. I suoi sentimenti quindi, erano divisi, mentre aspettava il giorno in cui avrebbe dovuto sobbarcarsi di nuovo i doveri del regnante.

Draupadi invece era ancora triste, e bruciava per l'umiliazione che avevano ricevuto per mano di Duryodhana. Una sera, sola con Yudhisthira, gli rivelò i suoi sentimenti. "O re, quando penso che Duryodhana e i suoi amici vivono tranquilli e felici a Hastinapura, il mio cuore brucia di rabbia. Quando sei partito per la foresta, tutti i Kuru hanno pianto, eccetto Duryodhana, Karna, Shakuni e il perfido Dushashana."

Quanto tempo sarebbe dovuto passare prima che i colpevoli venissero puniti e lei fosse vendicata?

"Ti vedo qui, seduto su un tappetino d'erba Kusha e ricordandoti su un trono d'avorio incrostato di gemme sento un'angoscia tale da non riuscire a guardarti. Il tuo corpo, ricoperto del fango della riva del fiume, un tempo era cosparso della migliore pasta di legno di sandalo, eri vestito di tuniche preziose, e ora indossi pelli di cervo e scorze d'albero. Gli altri miei mariti battono la foresta alla ricerca di radici.

E tutto questo per i complotti di uomini malvagi, O re, non ti fa arrabbiare questa situazione? Perché sei così pacifico e tranquillo? Guarda Bhima, che si frena solo per amor tuo dall'andare a distruggere i Kaurava, e Arjuna, che conoscendolo, deve continuare a calmarlo. Per la potenza del suo Gandiva migliaia di re sono stati obbligati a servire i bramini al tuo Rajasuya. Adesso anche lui soffre. E guarda i giovani figli di Madri, che ti sono cari quanto lo sono a Kunti, costretti a vivere la vita dell'asceta. Questo non ti fa arrabbiare?.

Non riesco a capire perché non hai distrutto i Kaurava, dopo tutto quello che è successo. Sarebbe certamente stata una risposta morale. Stai perdendo il discernimento? Come puoi startene qui seduto e perdonarli? Se un re non riesce a distinguere quando è il tempo dell'ira e quando quello del perdono, è perduto.

Anche io conosco le sacre scritture. Secondo le scritture coloro che perdonano sempre e sono umili soccombono, mentre chi è forte ed attacca quando è giusto merita di essere re."

Yudhisthira ebbe compassione di sua moglie. Aveva sofferto così tanto, e se qualcosa ancora gli bruciava era la sua sofferenza. Sì, nel suo cuore covava ancora il fuoco al ricordo di come era stata trascinata nella *sabha*, e il dolore di quel momento gli sarebbe restato vivo per tutta la vita. Ma non era il tempo per la guerra. Draupadi non poteva capire l'intera situazione. Rispose dolcemente: " O saggia donna, qualche volta con l'ira si può ottenere la ricchezza, ma anche la distruzione dell'umanità. La vera prosperità premia colui che domina l'ira e porta la rovina a chi ne è succube. L'ira è alla radice della rovina, per l'ira gli uomini peccano ciecamente, e possono anche uccidere i loro superiori e insultare gli anziani senza riuscire più a discernere il bene dal male. Non c'è nulla che un uomo, nella sua furia, non possa dire o fare. Io non mi farò dominare dall'ira, ma cercherò di controllarla.

Quando un debole viene perseguitato da uno più forte di lui, non deve mostrare la sua rabbia, altrimenti rischia la fine, e le regioni benedette non saranno per lui. I deboli devono controllare la loro rabbia. Solo gli stolti lodano l'ira, credendola simile alla forza. I saggi la tengono a distanza. Gli uomini dominati da questo sentimento non riescono a raggiungere la generosità, la dignità, il coraggio, il talento o gli altri attributi di un uomo di carattere. Si dice che colui che domina la propria rabbia anche quando viene aggredito, troverà la gioia nell'altro mondo. Inoltre il saggio, che sia debole o forte, anche nelle avversità, deve sempre perdonare chi lo ha perseguitato".

A quel punto tutti i fratelli si erano avvicinati per ascoltare Yudhisthira. "Se a questo mondo non ci fossero coloro che sanno perdonare, sarebbe il caos. Vi cito gli antichi versi del rishi Kashyapa: 'Il perdono è virtù, il perdono è sacrificio, il perdono è i Veda. Il perdono è purezza, penitenza, verità, pietà e religione, il perdono è il santo Narayana. L'universo è sostenuto dal perdono, e praticando il perdono l'uomo può raggiungere le regioni della beatitudine perenne'. "Come posso allora rinunciare al perdono, o Draupadi? Sia questo mondo che il prossimo sono di colui che perdona, ed il perdono è la virtù più alta."

Yudhisthira sorrise alla moglie: "Bhishma, Drona Vidura e Kripa e gli altri Kuru anziani vogliono la pace, come pure Vyasadeva e gli altri rishi, o Panchali. Cerchiamo quindi per prima cosa di ottenere una sistemazione pacifica. Se Dhritarastra cede alla tentazione e non ci restituisce il regno, la razza dei Bharata verrà distrutta. Ma che io non ne sia la causa, o principessa."

Draupadi non era convinta. Se la virtù dava la vittoria e il successo, allora come mai una simile sciagura aveva potuto colpire Yudhisthira? Lui non aveva mai deviato dalla strada della virtù, e anche durante la partita a dadi aveva agito con intenzioni virtuose. Adesso si trovava in miseria, mentre quel peccatore di Duryodhana si godeva la sua ricchezza. La principessa disse: "Mi sembra che, benché tu difenda sempre la virtù, o re, la virtù non ha difeso te. Persino gli esseri celesti conoscono la tua eccelsa virtù, e sono sicura che piuttosto che perderla abbandoneresti me e i tuoi fratelli. Tu servi i bramini con tutto ciò che hai, non trascuri mai nessuno. Benché tu abbia conquistato la terra, non sei diventato orgoglioso, hai fatto grandi sacrifici e dato carità senza fine. Anche adesso in questa dura situazione, la tua virtù non ha mai vacillato".

Draupadi guardò il marito negli occhi mentre veniva al punto. "Malgrado tutto questo la tua intelligenza si è annebbiata e ti sei giocato tutto, ricchezze, regno, i tuoi fratelli e persino me. Come può uno come te, semplice, gentile, modesto, liberale e retto, venire posseduto dal vizio del gioco?".

Benché Draupadi sapesse che tutto è sotto il controllo del Signore Supremo, disse che la sua fede era messa alla prova dalla situazione apparentemente inspiegabile di Yudhisthira.

"Certamente, o re, tutti sono stati creati dal Signore e nessuno è mai indipendente. Dio ci dispensa gioia e tristezza a seconda delle nostre azioni del passato, e tutti dipendono da lui, che ci mette insieme e ci usa come strumenti per compiere i rispettivi karma. Pertanto mi viene da pensare che le tue disgrazie siano opera del Signore. Come è possibile? Se invece le conseguenze delle azioni non fossero opera del Signore, vorrebbe dire che chi ha più potere ha il controllo, e poveretti coloro che non hanno potere."

Yudhisthira si rese conto che Draupadi era sconvolta dal dolore e dalla tristezza. "O gentile signora, benché il tuo discorso sia ben articolato, è un discorso ateistico. Se si agisce in modo virtuoso per raccogliere i frutti della virtù, non è vera virtù, si è solo dei mercanti di virtù. Io pratico la virtù solo perché voglio seguire i sacri Veda e servire il Signore. I Veda dicono che colui che mette in dubbio la virtù, nella prossima vita rinascerà fra i bruti. Colui che mette in dubbio la religione, la virtù e le parole dei rishi non potrà accedere alle regioni dell'immortalità e della beatitudine, ed è considerato peggio di un ladro."

Draupadi chinò la testa e suo marito proseguì. "O signora dalla vita sottile, hai visto con i tuoi occhi il risultato della virtù nei saggi immortali come Markandeya, Vyasadeva, Maitreya e il saggio celeste Narada. Se la pietà dell'uomo virtuoso non portasse frutto, questo mondo sarebbe precipitato da tempo nell'oscurità. Nessuno cercherebbe la liberazione, o terrebbe alla conoscenza e nemmeno alla ricchezza. Gli uomini vivrebbero come bestie, e nel mondo regnerebbe il caos."

I bramini che si erano avvicinati per ascoltare annuirono. Era scesa l'oscurità, e i fuochi illuminavano la notte. Si sentiva il crepitio delle fiamme e il frinire dei grilli. Yudhisthira continuò: "Non mettere in dubbio la virtù, o Panchali, perché non ne vedi i risultati, perché si manifesteranno nel tempo così come accade col frutto dei peccati. I frutti della virtù sono eterni e indistruttibili, e portano alle più alte regioni della felicità. Quindi non parlar male di Dio, cerca di capire la Persona Suprema e la sua volontà. O Draupadi, inchinati sempre a lui, per il tuo bene".

Draupadi aveva le lacrime agli occhi, sapendo che il marito diceva la verità. Dio era infallibile e amava tutte le sue creature, anche se era difficile da comprendere. Le sue azioni erano imperscrutabili, e nessuno poteva conoscere i suoi disegni. L'apparente disgrazia dei Pandava, che si era verificata in conseguenza ad un comportamento inspiegabile di Yudhisthira, era inspiegabile.

Draupadi sospirò. "Accetto quello che dici, o re. Il Signore dà a tutti il frutto delle loro azioni, e anche se uno è colpito da una sciagura o da una fortuna imprevista, questa deve essere il risultato di qualche azione in una vita passata. Ma esiste, oltre al destino, anche lo sforzo. Colui che non si sforza alla fine va in rovina. Io ritengo che tu dovresti esercitare uno sforzo per riavere il tuo regno, e anche se fallirai almeno ci avrai provato per quanto umanamente possibile. Il risultato non è nelle nostre mani, ma dobbiamo operare ugualmente. I saggi condannano l'inazione. Perché sei inattivo? Ecco il mio dubbio."

Draupadi tacque. Bhima, spronato da queste parole, sentì di dover parlare. Anche lui era furioso e la foresta gli era insopportabile. Non gli dispiacevano le privazioni, ma gli era intollerabile sapere che Duryodhana e i suoi fratelli si godevano ciò che avevano ottenuto ingiustamente. Perché Yudhisthira soffriva in silenzio? Draupadi aveva ragione, era tempo di agire. Bhima esclamò: "O Yudhisthira, cosa pensi di ottenere vivendo come un asceta? Non sei uno yogi, ma un re, e dovresti seguire la strada dei re. Duryodhana ti ha derubato del regno come un misero sciacallo che mangia le viscere degli animali rubandole ai leoni. Come lo puoi tollerare? Come puoi rinunciare alla ricchezza che era per noi fonte di piacere e virtù in cambio di questa misera virtù che tu chiami 'mantenere la promessa'? Sembra che tu non capisca i veri valori".

Bhima diede sfogo alla rabbia accumulata. "O re, abbiamo perso il regno solo per la tua leggerezza, abbiamo permesso che Duryodhana e i suoi fratelli ci strappassero le ricchezze e ci infliggessero queste sofferenze solo per compiacere te, e per i tuoi ordini adesso facciamo soffrire i nostri amici e godere i nemici. È una follia non aver ammazzato subito i Kaurava. Invece siamo venuti mansuetamente nella foresta e ci comportiamo da pecorelle. Krishna, Arjuna e i gemelli non approvano. O re, la tua disperazione ti ha fatto perdere la virilità sotto la scusa della virtù? Solo i codardi si godono la disperazione, incapaci di riconquistare ciò che hanno perduto.".

Bhima disse che la cosiddetta virtù che porta dolore a tutti non è vera virtù. Cosa vale la virtù per se stessa? I re devono praticare la virtù per far prosperare i loro regni e per ottenerne piacere. Virtù, profitto e piacere devono essere perseguite contemporaneamente, e nessuna a scapito dell'altra. "Hai perso di vista il tuo dovere? Sei un potente guerriero sostenuto da uomini forti. Usa questo potere per riottenere un regno che è tuo di diritto. Quando avrai riaffermato la tua sovranità, usala per acquisire meriti religiosi governando piamente e distribuendo carità ai bramini. Rinnegando la promessa di rimanere nella foresta tradirai un valore inferiore per un bene superiore."

Bhima si addolcì. "I bramini e il popolo ti desiderano come sovrano, e tutti disprezzano Duryodhana. Sei in grado di riprenderti il regno, Arjuna e io ti possiamo aiutare. Chi ci può affrontare in battaglia? Usiamo la forza e le strategie per riconquistare ciò che abbiamo perso. Questo è il nostro dovere."

Yudhisthira rimase in silenzio per qualche momento per richiamare la sua pazienza. "O discendente di Bharata, non posso rimproverarti per avermi addolorato con le tue parole taglienti come frecce. So di aver causato la nostra disgrazia. Sapevo di non poter battere ai dadi Shakuni, e mi sono lasciato trascinare nel gioco. Avrei dovuto controllarmi. O Bhima, si perde il controllo della mente per colpa dell'orgoglio. Non ti critico per quello che hai detto, ma penso che ciò che è accaduto sia stato preordinato.".

Yudhisthira disse che non avrebbe infranto mai la sua promessa. "Ti ricordi le condizioni di quell'ultima partita di dadi? Shakuni ha detto: 'Chi perde andrà nella foresta per tredici anni, e chi vince avrà il suo regno e lo restituirà alla fine di questo periodo.' Io ho detto. 'Che così sia.'".

Yudhisthira, al ricordo di quel giorno, tacque e chinò il capo. Cosa lo aveva preso? Aveva pensato di agire soltanto secondo virtù, e adesso le persone che amava stavano soffrendo. Tuttavia non c'era modo di tornare indietro.

Yudhisthira disse con fermezza. "Allora dovrei sacrificare la mia parola per la ricchezza? Per me non esiste niente al di sopra della verità, ed è meglio morire che tradire la propria parola. Stiamo qui in pace, verranno giorni migliori. Il contadino getta il seme e aspetta il raccolto, e nello stesso modo la virtù e la verità portano i loro frutti nel tempo."

Bhima non era convinto, era troppo arrabbiato. Non era ancora riuscito a dormire da quando erano arrivati nella foresta, e non riusciva ad affrontare la prospettiva di aspettare tutti quegli anni prima di dare sfogo alla sua furia contro i Kaurava. Che virtù avevano rispettato quei disgraziati? Yudhisthira li trattava come uomini d'onore, e loro lo consideravano debole e ridevano di lui. Yudhisthira avrebbe solo dovuto recuperare il buon senso e ordinare di prepararsi alla battaglia.

Bhima tentò di convincerlo ancora. "O grande re, come può un mortale fare una promessa legata al trascorrere del tempo? Nessuno può dire quando la vita finirà. Siamo rimasti già tredici mesi in questa foresta, che questi siano i nostri tredici anni. I Veda affermano che in certe circostanze i mesi possono essere contati per anni. Andiamo subito a schiacciare il nemico, e se andremo all'inferno, l'inferno ci sembrerà il paradiso. Benché solo io e Draupadi abbiamo detto quello che pensiamo, Arjuna, i gemelli, Kunti e tutti i nostri sostenitori la pensano allo stesso modo, e tacciono solo per rispetto. Caro fratello, solo la debolezza ti costringe a far fede alla tua promessa."

La figura di Bhima si stagliava nella luce dei fuochi come una montagna nera. "O re, benché la tua virtù sia incrollabile, non riesci a vedere la verità, come un ignorante che ha mandato a memoria i veda senza capirne il significato. Sei uno kshatriya, e agisci come un bramino."

Un'altra cosa tormentava Bhima: come sarebbero riusciti a vivere in incognito nel tredicesimo anno? Tutto il mondo li conosceva, e Duryodhana aveva molti amici. Molti re che erano stati sottomessi dai Pandava ai tempi del Rajasuya, adesso sostenevano i Kaurava, e Duryodhana avrebbe sguinzagliato spie per cercarli dappertutto. Avrebbero finito per vivere per sempre nella foresta, legati dalla promessa di Yudhisthira. La forza era l'unica via d'uscita, prima o poi. Bhima supplicò: "Dacci l'ordine di combattere, o eroe. Non esiste dovere più alto per uno kshatriya. Se questa via porta con sé il peccato, lo potrai espiare in seguito con la carità e i sacrifici".

Yudhisthira sospirò e rimase in silenzio. Secondo lui Bhima era in preda alla passione e non ragionava. Non riusciva a capire che le loro sofferenze erano volute dal Signore Supremo? Tutto quello che potevano fare era di osservare i loro doveri religiosi come prescritto dal Supremo, lasciando ogni cosa nelle sue mani. Compiacerlo era sempre il primo dovere di tutti e Bhima doveva saperlo.

E c'era anche un'altra considerazione. Yudhisthira spiegò il suo pensiero tranquillamente. "O eroe dalle forti braccia, quando un uomo riflette bene prima di agire avrà successo. Vediamo quello che succederebbe se seguissimo le tue proposte."

Yudhisthira fece l'elenco dei re alleati a Duryodhana. Bhishma, Drona e Kripa, per obbligo morale si sarebbero schierati con Duryodhana. Poi Ashvatthama, Karna, Vahlika, Bhurishrava e i fratelli di Duryodana, e altre centinaia di re che erano stati sconfitti dai Pandava, avrebbero combattuto contro di loro. Il tesoro di Duryodhana era pieno, grazie al controllo che aveva su Indraprastha, e avrebbe potuto rapidamente mettere insieme un vasto esercito. Dall'altro lato i Pandava non avevano nessuna posizione, ricchezza o esercito, e pochi alleati.

"Le forze di Duryodhana sono praticamente invincibili, e i capi dei Kuru conoscono le armi divine. Dubito che persino Indra con tutti i deva potrebbe batterli. Temo Karna in particolare, impetuoso, furioso, invincibile, eccellente con tutte le armi e coperto di una corazza impenetrabile."

Un giorno, Yudhisthira ne era certo, Arjuna e Karna si sarebbero scontrati in un terribile duello. La scaramuccia al *swayamvara* di Draupadi non era stata nulla. Karna non aveva voluto confrontarsi con colui che credeva un bramino, ma se avesse usato tutta la sua forza, chi poteva essere certo che Arjuna potesse avere ragione di lui?

"Pensando a Karna e al pericolo che rappresenta, non riesco a dormire la notte. Senza battere lui, per non parlare di tutti gli altri che ho citato, non potremo sconfiggere Duryodhana."

A queste parole, Bhima si fece pensieroso. Yudhisthira aveva ragione. Benché Bhishma, Drona e Kripa e gli altri re di Hastinapura fossero sempre stati loro amici e sostenitori, adesso era tutto diverso. Se si fosse giunti a una guerra si sarebbero tutti schierati con i Kaurava. Il pensiero di combattere contro quei grandi eroi era scoraggiante, anche perché provava per loro un grande affetto. Bhima si sedette, sconfitto.

I Pandava erano seduti in silenzio, e in quel momento apparve Vyasadeva. Il rishi disse a Yudhisthira: "O grande eroe, ho letto il tuo pensiero. Sono venuto per aiutarti. Distruggerò la febbre nella tua mente spiegandoti come sconfiggere Bhishma, Drona, Kripa, Karna, Duryodhana e tutti i suoi seguaci. Ascolta attentamente".

Vyasadeva prese in disparte Yudhisthira e gli parlò in privato. Gli insegnò il potere mistico chiamato Pratismriti e gli disse di trasmetterlo ad Arjuna. Il Pratismriti serviva a percorrere grandi distanze in tempo brevissimo. Così Arjuna sarebbe potuto andare sull'Himalaya, avvicinare i deva e farsi dare le loro armi divine.

"Con il suo ascetismo e il suo valore potrà recarsi dai celesti", disse Vyasadeva, "In realtà lui è l'eterno alleato di Narayana. Indra, Rudra e tutti gli altri grandi deva gli daranno le loro armi, e con quelle potrà compiere grandi imprese".

Vyasadeva disse a Yudhisthira di andare in un'altra zona per non disturbare la popolazione degli animali con una caccia eccessiva. Yudhisthira e i suoi fratelli, accompagnati dai bramini, si spostarono su un altro lato della foresta, sulla riva del fiume Sarasvati.

Capitolo 25

Arjuna va in cielo

In un giorno che i bramini avevano detto propizio, Yudhisthira trasmise ad Arjuna il mantra del Pratismriti. Yudhisthira prese Arjuna per mano, lo condusse in disparte e gli disse: "O eroe dalle forti braccia, Bhishma, Drona, Kripa, Karna e Ashvatthama sono padroni delle quattro parti della scienza delle armi e possiedono l'uso delle armi divine. Duryodhana li ha sempre onorati e mantenuti, e si schiereranno con lui nella guerra. Tutto il mondo adesso è sotto il dominio di Duryodhana. Tu sei la nostra unica salvezza, e dipendiamo da te per riprenderci il regno".

Yudhisthira gli disse di partire subito per l'Himalaya e di chiedere udienza ai deva per ottenere le loro armi. "Adesso ti trasmetterò il Pratismriti e tu andrai subito a propiziarti Indra. Sono sicuro che Indra ti darà le sue armi e ordinerà agli altri deva di fare altrettanto."

Arjuna mise sotto completo controllo la mente ed i sensi, e Yudhisthira, con i riti dovuti, gli trasmise i mantra. Poi con le lacrime agli occhi disse: "Vai ora, fratello mio.".

Arjuna, indossò una maglia d'oro, si coprì le braccia e le mani con guanti di pelle di iguana, prese l'arco Gandiva e le sue faretre inesauribili, pronto a partire. I bramini e i Siddha lo benedirono e lui salutò i fratelli affettuosamente, non sapendo quando sarebbe tornato.

Draupadi gli disse: "O potente Dhananjaya, ti auguro di realizzare tutto ciò che Kunti ha sperato per te alla tua nascita e quello che tu desideri. Il mio cuore brucia ancora per l'insulto di Duryodhana, tuttavia oggi soffro ancora di più per la tua partenza. Ti penserò continuamente e non avrò gioia senza di te. Tutte le nostre speranze sono riposte in te, o eroe. Che il Signore e tutte le sue energie ti proteggano sempre".

Arjuna sorrise a Draupadi, circoambulò i fratelli e Dhaumya, e poi si mise a correre rapidamente lungo il sentiero. Cantò il mantra di Yudhisthira e viaggiò per montagne e foreste alla velocità della mente. A sera giunse al monte Mandara. La montagna di pietra bluastra era bellissima e si innalzava fino alle nuvole, le pendici erano ricoperte di alberi i cui fiori formavano una incredibile tavolozza di colori e colmavano l'aria di un profumo inebriante. Si sentivano i canti dei pavoni, delle gru e dei cucù, e si potevano vedere i Siddha e i Charana felici nei loro divertimenti. Arjuna salì sulla montagna per dedicarsi alle sue austerità.

Raggiunse un pianoro, e sentì una voce: "Fermati!". Arjuna si guardò intorno e vide un asceta seduto sotto un albero. Era un bramino dalla pelle scura e con un'aura brillante, il corpo magro coperto di pelli di cervo. L'asceta disse: "O giovane, chi sei? Sembri uno kshatriya, e non sai che questa è la dimora dei bramini pacifici, liberati dall'ira? Solo per essere arrivato qui devi avere un alto grado di purezza. Qui non ti servono le armi, gettale".

Arjuna replicò: "Le armi mi sono necessarie per servire mio fratello Yudhisthira, che è stato ingiustamente privato del suo regno. O bramino, non posso lasciarle".

Il bramino, apprezzò il suo senso del dovere e disse: "O sterminatore di nemici, mi piaci. Sono Shakra, il re dei deva. Chiedimi un dono".

Arjuna era colmo di gioia: questo era Indra! Giunse le mani e disse: "O eccelso, concedimi il dono di tutte le armi che possiedi".

Indra sorrise. "O Dhananjaya, potrei garantirti una vita di beatitudine nelle regioni celesti, se solo me lo chiedessi. Perché vuoi solo le mie armi?".

"Se abbandonassi i miei fratelli nella foresta senza vendicarli, tutto il mondo mi condannerebbe". La rabbia di Arjuna echeggiò nelle sue parole al ricordo degli sporchi inganni di Duryodhana.

Indra gli disse con dolcezza: "Figlio mio, dopo che avrai incontrato Shiva ti darò tutte le mie armi. Cerca di ingraziartelo, lui è il più grande dei deva. Quando vedrai il dio dai tre occhi con il suo tridente, tutti i tuoi desideri verranno esauditi".

Detto questo, Indra scomparve e Arjuna rimase solo. Decise di rimanere sul posto per fare le sue austerità e adorare Shiva. Si tolse l'armatura e depose le armi sotto l'albero dove era stato seduto Indra. L'albero era vicino ad un fiume, e Arjuna si bagnò nelle sue acque, poi si sedette a meditare. Si sentì in cielo il suono delle conchiglie, e caddero piogge di fiori. Arjuna, felice per quei buoni presagi, sedette con gli occhi semichiusi, controllò il respiro e si dedicò a pregare Shiva.

Nel primo mese di meditazione, Arjuna mangiò solo dei frutti una volta ogni tre giorni, nel secondo mese solo ogni sei giorni, e nel terzo mese ogni quindici giorni. Il quarto mese visse solo di aria, rimanendo in punta di piedi con le braccia alzate. Si bagnava tre volte al giorno, mantenendo mente e sensi sotto controllo, e come risultato di queste austerità divenne luminoso come il sole.

I rishi in cielo cominciarono a preoccuparsi, andarono da Shiva e dissero: "Arjuna è divenuto luminoso e infuocato per le sue austerità sui monti dell'Himalaya. La terra si sta scaldando e comincia a fumare. O eccelso deva, fermalo prima che sconvolga l'ordine universale con la forza delle sue penitenze".

Shiva replicò: "Non dovete preoccuparvi per Phalguni che non cerca di conquistare il cielo. So cosa vuole, e oggi gli darò soddisfazione".

I rishi si inchinarono a Shiva e tornarono alle loro dimore. Shiva si recò nel luogo dove Arjuna meditava con l'aspetto di un cacciatore dalla pelle dorata, insieme a Uma, la sua consorte, e molti dei suoi folletti in forme diverse e vesti colorate. Le femmine dei folletti presero l'aspetto di bellissime donne. Era una scena meravigliosa, e si fece uno strano silenzio. Perfino le sorgenti e le cascate tacquero.

In quel momento un Danava con la forma di cinghiale caricò Arjuna per ucciderlo. Arjuna impugnò fulmineamente l'arco, lo armò con una freccia velenosa e disse: "Non ti ho fatto alcun male, ma poiché cerchi di uccidermi ti manderò alla dimora di Yamaraja".

In quel momento Shiva, che aveva puntato anche lui il suo arco contro al cinghiale, urlò: "Fermati! Quel cinghiale è mio! L'ho visto prima io".

Arjuna lo ignorò e scagliò la sua freccia e Shiva lanciò la sua contemporaneamente. I due dardi colpirono il Danava nello stesso momento con uno schianto simile a un tuono. Il demone perse la vita riprendendo la sua forma naturale e lanciando un grido terribile.

Arjuna si voltò a guardare il cacciatore, il cui corpo era luminoso come una montagna d'oro, accompagnato da centinaia di donne, e gli chiese: "Chi sei tu, nelle vesti di cacciatore, che vaghi nella foresta con tutto il tuo seguito? Non hai paura? Perché hai colpito il cinghiale che io avevo preso di mira per primo? Questo è contro tutte le regole della caccia. Tu mi hai insultato e io ti punirò togliendoti la vita".

Il cacciatore rispose con un sorriso: "O eroe, non ti devi preoccupare di me. Anche io vivo nella foresta. Ma cosa ti porta qui? È chiara la tua origine reale, tu sei uso al lusso. Come mai hai preso la via dell'ascetismo?".

Arjuna, tenendo stretto l'arco, rispose: "Vivo in questa foresta affidandomi alla forza delle braccia. Hai visto come ho ammazzato quel feroce Rakshasa".

Il cacciatore fece una risata di scherno: "L'ho ucciso io, non tu. L'ho visto per primo, ed è stata la mia freccia che l'ha spedito all'inferno. Sei troppo orgoglioso della tua forza. Mi hai fatto un torto, e non te la caverai. Eccoti le mie frecce, e difenditi se riesci!".

Furibondo, Arjuna colpì immediatamente il cacciatore con una scarica di frecce, ma questi si limitò a sorridere senza battere ciglio, e gridò: "O miserabile, usa le tue frecce più potenti, quelle che possono trapassare il cuore".

Arjuna mandò un'altra volata di frecce, ma infuriandosi, Shiva replicò con cento delle sue. Seguì un grande duello, con piogge di frecce che andavano avanti e indietro. Arjuna parò tutte le frecce, e si stupì perché il cacciatore, pur colpito da un gran numero di dardi, non sembrava indebolito. Vedendo che non riusciva a sopraffare il nemico, Arjuna lo lodò.

Era chiaro che non era un essere normale, nessuno avrebbe potuto sopportare mille frecce del suo Gandiva senza fare una piega. Arjuna decise di usare le armi mistiche. Invocò le armi che lanciano migliaia di frecce roventi come il sole, e Shiva le ricevette allegramente come una montagna riceve la pioggia. Poi con grande stupore, Arjuna scoprì che le sue faretre inesauribili erano vuote. Come era possibile? Arjuna sollevò il suo arco come una mazza e caricò il cacciatore, affibiandogli una serie di colpi tremendi, ma Shiva gli strappò l'arco e lo fece scomparire. Arjuna estrasse la spada e la calò sulla testa del cacciatore con tutta la sua forza, e la spada si spezzò in mille frammenti.

Arjuna ebbe paura ma continuò a lottare, prese delle pietre e dei macigni e li scagliò contro al suo avversario, prese degli alberi e lo bastonò con quelli, ma non riuscì a scalfirlo. Col fumo che gli usciva dalla bocca, caricò il suo nemico a mani nude coprendolo di pugni. Shiva gli restituì i colpi e ne seguì una lotta corpo a corpo. Nessun altro avrebbe potuto lottare con quel furore, e i loro corpi facevano fumo e scintille.

Infine il cacciatore lasciò andare Arjuna che cadde all'indietro stordito. Nessuno avrebbe potuto lottare così, eccetto Shiva. Arjuna fece rapidamente un'effigie di Shiva con della terra e la coprì di fiori, e i fiori caddero sulla testa del cacciatore. A quel punto non ebbe più dubbi. Cadde disteso ai piedi del deva, e la sua stanchezza scomparve.

Shiva si compiacque, e gli disse con voce tuonante: "O Phalguni, mi hai soddisfatto. Non esiste guerriero pari a te per coraggio e pazienza. O perla fra i Bharata, la tua forza è pari alla mia. Tu sei stato un rishi, e in questa vita ti sei incarnato per servire i piani del Signore Supremo. Ti darò la mia arma irresistibile, ma prima ti darò gli occhi per vedere la mia forma originale. Ammira!".

Arjuna alzò gli occhi e vide Shiva con i suoi tre occhi, il tridente e un serpente divino avvoltolato al collo bluastro.Si inchinò e pregò. "O grande, eccelso deva, sei il rifugio di tutti gli esseri celesti. L'universo è nato da te, tu sei Vishnu in un'altra forma, invincibile a deva, demoni e uomini. O Sankara, ti prego di perdonarmi, io sono venuto qui per incontrarti. Perdonami per la mia sconsideratezza nel combatterti. Chiedo la tua protezione."

Shiva fece alzare Arjuna e lo abbracciò. "Ti ho già perdonato. Tu sei Nara, l'amico di Narayana, e insieme avete castigato le orde dei demoni all'incoronazione di Indra. Krishna è il Narayana supremo, e con lui punirai i malvagi. O Partha, riprendi il Gandiva e le tue faretre torneranno a riempirsi. Non c'è uomo in terra che ti sia pari. Adesso chiedi ciò che desideri."

Arjuna rispose: "O Signore, ti chiedo umilmente di darmi la tua irresistibile arma personale, il Pashupata. È l'arma con cui distruggi l'universo alla fine della creazione, e con quell'arma potrò sconfiggere Rakshasa, Danava, Gandharva Naga, fantasmi e spiriti. Mi permetterà di uscire vincitore nella guerra che combatterò contro Bhishma, Drona, Kripa e Karna, il figlio di *suta*".

Shiva disse: "O figlio di Kunti, ti darò quest'arma, e potrai tenerla, gettarla e ritrarla. Nemmeno Indra, Yama, Kuvera o Varuna conoscono i mantra di quest'arma, per non parlare degli uomini. Tuttavia la devi usare solo contro guerrieri divini. Il Pashupata non deve essere mai usato con nemici inferiori, altrimenti distruggerebbe l'universo. Quest'arma può essere scagliata con la mente, con gli occhi, con le parole o con l'arco, e nessuna creatura nei tre mondi le può resistere".

Arjuna si bagnò per purificarsi e si avvicinò a Shiva per ricevere i mantra. Il deva gli trasmise la sua arma, che da quel momento fu con lui come con Shiva. La terra tremò e soffiò un vento terribile. Il suono di migliaia di conchiglie rimbombò nel cielo, e Shiva disse: "Ora vai in cielo e Indra ti darà le sue armi", e svanì con il suo seguito.

* * *

Arjuna rimase per qualche istante a guardare il cielo. Aveva visto il deva dei deva, colui che non poteva essere conosciuto, ed era stato toccato dalle sue mani. I suoi nemici erano condannati. Aveva l'irresistibile arma di Shiva, e pur non potendo usarla contro gli uomini, il solo possesso lo faceva sentire invincibile.

Mentre Arjuna era assorto in questi pensieri, apparve davanti a lui Varuna, in compagnia dei fiumi personificati, dei Naga, dei Siddha e di altri deva minori. C'era anche Kuvera, col corpo simile ad oro puro, seduto sul suo meraviglioso carro, accompagnato da un immenso numero di Yaksha, e Yamaraja, il deva della giustizia, che si avvicinava sul suo carro impugnando la mazza, affiancato dalla Morte e dal Tempo personificati.

Sulla cima di un monte vicino, Arjuna scorse Indra e la sua regina Sachi seduti sul dorso dell'elefante Airavata, sotto un parasole bianco, con i rishi e i Gandharva che ne cantavano le lodi.

Arjuna intonò dei canti per lodare i deva e offrì frutti ed acqua. Yamaraja parlò, con voce profonda. "Ascolta, o Arjuna, i Lokapala, i quattro protettori dell'universo, sono qui. O senza peccato, tu che eri il rishi Nara, sei rinato come mortale per volontà di Brahma. Vincerai in battaglia il potente Bhishma e i molti altri guerrieri condotti da Drona. I Daitya e i Danava, nemici dei deva, sono rinati nel mondo degli uomini. Periranno tutti in una battaglia in cui tu avrai un ruolo determinante."

Yamaraja gli offrì la sua arma personale, una mazza celeste con i mantra per scagliarla e riprenderla. Varuna gli diede i cappi Nagapasha da cui non si poteva sfuggire, e Kuvera gli diede l'Antardhana, che poteva confondere e rendere incoscienti persino i fortissimi Asura. Poi parlò Indra: "O nemesi dei nemici, tu compirai una grande impresa per conto dei deva. Verrai in cielo sul mio carro guidato da Matali, e ti darò la mia arma ed altre *astra* potenti dei celesti".

I Lokapala scomparvero. Arjuna alzò lo sguardo al cielo e vide nascere un secondo sole che aumentava via via di intensità. Tutta la regione vibrava per l'intensa radiazione, e Arjuna comprese che il carro di Indra stava atterrando. Era enorme, tirato da diecimila cavalli verde oro, e carico di infinite spade, asce, dardi, lance, mazze, giavellotti e ogni genere di missile. Sulle fiancate erano posti i fulmini, e dei giganteschi Naga servivano dei grandi cannoni d'argento con le ruote.

Il Vaijayanta, lo stendardo di Indra di colore blu scuro, sventolava sopra il centro del carro, su un'asta diritta come un bambù e alta come una palma. Matali, l'auriga, si inchinò ad Arjuna e disse: "O fortunato mortale, Shakra mi ha ordinato di portarti in cielo, con il consenso di Shiva".

Arjuna fece un bagno purificatore e salì sul carro per una scala di cristallo. Matali spinse i cavalli e il carro viaggiò alla velocità della mente. Quando entrarono nelle regioni celesti, Arjuna vide migliaia di meravigliosi carri che trasportavano esseri bellissimi. Vide re e guerrieri morti in battaglia dalle fulgide forme celesti, Siddha, Charana, rishi, Guhyaka e Apsara. La regione brillava per la luce prodotta dai meriti ascetici di quegli esseri. Arjuna chiese chi fossero, e l'auriga rispose: "Sono esseri pii, o figlio di Kunti, che abitano le rispettive sfere.

Tu hai potuto vedere dalla terra le loro dimore come stelle del firmamento".

Il carro varcò la porta del pianeta di Indra, e percorse le regioni destinate agli uomini pii che avevano compiuto pratiche ascetiche e grandi sacrifici, fino a raggiungere Amaravati, la capitale.

Arjuna aveva gli occhi sbarrati dalla meraviglia. Nei boschi di alberi sacri in fioritura perenne, le foglie dorate si muovevano nella brezza creando cascate di luce. Si vedevano edifici e palazzi a perdita d'occhio, e il famoso giardino Nandana, in cui i deva si divertivano con le Apsara.

"Non possono venire qui coloro che voltano la schiena in battaglia", disse Matali vedendo lo stupore di Arjuna, "e neppure coloro che hanno una mente malvagia, o che non hanno fatto sacrifici, che non si sono astenuti da carne e liquori, che non si sono bagnati nei fiumi sacri e non hanno dato la carità ai bramini."

Passarono lungo strade percorse da veicoli guidati dal volere dei loro occupanti. I Gandharva e le Apsara li accompagnarono cantando le lodi di Arjuna. Arjuna entrò nella magnifica sala delle assemblee di Indra e incontrò i Sadhya, i Marut, i Vishvadeva, i gemelli Ashvini, gli Aditya, i Vasu, i Rudra e i molti altri santi reali con a capo il re Dilipa. Anche il rishi Narada era presente con Tumbaru, il capo dei Gandharva.

Dopo aver offerto i suoi rispetti a tutti, Arjuna si avvicinò a suo padre, il re dei deva. Indra era seduto sotto un parasole bianco, rinfrescato da piumini di chamara dal manico d'oro. I bramini lo lodavano con inni del Rig e Yajur veda, e i Gandharva e i Charana suonavano gli strumenti celesti per intrattenerlo.

Arjuna si prostrò e Indra scese dal trono e lo abbracciò. Il deva dai mille occhi lo prese per mano, lo fece sedere al suo fianco e gli accarezzò affettuosamente il capo guardandolo in volto senza saziarsi. Arjuna e Indra, seduti fianco a fianco, erano come il sole e la luna in un cielo limpido.

Gli esseri celesti offrirono ad Arjuna l'*arghya* sacra e gli lavarono i piedi, e Indra lo ospitò nel suo palazzo e lo istruì all'uso delle armi celesti, fra cui l'irresistibile fulmine Vajra.

Malgrado vivesse in grande splendore ed opulenza, Arjuna non dimenticò i fratelli, e desiderava tornare tra loro. Si ricordava di Shakuni, Dushashana, Duryodhana e Karna, e non poteva avere pace. Ogni volta che gli veniva data un'altra arma, pensava solo all'inevitabile guerra che lo attendeva. Nessuno avrebbe ormai potuto resistergli, e quegli uomini malvagi sarebbero stati puniti, Draupadi avrebbe avuto la sua vendetta e il regno sarebbe tornato a Yudhisthira.

Quando Arjuna ebbe padroneggiato tutte le armi, Indra gli disse: "Adesso devi andare dal tuo amico Chitrasena, ed imparare da lui il canto e la danza. Ti può insegnare una musica che non esiste nel mondo degli uomini, conosciuta solo dai celesti. Questa conoscenza ti sarà utile in futuro".

* * *

Arjuna visse ad Amaravati per cinque anni, pensando sempre ai suoi fratelli. Quando si avvicinò il momento di partire, Indra chiamò Chitrasena in privato e gli disse: "O capo dei Gandharva, ho visto che Arjuna lanciava delle occhiate a Urvashi. Chiedile che lo serva con tutta la grazia ed i talenti femminili. Come gli hai insegnato l'arte della musica, adesso gli insegnerai l'arte dell'amore".

Chitrasena andò da Urvashi e le descrisse le molte virtù di Arjuna. "O signora dai bei fianchi, Indra mi ha mandato per chiederti un favore. Vive ora in cielo colui che è noto tra gli uomini per forza, grazia, comportamento, bellezza, per i suoi voti e per la sua capacità di controllo. Il suo nome è Arjuna, e suo padre Indra lo ha portato in cielo. O benedetta, sembra che egli sia attratto da te, quindi vai e concediti a lui".

Urvashi ne fu felice e rispose: "Solo al pensiero di quell'eroe mi sento colpita dal deva dell'amore. O Chitrasena, vai pure, io corro da Arjuna.".

Urvashi fece un bagno e si cosparse la pelle di unguenti profumati, si vestì con vari strati di sete diafane, e indossò ornamenti, gioielli e ghirlande di fiori vivacemente colorati. Era eccitata al pensiero di giacere con Arjuna.

Uscì quando la luna sorgeva, e si incamminò verso la dimora di Arjuna. Le sue trecce ornate di fiori danzavano attorno al bellissimo volto chiaro. Aveva fianchi alti e rotondi coperti di sottili stoffe e catene d'oro che ondeggiavano al ritmo del tintinnio delle cavigliere. Sfidava in bellezza la luna, ed era capace di far scordare i voti ai più grandi asceti. Era leggermente ebbra per aver bevuto un po' di liquore, e lanciava intorno occhiate oblique che la rendevano ancora più attraente. Giunta alla porta di Arjuna si fece annunciare dal guardiano.

Arjuna la invitò ad entrare, era emozionato che la devi fosse venuta di notte a visitarlo. Alla vista di quell'incomparabile bellezza, chiuse gli occhi per modestia, e la adorò come se gli fosse superiore dicendo: "O bellissima fra le Apsara, mi inchino a te. Cosa mi ordini? Sono al tuo servizio".

Urvashi disse con voce melodiosa: "O uomo eccelso, sono venuta a servirti, il mio cuore è preso dalle tue virtù, e sono diventata schiava di Kamadeva. Desidero possederti questa notte".

Arjuna si turò le orecchie. "O bellissima signora, non posso sentire queste parole. Tu sei per me come l'illustre Kunti o la bellissima Sachi, la moglie di Indra. È vero che ti ho guardato, ma non per desiderio, c'era un altro motivo."

Arjuna sapeva che Urvashi migliaia di anni prima era stata la moglie di Pururava, uno dei sui antenati. Suo figlio era il capostipite della dinastia di Arjuna. "O benedetta, quando ti guardai ero solo felice di vedere la madre della mia dinastia, e provo solo i sentimenti di un figlio."

Urvashi sorrise. "O figlio di Indra, noi dei regni celesti non siamo legati alla morale dell'uomo. Non considerarmi un'antenata. Mi sono intrattenuta con altri figli e nipoti della dinastia dei Kuru senza peccare. Io brucio dal desiderio, non rifiutarmi, perché non sarebbe un comportamento virtuoso."

Tuttavia Arjuna non cambiò atteggiamento. "O bellissima signora, mi inchino a te come a una madre, e ti chiedo la protezione di un figlio."

Urvashi si rese conto che Arjuna era irremovibile. Si sentì rifiutata e respinta, si infuriò, aggrottò la fronte e con labbra tremanti esclamò: "Tu insulti una donna che è venuta da te per ordine di tuo padre, una donna colpita dalle frecce di Kama, e quindi perderai la tua virilità e sarai un danzatore in compagnia delle donne. O Arjuna, diverrai un eunuco e perderai ogni rispetto".

Con questo Urvashi si girò e se ne andò.

Arjuna pensò che Indra doveva sapere che questo sarebbe successo. Perché allora aveva chiesto a Chitrasena di mandargli Urvashi? Arjuna si recò da Chitrasena, e gli raccontò l'accaduto. Chitrasena riferì a Indra, che convocò Arjuna in privato.

"O eroe, sei la gloria della madre che ti ha partorito. Hai superato anche i rishi per pazienza e autocontrollo. Non ti angustiare, la maledizione di Urvashi si proverà utile. La maledizione di Urvashi avrà il suo effetto nell'ultimo anno di esilio, tu vivrai da eunuco e nessuno ti potrà scoprire. Dopo un anno riavrai la tua virilità."

Capitolo 26

All'ashram Badarika

A Hastinapura Dhritarastra sedeva nelle sue stanze con la testa fra le mani. Era venuto a sapere da Vyasadeva che Arjuna era andato in cielo per ricevere le armi divine. Cercando conforto chiamò Sanjaya, e gli disse: "O *suta*, hai saputo altro di Arjuna? Quel formidabile eroe è andato in cielo con il corpo materiale e grazie a lui Yudhisthira potrà conquistare i tre mondi. Chi fra i mortali potrà resistere alle terribili armi di Arjuna?".

Le lacrime scorrevano dagli occhi ciechi del re. "Penso che mio figlio non potrà vincere malgrado Bhishma, Drona e Karna lo aiutino. Nessuno di loro può eguagliare Arjuna, l'infallibile amico di Krishna. L'uomo che lo può uccidere non esiste. Vedo già le nostre armate in fuga al suono del carro di Arjuna. Brahma ha creato quell'eroe per distruggere la nostra razza".

Sanjaya non disse nulla. Il vecchio re non era uno stolto, ma l'attaccamento per il figlio era tale da annebbiargli la ragione.

Dopo un po' Sanjaya disse: "O re, hai detto bene. Non vedo come i Pandava possano perdonare i tuoi figli dopo gli insulti a Draupadi nel *sabha*. Siamo di fronte al disastro".

Dhritarastra si lamentò. L'annientamento dei Kaurava era certo, disse. Con Krishna per alleato, i Pandava erano invincibili. "O *suta*, quando verrò a sapere che il mio esercito è stato distrutto, ricorderò i buoni consigli che avrei dovuto ascoltare."

Con un amaro sorriso Sanjaya disse: "O re, ancora hai detto il vero, tuttavia sei tu il responsabile di questa tragedia. Potevi fermare Duryodhana, e hai scelto di non farlo, e tutti ne subiremo le conseguenze".

Dhritarastra tacque, gli eventi erano ormai fuori dal suo controllo. Era vero, era troppo attaccato a Duryodhana, e non riusciva mai a rifiutargli nulla. I suoi figli ridevano della sua debolezza, sapevano di poterlo sempre convincere. Il re cieco sospirò tenendosi la fronte. Il destino era onnipotente. Si sentì inetto e senza speranza, e rimase sveglio un'altra notte.

* * *

I quattro Pandava e Draupadi sentivano acutamente la mancanza di Arjuna e non avevano idea di quando e se sarebbe tornato. Sapevano che potevano riconquistare il regno solo con il suo aiuto e pregarono per il suo successo.

Soprattutto Yudhisthira era in ansia. "Appena lasceremo la foresta", disse Bhima un giorno, "quel peccatore di Shakuni ti sfiderà subito ad un'altra partita e tu non rifiuterai. Poi perderai la ragione, e noi saremo costretti a tornare nella foresta. O grande principe, dimmi solo una parola e farò fuori Duryodhana, come il fuoco che incenerisce un mucchio di erba secca."

Mentre i due fratelli discutevano, il rishi Vrihadashwa uscì dal bosco come il sole da una nuvola scura. I fratelli si prostrarono e gli offrirono dell'*arghya* e altri doni.

Yudhisthira parlò. "O potente saggio, per gli sporchi intrighi di malvagi giocatori d'azzardo, sono stato privato del regno e della ricchezza, i miei fratelli soffrono e mia moglie è stata umiliata. Siamo in esilio. Mi brucia il ricordo della mia stupidità, e sono triste al pensiero dei miei parenti e dei sudditi. Adesso non è qui neppure Arjuna, che mi è più caro della vita e non dormo la notte per quanto mi manca. Chi è più sventurato di me?".

Vrihadashwa narrò la storia di un antico re che aveva regnato sulle tribù dei Nishada. Anche lui era stato vinto al gioco dal fratello ed era stato esiliato nella foresta con sua moglie. Si chiamava Nala e sua moglie era Damayanti. Quella storia, disse il saggio, distrusse il male e riportò la pace nei cuori della gente.

Nala e Damayanti erano in una situazione ancor peggiore di quella dei Pandava. Dopo aver perso tutto, esiliati, furono anche separati, e vagarono da soli per lungo tempo prima di potersi riunire e riconquistare il regno.

"E tu sei qui con moglie e i fratelli fra i bramini. Non lamentarti. I saggi sanno bene che la felicità materiale e le deprivazioni vanno e vengono a seconda del destino."

Il rishi disse a Yudhisthira che poteva aiutarlo a non cadere più vittima di Shakuni. "Conosco la scienza dei dadi, o eroe, e te la trasmetterò." Gli insegnò l'arte del gioco e se ne andò.

* * *

I Pandava trascorsero i loro giorni parlando di argomenti spirituali, dell'arte del governare, ed ascoltando le recitazioni dei bramini. Si dedicavano anche a esercizi quotidiani di allenamento per mantenersi in forma. Dai bramini di passaggio Yudhisthira venne a sapere che Arjuna stava facendo severe pratiche ascetiche sull'Himalaya.

Un giorno Yudhisthira vide apparire il luminoso Narada. Il rishi lo benedì e gli chiese cosa potesse fare per loro. Yudhisthira disse che voleva visitare i luoghi di pellegrinaggio, e chiese al saggio quali fossero i posti migliori. Narada glieli indicò, e gli disse di portare con sé i bramini che vivevano con loro. "Otterrai grandi meriti. Le strade per i *tirtha* che ho descritto sono infestate dai Rakshasa. Solo tu puoi andare in quei luoghi santi, e quindi rendere possibile ai bramini di visitarli.

Presto arriverà il potente saggio Lomasha, e ti accompagnerà o re, e guadagnerai meriti e fama come i re Mahavisha, Yayati e Pururava. Potrai sconfiggere i tuoi nemici e riottenere ciò che è tuo di diritto. Governerai la terra come Bhagiratha, Manu e il Signore Rama, e risplenderai fra i re come un sole fra le stelle."

Poco dopo arrivò il rishi Lomasha. I Pandava lo ricevettero con rispetto, si sedettero con lui e gli chiesero dei suoi viaggi. Lomasha rispose: "O eroi, sono stato a Amaravati, la città di Indra e ho visto l'eccelso re dei deva con vostro fratello Arjuna seduto a suo fianco sullo stesso trono. Indra mi ha chiesto di venire da voi per rassicurarvi e dirvi che sta bene".

Lomasha disse ai Pandava che Arjuna aveva ottenuto le armi celesti, inclusa la famosa arma di Shiva, e aveva imparato a cantare e danzare dai Gandharva. "Mi ha chiesto di condurvi ai *tirtha* per farvi acquisire meriti religiosi, con l'approvazione di Indra. Sono felice di tornarci con voi."

Yudhisthira, colmo di gioia per il successo di Arjuna, disse: "O eccelso bramino, le tue parole sono come una pioggia di nettare. Chi è più fortunato di colui che è accolto dal re dei celesti? Adesso che tu sei la nostra guida la nostra gioia è completa".

Yudhisthira si rivolse ai bramini che vivevano con loro. "O saggi, chi di voi è debole e non può sopportare la fame, la sete, la stanchezza e le durezze del clima, non deve seguirci." Il pellegrinaggio ai *tirtha* era duro, e non voleva esporre i più deboli ad un'inutile sofferenza. "Andate da Dhritarastra o dal re di Panchala e loro vi manterranno."

Molti bramini salutarono mestamente e partirono per Hastinapura e solo qualche centinaio di asceti rimasero con Lomasha, Dhaumya e i Pandava.

I Pandava indossarono le armature e presero le armi aspettandosi di incontrare dei Rakshasa. All'inizio del viaggio, Yudhisthira disse a Lomasha: "O eccelso rishi, non penso di essere privo di meriti religiosi, tuttavia soffro mentre i miei nemici, privi di ogni merito prosperano. Come può esistere una simile contraddizione?".

"O figlio di Kunti, non ti lamentare. Sembra che alcuni peccatori raccolgano buoni frutti o sconfiggano i nemici, ma alla fine devono pagare. Ho visto molti Daitya e Danava godersela nel peccato per poi finire sterminati. O re, ho visto accadere queste cose soprattutto durante il satya-yuga.".

Lomasha raccontò che nel satya-yuga, il primo ciclo delle ere, i superbi Asura si rifiutarono di compiere atti religiosi, mentre i deva praticavano la virtù e si dedicavano ai sacrifici. Dapprima gli Asura divennero ricchi e potenti, ma non per molto. "Possedevano ricchezze ottenute ingiustamente, e persero ogni ritegno. Lakshmi, la devi della fortuna, li lasciò per andare dai deva, e arrivò Alakshmi, la devi dell'avversità. Nell'avversità gli Asura furono posseduti da Kali, la devi del litigio e della distruzione, che li spinse sempre più verso il peccato, portandoli alla rovina totale.

I deva invece visitarono i luoghi sacri, fecero sacrifici, carità e austerità, e la prosperità che ottennero fu duratura. Quindi, o re, anche tu acquisirai la buona fortuna visitando i *tirtha* e con la tua vita ascetica nella foresta. I figli di Dhritarastra, che sono dediti al peccato, verranno distrutti come gli Asura."

Visitarono i vari *tirtha* e si bagnarono nei fiumi sacri. Offrirono oblazioni agli antenati e ascoltarono le lezioni spirituali degli asceti. Quando raggiunsero l'Himalaya, Lomasha li mise in guardia. "Là c'è il monte Meru, e le vette del Kailash, del Gandhamadana, del Trishringa e del Makaragiri," disse puntando alle meravigliose montagne che si innalzavano fino alle nuvole, "e qui risiedono migliaia di invisibili esseri divini: I Kimpurusha, gli Yaksha, i Kinnara, i Suparna, i Naga e i Rakshasa, tutti fortissimi e veloci come il vento. I peccatori non possono venire qui, perché loro li uccidono."

Lomasha aveva detto ai fratelli che Arjuna si sarebbe riunito con loro scendendo dal cielo sulla vetta del monte Gandhamadana, e quindi decisero di andare lì ad aspettarlo. Tuttavia il sentiero che conduceva alla vetta era irto di pericoli, e Lomasha suggerì a Yudhisthira di dire ai servitori e ai bramini di non seguirli. Bhima si mise Draupadi sulle spalle, e si incamminarono.

Il terreno era scabroso e l'ascesa difficile. Infine raggiunsero il fiume Alakananda, che si dice scenda in terra dal cielo, e lo adorarono bagnandosi nelle sue acque cristalline. Era un luogo meraviglioso. Gli alberi erano ricchi di fiori dal profumo divino, e la terra era coperta da un'erba azzurra cosparsa di fiori selvatici. Vi erano laghi limpidi in cui nuotavano i cigni e le gru.

Si vedevano in lontanaza delle gigantesche masse bianche che sembravano montagne, e Lomasha spiegò che erano le ossa di Naraka, un terribile Asura ucciso da Vishnu in un'era antica

Quando si avvicinarono a Gandhamadana, il sentiero si fece più impervio, fra la neve e le pietre. Soffiò un vento impetuoso che sollevò una polvere accecante. Bhima si tenne stretta Draupadi, spaventata dagli alberi che si schiantavano intorno a loro, e la compagnia si rifugiò sotto le rocce. Dopo la tempesta di polvere cadde una pioggia torrenziale, e si formarono dappertutto ruscelli e torrenti, con correnti fangose coperte di schiuma. Man mano i torrenti crebbero trascinando sassi, alberi e cespugli. Il cielo era coperto di nubi nerissime con i fulmini che scoppiavano dappertutto. Pian piano la tempesta si placò e il cielo si aprì, uscì il sole che fece uscire il vapore dalla terra. I viaggiatori uscirono dai loro nascondigli, si riunirono e ripresero il cammino.

Draupadi era esausta, non poteva più continuare, e svenne. Nakula la raccolse mentre cadeva, e la depose gentilmente su una pelle di cervo che Sahadeva aveva steso in terra. Yudhisthira disse: "Questa bellissima donna, abituata ad ogni lusso, per colpa mia giace sulla nuda terra con le membra delicate diventate blu per il freddo. Posseduto dai dadi, ho agito da idiota facendo soffrire coloro che amo".

Lomasha e Dhaumya recitarono dei mantra capaci di sconfiggere ogni malattia e Nakula e Sahadeva le massaggiarono i piedi. Quando la principessa riprese conoscenza, Yudhisthira la consolò, e disse a Bhima: "Come possiamo procedere, caro fratello? Abbiamo davanti una lunga strada ripida e ghiacciata. Non credo che Draupadi possa superarla". Bhima suggerì di chiamare Ghatotkacha. "Potrei chiamare mio figlio con il pensiero."

Yudhisthira approvò, e Bhima si sedette a meditare. In breve comparve Ghatotkacha, si inchinò ai piedi del padre, e salutò tutti gli altri con reverenza, e disse: "O uomini senza peccato, sono qui per servirvi".

Bhima lo abbracciò. "Figlio mio, siamo diretti alla vetta del monte Ghandamadana per riunirci a nostro fratello Arjuna. Tua madre è stremata e non può più continuare, e noi stessi facciamo molta fatica. Portaci tu per i cieli."

Ghatotkacha si inchinò. "Con piacere. Sono con me centinaia di Rakshasa volanti. O padre, io porterò Draupadi, e i Rakshasa porteranno te, i tuoi fratelli e i bramini."

Ghatotkacha sollevò delicatamente Draupadi e se la mise in spalla, trattandola con lo stesso riguardo di sua madre Hidimbi. Apparvero improvvisamente dei giganteschi Rakshasa che caricarono gli altri, mentre Lomasha si alzò in volo da solo grazie ai suoi poteri mistici.

I Rakshasa si mossero velocemente lungo il sentiero Siddha sorvolando le meravigliose terre abitate dai Vidhyadhara, dai Kinnara, i Kimpurusha, i Gandharva ed altri esseri divini. Videro grandi foreste tagliate da fiumi, ricche di elefanti, scimmie, orsi, *rurus*, vacche, *surabhi* e bufali. Passarono sopra le terre degli Uttara-Kuru, e infine arrivarono al monte Ghandamadana. I Rakshasa li portarono fino all'ashram Badarika, che era l'antico eremo dei rishi Nara e Narayana. I Pandava si guardarono intorno ammirati. Pur essendo in alta montagna, tutta la regione era piena di alberi in fiore. Il grande albero Badari con il suo gigantesco ombrello di fogliame lussureggiante, dava il nome all'eremo. L'albero emanava calma e freschezza, invitando a rifugiarsi sotto ai suoi rami carichi di frutti maturi. Gli uccelli colorati cinguettavano, ebbri del miele che essudava dai frutti,.

I Pandava si avvicinarono a Badari camminando su un prato di erba azzurra. La regione splendeva di luce propria, e la temperatura non era né calda né fredda. Ogni disagio fisico scomparve, la fame e la sete si placarono, e le menti si riempirono di una pace profonda.

Tutt'intorno vi erano altari sacrificali accuditi da asceti che cantavano con voci melodiose, e nei pressi la fresca acqua del Gange scorreva verso Bharata, dopo essere discesa dal cielo.

I rishi dell'eremo, dopo aver ricevuto le reverenze di rito, li onorarono con offerte di acqua pura, frutti e fiori. Yudhisthira ringraziò Ghatotkacha e i suoi Rakshasa e chiese loro di restare. I Pandava soggiornarono nell'ashram aspettando il ritorno di Arjuna, e trascorsero il tempo ascoltando i discorsi spirituali dei rishi.

Capitolo 27
Bhima incontra Hanuman

I Pandava erano a Badarika da sette giorni quando un vento da nordest portò un loto celeste ai piedi di Draupadi. La principessa fu affascinata dalla sua bellezza e lo mostrò a Bhima. "Guarda questo fiore, o forte eroe. Hai mai visto qualcosa di così meraviglioso? Vorrei donarlo a Yudhisthira. Ti prego, scopri da dove viene e prendine degli altri."

Draupadi guardò Bhima con i suoi occhi scuri e le lunghe ciglia ricurve, e Bhima fu felice di poterle fare un piacere per lenire le sue sofferenze. La principessa non era tagliata per la vita della foresta, soffriva ancora per l'offesa umiliante e per l'assenza di Arjuna, il suo favorito fra i Pandava. Bhima disse: "Vado subito, o signora benedetta".

Bhima salì sulla montagna con la velocità di un elefante infuriato facendo fuggire tutti gli animali. C'era una fresca brezza stimolante, e tutt'intorno i Gandharva e i Siddha si divertivano sui pendii delle montagne con le bellissime mogli, che lanciavano occhiate al Pandava.

Bhima continuò la sua salita ruggendo. Le tigri di montagna uscirono dalle grotte e lo attaccarono, ma lui le gettò in aria senza fermarsi, spostando anche gli elefanti per liberarsi la strada.

Dopo poco trovò un bellissimo lago, pieno di gigli d'acqua e di loti. Si tuffò per rinfrescarsi, tuttavia i loti non erano come quello di Draupadi. Riprendendo la corsa sentì un fortissimo rumore che gli fece rizzare i capelli e vide un'enorme scimmia che ostruiva il sentiero, percuotendo il terreno con la coda. Era luminosa e grande come una collina. Bhima ruggì, ma la scimmia non parve impressionata. Aprì gli occhi rossastri guardando Bhima pigramente. "Perché mi hai svegliato? Sono malato e merito delicatezza. Sei un uomo, dovresti conoscere i precetti religiosi che dicono che le creature inferiori devono essere trattate con riguardo. O eroe, stai devastando la foresta e massacrando gli animali. Chi sei? Dove stai andando? Non sai che non puoi andare oltre? Questo sentiero conduce al cielo, e gli uomini non possono passare. Torna indietro, o se preferisci, fermati a mangiare qualche frutto e bere dell'acqua fresca. Non cercare di passare con la forza, moriresti."

Incuriosito, Bhima replicò gentilmente: "Chi sei tu? Perché hai la forma di una scimmia? Io sono Bhima, figlio del re Pandu, nato nella dinastia lunare da Kunti e Vayu".

"Io sono semplicemente una scimmia, e non ti permetterò di passare. Torna indietro o morirai."

Bhima si sentì montare la rabbia. "O scimmia, spostati o ti farai del male."

La scimmia rispose pigramente: "Sono malato e non mi posso muovere, se vuoi passare, calpestami".

Bhima scosse la testa. "Come posso calpestarti quando so che il Signore di ogni cosa è nel tuo cuore, così come in ogni altro essere vivente?".

A Bhima venne da pensare al grande Hanuman, il devoto servitore di Rama. Poteva essere lui? Quella scimmia era vissuta in un'era passata, impossibile che fosse ancora viva, era trascorso quasi un milione di anni. Bhima disse: "Se non fosse per il Signore, avrei fatto un balzo sopra di te e tutta la montagna, così come Hanuman saltò sopra l'oceano".

La scimmia lo guardò spalancando gli occhi. "Dimmi, chi è questo Hanuman?".

"Era mio fratello, concepito dal deva del vento, dotato di grande forza e intelligenza. Era il migliore fra le scimmie, ed è celebrato nel Ramayana. Per ritrovare Sita, la moglie di Rama, saltò attraverso l'oceano per una distanza di cento *yojana* per giungere a Lanka. Io sono forte e valoroso quanto lui. Alzati o scimmia, e fammi largo."

La scimmia rimase tranquilla. "Io sono vecchio, e non mi posso muovere. Ti prego, sposta la mia coda e passa."

La scimmia era probabilmente solo un essere insolente da punire perché bloccava il sentiero rifiutando di muoversi. Bhima afferrò con sussiego la sua coda con la mano sinistra, ma con sorpresa si rese conto che non riusciva a spostarla. La prese con due mani e tirò forte, ma ancora la coda non si mosse. Allora ci mise tutta la sua forza, con il sudore che scorreva a rivoli, ma non riuscì a smuoverla.

Il Pandava si rese conto che questa non era una comune scimmia e nemmeno un demone come aveva pensato. Chinò la testa vergognandosi, giunse le mani e si inchinò dicendo: "Perdona le mie parole dure. Sei un Siddha, un Gandharva o un deva? Sono curioso. Chi sei tu? Se non è un segreto ti prego di dirmelo".

La scimmia si mise a sedere: "O eroe, sono il figlio di Vayu, nato dal grembo di Keshari. Io sono la scimmia di nome Hanuman di cui parlavi prima".

Bhima, con le lacrime agli occhi, si prostrò a terra, poi si rialzò e disse con gioia: "Nessuno è più fortunato di me, che ho ritrovato il mio famoso e potente fratello. Ti prego, mostrami la forma che hai assunto quando hai saltato l'oceano".

Hanuman rispose: "Quella forma non è più visibile. A quel tempo le cose erano molto diverse da oggi. Era un'era diversa, ed ogni cosa era più grande. Adesso che sta per iniziare il Kali-yuga ogni cosa è più piccola, e io non posso più mostrare quella forma gigantesca perché devo obbedire ai dettami del tempo".

Bhima volle sapere di più. "Dimmi, ti prego o Hanuman, quali sono gli usi e le leggi di ogni singola era? Tu sei vivo quasi dalla prima era. Come si praticava la religione tra gli uomini, com'era l'economia, il piacere, e la liberazione nei vari *yuga*?".

Hanuman cominciò dal Satya-yuga, l'era in cui tutti gli uomini sono realizzati e dediti al servizio del Signore Supremo. Tuttavia, all'inizio di ogni era successiva ogni cosa diminuisce e si degrada. La virtù, completamente manifesta nella prima era, si riduce di un quarto ad ogni passaggio di era. Adesso, disse Hanuman, la virtù e la religione erano perse per tre quarti, e alla fine del Kali-yuga sarebbero svanite del tutto. Hanuman concluse: "Come le ere progrediscono e la virtù diminuisce, così diminuiscono la natura e le capacità degli uomini, e persino le azioni religiose producono risultati opposti. Come posso allora mostrarti la forma di quando saltai l'oceano? Anche se potessi, perché tu che sei saggio mi chiedi di vedere qualcosa che non ti serve a nulla?". Ma Bhima insistette, sentiva che Hanuman poteva mostrargli la sua forma più potente, anche se era riluttante. Il Pandava ci teneva moltissimo, e disse che non se ne sarebbe andato senza essere soddisfatto.

Alla fine la scimmia si arrese, disse a Bhima di allontanarsi ed espanse il suo corpo fino ad una dimensione enorme, torreggiando sopra Bhima come un secondo monte Vindhya, e con una voce che rintronò nella foresta parlò al Pandava.

"O Bhima, questa è la massima dimensione che tu puoi vedere, potrei espandermi ancora, quasi senza limite. La mia dimensione cresce tra i nemici a secondo della loro forza, perché i devoti servitori di Rama non possono mai essere sconfitti".

Bhima si inginocchiò e disse: "O potente signore, ho visto la tua forma e ti ringrazio. Data la tua forza, come mai Rama ha dovuto scendere in campo personalmente contro Ravana? Mi sembra che tu da solo avresti potuto distruggere Lanka con tutto il suo esercito".

Hanuman riprese la sua forma normale e rispose: "O potente discendente di Bharata, è come tu dici. Quel disgraziato di Ravana non era alla mia altezza, ma se lo avessi ammazzato avrei oscurato la fama del figlio di Dasarath. Rama, il mio signore, uccidendo i demoni e salvando Sita ha stabilito la sua fama e la sua gloria fra gli uomini".

Hanuman disse a Bhima di tornare, tuttavia Bhima gli spiegò che doveva prima trovare i loti dorati dai mille petali, e Hanuman gli indicò il luogo dove crescevano. "Segui il sentiero che porta alla foresta Saugandhika, dove ci sono i giardini di Kuvera, difesi da guardie Yaksha e Rakshasa. Nei pressi c'è un grande lago con i loti che tua moglie desidera."

Hanuman abbracciò affettuosamente Bhima e gli parlò della scienza del governo, poi disse: "O Bhima, adesso che dopo molto tempo sono venuto in contatto con un essere umano, mi è tornata alla mente la presenza del mio signore Rama, che è l'incarnazione di Vishnu, il sole splendente per Sita, e per l'oscurità chiamata Ravana. Pertanto voglio farti un dono, chiedimi quello che vuoi. Se lo desideri posso andare a Hastinapura a uccidere quegli insignificanti figli di Dhritarastra e ridurre in polvere la città, o posso legare Duryodhana e portartelo qui. Dimmi, cosa posso fare per te?".

Bhima rispose che era sicuro del successo grazie soltanto alla sua benedizione e alla sua presenza sul campo di battaglia. Hanuman rispose: "Quando ti lancerai nella lotta ruggendo come un leone, io aggiungerò i miei ruggiti ai tuoi. Sarò sulla bandiera di Arjuna incutendo il terrore nei cuori dei tuoi nemici con le mie urla terrificanti".

Vedendo il lampo nello sguardo di Bhima, Hanuman lo prese per un braccio e disse: "Non prendere i loti con la forza, fratellino, rispetta sempre gli esseri celesti. In questo modo loro ti benediranno. Vai in pace, ti saluto.".

Hanuman scomparve, e Bhima partì per Saugandhika. Arrivò poco dopo mezzogiorno, e trovò il lago pieno dei loti d'oro che cercava. Il lago era alimentato da cascatelle che brillavano nel sole, e le sue rive sabbiose erano ombreggiate dal fogliame di alberi dorati. Vicino ai loti dai mille petali c'erano altri fiori blu con gli steli di gemme vaidurya.

Tuttavia Kuvera aveva messo a guardia del lago migliaia di Rakshasa e Yaksha. Il loro capo disse a Bhima: "Chi sei tu? Perché sei venuto, vestito di pelli di cervo, ma armato? Noi siamo i Krodhavasa, i guardiani del lago".

"Io sono Bhimasena, il figlio di Pandu. Sono arrivato con mio fratello maggiore Dharmaraja all'ashram di Badarika, e con lui c'è anche la mia amata moglie Draupadi. Il vento le ha portato uno di questi bellissimi loti, e lei mi ha chiesto di portargliene altri. O creature della notte, sono venuto qui per compiacere quella donna di impareggiabile bellezza, perché ogni suo desiderio è per me un ordine."

Il Rakshasa batté la lancia per terra e rispose: "O grande eroe, questo è il luogo di intrattenimento preferito di Kuvera, gli uomini non possono venire qui a cogliere fiori e frutti. Chiedi prima il permesso a Kuvera".

Bhima non diede retta all'avviso, non si curava molto dei Rakshasa, e non si sarebbe fatto dire da loro cosa doveva fare. Dimenticando le parole di Hanuman, mise mano alla mazza e tuonò: "O Rakshasa, non vedo qui l'illustre Kuvera, e anche se fosse qui non lo pregherei. Gli kshatriya non mendicano, e poi questo lago appartiene a tutti. Non lo ha fatto Kuvera, e non ha creato i loti, perché dovrei chiedere il suo permesso?".

Detto questo, Bhima entrò nel lago e si mise a cogliere i fiori. I Krodhavasa avanzarono gridandogli di smetterla, ma Bhima li ignorò. Per quanto gli riguardava, i fiori appartenevano al creatore, e non a qualche deva minore, e si sentiva il diritto di coglierli quanto Kuvera.

Allora le guardie lo assalirono e lo circondarono. Bhima roteò la mazza e li falciò, uccidendoli a centinaia, iniziando dai loro capi. I Rakshasa fuggirono e Bhima ricominciò a raccogliere i fiori, bevve l'acqua del lago che aveva il sapore del nettare celeste, e recuperò forze ed energie.

I Krodhavasa corsero da Kuvera e gli raccontarono l'accaduto, e il deva si limitò a sorridere dicendo: "Lasciategli cogliere tutti i fiori che vuole per Draupadi, sapevo che sarebbe venuto".

Le guardie tornarono al lago e videro Bhima che sguazzava, con un grande mazzo di loti sulla riva. Lo guardarono in silenzio, tenendosi a distanza di sicurezza.

Capitolo 28

Kuvera è offeso

In quel momento, a Badarika, Yudhisthira vide dei cattivi presagi. Si guardò intorno, dov'era Bhima? Era andato in qualche avventura delle sue? I presagi indicavano chiaramente che stava accadendo qualcosa di grosso, e non vedendo il fratello temette per lui. Disse ai fratelli: "O eroi, armiamoci. Sembra che sia arrivato il momento di mettere in pratica il nostro valore".

Yudhisthira si rivolse a Draupadi: "Sai dov'è Bhima? Cosa sta facendo? I segni indicano che c'è stata battaglia".

"O eroe, questa mattina ti ho regalato un loto d'oro, e ho chiesto a Bhima di raccoglierne degli altri."

Yudhisthira comprese subito che Bhima, per prendere quei fiori aveva disturbato gli esseri celesti. Disse a Ghatotkacha: "O creatura dei cieli, abbiamo bisogno del tuo aiuto. Credo che tuo padre sia andato nelle regioni dei deva. Il figlio di Vayu se vuole può balzare in cielo e tornare, si muove alla velocità del vento, ed è andato alla ricerca dei loti celesti, Per favore portaci nel luogo dove crescono, e vediamo cosa ha combinato".

Ghatotkacha conosceva Saugandhika, e trasportò tutti con i suoi Rakshasa. Quando scesero sulle rive del lago videro Bhima con la mazza in mano, e i Krodhavasa che lo guardavano a distanza. Molti di loro giacevano sulla riva e nell'acqua con la testa e le ossa fracassate.

Yudhisthira costernato, disse a Bhima: "O figlio di Kunti, cosa hai fatto? Che tu sia benedetto, ma se non vuoi darmi dispiacere, non fare più azioni inconsulte che offendono i celesti".

Le guardie Yaksha si inchinarono umilmente a Yudhisthira che si scusò per il comportamento del fratello, e li consolò con parole gentili. Yudhisthira, vista la bellezza del posto, disse alle guardie di chiedere a Kuvera il permesso di restare. Kuvera acconsentì con gioia.

Dopo alcuni giorni, Yudhisthira volle vedere Kuvera, e sedendo sulle rive del lago assieme a Bhima, disse: "O fratello, siamo stati in tutti i luoghi sacri. Adesso vorrei visitare il più sacro di tutti, la dimora di Kuvera, frequentata da Siddha e rishi.".

Si udì una voce in cielo. "O re, torna all'ashram di Badarika, vai all'eremo di Vrishaparva, e poi a quello di Arstishena, e da lì potrai vedere la dimora di Kuvera."

Si levò una fresca brezza profumata che portò una pioggia di fiori, e Dhaumya disse: "Non possiamo ignorare quest'ordine dei deva, dobbiamo partire subito".

* * *

Nelle ultime settimane prima del ritorno di Arjuna, Bhima andò spesso in giro con Ghatotkacha per le montagne. Un giorno, mentre i due eroi erano assenti, apparve nell'ashram di Badarika un gigantesco Rakshasa che afferrò con un braccio Yudhisthira e i gemelli e con l'altro Draupadi. Sahadeva riuscì a liberarsi e brandendo la spada si mise ad inseguire il demone chiamando Bhima ad alta voce.

Yudhisthira rimproverò il Rakshasa. "O stolto, stai perdendo la virtù e non te ne curi. Cosa speri di ottenere? In questo mondo materiale i celesti, i Pitri, i Siddha gli animali e persino i vermi e le formiche dipendono dall'uomo. Anche la tua razza dipende dall'uomo."

Yudhisthira spiegò al Rakshasa l'interdipendenza di tutti gli esseri. L'umanità soddisfaceva con i sacrifici e le cerimonie religiose i deva ed il Signore Supremo, e questi a loro volta rifornivano del necessario tutte le creature. Quando gli uomini soffrivano e non potevano fare le pratiche religiose, ne pativano tutti.

Il Rakshasa sentiva che Yudhisthira stava diventando insopportabilmente pesante, e lo costringeva a rallentare, tanto che Sahadeva li raggiunse e affrontò il Rakshasa. "Combatti! Dovrai passare sul mio corpo prima di poter rapire questa signora. Io sono Sahadeva, il figlio di Pandu, e sono qui per punirti."

In quel momento arrivò Bhima, e vedendo i fratelli e Draupadi nelle grinfie del demone, si infuriò e tuonò: "Hai toccato Draupadi che è senza peccato, e così hai esaurito il tuo tempo. Hai ingoiato l'amo attaccato al filo del destino, e come un pesce, morirai".

Il Rakshasa lasciò andare Draupadi e i fratelli, e replicò con labbra tremanti: "Sei tu il peccatore per aver ucciso quei Rakshasa e ora gli offrirò il tuo sangue".

Bhima caricò il demone a mani nude. Il demone lo affrontò come Vritra, l'Asura che lottò con Indra. I gemelli si fecero avanti per dare una mano, ma Bhima li respinse.

La battaglia fra uomo e demone infuriò, con colpi tremendi. La terribile lotta durò quasi mezz'ora, poi Bhima diede un terribile colpo sul collo del Rakshasa, lo afferrò, lo sollevò e lo sbatté per terra, riducendolo ad un mucchio di carne senza vita.

Bhima, coperto di spruzzi di sangue, andò da Yudhisthira e si inchinò a mani giunte. Yudhisthira e i fratelli lo lodarono e lo abbracciarono.

* * *

Erano passati quasi cinque anni dalla partenza di Arjuna. Lomasha disse che il suo ritorno era imminente, e che dovevano salire ancora per incontrarlo. Presi i loro pochi averi, i Pandava con Dhaumya, Lomasha e pochi altri bramini, raggiunsero un altopiano del Gandhamadana. Raggiunsero l'ashram del saggio reale Vrishaparva e del grande rishi Arshtisena e rimasero con loro per qualche tempo.

Arshtisena disse che non potevano salire oltre. "Più in alto c'è la via per i pianeti superiori, e nessun uomo può salire se non è puro e senza peccato."

Arshtisena disse che era stato in vetta alla montagna e aveva visto i deva, i Gandharva, i Kimpurusha ed altri esseri celesti che si accoppiavano con le Apsara. Si poteva anche vedere il grande deva della ricchezza Kuvera, adorato dagli Yaksha."In quei momenti tutta la regione risuona dei canti melodici del Samaveda. I Daitya, i Danava e i Siddha si uniscono nell'adorazione di Kuvera, l'illustre Lokapala."

Il rishi suggerì ai fratelli di restare tranquillamente nel suo ashram ad aspettare Arjuna, e guardando in particolare Bhima disse: "Non siate impazienti, presto sarà il momento di usare la vostra forza per schiacciare i vostri nemici e riguadagnare la terra".

Un giorno i Pandava e Draupadi, seduti sulla riva di un lago, videro Garuda, la grande aquila, scendere sull'acqua. Catturò un potente serpente Naga che viveva nel lago, e si allontanò.

Il vento delle sue ali fece volare molti fiori dalla montagna e Draupadi ne raccolse alcuni con i petali di cinque colori, e disse a Bhima: "O eroe, guarda questi fiori! Credo che provengano dalla dimora di Kuvera. O eroe, vorrei vedere quel posto paradisiaco, ma le sue guardie ce lo impediscono. Ah, se fosse qui Arjuna! Quando Agni ha bruciato Khandava, tuo fratello ha tenuto a bada un intero esercito di deva".

Draupadi continuò a provocare Bhima. "Certamente anche tu potresti disperdere quei Rakshasa con la forza delle tue braccia per poter salire in vetta alla montagna."

Bhima prese le sue armi, trovò uno stretto passaggio nella roccia e si mise a scalare velocemente. Raggiunse la cima, l'altopiano su cui stava la dimora di Kuvera. Era una città formata da edifici d'oro e cristallo di disegno divino, e le abitazioni erano circondate da alte mura d'oro incrostate di gemme colorate.

Bhima si appoggiò al suo arco per rimirare la città. La vista di tanta opulenza rattristò Bhima facendogli ricordare le ricchezze che un tempo Yudhisthira possedeva. E dalla tristezza passò alla rabbia pensando ai crimini di Duryodhana. Tirò fuori la sua conchiglia e vi soffiò dentro con tutta la forza dei suoi polmoni. I Rakshasa e gli Yaksha lo videro dai bastioni, con l'arco, la spada e la mazza. Uscirono a migliaia e lo caricarono urlando furiosamente agitando mazze, spade, lance, giavellotti, asce e bastoni. Bhima con le sue frecce distrusse le loro armi, e colpì i Rakshasa in terra e in cielo. Gli Yaksha accerchiarono Bhima, che con la spada tagliò braccia e teste mettendoli in rotta.

Maniman, il loro comandante, li richiamò."Direte a Vaishravana che un uomo da solo ha sconfitto orde di Yaksha?". Poi gridò a Bhima: "O uomo, combatti! Sei venuto alla dimora del deva della ricchezza, e adesso ti mostrerò anche la dimora di Yamaraja!".

Con un grido spaventoso attaccò Bhima, scagliando la mazza. Bhima la frantumò in volo. Maniman allora lanciò un bastone di ferro dal manico d'oro che sibilò nell'aria facendo fuoco e scintille, Bhima si spostò, ma fu ferito seriamente al braccio.

Maniman fece un urlo di trionfo, ma Bhima si riprese e assalì Maniman, deciso ad ucciderlo. Roteò la mazza, e la scagliò con un urlo selvaggio, e colpì Maniman al torace spaccandogli il cuore.

Il clamore della battaglia raggiunse Yudhisthira e i fratelli. I Pandava scalarono la montagna e raggiunsero l'altopiano dov'era Bhima, che sembrava Indra dopo aver sterminato i Danava.

Yudhisthira lo rimproverò. "O figlio di Kunti, non hai scuse. Non si deve mai offendere il re dei deva. Viviamo sul suo territorio, e tu lo hai sicuramente offeso. È un comportamento indegno."

Bhima abbassò lo sguardo per la vergogna. Yudhisthira pensò al da farsi. Kuvera era un Lakopala. Se si fosse offeso la loro posizione sarebbe stata critica. Non si poteva evitare il deva onnisciente, e non c'era da pensare di affrontarlo in battaglia. Meglio cercare di ingraziarselo. Era sicuro che sarebbe venuto a vedere i danni. I quattro Pandava sedettero in silenzio in attesa.

Nel frattempo gli Yaksha e i Rakshasa sopravvissuti erano corsi da Kuvera per informarlo dell'accaduto. Il deva si infuriò, e salì sul suo carro fra le lodi e i canti dei Gandharva e dei Charana. I cento cavalli neri nitrirono, si impennarono e partirono al galoppo. Una scorta di mille Yaksha scelti seguì il carro nel cielo.

Viaggiando nel firmamento, Kuvera meditò sul secondo insolente attacco di Bhima. Certo non si trattava di un uomo qualunque, era il fratello di Yudhisthira, e Yudhisthira era Dharmaraja in persona, incarnato con i fratelli solo per adempiere allo scopo dei deva. A Kuvera venne in mente una maledizione del rishi Agastya. Ma certo! Bhima era lo strumento della maledizione di Agastya. Il volto corrucciato di Kuvera si distese in un sorriso

I Pandava si alzarono in piedi a mani giunte per accogliere Kuvera. Il carro gli si fermò accanto sospeso in aria e gli Yaksha del seguito si posarono sulla cima della montagna come grandi uccelli. I quattro fratelli si avvicinarono a Kuvera e si inchinarono. Kuvera aveva l'aspetto di un giovanetto, con una corona di fiori, un cappio e una spada in mano e un grande arco in spalla.

Bhima lo guardò senza timore. Kuvera gli sorrise, poi si rivolse a Yudhisthira e disse: "O re, so bene che pensi sempre al bene di tutti, quindi rasserenati e non arrabbiarti con Bhimasena. Ciò che ha fatto era scritto nel destino".

Kuvera sorrise a Bhima e disse: "O figliolo, non sono arrabbiato con te, posa la mazza. Hai agito avventatamente per fare un piacere a Draupadi, però mi hai liberato dalla terribile maledizione di Agastya".

Yudhisthira disse:"Sono sorpreso che avendo fatto infuriare il glorioso Agastya tu non sia stato subito ridotto in cenere".

Kuvera narrò che un tempo era in viaggio per i cieli verso Kushavati per un'assemblea dei deva, accompagnato da un esercito di Yaksha comandati da Maniman. Attraversando lo Yamuna videro Agastya seduto sulla riva, dedito alle sue pratiche ascetiche, e Maniman per stupidità gli sputò in testa. Kuvera andò subito a scusarsi, ma Agastya era furibondo e scagliò una maledizione: "Questo miscredente mi ha insultato in tua presenza, e morirà insieme ai suoi per mano di un uomo. Solo allora sarai assolto dal tuo peccato".

Invitò i Pandava a restare per qualche giorno nella sua dimora, e disse che Arjuna sarebbe tornato presto. Guardando Bhima, aggiunse: "O Yudhisthira, se non freni questo tuo fratello, prima o poi vi metterà nei guai".

Bhima si inchinò a Kuvera, che lo benedì. "Che tu possa distruggere l'orgoglio dei tuoi nemici, e portare gioia ai tuoi amici."

Kuvera svanì in cielo con il suo carro. I corpi dei guerrieri uccisi da Bhima vennero rimossi e i quattro fratelli rimasero in vetta alla montagna, serviti con riverenza dagli Yaksha.

Capitolo29

Il ritorno di Arjuna

I Pandava erano impazienti di rivedere Arjuna. Gli Yaksha andarono a prendere Dhaumya e Draupadi perché fossero presenti per il suo arrivo.

Sette giorni dopo apparve in cielo il carro luminoso di Indra su cui era Arjuna, vestito di sete lucenti e ornato di gioielli e ghirlande, con una corona di gemme brillanti in testa.

Il carro scese lentamente, e quando toccò il suolo, Arjuna scese e si prostrò ai piedi di Dhaumya, Yudhisthira e Bhima. I gemelli si inchinarono a lui, e lui salutò Draupadi con parole dolci, donandole delle gemme che aveva ricevuto da Indra.

Arjuna raccontò le sue avventure a cominciare dal primo incontro con Indra sotto forma di bramino fino al suo ritorno. Dopo l'addestramento, Indra gli aveva chiesto *dakshina*. "Non c'è nulla nei tre mondi che tu non possa ottenere. Sei padrone di tutte le armi divine e sei invincibile.Voglio che tu distrugga i Nivatakavacha, i feroci Danava che abitano le fortezze nell'oceano."

Indra prestò il suo carro ad Arjuna, gli diede un'armatura impenetrabile, gli mise in testa la corona e disse: "Che la vittoria ti arrida!".

I deva gli regalarono la conchiglia Devadatta, il cui suono poteva terrorizzare i nemici. Con la benedizione celeste, Arjuna salì sul carro con Matali alla guida, e in breve giunse all'oceano. Arjuna lo descrisse così: "Quello spaventoso e sconfinato mare era agitato da onde che parevano montagne. Vidi navi cariche di gemme, balene, *timingila*, serpenti di mare ed altri feroci mostri marini, e sott'acqua conchiglie e mucchi di pietre preziose.

Matali mi portò attraverso l'oceano verso la città dei Danava. I Danava udirono il fragore delle ruote del carro e pensarono che stesse arrivando Indra.

I Nivatakavacha prepararono le difese dei bastioni, poi uscirono a stormi dalla città armati fino ai denti.

Matali manovrò il carro con grande abilità eludendo gli attacchi, guidandolo a una velocità tale da non lasciarmi vedere nulla. I Danava mi attaccarono con centinaia di migliaia di frecce che parai. Risposi con volate di frecce pesanti che trafissero i demoni. Matali incitò i diecimila cavalli guidandoli con tale perizia da farli sembrare uno solo, travolgendo file di Danava.

Tirai le mie frecce senza sbagliare, tagliando braccia e spiccando teste. I Danava mi attaccarono a ondate, allora caricai l'arco con i mantra di Brahma e li decimai, ma erano talmente tanti che mi sentivo schiacciato da ogni parte. Allora scagliai il potente fulmine di Indra, poi li incalzai tirando dieci frecce per ogni assalitore. Le frecce, ispirate dai mantra, li massacrarono. Il sangue scorreva a rivoli, come l'acqua nella stagione delle piogge.

I demoni ricorsero alla magia. Scomparvero di colpo e dal cielo caddero delle rocce che io polverizzai, allora i demoni mandarono una pioggia torrenziale con un fortissimo vento. Era tutto allagato, e non si vedeva la differenza fra la terra e il cielo. Lottando per restare in controllo, invocai l'arma del fuoco, la Visoshana, che mi aveva dato Indra. Le acque si asciugarono immediatamente, trasformandosi in nubi di vapore.

Si sentivano le orribili grida dei demoni, che però rimasero invisibili e cadde un buio così totale che non riuscivo a vedere nemmeno le mie mani per usare l'arco. Poi piovvero dal cielo spranghe di ferro. I cavalli arretrarono e Matali lasciò cadere le redini e la frusta.

Eravamo sconvolti dal terrore. Matali disse: 'O Arjuna, benché abbia accompagnato Indra in molti scontri con i demoni, non mi è mai successo di perdere il controllo dei cavalli'. Rimasi in silenzio per riprendere il controllo poi replicai: 'Tranquillo, auriga. Risponderò alle loro magie con il Gandiva'.

Invocai degli *astra* capaci di stordire il nemico, le illusioni dei Danava si dissolsero, e li vidi riapparire. Subito generarono altre illusioni che mi confusero i sensi e la mente. Un attimo la terra era coperta dall'oscurità, il momento dopo sembrava sommersa dall'acqua, poi scompariva così che il carro pareva sospeso nel vuoto. Io usai l'arma Shabdavedi che scaccia le illusioni, i demoni mi attaccarono furiosamente, e io li trucidai senza rimorso con delle frecce affilate. Loro scomparvero di nuovo, continuando a combattere da invisibili, ed io li sterminai usando armi celesti in grado di stanarli.

I Nivatakavacha rinunciarono alle loro illusioni e si ritirarono in città, e la realtà riapparve di colpo. Vidi la terra coperta di corpi maciullati e di armi spezzate.

Vista la ritirata del nemico, mi rilassai, ma subito i demoni, tornati invisibili mi attaccarono con una pioggia di massi. Da sotto sentii che i Danava afferravano le gambe dei cavalli, e cadevano tanti macigni che sembrava di essere in una grotta. Cantai i mantra per invocare l'arma di Indra incoccando dardi di ferro nel Gandiva. Caricati del potere di Vajra, i dardi polverizzarono i macigni e dissolsero le illusioni dei demoni facendoli cadere dal cielo come meteore infuocate ed urlanti. Molti di loro fuggirono entrando nel ventre della terra o volando in cielo.

Avevamo vinto, e dissi a Matali di entrare in città. Lui si guardò intorno e disse: 'Fino adesso non era stato possibile distruggere questi demoni, anche con gli sforzi combinati di tutti i deva'.

Entrammo in città dove migliaia di donne piangenti scappavano terrorizzate al passaggio del carro. Il tintinnio dei loro gioielli era come il suono della grandine. Stupito dall'opulenza della città chiesi a Matali: 'Questo luogo sembra ancora più bello di Amaravati. Come mai i deva non vivono qui?'.

Matali rispose che un tempo la città era la residenza di Indra, ma i demoni giel'avevano strappata avendo ottenuto da Brahma il dono dell'invincibilità dai deva, grazie alle loro pratiche ascetiche. Indra aveva chiesto aiuto a Shiva, e lui aveva risposto: 'Riavrai questa città in futuro, quando avrai assunto un corpo differente'.

Poi, lasciata la città dei Danava ci dirigemmo verso Amaravati. Sulla strada del ritorno passammo vicino a una grande città che galleggiava in cielo brillando come un secondo sole. Ai lati della città vi erano quattro indistruttibili porte incrostate di gemme iridescenti. Non ho mai visto nulla di simile.

Matali mi disse che era Hiranyapura, la città dei Kalakanya, una classe di feroci Daitya. I deva non potevano conquistarla, e i demoni quindi vivevano lì indisturbati. Per volere di Brahma, i Kalakanya potevano essere uccisi solo da un mortale, e Matali mi suggerì di attaccarli per favorire Indra. Io dissi: 'Andiamo, i nemici dei deva sono i miei nemici'.

Quando ci avvicinammo i demoni mi assalirono pensando che fossi Indra. Io parai l'attacco, e Matali guidò con tale abilità che i Daitya caddero uno sull'altro nel tentativo di schivarci.

I Daitya si resero conto che ero un nemico formidabile e si ritirarono nella città che cominciò a muoversi fulmineamente. Ora appariva in cielo, poi sotto il mare, poi spariva del tutto. Riapparve infine davanti a me, salì come un proiettile, poi fece delle virate strettissime. Era difficile per me seguirne i movimenti, tuttavia con delle frecce impregnate di mantra, riuscii a frenarla, e poi scagliai così tanti misssili che la città fatta a pezzi, cascò a terra in fiamme.

I Daitya si levarono in volo per combattere, Matali mi portò a terra e fui circondato da oltre cinquantamila carri. Erano talmente tanti che stavano cominciando a prevalere, e allora recitai i mantra sacri del deva dai tre occhi. Mi apparve subito davanti un'entità gigantesca con tre teste, nove occhi, sei braccia e i capelli in fiamme, coperta da grandi serpenti con le lingue dardeggianti.

Scuotendomi di dosso la paura, mi inchinai all'orrenda forma dell'eterno Shiva poi incoccai il Rudra-astra e cantando i mantra la scagliai per distruggere i Daitya.

Migliaia di missili di diverse forme si sparsero sul campo di battaglia. Alcuni sembravano leoni, altri orsi e bufali. C'erano missili a forma di serpente, altri come elefanti, cinghiali, tori e gatti. Allo stesso tempo il campo di battaglia si riempì di seguaci di Shiva: infiniti Guhyaka, Yaksha, Pisacha, Bhita ed altri esseri spettrali che si scagliarono ruggendo sui Daitya.

Il Rudra-astra portò lo scompiglio fra i nemici, ed io continuai a lanciare frecce infuocate, costituite dell'essenza delle rocce. I Daitya furono sterminati e i pochi superstiti si diedero alla fuga. La mia vittoria era dovuta unicamente all'arma di Shiva, ed io mi inchinai a lui prima di tornare alla dimora di Indra.

Quando Indra venne a sapere delle mie imprese mi benedisse affinché la mia mente possa rimanere fredda in battaglia e le mie armi vadano sempre a segno. Disse anche che nessun guerriero celeste, che fosse Danava, Daitya, Naga, Gandharva, Suparna o Yaksha, avrebbe potuto superarmi. Mi regalò l'armatura impenetrabile che sto indossando e mi mise la corona in testa e mi ordinò di tornare da voi".

Yudhisthira era impressionato e disse: "O Dhananjaya, è una vera fortuna che tu abbia incontrato i deva più potenti, e abbia ricevuto da loro le armi divine. È come se la terra fosse già riconquistata e i figli di Dhritarastra soggiogati. O Bharata, mi piacerebbe vedere le armi con cui hai sconfitto i demoni".

Arjuna acconsentì alla richiesta e recitò i mantra per invocare le varie armi, rivolto ad oriente, e concentrato sulle preghiere.

In quell'attimo la terra tremò e la montagna parve spezzarsi, il sole si coprì e i venti smisero di soffiare. I bramini non riuscirono più a recitare i Veda, e tutti si sentirono oppressi. I Pandava videro in cielo il potente Brahma dalle quattro teste circondato da tutti i deva. Apparvero anche i Gandharva e le Apsara suonando e cantando sulle pendici della montagna, e una pioggia di fiori cadde su Arjuna.

Narada, messaggero dei deva, si manifestò davanti a lui e disse: "O eroe, non richiamare le armi divine senza motivo perché annienteresti la terra. Queste armi devono essere usate solo in guerra". E poi disse a Yudhisthira: "O Ajatashatru, vedrai le armi quando Arjuna le userà nella guerra contro i Kaurava."

I fratelli si inchinarono a Narada che se ne andò con tutti i deva.

Capitolo 30

Krishna visita i Pandava

I Pandava rimasero nella dimora di Kuvera per altri quattro anni, e in quell'atmosfera celestiale non si accorsero quasi del trascorrere del tempo. Un giorno Arjuna e Bhima andarono da Yudhisthira. Bhima disse: "O re, sono trascorsi undici anni del nostro esilio. Gli ultimi quattro anni non sono stati duri, però adesso si avvicina il momento in cui dovremo andare in una regione abitata e vivere in incognito. Lasciamo queste montagne e torniamo sulla terra".

Yudhisthira era d'accordo e decise di partire, e rivolse una preghiera al monte Gandhamadana. "O signore delle montagne, dopo che avremo vinto i nemici e riconquistato il regno, concedici di poterti rivedere alla fine delle nostre vite."

Bhima chiamò Ghatotkacha e i suoi Rakshasa, che portarono il gruppo dei Pandava oltre i difficili passi di montagna fino all'ashram di Badarika. Yudhisthira congedò Ghatotkacha, scegliendo di continuare il viaggio a piedi. Rimasero un mese coi saggi a Badarika, poi si misero in cammino fino a raggiungere Vishakayapa, sempre nella catena dell'Himalaya, dove si fermarono per la stagione delle piogge.

Il primo giorno Bhima andò a perlustrare la zona, armato di arco e spada. Era una bellissima regione boscosa frequentata da Siddha e Gandharva. Dei cinghiali lo caricarono e lui li uccise a schiaffi. Uccise anche numerosi bufali e cervi trapassandoli con le frecce del suo arco. Si divertì a sradicare degli alberi, aprendo delle radure dove in seguito i rishi avrebbero potuto abitare e compiere sacrifici. Sulle pendici della montagna vide dei serpenti che fuggirono sentendolo arrivare. Bhima li inseguì su un pianoro roccioso, e si imbatté in un serpente gigantesco che giaceva arrotolato all'entrata di una caverna bloccandone l'accesso. La sua pelle era gialla a macchie nere, e nella sua bocca c'erano quattro denti velenosi. Il serpente si guardava intorno e la lingua biforcuta vibrava fra gli angoli della bocca.

Bhima si fermò a guardare il serpente che sibilava come a rimproverarlo e quando si avvicinò, il serpente lo afferrò avvolgendolo nelle sue spire. Bhima si sentì svanire le forze, e non riuscì ad estricarsi e svenne.

Quando si riebbe, Bhima cercò di liberarsi ma non riuscì a muoversi, allora gli chiese chi fosse. "O grande serpente, ti prego dimmi chi sei e cosa vuoi fare di me. Io sono Bhimasena, figlio di Pandu e fratello di Dharmaraja. Con le mie sole mani ho ucciso leoni, tigri, elefanti e bufali, e neanche i celesti mi possono resistere. Come sei riuscito a catturarmi? È per virtù, per una qualche scienza o per un dono che tu hai questo potere?".

Il serpente rispose con voce solenne: "O uomo dalle forti braccia, per fortuna sei arrivato, ho molta fame. Tu devi essere il cibo che mi è stato destinato dai deva.

"Il mio nome è Nahusha, e sono un re saggio. Dopo esser salito in cielo sono stato maledetto dal rishi Agastya che mi ha trasformato in serpente. Tutto ciò che mi arriva a tiro nel mezzo della giornata, che sia una mucca, un bufalo, o anche un uomo, diventa il mio pasto. Agastya mi ha concesso che chiunque io afferri perda le sue forze."

Pensando a Krishna, Bhima replicò: "O potente creatura, non sono arrabbiato. A volte si riesce nelle imprese, a volta si fallisce, e i risultati non sono nelle nostre mani, quindi non serve lamentarsi. Chi è mai al di sopra del destino?".

Nell'ashram Yudhisthira vide dei segni funesti. Gli sciacalli ulularono, e lo spaventoso uccello Vartika, che aveva solo un'ala, un occhio e una zampa, volteggiò sopra di lui schiamazzando e vomitando sangue. Yudhisthira si sentì fremere l'occhio sinistro e palpitare il cuore. Non vedendo Bhima, chiese a Draupadi: "Dov'è mio fratello?".

Draupadi rispose che era andato via all'alba. Yudhisthira decise di andarlo a cercare, e disse ad Arjuna di restare a guardia di Draupadi e dei gemelli. Seguì le tracce di Bhima e trovò gli alberi sradicati e i corpi degli animali uccisi, e un sentiero fra i cespugli.

Dopo poco, all'entrata di una caverna vide Bhima avvolto nelle spire del serpente, si meravigliò e chiese: "Chi è questo potente serpente dal corpo grande come una montagna? O figlio di Kunti, come sei caduto nelle sue spire?".

"Questo è il saggio re Nahusha sotto forma di serpente, o amato fratello, e sta per mangiarmi."

Yudhisthira si rivolse a Nahusha. "Ti prego cortesemente di lasciar andare mio fratello, ti porteremo dell'altro cibo."

Nahusha si mosse appena. "Non lo lascerò andare e non voglio scambiarlo per altro cibo. Vattene o divorerò anche te."

"O serpente, a quali condizioni libereresti mio fratello?".

"Ubriaco di ricchezza e potere, ho insultato i bramini," rispose Nahusha, "e così Agastya mi ha maledetto riducendomi in questo miserevole stato. Il saggio ha detto che sarei stato liberato quando un uomo avrebbe risposto alle mie domande su questioni spirituali. Rispondi alle mie domande e libererai sia me che tuo fratello."

"Chiedi quello che vuoi, o serpente, farò del mio meglio per risponderti."

Yudhisthira ascoltò con attenzione Nahusha. Il serpente fissò Yudhisthira coi suoi occhietti e disse: "Come si può riconoscere un vero bramino, o re, e qual è l'oggetto massimo della conoscenza?".

"Un bramino è caratterizzato dalle qualità di onestà, purezza, perdono, autocontrollo, ascetismo, sapienza e religiosità. L'oggetto massimo del sapere è il Supremo Brahman, che può essere conosciuto da chi ha trasceso la dualità."

"Le qualità che hai descritto per un bramino si possono trovare anche in uomini di altre caste", rispose Nahusha dubbioso, "e come si può esistere senza percepire la felicità e il dolore, che sono l'origine di tutte le dualità?".

Yudhisthira sorrise. "Se un uomo ha quelle qualità, deve essere considerato un bramino, indipendentemente dalla sua nascita. La felicità e il dolore in rapporto alle cose materiali possono essere trascesi mentre vengono percepiti, quando si è in relazione con il Supremo. Le emozioni sono riflessi corrotti dei sentimenti spirituali originari".

Nahusha disse: "O re, tu hai certamente una profonda conoscenza. Come potrei divorare tuo fratello'".

Era chiaro che Nahusha era profondamente colto. Dopo tutto, un tempo aveva governato la terra, ed era asceso in cielo. Yudhisthira pensò che sarebbe stato interessante fargli delle domande. Chiese con rispetto: "Ti prego dimmi, con quali azioni si può raggiungere il cielo?".

"Secondo me, o Bharata, si può andare in cielo dando carità ai bramini, con la gentilezza della parola, con la rettitudine e evitando l'invidia".

"Quale di queste qualità è la più importante, e in cosa consiste l'essere privi di invidia?".

"A seconda delle circostanze una di queste qualità può essere la più importante. Per agire correttamente in ogni circostanza, bisogna conoscere il fine ultimo della vita. Tutte le azioni e la conoscenza devono mirare a raggiungere il Supremo.

L'assenza di invidia consiste nel desiderare il benessere ed il progresso spirituale di tutti gli esseri viventi, nel non sfruttarli per i propri vantaggi, agendo invece per assisterli e facilitarli."

"In che modo l'anima accetta un corpo materiale, o Nahusha?".

"L'anima, o *atman*, riceve un corpo a seconda del suo comportamento, e così trasmigra una vita dopo l'altra, condizionata dai suoi peccati e dalle azioni pie, talvolta andando in cielo e talvolta incarnandosi in un corpo animale. La liberazione finale si raggiunge quando si arriva a conoscere il Brahman, l'assoluto supremo".

Yudhisthira assentì, le risposte del serpente mostravano che Nahusha aveva raggiunto una profonda realizzazione spirituale. Com'era possibile che fosse divenuto un serpente?

Nahusha spiegò: "Con i sacrifici e le pratiche ascetiche ero divenuto così potente che giravo per il cielo su un carro d'oro. Ero divenuto l'imperatore della terra e persino i Gandharva, gli Yaksha e i Rakshasa e tutti gli abitanti dei tre mondi mi pagavano tributo. Il mio potere era tale che potevo togliere energia a chiunque solo guardandolo. L'orgoglio mi ha inebriato, ed ho perso il buon senso, il mio sapere è stato annebbiato dall'orgoglio.

Un giorno, mentre ero in cielo, toccai per spregio con un piede il rishi Agastya. Il saggio mi maledisse ed io precipitai sulla terra, e il mio corpo si tramutò in quello di un serpente. Adesso tu mi hai liberato dalla maledizione, e la nostra conversazione ha risvegliato la mia conoscenza."

Nahusha liberò Bhima, e morì. Dal cadavere emerse una luminosa figura celeste coperta di ornamenti d'oro e ghirlande. Si inchinò ai Pandava, poi si innalzò in cielo e scomparve.

Yudhisthira e Bhima tornarono all'ashram e raccontarono la loro avventura. Quando Yudhisthira ebbe finito, i bramini sgridarono Bhima per la sua imprudenza e stoltezza.

* * *

Pochi giorni dopo cominciò il monsone. Si accamparono su un terreno alto, e rimasero a guardare la pioggia che inondava la terra. Il sole non si vedeva più, e i lampi illuminavano la foresta, e rivoli di acqua schiumosa solcavano il terreno scrosciando. Tutte le creature della foresta scorrazzavano felici per i boschi fradici.

Poi la stagione volse all'autunno, le nuvole si dispersero ed il cielo tornò sereno. I giorni erano caldi e le notti fredde. La foresta si era rinnovata e i Pandava tornarono a Kamyaka.

Pochi giorni dopo venne in visita Krishna con Satyabhama. I Pandava furono felicissimi di vedere i loro adorati amici, e li accolsero con le lacrime agli occhi.

Terminati i convenevoli, Arjuna raccontò tutto quanto era accaduto dall'ultima volta che si erano visti, poi volle sapere notizie di sua moglie Subhadra e di Abhimanyu. Krishna rispose che tutto andava bene, e rivolgendosi a Yudhisthira disse: "O re, i saggi dicono che la rettitudine è una qualità superiore alla capacità di vincere un regno, e per coltivare la rettitudine sono necessarie pratiche ascetiche. Con la totale obbedienza alla verità hai fatto il tuo dovere, e pertanto hai conquistato questo e l'altro mondo. Non sei dedito ai piaceri dei sensi, e non agisci per motivi egoistici. Pur avendo vinto un regno opulento ed essendo vissuto nel lusso, mai hai trascurato la pratica della carità, dell'ascetismo, della verità, della religione, del perdono e della pazienza".

Yudhisthira chinò il capo con umiltà mentre Krishna proseguiva. "Chi se non tu, o Dharmaraja, avrebbe tollerato l'oltraggio a Draupadi? A suo tempo riavrai il tuo regno. Quando il tuo voto sarà compiuto, alla fine dei tredici anni, farò ogni cosa in mio potere per castigare i Kaurava."

Krishna rivolse parole gentili a Draupadi e le diede notizie dei suoi figli che vivevano nel regno di Drupada, ed avevano anche trascorso del tempo a Dwaraka, dove Subhadra li aveva ricoperti d'amore materno. Inoltre il figlio di Krishna, Pradyumna, stava istruendo tutti i figli dei Pandava nelle arti marziali.

In quel momento arrivò il rishi Markandeya. Il saggio immortale, che appariva come un giovinetto di non più di sedici anni, era allegro, vestito solo con un panno attorno ai fianchi. Lo adorarono e lo invitarono a sedersi nel posto d'onore. Krishna gli disse: "Desideriamo tutti ascoltare le tue parole".

Tutti pendevano dalle labbra di Markandeya, sapendo che il saggio aveva vissuto fin dall'inizio della creazione, e che quindi conosceva infinite storie di grandi saggi e re. Il Signore Supremo Narayana lo aveva istruito personalmente, e dunque possedeva una comprensione spirituale profonda.

Yudhisthira chiese: "Parlaci, o grande erudito, di come l'uomo raccolga il frutto delle sue azioni. Rimango confuso al vedere come io sia stato privato del regno mentre prosperano i figli di Dhritarastra, dei peccatori. I frutti delle proprie azioni si raccolgono in questa stessa vita o solo in una futura? E come seguono un uomo dopo la morte? Dove si posano quando lui lascia il suo corpo?".

Markandeya tacque per un momento, guardando tutti i presenti radunati in quella radura della foresta, poi alzò la mano destra e rispose: "L'anima incarnata si muove di vita in vita come risultato delle azioni, buone e cattive. L'anima non è mai priva di corpo finché resta in questo mondo per godere dei sensi. L'anima è coperta prima da un corpo sottile fatto di mente, intelletto e falso ego. Il corpo sottile porta con sé il ricordo di tutte le esperienze che l'anima ha vissuto, e di conseguenza si incarna in varie forme materiali. Yamaraja controlla questo processo, tenendo traccia di tutte le anime incarnate. Il suo potere viene dall'onnisciente Anima Suprema che risiede nel cuore di tutti gli esseri viventi. Così Yamaraja distribuisce a tutti ciò che loro compete, senza mai sbagliare".

Markandeya fece una pausa per consentire ai suoi ascoltatori di assorbire ciò che andava dicendo. "Il ricco che si dedica al piacere in questa vita, soffrirà nella prossima; l'asceta che rinuncia al piacere in questa vita si godrà la prossima; coloro che si sposano e vivono piamente da capofamiglia, facendo sacrifici e elargendo carità, si godono sia questa che la prossima vita; gli sciocchi che non seguono i precetti delle sacre scritture, soffrono continuamente di vita in vita".

"Per quanto riguarda voi fratelli, grandi devoti del Signore Supremo, virtuosi e nati solo per compiere il volere dei deva, le reazioni karmiche non vi riguardano. Il vostro apparente rovescio vi porterà felicità e fama eterne. Sarete glorificati sulla terra e alla fine delle vostre vite raggiungerete le dimore più elevate."

Poi il saggio raccontò la storia della creazione dell'universo che aveva testimoniato personalmente, e la natura della distruzione che avviene alla fine del giorno di Brahma, un periodo di milioni di anni. Galleggiando sull'acqua causale da cui avviene la creazione, la vide innalzarsi e ricoprire i pianeti bassi e quelli di mezzo. Alla fine dell'inondazione vide un bellissimo bimbo che giaceva su una foglia di baniano.

"Colpito dallo stupore, non riuscivo a capire come quel bambino avesse potuto sopravvivere mentre tutto l'universo era stato distrutto. Il bimbo risplendeva, il volto era bello come la luna, gli occhi sembravano loti ed il suo corpo aveva la pelle nerastra. Sorrideva succhiandosi un alluce, e sul petto aveva il marchio del Srivatsa. Mi avvicinai e lui disse: 'O Markandeya, entra a riposare nel mio corpo'.

Allora io persi il mio senso di identità e dimenticai le mie caratteristiche materiali. Lui aprì la bocca e io fui attratto, entrai fino allo stomaco dove vidi tutta la terra con le città, i regni e i paesaggi a me familiari, il Gange e i suoi affluenti, l'Himalaya e le foreste in cui avevo praticato l'ascesi. Vidi anche la razza dei deva capeggiati da Indra, le caste dei kshatriya, dei vaishya e dei sudra.

Vagai nel suo corpo per lungo tempo senza mai trovare i suoi limiti. Poi di colpo mi trovai fuori e lo rividi sulla sua foglia di baniano. Adorai quell'essere di smisurata potenza che aveva ingoiato tutto l'universo, e posai il capo ai suoi piedi. Gli chiesi chi fosse e quale il suo scopo, e perché giacesse lì tenendosi dentro l'universo".

"La sua risposta fece dissolvere tutte le mie illusioni materiali. Disse di essere l'originale Persona Suprema, da cui tutto emana ed a cui tutto ritorna alla fine, conosciuto come Vishnu, Narayana e Hari, e con infiniti altri nomi. Quella Persona onnisciente mi disse di rientrare nel suo corpo fino a quando Brahma si fosse risvegliato per ricreare l'universo. Poi sparì dalla mia vista e mi ritrovai nella variegata creazione che avevo visto dentro di lui."

Markandeya concluse il suo racconto. "O Yudhisthira, il bimbo dagli occhi di loto che io vidi alla fine del creato, è ricomparso come Krishna. È divenuto tuo parente ed amico, e lo devi riconoscere come la Persona Suprema, l'inconcepibile Hari. Mi ha dato il dono per cui la mia memoria sarà eterna e la mia morte avverrà solo quando lo desidererò. Vedendo Krishna seduto fra noi, mi viene in mente quel bambino, e non dubitate: è colui che vidi nelle acque della devastazione universale. O re, tutta la creazione sta dentro di lui come l'aria sta nell'etere. Prendi rifugio in Krishna, nessuno è più grande di lui."

A queste parole i Pandava si inchinarono a Krishna, e lui sorrise dolcemente dicendo parole affettuose. Guardò teneramente Markandeya che ricambiò lo sguardo con amore.

Poi Yudhisthira chiese a Markandeya di parlare del futuro. Si stava avvicinando il Kali-yuga, la più oscura delle ere, e lui voleva sapere cosa sarebbe successo nel mondo. Markandeya disse che ogni cosa si sarebbe degradata. La gente sarebbe divenuta irreligiosa e miserabile. L'era sarebbe culminata nell'apparizione dell'avatara Kalki, che avrebbe ristabilito l'ordine riportando l'età dell'oro, il Satya-yuga.

Yudhisthira e Markandeya proseguirono la conversazione per ore, e tutti ascoltarono affascinati le risposte precise e dettagliate del rishi, con storie di vari re, saggi ed esseri celesti. Quando si fece sera, Yudhisthira smise di fare domande e insieme ai fratelli adorò Markandeya. Poi il rishi si accomiatò e ascese in cielo.

Krishna parlò ancora un po' con i Pandava, e Satyabhama colse l'occasione di parlare con Draupadi per chiederle come faceva a servire e soddisfare i suoi cinque mariti. La moglie di Krishna voleva imparare dalla principessa di Panchala, famosa per la sua castità e per le sue qualità femminili, per poter migliorare il suo servizio a Krishna.

Draupadi disse: "Servo i miei mariti con attenzione senza vanità, dominando l'ira e il desiderio, insieme alle altre mogli. Non percepisco la mia posizione di servizio come una posizione di inferiorità, e controllo la gelosia con la devozione. Non mi lavo, dormo o mangio prima dei miei mariti, e mai volgo il pensiero ad altri uomini o esseri celesti. Mantengo il posto in cui viviamo pulito e fresco, ogni cosa in perfetto ordine.

Sono la prima ad alzarmi al mattino, e l'ultima a coricarmi per riposare. Sempre attenta ai miei doveri, non mi lascio andare all'ozio. A parer mio il servizio al marito è l'eterna virtù femminile. Il marito per la moglie è dio e servendolo ella compiace il Signore Supremo."

Quando Draupadi finì, Satyabhama la abbracciò. Krishna salutò i Pandava, pronto a partire, poi disse a Draupadi: "O principessa, non temere. Fra breve, dopo che i tuoi mariti avranno schiacciato i nemici e riconquistato la terra, sarai moglie di re. O bellezza dagli occhi neri, non soffrirai per lungo tempo. I Kaurava raccoglieranno presto i frutti per ciò che ti hanno fatto.".

Krishna aggiunse che i suoi cinque figli stavano fiorendo e che presto li avrebbe visti cresciuti come potenti eroi. Poi si inchinò ai bramini e incitando i cavalli lasciò la foresta.

Capitolo 31

La battaglia con i Gandharva

All'inizio del dodicesimo anno di esilio, un bramino diede notizie dei Pandava all'assemblea di Dhritarastra. Disse che erano sofferenti per la dieta povera e l'esposizione agli elementi, e che Draupadi era particolarmente provata dalla dura vita nella foresta.

Dhritarastra si lamentò singhiozzando per il rimorso, e per il timore che le sofferenze dei Pandava alimentassero in loro ancor più il fuoco della vendetta, ed era talmente agitato che sciolse l'assemblea.

Shakuni lasciò la sala ed andò subito da Duryodhana, e lo trovò assieme a Karna. I tre amici si erano goduti i dodici anni passati, liberi dai Pandava. Benché il trono fosse del padre, Duryodhana era il re di fatto, e si occupava di tutti gli affari di stato, mentre Dhritarastra trascorreva la maggior parte del suo tempo da solo nel rimorso. Duryodhana aveva rafforzato le sue alleanze in tutto il mondo con la diplomazia, ed era pronto ad affrontare il ritorno dei Pandava, se mai fossero tornati.

Il principe Kaurava fece un cenno di inchino allo zio. Shakuni disse: "O sovrano ti stai godendo la terra incontrastato, e tutti i re del mondo ti sono sottomessi".

Shakuni proseguì: "Perché non facciamo una visita ai Pandava, che non hanno mai accettato la tua supremazia? Andiamo a umiliarli col tuo splendore. La prosperità vera deve essere mostrata agli amici e ai nemici. Fatti accompagnare dalle mogli dei Kuru con le loro vesti migliori in spregio a Draupadi che è vestita di scorze d'albero". Karna approvò con un ghigno ma Duryodhana si mostrò pensoso: "Non credo che mio padre mi consentirà di andare a Dwaitavana, i miei motivi gli sarebbero troppo ovvi. Di fatto il vecchio è disperato per ciò che abbiamo fatto, e pensa che loro si siano rafforzati con le loro pratiche ascetiche.".

Al pensiero dei Pandava nella foresta, Duryodhana sorrise, sarebbe stato divertente vederli poveri e sofferenti facendo mostra della sua opulenza. "Malgrado tutto il tuo suggerimento mi piace, o zio. Forse possiamo trovare un modo per convincere il re a lasciarci andare. Se Dharmaraja, Arjuna e specialmente Bhima mi vedessero mentre mi godo la loro ricchezza, non potrei chiedere alla vita una gioia più grande".

La mattina dopo Karna disse a Duryodhana, "Ho saputo che le nostre mandrie sono a Dwaitavana. Bisogna radunarle e contarle, e gli kshatriya hanno il dovere di controllare l'operazione. Se dici a tuo padre che vuoi fare questo servizio, credo che ti darà il permesso".

Andarono da Dhritarastra, gli chiesero come stava e lui li benedisse con affetto. In quel mentre entrò un pastore istruito da Duryodhana per parlare delle mandrie. Cogliendo l'occasione, Karna disse: "O re, è tempo di marchiare i vitelli. È anche la giusta stagione perché tuo figlio vada a caccia: perché non ci fai andare a Dwaitavana per controllare il bestiame?".

Il re non era convinto. "Ragazzo mio, benché la caccia e l'ispezione del bestiame siano doveri dei governanti, sono preoccupato perché i Pandava vivono in quella foresta, e se Dharmaraja non si arrabbierà mai, non si può dire la stessa cosa per Bhima. Inoltre, con la follia dell'orgoglio offenderete ancora Draupadi, e lei vi ridurrà in cenere con i suoi poteri ascetici."

Dhritarastra proseguì. "Gli stessi Pandava potrebbero distruggervi, e se pensate di schiacciarli con la forza dei numeri, sono certo che non ci riuscireste. Arjuna possiede ormai tutte le armi celesti, e già prima di averle aveva conquistato la terra. Mandate invece degli uomini di fiducia, e lasciate stare i Pandava, che sono come leoni addormentati."

Shakuni si intromise. "O discendente di Bharata, il maggiore dei Pandava è virtuoso e non ci aggredirà, e i suoi fratelli gli obbediscono e lo seguiranno. In ogni caso noi non desideriamo vederli, non temere."

Benché il re non fosse per nulla convinto, dopo le continue insistenze cedette. Il principe radunò un esercito di ottomila carri, novemila cavalli, trentamila elefanti e una vasta fanteria, e insieme a tutti i fratelli e migliaia di donne partì per la foresta. C'erano anche mercanti, botteghe ambulanti, bardi e cacciatori.

Giunsero a Dwaitavana e Duryodhana ordinò di accamparsi a quattro miglia dal lago. I servitori gli costruirono una casa in una radura vicino a una sorgente. Altre case vennero erette per Karna, Shakuni e i fratelli.

Duryodhana esaminò le mandrie e sovraintese al conteggio e alla marchiatura praticata dai mandriani. Poi il principe Kuru andò a passeggiare con le donne e gli amici, come gli esseri celesti che si intrattengono nei giardini di Narada. Lentamente la compagnia si avvicinò al lago Dwaitavana.

Sulla riva opposta Yudhisthira si stava dedicando al sacrificio Rajarishi, assistito dai bramini e da Draupadi. Quando si avvicinarono alla riva, una voce gli ingiunse: "Fermatevi! Chi siete e cosa siete venuti a fare? Io sono Chitrasena, re dei Gandharva. Questo lago e questi boschi mi appartengono".

Duryodhana ordinò ai suoi guerrieri più forti di far sloggiare i Gandharva. I guerrieri andarono da Chitrasena e dissero: "Il re Duryodhana, è venuto qui per divertirsi, andatevene subito".

I Gandharva si misero a ridere, e la risposta di Chitrasena fu dura. "Duryodhana ha poco buon senso, altrimenti non darebbe ordini agli esseri celesti. Tornatevene indietro o morirete."

I guerrieri riportarono il messaggio e Duryodhana si infuriò. Abbaiò degli ordini ai suoi uomini: "Andate a punire quei disgraziati che mi hanno offeso. Anche se si trattasse di Indra con tutti i deva, non lo tollererei".

I generali di Duryodhana sapevano che i Gandharva erano guerrieri temibili, quindi radunarono tutto l'esercito e corsero verso il lago ruggendo e raggiunsero la riva del lago. Furibondo, Chitrasena ordinò ai suoi: "Attaccateli!".

Migliaia di Gandharva si scagliarono contro gli uomini di Duryodhana che si diedero alla fuga nel panico. Rimase soltanto Karna che fermò i Gandharva con le sue frecce, e con la sua destrezza abbattè i nemici a centinaia, riuscendo a farli indietreggiare.

Duryodhana, Dushashana e gli altri fratelli andarono ad aiutare Karna. Seguì una feroce battaglia, i Gandharva vennero sconfitti e i Kuru lanciarono urla di trionfo.

Il re dei Gandharva montò sul suo carro e attaccò i Kuru con le armi mistiche. Solo Duryodhana, Karna, Dushashana e Shakuni resistettero, pur essendo tutti gravemente feriti.

I Gandharva si concentrarono su Karna, circondandolo e bersagliandolo di piogge di frecce. Fecero a pezzi il suo carro e sgozzarono i cavalli e l'auriga. Karna balzò sul carro di Vikarna, dicendogli di abbandonare il campo temendo per la sua vita.

Duryodhana e i suoi fratelli rimasero soli a combattere, e gli esseri celesti li incalzarono, sfasciarono il carro di Duryodhana che cadde a terra privo di sensi. Chitrasena lo afferrò con tale forza che sembrava stesse per ucciderlo. Gli altri Gandharva fecero prigionieri tutti i fratelli e catturarono le donne.

Dei soldati riuscirono a raggiugere Yudhisthira, gli si gettarono ai piedi e lo implorarono: "I Gandharva hanno catturato il potente figlio di Dhritarastra con mogli e fratelli. O figlio di Kunti, salvali".

Bhima rise. "I Gandharva hanno fatto ciò che avremmo dovuto fare noi. Duryodhana era qui per umiliarci e si merita di soffrire."

Yudhisthira lo interruppe. "O fratello, vuoi permettere che le dispute di famiglia superino le questioni d'onore? Di fronte a un nemico dei Kuru siamo centocinque fratelli. Chitrasena sa che noi viviamo qui, tuttavia ha insultato le donne della nostra famiglia". Yudhisthira aggiunse: "O eroi, armatevi e andate a salvare Duryodhana e i suoi fratelli.

"Salite sui carri di questi soldati e attaccate i Gandharva. Caro Bhima, la vita di Duryodhana, il tuo nemico giurato, dipende da te. Cosa ti potrebbe dare più piacere che proteggerlo?".

Yudhisthira disse che sarebbe andato lui stesso a liberare i prigionieri, ma non poteva interrompere il sacrificio. Arjuna promise: "Se i Gandharva non libereranno i Kaurava, la terra berrà il loro sangue.".

I quattro fratelli, si armarono e salirono sui carri, e andarono verso l'altra sponda del lago come quattro fuochi splendenti.

I guerrieri Gandharva si disposero in formazione da battaglia. Arjuna, per evitare spargimenti di sangue, alzò l'arco e gridò: "O Gandharva, lasciate andare mio fratello, il re Duryodhana".

I Gandharva risero. "O Bhibatsu, non obbediamo ai tuoi ordini." Infuriato dallo spregio, Arjuna rispose: "Per ordine di Dharmaraja liberate i Kaurava, altrimenti useremo la forza".

I Gandharva lo ignorarono, e scoppiò una battaglia. I fratelli, disposti nelle quattro direzioni, pararono gli attacchi e risposero. I Gandharva cercarono di distruggere i carri come avevano fatto con quelli di Karna e Duryodhana, ma vennero respinti.

Arjuna invocò le armi celesti. Lanciò l'Agneyastra che trucidò migliaia di Gandharva, e le potenti frecce di Bhima e dei figli di Madri ne uccisero altre centinaia.

I Gandharva si alzarono in cielo portando con sé i prigionieri, ma Arjuna formò una rete di frecce che li fermò, poi invocò varie armi celesti gettando lo scompiglio fra i nemici.

Chitrasena si scagliò contro Arjuna, che con delle rapide frecce spezzò la sua mazza in sette pezzi. Il Gandharva ricorse all'illusione, e Arjuna invocò l'arma Shabdavedi, e le dissolse. Chitrasena scomparve dalla vista continuando a lanciare ogni tipo di proiettile, ma Arjuna contrattaccò con un'arma capace di cogliere bersagli invisibili.

Chitrasena ricomparve e si avvicinò pacificamente, e i Pandava abbassarono le armi. Il re Gandharva e Arjuna si scambiarono i saluti, e Arjuna chiese: "O eroe, che ragione hai di punire Duryodhana e i suoi fratelli?".

Chitrasena sorrise. "O Dhananjaya, Indra, mi ha ordinato di portargli in catene quel disgraziato con la sua compagnia."

Arjuna scosse la testa. "Gradirei che tu li lasciassi andare, sono nostri parenti."

"Quel peccatore di Duryodhana si merita di essere imprigionato. Yudhisthira non conosce il motivo per cui lui è venuto, diciamoglielo, e vediamo cosa decide."

Andarono tutti da Yudhisthira, che disse: "O divino re, è una fortuna che tu non abbia ucciso i malvagi figli di Dhritarastra. Se li rilascerai, l'onore della nostra famiglia sarà salvo. Dimmi cosa posso fare per te, poi vai in pace".

Chitrasena rispose: "O grande re, è un grande piacere incontrarti. Libereremo i Kuru".

Il Gandharva fece portare i prigionieri. Poi apparve Indra e resuscitò con il nettare celeste i Gandharva uccisi che salirono in cielo con Chitrasena.

Con voce affettuosa Yudhisthira disse a Duryodhana: "Ragazzo mio, non fare più azioni così impulsive, che non portano nulla di buono. O principe Kuru, che tu e i tuoi fratelli siate benedetti. Tornate a casa in pace".

Duryodhana era devastato per l'umiliazione. Aveva ottenuto l'esatto contrario di ciò che aveva desiderato ed era stato svergognato. Dopo poche miglia cadde la sera ed egli ordinò di accamparsi. Si ritirò nella sua tenda, e passò una notte insonne.

Poco prima dell'alba Karna entrò nella sua tenda. Dopo esser fuggito dal campo di battaglia si era convinto che fosse stato il principe a schiacciare i Gandharva con le sue forze.

"O discendente dei Kuru, è un miracolo che tu e i tuoi fratelli abbiate vinto quella battaglia sovrumana. Io sono stato costretto a fuggire per salvarmi la vita, massacrato dalle loro frecce. Chi avrebbe potuto fare quello che tu hai fatto ieri?".

Le parole di Karna non fecero che esacerbare il dolore di Duryodhana, che rispose con voce strozzata: "O Radheya, tu non sai cosa è successo. Tu credi che io abbia vinto i Gandharva, ma siamo stati sconfitti e fatti prigionieri".

Duryodhana raccontò l'accaduto e aggiunse. "Quando ho sentito Chitrasena che parlava con i Pandava avrei voluto sprofondare per la vergogna. È stato orribile venire consegnato in catene a Yudhisthira davanti alle nostre donne. I Pandava mi hanno salvato, e gli devo la vita. Avrei preferito morire."

Duryodhana scoppiò a piangere, poi disse: "Voglio digiunare fino alla morte. Ero rispettato e temuto dai miei nemici, e oggi per loro sono causa di gioia e ludibrio. Come potrei mostrarmi ancora a mio padre, a Vidura, a Bhishma, a Drona, a Kripa, ad Ashvatthama e agli altri anziani?".

Per quale follia era andato nella foresta? Si ricordò dei consigli di Vidura, che aveva sempre ignorato. Ecco il risultato della sua idiozia, l'unica soluzione era la morte.

Guardando Karna con gli occhi pieni di lacrime, disse: "Non posso continuare a vivere. Il nemico ha riso di me e del mio orgoglio, e ha visto la mia debolezza".

Duryodhana chiese a Karna di mandargli Dushashana, e gli parlò. "Vai, caro fratello, e regna su questa vasta terra. Proteggi i tuoi amici e parenti, dai la carità ai bramini e rispetta e servi gli anziani. Come Vishnu protegge i celesti, così tu dovrai proteggere i tuoi sudditi. Io morirò qui".

Dushashana, impietrito dal dolore, chinò il capo e disse: "O fratello, come potrei diventare re al tuo posto? Non potrò mai governare la terra senza di te".

Karna disse: "I Pandava vivono nel tuo dominio e pertanto sono tuoi sudditi. Hanno solo fatto il loro dovere. Stiamo tutti soffrendo a sentirti parlare di suicidio. Rialzati e torna in città."

Karna fece del suo meglio per convincere il principe a cambiare idea, però Duryodhana fu irremovibile.

Shakuni lo provocò. "O eroe, perché stai gettando via le ricchezze che ho vinto per te? È infantile ed inutile. Non è il caso di rammaricarsi. I Pandava ti hanno aiutato, ricompensali".

Shakuni aveva sempre saputo che i Pandava erano più forti, e aveva consigliato a Duryodhana di batterli a dadi piuttosto che affrontarli in battaglia. Shakuni continuò. "Il tuo comportamento non ha senso, o re. Devi ripagare i Pandava per il favore che ti hanno fatto. Rendigli il regno, e ti guadagnerai fama e virtù. Stabilisci con loro una relazione fraterna, e potrai tornare ad essere felice."

Con i discorsi di Karna e Shakuni, Duryodhana si sentiva distrutto dalla vergogna. La disperazione prese il completo sopravvento. "Non ho più nulla a che fare con la virtù, l'amicizia, la ricchezza, la fama, la sovranità o il piacere. Lasciatemi in pace, sono deciso a togliermi la vita."

Karna disse: "O re , se non cambi idea, moriremo anche noi".

Ma Duryodhana non si smosse dalla sua decisione. Si purificò toccando dell'acqua e si sedette in posizione yogica su un tappeto di erba *kusha*, osservando il voto del Praya di digiunare fino alla morte. Cessò le attività esteriori con gli occhi semichiusi e in breve entrò in meditazione.

Nelle regioni infernali, i Danava e i Daitya percepirono la decisione di Duryodhana. Questi esseri demoniaci, che erano stati sconfitti dai deva, si affidavano al Kaurava per opporre l'ordine divino. Molti di loro si erano incarnati come re e guerrieri allo scopo di sconfiggere i re pii e religiosi. Fecero cantare ai bramini dei mantra per richiamare esseri da altri pianeti. I bramini versarono il ghee nel fuoco ed emerse una luminosa devi che chiese: "Cosa posso fare per voi?".

I demoni le ordinarono: "Portaci Duryodhana, il figlio di Dhritarastra". La devi andò da Duryodhana, prese il suo corpo sottile e lo portò ai demoni.

Come in un sogno Duryodhana si ritrovò in un'assemblea di Danava, ed il loro capo disse: "O re dei re, erede della razza dei Bharata, perché hai fatto quel voto? Il suicidio porta all'inferno. O re, rinuncia a morire! È una decisione contraria alla morale, al profitto, alla felicità, alla fama e al valore. Ascoltaci, e poi potrai decidere cosa fare".

Il Danava disse che Duryodhana era nato come frutto delle austerità dei demoni, un dono di Shiva. Il suo corpo era fatto di tuono, ed era praticamente invincibile. I re che lo sostenevano erano potenti Danava incarnati sulla terra, e insieme avrebbero potuto vincere chiunque. Altri grandi demoni, al momento dello scontro, si sarebbero impadroniti dei cuori di Bhishma, Drona, Kripa ed altri. Così i Kuru avrebbero messo da parte ogni ritegno e compassione, uccidendo chiunque si fosse opposto a loro, fossero fratelli, figli, amici, discepoli, padri e addirittura vecchi e bambini. Accecati dalla rabbia non avrebbero avuto pietà ed avrebbero trucidato centinaia di migliaia di persone sui campi di battaglia.

Duryodhana ascoltò impietrito dallo stupore e il Danava proseguì: "O eroe, non temere Arjuna, abbiamo già deciso come morirà. L'anima del potente Naraka, trucidato da Vishnu, è rinata nel corpo di Karna. Ricordando la sua antica inimicizia lui ucciderà Krishna e Arjuna. Centinaia di migliaia di formidabili guerrieri Daitya che sono presenti in terra come Samsaptaka per combattere Arjuna. Se Karna dovesse fallire, lo uccideranno loro. Torna e rinuncia al tuo voto. Tu sei la nostra speranza, e ti aiuteremo in ogni modo".

I Danava e i Daitya abbracciarono Duryodhana, con parole di incoraggiamento e conforto, e infine chiesero alla devi di riportarlo nel suo corpo.

Duryodhana aprì gli occhi, e si ritrovò seduto sul tappeto di erba *kusha* come se si fosse svegliato da un sogno. Non gli importava se avesse sognato oppure no, e decise di prendere seriamente le loro profezie e di non parlarne con nessuno.

Quando Karna tornò, vide che Duryodhana aveva interrotto la meditazione, disse: "È bello vedere che ti è tornato il buon senso, o re. Un morto non vince mai il nemico. O eroe, alzati e combatti, la vittoria e la gloria ti attendono. Giuro che quando i Pandava usciranno dall'esilio io li sconfiggerò per te".

Duryodhana rispose: "Cosi sia!", prese il suo posto a capo dell'esercito, tornò a Hastinapura, e si dedicò alla preparazione per la guerra.

Capitolo 32
Il saggio Durvasa

Quando Bhishma venne a sapere ciò che era accaduto a Dwaitavana, andò a parlare a Duryodhana nel suo maestoso palazzo. "Ragazzo mio, ti ho detto di non alimentare l'inimicizia con i Pandava. Ti è stato consigliato di non andare nella foresta, e ci sei andato lo stesso. Tu contavi su Karna, e lui è fuggito dal campo di battaglia, ed è toccato ai Pandava di salvarti. O re, Karna non vale un quarto di uno qualunque dei Pandava. Fai pace con loro per il tuo bene e quello della tua stirpe".

Duryodhana, forte delle parole dei Danava, si mise a ridere. I Pandava avrebbero avuto una bella sorpresa, e Bhishma sarebbe stato parte della sorpresa quando i demoni lo avrebbero posseduto.

Duryodhana non si curò nemmeno di rispondere, si alzò e uscì dalla stanza, e Bhishma se ne andò avvilito.

Duryodhana si riunì con Karna, Shakuni e Dushashana. Duryodhana riportò le parole di Bhishma e Karna si sentì a disagio. Disse: "O grande re, Bhishma ci sminuisce e loda i Pandava, è evidente che li preferisce a te. E di conseguenza sminuisce anche me. O re, dammi un esercito e da solo conquisterò il mondo per i Kaurava, così come hanno fatto i Pandava prima del sacrificio Rajasuya, e vedrai che quel malefico e senile Kuru si pentirà di come mi ha trattato".

Duryodhana gli diede una pacca sulle spalle: "O eroe, è per me una benedizione l'averti come amico e alleato. Cosa potrei volere di più che vederti così devoto ai miei interessi e alla mia fortuna? Vai e sconfiggi i miei nemici, e che il successo ti arrida!".

Karna cominciò subito i preparativi per la sua spedizione. Duryodhana mise insieme un grande esercito con le scorte necessarie per un anno. Bhishma e Vidura che non approvavano il progetto di Karna, non dissero nulla. Karna partì con la benedizione dei bramini di corte, che pregarono per la sua vittoria.

Per prima cosa attaccò la città di Drupada, che non si era mai sottomesso ai Kaurava,. Alla fine Drupada fu sopraffatto dalle forze schiaccianti venute da Hastinapura e dovette offrire tributo.

Poi Karna si mosse verso settentrione, e soggiogò tutti i re di quelle regioni. Viaggiando verso oriente sottomise molte tribù. Sembrava che nessuno potesse fermarlo. Il figlio di Surya era un guerriero impareggiabile, che pochi sulla terra avrebbero potuto affrontare, e adesso era spalleggiato dall'esercito dei Kuru. In poco tempo sconfisse i re a meridione, e si avviò verso occidente sottomettendo tutti sulla sua strada. In meno di un anno Karna tornò a Hastinapura con un enorme bottino. Duryodhana con il padre e i fratelli, si congratularono con lui e lo abbracciarono. Duryodhana disse: "Quello che non ho avuto da Bhishma, Drona e Kripa, l'ho ricevuto da Karna. O potente eroe, tu sei il mio protettore. Tutti i Pandava e gli altri re sono poca cosa al tuo confronto".

Visto il successo di Karna, alcuni cittadini furono contenti, ma altri, favorevoli ai Pandava o si lamentarono o rimasero in silenzio. Dhritarastra era entusiasta, e abbracciò Karna con affetto, come se fosse suo figlio.

Duryodhana, dopo il successo di Karna, si sentì rassicurato, e pensò che i Pandava erano destinati alla sconfitta. Decise di celebrare il sacrificio Rajasuya. Adesso che il mondo era sotto controllo, voleva eguagliare i Pandava in ogni cosa. Con il Rajasuya, tutti i suoi desideri sarebbero stati esauditi.

Tuttavia il capo dei sacerdoti gli disse che il Rajasuya non si poteva fare. "Fin tanto che

Yudhisthira è vivo, nessuno lo può ripetere."

Il sacerdote propose un sacrificio simile, che si chiamava Vaishnava. Solo l'immortale Vishnu l'aveva fatto fin'ora, ed era simile al Rajasuya sotto tutti gli aspetti. "O re, fai un aratro d'oro, e con questo prepara la terra, e in quel luogo si terrà il sacrificio."

Duryodhana ne parlò subito con il padre, che approvò. Poi distribuì gli incarichi necessari e commissionò l'aratro d'oro a degli artigiani. Tutti i Kuru anziani furono felici che Duryodhana facesse un sacrificio, sperando che gli desse virtù e pietà. Furono mandati messaggeri per invitare i re di tutto il mondo.

Dushashana inviò dei messaggeri per invitare i Pandava, così da mostrargli il potere e la gloria dei Kuru. Quando Yudhisthira ricevette l'invito, rispose: "Vorrei essere presente, ma non posso lasciare la foresta fintanto che il voto non sarà completato".

Bhima lanciò un'occhiataccia al messaggero. "Il re Yudhisthira verrà quando deporremo il corpo di Duryodhana sulla pira delle sue armi. Dagli questo messaggio: 'Quando i tredici anni saranno passati, Dharmaraja, il signore degli uomini, nel sacrificio della battaglia verserà il ghee della sua ira sui figli di Dhritarastra'". Gli altri fratelli tacquero. Quando Duryodhana ricevette il messaggio si limitò a sorridere.

Arrivarono a Hastinapura migliaia di bramini e di kshatriya. Vidura li accolse calorosamente, offrì cibo e bevande e ospitalità. I re portarono ricchi tributi, e Duryodhana e i fratelli diedero la carità ai bramini.

Alla fine del sacrificio, Duryodhana rientrò in città insieme ai fratelli. Tuttavia alcuni cittadini spavaldi dissero che il sacrificio non si poteva paragonare al Rajasuya di Yudhisthira. Duryodhana sapeva che era vero. Karna gli cinse le spalle e disse: "O primo fra i Bharata, il sacrificio ha avuto successo. Questo è solo l'inizio, quando i Pandava saranno morti, potrai fare il Rajasuya".

Poi aggiunse solennemente: "Ascoltami o re! Fintanto che non avrò ucciso Arjuna, non mangerò carne ed eviterò il lusso, e quando mi verrà chiesta la carità non dirò mai: 'Non posso darla.'".

* * *

Anche i Pandava seppero del voto di Karna. Bhima ed Arjuna sogghignarono, ma Yudhisthira si allarmò, perché sapeva che Karna era invulnerabile grazie alla sua impenetrabile armatura naturale.

Yudhisthira venne preso dall'ansia. I suoi fratelli e Draupadi, vedendolo in quello stato erano addolorati e furiosi con i Kaurava, e anelavano per il momento della resa dei conti. Ogni giorno i fratelli si allenavano rigorosamente per essere in perfetta forma.

Negli ultimi mesi della loro permanenza nella foresta, Vyasadeva tornò a visitarli e notando che i Pandava erano magri e preoccupati, si commosse. Disse: "O grandi eroi, la vera felicità non è di questo mondo. Il saggio non si lascia andare alla gioia o al dolore, ma pratica l'ascesi per raggiungere la felicità eterna che viene dalla realizzazione spirituale. Gli stolti che cercano i piaceri materiali con ogni mezzo, si reincarnano come animali nella prossima vita, e non sono mai felici. O re, le tue pratiche ascetiche, benché difficili, ti porteranno al benessere eterno".

Vyasadeva descrisse le qualità che si ottengono praticando l'ascesi: veridicità, libertà dalla rabbia, autocontrollo, e non violenza. Quando il saggio tacque, Yudhisthira chiese: "O grande rishi, cosa è meglio, l'ascesi o la carità? Cosa dà migliori risultati, e quale è più difficile da praticare?".

Vyasadeva rispose: "Ragazzo mio, non c'è nulla di più difficile che praticare la carità. L'uomo è assetato di ricchezza e la ottiene con grandi sforzi.

"Tuttavia, o eroe, la ricchezza ottenuta onestamente deve essere elargita a cuore aperto a persone degne. La ricchezza ottenuta disonestamente, anche se donata, non porta frutto".

Yudhisthira chiese a Vyasadeva di parlare dei benefici della carità, e il saggio gli raccontò un'antica storia. C'era una volta un povero di nome Mudgala che aveva raggiunto la dimora spirituale suprema semplicemente facendo la carità ai bramini. I Pandava erano affascinati. Infine il saggio disse: "O figlio di Kunti, non consumarti nel dolore. La felicità e l'infelicità si alternano come su una ruota. Tu riavrai sicuramente il regno di tuo padre alla fine del tuo esilio, e con il tuo ascetismo e la carità avrai buona sorte. Abbi fiducia".

I Pandava salutarono il rishi e si sentirono sollevati.

* * *

Duryodhana continuava a pensare a come danneggiare i Pandava. Si consultò con i fratelli e con Karna, cercando di concepire il modo di sconfiggerli prima della fine dell'esilio. Mentre stava considerando vari piani, l'asceta Durvasa visitò la città con diecimila discepoli, e si recò al palazzo reale chiedendo cibo e ospitalità per tutti. Il saggio era famoso per la sua ira. Se non era servito a dovere, malediceva subito chi lo aveva offeso. Provocava i suoi ospiti fino al limite della loro pazienza, per vedere se adempievano ai loro doveri religiosi in ogni circostanza. Per evitare che qualche servitore incompetente lo offendesse, Duryodhana servì il saggio di persona con tutta l'umiltà e la gentilezza possibile.

Durvasa era imprevedibile. Talvolta voleva che gli fosse preparato immediatamente un pasto, ma quando gli veniva portato andava a farsi un bagno, poi tornava dicendo di non avere più fame. Nel mezzo della notte chiedeva cibo ed altre attenzioni, criticando ogni cosa. Duryodhana lo servì senza lamentarsi e rimase sempre attento a ogni suo desiderio. Durvasa fu soddisfatto, e prima di partire disse: "Mi hai servito bene, e ti darò un dono. Chiedi ciò che vuoi, e se non è contrario alla religione te lo concederò subito.".

Duryodhana aveva studiato cosa chiedere in caso Durvasa glielo avesse offerto. Così rispose: "O bramino, così come sei stato mio ospite, vai da Yudhisthira. Lui è educato e generoso, un grande re, il migliore di noi è l'anziano di famiglia e si merita la tua benedizione. Vai da lui quando ha finito di mangiare con tutta la famiglia e si prepara a coricarsi. Allora quegli uomini devoti ti riceveranno degnamente".

Durvasa rispose: "Farò quello che chiedi", e partì con i suoi discepoli.

Duryodhana si diede un pugno sulla mano per la soddisfazione. I Pandava, dopo che Draupadi aveva mangiato, non avrebbero avuto modo di nutrire diecimila persone senza il piatto magico ricevuto da Surya, e Durvasa li avrebbe maledetti.

Duryodhana corse dai suoi amici. "Il nostro piano ha avuto successo!" gridò, "I Pandava sono rovinati!". Duryodhana e i suoi consiglieri esultarono, ridendo e dandosi pacche sulle mani.

* * *

Qualche giorno dopo Durvasa arrivò al campo dei Pandava quando Draupadi ebbe finito di mangiare e si presentò davanti ai fratelli che si prostrarono in rispettosa obbedienza. Durvasa disse: "Io e i miei diecimila discepoli abbiamo camminato tutto il giorno e abbiamo fame. O re ti prego di prepararci del cibo. Prima ci laveremo, poi torneremo per il pasto".

Yudhisthira rispose: "Certamente", e Durvasa andò al fiume con i suoi discepoli. Yudhisthira era disperato: come dar da mangiare a così tante persone? Il piatto mistico non avrebbe dato più cibo fino a mattina. Yudhisthira chiese a Draupadi se poteva fare qualcosa. Draupadi sapeva che la sua unica speranza era la preghiera. La principessa pensò a Krishna e pregò. "O Krishna, signore dell'universo, tu che sollevi i devoti dalle difficoltà, o essere illimitato e onnipotente, ti prego, ascoltami. Tu che sei il rifugio dei deboli, colui che dà infiniti doni a tutti gli esseri viventi, l'inconoscibile e onnisciente Persona Suprema, ti prego, aiutami, ti imploro. O signore, che già mi hai salvata da Dushashana, salvaci ora."

In quel momento Krishna era nel suo palazzo, a letto con Rukmini. Quella persona misteriosa, i cui movimenti sono sconosciuti a tutti, sentì la preghiera di Draupadi, e in pochi istanti apparve davanti a Draupadi che si gettò ai suoi piedi con le lacrime agli occhi. "O Krishna, stiamo rischiando la maledizione di Durvasa. Cosa possiamo fare?".

Krishna sorrise. "Farò tutto il possibile, ma prima devo mangiare, perché anch'io sono affamato. Poi farò ciò che è necessario."

Draupadi rispose disperandosi: "Mio signore, il piatto divino non darà più cibo stasera poiché ho appena mangiato".

"Non è il momento di scherzare," disse Krishna, "prendi il piatto e mostramelo."

Draupadi glielo portò, lui lo esaminò e in un angolo trovò un chicco di riso attaccato ad un vegetale. Lo mangiò subito e disse: "Che il Signore Hari, l'anima dell'universo, sia saziato con questo cibo, e che il signore di tutti i sacrifici sia soddisfatto".

Krishna disse a Sahadeva: "Presto, vai a chiamare gli asceti".

I Pandava pur fidandosi di Krishna, si guardarono attorno spaventati, non c'era traccia di cibo. Al fiume, Durvasa di colpo si sentì come se avesse mangiato esageratamente. Anche i suoi discepoli erano pieni e si strofinavano il ventre ruttando.

Durvasa disse: "Non possiamo mangiare. Abbiamo fatto un gran torto a Yudhisthira. O bramini, Yudhisthira possiede grandi poteri, è devoto al Signore Hari. Ci può distruggere con la sua ira come il fuoco distrugge una balla di cotone. Andiamocene prima che ci trovino".

Durvasa uscì dal fiume allontanandosi rapidamente dal campo dei Pandava con i suoi discepoli.

Quando Sahadeva giunse al fiume non trovò nessuno. Dei bramini gli dissero che Durvasa e i suoi discepoli se ne erano andati. Sahadeva tornò dai fratelli e li informò. Yudhisthira era preoccupato. "E se tornassero nel cuore della notte chiedendo il loro cibo?". Krishna sorrise. "O Yudhisthira, non c'è da temere. Durvasa e i suoi discepoli sono fuggiti per paura dei tuoi poteri mistici. Con il vostro permesso, adesso tornerò a casa."

Krishna partì e i Pandava abbracciarono Draupadi, ringraziandola per la sua presenza di spirito nel pregare Krishna. Poi discussero dell'incidente tra di loro, pensando che ci fosse lo zampino dei Kaurava. Per fortuna c'era sempre Krishna a salvarli. I fratelli si ritirarono nelle loro capanne per riposare pensando al loro amico di Dwaraka.

Capitolo 33

Jayadratha rapisce Draupadi

Un mese dopo, mentre i Pandava stavano cacciando, Jayadratha, il re di Sindhu, passò vicino al campo dei Pandava. Vide Draupadi che raccoglieva dei fiori e si innamorò di colpo. La bellissima principessa, con il volto scuro incorniciato da riccioli scuri, era una luce nel bosco. Jayadratha era incantato, e disse a suo figlio Kokita: "Vai e chiedi a quella signora il suo nome, e scopri se è un'Apsara o la figlia di qualche deva".

Jayadratha stava andando a sposare la figlia del re di Salva, ma vedendo Draupadi aveva perso ogni interesse nell'altra principessa.

Kokita scese dal carro e, come uno sciacallo si avvicina alla tigre, andò da Draupadi e le chiese: "O bellissima signora, chi sei tu come una fiamma fra i rami di un *kadamba*? Non hai paura in questa pericolosa foresta? Sei una devi, o la figlia di un essere divino o forse la moglie di un Lokapala? Dimmi chi sei, gentile signora".

Il principe si presentò, e poi, indicando suo padre disse: "Colui che vedi là, splendente come un fuoco sacrificale, è il re di Sindhu. Come Indra fra i Marut, viaggia con i suoi amici, e ti sta guardando, o donna dalla vita sottile".

Draupadi fece un passo indietro e si coprì il capo con una stoffa. "O principe, non è corretto che io ti parli. Le regole dicono che una donna non deve essere mai sola con un uomo che non sia il marito. Però, date le circostanze, ti dirò chi sono. Sono la figlia del re Drupada e la moglie dei cinque eroici Pandava. I miei mariti sono andati a caccia, ma torneranno presto. Dì a tuo padre di aspettarli. Yudhisthira ama gli ospiti, e gli offrirà una degna accoglienza."

Draupadi si girò e si incamminò verso la sua capanna. Il principe riportò al padre la conversazione. Il re disse: "Devo avere quella donna, adesso che l'ho vista tutte le altre mi sembrano scimmie. Sono sconvolto da quando l'ho vista".

"Caro padre, dovrai prenderla con la forza, certamente lei si opporrà."

Jayadratha scese dal carro e accompagnato dal figlio e dagli kshatriya al suo seguito, andò nell'eremo dei Pandava. Entrarono nell'ashram come un branco di lupi nella tana del leone, e videro Draupadi. Con voce suadente Jayadratha disse: "Tu e i tuoi mariti state bene, o regina?".

Draupadi rispose che sì, tutto andava bene, poi disse: "E il tuo regno, il tuo tesoro e il tuo esercito stanno bene? Stai governando con giustizia le prospere terre di Sindhu, Sauvira e le altre che sono sotto di te? Yudhisthira tornerà presto, e ti offrirà piena ospitalità. Per adesso accetta questa acqua per lavarti i piedi ed abbi pazienza fino al suo arrivo".

Jayadratha sorrise. "Tutto va bene, o signora dal bel viso, ma non vogliamo né acqua né cibo," e fissando Draupadi continuò. "Voglio prenderti con me. Perché rimani attaccata a quei poveracci? O donna dai bei fianchi, divieni mia moglie e dividi con me i regni di Sindhu e Sauvira."

Draupadi si accigliò e si ritrasse di alcuni passi, sentendosi insultata. Con voce rabbiosa disse: "Come osi insultare i Pandava? Non criticare coloro che fanno pratiche di penitenza, anche se si sono impoveriti. Se speri di sconfiggere Yudhisthira sei come chi cerca di separare un elefante dalla sua mandria con un fuscello. Stai strappando un baffo a un leone addormentato. Se mi metterai le mani addosso sarà la tua fine".

Jayadratha rise, incantato dalla furia di Draupadi. "O Panchali," replicò, "non puoi spaventarmi con le tue minacce. Considero i Pandava degli inferiori. Monta sul mio carro, e smetti di dire sbruffonate."

Draupadi era inorridita. "Perché questo idiota pensa che io non abbia alcun potere?"

gridò, "Nemmeno Indra potrebbe rapirmi, e se ci provasse, Arjuna e Krishna, lo inseguirebbero e lo truciderebbero. Cosa dire di un semplice mortale? O re, quando Arjuna scaglierà le sue frecce mortali, il tuo intero esercito brucerà come paglia. Quando vedrai Bhima che ti carica con la sua mazza e i gemelli che attaccano con le spade, ti pentirai."

Jayadratha la afferrò per un braccio, ed ella gridò: "Non mi contaminare toccandomi!" e chiamò Dhaumya. Jayadratha si arrabbiò e la trascinò sul carro.

Dhaumya arrivò di corsa e rimproverò Jayadratha. "Non puoi rapire la principessa senza aver prima sconfitto i Pandava, o re, secondo le antiche regole degli kshatriya, altrimenti raccoglierai il frutto di questo peccato non appena torneranno."

Jayadratha lo ignorò, e partì a tutta velocità con Draupadi sul carro. Dhaumya gli corse dietro, gridando parole severe.

Nel frattempo Yudhisthira vide degli uccelli che volavano verso il sole defecando, e disse: "Dei nemici sono entrati nella foresta. Torniamo all'ashram. Il cuore mi duole, la mente è annebbiata e mi sento come se stessi per uscire dal corpo".

I cinque fratelli si misero subito a correre verso l'eremo e videro uno sciacallo che ululava. Yudhisthira si allarmò ancora di più e incitò i fratelli.

Arrivarono al campo, e trovarono Dhatreyika, la serva di Draupadi, in lacrime. Indrasena, servitore e auriga dei Pandava, le chiese: "Perché piangi?". La ragazza si coprì il viso con le mani. "Jayadratha ha portato via Draupadi con la forza. È successo da poco, non possono essere lontani."

Dhatreyika disse ai Pandava: "Presto, miei signori, inseguitela prima che Draupadi venga sopraffatta con la violenza da un uomo indegno, come una ghirlanda sacra gettata nella spazzatura. Non lasciate che un uomo malvagio tocchi con le sue labbra il viso luminoso di vostra moglie, come un cane che lecca il succo di Soma per la distrazione di un sacerdote".

Yudhisthira disse: "Torna nella tua capanna, gentile ragazza, e non parlare così. Quel re gonfio d'orgoglio dovrà presto pentirsi".

I fratelli inseguirono Jayadratha e in breve videro la polvere sollevata dall'esercito di Jayadratha. I Pandava attaccarono l'esercito come falchi sulla preda. Da lontano videro Jayadratha sul carro con Draupadi, la loro furia divampò come un fuoco alimentato dal ghee e lo sfidarono a combattere. Alle loro grida, simili al tuono, i soldati si persero d'animo.

Jayadratha si girò e vide i cinque carri dei Pandava che lo inseguivano, e chiese a Draupadi: "Vedo cinque eroi che ci inseguono, e penso che siano i tuoi mariti, o principessa. Descrivimeli".

Draupadi disse: "O stolto, perché mi fai questa domanda? Tuttavia è giusto che ti risponda perché stai per morire".

Draupadi indicò il carro più vicino. "Vedi quel carro con due tamburi celesti suonati continuamente? C'è un uomo snello, del colore dell'oro puro, con grandi occhi. Quello è Yudhisthira, compassionevole anche verso i nemici che gli chiedono pietà. Pertanto se vuoi salvarti, deponi le armi e gettati ai suoi piedi."

Poi la principessa indicò il carro alla destra di Yudhisthira. "Quello con le lunghe braccia, alto come un albero di sal, è Bhima. Coloro che lo offendono hanno finito di vivere, lui non dimentica mai un nemico."

Poi Draupadi indicò il carro alla sinistra di Yudhisthira. "Colui che splende come il fuoco, incrollabile in battaglia e che non è mai crudele, è mio marito Dhananjaya.

"Dietro a Yudhisthira ci sono i gemelli. Quello è Nakula, uno spadaccino esperto, e lo vedrai falciare le tue truppe come il grano. A suo fianco c'è Sahadeva, il più giovane dei Pandava ed il loro favorito. La sua saggezza e la sua eloquenza non hanno pari."

Draupadi rise. "Adesso vedrai il tuo esercito fare la fine di una nave che si schianta sulle rocce."

Jayadratha diede degli ordini ai suoi generali, schierando rapidamente le truppe per la battaglia. I Pandava ignorarono la fanteria e andarono diritti contro ai carri da guerra che scortavano Jayadratha, oscurando il cielo con una fitta pioggia di frecce. L'esercito di Jayadratha tremò alla vista di quegli eroi che li attaccavano come tigri terrificanti.

Bhima sollevò la mazza ed attaccò direttamente Jayadratha, e Kokita e gli altri guerrieri lo protessero lanciando frecce, dardi e bastoni senza riuscire a fermarlo. Con un colpo della mazza uccise un grosso elefante col suo conducente che era davanti a Jayadratha. Con pochi altri colpi falciò quattordici guerrieri, parando contemporaneamente ogni attacco.

Mentre Bhima si avvicinava al re di Sindhu, Arjuna uccise cinquecento guerrieri. Anche Yudhisthira ne sterminò delle centinaia, e Nakula seguì con la spada falciando le teste dei soldati della retroguardia. Dal suo carro, Sahadeva scagliò frecce di acciaio e colpì i soldati montati sugli elefanti che caddero come uccelli dagli alberi.

Un forte re di nome Trigarta, lottò con Yudhisthira, e uccise i quattro cavalli del re Pandava con un colpo di mazza. Yudhisthira lo uccise con una freccia al cuore, e salì con Indrasena sul carro di Sahadeva.

Nakula venne attaccato da Suratha che montava un elefante da combattimento. L'elefante distrusse il suo carro e Nakula saltò a terra con scudo e spada ed affrontò spavaldamente il suo nemico. Suratha incitò l'elefante ad attaccare e la bestia inferocita caricò il principe barrendo. Nakula gli troncò proboscide e zanne con un fendente, e la bestia stramazzò schiacciando Suratha. Nakula balzò sul carro di Bhima.

Bhima usava il suo arco con precisione mortale. Con una freccia a punta di falce tagliò la testa al cocchiere di Kokita, ed il suo carro sbandò sul campo, e mentre il principe cercava di prendere le redini, Bhima decapitò pure lui. Nello stesso tempo Arjuna uccise dodici principi kshatriya che lottavano a fianco di Kokita, e migliaia di altri soldati. Quel poco che era rimasto dell'esercito si diede alla fuga.

Jayadratha era terrorizzato, fece scendere Draupadi e fuggì nel bosco. Yudhisthira e Sahadeva raccolsero la principessa, mentre Bhima si accaniva contro ai soldati in fuga. Arjuna lo fermò. "Perché uccidi quei poveri soldati spaventati? Lascia perdere, inseguiamo Jayadratha."

Yudhisthira disse: "Cari fratelli, egli è il marito di nostra sorella Dushala, la figlia di Gandhari. Non uccidetelo".

Draupadi, sconvolta, disse a Bhima: "Se desideri farmi un favore, non risparmiare quell'ignobile re di Sindhu. Chi rapisce la moglie di un re, non va risparmiato, anche se chiede pietà".

Bhima ed Arjuna si diedero all'inseguimento di Jayadratha. Arjuna scagliò delle frecce cariche di mantra. Le frecce volarono sopra le cime degli alberi per due miglia, e uccisero i quattro cavalli di Jayadratha e il re cadde dal carro in preda al panico. Si rialzò e fuggì nel sottobosco addentrandosi nel fitto della foresta.

Arjuna lo raggiunse gridando: "O re di Sindhu, come hai osato rapire nostra moglie? Combatti, uno kshatriya non deve fuggire".

Jayadratha continuò a correre senza voltarsi. Bhima lo rincorse e lo afferrò per i capelli. Arjuna gridò: "Non ucciderlo!", e Bhima, che stava per colpirlo, si trattenne. Gettò Jayadratha a terra, gli somministrò una scarica di botte e lo trascinò da Arjuna.

Bhima guardò Jayadratha con disprezzo, poi prese una freccia a punta di rasoio e gli rasò la testa lasciandogli soltanto cinque ciuffi di capelli. Per uno kshatriya un trattamento del genere era peggio della morte, perché significava che era stato sconfitto e umiliato da un nemico più forte che gli aveva risparmiato la vita. Bhima lo gettò a terra e disse: "O sciocco, se vuoi vivere ascolta le mie parole: d'ora in poi, ovunque tu vada ti devi annunciare come schiavo dei Pandava. Questa è la consuetudine".

Jayadratha a capo chino, rispose tremando: "Farò così".

Bhima lo spinse sul carro di Arjuna, dicendo: "Adesso ti portiamo da Yudhisthira per sentire i suoi ordini".

Tornati all'ashram Bhima trascinò il prigioniero davanti a Yudhisthira, lo costrinse a inchinarsi, e disse: "Ecco il malfattore che ha offeso Draupadi. Puoi dire alla principessa che lui è diventato nostro schiavo".

Draupadi uscì dalla capanna e vide Jayadratha sdraiato a terra. La principessa dal cuore tenero, pensando a sua cugina Dushala, disse: "Risparmiatelo. Bhima lo ha punito a sufficienza. Lasciatelo libero". Yudhisthira disse: "Sei libero. Questa volta ti lascio andare, ma non commettere mai più azioni simili".

Jayadratha lasciò l'eremo disperato, pensando alla vendetta. Si rendeva conto che non avrebbe mai potuto vincere sul campo, e allora decise di fare un voto di ascesi per compiacere Shiva. Con il suo favore avrebbe potuto sconfiggere qualunque nemico, anche i Pandava. Il re di Sindhu andò sulla riva del Gange e si mise a meditare.

Fece severe penitenze per un lungo periodo, rimanendo assorto nella preghiera per Shiva. Infine il dio gli apparve e gli chiese: "Cosa desideri?".

Il re rispose: "Desidero sconfiggere in battaglia tutti e cinque i Pandava".

Shiva sorrise: "Questo non è possibile. I Pandava sono invincibili perché sono protetti da Krishna, e nemmeno io posso ucciderli. Tuttavia ti posso concedere questo: con l'eccezione di Arjuna, che è l'incarnazione dell'invincibile Nara, potrai tenerli in scacco in battaglia per un giorno intero".

Con questa promessa, Shiva scomparve, e Jayadratha tornò al suo regno.

Capitolo 34
Il lago della morte

Durante il dodicesimo anno di esilio Indra cercò un modo di aiutare i Pandava. Il re dei deva sapeva che Yudhisthira temeva Karna, soprattutto a causa della sua armatura divina e dei suoi orecchini che gli davano una protezione soprannaturale, e decise di camuffarsi da bramino per chiedere a Karna la sua armatura.

Il deva del sole capì le intenzioni di Indra e apparve a Karna in sogno. Colui che crea il giorno disse: "O potente eroe, figlio mio, Indra verrà da te travestito da bramino per chiederti la tua armatura, sfruttando il tuo voto di non rifiutare mai la carità. Devi trovare il modo di resistere alla sua richiesta, offrendogli qualunque altra cosa. Se ti separerai dalla tua armatura e dai tuoi orecchini morirai in battaglia".

Karna chiese nel sogno: "Chi sei tu che tieni così tanto a me?".

"Io sono il deva dai raggi illimitati, e desidero il tuo bene."

Karna ignorava che il deva del sole fosse suo padre, e rispose: "Sono felice che il signore dello splendore, che io adoro ogni giorno, voglia il mio bene. Tuttavia non chiedermi di tradire il mio voto. Il disonore che ne avrei sarebbe peggio della morte. O Surya, io proteggerò la mia fama anche a costo della mia vita".

Surya replicò: "Figliolo, solo da vivo puoi goderti la fama, quando sarai morto sarà come una ghirlanda su un cadavere. Con astuzia potresti distrarre Indra dai suoi scopi, e se vuoi affrontare Arjuna con successo, non devi rinunciare ad armatura e orecchini".

Karna non era convinto. "O deva dai brillanti raggi, tu mi sei più caro di mia moglie, dei miei figli, amici e anche di me stesso. Io sono un tuo devoto adoratore. Non posso tradire il mio voto, preferirei la morte. Ti prego, perdonami. Non posso fare come dici."

Surya capì che Karna non avrebbe cambiato idea e gli suggerì un'alternativa.

"O potente eroe, se devi rinunciare alla tua armatura e agli orecchini, chiedigli in cambio lo Shakti, il dardo infallibile. Quell'arma può uccidere chiunque e tu resterai invincibile."

Karna si svegliò e dopo essersi lavato, si rivolse al sole nascente e raccontò il suo sogno. Una voce dal cielo rispose: "È tutto vero".

Karna si bagnava tutti i giorni nel Gange per adorare Surya. Alla fine delle sue preghiere, i bramini venivano a chiedere la carità. Qualche giorno dopo il sogno arrivò Indra vestito da bramino, e Karna disse: "Che tu sia il benvenuto. Cosa desideri? Ti darò villaggi, vacche e belle fanciulle ingioiellate.".

"Non desidero nessuna di queste cose," rispose il bramino, "voglio solo la tua armatura e i tuoi orecchini.".

Karna provò a distrarre Indra proponedogli altre ricchezze, ma il deva insistette. Infine Karna disse: "Senza la mia armatura naturale e i miei orecchini, creati col nettare divino, morirei in battaglia. Tu sei Indra, e sei qui per aiutare i Pandava. O deva, desidero un dono in cambio della mia armatura".

Indra replicò: "Surya ha capito le mie intenzioni e ti deve aver detto tutto. Puoi chiedermi ciò che vuoi ad eccezione della mia arma del fulmine".

Karna chiese lo Shakti, e Indra, dopo aver riflettuto rispose: "Ti darò quell'arma a una condizione. Quando io la uso, lo Shakti uccide e poi mi ritorna in mano. Tu invece la potrai usare una sola volta per uccidere un solo nemico, poi l'arma tornerà in mano mia".

Karna disse gravemente: "Io desidero uccidere un solo nemico".

"Colui che desideri uccidere è protetto da Krishna, il Signore Narayana, l'inconcepibile.".

"Sia come sia, dammi la tua arma. Adesso mi taglierò via l'armatura, e prometti che non rimarrò sfigurato."

"Poiché fai fede alle tue parole, non ti rimarranno cicatrici, e riavrai la tua bellezza".

Karna si tagliò l'armatura con una spada affilata. Vedendolo sorridere malgrado il dolore, i deva e i demoni lo ricoprirono con una pioggia di fiori, e lui porse a Indra l'armatura e gli orecchini insanguinati. Indra gli diede la sua arma dicendo: "Non usarla a meno di essere in grave pericolo, altrimenti ti si ritorcerà contro". Poi tornò in cielo, sentendo di avere servito la causa dei Pandava.

* * *

Mancava poco tempo prima che i Pandava si dovessero nascondere per il tredicesimo anno. Un giorno, mentre discutevano in compagnia dei rishi, un bramino chiese aiuto a Yudhisthira perché un cervo era fuggito con i bastoncelli per accendere il fuoco sacro. "Questi legni, il mio vaso ed altri strumenti erano legati insieme in un fagotto, e sono rimasti impigliati nelle corna del cervo. O eroe, devo riaverli per non interrompere il mio sacrificio."

Yudhisthira rassicurò il bramino e andò subito con i fratelli a cercare il cervo. Miracolosamente le frecce non riuscirono a colpirlo, e l'animale scomparve nel folto della foresta. Dopo un lungo inseguimento, i fratelli esausti e frustrati si sedettero all'ombra di un grande baniano. Yudhisthira disse a Nakula: "Fa caldo in questa foresta. Cerca un lago per rinfrescarci e poi decideremo cosa fare".

Nakula salì su un albero e si guardò intorno. "Sembra che l'acqua non sia lontana," gridò, "Mi pare di scorgere un lago e sento le grida delle gru."

Nakula scese, e Yudhisthira gli disse: "Caro fratello, vai a prendere dell'acqua per tutti noi".

Nakula svuotò un paio di faretre e raggiunse il lago. Si inginocchiò sulla riva e stava per bere quando una voce dal cielo disse: "Figliolo, il lago è mio, e nessuno vi può bere senza aver prima risposto alle mie domande".

Nakula si guardò in giro, ma non vide nessuno. La sua sete era intensa, e ignorando l'avvertimento bevve. Appena l'acqua passò le sue labbra cadde morto.

Dopo un po' di tempo Yudhisthira chiese a Sahadeva di andare a cercare Nakula, che seguì le tracce del fratello. Trovò il corpo del fratello in riva al lago e lo toccò, cercando segni di vita. Nakula sembrava addormentato. Non aveva perso la luminosità del corpo, però non respirava. Sahadeva aveva una sete tremenda e si avvicinò all'acqua per bere. Anche lui sentì la stessa voce dal cielo. "Non bere l'acqua del mio lago. Prima rispondi alle mie domande e poi potrai bere."

Anche Sahadeva non resistette alla sete, prese un sorso di acqua fresca, e come il fratello, cadde morto.

Dopo un'ora, Yudhisthira disse ad Arjuna di andare a vedere cosa era successo ai gemelli. Arjuna prese l'arco, sguainò la spada e si mosse con cautela. Trovò i corpi dei gemelli, li toccò e vide che non davano segno di vita. Arjuna era stupito, chi poteva averli uccisi? Non c'era segno di lotta. Si chinò sulla riva per calmare la sua sete, e la voce risuonò ancora. "O Partha, non bere quest'acqua. È mia e la potrai bere solo dopo aver risposto alle mie domande."

Arjuna gridò: "Mostrati e impediscimelo. Non parlerai più così quando sarai trafitto dalle mie frecce". E scagliò delle frecce che, col potere dei mantra, potevano uccidere nemici invisibili. Arjuna ne riempì il cielo, e la voce rispose: "I tuoi sforzi sono inutili, Arjuna. Rispondi alle mie domande, altrimenti se berrai quell'acqua morirai".

Arjuna ignorò la voce, bevve un sorso d'acqua e cadde morto a fianco dei fratelli.

Dopo un'altra ora Yudhisthira mandò Bhima. "Vai a cercare i fratelli e riportali qui, io ti aspetto."

Bhima andò al lago e trovò i tre fratelli a terra. Sembrava impossibile che qualcuno avesse potuto uccidere Arjuna e i gemelli, doveva essere stato qualche potente Rakshasa. Bhima temette di dover affrontare un nemico terribile. Decise di bere per vincere la fatica ed essere pronto alla lotta.

La voce celeste diede ancora lo stesso avvertimento, Bhima lo ignorò e bevve, cadendo morto come i fratelli.

Yudhisthira, quando vide che Bhima non tornava decise di andare alla ricerca dei fratelli.

Quando giunse al lago vide i quattro fratelli che giacevano a terra come quattro Lokapala caduti dal cielo alla fine di un'era.

Yudhisthira corse da loro e si gettò a terra al loro fianco, e sospirando pianse di dolore. Si lamentò ad alta voce, con la voce che echeggiava fra gli alberi della riva. "O Bhima dalle forti braccia, tu hai giurato di spezzare le cosce di Duryodhana in battaglia. Cosa vale ora quella promessa? O Arjuna, come mai giaci qui senza vita? Le promesse degli uomini possono provarsi non vere, ma quelle dei deva? Abbiamo sentito i celesti che decantavano le tue glorie e dichiaravano che avresti riscattato il regno. 'Nessuno lo potrà sconfiggere in battaglia!' era stata la profezia di Indra. Il mio cuore dev'essere di pietra per non scoppiare".

Yudhisthira era sconvolto dal dolore e pianse, poi si riprese e considerò la situazione. Chi poteva averli uccisi?

Yudhisthira si guardò attorno e non vide orme. Le frecce di Arjuna erano sparse ovunque, ma non c'era sangue. Era strano, mai Arjuna aveva scagliato una freccia senza colpire. Esaminò i corpi attentamente, e malgrado paressero morti le loro caratteristiche erano immutate. Le loro anime dovevano essere presenti, anche se non c'erano segni di vita. Sembrava che la loro energia vitale fosse stata rimossa dal deva della morte in persona che aveva agito dal loro interno. Convinto di questo, Yudhisthira pensò di scoprire la verità entrando nel lago. I suoi fratelli erano morti a causa del lago.

Yudhisthira si avvicinò al lago, si spogliò della sua armatura e si immerse. Subito udì la solita voce che aveva parlato ai fratelli. "Figliolo, non prendere quest'acqua. Questo lago mi appartiene, e se vuoi bere devi prima rispondere alle mie domande."

Yudhisthira si guardò intorno. "Chi sei?", gridò.

"Sono una gru che vive di alghe e di pesci. I tuoi fratelli hanno ignorato il mio avvertimento e li ho posti sotto il controllo della morte. O re, se non risponderai alle mie domande sarai la quinta vittima."

Yudhisthira vide la gru su un albero vicino al lago. "Sei Shiva o il primo dei Vasu? Oppure sei un Marut? È straordinario che un uccello abbia ucciso questi quattro eroi. Sei più forte di tutti i forti, perché hai fatto ciò che né i deva, né i Gandharva, né gli Asura sono mai riusciti a fare. Non so chi tu sia e non conosco le tue intenzioni, ma sono curioso, anche se spaventato. Dimmi perché sei qui e che cosa desideri.".

Yudhisthira vide che la gru si trasformava in un immenso essere spaventoso, con gli occhi rossi che splendevano come il sole. Con un ruggito da tuono, disse: "Io sono uno Yaksha, non un uccello. Salute a te! Ho ucciso i tuoi fratelli perché hanno bevuto malgrado la mia proibizione. Questo lago è mio, e si può bere solo dopo aver risposto alle mie domande".

"O Yaksha, cercherò di rispondere al meglio delle mie capacità."

Lo Yaksha espose i suoi quesiti: "Cosa fa liberare l'anima dal suo coinvolgimento con la materia? Chi le tiene compagnia, chi è la sua guida nel suo viaggio spirituale e su cosa si deve basare?"

"La conoscenza del Signore Supremo fa innalzare l'anima. Le qualità divine sono le sue compagne, il dharma è la sua guida e si basa sulla verità."

"Cosa ci rende eruditi? Come si raggiunge l'eccellenza? Come si acquisisce un secondo sé, e, o re, cosa ci fa diventare saggi?".

"Si diventa eruditi studiando i Veda, con l'ascetismo si raggiunge l'eccellenza. L'intelligenza è il secondo sé, e servendo gli anziani si diviene saggi."

Lo Yaksha continuò a fare domande su diversi argomenti, dalla saggezza terrena alla religione e agli argomenti spirituali, e Yudhisthira rispose a tutto senza esitazioni. Infine lo Yaksha disse: "Sono soddisfatto. Rispondi alle mie ultime quattro domande, ed io risusciterò uno dei tuoi quattro fratelli. Chi è felice a questo mondo? Cos'è la cosa più stupefacente? Quale la natura di questa esistenza, e come si può scoprire l'eterna strada della religione?".

Yudhisthira rispose: "Colui che non è in debito o in esilio, che vive semplicemente a casa sua mangiando cibo semplice, è felice. La cosa più stupefacente è che, benché ogni giorno muoiano moltissime creature, l'uomo pensa di essere immortale. La natura di questa esistenza – che è come un calderone riscaldato dal sole – consiste nel fatto che tutte le creature sono cucinate dal tempo. L'eterna strada della religione si trova solo nel cuore dei grandi mistici".

Lo Yaksha sorrise: "Hai risposto bene ad ogni domanda. Dimmi, quale dei tuoi fratelli vuoi che resusciti?".

"O Yaksha, riporta in vita Nakula".

Lo Yaksha fu sorpreso: "Bhimasena è certamente più importante per te, e Arjuna è il tuo maggior sostegno. Perché chiedi di Nakula?".

"Colui che tradisce la virtù viene distrutto," rispose Yudhisthira, "E chi la rispetta ne viene protetto. La virtù per me consiste nell'astenersi dalla crudeltà, ed è superiore ad ogni valore mondano. Kunti e Madri sono uguali per me, e in me Kunti ha ancora un figlio, ma Madri non ha nessuno, quindi chiedo la vita di Nakula."

"Per la tua incrollabile virtù, tutti i tuoi fratelli verranno riportati in vita." I quattro fratelli si alzarono come se si fossero svegliati dal sonno, freschi e riposati.

Allora Yudhisthira chiese allo Yaksha: "Chi sei? Rivela la tua identità. Sei un deva? Magari sei addirittura mio padre".

Yudhisthira aveva indovinato e lo Yaksha rispose: "Sono davvero tuo padre, o eccelso fra i Bharata. Io sono Dharma, e sono venuto con l'intenzione di conoscerti. La fama, la verità, l'autocontrollo, la purezza, la semplicità, la carità la modestia, la costanza, l'ascetismo e il celibato sono le mie membra. Si arriva a me con l'astensione dalla crudeltà, con l'imparzialità, la pace, l'ascetismo, la purezza e l'umiltà. Tu hai tutte queste qualità, mio caro figlio, hai conquistato la mente ed i sensi e pratichi la virtù. Volevo metterti alla prova, e sono pienamente soddisfatto. Chiedi dei doni, e te li darò. I miei devoti non devono soffrire".

Yudhisthira si inchinò rispettosamente al padre e disse: "Il mio primo desiderio è di recuperare l'Agnihotra del bramino".

"O figlio di Kunti, sono stato io con la forma di un cervo a portare via quei legni. Te li ridarò. Adesso chiedi dell'altro.".

Yudhisthira pensò attentamente e poi disse: "I dodici anni nella foresta stanno finendo. Per il tredicesimo anno dobbiamo vivere in incognito. Ti prego di far sì che nessuno ci riconosca durante questo anno".

"Così sarà. Anche se andrai in giro per il mondo, nessuno ti riconoscerà. Grazie a me tu vivrai in incognito nella città di Virata. Chiedi un altro dono, non mi basta farti due favori. O

Yudhisthira, tu sei stato concepito da me. Anche Vidura è parte di me."

Yudhisthira rispose: "O eccelso deva, mi è sufficiente averti visto. Tuttavia, per non rifiutare la tua offerta, ti chiedo di far sì che io sia sempre al di sopra dell'avarizia, della follia e della rabbia, e che la mia mente sia sempre rivolta alla carità, all'ascetismo e alla virtù".

Dharma sorrise e disse: "Tu hai già queste qualità e sei la personificazione della virtù. Ti darò comunque questo dono", e con queste parole scomparve.

Capitolo 35

A Virata

La stagione delle piogge venne e se ne andò, e Dhaumya determinò con un calcolo astrologico che stava per cominciare il tredicesimo anno. Erano tranquillizzati dalla promessa di Dharma ed erano ottimisti. Duryodhana avrebbe certamente mandato migliaia di spie per cercarli in ogni angolo del mondo, ma non li avrebbe trovati. Tuttavia per non rischiare, pensarono a come nascondersi bene.

Yudhisthira, dopo aver sentito i pareri dei fratelli, disse: "Andremo a Matsya, il regno di Virata, un re anziano, potente, caritatevole, retto e sempre favorevole a noi. Ditemi, o figli di Kunti, come ciascuno di noi si presenterà al re.

"Io diventerò il compagno di gioco a dadi del re e sarò suo amico. Mi presenterò come Kanka, il servitore personale e amico di Yudhisthira, un giocatore esperto. Adesso, Vrikodara, dimmi come ti presenterai."

Bhima aveva già deciso. "O Bharata, mi chiamerò Vallabha, e farò il cuoco. Sono esperto di cucina, e preparerò dei piatti prelibati per la tavola del re. Posso anche divertirlo con degli incontri di lotta con elefanti, tori e con i migliori lottatori di Virata. O re, non temere, mi arrangerò."

Yudhisthira approvò e si rivolse ad Arjuna. "Che lavoro farai, o Dhananjaya? Quale occupazione sceglierai?".

Arjuna si rammentò della maledizione di Urvashi e delle parole di Indra. "Sarò un membro del terzo sesso, un eunuco. Per nascondere le cicatrici della corda dell'arco sulle braccia, indosserò molti bracciali, mi intreccerò i capelli e mi presenterò al re come Brihannala, e mi offrirò di istruire le sue donne nel canto e nella danza, arti che ho imparato dai Gandharva. Vivrò nel serraglio del re, comportandomi come una donna, e intratterrò il re e le sue mogli narrando storie. Se chiedono del mio passato dirò che ero alla corte di Yudhisthira come dama di compagnia. O re, mi nasconderò come il fuoco sotto le ceneri.".

Yudhisthira era sbalordito. Un eunuco! Le vie del destino sono bizzarre.

Si rivolse a Nakula che rispose: "Mi occuperò dei cavalli, e mi chiamerò Granthika. Conosco bene i cavalli, e il lavoro mi piace. Dirò che prima ero stato a capo delle scuderie di Yudhisthira".

Infine Sahadeva disse che avrebbe fatto il mandriano. "Questo lavoro mi piace, o re. So allevare il bestiame, e conosco tutte le razze. Sarò noto come Tantripala, e così servirò Virata, dicendogli che questo era il mio mestiere nel regno di Yudhisthira."

Yudhisthira guardò Draupadi, che sedeva a fianco dei fratelli. "E tu adorata moglie, che ci sei più cara della vita, rispettata come una sorella e amata come una madre, come ti presenterai?".

Draupadi rispose: "O Bharata, c'è una classe di serve di nome Sairindhri. Dirò che sono stata la dama di compagnia di Draupadi e servirò Sudeshna, la moglie del re. Con le mie capacità di acconciare i capelli e di adornare, soddisferò la regina".

Per lei doveva esser difficile accettare un lavoro così umile, al servizio di una persona a lei inferiore. Inoltre sarebbe stata in pericolo dalle mire degli uomini che l'avrebbero pensata priva di protettori. "Hai detto bene." disse Yudhisthira, "O regina, dovrai comportarti in modo tale che nessun uomo si senta attratto da te."

La conversazione venne tenuta in segreto, perché i Pandava non volevano rischiare di far sapere i loro piani nemmeno ai loro amici. Quando tornarono all'eremo, Yudhisthira disse a Dhaumya: "O eccelso bramino, ti suggerisco di andare da Drupada, dove potrai vivere in pace e preservare i nostri fuochi di Agnihotra".

Yudhisthira ordinò ai servitori di andare a Dwaraka a vivere con gli Yadava. "Direte che siete stati lasciati a Dwaitavana, e che non avete idea di dove siamo e cosa abbiamo intenzione di fare."

I fratelli e Draupadi si inchinarono ai bramini, e partirono. Erano magri e barbuti per il lungo soggiorno nella foresta, vestiti di pelli di cervo, e sembravano dei rishi. Sostarono talvolta all'aperto, altre volte in villaggi, presentandosi come cacciatori.

Bhima portò Draupadi in spalla, così poterono viaggiare speditamente. Dopo molti giorni giunsero alla terra di Matsya.

Quando arrivarono vicino alla città, Yudhisthira si sedette in una radura con i fratelli e diede istruzioni dettagliate sul comportamento da tenere a corte. Non voleva che i fratelli facessero errori, ora che erano così vicini al compimento del voto.

Yudhisthira aggiunse. "Se entriamo in città con le armi, saremo notati. Se qualcuno ci scopre avremo altri tredici anni di esilio."

I Pandava decisero di nascondere le armi vicino alla città. Trovarono un grande albero di *sami* vicino a un'area adibita alle cremazioni. La zona era lugubre e deserta, lontana dalla strada e vicina alla foresta. Arjuna suggerì di fare un fagotto e di appenderlo sull'albero, in modo da far pensare che fosse un cadavere. I fratelli rimossero le corde degli archi e li avvolsero in una grande pelle di cervo con le spade, le faretre e le mazze. Nakula salì sull'albero e legò il fagotto ad un ramo.

Quando giunsero alle porte della città, Yudhisthira indirizzò una preghiera a Durga, l'energia femminile di Krishna che nasconde l'identità del Signore agli atei, chiedendo la sua protezione. Soddisfatta da questa preghiera, la devi si mostrò. "O eroi, presto trionferete, e vi godrete di nuovo il regno su questa terra. Grazie a me né i Kuru né gli abitanti di Virata vi riconosceranno, fino alla fine del tredicesimo anno."

Durga svanì, e i Pandava entrarono a Virata. Yudhisthira diede a ciascuno dei fratelli un nome segreto da usare in caso di necessità. Il suo nome era Jaya, gli altri Jayanta, Vijaya, Jayatsena e Jayatbala. Poi Yudhisthira andò per primo, recandosi direttamente al palazzo del re. Il re lo vide entrare come la luna che sbuca dalle nubi. Si rivolse ai suoi consiglieri e chiese: "Chi è quell'uomo luminoso come Indra che cammina come un re? Non credo che sia un bramino, piuttosto un signore della terra".

Yudhisthira si avvicinò a Virata e disse: "O senza peccato, io sono un bramino che ha perso tutto e desidera venire al tuo servizio". Virata, felice di avere con sé un uomo di chiaro valore, rispose: "O venerabile, sei benvenuto, e ti darò la posizione che desideri. Da dove vieni e qual è il tuo nome? Hai dei talenti particolari?".

"Ero amico di Yudhisthira, e il mio nome è Kanka. Sono esperto ai dadi, e così potrò intrattenerti".

Il re sorrise senza essere nemmeno sfiorato dall'idea che il bramino potesse essere Yudhisthira. Sentì subito una grande simpatia per Kanka. Se era amico di Yudhisthira, certamente doveva avere un carattere eccellente e degno di rispetto.

"Vivi con me", disse Virata allegramente, "questo regno è tanto tuo quanto è mio. Ho sempre apprezzato il gioco dei dadi."

Yudhisthira chiese di non essere coinvolto in partite con gente di classe inferiore e nelle dispute di gioco. Il re proclamò: "Che tutti mi ascoltino: Kanka è il signore di questo regno quanto me. Ucciderò chiunque gli faccia torto".

Poi si volse a Yudhisthira. "Sarai il mio amico, verrai sul mio carro, avrai le vesti migliori e il cibo più raffinato. La mia porta ti sarà sempre aperta, e tu sarai il mio consigliere più stretto".

Il giorno seguente entrò in città Bhima, e si avviò verso il palazzo reale lungo il viale principale. Aveva con sé degli utensili da cucina e una spada di acciaio azzurrino. Era vestito da cuoco, e illuminava la corte con la luce del suo corpo. Virata lo guardò meravigliato e disse ai suoi consiglieri: "Chi è questo bellissimo giovane con le spalle da leone? È nuovo qui, eppure mi sembra di conoscerlo da sempre, anche se non riesco a collocarlo nella mia memoria. Dev'essere Purandara o forse il potente re dei Gandharva. Qualunque cosa voglia, concediamogliela".

Uno dei ministri di Virata gli chiese cosa desiderasse. Il Pandava si rivolse al re."O re, sono un cuoco e il mio nome è Vallabha. Mettimi nelle tue cucine, sono un esperto di arti culinarie."

Virata guardò le forti braccia di Bhima e il suo torace. "Non posso credere che tu sia un cuoco, sei luminoso come un deva e la tua bellezza e la tua forza sembri un uomo straordinario".

"O re, fammi lavorare nelle tue cucine." La sua voce rimbombò come un tamburo. "Nei giorni passati cucinavo per Yudhisthira. Possiedo altre qualità, sono un forte lottatore e posso intrattenerti lottando contro leoni ed elefanti."

Come nel caso di Kanka, il re sentì subito un grande affetto per questo insolito personaggio. "Sarai il capo della mia cucina, anche se non penso che questo incarico sia degno di te, che sembri un monarca."

Draupadi fu la prossima ad entrare in città. Era vestita con un solo panno sporco, con i capelli acconciati in una treccia. Aveva l'aspetto sofferente, e molti le si fecero intorno chiedendole chi era e cosa volesse. "Sono Sairindhri", rispose Draupadi, "Cerco qualcuno che mi dia lavoro per mantenermi."

Ascoltandola parlare con quella voce dolce e notandone la incredibile bellezza, la gente non riusciva a credere che lei fosse una serva. La indirizzarono al palazzo reale, e mentre si incamminava, Sudeshna, la moglie di Virata, la vide e le chiese: "O gentil dama, chi sei e dove vai?", e Draupadi ripeté la sua storia, al che la regina le disse: "Non può essere vero. O bellissima donna, dal tuo aspetto penso che tu sia di nobile lignaggio. La tua bellezza è divina e devi essere discesa dal cielo. Dimmi chi sei, non è possibile che tu sia una serva.".

Draupadi si riassettò la veste e disse alla regina: "Non sono una devi né un essere celeste, sono una serva della classe delle Sairindhri. Sono brava ad acconciare i capelli, a preparare unguenti, posso fare bellissime ghirlande di gelsomini, loti e gigli. In passato ho servito Satyabhama, la regina di Krishna, e Draupadi, la moglie dei Pandava. Il mio nome è Malini, e non ho un lavoro. O regina, desidero servirti".

Sudeshna rimirò l'impareggiabile bellezza di Draupadi e la sua ovvia nobiltà. Che effetto avrebbe avuto sul re, e su tutti gli altri uomini che l'avessero vista? La regina sorrise a Draupadi e con una voce piena di dubbi le disse: "Temo che la tua bellezza possa conquistare il cuore del re. Penso che non ci sia uomo al mondo che possa resistere al tuo fascino. Quando il re ti vedrà il suo cuore sarà perduto e mi abbandonerà. Impiegandoti io mi rovinerei, anche se sarei felice di averti al mio servizio".

Coprendosi il capo con un lembo della sua veste, Draupadi rassicurò la regina. "Né Virata né un altro uomo potrà mai conquistarmi, o bella signora, perché io ho cinque mariti Gandharva che mi proteggono sempre, ed io non guarderò mai un altro uomo. Tuttavia i miei mariti hanno delle condizioni per il mio impiego: desiderano che non tocchi il cibo di altri, e che non mi sia chiesto di lavare i piedi a nessuno. Mi proteggono segretamente, e uccidono chiunque mi concupisca. Nessuno riuscirà mai a farmi deviare dalla retta strada, o regina. Inoltre ti prego di tenermi al riparo dallo sguardo degli uomini."

Sudeshna decise di assumere Draupadi che la ringraziò e andò nelle camere interne del palazzo, dove iniziò a lavorare.

Il giorno dopo Sahadeva entrò in città vestito da mandriano, e andò alle stalle del bestiame del palazzo reale. Il re, che stava ispezionando il bestiame, lo vide e gli chiese chi fosse. Sahadeva rispose: "Sono un Vaishya di nome Tantripala, e ho lavorato a Indraprastha con le vacche dei Pandava. Sono un esperto di bestiame, e vorrei lavorare per te.".

Virata osservò le lunghe braccia e l'ampio torace di Sahadeva. "Devi essere un bramino o un forte kshatriya," gli rispose, "sembrerebbe più adatto a te il ruolo di re che quello di un mandriano. Quale è la tua paga?".

"Desidero occuparmi delle vacche," rispose Sahadeva. "O re, dammi cibo e alloggio, e ti servirò al meglio delle mie capacità.".

Il re accolse l'offerta di Sahadeva. "Sarai il capo dei mandriani. Ti darò tutto ciò che puoi desiderare."

Il giorno dopo arrivò in città un altro imponente forestiero vestito e ingioiellato come una donna, che andò al palazzo reale facendo tremare la terra con i suoi passi, pur avendo l'andatura di una donna dai fianchi larghi. Era vestito di sete colorate e con le braccia coperte di bracciali di oro e conchiglie. Sembrava un grande elefante meravigliosamente decorato.

Virata lo guardò con stupore e rivolse ad Arjuna dicendo: "Sembra che tu abbia la forza di un essere celeste, e sembri il signore degli elefanti. Benché tu indossi bracciali ed orecchini d'oro fino, risplendi come una divinità inghirlandata. Io sono vecchio e consunto, quindi governa tu questo regno e lascia che io mi ritiri. Non posso credere che tu sia di sesso neutro".

Con voce profonda Arjuna rispose: "Io canto, danzo e suono strumenti musicali. O re, assegnami come istruttore di danza a tua figlia Uttara. Non chiedermi altro, perché riaccenderesti il mio dolore. Io sono Brihannala, un figlio o una figlia senza genitori".

Vitara lo osservò meravigliato. "Prima ti farò esaminare e poi sarò felice che tu sia l'istruttore di mia figlia."

Il re lo fece esaminare da delle bellissime donne per accertarsi che fosse privo di lussuria. Le donne lo rassicurarono, e Arjuna visse da eunuco con le donne del palazzo di Virata, insegnando il canto e le danze che aveva imparato dai Gandharva. Per la maledizione di Urvashi non sentiva turbamento in presenza delle donne, e divenne il loro favorito.

Restava ancora Nakula che si presentò in città il giorno dopo Arjuna. Si recò alle stalle del re che lo vide, splendente come un essere celeste, e lo convocò a corte. Nakula si presentò: "O re, il mio nome è Granthika. In passato ero al servizio di Yudhisthira, conosco gli umori dei cavalli e li so addestrare perfettamente. Dammi l'incarico di stalliere, o re, e ti servirò bene".

Virata guardò il giovane alto e potente, dal portamento regale. Il re lo assunse. "Sarai a capo delle mie stalle, e di tutti coloro che ci lavorano, inclusi i miei auriga. Sono felice di averti."

Avendo ottenuto ciò che desideravano, i cinque fratelli e Draupadi iniziarono il tredicesimo anno di esilio, senza che nessuno sospettasse di loro.

Capitolo 36

Draupadi viene insultata di nuovo

L'ultimo anno passò in fretta per i Pandava. Yudhisthira giocò a dadi con Virata, e per la sua abilità vinse molte ricchezze che distribuì segretamente ai fratelli. Bhima fornì ai fratelli il cibo e le bevande migliori, Arjuna ebbe in regalo vestiti dalle dame di palazzo e li distribuì ai fratelli, e i gemelli misero in comune i loro guadagni. Erano sempre cauti per non destare i sospetti degli uomini di Duryodhana, e attenti a proteggere Draupadi.

Il quarto mese della loro permanenza a Virata in occasione di una festa in onore di Shiva, ci fu una gara di lotta. Virata organizzò un torneo, e un lottatore di nome Jimuta, che era il più forte, emerse come vincitore. Nessuno osava più sfidarlo, e allora Virata chiamò il suo cuoco Vallabha e gli ordinò di lottare con lui.

Bhima non poteva rifiutare l'ordine del re, e con riluttanza si preparò all'incontro. Benché gli piacesse lottare, aveva paura di farsi riconoscere per la sua forza. Pregò Krishna di non venire scoperto e affrontò Jimuta. I due si incontrarono davanti ad una folla entusiasta. La lotta fu lunga e violenta, con scambi di pugni, calci e testate. Infine Bhima decise di terminare l'incontro, sollevò il rivale sopra la testa e lo fece roteare cento volte con tale forza da farlo svenire, e lo scaraventò a terra.

Virata fu contentissimo, e diede a Bhima ricchi premi, e chiese se qualcuno desiderava sfidarlo. Nessuno si fece avanti, allora Virata gli ordinò di combattere con dei leoni, delle tigri e degli elefanti. Bhima li vinse facilmente, tuttavia nessuno lo riconobbe.

Il re era contento di tutti i Pandava. Arjuna intratteneva Virata e le dame del palazzo con le sue arti divine, Nakula gli presentava cavalli ben addestrati e veloci, e Sahadeva gestiva le mandrie in modo soddisfacente. Draupadi tuttavia, vedendo i mariti impegnati in attività così umili, era triste per loro.

Trascorsero undici mesi. Un giorno Kichaka, il comandante dell'esercito di Virata e fratello della regina, vide Draupadi nei corridoi del palazzo e si infiammò di desiderio. Andò da sua sorella Sudeshna e disse: "Chi è questa bellissima serva? Il desiderio di lei mi dà la febbre. Falla venire al mio palazzo a godere con me".

In quel momento Draupadi entrò nella stanza della regina. Senza attendere la risposta della sorella, Kichaka si rivolse a lei. "Chi sei, e a chi appartieni? O fanciulla dal bel viso, solo a vederti ho perso la ragione. Mai nella vita ho visto tale grazia e bellezza in una donna. Sei la divina Lakshmi in persona, o forse Sri, Hri, Kirti o Kanti? Il tuo seno ricorda i boccioli del loto, e le tue forme squisite mi fanno impazzire di desiderio. Ti prego salvami dandoti a me, e avrai tutto ciò che desideri."

Draupadi inorridì, chinò il volto e si coprì la testa rispondendo: "Sono una Sairindhri di casta inferiore, una umile serva e sono sposata, e quindi la tua condotta è sconveniente".

Kichaka, che era in preda alla lussuria, si limitò a sorridere. "O timida fanciulla, non mi respingere. Perché vuoi rimanere serva? Io ti darò il mio regno".

Draupadi era disgustata e si arrabbiò: "O figlio di *suta*, non rovinarti la vita senza ragione. Tu non puoi avermi perché sono mogli di cinque fortissimi Gandharva, e se tu continuerai a cercare di sedurmi ti uccideranno".

Draupadi uscì bruscamente dalla stanza della regina. Kichaka, deluso dal severo rifiuto di Draupadi, si rivolse a Sudeshna: "O principessa, ti prego, aiutami. Se non l'avrò, mi toglierò la vita".

Sudeshna disse al fratello: "Troverò un modo di mandarla da te. Nella solitudine delle tue stanze potrai corteggiarla quanto vuoi, e potresti riuscire a sedurla". Qualche giorno dopo la regina chiamò Draupadi e le disse: "O Sairindhri, oggi è un giorno di festa e ho sete. Ti prego, vai a chiedere del vino a mio fratello".

Draupadi si allarmò. "O regina, ti prego, non chiedermelo. Hai sentito le sue proposte sfacciate. Ti ho chiesto di servirti per essere al sicuro dagli uomini, e Kichaka è un pericolo per il mio onore".

"Non aver paura", replicò la regina con indifferenza, "Tu vieni dal palazzo del re; mio fratello non oserà insultarti."

Draupadi si recò al palazzo di Kichaka, spaventata e piangente. Pregò il deva del sole: "Sono sempre stata casta e virtuosa, proteggimi". Surya ebbe compassione, e ordinò a un Rakshasa di proteggerla mantenendosi invisibile.

Kichaka la ricevette dicendo: "Benvenuta, bellissima donna. A stento sono sopravvissuto in questi giorni. Sarai la padrona di questa casa. Avrai gioielli, vesti di seta e unguenti preziosi, e c'è un letto pronto per te. Brindiamo".

Draupadi rispose freddamente senza guardarlo: "Sudeshna mi ha mandato per prendere del vino. Ti prego di far riempire questo vaso e lasciami andare subito, perché la regina ha sete".

"Che altri portino il vino alla regina," disse Kichaka avvicinandosi, "tu resta con me."

Kichaka la prese per il braccio, ed ella gridò: "Per la forza della mia virtù sarai punito per questo peccato".

Draupadi lo spinse con tutte le sue forze prendendolo alla sprovvista e lo fece cadere, e corse alla corte del re per cercare protezione. Kichaka la inseguì, la afferrò proprio di fronte al re, la strattonò e la fece cadere sul mosaico del pavimento prendendola a calci. L'invisibile Rakshasa mandato da Surya gli diede un colpo con la forza del vento, e lo fece volare a gambe all'aria.

Nella corte erano presenti sia Bhima che Yudhisthira. Bhima digrignò i denti e strinse i pugni, preparandosi a balzare per ucciderlo. Yudhisthira gli mise la mano sul braccio. "O cuoco, torna al tuo lavoro," sussurrò, "C'è bisogno di te in cucina.".

Bhima lasciò la corte con riluttanza. Kichaka si rialzò guardandosi intorno per capire chi lo aveva colpito. Draupadi si erse infuriata di fronte a Virata. "Questo figlio di *suta* mi ha preso a calci. Cosa posso fare? Chi dovrebbe difendere la virtù mi ha lasciato insultare. Perché il re non si comporta da re con Kichaka? O grande uomo, come puoi tollerare quest'oltraggio? Dov'è la virtù di Kichaka o di Virata o dei cortigiani che sono rimasti in silenzio?".

Draupadi piangeva, e Virata disse: "Non conosco tutti i dettagli della tua lite con Kichaka, come posso giudicare?". Il re guardò suo cognato che sorrideva. Il vecchio re dipendeva da lui per la difesa della città, e non poteva offenderlo, ma i cortigiani lo rimproverarono lodando Draupadi. "Questa donna gentile è come una divinità in mezzo a noi," dissero, "L'uomo che l'ha per moglie è fortunato. Insultandola, Kichaka ha peccato."

Yudhisthira era furibondo. Con voce tesa disse a Draupadi: "O Sairindhri, torna nei quartieri della regina. Non rimanere qui perché provocheresti disturbo. Stai tranquilla, a tempo debito i tuoi mariti ti vendicheranno".

Draupadi tornò dalla regina. Quando Sudeshna la vide in lacrime le chiese: "O cara, chi ti ha insultato? Perché piangi?".

Draupadi si inchinò e rispose: "Sono andata a prendere il vino da Kichaka, e lui mi ha colpito davanti alla corte".

"Cosa? Lo farò punire!" disse Sudeshna furibonda.

"Non è necessario, o regina. Ha offeso i miei mariti, e loro lo spediranno presto alla dimora di Yamaraja."

Draupadi si ritirò nelle sue stanze, si lavò e si cambiò di abito per purificarsi dal contatto con Kichaka. Pensò a Bhima, che sapeva pronto ad esaudire ogni suo desiderio. Il re non poteva proteggerla e Kichaka avrebbe continuato a molestarla. Quando tutti furono addormentati, Draupadi andò silenziosamente da Bhima.

Lo trovò che dormiva russando come un leone. La principessa lo abbracciò come un rampicante attorno ad un albero di *sal*. Con una voce dolce come una vina, disse: "O Bhimasena, svegliati. Quel disgraziato che mi ha insultato è ancora vivo".

Bhima disse: "O dolce principessa, brucio di rabbia per l'insulto di Kichaka. Dimmi cosa desideri e torna nelle tue stanze prima che ci scoprano.".

Draupadi pianse. "Tu sai tutto, o Bhima e non hai bisogno di chiedere. Il dolore che ho sentito quando Dushashana mi ha trascinato davanti a tutti mi brucia ancora. Ricordi cosa ho passato per mano di Jayadratha? Adesso sono stata presa a calci di fronte al re di Matsya. Perché sono abbandonata ad ogni insulto?".

Bhima la accarezzò teneramente, e Draupadi proseguì. "Il perfido Kichaka mi vuole in moglie, e pensando alle sue parole il cuore mi scoppia. Mio eroe, tutte le mie sofferenze nascono dalla dipendenza di tuo fratello dal gioco dei dadi. Chi se non lui, avrebbe potuto sacrificare tutto, perfino se stesso, per il gioco d'azzardo? Ora si mantiene con i dadi e dipende dalla misericordia di un altro. Deve sentirsi come all'inferno".

"Inoltre, o Bharata, il vederti come servo e cuoco mi dà angoscia. Quando Virata ti ha fatto combattere con gli elefanti, le dame del palazzo ridevano, ma io soffrivo. La regina mi ha detto: 'Sembra che tu sia attratta dal cuoco. Ti piace il bel Vallabha?'. E mi punzecchia esacerbando la mia sofferenza."

Poi Draupadi parlò del dolore che provava per Arjuna. "Il potente Dhananjaya, terrore dei nemici e temuto anche dai celesti, è agghindato come una donna volgare, e al solo vederlo il mio cuore soffre.

"In qualche vita passata devo aver offeso qualche divinità importante. Il destino degli uomini è incomprensibile. Quando vedo voi cinque che soffrite, ed io stessa che sono sottoposta alle durezze del mio lavoro da serva, penso al destino. Non so per quanto tempo potrò andare avanti così. Guarda le mie mani".

Draupadi mostrò le sue mani ricoperte di calli. Bhima si coprì il volto con le mani e pianse. "Dovremmo vergognarci io e Arjuna, con la mia forza e il suo Gandiva. O principessa, se Yudhisthira non mi avesse fermato, avrei fracassato la testa di Kichaka con un calcio. Quando ho visto che ti colpiva ero pronto a uccidere tutti i presenti, e mi sono trattenuto solo per Dharmaraja. Anche io soffro in silenzio, o amata principessa."

Bhima chiese a Draupadi di pazientare e di non criticare Yudhisthira, e citò l'esempio di altre grandi donne che avevano seguito i mariti in tempi difficili, e tutte erano tornate ad essere felici grazie alla loro virtù. Bhima prese Draupadi per le mani. "Ci rimane meno di un mese di esilio, e dopo tornerai ad essere l'imperatrice."

Draupadi si avvinghiò a Bhima. "Non penso che potrò resistere così a lungo. Kichaka non mi lascerà in pace. È un uomo privo di virtù, orgoglioso, arrogante, crudele e dedito solo a soddisfare i sensi. O Bhima, malgrado voi Pandava siate dediti al vostro voto, se sarò violata mi toglierò la vita. O potente Bhima, tu che mi hai sempre protetto, uccidi Kichaka. Se vivrà soltanto un altro giorno, mi darò la morte."

Bhima cedette. "O gentile signora, oggi ucciderò Kichaka e i suoi sostenitori. Quando sorgerà il sole, vai da lui con un sorriso dolce. Digli che sei attratta da lui, e dagli un appuntamento per la sera. Lontano dalle residenze c'è una sala da ballo che di notte è deserta. Tu incontralo lì, e io gli darò il benvenuto e lo manderò dai suoi antenati."

Draupadi abbracciò Bhima e tornò nelle sue stanze.

Subito dopo l'alba, Kichaka andò a cercare Draupadi. La trovò nelle stanze della regina, e le disse: "O timida fanciulla, ieri hai visto il mio potere. Ti ho gettato a terra davanti al re, e lui non ha detto niente, è re solo di nome. Accettami come tuo signore, e ti coprirò di oro e gioielli, ti darò cento servi e cento serve e sarai come una regina".

Draupadi rispose: "O Kichaka, la nostra unione deve rimanere segreta, perché temo i miei mariti. Se potremo giacere senza che nessuno lo sappia, sarò tua".

Kichaka accettò con entusiasmo. "Faremo come tu dici. O signora dalle bellissime cosce, ci uniremo in un luogo solitario dove nessuno ci potrà scoprire."

Draupadi fu nauseata, ma riuscì a sorridere. "La principessa usa la sala di danza solo di giorno, incontriamoci lì due ore dopo il tramonto."

Draupadi rimase nella sua stanza tutto il giorno con la scusa di sentirsi malata, sentendosi insozzata dalla conversazione con Kichaka. Da parte sua Kichaka era eccitato e non vedeva l'ora che fosse sera. Si vestì elegantemente e si adornò di ghirlande ed unguenti profumati e si spalmò con pasta di sandalo.

Al tramonto Bhima si nascose nella sala di danza. Arrivò anche Draupadi e dopo poco giunse anche Kichaka, che chiamò Draupadi. "O splendida donna, dove sei?".

"Sono felice che tu sia venuto, sono qui." rispose Draupadi con voce suadente.

Kichaka si mosse verso il suono della voce di Draupadi, e Bhima uscì da dietro una tenda e furioso tuonò: "O vile, adesso morirai, e Sairindhri potrà andare in giro liberamente".

Bhima afferrò Kichaka per i capelli e lo atterrò. Kichaka, cercò di scuotersi dalla leggera ebbrezza per il vino che aveva bevuto e si liberò dalla presa di Bhima, mentre questi lo copriva di pugni. I due si avvinghiarono, rotolando per la sala. Parevano le due scimmie celesti, Vali e Sugriva, impegnate nella loro lotta dei tempi antichi. Kichaka era stupito dalla forza del suo avversario. Malgrado la sua esperienza di lotta, non aveva mai incontrato un nemico così forte. Kichaka fece ricorso a tutte le sue forze per gettare a terra Bhima, ma questi lo afferrò in una morsa d'acciaio. Benché Kichaka fosse un forte lottatore, esperto in tutte le forme di lotta, tutte le sue mosse venivano parate da Bhima. Le sue forze calarono, e Bhima lo stritolò fra le braccia fino a fargli perdere i sensi. Poi lo afferrò per i capelli e lo fece roteare sopra la testa e lo sbatté sul pavimento di marmo e gli ficcò braccia e gambe dentro il corpo riducendolo ad un ammasso senza forma.

Placata la sua furia, Bhima disse a Draupadi: "Chiunque cerchi di farti del male farà questa fine".

Bhima lasciò la sala e tornò nelle sue stanze. Draupadi disse alle guardie di andare alla sala di danza. "Là troverete chi ha desiderato la moglie d'altri, trucidato dai miei mariti Gandharva."

Le guardie si precipitarono sul posto, e rimasero sbalordite alla vista del corpo maciullato di Kichaka. Migliaia di soldati andarono a vederlo. Il loro comandante era un guerriero praticamente invincibile, che aveva sconfitto i più forti lottatori del mondo. E tutti si chiesero: "Chi mai ha potuto fare questo? Dove sono le braccia, le gambe e la testa di Kichaka?", e conclusero che era stato ucciso dai Gandharva.

Sollevarono il suo corpo, che sembrava una tartaruga rientrata nel guscio, e lo portarono fuori per gli ultimi riti. Mentre stavano andando al crematorio videro Draupadi. Uno di loro sapeva che Kichaka era andato a incontrarla e gridò: "Ecco la donna che ha fatto uccidere il nostro signore. Anche lei deve morire".

I soldati chiesero il permesso al re per l'esecuzione di Draupadi, ed il re, temendo il potere dei seguaci di Kichaka, diede il consenso. I suta afferrarono Draupadi, la legarono sulla barella di Kichaka, e si avviarono verso il crematorio. La principessa gridò: "Jaya, Jayanta, Vijaya,Yayatsena e Yayadbala! I suta mi portano via. Salvatemi!".

Bhima sentì le sue grida, uscì di corsa e comprese la situazione. Il Pandava scalò muri e attraversò giardini e arrivò al crematorio. Sradicò un albero di palmyra e se lo mise in spalla. Quando i soldati videro Bhima come la morte in persona col suo terribile bastone, andarono nel panico. "Ecco il Gandharva che ha ucciso Kichaka. Liberiamo Sairindhri prima che ci ammazzi tutti."

Lasciarono Draupadi e fuggirono, ma Bhima li inseguì e li trucidò tutti. Disse a Draupadi di tornare a palazzo, e riprese la strada da cui era venuto per non farsi scoprire.

I cittadini di Virata, che avevano sentito il fragore della lotta al crematorio, andarono a vedere cos'era successo. Vedendo tutti quei cadaveri, corsero da Virata. "O re, i fortissimi suta di Kichaka sono stati sterminati. Devono essere stati i Gandharva, infuriati per l'insulto di Kichaka a Sairindhri. Abbiamo paura di lei, è bella da far perdere la ragione, ma i Gandharva sono fortissimi e la loro ira è spietata. Fai qualcosa, altrimenti la nostra città rischia la distruzione."

Virata, sbalordito dalle notizie, disse: "Cremate Kichaka e i suoi uomini con tutti gli onori. Mi occuperò io di Sairindhri.".

Chiamò la regina e le disse: "Dai a Sairindhri questo messaggio da parte mia: 'O bella signora, vai dove desideri con la mia benedizione. Temiamo che i Gandharva ci distruggano'".

Quando la regina portò il messaggio di Virata, Draupadi rispose: "O regina, permettimi di restare solo per due settimane. I Gandharva ti saranno riconoscenti per questo favore".

La regina diede il suo consenso, assolse Draupadi dai suoi compiti, e si recò dal re per informarlo.

Capitolo 37

I Kuru attaccano Virata

La notizia della morte di Kichaka si sparse rapidamente. Tutti erano colpiti dalla misteriosa uccisione. A Hastinapura, Duryodhana raccontò alla corte la notizia della morte di Kichaka che rese tutti felici, perché Kichaka era stato una spina nel fianco. Faceva spesso scorrerie nelle regioni confinanti a Matsya, e i Kuru erano stati avvicinati dai re tributari che chiedevano protezione.

Rimanevano meno di due settimane alla fine dell'esilio dei Pandava, e malgrado le migliaia di spie, non erano stati trovati. I Pandava, se pur erano ancora vivi, erano riusciti a nascondersi bene.

Il principe parlò all'assemblea: "Bisogna organizzare un'ultima ricerca dei Pandava setacciando tutte le città ed i villaggi. Se sono ancora in vita, siamo in grave pericolo. Scopriamoli prima che finisca l'esilio, e rispediamoli nella foresta".

Dushashana aggiunse: "Dubito che li troveremo. Abbiamo già cercato ovunque. Penso che siano morti o che abbiano attraversato l'oceano. Non torneranno, non dobbiamo temerli".

Drona obbiettò. "Gente come i Pandava non perisce facilmente. Sono degli eroi, pieni di risorse, intelligenti, controllati, virtuosi, pieni di gratitudine, e fedeli ai loro voti. Yudhisthira è virtuoso e senza nemici. Questa è la mia opinione, o Duryodhana. Vedrai apparire i Pandava alla fine del loro esilio, e non prima. Non sprecare energie per cercarli, piuttosto preparati ad accoglierli e a restituirgli il loro regno."

Bhishma applaudì il discorso di Drona. Il nonno dei Kuru desiderava ardentemente rivedere i figli di Pandu, il suo senso di colpa per non aver impedito a Duryodhana di bandirli lo bruciava giorno e notte e il dolore per come Draupadi era stata violata era particolarmente acuto. Quando i Pandava sarebbero tornati forse sarebbe riuscito a convincere il re a ridargli il loro regno. Bhishma, vestito di una tunica di seta bianca, si alzò per parlare all'assemblea, come la luna piena quando sorge ad oriente.

"Sono completamente d'accordo con Drona. I virtuosi Pandava, sotto la guida dei bramini, non periranno. Hanno per amico l'infallibile e onnipotente Krishna. Dobbiamo valutare attentamente come comportarci con loro quando il loro esilio sarà finito. Cercare di trovarli adesso è crudele e infame."

Dhritarastra sedeva a capo dell'assemblea affiancato da Vidura, Drona, Kripa, Bahlika e Bhishma. Duryodhana e i suoi fratelli sedevano alla destra del re, con Karna e Shakuni. Altri re riempivano la sala e tutti erano attenti alle parole di Bhishma. Si sapeva bene che lui amava i Pandava, ma anche che sarebbe sempre stato imparziale.

Bhishma mise la mano sull'elsa della spada e proseguì. "Vi dirò dove sono i Pandava. Cercate nei luoghi dove non ci sono disgrazie o calamità. Dove si trova Yudhisthira, ci sarà un'atmosfera di pace e sicurezza. La gente sarà dedita alla carità, e sarà generosa, umile e modesta, compiendo i propri doveri allegramente, nella pietà, nella rettitudine e nella purezza. Sentirete il canto degli inni vedici e vedrete sacrifici in corso. Le piogge saranno abbondanti, e la terra darà ricche messi. Rinunciamo ai futili tentativi di trovarli solo per rimandarli nella foresta. Diamogli il benvenuto e ridiamogli il regno di loro padre."

Bhishma si sedette fra gli applausi di Drona, Vidura e Kripa, e quest'ultimo si alzò e disse: "Il saggio Bhishma ha detto bene. Le sue parole sono ragionevoli, veritiere e in accordo con le scritture sacre. Ridare il regno ai Pandava è la strada più saggia".

Kripa lanciò un'occhiata nella direzione di Duryodhana e i suoi fratelli. "Tuttavia se scegliamo di non seguire questa strada, sarà bene prepararsi alla guerra. Quei potenti eroi torneranno pieni di energia e di poteri ascetici. Quindi pensiamo adesso a come rafforzarci, rinsaldiamole le alleanze e mettiamo insieme il più grande e potente esercito possibile. Se negheremo ai Pandava i loro diritti, saremo in gravissimo pericolo".

Duryodhana era pensieroso, Kripa aveva ragione, se non restituiva il regno, la guerra sarebbe stata certa a meno di scoprirli subito. La notizia dell'omicidio di Kichaka lo incuriosiva, ucciso dai cinque mariti Gandharva di una sola moglie. Si poteva contare sulle dita chi avrebbe potuto vincere in un combattimento con Kichaka: Balarama, Shalya, Karna e Bhima. Non potevano essere i primi tre, che non ne avevano motivo, e la cosa poteva benissimo essere opera di Bhima, che avrebbe dovuto agire in segreto. Tutto tornava, Kichaka aveva aggredito una donna con cinque mariti, ed era stato ucciso col marchio di Bhima.

Susharma, re dei Trigarta, si alzò e disse: "O Kuru, se volete rafforzarvi potreste sottomettere il regno di Matsya, indebolito dalla morte di Kichaka. Io verrò con il mio esercito. Troppe volte i Trigarta sono stati sconfitti da Kichaka, e vogliamo vendicarci".

Per Duryodhana fu come se i Danava gli avessero risposto. Se fosse andato a Virata, forse avrebbe trovato i Pandava, e in ogni caso avrebbe aggiunto quel regno alla sua corona. Il principe esclamò: "Susharma ha dato un ottimo suggerimento. Andiamo immediatamente nel regno dei Matsya. Preparate subito l'esercito".

Duryodhana disse a Susharma di partire subito e di catturare il bestiame di Virata. Egli sarebbe arrivato il giorno dopo per attaccare la città. Gli anziani tacquero e Dhritarastra diede il suo consenso.

* * *

Dopo la morte di Kichaka la paura serpeggiava a Virata. Kichaka era crudele, ma anche potente e li proteggeva. Il re pensò a Kanka, Vallabha, Tantripala e Granthika, certo che ognuno di loro avrebbe potuto guidare il suo esercito per la difesa dei Matsya.

Dopo qualche giorno un mandriano arrivò a corte gridando: "I Trigarta ci stanno attaccando e stanno rubando le mandrie".

Il re indossò l'armatura del comando. Centinaia di forti guerrieri si radunarono a corte, e all'esterno il grande esercito dei Matsya schierò carri, elefanti, cavalli e fanteria.

Virata disse a Satanika, suo fratello minore: "Combatteranno con noi anche Kanka, Vallabha, Tantripala e Granthika. Dategli carri e e armi".

Virata andò a organizzare l'esercito, convocò i Pandava e gli ordinò di combattere. I Pandava indossarono le armature e montarono sui carri, mettendosi a fianco del re.

I Trigarta stavano radunando le mandrie, quando i Matsya piombarono su di loro. I guerrieri Trigarta lasciarono andare le vacche per sostenere la carica dei Matsya. Ne seguì una feroce battaglia, simile all'antica lotta fra i deva e i demoni. Nell'aria sibilarono le frecce, ed i guerrieri morirono a migliaia.

Il terreno si coprì di cadaveri e rottami di carri e di armature. Susharma, su di un carro d'oro, affrontò Virata con un grido di sfida. I due re si guardarono minacciosamente ruggendo e scambiandosi scariche di frecce. Due fratelli corsero ad aiutare Susharma, e con delle frecce ben mirate uccisero i cavalli e l'auriga di Virata e la sua scorta, e Susharma lo fece prigioniero.

Yudhisthira chiamò Bhima. "Il re dei Matsya è stato catturato ed il suo esercito sconfitto. Siamo in debito con lui. Bhima, libera Virata, e ripaga il nostro debito. Poi metteremo in fuga i Trigarta."

Bhima aspettava solo l'ordine di Yudhisthira. "Finalmente!", esclamò, "guarda come disperderò il loro esercito."

Bhima stava per sradicare un albero di sal, ma Yudhisthira lo fermò. "Fratellino, non essere avventato. Se compi imprese sovrumane, si dirà: 'Questa è opera di Bhima'. Comportati in modo che nessuno ti riconosca. Vai sul carro con i gemelli a fianco."

Bhima si diresse verso Susharma. Nakula e Sahadeva gli cavalcarono a fianco aprendo un solco nelle file del nemico.

Bhima sfidò Susharma e scagliò un torrente di frecce. Il re Trigarta cercò di resistere con l'aiuto dei generali e dei figli, ma le potenti frecce dei Pandava distrussero carri, uccisero elefanti, travolsero cavalieri e cavalli. Bhima spazzò il campo dalla fanteria con la sua mazza come un mietitore che falcia il grano.

Susharma era esterrefatto, quei tre guerrieri li stavano sgominando. Tese il suo arco e scagliò delle frecce pesanti che Bhima parò con la mazza e i gemelli con le spade. I resti dell'esercito di Virata ricominciarono a combattere. Yudhisthira, azionando rapidamente il suo arco uccise un migliaio di guerrieri, mentre Bhima ne trucidò settemila. Nakula e Sahadeva, che si erano concentrati sulla difesa dei fratelli, ne uccisero solo un altro migliaio.

Susharma fuggì e Bhima lo fermò uccidendo i suoi cavalli. Virata si liberò, prese una mazza e si mise a lottare danzando come un giovanotto. Susharma fuggì. Bhima gridò: "Fermati, la fuga è un disonore. Perché abbandoni il tuo esercito?". Susharma si voltò e affrontò Bhima con una verga di ferro.

Bhima gli andò incontro e incurante dei colpi, lo prese per i capelli, lo sbatté a terra e lo colpì alla testa, facendogli perdere conoscenza. Poi lo trascinò da Virata e disse: "Questo farabutto non merita di vivere".

Il re gli disse di liberarlo, e Bhima fece alzare Susharma e disse: "Dovrei ucciderti ma ti lascerò andare. Secondo le regole degli kshatriya, adesso sei lo schiavo di Virata, e lo devi dichiarare ovunque tu vada. Vai ora e non essere più sconsiderato". Susharma si inchinò e si allontanò a testa bassa.

I Matsya esultarono, lodando i Pandava. Virata disse: "Mi avete salvato. La ricchezza di questo regno è tanto vostra che mia. Avrete belle donne, mucchi di gemme, e tutto ciò che desiderate. Vi farò reggenti di questo regno".

Yudhisthira disse: "O re, ti siamo grati, ma ci basta che tu sia salvo. Non possiamo regnare sui Matsya, ti prego di perdonarci".

Virata disse ai ministri: "Per rispettare la tradizione passeremo la notte sul campo di battaglia. Portate in città le notizie e fate venire le danzatrici e i musici per intrattenere le truppe".

Capitolo 38

Arjuna si scontra con i Kuru

All'alba del giorno seguente l'esercito dei Kaurava si avvicinò alla città al lato opposto a quello della battaglia con i Trigarta. Trovarono delle mandrie e le catturarono. Un mandriano, alla vista delle bandiere dei Kaurava, andò a corte per dare l'allarme. In assenza di Virata sul trono sedeva Bhuminjaya, il figlio maggiore. Il mandriano gli disse: "O principe, siamo nelle tue mani. I Kaurava rubano le mandrie. Ti scongiuriamo, salvaci!".

Bhuminjaya, di fronte alle dame di corte, rispose orgogliosamente: "Mostrerò il mio valore con l'arco, ma ho bisogno di un auriga esperto. Il mio è stato ucciso ieri, e non ho un rimpiazzo. Trovatemi un bravo auriga, ed io affronterò l'esercito dei Kaurava e lo distruggerò seminando il terrore nei cuori di Duryodhana, Bhishma, Karna e Kripa che si chiederanno se si stanno scontrando con Arjuna".

Arjuna lo venne a sapere. Sperando di potersi scontrare con i Kaurava, Arjuna andò da Draupadi e disse: "Vai dal principe e digli che Brihannala era il cocchiere di Arjuna. O principessa, convincilo a farmi guidare il suo carro".

Draupadi andò alla corte e trovò Bhuminjaya che si stava ancora vantando, si fece avanti e disse: "Brihannala, un tempo era l'auriga di Arjuna e anche lui è un fortissimo arciere. Fu Brihannala a guidare il cocchio di Arjuna quando sconfisse i deva a Khandava. Non c'è un cocchiere come lui.".

Sorpreso, Bhuminjaya le chiese: "Come posso chiederglielo?". "Chiedilo a tua sorella, o eroe, e lui obbedirà. Se Brihannala sarà il tuo auriga sicuramente sconfiggerai i Kaurava."

Il principe un po' dubbioso, si rivolse a Uttara e le disse: "Vai a prendere Brihannala.".

Uttara era bella come Lakshmi, con la vita sottile e il seno pieno ornato di perle. Corse alla sala della danza con i gioielli che tintinnavano. Trovò Arjuna, si inchinò e disse: "O Brihannala, i Kuru stanno rubando le mandrie. Mio fratello col suo eroismo, sta per attaccarli, ma ha bisogno di un auriga. O Brihannala, vai subito, non c'è tempo da perdere".

Arjuna sorrise e andò a corte. Il principe disse: "Ah, Brihannala, sei qui. Ho sentito che sei un abile auriga. Come hai guidato il carro di Arjuna, conducimi contro il Kaurava".

Arjuna si avvicinò al principe giocando con la sua lunga treccia. "Devo fare il cocchiere? Se tu avessi voluto vedermi cantare e danzare, sarei la scelta giusta. Come posso guidare i cavalli in battaglia?".

Il principe guardò Brihannala, che aveva un corpo poderoso. Le sue braccia coperte da bracciali sembravano dei grossi serpenti decorati, e le sue spalle coperte di seta, erano larghe come la porta di un palazzo. Fidandosi delle parole di Sairindhri, Bhuminjaya disse: "O Brihannala, chiunque tu sia, guiderai il mio carro".

Il principe fece portare un'armatura, e Arjuna per scherzare lottò goffamente con la corazza. Sembrava confuso, e lasciò cadere l'armatura. Le dame del palazzo risero, e Bhuminjaya lo aiutò. Salirono sul carro che aveva uno stendardo che portava l'emblema di un leone. Arjuna prese le redini, e il principe si erse nella sua armatura che brillava nel sole del mattino. Le dame del palazzo gridarono: "O Brihannala, dopo che il principe avrà sconfitto i Kaurava, prendi le loro sete preziose. Ci servono per le nostre bambole". "Certamente, belle signore.", disse Arjuna gettando indietro la treccia.

I bramini benedirono Bhuminjaya: "Che la vittoria che ha arriso ad Arjuna a Khandava arrida oggi anche a te", e girarono attorno al carro con le mani rivolte al cielo.

Arjuna incitò i cavalli, e il carro si mosse con un rombo cupo. I cavalli decorati con collane d'oro ed armature d'argento, sotto la guida di Arjuna pareva che volassero in cielo. In breve il carro giunse in vista dei Kuru, e Arjuna lo fermò. Il principe ed Arjuna osservarono l'esercito dei Kuru a distanza, che sollevava un polverone che oscurava il cielo.

Bhuminjaya rimase a bocca aperta, non aveva mai visto un esercito così grande, lasciò cadere l'arco ed esclamò tremando: "Come posso combattere con quel nemico? Nemmeno i celesti potrebbero affrontarlo. L'esercito dei Kuru ha eroi come Drona, Bhishma, Karna, Kripa, Ashvatthama e quell'eroico re che è Duryodhana. Sono terrorizzato soltanto a vederli da lontano.".

Il principe disse: "Non è saggio affrontare quell'esercito. Mio padre è fuori col suo esercito e io sono solo. Non ho nessuna esperienza, sono un ragazzo. O Brihannala, riportami in città".

Arjuna replicò: "Vuoi fare felice il nemico, o principe? Sei diventato pallido prima ancora di combattere. Davanti alle donne ti vantasti della tua forza. 'Sconfiggerò i Kuru e riporterò le mandrie!'. Quelle furono parole coraggiose. O eroe dalle forti braccia, come puoi ritornare senza vittoria? Saresti deriso da tutti. Per quanto riguarda me, sono qui per sconfiggere i Kuru, e lo farò. Smetti di lamentarti e gettiamoci nella lotta".

Bhuminjaya tremava. " Che i Kuru prendano le nostre ricchezze e che tutti ridano pure di me. Non posso affrontare questa battaglia."

Il principe scese dal carro e si mise a correre verso la città, e Arjuna gli gridò: "Uno kshatriya non evita mai la battaglia. La fuga è un disonore, è meglio la morte".

Bhuminjaya continuò a correre senza guardarsi indietro. Arjuna lo rincorse. I Kuru si avvicinarono, e videro il principe che correva inseguito da una strana figura con la lunga treccia e la tunica di seta bianca. I soldati si misero a ridere e dissero tra loro: "Chi è quello, che sembra un eunuco? Sembra il fuoco sotto la cenere, anche se ha l'aspetto di uno del terzo sesso. Sembra Arjuna, ha la stessa testa, lo stesso collo e le stesse forti braccia. Si muove persino come un Pandava". I Kuru rimasero a guardare, incerti se fosse veramente Arjuna.

Arjuna raggiunse Bhuminjaya, e il principe gridò: "Lasciami andare, o Brihannala, gira il carro e scappiamo. Solo coloro che vivono possono godere e prosperare".

Arjuna non disse nulla. Trascinò Bhuminjaya sul carro e disse: "O principe, se non vuoi combattere, cambiamo di posto, tu sarai l'auriga ed io il guerriero. Sarai protetto dalle mie armi, e potrai penetrare nelle schiere dei Kuru. Perché sei così sconvolto, o eroe? Sei un nobile kshatriya e un grande principe. Insieme sconfiggeremo i Kuru e libereremo le mandrie"

Bhuminjaya era ancora spaventato, ma la sicurezza che Arjuna mostrava lo rassicurò. Prese le redini, e Arjuna lo diresse verso l'albero di *sami* accanto al crematorio. Prima di affrontare i Kuru voleva avere il suo arco Gandiva.

Nel frattempo i Kuru discussero, sospettando che l'eunuco fosse in realtà Arjuna. Drona, facendosi sentire da Duryodhana, Bhishma e Karna, disse: "Vedo dei brutti presagi. Forti raffiche di vento ci sferzano con polvere e pietrisco, il cielo si è oscurato, le nostre armi celesti escono da sole dalle custodie, i cavalli lacrimano e gli sciacalli ululano. Tutti questi segni indicano sciagura. Schieriamo l'esercito attentamente ed aspettiamoci un terribile scontro. Quel grande arciere travestito da eunuco è sicuramente Kiriti. Sarà furioso per il lungo esilio nella foresta e porterà la distruzione fra le nostre forze. Nessuno di noi potrà impedirgli di batterci e di riprendersi le mandrie".

Karna si infuriò: "Perché ci sottovaluti sempre e lodi Arjuna? Lui non è nemmeno un sedicesimo di me o di Duryodhana.".

Duryodhana invece sorrise. "Se questo è Arjuna, o Radheya, il mio lavoro è compiuto. Abbiamo trovato i Pandava prima della fine del tredicesimo anno. Ora dovranno tornare nella foresta. Altrimenti lo ucciderò con le mie frecce affilate".

Il carro di Arjuna raggiunse l'albero di *sami*, fuori dalla vista dei Kuru. Arjuna disse: "Sali su quell'albero, o principe, e portami quel fagotto che contiene le armi dei Pandava, con l'arco Gandiva. È un arma celeste priva di difetti, capace di sopportare gli sforzi più pesanti.".

Bhuminjaya disse: "Si dice che a quell'albero sia legato un cadavere. Come posso toccare una cosa così impura?".

"Non è un cadavere, in quel fagotto ci sono solo delle armi. Portamele giù subito, non ti chiederei mai di compiere un'azione impura. Tu sei nato in una famiglia nobile e sei l'erede del trono di Matsya.".

Bhuminjaya salì sull'albero con riluttanza, liberò il fagotto e lo portò giù lottando con il suo peso. Arjuna gli disse di aprirlo e il principe tagliò la pelle di cervo che si aprì rivelando le armi che splendevano come il sole.

Bhuminjaya sollevò con cautela le armi. Le faretre inesauribili erano accanto alle spade col fodero di pelle di tigre di Nakula e Sahadeva. Il principe sbalordito trattenne il respiro, stese la mano per toccarle e chiese: "A quale eroe illustre appartiene quest'arco, con le sue cento decorazioni d'oro, questi elefanti d'oro scolpiti, e questi tre soli luminosi?". Arjuna spiegò a chi appartenevano le armi. "L'arco di cui hai chiesto per primo è il Gandiva, vale come centomila archi normali, ed anche i celesti lo adorano. Apparteneva a Brahma, poi è stato di Indra e di Soma, e Varuna lo ha donato ad Arjuna. L'arco vicino al Gandiva, decorato con cento insetti d'oro, appartiene a Yudhisthira, e quello enorme che gli è vicino è di Bhima. Le faretre sono di Arjuna, e non si svuotano mai.."

Bhuminjaya chiese: "Queste armi sono bellissime, ma dove sono i loro proprietari? Dov'è Arjuna ed il nobile Yudhisthira e dove i gemelli, ed il più forte degli uomini, Bhima? Non abbiamo mai sentito più nulla di quegli eroi che hanno perso il regno per una partita a dadi".

Arjuna rivelò al principe la sua identità e quella dei suoi fratelli. Bhuminjaya lo guardò sbalordito, non aveva mai avuto dei sospetti, ma adesso tutto gli sembrava ovvio. Il forte Vallabha poteva certamente essere Bhima, e Kanka aveva una nobiltà superiore a tutti gli altri cortigiani, per cui poteva essere Yudhisthira. Ma il principe voleva essere sicuro. "Crederò alle tue parole se mi potrai dire i dieci nomi di Arjuna, che io conosco."

Arjuna rispose: "Mi chiamo Dhananjaya perché ho conquistato molte terre prendendone le ricchezze. Non torno mai da una battaglia se non ho sconfitto il nemico, e quindi sono chiamato Vijaya. I miei cavalli sono bianchi e così mi chiamano Swetavahana. Sono nato quando la costellazione Uttara Phalguna era sull'ascendente, e quindi sono Phalguni. Poiché indosso il diadema di brillanti donatomi da Indra, sono conosciuto come Kiriti. Sono terribile da vedere in battaglia e quindi gli uomini mi chiamano Bhibatsu. Il mio nome è Savyasachin perché posso tirare con l'arco con entrambe le mani. Sono inavvicinabile e indistruttibile, e quindi mi chiamano Jishnu. Arjuna è il mio nome, perché le mie azioni sono sempre pure. Mio padre, per affetto per un bimbo dalla carnagione scura mi chiamò Krishna. Questi, o principe sono i miei dieci nomi".

Bhuminjaya cadde ai piedi di Arjuna con le braccia protese. "Per mia grande fortuna sei qui con me, o Dhananjaya. Ti prego di perdonare tutto ciò che ti ho detto. Non ho più paura e sono pronto a farti da auriga."

"Combatterò i Kuru e ti restituirò i tuoi animali, siine certo.", disse Arjuna allacciandosi le faretre. "Questo carro sarà come la tua fortezza, le mie braccia i tuoi bastioni, e il Gandiva le tue difese inattaccabili. Guida il carro e non temere."

Il principe mise le armi dei Pandava sul carro dicendo: "Con te, come potrei avere paura?".

I Pandava avevano calcolato che l'esilio era stato completato quel giorno. Per questa ragione Arjuna aveva rivelato senza timore la sua identità a Bhuminjaya, e adesso poteva combattere i Kuru allo scoperto. Guardando i cavalli, chiese: "Questi cavalli sono addestrati alla battaglia?".

Il principe rispose con orgoglio: "Questi cavalli valgono come quelli che tirano il carro di Krishna. Io stesso sono un abile cocchiere, non meno abile di Daruka o Matali. Posso irrompere tra le file dei nemici ad una velocità tale che il carro sarà appena visibile".

Arjuna annuì e si tolse i bracciali e si mise un paio di guanti di pelle di iguana per coprire gli avambracci. Si legò i capelli con un pezzo di stoffa bianca, e si sedette sul carro pensando alle sue armi celesti. Queste comparvero nella sua mente dicendo: "Siamo qui, o figlio di Pandu. Siamo pronte al tuo comando".

"Siete tutte presenti nella mia memoria.", disse Arjuna. Il pensiero della lotta con Duryodhana lo riempiva di entusiasmo ed energia. Tredici anni erano stati un tempo molto lungo, e finalmente avrebbe avuto l'occasione per usare le armi ricevute dai Deva. Incordò il Gandiva e pizzicò la corda, facendo il suono di due montagne che cozzano tra loro. La terra vibrò scuotendo gli alberi, e dal cielo caddero delle sfere di fuoco. Quando i Kuru sentirono il terribile suono, seppero per certo che si trattava di Arjuna col Gandiva.

Arjuna abbassò lo stendardo e meditò su Agni. Una bandiera celeste cadde dal cielo, ornata d'oro e con l'effigie di Hanuman. Arjuna la issò con reverenza sull'asta del carro. Ordinò a Bhuminjaya di partire ed il carro si mosse in direzione dei Kuru. Arjuna soffiò nella sua conchiglia con tutto il suo fiato, e produsse un rombo di tuono che fece cadere in ginocchio i cavalli. Anche il principe cadde fuori dal carro.

Arjuna calmò Bhuminjaya e gli fece coraggio. Il principe si rialzò, riprese le redini, fece rimettere in piedi i cavalli e disse: "Ho sentito il suono di molte conchiglie, ma mai come questa, ho sentito pizzicare gli archi, ma nessuno col fragore del Gandiva. Anche questa bandiera celeste mi sconvolge. La scimmia pare viva e pronta a saltare giù".

Arjuna rise. "Tienti stretto sul carro e salde le redini, perché suonerò ancora la conchiglia."

Soffiò ancora una volta e pizzicò la corda dell'arco, ed il suono combinato riempì i quattro quarti dell'universo, pareva che squarciasse le montagne. Il principe rimase a stento al suo posto e controllò i cavalli imbizzarriti.

A distanza Drona udì i suoni terrificanti e disse a Duryodhana: "Non c'è più dubbio, Savyasachin sta venendoci contro. Prepariamoci a combattere, quando lo vedrai avrai motivo di pentirti delle tue azioni".

Duryodhana fece una smorfia, andò da Bhishma e disse: "O nonno, sembra che abbiamo trovato i Pandava prima della fine del loro esilio. Se questo è veramente Bhibatsu, i Pandava dovranno passare altri dodici anni nella foresta. Calcola esattamente il tempo, o Bhishma, per toglierci ogni dubbio".

Il Kaurava strinse le mani sull'arco. "Chiunque sia che ci sta attaccando, che sia Arjuna o il re di Matsya, dobbiamo combattere. Il nostro accordo con Susharma era che lo avremmo sostenuto nella sua guerra contro Virata, ed ora dobbiamo mantenere la promessa. O Bhishma, schiera l'esercito per la battaglia. Perché i nostri uomini migliori sono nel panico? Siamo in molti contro un guerriero solo".

Karna parlò a voce alta per farsi sentire da tutti i guerrieri dei Kuru. "Sembra che vi siate spaventati soltanto alla vista di Arjuna. Lui non è alla mia altezza, inoltre sarà indebolito dal lungo esilio. Ucciderò Arjuna e ripagherò il mio debito con Duryodhana. Le mie frecce lo trapasseranno come serpenti che entrano in un formicaio. Abbatterò la scimmia urlante della sua bandiera con dei giavellotti e farò a pezzi il suo carro. Se preferite, andatevene con le mandrie. Posso affrontare Arjuna da solo."

Kripa lo guardò con disprezzo. "O Radheya, la tua mente contorta pensa solo alla guerra. Non capisci le cose secondo i tempi, i luoghi e le circostanze. I saggi scelgono la guerra quando tutti gli altri mezzi sono falliti, e quando i segni sono favorevoli. Che speranza c'è in uno scontro con il Partha? Da solo ha sconfitto i Gandharva, e da solo ha fermato le schiere celesti a Khandava. Sempre da solo ha distrutto i potenti Nivatakavacha e i Kalakanya. Senza alcun aiuto ha rapito Subhadra agli Yadu, rendendo furioso Balarama. Adesso ci viene contro con le armi che ha ottenuto dai deva."

Il carro di Arjuna si fermò ad una certa distanza. L'esercito dei Kuru si era schierato in una formazione con la punta rivolta nella sua direzione. Alla testa dell'esercito, Kripa continuava a parlare sgridando Karna che ribolliva di rabbia.

"Chiunque voglia combattere da solo contro Arjuna è folle," disse Kripa indossando i guanti, "è come uno che voglia nuotare nell'oceano con una pietra legata al collo. O Karna, ti vanti come un bambino sciocco. Partha si muoverà attraverso le nostre file come Yamaraja con il suo scettro. Manteniamo l'esercito pronto con gli scudi e le armature, e tu, io, Duryodhana, Bhishma, Drona e suo figlio restiamo a contatto. Forse se restiamo uniti, col sostegno dell'esercito avremo una possibilità".

Ashvatthama spostò il suo carro mettendosi dietro al padre e schernì Karna. "Ancora non abbiamo fatto nulla, o Karna, non abbiamo preso le mandrie, non abbiamo sconfitto il nemico e tu fai il gradasso. I grandi eroi, anche dopo aver vinto molte battaglie non dicono una sola parola per lodare se stessi. Il silenzio è la qualità dei veri potenti. Il fuoco brucia in silenzio, il sole splende in silenzio, e la terra regge il peso delle creature mobili ed immobili senza una parola.

"Quale kshatriya in terra può essere orgoglioso di aver vinto un regno imbrogliando ai dadi come ha fatto Duryodhana? In quale duello uno di voi due ha mai vinto Arjuna o uno dei suoi fratelli? In quale battaglia avete conquistato Indraprastha? In quale scontro avete vinto Draupadi per poterla trascinare nell'assemblea mentre aveva le mestruazioni? Avete tagliato la radice di quell'albero di *sal* che è la dinastia dei Kuru. Arjuna e i suoi fratelli non vi perdoneranno mai per l'insulto a Draupadi."

Ashvatthama guardò il carro di Arjuna. Si ricordò del tempo trascorso insieme alla scuola del padre. Arjuna era sempre stato il favorito di Drona, e questo lo aveva ferito profondamente, ma non c'erano dubbi sulle sue capacità marziali. Ashvatthama era stato costretto a malincuore ad ammettere la propria inferiorità.

Ashvatthama proseguì. "Dhananjaya non si tira mai indietro dalla lotta, nemmeno di fronte ai Gandharva, ai Rakshasa o agli Asura. Partha è superiore a te in valore, abile come Indra con l'arco e pari persino a Krishna in battaglia. l'avvertimento di mio padre va ascoltato."

Poi Ashvatthama guardò Duryodhana. "E tu, o re, combatti con Arjuna con le armi e non con i dadi. Fai che Shakuni mostri il suo valore in un vero duello. Il Gandiva non tira i dadi, ma scarica frecce roventi che possono squarciare le montagne e perforare la terra. I deva della morte, del vento e del fuoco possono dimenticare qualcuno, ma Arjuna non lo farà. Puoi sfidarlo se vuoi, con l'aiuto di un vano figlio di *suta*, ma io non vedo il motivo di combattere."

Il vecchio guerriero Kuru desiderava riabbracciare Arjuna. Era una tragedia che adesso fosse schierato contro di lui, tuttavia non c'era modo di evitare il combattimento. Arjuna non avrebbe mai tradito il suo dovere di guerriero, e i Kuru avevano bisogno di tutte le loro forze per affrontarlo. Le discussioni li avrebbero soltanto indeboliti, rendendo più facile il compito di Arjuna.

Bhishma disse: "Il figlio di Drona e Kripa hanno detto bene. Tuttavia Karna si vanta solo per incitarci a fare il nostro dovere di kshatriya. Ashvatthama, perdonalo. Secondo me dobbiamo combattere. E chi non sarebbe esitante davanti ad un avversario potente e luminoso come il sole? Non c'è tempo per il dissenso. Ashvatthama ha ragione, ascoltiamo Drona".

Drona, in piedi sul suo carro, e splendente nella sua armatura, disse: "Dobbiamo schierarci attentamente e proteggere Duryodhana. Non penso che Arjuna si accontenterà di recuperare le vacche di Virata. Sono sicuro che non si sarebbe mostrato prima della fine dell'esilio. O Bhishma, dicci la tua opinione.".

Bhishma rispose: "Secondo i miei calcoli il loro tempo è finito, e presto vedremo tutti e cinque i fratelli. Se Duryodhana non gli renderà il regno, li rivedremo sul campo di battaglia".

Duryodhana si rivolse a Bhishma a bassa voce. "Non gli ridarò il regno. O nonno, ti prego preparaci per la battaglia."

Bhishma rispose: "Agiamo con cautela. Non esiste battaglia dove una delle due parti sia sicura di vincere, e una parte viene sempre sconfitta. Adesso siamo di fronte a Vijaya, e quindi suggerisco, o re, che tu ti allontani con metà dell'esercito. Prendi le mandrie, ed io con gli altri Kuru fermerò Arjuna."

Duryodhana fu d'accordo, e se ne andò con mezzo esercito, spingendo le vacche davanti a sé. Bhishma distribuì le posizioni a Drona, Kripa, Karna e Ashvatthama.

Il carro di Arjuna si mosse al suono della corda dell'arco. Drona disse: "È il suono del Gandiva, nessun'altro arco fa un suono simile. Guardate la bandiera: vedrete una scimmia celeste che urla in modo terrificante".

In quel momento due frecce volarono in cielo e caddero ai piedi di Drona. Altre frecce toccarono i carri di Bhishma e Kripa.

"Vedendo i suoi anziani dopo lungo tempo, Partha offre i suoi rispetti," disse Drona alzando la mano per benedire Arjuna, "Il figlio di Pandu risplende sul campo come un fuoco sacrificale. Preparatevi, le prossime frecce non ci porteranno i suoi rispetti."

Capitolo 39

La battaglia di Virata

A mezzo miglio dai Kuru, Arjuna disse al principe di fermarsi per osservare le posizioni del nemico. Bhuminjaya guardò con meraviglia l'esercito schierato. "Chi sono quegli eroi che sembrano montagne nel mezzo dell'oceano?" chiese.

"Drona è quello con la bandiera con l'emblema di un vaso d'oro," rispose Arjuna, "Lo adoro, è il mio maestro. Lo colpirò solo se mi attacca per primo, secondo le regole degli kshatriya.

Quell'eroe vestito di pelle di tigre sul carro tirato da cavalli rossi è Kripa, Oggi gli mostrerò quanto io possa essere veloce con le armi. Il guerriero con la bandiera con l'emblema dell'arco è Ashvatthama, figlio del mio precettore. Quello con la maglia d'oro, il cui emblema è un serpente in campo d'oro è Duryodhana, che odia i Pandava. Dietro a lui c'è un eroe che splende come il fuoco, il cui emblema è una fune per legare gli elefanti, quello è il perfido Karna. Attento quando ti avvicini a lui.

Quel grande eroe, con la bandiera blu con un albero di palmyra d'oro e cinque stelle, con il parasole bianco è Bhishma, il figlio di Shantanu, il nostro nonno. I Kaurava lo trattano come un re. Avvicinati a lui per ultimo, lui non mi vuole male."

Duryodhana si separò e si mosse verso sud con metà delle truppe. Arjuna ordinò a Bhuminjaya di inseguirlo. "Attaccherò Duryodhana, se lo vinciamo avremo raggiunto il nostro scopo." E scagliò delle frecce contro gli anziani che lo affrontavano.

Kripa, vide che il carro di Arjuna cambiava direzione, e comprese subito le sue intenzioni. "Intercettate il Pandava!", gridò, "Cosa ce ne faremmo delle ricchezze dei Matsya se Duryodhana viene sconfitto?".

Arjuna lanciò centinaia di migliaia di frecce che assalirono l'esercito dei Kuru come una nube di locuste. I guerrieri non potevano vedere niente e rimasero confusi, incapaci persino di fuggire. La terra e il cielo risuonavano del canto del Gandiva e del suono della sua conchiglia. Il figlio di Virata manovrò il carro per tagliare la strada a Duryodhana, impedendogli di fuggire, e le vacche corsero verso la città. Il Kaurava tornò precipitosamente a fianco degli altri Kuru.

Le vacche erano salve e Arjuna disse: "Lasciamo perdere per adesso quel codardo di Duryodhana. Karna vuole combattere con me, vagli addosso o principe, gli spezzerò l'orgoglio. È diventato insolente per la protezione di Duryodhana".

Bhuminjaya rigirò il carro e lo diresse verso il centro del campo, da dove si vedevano tutti i principali Kuru. Quattro dei fratelli di Duryodhana si fecero avanti e attaccarono Arjuna, lanciando frecce a ondate continue, che Bhuminjaya evitò con abili manovre. Arjuna lanciò le sue frecce fiammeggianti che colpirono i carri dei Kaurava, tuttavia, ricordando il voto di Bhima di uccidere tutti i figli di Dhritarastra, evitò di ucciderli.

Il re Shatruntapa, lo attaccò furiosamente e Arjuna scomparve sotto la grandine di frecce e fu ferito. Come una furia piegò il Gandiva fino all'orecchio e con cinque frecce mortali uccise i cavalli e l'auriga di Shatruntapa, e con altre dieci gli lacerò l'armatura e gli tagliò testa e braccia

Arjuna si girò verso gli altri guerrieri Kuru che si stavano avvicinando, e mentre lanciava le sue frecce sembrava che danzasse. Si vedevano impetuosi torrenti di frecce uscire dal suo arco in ogni direzione che in breve devastarono il campo di battaglia, maciullando guerrieri e animali.

Gli elefanti barrivano e i cavalli nitrivano di terrore, i ruggiti dei guerrieri, i suoni delle conchiglie e delle trombe creavano un frastuono spaventoso, sovrastato dalle feroci urla di Hanuman dallo stendardo di Arjuna.

Il carro di Arjuna si avvicinò a Karna e Arjuna venne attaccato da suo fratello. Il Pandava uccise subito i suoi quattro cavalli, e con una freccia a punta di falce gli tagliò la testa. Karna si infuriò, caricò il Pandava con un urlo feroce e con dodici frecce ferì Arjuna, Bhuminjaya e tutti i cavalli. Arjuna contrattaccò con tutta la sua forza mentre gli altri Kuru rimasero a guardare.

Arjuna mandò un fitto nugolo di frecce, e Karna le parò contrattaccando. I Kuru lo applaudirono e suonarono le loro conchiglie.

Arjuna, infuriato da quelle lodi al nemico raddoppiò le energie. Lentamente Arjuna prese il sopravvento, riuscendo a colpire l'avversario alle braccia, alle cosce, al petto e alla testa. Privo della sua armatura naturale, Karna fu ferito seriamente e si diede alla fuga.

Gli altri Kuru, al comando di Duryodhana, caricarono. Senza fermarsi, Arjuna rispose al loro assalto, usando varie armi celesti e riempiendo il cielo di frecce. Era addirittura impossibile vedere il Pandava nella sua furia, simile al fuoco alla fine di un'era cosmica. Arjuna lottò come un essere soprannaturale, creando il caos, tutte le sue frecce colpivano dove lui aveva mirato e l'arco non faceva pause. L'esercito dei Kuru ripiegò, e i soldati, i cavalli e gli elefanti che non erano stati uccisi fuggirono lasciando il terreno coperto di rottami e di cadaveri maciullati.

In cielo i deva, i Gandharva, i Siddha e i rishi vennero a guardare il combattimento. Le loro vesti, i gioielli e i loro veicoli illuminarono tutta la regione, il cielo pareva in fiamme. Era una scena meravigliosa. Un profumo di fiori divini si diffuse sul campo di battaglia come se fossero sbocciati i fiori di primavera. Dal mezzo dei celesti Indra guardava Arjuna con amore.

Arjuna vide Drona e ordinò al figlio di Virata di dirigersi verso di lui. "O principe, per la sua intelligenza Drona è come Shukra, il guru dei demoni, e per la sua conoscenza della morale non è da meno di Brihaspati. Ha studiato i Veda, e la scienza del tiro con l'arco è parte di lui. Il perdono, l'autocontrollo, la sincerità e la compassione sono le sue incrollabili qualità.Voglio combattere con lui, avanza con cautela."

Il principe incitò i cavalli e Arjuna suonò la conchiglia. Drona lo vide arrivare, prese la sua conchiglia e la suonò anche lui. I cavalli rossi di Drona si impennarono e partirono velocissimi. Vedendo il suo maestro che si avvicinava, Arjuna si sentì felice, e abbassando l'arco gridò: "O gentile eroe, abbiamo terminato il nostro esilio, e adesso vogliamo la nostra vendetta, non avertene. Io non ti colpirò se tu non mi attaccherai per primo".

Drona sorrise al suo discepolo favorito. Senza rispondere alzò il suo arco laminato d'oro e lanciò più di venti frecce. Arjuna alzò il Gandiva e le parò ad una velocità sbalorditiva. Drona mirò al carro di Arjuna con migliaia di frecce, e Bhuminjaya girò abilmente il carro mentre Arjuna le parava tutte. Ambedue i contendenti invocarono le armi celesti, scambiandosi frecce a migliaia. Drona continuando a sorridere lanciò una barriera di frecce così fitta che le piume si toccavano. Arjuna rispose con più frecce ancora, e non si vedeva più Drona ed il suo carro. Persino Indra che lo guardava dal cielo era sbalordito.

Ashvatthama attaccò Arjuna urlando una sfida, dando a Drona l'opportunità di ritirarsi. Con una freccia tagliò la corda dell'arco di Arjuna e riuscì a ferirlo con delle frecce piumate con penne di *kanka*.

Arjuna rise, incordò l'arco, e ne seguì una violenta battaglia fra il discepolo ed il figlio di Drona. Le frecce di Ashvatthama si esaurirono presto, mentre Arjuna ne aveva una quantità illimitata.

Ashvatthama si ritirò dalla lotta, e Karna si rifece vivo. Arjuna lo guardò con ira ricoprendolo di migliaia di frecce letali, gridando: "O Karna, è venuto il momento di provare le tue spacconate. Hai detto molte parole crudeli e raccoglierai il frutto dei tuoi insulti a Draupadi e a noi. Solo la virtù mi ha impedito quel giorno di fare subito vendetta. Oggi sentirai la forza della mia rabbia repressa per tredici anni".

Karna fece un sorriso di scherno. "O Partha, i Kaurava ti hanno costretto a soffrire per la tua debolezza ed il tuo scarso valore, e non hai scuse. Non mi sfuggirai, nemmeno se Indra verrà a combattere al tuo fianco."

Arjuna ribatté: "Sei vivo e dici queste vane parole perché sei sempre fuggito, persino oggi quando ho ucciso tuo fratello".

Arjuna piegò l'arco a semicerchio e scoccò dozzine di frecce che perforano le corazze. Karna le parò tutte ridendo e con delle frecce precise colpì le mani e le braccia di Arjuna. Il Pandava si riprese subito e fece a pezzi l'arco di Karna. Cinque o sei forti guerrieri vennero in aiuto di Karna, ma Arjuna li uccise, poi con quattro frecce dall'asta di acciaio gli uccise i cavalli e con un'altra potente freccia lo colpì al petto con il fragore di un'esplosione. La freccia perforò la corazza e penetrò nel corpo. Karna svenne, e il suo auriga lo portò in salvo con un altro carro.

Arjuna disse a Bhuminjaya: "Adesso andiamo da mio nonno, il figlio di Shantanu. Anche lui vuole combattere con me".

Bhuminjaya era esausto, e respirando affannosamente disse: "Non credo di farcela a continuare a guidare i tuoi cavalli. Sono fuori di me alla vista di tutto questo sangue e questo macello, non ho mai visto una simile battaglia".

Arjuna lo rinfrancò. "Sei un principe della dinastia dei Matsya, ed è tuo sacro dovere combattere. Fatti coraggio, e troverai la forza nel Potere Supremo. Resisti ancora, perché voglio affrontare il nonno."

Il principe si riprese, e Arjuna aggiunse: "La battaglia non durerà ancora per molto, l'esercito dei Kuru è in rotta".

Quando Arjuna giunse a portata di Bhishma, quattro dei fratelli Kaurava vennero a proteggerlo. Dushashana lanciò un attacco ferendo Bhuminjaya e Arjuna che rispose spezzandogli l'arco e ferendo gravemente lui e i suoi tre fratelli.

Duryodhana, Karna, Kripa, Drona e Ashvatthama attaccarono Arjuna contemporaneamente, tuttavia lui mantenne la calma, invocò l'Aindrastra convocando il potere invincibile del deva del fuoco. Migliaia di frecce infuocate fecero ripiegare i Kuru. Rimase Bhishma che sorrideva, splendido come una montagna bianca al sorgere del sole. Alzò il suo arco laminato d'oro e scagliò una dozzina di frecce che colpirono la scimmia ruggente dello stendardo di Arjuna.

Arjuna lanciò un enorme dardo che distrusse il parasole bianco di Bhishma, facendolo seguire da delle frecce che spezzarono l'asta della bandiera e uccisero i due guerrieri che gli proteggevano i fianchi. Poi colpì i suoi cavalli immobilizzando il carro.

Bhishma invocò le armi divine e il duello si accese. Sembrava la lotta fra Indra e Bali, il re degli Asura. Il Gandiva era divenuto un cerchio di fuoco, e Bhishma danzava sul suo carro come un giovinetto.

Alla fine Arjuna riuscì a penetrare la difesa di Bhishma con un arma che mandò un numero incredibile di frecce dalle ali d'oro a ondate continue. Bhishma cadde e Arjuna ne approfittò spezzandogli l'arco con una freccia a lama di rasoio, poi con dieci dardi d'acciaio con la punta a forma di dente di vitello colpì Bhishma al petto.

Chi era rimasto in vita stava fuggendo, e rimanevano sul campo solo pochi eroi. Duryodhana, che bruciava per la rabbia e l'umiliazione, si parò con il suo carro davanti ad Arjuna, e scagliò tre dardi d'oro che lo colpirono alla fronte. Arjuna rispose a Duryodhana con frecce che pungevano come serpi velenose.

Vikarna, un fratello di Duryodhana, attaccò Arjuna su di un elefante, ed egli colpì l'animale alla testa con una freccia di ferro che penetrò fino al piumaggio. Vikarna si rifugiò sul carro di suo fratello Vivingsati.

Arjuna scagliò un'altra freccia simile che colpì Duryodhana al petto. Il principe Kaurava cadde in ginocchio vomitando sangue, e vedendo che era rimasto solo ordinò al suo auriga di ritirarsi. Arjuna rise e gli gridò dietro: "Perché scappi, o eroe? Rinunci alla tua fama e alla tua gloria? Ricordati di come si comportano i re, e mostra il tuo volto".

Duryodhana e i suoi fratelli continuarono a scappare senza fermarsi.

Ricordandosi della sua promessa alle ragazze di Matsya, Arjuna andò a cercare sul campo le vesti preziose dei guerrieri caduti.

Mentre tornavano in città, Arjuna disse: "Tu sei il solo che conosce la mia vera identità. Preferirei tenere il segreto ancora per un po'. Dì a tuo padre che sei stato tu a sconfiggere i Kuru".

Andarono al crematorio, e Arjuna ringraziò a mani giunte Hanuman che salì in cielo e scomparve. Arjuna issò di nuovo la bandiera con il leone, rimise le armi nel fagotto sull'albero e poi, riprendendo il posto dell'auriga, portò il carro in città.

Capitolo 40

La fine dell'esilio

Il re Virata rientrò in città a mezzogiorno del giorno dopo la sua vittoria con a fianco i quattro Pandava. Arrivò a palazzo e chiese di Bhuminjaya e le dame gli dissero: "Con grande coraggio, il principe è uscito a combattere contro l'esercito dei Kuru su di un carro guidato da Brihannala. Ha promesso di sconfiggere l'esercito dei Kuru e di salvare le mandrie."

Il re si allarmò. "Cosa potrà mio figlio contro guerrieri come Bhishma, Drona, Karna e Duryodhana? E quando i Kuru verranno a sapere della sconfitta di Trigarta attaccheranno la città. Siamo in pericolo."

Il re fece preparare l'esercito per uscire di nuovo. "Dobbiamo salvare Bhuminjaya, ed impedire ai Kuru di attaccare la città. Con un auriga come quello, dubito che mio figlio sia ancora vivo."

Yudhisthira sorrise e si avvicinò al re. "Se Brihannala era il suo auriga, non devi aver paura. I Kuru non riusciranno a batterlo. Nemmeno i deva potrebbero sconfiggerlo."

Il re guardò Yudhisthira, non gli pareva il momento di scherzare. In quel mentre arrivò un messaggero con la notizia che i Kuru si erano ritirati. "Le mandrie sono state recuperate, e tuo figlio e l'auriga stanno tornando".

Il re, sollevato e felice, ordinò: "Decorate le strade, pregate tutte le divinità con offerte di fiori e di incensi. Portate qui mio figlio in trionfo".

Uscì dalla città un corteo di danzatrici, di musici con tamburi, trombe, cimbali e conchiglie, di bramini che recitavano inni e di bardi che lodavano le gesta di Bhuminjaya, per accogliere il principe.

Il re non stava in sé dalla gioia e si rivolse a Yudhisthira. "O Kanka, facciamo un partita a dadi per ingannare il tempo prima dell'arrivo di mio figlio. Oggi la mia felicità non ha limiti."

Al tavolo da gioco il re chiese: "Cosa pensi di queste notizie, Kanka? Mio figlio da solo ha sconfitto l'invincibile esercito dei Kuru".

Yudhisthira disse che non era sorpreso perché Brihannala era con lui. Il re si irritò. "Perché continui a lodare un eunuco ancor più di mio figlio? O bramino, mi stai insultando. Perché mio figlio non avrebbe potuto sconfiggere i Kuru?".

Yudhisthira tirò i dadi. "Quando Bhishma, Drona, Karna, Kripa, Duryodhana e gli altri Kuru si uniscono in battaglia, non conosco guerriero che li possa affrontare, a parte Brihannala. Nessuno lo può eguagliare." Virata gli gettò in faccia i dadi facendogli colare il sangue dal naso.

In quel momento entrò il messaggero che annunciava l'arrivo di Bhuminjaya. Il re disse al messaggero di farlo entrare subito. Il messaggero si voltò per uscire, e Yudhisthira gli sussurrò: "Dì a Brihannala di non venire".

Arjuna aveva fatto il voto di uccidere chiunque gli avesse fatto uscire del sangue. Se Arjuna avesse visto Yudhisthira adesso, Virata sarebbe morto.

Bhuminjaya entrò dopo qualche minuto, inghirlandato e cosparso di pasta di sandalo. Si inchinò ai piedi del padre e si rivolse a Yudhisthira a mani giunte. Vedendolo coperto di sangue chiese a suo padre: "Chi ha fatto questo a Kanka? O re, chi ha commesso questo crimine?".

Il re guardò Yudhisthira con rabbia. "Questo bramino si merita anche di peggio. Ha detto che Brihannala è superiore a te".

Bhuminjaya disse: "Hai peccato! Fa subito pace con lui".

Il re si scusò con Yudhisthira, che lo perdonò, e disse a suo figlio: "O rampollo di Kekaya, in te ho un degno figlio. Hai sconfitto da solo l'esercito dei Kuru e hai salvato le mandrie".

Il principe scosse la testa. "Non sono stato io. È stato il figlio di un deva che vedendomi fuggire spaventato, mi ha fermato e mi ha fatto fare l'auriga. Lui da solo ha devastato quell'esercito di leoni, rispedendoli a Hastinapura con la coda fra le gambe".

Il re chiese al figlio dove fosse quell'eroe, ma Bhuminjaya rispose che non poteva dirlo. Yudhisthira rimase in silenzio e Draupadi sorrise. Presto il re avrebbe saputo la verità.

* * *

Il giorno dopo all'alba, Yudhisthira andò a corte insieme ai fratelli prima dell'arrivo del re. I Pandava, vestiti di bianco e ingioiellati, si sedettero sui troni riservati ai re.

Poco dopo arrivò Virata accompagnato dai ministri. Vide con grande sorpresa che Karna era seduto vicino al suo trono con i Pandava a fianco. Non essendosi ancora reso conto della loro identità, si scagliò verso Yudhisthira. "Come ti permetti? Sei un cortigiano. Perché siedi sul trono con il cuoco, lo stalliere e il mandriano?".

Arjuna si interpose: "Quest'uomo, o re , è degno di sedersi a fianco di Indra, è l'incarnazione della virtù. Anche i deva, gli Asura, i Naga, i Gandharva gli Yaksha e gli altri esseri divini non gli sono uguali. Ha una visione profonda, conosce e pratica il perdono, è potente, veritiero e controllato. O re, questo è il più nobile di tutti i Kuru, il pio re Yudhisthira. Chi altri più di lui si merita il trono?".

Virata spalancò gli occhi, e guardando i fratelli ad uno ad uno, rispose: "Se questo è Yudhisthira, chi sono gli altri quattro? Dov'è il potente Bhima, e Arjuna l'invincibile? Dove sono Nakula e Sahadeva e la casta Draupadi?".

Arjuna indicò Bhima. "Il cuoco è Bhima, dotato di forza e valore smisurati. È stato lui ad uccidere Kichaka. Dall'altra parte di Yudhisthira siedono Nakula, lo stalliere, e Sahadeva, il capo delle tue mandrie. Per quanto riguarda Draupadi, quest'ultimo anno ha servito nel tuo palazzo, e Kichaka è stato ucciso perché la ha insultata. Io sono Arjuna, il terzo figlio di Kunti."

Gli occhi di Virata si riempirono di lacrime. I nobili e virtuosi Pandava avevano scelto il suo regno per l'ultimo anno di esilio. Come aveva potuto non riconoscerli? Il re giunse le mani e si inchinò a Yudhisthira.

Poi Bhuminjaya indicò Arjuna. "È stato lui a distruggere i Kuru, ha salvato le mandrie e umiliato gli eroi di Hastinapura. Sono ancora sordo per i potenti squilli della sua conchiglia."

Virata disse: "È venuto il tempo per onorarvi. Cosa posso fare? Sono in debito verso tutti voi. Bhima mi ha salvato dalle grinfie di Susharma, e Arjuna ci ha salvato dai Kuru. O re, ti prego di perdonarmi per averti offeso.".

Virata offrì il suo regno a Yudhisthira, con scettro, tesoro e città, disse ai bramini di adorarlo, e continuò a ripetere, "Che fortuna!". I Pandava abbracciarono il vecchio re che li guardava senza saziarsi. Poi si rivolse ad Arjuna e disse: "O eroe, ti prego di prendere la mano di mia figlia".

Arjuna mise una mano sulla spalla del re. "Che tua figlia divenga mia nuora. Sarà una ottima alleanza fra le nostre case."

Il re si sorprese. "Perché non vuoi per moglie mia figlia?".

"Da quando sono arrivato, tua figlia mi ha considerato come un padre," rispose Arjuna, "Siamo spesso stati soli insieme. Se la prendessi in moglie, altri potrebbero dubitare della sua purezza. Lascia che la sposi mio figlio Abhimanyu, che è nipote di Krishna. Sarà un buon marito per Uttara e un degno figlio per te".

Il re annuì e approvò. "Hai parlato con saggezza, o uomo virtuoso. Fai ciò che pensi giusto".

Yudhisthira diede il permesso per il matrimonio. Il re mandò messaggi a tutti gli alleati e amici dei Pandava per dire che avevano terminato l'esilio e stavano bene. Da Dwaraka arrivarono Krishna e Balarama con Abhimanyu e altri membri della famiglia. Drupada arrivò con una divisione di soldati, e il grande re Kashiraja, buon amico di Yudhisthira, la cui figlia aveva sposato Bhima, venne anche lui con un grande esercito.

I Pandava li accolsero con rispetto, particolarmente gioiosi di rivedere Krishna, che aveva portato un esercito di vastissime dimensioni.

Venne deciso di celebrare il matrimonio di Abhimanyu e Uttara al plenilunio. La città venne decorata a festa, e i musici rallegrarono il palazzo del re. Un corteo di belle donne con a capo Draupadi accompagnò Uttara al luogo del sacrificio per il matrimonio.

Gli sposi, nel mezzo dei re e dei bramini, risplendevano di luce divina. Virata diede a Abhimanyu una dote di settemila cavalli, duemila elefanti e mucchi di oro e gemme. La cerimonia terminò con una festa. Vennero offerti a Vishnu dei cibi puri, che vennero poi distribuiti ai bramini e poi a tutte le migliaia di presenti. Vennero distribuiti doni e carità, così che tutti lasciarono felici la cerimonia.

* * *

Quando la cerimonia fu terminata, i Pandava pensarono alla prossima mossa. Non si aveva nessuna nuova da Hastinapura. Secondo gli accordi fatti al gioco dei dadi, era giunto il momento in cui Duryodhana doveva restituirgli il regno. Ma sembrava che la faccenda non potesse venire risolta pacificamente. Krishna suggerì di discutere il da farsi in un'assemblea. Così, il giorno dopo il matrimonio, tutti i re si riunirono alla corte di Virata.

Virata e Drupada, i re più anziani, erano seduti nei primi posti con Krishna e Balarama. A loro fianco era seduto Yudhisthira con i suoi fratelli, e dietro dozzine di altri re. Krishna parlò per primo sorridendo e guardando ciascuno negli occhi. "Tutti noi sappiamo che Yudhisthira è stato spodestato dal figlio di Suvala, e sappiamo anche che è stato esiliato con i fratelli per tredici anni. I figli di Pandu, che sono capaci di soggiogare il mondo con la forza delle armi e che sono fedeli alla loro parola, hanno completato il loro voto. Hanno sopportato sofferenze inaudite, in particolare in questo ultimo anno quando sono stati costretti ad accettare di fare i servitori. Adesso chiedono di riavere il regno come promesso."

I re pendevano dalle sue labbra. Krishna continuò. "O re, valutiamo bene la situazione. Benché Yudhisthira sia stato avversato e imbrogliato dai Kaurava, prova ancora affetto per loro. Duryodhana ha tentato ripetutamente di uccidere i Pandava, ma Yudhisthira lo ha tollerato con serenità. Tutti i fratelli obbediscono ai suoi ordini e lui seguirà sempre i miei consigli."

Krishna osservò Yudhisthira che lo stava guardando con adorazione. Yudhisthira voleva solo compiacere Krishna, ed i suoi fratelli condividevano quel sentimento. Persino Bhima, che desiderava ardentemente vendicarsi dei Kaurava, avrebbe rinunciato alla sua rabbia se Krishna lo avesse desiderato.

"Per prima cosa dobbiamo conoscere le intenzioni di Duryodhana mandando un messaggero a Hastinapura. Proviamo a sistemare pacificamente la questione con ogni mezzo possibile. Cerchiamo di evitare ogni violenza non necessaria. Ma se Duryodhana non restituirà le terre di Yudhisthira, sarà guerra. I Pandava uccideranno Duryodhana e tutti i suoi seguaci. Se pensate che la causa dei Pandava sia giusta, combattete al loro fianco. Ditemi, o re se approvate le mie parole."

Balarama prese la parola. Le sue vesti di seta blu scuro sottolineavano la sua carnagione bianca. Un elmetto brillante gli ornava il capo, e attorno al collo aveva delle ghirlande di loti bianchi. Al suo fianco era appoggiata la sua arma, un aratro d'oro.

La sua voce risuonò nella sala. "Il figlio di Devaki ha parlato bene. Le sue parole sono intese per il bene dei Kaurava e dei Pandava. Si divida il regno, e gli eroici figli di Kunti vivranno in pace a fianco dei loro cugini, ciascuno con metà del regno. Tuttavia non si deve condannare i Kaurava. Dopo tutto è stata colpa di Yudhisthira se ha perduto il regno. Malgrado fosse un principiante, ha accettato la sfida di un esperto di dadi come Shakuni. C'erano molti altri re con cui avrebbe potuto giocare, ma lui ha scelto il figlio di Suvala".

Yudhisthira si era sempre sentito in colpa per essersi giocato il regno. Chinò la testa e Balarama proseguì. "Sfortunatamente il coraggioso figlio di Pandu, preso dalla passione e dalla rabbia, si è giocato tutto e ha perso tutto. Perché biasimare Shakuni? Quando ci rivolgeremo ai Kaurava dovremo usare un tono conciliatorio, e cercare di evitare la guerra."

Yudhisthira era d'accordo con le parole di Balarama, ma gli altri quattro fratelli ne furono sorpresi. Sapevano che l'eroe Yadava era affezionato a Duryodhana, suo discepolo per la lotta con la mazza, ma quando l'avevano visto l'ultima volta lui voleva marciare subito nella capitale dei Kuru per punirli.

Satyaki, un eroe Yadava, discepolo di Arjuna per le arti marziali, balzò in piedi. Interruppe Balarama mentre stava parlando, tirandosi addosso gli sguardi di tutti. "O tu che porti l'emblema dell'aratro sulla tua bandiera, mi ripugna chiamarti codardo, ma perché sei così riguardoso verso i malefici Kaurava?"

Balarama rimase seduto tranquillo e Satyaki, rosso di rabbia, proseguì. "Come si può stare seduti qui ad ascoltare quello che dice Balarama? A Yudhisthira è stato sottratto il regno con un vile trucco. Se i Kaurava fossero andati a Indraprastha e li avessero sconfitti sul campo, sarebbe stato leale, ma lo hanno forzato ad accettare la sfida di Shakuni. Perché adesso Yudhisthira dovrebbe rivolgersi a loro in modo servile? Il regno dei Kuru è suo per diritto di nascita, un tempo apparteneva a suo nonno, poi a suo padre. Inoltre, anche se non avesse un diritto ereditario al trono, se lo meriterebbe per le sue qualità. Se i Kaurava non gli renderanno spontaneamente le sue terre ancestrali, io li forzerò con le mie armi".

Satyaki si fece avanti ed andò nel mezzo della sala, e si mise al centro di un disegno del pavimento di mosaico che rappresentava un sole. "Costringerò i malvagi Kaurava a cadere ai piedi di Yudhisthira. Se si rifiuteranno, finiranno nel regno della morte. Chi può resistere all'impatto del Gandiva nelle mani di Arjuna, o alla forza della mazza di Bhima? Quando i Pandava con i loro figli si uniranno a Drupada e i suoi due figli, chi oserà affrontarli? Di fronte ai grandi eroi Yadava cosa faranno i Kaurava? Sterminiamoli tutti e facciamo Yudhisthira imperatore della terra. È vergognoso chiedere favori al nemico."

Avendo così sfogato la sua rabbia, Satyaki tornò al suo posto. Balarama era rimasto imperturbabile, pur capendo i sentimenti di Satyaki. A quel punto parlò il vecchio re Drupada. "O giovane eroe, hai ragione. Duryodhana non cederà mai il suo regno. Dhritarastra è troppo legato a suo figlio, e lo seguirà senza opporsi, e così faranno Bhishma e Drona, che hanno una lealtà fuorviata. Il comportamento che suggerisce Balarama sarebbe preso da Duryodhana come un segno di debolezza. La forza è l'unico linguaggio che ascolta."

Tutti i presenti rispettavano la maturità e la saggezza di Drupada. "Questo è il mio consiglio: prepariamoci per la guerra, mandando messaggeri ai nostri alleati per convocarli. Duryodhana farà certamente la stessa cosa, ed anche adesso i suoi uomini saranno andati a cercare di persuadere anche coloro che contiamo come amici. I nostri messaggeri dovranno precederli, perché i nobili non possono rifiutare coloro che chiedono aiuto per primi".

Poi Drupada fece un elenco dei re e delle nazioni dove potevano trovare alleanze, e concluse: "Mentre mettiamo insieme le nostre forze, mandiamo un brav'uomo da Dhritarastra. Suggerisco di mandare il mio sacerdote, dopo avergli spiegato bene cosa dire ai Kaurava, anche se non mi aspetto nessun risultato. La guerra è inevitabile".

Krishna applaudì. "Queste sono parole degne del valoroso re di Panchala. Io vado a Dwaraka e lascio tutto nelle tue mani, o Drupada. Se quello sciocco di Duryodhana non accetterà la pace per orgoglio e ignoranza, richiamatemi, e farò tutto ciò che posso per aiutarvi".

L'assemblea approvò la proposta di Krishna, e tutti si ritirarono nei loro quartieri. I messaggeri partirono su veloci destrieri diretti in ogni parte del mondo, e presto giunsero a Virata degli eserciti imponenti che si accamparono fuori della città. Anche nella capitale dei Kuru si stavano ammassando grandi eserciti per sostenere Duryodhana. La divina terra tremava sotto il peso di tanti guerrieri.

Drupada, dopo essersi consultato con gli altri re ed i bramini, parlò con il suo sacerdote. "O bramino, tu sai che uomo sia Yudhisthira, e conosci la situazione. Duryodhana non restituirà il regno pacificamente, e il suo vecchio padre lo appoggerà."

Drupada gli spiegò che, benché dovesse andare a Hastinapura per chiedere a Dhritarastra di restituire il regno dei Pandava, c'era anche un altro scopo. Sapendo che Duryodhana e suo padre non avrebbero ascoltato ragione, doveva convincere gli altri Kuru che la richiesta di Yudhisthira era giusta, e che Duryodhana stava facendo una follia a provocare una guerra. Dopo tredici anni con Duryodhana, molti Kuru avevano dimenticato il crudele e disonesto comportamento dei Kaurava. Persino il saggio e virtuoso Balarama sembrava che fosse influenzato da loro.

"Con parole veritiere e virtuose conquisterai il cuore degli uomini onesti. Vidura ti sosterrà, e così Bhishma, Drona e Kripa, e così potrai seminare il dissenso tra i Kuru, che perderanno tempo per ristabilire l'unità fra di loro. Potrebbe anche accadere che Dhritarastra, toccato dalle tue parole, faccia ciò che è giusto".

Il sacerdote partì immediatamente per Hastinapura.

Capitolo 41

I re scelgono le parti

Duryodhana decise di andare personalmente da Krishna per ottenere la sua alleanza. Krishna era così potente da richiedere il suo intervento personale. Krishna e gli Yadava erano i guerrieri più potenti della terra, e se lui si fosse assicurato il loro appoggio, i Pandava non avrebbero avuto possibilità di successo. Duryodhana, montò il suo cavallo migliore e con poche guardie del corpo, galoppò verso Dwaraka.

Anche Arjuna pensò a Krishna, e decise di andare a chiedere l'aiuto del suo amico. Prese un carro veloce e giunse a Dwaraka subito dopo Duryodhana. I due principi si salutarono e andarono insieme nella stanza di Krishna che stava dormendo. Duryodhana si sedette al capezzale, e Arjuna rimase ai piedi di Krishna, a mani giunte, guardandolo in volto gli occhi pieni di lacrime.

Dopo qualche minuto Krishna si svegliò, e quando aprì gli occhi vide Arjuna, poi si mise a sedere e vide Duryodhana. Diede il benvenuto ai due visitatori, e chiese lo scopo della loro visita.

Duryodhana rispose: "Sono venuto qui per chiedere la tua alleanza. O Krishna, sono arrivato prima di Arjuna, e quindi è giusto che tu aiuti me invece di lui".

Krishna sorrise. "Tu sarai arrivato per primo, o re, ma io ho visto prima Arjuna. Quindi vi aiuterò tutti e due. Le scritture dicono che bisogna aiutare prima i più giovani, e quindi darò la scelta ad Arjuna. Ho un esercito di un milione di soldati, noti come i Narayana, tutti forti come me in guerra. Uno di voi prenderà loro, e l'altro avrà soltanto me. Tuttavia io non combatterò, ho deciso di lasciare le mie armi da parte per tutta la guerra. O figlio di Kunti, cosa scegli?".

Arjuna senza la minima esitazione scelse Krishna. Duryodhana non riuscì a nascondere la sua gioia. Arjuna aveva rinunciato a un invincibile esercito per Krishna, che oltre a tutto non avrebbe nemmeno combattuto. Che errore!

Duryodhana disse sorridendo: "Sembra che a me sia rimasto l'esercito. Con il tuo permesso, o Keshava, adesso partirò".

Duryodhana andò al palazzo di Balarama, sperando che prendesse le sue parti nella guerra. Lo trovò seduto nel suo palazzo, e dopo i dovuti rispetti gli fece la sua richiesta.

Balarama, con la mano appoggiata al suo aratro, aveva un aspetto severo. "O figlio dei Kuru, ho parlato a tuo favore all'assemblea di Virata. Ho sottolineato a Krishna che le nostre relazioni con voi sono alla pari, e che la tua causa è giusta quanto quella dei Pandava. O eroe, Keshava non ha accettato le mie parole, ed io non posso essere separato da lui nemmeno per un attimo. Quindi ho deciso di non aiutare nessuna delle due parti. Combatti secondo le regole degli kshatriya, e che la fortuna sia con te."

Balarama si alzò ed abbracciò Duryodhana. Sapendo che Krishna si era schierato con i Pandava, era certo che i Kaurava erano spacciati.

Duryodhana andò da Kritavarma, il comandante in capo degli Yadava. Chiese il suo aiuto, e Kritavarma non poté rifiutare ed acconsentì a combattere a fianco dei Kaurava e partì con Duryodhana per Hastinapura a capo dell'esercito Yadava.

Rimasti soli, Krishna chiese: "Perché invece del mio esercito hai scelto me, sapendo che non combatterò?".

"So che dove ci sei tu ci sarà la vittoria. Se tu avessi voluto avresti sterminato tutti i Kuru. In tua presenza, o eccelso, anche io li potrò vincere. O Krishna, ho desiderato da lungo tempo che tu fossi il mio auriga, Ti prego di esaudire il mio desiderio, se lo ritieni accettabile."

Krishna rispose con amore. "Ne sarò felice."

I due amici passarono un po' di tempo insieme a Dwaraka, poi partirono per Virata con molti capi e guerrieri Yadu.

*   *   *

Il re Shalya di Madras ebbe notizia della guerra imminente. Era il fratello della seconda moglie di Pandu e voleva schierarsi con i nipoti. Partì per Virata con il suo immenso esercito, che scuoteva la terra sollevando nubi di polvere.

Duryodhana lo venne a sapere, e organizzò un ricevimento regale sul suo percorso. Fece erigere dei bellissimi palazzi, mandò degli artisti per gli intrattenimenti, fece preparare squisiti cibi e bevande per tutto l'esercito. Quando Shalya arrivò, fu accolto da migliaia di bramini, e ospitato in un palazzo degno dei deva.

Shalya pensò che l'accoglienza fosse opera di Yudhisthira. Invece gli si presentò Duryodhana, dicendo: "Che tu sia il benvenuto. Dimmi cos'altro posso fare per te".

Shalya, sorpreso, abbracciò Duryodhana e disse: "Ti sono grato per la tua ospitalità. Dimmi cosa desideri".

Duryodhana giunse le mani: "O illustre, desidero che ti schieri con me con il tuo esercito".

Shalya si rese conto di essere stato ingannato, ma per il codice d'onore non poteva rifiutare. Rispose: "Accordato. Cos'altro desideri?".

Duryodhana disse che non desiderava altro, e pieno di gioia continuava a ripetere le parole di Shalya. "Accordato, accordato!".

Shalya, dispiaciuto di doversi mettere contro ai Pandava, disse: "O re, prima desidero visitare Yudhisthira, poi verrò da te".

Shalya proseguì per Virata, dove i Pandava lo ricevettero con i dovuti rispetti. Shalya disse ai nipoti con gli occhi pieni di lacrime: "È bello vedervi pieni di salute e vitalità dopo il vostro esilio. Finalmente l'esilio che vi ha imposto Dhritarastra è finito".

Poi raccontò del suo incontro con Duryodhana e della sua promessa. Yudhisthira, benché deluso, fu d'accordo che era una questione d'onore, e disse: "O re, hai fatto la cosa giusta. Io però avrei una richiesta. Tu sei un auriga impareggiabile e quando ci sarà il duello finale fra Karna ed Arjuna, ti verrà chiesto di guidare il carro di Karna. Ti chiedo di fare tutto il possibile per scoraggiarlo e fargli perdere la concentrazione. Anche se non è corretto, o eroe, te lo chiedo perché temo il figlio di *suta*".

Shalya disse: "Farò ciò che chiedi. O re, tutte le miserie che hai dovuto sopportare per colpa di Duryodhana e Karna presto si tramuteranno in felicità. Questo è il mondo, o eroe, non dartene la colpa. Tutto è sotto il controllo del destino supremo, ed è per il volere del Signore che persone come te soffrono. Ho sentito che persino Indra con la sua regina, ha dovuto soffrire a lungo".

Poco dopo la sua partenza, arrivò Satyaki da Dwaraka con un grande esercito di carri, cavalleria, elefanti e fanteria, equipaggiato con ogni tipo di arma. Erano un'*akshauhini* (divisione) che si unì alle forze di Yudhisthira come un fiume che entra nel mare.

Uno dopo l'altro arrivarono i re alleati. Prima giunse Dhristaketu, il re dei Chedi, con un'*akshauhini* e poi Jayatsena, il re di Magadha. I due re Pandya e Virata contribuirono pure loro con un'*akshauhini* ciascuno, ed infine arrivò Drupada con un esercito radunato in molti paesi e condotto dai suoi due figli, con altre due *akshauhini*. In soli pochi mesi si radunarono a Virata sette *akshauhini*.

A Hastinapura Duryodhana e i re alleati formarono un esercito di undici *akshauhini*. A Hastinapura e nelle regioni circostanti non c'era più spazio per muoversi. Restava soltanto da incontrare i Pandava o i loro emissari. Se non si poteva raggiungere un accordo, sarebbe scoppiata la guerra.

*   *   *

Il sacerdote di Drupada arrivò a Hastinapura poco dopo che l'esercito dei Kuru si era completato. Entrò in città, si fece strada fra la folla e giunse al palazzo di Dhritarastra dove venne ricevuto dal re in persona con Bhishma e Vidura, che lo accompagnarono alla corte. Lo adorarono con l'*arghya* ed altre offerte e lo invitarono a rivolgersi all'assemblea.

Il sacerdote parlò di fronte ai molti re e ministri seduti nella sala dell'assemblea. "Come voi tutti sapete, Dhritarastra e Pandu sono fratelli, quindi hanno pari diritto al trono paterno. Tuttavia, malgrado i figli di Dhritarastra abbiano ricevuto la loro parte del regno, ai Pandava è stata negata la loro, perché i figli di Dhritarastra gli hanno strappato con l'inganno il regno e le ricchezze che si erano virtuosamente guadagnati. Ancor prima, i Kaurava avevano tentato di uccidere i loro cugini in vari modi pur senza riuscire nel loro intento. Malgrado questo, Yudhisthira non ha risentimento, ed ha accettato le sofferenze senza lamentarsi. Ora desidera riavere ciò che gli spetta, e non vuole la guerra."

Il sacerdote guardò Dhritarastra che si agitava a disagio sul trono. Al suo fianco, Vidura e Bhishma annuirono ricordando il terribile giorno in cui i figli di Pandu erano stati esiliati.

"I Pandava desiderano un accordo pacifico. Sono pronti a vivere in amicizia con i cugini dimenticando le sofferenze di questi tredici anni. Però rivogliono il loro regno. Hanno riunito sette *akshauhini*, e benché voi abbiate un esercito più grande non crediate di essere più forti. Sono appoggiati da Drupada, Pandya, Dhristadyumna, Shikhandhi ed altri potenti re. Ognuno dei fratelli Pandava è un *maharatha*, ed Arjuna da solo è più forte di tutto il vostro esercito. Chi oserà affrontarlo sul suo carro guidato da Keshava? Agite secondo virtù, e restituite ciò che dovete".

Il sacerdote finì di parlare, e l'assemblea rimase muta. Toccava a Dhritarastra rispondere, ma il monarca rimase in silenzio. Duryodhana sorrise e guardò Karna. Il sacerdote stava sprecando tempo. Aveva un esercito quasi doppio di quello dei Pandava. Perché mai avrebbe dovuto restituirgli il regno?

Bhishma ruppe il silenzio e ringraziò il sacerdote con parole gentili. "O colto saggio, è una fortuna che i Pandava stiano bene e si siano assicurati l'aiuto di molti re, ed in particolare che Damodara, sia con loro. È pure nostra fortuna che siano virtuosi e desiderino la pace. Tu hai detto il vero, i Pandava hanno sopportato molto, ed hanno diritto al loro regno. Nemmeno Indra potrebbe impedir loro di riaverlo. È quasi certo che Arjuna da solo potrebbe sconfiggerci, lui che può affrontare i tre mondi."

Karna balzò in piedi, e urlò interrompendo insolentemente Bhishma. "O bramino, Yudhisthira è stato sconfitto lealmente ed è andato nella foresta per la parola che aveva dato. Inoltre non credo che il periodo prescritto sia finito. Perché i Pandava chiedono il loro regno? Duryodhana non cederà nemmeno un pollice di territorio per paura. Che i Pandava compiano il loro voto e poi vengano umilmente da Duryodhana che gli offrirà certamente rifugio. Se vogliono comportarsi in modo scorretto e ci faranno la guerra, che vengano pure e troveranno soltanto la sconfitta."

Karna e Duryodhana rifiutavano di accettare che l'esilio fosse finito, secondo le loro stime dovevano passare ancora alcuni mesi. Duryodhana non pensava nemmeno di venire a patti.

Bhishma disse: "O figlio di Radha, perché cianci? A Virata, Arjuna da solo ha sconfitto tutti i nostri guerrieri, te incluso. Se non faremo ciò che dice questo bramino, moriremo tutti."

Alcuni dei re presenti erano d'accordo con Bhishma, ed altri con Karna. In sala c'era un forte brusio, e Dhritarastra alzò la mano per fare silenzio. Rimproverò Karna e disse: "Bhishma ha parlato giustamente e per il nostro bene. Ho bisogno di tempo per deliberare. Aggiorno l'assemblea. O bramino, vai dai Pandava e digli che manderò Sanjaya con la mia risposta".

Il sacerdote ripartì per Virata, e l'assemblea si sciolse lasciando Dhritarastra solo con i suoi servitori.

Il re era convinto che Bhishma avesse ragione. Anche Vidura, Drona e Kripa lo imploravano di controllare Duryodhana e di restituire il regno a Yudhisthira.

Tuttavia, quando parlava con suo figlio si sentiva impotente, e quando cercava di indurlo ad un comportamento retto, Duryodhana si limitava a ridere. Dhritarastra sospirò e si allentò le vesti. Avrebbe dovuto fare un'azione drastica e punire o addirittura imprigionare suo figlio, ma sentiva di non esserne capace. Al massimo poteva consigliarlo, poi sarebbe tutto dipeso da lui e dal destino.

Il re chiamò Sanjaya, che era intelligente e affezionato ai Pandava. Era la persona più adatta per fare il messaggero, e forse sarebbe riuscito a impedire la guerra.

Dhritarastra gli disse: "O Sanjaya, porta il mio messaggio ai figli di Pandu. Sono uomini senza pecca, ed anche adesso, dopo aver sofferto a causa nostra, ci sono rimasti amici. Non hanno nemici a parte quel mentecatto di Duryodhana e Karna che è ancora più perfido. Duryodhana è forte solo a parole, tuttavia è convinto di poter derubare i Pandava di ciò che è loro di diritto. Chi potrebbe pensare di resistere a Yudhisthira, Keshava, Arjuna, Bhima, i figli di Madri, Satyaki e gli altri grandi re? Arjuna, con Krishna che guida il suo carro, da solo può soggiogare i tre mondi.".

Dhritarastra temeva che suo figlio avesse scarse probabilità di vittoria, malgrado il suo esercito fosse più grande.

Dhritarastra rivelò le sue paure a Sanjaya. "Nessuno può sperare di battere Krishna, lui vince sempre. È il migliore degli uomini ed il signore dei mondi. Con il suo aiuto i Pandava potrebbero affrontare le schiere celesti guidate da Indra e Mahadeva. Krishna e Arjuna hanno già mostrato la loro potenza a Khandava, cosa ci possiamo aspettare quando si uniranno a Bhima e ai gemelli? Il nostro esercito è condannato!".

Il re parlò ancora di Krishna. "Egli è Vishnu incarnato. Non ho pace al pensiero delle imprese di Vishnu nelle ere passate. O figlio di Gavalgani, la persona che temo di più è Yudhisthira, che ha praticato a lungo l'austerità. Con la sua ira può incenerire qualunque nemico. La sua causa è giusta, e ciò mi spaventa.

"Vai da lui, parlagli con toni gentili. Digli che desidero la pace ed esaudirò ogni richiesta mi vorrà fare."

Dhritarastra però non fece cenno di voler restituire il regno.

Capitolo 42

Il messaggio di Dhritarastra

Sanjaya giunse a Virata e andò dai Pandava che erano riuniti con Krishna. Yudhisthira lo ricevette con calore, e Sanjaya si inchinò e disse: "È una fortuna, o re, che ti trovo in salute e fra amici. Il saggio Dhritarastra chiede di voi".

Yudhisthira chiese: "I Kuru pensano ancora bene di noi? Si ricordano dell'impareggiabile valore di Arjuna? Si ricordano della forza di Bhima che fa tremare gli eserciti quando impugna la sua mazza? Si ricordano dei gemelli che hanno sottomesso intere regioni della terra con la forza delle armi? Di certo i figli di Dhritarastra non hanno scordato la sconfitta che hanno subito a Dwaitavana, quando Arjuna e Bhima li hanno liberati. Pur desiderando esser loro amici e volendo vivere in pace, temo che non sia possibile. Ahi, Sanjaya, sembra che non ci sia modo di far cambiare atteggiamento a Duryodhana malgrado i nostri migliori sforzi".

"È esattamente come dici," disse Sanjaya, "I Kuru stanno bene, e hanno un buon ricordo di voi. Duryodhana è circondato da uomini saggi e uomini malvagi, e prende ispirazione da questi ultimi. Il suo comportamento verso di voi è deprecabile, e suo padre se ne duole. Il re passa il suo tempo sospirando, perso nel rimorso per il trattamento che vi è stato inflitto. O eroe, ascolta il messaggio di Dhritarastra."

Yudhisthira volle che il messaggio fosse dato davanti a tutti i re presenti a Virata. L'auriga si inchinò all'assemblea prima di parlare. "Offro a tutti i miei rispetti. Dhritarastra mi ha mandato per dire che desidera la pace. Ha detto che i figli di Pandu sono virtuosi, incapaci di azioni malvagie. Yudhisthira è generoso e incline al perdono, ed agisce sempre per il bene di tutti. Come potrebbe compiere un'azione che ci distruggerebbe tutti? Sono veri figli, sostenitori ed amici dei Kuru coloro che sono pronti a sacrificare i loro interessi per quelli della dinastia."

Krishna sorrise, e i re si guardarono tra loro. Il messaggio di Dhritarastra era chiaro. Ascoltarono Sanjaya che lo rese più chiaro.

"Se anche riusciste a soggiogare i Kaurava, o figli di Kunti, e vi riprenderete il vostro regno, cosa guadagnereste? Che accadrebbe in una guerra in cui eroi come te, Keshava, Satyaki, Chekitana e gli altri affrontassero Drona, Bhishma, Kripa, Ashvatthama e gli altri guerrieri Kuru? Sarebbe l'annientamento totale. Stento a credere che i Pandava vogliano una cosa del genere. A mani giunte mi metto ai piedi di Krishna e del vecchio Drupada. Mi metto sotto la vostra protezione, e vi chiedo che sia pace fra i Pandava e i Kaurava".

Yudhisthira attese fino a che Sanjaya fu seduto, e disse quietamente: "Cosa ho detto che ti fa pensare che io voglia la guerra, o Sanjaya? Chi mai, maledetto dagli dei, sceglierebbe la guerra quando la pace fosse possibile? I figli di Kunti si comporteranno solo secondo virtù, per il bene di tutti. Chi agisce obbedendo ai sensi segue una strada che porta alla sofferenza. Dhritarastra e i suoi sciocchi figli non capiscono questa verità".

Yudhisthira guardò Krishna, che sorrise approvando. Il Pandava si alzò mentre parlava, sembrando, con le sue vesti bianche, una bandiera innalzata in onore di Indra.

"Il re, che ha accettato il volere di un figlio ottuso, malvagio e peccatore, adesso si lamenta. Perché non ha ascoltato le parole di Vidura? Per guadagnare prestigio, Duryodhana cerca di togliere prestigio agli altri. È geloso, iroso, altezzoso, sprezzante e pieno di lussuria. Dhritarastra ne è consapevole, tuttavia sceglie di assecondarlo, dimentico di ogni virtù. Non potrà tenersi a lungo ciò che ha guadagnato disonestamente. Lui e suo figlio vogliono governare la terra senza rivali. Non abbiamo sentito niente che indichi che abbiano cambiato atteggiamento, o Sanjaya, e ora considerano che tutte le nostre ricchezze siano loro di diritto."

Yudhisthira indicò i re che sedevano nella sala. "Tutti questi monarchi sanno bene come Duryodhana si è impadronito del nostro regno. Lui e i suoi fratelli, assieme a Karna, pensano di poterci sconfiggere. È ovvio che non hanno visto Arjuna col suo arco Gandiva teso al massimo né Bhima che rotea la sua mazza o i gemelli con le spade in mano. Sanjaya, tu sai quali sofferenze abbiamo patito per mano dei Kuru. Anche così, io li perdono. Che ci sia pace tra di noi. Che loro ci ridiano Indraprastha e si tengano Hastinapura. Che Dhritarastra ci restituisca quello che è nostro di diritto".

Sanjaya aveva dato il messaggio di Dhritarastra, ma ora voleva parlare a titolo personale. Era sorpreso di vedere Yudhisthira, solitamente dedito alla pace, essere così deciso verso la guerra. "Perché vuoi distruggere i Kuru, o re? La morte può venire in qualunque momento, e agli uomini conviene rimanere sulla strada della verità. Nessuno dovrebbe solo pensare di peccare, perché questo pensiero lo porterebbe diritto all'inferno. O Bharata, se i Kuru non ti ridaranno il regno senza guerra, non sarebbe meglio per te vivere come un mendicante piuttosto che sterminarli? Potresti anche vivere felicemente con Krishna e gli Yadava. Il desiderio di ricchezza è nemico della virtù. Colui che rinuncia al desiderio e vive semplicemente, anche se non è ricco, risplende come il sole e diventa famoso in questo mondo, ma colui che è schiavo del desiderio, anche se ottiene la terra, si rovina."

Con tono rispettoso proseguì: "O figlio di Pritha, tu hai studiato i Veda e hai praticato l'ascesi. Hai messo sotto controllo i sensi, ti sei dedicato ai sacrifici e hai elargito carità. Perché adesso ti fai guidare dalla rabbia? Sei già famoso in questo mondo come uomo di altissimi principi, hai fatto il Rajasuya e offerto doni a centinaia di migliaia di bramini. O re, non gettare tutto al vento distruggendo i tuoi meriti religiosi. Quale felicità potrai avere quando tu e i tuoi fratelli avrete ucciso tutti i vostri parenti? Anche dopo aver conquistato la terra dovrai mietere i frutti delle tue buone e cattive azioni. La felicità e la sofferenza arriveranno a tempo debito, ed alla fine incontrerai la vecchiaia e la morte. O eroe, sapendo tutto ciò, non combattere. Se i tuoi consiglieri vogliono la guerra, dovresti lasciarli".

Sanjaya si sedette di nuovo e Yudhisthira pensò prima di rispondere. Il suono dell'acqua delle fontane nei giardini vicini faceva una melodia tintinnante. In distanza si sentivano le campanelle dei templi, e il fumo dell'incenso saliva lentamente nella sala mentre tutti aspettavano la risposta di Yudhisthira.

Finalmente lui disse: "È certamente giusto quello che dici, uno non deve deviare dalla virtù. Tuttavia, prima di biasimarmi dovresti accertare se seguo il vizio o la virtù. Qualche volta la virtù sembra vizio e viceversa, e solo dopo un'attenta osservazione si può discernere fra i due. Tutti gli uomini dovrebbero fare il proprio dovere a seconda della loro posizione sociale. I bramini possono chiedere la carità per vivere, ma gli kshatriya non possono farlo, ed anche in momenti difficili i re non possono accettare carità. Il creatore ha stabilito le regole secondo le quali noi dobbiamo vivere conquistando il dominio sulle terre per proteggere le genti. Io non vorrei nemmeno il regno dei deva, se ottenuto in modo disonesto.

"Krishna conosce ogni sfumatura del sapere vedico, e possiede una grande saggezza. Lasciamo che decida lui. Io seguo sempre ciò che lui dice. Ascoltiamo la sua opinione."

Yudhisthira si sedette e Krishna si alzò per prendere la parola. Il fulgore del suo corpo sembrava illuminare la sala con la sua luce mistica. La sua carnagione scura come una nuvola autunnale, era incorniciata da lucenti sete gialle e da ornamenti d'oro, e gli occhi simili a petali di loto si rivolsero a Sanjaya. "O Sanjaya," disse, "io voglio che i Pandava e i Kaurava siano felici e prosperosi. Voglio la pace, e sono felice di sapere che la vuole anche Dhritarastra. Yudhisthira ha già mostrato un raro impegno per la pace, dato che è stato insultato e maltrattato dai Kuru. Perché ora vorrebbe acuire il conflitto fra sé e i cugini? Certamente, o Sanjaya, tu conosci come me la natura del bene e del male. Perché allora trovi colpe al figlio di Pandu che ha sempre rispettato i suoi doveri?

"Per quanto riguarda la nostra situazione attuale ci sono due scuole di pensiero tra i bramini. Alcuni dicono che la perfezione si raggiunge rinunciando ai propri doveri, ed altri sostengono l'opposto, che i doveri devono essere rispettati senza attaccamenti. La mia opinione è quest'ultima, o Sanjaya. Anche per mantenersi l'uomo deve fare il suo dovere in questo mondo. La conoscenza senza lavoro non dà frutti.

"Guarda come risplendono in cielo i deva. Per il loro lavoro il vento soffia ed il sole genera infaticabilmente il giorno e la notte. La terra, senza mai dormire, porta il suo peso, e i fiumi non cessano di portare l'acqua per i bisogni di tutte le creature. Indra ha ottenuto il suo stato rinunciando al piacere e alla gratificazione dei sensi, e questo vale anche per tutte le divinità principali. Sapendo questo, o *suta*, perché parli a favore dei Kaurava esortando i Pandava a rinunciare ai loro doveri? Sei saggio, quindi considera questa domanda: Il dovere di un re è combattere o non combattere? Certamente tu sai che il creatore ha dato ai re la forza di fermare e persino uccidere i miscredenti. Dhritarastra ha derubato Yudhisthira della sua proprietà. Quando uno ruba, apertamente o meno, commette peccato. Perché Duryodhana e i suoi seguaci non dovrebbero subire le conseguenze dei loro peccati? Yudhisthira non è quindi giustificato nel voler recuperare ciò che gli è stato rubato, anche se è costretto ad uccidere i ladri?".

Krishna lanciò un'occhiata a Yudhisthira e i suoi fratelli, e continuò. "Certamente Yudhisthira vuole la pace, ma se il regno non gli verrà restituito, secondo me è suo dovere dichiarare la guerra. O Sanjaya, vai ed esponi questi principi a Dhritarastra, ai suoi figli ed a tutti i re che li assistono.

"Mio caro Sanjaya, lascia che ti ricordi che tutti i Kuru hanno commesso un grave peccato. Tutti loro, persino Bhishma, hanno taciuto quando Draupadi piangeva nelle grinfie di Dushashana. Quello schiavo della lussuria l'ha trascinata violentemente davanti ai suoi padri per insultarla e abusare di lei. Se Dhritarastra avesse fermato i suoi figli, mi avrebbe soddisfatto, ma sia lui che tutti i Kuru, ad eccezione di Vidura e uno kshatriya onesto, non hanno detto niente. Anche gli altri re hanno taciuto, e anche tu, Sanjaya non hai detto una parola. E adesso vorresti predicare la rettitudine a Yudhisthira?".

Gli occhi di Krishna lampeggiavano mentre descriveva la tragica scena. "In quel momento Karna ha detto delle parole così tremende a Draupadi, che le ha trafitto il cuore. 'Sarai la schiava dei Kaurava!', ha detto l'idiota, 'I tuoi mariti non sono più i tuoi mariti, scegliti un altro uomo.' Le parole di Karna hanno trafitto anche il cuore di Arjuna.

Shakuni, il peccatore, continuava ad incalzare Yudhisthira. 'Ti è solo rimasta Draupadi, o re, giocatela!'

E ancora, mentre i Pandava stavano per partire, vestiti di pelli di cervo, Dushashana ha detto: 'Questi eunuchi, sconfitti e rovinati, andranno all'inferno per lungo tempo.'"

Krishna fece una pausa per lasciare che le parole facessero il loro effetto. Dopo tredici anni il ricordo di quei terribili eventi si era affievolito, ma quando Krishna li descrisse, Sanjaya ricordò l'orrore di quel giorno. Sapeva di aver sbagliato a rimanere in silenzio mentre Duryodhana e i suoi amici commettevano quel crimine. Per una mal posta lealtà per il re cieco era rimasto a guardare angosciato i nobili Pandava e la loro gentile moglie che pativano quei tremendi insulti. Quel giorno furono piantati i semi della tragedia. Le frecce che i Kaurava avevano scagliato allora gli sarebbero tornate contro come dardi fiammeggianti lanciati dal Gandiva. Il silenzio degli anziani di quel giorno si sarebbe trasformato nel fragore della battaglia. Sanjaya chinò la testa.

Krishna proseguì: "Andrò a Hastinapura per ricordare ai Kuru questi eventi, e sistemeremo la faccenda. Se si potrà fare pace senza ledere gli interessi dei Pandava, sarà una buona cosa. Spero che i figli di Dhritarastra mi accoglieranno con rispetto quando andrò a parlare di virtù e umanità. Altrimenti puoi stare sicuro che quegli uomini corrotti e malvagi perderanno tutto sul campo di battaglia. Bhima con la sua mazza ricorderà a Duryodhana le sue parole crudeli".

Krishna concluse il discorso con delle metafore poetiche."Duryodhana è l'albero del male, Karna è il suo tronco, Shakuni i suoi rami, Dushashana e i suoi fratelli sono i fiori e i frutti e il cieco re Dhritarastra le sue radici. D'altro canto, Yudhisthira è un albero alto e pieno di virtù, Arjuna il tronco, Bhima i rami e i gemelli sono i fiori e i frutti. Io con i Veda e i bramini sono le sue radici.

"O Sanjaya, dì al tuo padrone che la pace con i Pandava è la sola cosa intelligente da fare. I Kuru sono come la foresta e i Pandava le tigri. Senza le tigri, gli uomini taglierebbero gli alberi, e senza la foresta le tigri non avrebbero protezione. Hanno bisogno l'uno dell'altro.

"I Kaurava sono i rampicanti che soffocano la virtù, e i Pandava sono grandi alberi di *sal*. Senza il sostegno degli alberi, i rampicanti non possono crescere. I figli di Pandu sono pronti a servire Dhritarastra oppure a combattere. Tutto adesso è nelle mani del re. Torna, o saggio e spiega tutto a Dhritarastra.".

Sanjaya non replicò, sapeva che Krishna aveva detto la verità, e gli si inchinò, poi si rivolse a Yudhisthira dicendo: "Con il tuo permesso adesso partirò. Che la felicità e la prosperità siano con te, e che il re guardi a te con buona disposizione".

Yudhisthira lo salutò dicendo: "O Sanjaya, sappiamo che tu ci vuoi bene, le tue parole non ci hanno offeso, perché hai parlato con cuore puro. A parte te, solo Vidura avrebbe potuto venire qui. O saggio, porta i nostri riguardi agli anziani e ai nostri amici, i nostri rispetti ai bramini, ed il nostro affetto al popolo. Il re li sta proteggendo a dovere? O Sanjaya, le disposizioni che noi avevamo dato per il benessere del popolo, sono ancora in atto? Spero che sotto il governo dei Kuru nessuno sia bisognoso o sofferente".

Yudhisthira nominò i Kuru uno per uno, e chiese a Sanjaya di salutarli tutti. Poi aggiunse: "Vai da Duryodhana che è duro di comprendonio, malvagio, ignorante e schiavo del vizio, e digli che il desiderio di dominio incontrastato non ha giustificazioni. Digli questo: 'O restituisci Indraprastha o combatti.'".

I re applaudirono le parole di Yudhisthira e il Pandava alzò la mano per fare silenzio, e si rivolse a Sanjaya per aggiungere: "Spero che il Signore Supremo benedica quell'idiota con della saggezza. Sanjaya, dì anche questo a Duryodhana: 'I figli di Pandu, per evitare che i Kuru vengano sterminati, sono pronti a dimenticare persino che la loro moglie è stata svestita e insultata. Perdoneremo tutti gli insulti e i mali che ci sono stati fatti, ma vogliamo ciò che ci spetta. Rinuncia alla tua ingordigia per le proprietà altrui, solo così ci potrà essere pace. Accetteremo anche una sola provincia in modo da poter svolgere i nostri doveri di governare e proteggere la gente. Dacci solo cinque villaggi, uno per ciascuno di noi, e poniamo fine a questa disputa. Voglio vedere i Kaurava e i Panchala insieme in allegria. Per fare il mio dovere sono pronto alla pace o alla guerra. La scelta è nelle tue mani'".

Quando Yudhisthira ebbe finito, ciascuno dei suoi fratelli diede dei messaggi per i Kaurava, e Sanjaya assicurò che li avrebbe riportati parola per parola. Poi si inchinò all'assemblea e partì per Hastinapura.

Capitolo 43

L'ansia del re cieco

Dhritarastra sedeva da solo nelle sue stanze. Sanjaya era assente da molti giorni ed era atteso da un momento all'altro. Il re cercava di immaginarsi come i Pandava avrebbero reagito al suo messaggio. Il gentile Yudhisthira non avrebbe certamente optato per la guerra, come avrebbe potuto pensare di uccidere i suoi amati anziani? Tuttavia avrebbe agito secondo i consigli di Krishna, e lui era un elemento sconosciuto. Dhritarastra non riusciva a comprendere le motivazioni e le intenzioni di Krishna, che a volte gli sembrava imparziale – o almeno diceva di esserlo – e tuttavia sembrava sempre in favore dei Pandava. Tuttavia aveva dato il suo esercito a Duryodhana e aveva promesso di non combattere. Era difficile da capire.

Un messaggero gli annunciò il ritorno di Sanjaya, ed il re ordinò di farlo entrare subito. Sanjaya si presentò a mani giunte e disse: "Yudhisthira manda i suoi saluti, e ti augura buona salute". "Che tu sia benedetto, Sanjaya, e ben tornato. Dimmi come stanno Yudhisthira e i suoi fratelli?" "I Pandava stanno bene. Yudhisthira desidera riavere quello che era suo, e per lui la virtù è superiore all'acquisizione della ricchezza, ed è l'essenza della gioia e della felicità. Quell'essere divino, motivato solo dalla virtù, vuole tornare a proteggere la gente secondo i doveri eterni che il creatore gli ha assegnato. Le tue azioni sono state peccaminose, o re, e presto ne soffrirai le conseguenze".

La lunga e intima relazione di Sanjaya con il re gli permetteva di essere franco. Il re sussultò mentre lui continuava. "Rifletti attentamente sulle tue decisioni, o re, perché le tue motivazioni sono suicidali. Hai agito con disonore verso i Pandava, e tutti ti biasimano per le tue azioni malvagie e crudeli. Si possono capire azioni del genere quando sono fatte da uomini di classi inferiori, ma tu sei nato nella stirpe dei Bharata, e hai il consiglio di molti saggi ministri. Anche tu sei saggio e conosci la differenza fra giusto e sbagliato, perché allora agisci in modo da trascinare alla rovina la tua famiglia?".

Dhritarastra si premette le dita sugli occhi, sentiva un caldo insopportabile benché due giovani damigelle lo rinfrescassero con piumini di *chamara*. Si allentò la tunica e chiese una coppa d'acqua fresca, ma Sanjaya non lo risparmiò. Il tempo della diplomazia era finito. Se c'era ancora una piccola speranza di impedire il disastro, il re doveva continuare ad essere bersagliato dalla verità fino a desistere dalla sua passività.

"Certamente i Pandava sono aiutati da forze divine, altrimenti come avrebbe potuto Arjuna andare in cielo con il suo corpo materiale? O re, io ti condanno, hai agito senza riguardo per le leggi divine. Se tu non cambi la tua decisione, sarai responsabile della morte di molti. Arjuna distruggerà i Kuru come un mucchio di paglia secca. Sotto l'influenza del tuo figlio scapestrato non hai impedito la partita a dadi. Guarda il risultato di quella follia. O re, sei debole e non riuscirai a mantenere la sovranità su questo grande regno, così come uno sciocco non riesce a mantenere una ricchezza che gli è giunta inaspettatamente."

Era tardi e Sanjaya era stanco per il lungo viaggio. Chiese a Dhritarastra il permesso di ritirarsi e disse che sarebbe tornato la mattina dopo per comunicare all'assemblea il messaggio di Yudhisthira. Il re lo salutò con parole affettuose. Sapeva che Sanjaya aveva in mente solo il suo interesse, anche se le sue parole erano dure.

Dhritarastra rimase solo, con la mente devastata da pensieri dolorosi. Tutto ora dipendeva da lui. Sarebbe stato certamente giusto ridare Indraprastha a Yudhisthira, ma Duryodhana non sarebbe mai stato d'accordo. Sarebbe stato capace di fermarlo? Erano passati quasi vent'anni da quando Dhritarastra era salito al trono, ed ora era il signore della terra assieme a Duryodhana, il suo rappresentante al potere. Dare a Yudhisthira il suo regno avrebbe posto fine a tutto questo, e il Pandava avrebbe presto ristabilito la sua supremazia sui cugini, eclissando lui e Duryodhana. Il re si sentì tremare. Dopo aver goduto di tanto potere, perderlo sarebbe stato peggio della morte.

Benché fosse tardi, Dhritarastra sentì il bisogno di vedere Vidura. Nessuno poteva dargli consigli imparziali e ponderati quanto lui. Il re lo mandò a chiamare e dopo poco egli arrivò dicendo: "O grande re, cosa posso fare per te?".

Il re lo fece sedere accanto a sé e gli disse con voce triste: "O Vidura, ho appena parlato con Sanjaya, che mi ha criticato duramente. Non mi ha ancora riportato il messaggio di Yudhisthira e sono preoccupato. Il corpo mi brucia e non posso dormire. Dimmi cosa posso fare per alleviare il mio stato".

Vidura, che era stato chiamato mentre meditava e pregava, rispose: "L'insonnia viene a coloro che sono sotto l'attacco di uno più forte di loro, coloro che non sono riusciti ad ottenere i loro scopi, coloro che sono stati derubati, coloro che ardono di passione e i ladri. Spero che tu non appartenga a una di queste categorie".

Malgrado tutto, l'affetto di Vidura per suo fratello non era mai calato. Lo aveva sempre consigliato, sperando che un giorno sarebbe potuto tornare in sé. Forse adesso, di fronte a una disgrazia imminente, sarebbe stato più ragionevole. Vidura disse: "Yudhisthira è un nobile re. Avresti dovuto tenertelo vicino, ma lo hai mandato in esilio, e per questa cecità sei da condannare, o re. Adesso hai dato il governo della terra a Duryodhana, che è nemico di Yudhisthira, come puoi aspettarti la pace e il benessere?

Si dice saggio colui che non si lascia deviare dai suoi doveri dalla rabbia, dall'esaltazione, dall'orgoglio, dalla lussuria o dall'ignoranza, e rimane concentrato sullo scopo supremo dell'esistenza. I saggi agiscono secondo religione, piuttosto che seguire la strada del piacere e non si lamentano per ciò che hanno perduto o per quello che non possono ottenere. Sanno che questa vita è breve e miserabile, riconoscono la supremazia di Dio e la loro posizione di servitori. Tutte le loro azioni sono mirate a compiacere il Signore.

D'altro canto lo sciocco è orgoglioso malgrado la sua ignoranza, cerca il piacere con il peccato e desidera ciò che è di altri. Ricorre all'imbroglio e alla violenza e non si cura di ferire gli altri per ottenere i suoi scopi. Lo sciocco dimentica i propri doveri e desidera ciò che non dovrebbe essere desiderato. Manca di capacità di discernimento e si fa amico di chi dovrebbe essergli nemico, e odia coloro che sarebbero degni di amicizia. Quando fallisce nelle sue imprese dà la colpa agli altri e punisce gli innocenti."

Vidura continuò a parlare per tutta la notte, cercando di portare il vecchio re su una strada di virtù e verità. Il re Kuru era d'accordo su tutto ed era felice di ascoltare. Riconobbe la propria stupidità e i suoi peccati, e li ammise senza esitare. Chiese a Vidura di continuare a parlare, facendogli una domanda dopo l'altra. La notte finì mentre Vidura stava prospettando le conseguenze delle ingiustizie verso i Pandava. Dhritarastra sapeva che anche se avesse voluto agire con giustizia, non aveva sufficiente forza di volontà per contraddire Duryodhana. Nell'assemblea dei re, non sarebbe stato in grado di accogliere la richiesta di Yudhisthira.

Vidura si rese conto che le sue parole non erano servite e pensò che Dhritarastra doveva ascoltare qualcuno spiritualmente più autorevole. Aveva parlato per ore, e concluse: "Io sono solo un sudra, o re, e non posso dire di più. Conosco tuttavia chi ti può aiutare. Il santo Sanat-Sujata mi ha insegnato le eterne verità dei sacri Veda, ha vissuto una vita di celibato e le sue parole sono pure e potenti. Con il tuo permesso lo invocherò e lui apparirà.".

Dhritarastra assentì e Vidura si sedette in meditazione, concentrando la sua mente su Sanat-Sujata. Il rishi apparve immediatamente. Il suo corpo era splendente, e aveva con sé solo un vaso per l'acqua e un bastone. Vidura lo accolse con i dovuti riti, e gli offrì un trono vicino al re e gli disse: "O signore, il re ha dei dubbi che io non riesco a chiarire. Solo tu puoi liberarlo dal dualismo per aiutarlo a concentrarsi sulla strada della virtù".

Il rishi acconsentì e Vidura disse al re di porgli le sue domande. Dhritarastra disse: "O Sanat-Sujata, ti prego di guidarmi. Come devo comportarmi in modo da non continuare ad essere sempre soggetto al ciclo della nascita e della morte?".

Sanat-Sujata rispose: "Ascolta o re, si dice che l'ignoranza è la vera morte, e se non c'è ignoranza non c'è morte. Coloro che sono dominati dalla lussuria, la rabbia e l'avidità sono sotto il dominio di Yamaraja e continueranno a rivedere quel grande deva e andranno all'inferno. Quindi rinasceranno fra gli animali e gli uomini di questo mondo, ricominciando il ciclo. Chi invece controlla i propri sensi verrà salvato da queste sofferenze, e per lui la morte è una tigre di paglia. Devi quindi coltivare la coscienza dell'anima eterna che esiste separatamente dai sensi ed è diversa dal corpo fisico".

Dhritarastra chiese: "Dove vanno coloro che controllano i sensi?".

Sanat-Sujata, che era seduto sul suo seggio d'oro a gambe incrociate con i pollici uniti agli indici in cerchio, proseguì. "Bisogna fare sacrifici e penitenze per compiacere il Signore Supremo, e se farai questo andrai nelle regioni eterne da cui non c'è ritorno. Passo passo si progredisce lungo la strada della conoscenza, senza mai identificarsi con il corpo materiale, ed agendo sempre per il progresso spirituale".

Dhritarastra era cosciente che le sue azioni erano sbagliate. Peggio ancora, sapeva che non sarebbe riuscito a cambiare, e avrebbe dovuto fare molte penitenze e pratiche ascetiche per espiare i suoi peccati, prima di poter vivere secondo gli insegnamenti del santo. Sembrava che per adesso il destino lo portava a comportarsi all'opposto.

Sanat-Sujata leggeva i sentimenti interiori del re, tuttavia continuò a parlare. Poi sarebbe toccato a Dhritarastra di decidere cosa fare. Il saggio sapeva che la sola cosa che poteva fare era di spiegargli le conseguenze dei vari corsi d'azione possibili.

Il re chiese: "Come si arriva a conoscere l'Anima Suprema?".

"Il Supremo, noto come Brahman, può essere conosciuto soltanto da colui che ha raggiunto la propria natura spirituale. Ciò si ottiene servendo il maestro spirituale, studiando i Veda, osservando il celibato, facendo pratiche ascetiche, e astenendosi dalla violenza verso gli altri. Gradualmente ci si libera dall'influenza della natura materiale e ci si colloca nella propria natura spirituale originaria. In seguito, con la meditazione, si arriva a conoscere il Supremo."

Dhritarastra era curioso . "Quale forma ha l'immortale e onnipresente Essere Supremo in questo mondo? È bianco, rosso, nero o di un altro colore? Quali sono i suoi attributi?".

"Può mostrarsi di qualunque colore, ma non è nulla che assomigli alla tua esperienza. È la forma dell'universo, e contemporaneamente appare nel cuore con la dimensione di un unghia di pollice. Tutto riposa in lui, ed in lui viene riassorbito al tempo della dissoluzione. È privo di dualità, e da lui nascono le infinite varietà della creazione. Le sue braccia e gambe sono dappertutto, tuttavia lui è immobile. Vede tutto e possiede tutta la conoscenza, e nulla gli è sconosciuto."

Tornando alla domanda del re su come conoscere il Supremo, il saggio descrisse quale comportamento innalza a livello spirituale. Spiegò la natura del Brahman, e lo stato che si prova quando si realizza quella natura. Sanat-Sujata parlò fino che il sole nascente riempì di luce la camera del re. Vedendo che era mattino, il rishi concluse il discorso e si alzò per andarsene. Vidura gli toccò i piedi e lui e il re lo ringraziarono per i suoi insegnamenti. Sanat-Sujata svanì e i due fratelli si prepararono per l'assemblea.

Capitolo 44

Il panico tra i Kaurava

Duryodhana quel giorno si era alzato presto. Dopo essersi lavato ed aver ricevuto l'adorazione e le lodi dei bramini di corte e dei bardi, il principe si incontrò con Shakuni e Karna, ed espresse la sua determinazione a non restituire ai Pandava il loro regno. I suoi amici gioirono, incoraggiandolo a rimanere fermo, e assicurandogli che il suo vecchio padre non lo avrebbe forzato a restituire Indraprastha se lui avesse insistito.

Dhritarastra entrò nella sala accompagnato da Vidura e andò a sedersi sul suo trono. Il pavimento della sala era stato spruzzato di acqua profumata e cosparso di petali di fiori. Intorno a Dhritarastra c'erano Vidura, Bhishma Drona, Kripa, Shalya, Kritavarma Jayadratha, Bhalika, Somadatta, Ashvatthama e Duryodhana con i suoi cento fratelli. Gli uomini risplendenti nelle loro sete sgargianti e gli ornamenti, rischiaravano l'ambiente, come un'assemblea di esseri divini.

Quando tutti ebbero preso posto, l'inserviente annunciò che Sanjaya era arrivato con il messaggio. Dhritarastra chiese di farlo entrare in sala, e Sanjaya si inchinò ai piedi del re. A mani giunte si rivolse all'assemblea e disse: "O figli dei Kuru, sono appena ritornato dai Pandava. Ascoltate ora il messaggio che quegli uomini virtuosi vi hanno mandato tramite me".

Sanjaya espose fedelmente il messaggio di Yudhisthira come lo aveva sentito: "o i Kuru restituivano il regno dei Pandava, o almeno cinque villaggi, o ci sarebbe stata guerra".

Dhritarastra non disse nulla, era pensieroso. Dopo qualche momento disse: "Voglio sentire anche il messaggio di Arjuna, perché il massimo pericolo viene da lui. Dimmi Sanjaya, cosa ha detto Dhananjaya, il distruttore dei peccatori?".

Sanjaya rispose: "Queste furono le parole di Arjuna, impaziente di combattere".

Richiamando lo spirito con cui Arjuna aveva parlato, Sanjaya ripeté le sue esatte parole. "Parla ai figli di Dhritarastra in presenza dei Kuru. Il loro tempo è venuto. Parla anche in presenza di quei re che sono venuti da ogni angolo del mondo per combattere i Pandava. Se Duryodhana non restituisce il regno a Yudhisthira e sceglie la guerra, i nostri scopi saranno raggiunti. Digli di non scegliere la pace, ma di combattere con me, Bhima, Nakula e Sahadeva, Satyaki, Dhristadyumna e Shikhandhi. Non vedo l'ora. Per le nostre sofferenze di questi tredici anni, desidero che il figlio di Dhritarastra trovi un eterno letto di dolore sul campo di battaglia. Non avrebbe mai potuto vincere Yudhisthira in un combattimento leale e quindi ha fatto ricorso all'imbroglio. Il primogenito di Pandu ha pazientemente sopportato tutte le avversità. Quando dirigerà la sua ira verso i Kaurava, allora Duryodhana avrà modo di pentirsi."

Duryodhana sogghignò mentre Sanjaya continuava a raccontare come Arjuna immaginasse la guerra. "Come un fuoco furioso divora l'erba secca, così l'esercito dei Kaurava sarà consumato dallo sguardo di Yudhisthira. Quando Duryodhana vedrà Bhimasena che vomita il veleno della sua rabbia, si pentirà. Quando quel vanitoso vedrà Bhima falciare elefanti a migliaia e spedire i suoi guerrieri all'altro mondo, si pentirà. Quando Nakula scenderà dal suo carro con la spada in mano, falciando i guerrieri come un contadino che falcia il grano, allora il malvagio si pentirà. Quando Sahadeva taglierà la testa dei re con le sue frecce ben mirate, ed infine incontrerà il maligno Shakuni, allora Duryodhana si pentirà.

Ho scelto Krishna come auriga a preferenza di Indra e del suo fulmine. Se Krishna desidera la vittoria di qualcuno, anche se egli non combatte, quella persona non può sbagliare. Chiunque voglia sopraffare Krishna è come volesse attraversare l'oceano a nuoto o spegnere un fuoco ruggente con le mani nude, o fermare il sole o la luna nel loro corso celeste. Il migliore di tutti gli uomini, il Signore di tutti i mondi, ha già trucidato demoni più potenti di Duryodhana. Anche l'invincibile Naraka, il figlio della terra, che superava facilmente i deva in battaglia, ha dovuto soccombere alle armi irresistibili di Krishna. Duryodhana crede di sconfiggere Krishna, che è il supremo Vishnu, o catturandolo o portandoselo dalla parte dei Kaurava, e quell'idiota si renderà presto conto della sua ignoranza."

Il messaggio di Arjuna finì con la descrizione dei presagi che aveva visto. "L'arco Gandiva si tende senza che io lo tocchi, e le mie frecce escono da sole dalla faretra. La mia spada affilata salta fuori dal fodero, e vicino ai miei stendardi sento: 'Quando aggiogherai i cavalli al carro, o Kiriti?' Di notte branchi di sciacalli ululano gioiosamente e gli avvoltoi e i corvi scendono dal cielo. Tutti questi segni indicano un massacro, e si avvereranno quando scatenerò le mie armi divine. Non lascerò traccia dell'esercito dei Kaurava. Io agirò come gli anziani vorranno: o fermano Duryodhana, o ci sarà guerra."

Ci fu silenzio nell'assemblea. Duryodhana si guardava in giro sogghignando e Karna ardeva di rabbia stringendo l'impugnatura d'avorio della sua spada. Alla vista dell'indifferenza di Duryodhana, Bhishma gli parlò gravemente.

"O principe, ascolta. Un tempo i deva andarono a visitare Brahma, e quando arrivarono alla sua dimora videro due esseri luminosi che illuminavano la regione con il loro splendore. Erano i rishi Nara e Narayana, gli sterminatori di demoni, che avevano da sempre fatto pratiche ascetiche per il bene del mondo. I deva erano andati da Brahma per timore degli Asura, e si rivolsero ai due rishi implorandoli di aiutarli. Con il loro aiuto i deva trionfarono distruggendo gli Asura. Ora quei due rishi sono riapparsi come Krishna e Arjuna. Insieme hanno sconfitto i deva a Khandava e insieme lotteranno contro di noi".

Bhishma lanciò un occhiata penetrante a Duryodhana che si agitò a disagio sul trono, non volendo sentir parlare del valore e della forza del nemico.

Bhishma concluse. "Nara e Narayana continuano ad incarnarsi in questo mondo per distruggere i miscredenti e i demoni. Figliolo, quando li vedrai pronti a combattere, ti ricorderai delle mie parole. Cercando lo scontro hai perso di vista sia la virtù che la convenienza. Non andare in guerra contro di loro, e se ignorerai il mio consiglio, sarà la nostra fine.

Tuttavia sembra che tu voglia ascoltare solo il consiglio di tre persone: Karna, che è figlio di un *suta* e che è stato maledetto dal suo guru, l'astuto Shakuni e il tuo limitato fratello Dushashana."

Karna, che già ribolliva per il messaggio di Arjuna, adesso esplose per la rabbia. Si alzò di scatto ed esclamò: "Io seguo i doveri degli kshatriya e non ho mai deviato dalla virtù, e desidero soltanto il bene dei Kuru. I figli di Dhritarastra stanno governando il mondo onestamente, perché dovrebbero cedere il regno ai loro nemici? Penserò io a sterminare i Pandava".

Karna fece un ruggito e si sedette. Bhishma lo guardò con tristezza e rivolgendosi a Dhritarastra disse: "O re, benché questo figlio di *suta* si vanti della sua forza, non vale neanche un sedicesimo dei Pandava. Questo sciocco è corresponsabile della disgrazia che si sta per abbattere sui tuoi figli. Duryodhana, incoraggiato dalle sue promesse, è pronto ad affrontare Arjuna. Questo tuo figlio scervellato, affidandosi a Karna, ha offeso i Pandava. Cosa potrà mai fare questo vanesio che si possa paragonare a quello che Arjuna ha già fatto? Cosa ha fatto quando Arjuna ha ucciso suo fratello nella battaglia contro i Matsya? Cosa ha fatto quando tuo figlio è stato catturato dai Gandharva? E ora ruggisce come un toro qui davanti a noi".

Bhishma si sedette, mentre Karna se ne stava a testa china senza dire nulla. Le parole di Bhishma lo avevano ferito profondamente, e desiderava avere la possibilità di provare che si sbagliava. L'arma shakti di Indra avrebbe sistemato la questione una volta per tutte. Non l'aveva portata a Virata perché non si aspettava di incontrare Arjuna. Non avrebbe ripetuto l'errore, e Bhishma sarebbe stato messo a tacere.

Drona, il vecchio insegnante di arti marziali, si alzò per parlare. Si rivolse a Dhritarastra dicendo: "Ascolta bene le parole di Bhishma e segui il suo consiglio, o re. La pace con i Pandava è la soluzione migliore. Se ci sarà la guerra le parole di Arjuna si avvereranno. In tutti i tre mondi non c'è nessuno che sappia usare l'arco come lui".

Drona, Bhishma e Vidura guardarono Dhritarastra, ma il vecchio re tacque, e chiese a Sanjaya di ripetere quello che avevano detto gli altri Pandava. "Cosa ha detto Yudhisthira, che è di larghe vedute, quando ha saputo della vastità del nostro esercito? Chi lo ascolta e chi cerca di dissuaderlo dalla guerra? Quali sono i suoi piani?".

Sanjaya tornò a parlare. "Tutti i Panchala ascoltano Yudhisthira e così anche i Matsya e i Kekaya. Tutte quelle tribù, fino all'ultimo uomo, ascoltano i suoi ordini."

"Descrivimi in dettaglio le forze di Yudhisthira, l'esercito di Dhristadyumna e quello di Somaka.".

Sanjaya, al solo ricordo di quelle truppe si paralizzò per il terrore e svenne. Dhritarastra disse a un servitore di spruzzare acqua fresca in viso a Sanjaya.

Dopo qualche istante Sanjaya riprese i sensi, e rassicurato da Dhritarastra, continuò. "Ho visto, o grande re, quei formidabili eroi come un branco di leoni furiosi. Alla loro testa c'è Yudhisthira che non devia dalla virtù per desiderio o paura, pronto a combattere i deva se necessario. Al suo fianco c'è il terribile Bhimasena che ha ucciso i Rakshasa a mani nude, ha vinto i potenti Yaksha sul monte Gandhamadana, ed ha ucciso Kichaka e i suoi seguaci.

Poi c'è Arjuna, le cui glorie sono state già descritte, che continua a tendere il Gandiva e a lanciare grida di guerra. Arjuna ha incontrato in battaglia l'immortale Shiva che compiaciuto del suo valore, gli ha donato le sue armi divine.

Poi ci sono i figli di Madri, i forti gemelli dal respiro bollente, pronti con le loro potenti armi".

Sanjaya descrisse tutti i principali guerrieri alleati dei Pandava, menzionando Shikhandhi, che secondo la profezia era destinato ad uccidere Bhishma e Dhristadyumna, destinato ad uccidere Drona. Duryodhana e Karna risero, ma Dhritarastra si spaventò.

Quando Sanjaya smise di parlare il re chiese: "O Sanjaya, tutti coloro che hai nominato sono guerrieri potenti e coraggiosi, ma Bhima li vale tutti, ed è lui che mi spaventa di più. Ho passato molte notti insonni immaginando Bhima con la mazza in mano che insegue i miei figli e non vedo nessuno nel nostro esercito che possa fermarlo. Quando si infuria è un nemico implacabile che spazza il campo di battaglia come un tornado. Me lo vedo avanzare verso i miei figli come il deva della morte con il suo scettro. Fin dall'infanzia lui è stato ostile a Duryodhana e ai suoi fratelli, e con l'occasione non esiterà ad annientarli.

Anche se vedo l'inevitabile morte dei miei figli, non li dissuado dai loro scopi. Forse la nostra sola speranza si può riporre nei nostri tre vecchi e saggi eroi. Bhishma, Drona e Kripa sicuramente combatteranno contro i Pandava, anche se li amano quanto i miei figli. O Sanjaya, la conoscenza non elimina il dolore, anzi è vero il contrario. Mentre io contemplo la distruzione dei Kuru, il dolore mi confonde la mente. Non riesco a rinunciare all'attaccamento per i miei figli, il regno, mia moglie, i miei nipoti e mille altre cose."

Dhritarastra sospirò. Bhishma e Vidura lo guardarono disperati. Sapeva a cosa avrebbe portato la guerra, tuttavia non intendeva intervenire. Benché Duryodhana avesse le funzioni di monarca, suo padre era il re. Se avesse ordinato al principe di far pace con i Pandava, questi avrebbe dovuto obbedire.

Dhritarastra non dava segno di voler dare quell'ordine, e sembrava rassegnato.

"Questa grande sciagura che minaccia i Kuru è nata dalla partita a dadi, e mio figlio è nel torto perché è pieno di avidità ed avarizia. A causa del destino io sono impotente di fronte alla mia stessa rovina. Che posso fare? O Sanjaya, i Kuru verranno tutti uccisi, ed io non posso farci nulla. Riceverò la notizia della morte dei miei cento figli e sentirò i pianti delle donne. Solo io sopravviverò. Bhima e Arjuna distruggeranno il mio esercito come un incendio divora una foresta durante la siccità.

Non vedo un guerriero in terra che possa resistere all'arco Gandiva," disse Dhritarastra con voce strozzata, "anche se qualcuno pensa che Karna o Drona possano superarlo, io non lo credo. Karna è sventato e passionale, e Drona è vecchio e indebolito dal suo affetto per Arjuna. Ogni battaglia con lui sarà una sconfitta.

Gli sciocchi amici di Duryodhana non lo sanno. Quando un fulmine casca in testa forse qualcosa resta, ma quando cadranno le frecce di Arjuna sicuramente non resterà nulla. Chi potrà mai affrontare la forza combinata di Bhima e Arjuna? Ahi, il tempo della fine dei Kuru è vicino!".

Piangendo e sospirando Dhritarastra disse a Sanjaya: "Benché tu mi abbia parlato della forza dei Pandava, c'è chi la eguaglia e la supera; con il suo potere potrebbe, se lo desiderasse, mettere tutto il mondo sotto il suo controllo. Si tratta di Krishna, che si è dedicato alla vittoria dei Pandava. Questo toglie ogni speranza alla nostra parte. Il mio cuore trema quando penso all'ira di Yudhisthira, al valore di Bhima, alla forza di Arjuna e dei gemelli e all'inconcepibile potere di Krishna. Li abbiamo ingannati, e come risultato i miei figli moriranno. O Kuru, non combattiamo. Cerchiamo la pace. Yudhisthira mi ascolterà, soprattutto quando vedrà la mia sofferenza".

La voce del re si perse nel pianto, e il resto dell'assemblea lo guardò in silenzio. Dhritarastra non aveva fatto cenno alla restituzione del regno a Yudhisthira, il suo desiderio di pace era una vuota speranza. Non aveva intenzione di pagare il prezzo per averla.

Sanjaya si rivolse di nuovo all'assemblea torcendosi le mani. "O grande re, non riesco a capire come tu, pur sapendo la verità, ti lasci dominare dai tuoi figli. Questa tragedia è solo colpa tua. Il giorno della partita a dadi gridavi come un bambino: "Chi ha vinto?". Guarda adesso chi ha vinto. Ridi adesso, come hai riso allora, o re. Ora devi affrontare la vendetta dei Pandava e del loro amico, il Signore di tutti gli esseri, Krishna. I Kaurava sono su una barca in falla in un oceano senza rive. Chiunque osteggi i Pandava verrà ucciso. Non è il caso di piangere, o Bharata, Hai avuto ogni possibilità per evitare la tragedia. I tuoi lamenti sono futili, o re."

Sanjaya tornò a sedersi e Duryodhana temendo che il re decidesse di cedere, balzò in piedi e disse: "Non c'è da temere per noi, o grande re, siamo in grado di vincere la guerra. Quando ho saputo che Yudhisthira si stava preparando, sono andato da Bhishma, Drona e Kripa, e ho chiesto consiglio. Ognuno di loro mi ha assicurato, 'Non devi temere alcun nemico. Che vengano e spezzeremo il loro orgoglio. Nessuno può vincerci in battaglia', e hanno promesso la loro lealtà. Bhishma da solo ha vinto tutti i re del mondo a Kashi, e poi ha sconfitto l'invincibile Parasurama. Affermeremo la nostra supremazia ed il diritto della nostra posizione. Il regno è tuo, o re, perché cederlo al nemico?".

Come sempre la mente di Dhritarastra venne influenzata da Duryodhana. Era vero che Bhishma era un guerriero formidabile, inoltre aveva il dono di morire solo per volontà propria. Nessuno poteva ucciderlo. Se lui dichiarava di voler combattere, allora nulla era perduto. Il re smise di piangere, e Duryodhana proseguì.

"Perché sei terrorizzato? Pensa al nostro esercito, quasi il doppio del loro. Persino Indra non ci potrebbe battere. Il fatto che Yudhisthira chieda solo cinque villaggi indica che teme le nostre forze, e per quanto riguarda Bhima, non aver paura, nessuno al mondo può resistermi nella lotta con la mazza, sono persino all'altezza di Balarama, il mio precettore, e con un solo colpo spedirò Bhima alla dimora della morte."

Duryodhana fece una smorfia di rabbia al pensiero di Bhima. Si era fatto fare un manichino di Bhima in ferro e ogni giorno lo sfasciava con la sua mazza. Presto avrebbe avuto il modo di colpire Bhima in persona.

"Per quanto riguarda Arjuna, come potrà vincere combattendo contemporaneamente contro Bhishma, Drona, Kripa, Ashvatthama, Shalya, Bhurisrava e Jayadratha? Drona, che è figlio dell'immortale rishi Bharadvaja, è da solo più che pari a lui; poi c'è Kripa, nato da un potente rishi, che né uomo né deva può sconfiggere; infine Karna, che ritengo essere forte come Bhishma, Drona e Kripa insieme. Persino Indra ebbe paura di lui e gli chiese la sua corazza naturale. Il signore dei deva però, gli ha dovuto dare un'arma infallibile con cui ucciderà Arjuna."

Infine Duryodhana chiese a Sanjaya: "Con sette *akshauhini*, cosa spera di ottenere Yudhisthira? Crede veramente di poterci schiacciare?".

Sanjaya sorrise. "Yudhisthira e i suoi fratelli sono sereni, non ho notato alcun timore fra loro. Arjuna è salito sul suo carro celeste dicendo: 'Ho visto presagi divini che predicono la nostra vittoria.' Ho visto la verità nelle sue parole."

Duryodhana fece una risata sarcastica. "Tu lodi sempre i Pandava. Parlami del carro di Arjuna, dei suoi cavalli che lo tirano e della sua bandiera".

Duryodhana aveva sentito parlare del carro divino di Arjuna, che gli era stato donato da Agni. I cavalli gli erano stati dati dal re dei Gandharva, Chitrasena.

"Il carro di Arjuna è di origine divina, e non può venire ostacolato, e i suoi cavalli bianchi si muovono alla velocità del vento, in terra e in cielo. Chitrasena gli ha dato il dono per cui, anche se venissero uccisi, saranno sempre cento cavalli.

"A stento posso descrivere la bandiera di Arjuna, che è stata creata da Vishvakarma, e genera un'illusione divina. Sembra che si estenda in tutte le direzioni per otto miglia. È impossibile capire di cosa sia fatta, ma sembra fumo misto a fiamme, ed ha i colori dell'arco di Indra. La terribile scimmia Hanuman vi risiede assieme ad altri esseri divini dalla forma terrificante." Sanjaya descrisse anche gli altri quattro carri dei Pandava, e quando finì, Dhritarastra chiese: "O Sanjaya, quale dei guerrieri Pandava affronterà quale dei nostri?".

"Dhristadyumna, nato dal fuoco, attaccherà Drona. Suo fratello Shikhandhi ha scelto Bhishma, mentre il pio Yudhisthira ha deciso di uccidere suo zio Shalya. Duryodhana e i suoi cento fratelli saranno l'obiettivo di Bhima, e Arjuna ha nominato Karna, Ashvatthama e Jayadratha, e tutti coloro che si dichiarano invincibili. Tutti i tuoi nipoti, o re, saranno affrontati da Abhimanyu, e quell'ingannatore di Shakuni appartiene a Sahadeva, mentre Nakula si occuperà di Uluka, il figlio di Shakuni, e delle orde di guerrieri montanari che comanda. O re, tutti i capi ed i guerrieri del tuo esercito sono stati assegnati all'uno o all'altro dei Pandava e dei loro alleati."

Dhritarastra parlò tremando. "I miei poveri figli sono già come morti. Gli altri re e capi saranno sterminati dal Gandiva come falene al fuoco. Vedo già il mio esercito messo in fuga dai Pandava. Anche Indra non potrebbe resistere a quegli eroi che sono freddi e composti in battaglia e capaci di distruggere l'Himalaya."

Duryodhana si alzò. "Entrambe le parti sono mortali, perché allora pensi che solo loro possano vincere? O sire, ritengo che i Pandava non siano in grado nemmeno di guardare le nostre forze, e i re e i guerrieri che mi sostengono sbraneranno i Pandava come cervi".

Dhritarastra scosse la testa, era abbastanza intelligente da capire che i Pandava con l'aiuto di Krishna non potevano essere sconfitti, ma il suo cuore era prigioniero dell'attaccamento ai figli. Con voce soffocata disse: "Vedi come vaneggia mio figlio, o Sanjaya? Come può sconfiggere Yudhisthira? Bhishma conosce la verità sulla forza dei Pandava, e non desidera combatterli. Parlaci ancora della loro forza, Sanjaya".

"Dhristadyumna ha detto: 'Vai, Sanjaya, e dì ai Kaurava che la loro fine è imminente. Digli che possono evitare questa tragedia solo rendendo il regno a Yudhisthira.'"

Dhritarastra fece un grido soffocato, coprendosi il volto. "O Duryodhana, figlio mio," lamentò, "non insistere per questa guerra. Metà di questo immenso regno è più che sufficiente per te e i tuoi ministri. Tutti i Kuru sanno che questa è l'unica strada ragionevole, e tu, figlio mio, dovresti accettarlo. A parte te e quel poco intelligente figlio di *suta*, nessuno fra i presenti vuole la guerra. Torna in te, caro figlio."

Le parole di Dhritarastra erano prive di autorità e non furono prese sul serio. Era chiaro che aveva abdicato al suo potere, pronto ad approvare qualunque cosa suo figlio avesse deciso.

Duryodhana si alzò e parlò con tono di sfida all'assemblea. "Karna ed io da soli possiamo fare il sacrificio della guerra, e Yudhisthira sarà l'animale sacrificale. Il mio carro sarà la piattaforma del sacrificio e le mie armi gli strumenti. Le mie frecce sostituiranno l'erba *kusha* e la mia fama sarà il ghee. Faremo il sacrificio in onore del deva della morte, e torneremo incoronati da un'aureola di gloria. Che la guerra abbia inizio, e o io regnerò sulla terra avendo ucciso i Pandava, o loro si godranno il regno dopo avermi ucciso."

Duryodhana fece una pausa strategica per aggiungere peso alle sue parole. La sua voce, piena di orgoglio e arroganza, riverberava nella sala. "Posso sacrificare la mia vita, la mia ricchezza, il mio regno e tutto il resto, o re, ma non potrò mai vivere in pace con i Pandava. Non gli darò mai nemmeno la terra che si può trafiggere con uno spillo."

Ci fu un silenzio di tomba. Bhishma e Vidura si guardarono in faccia. Solo Dhritarastra avrebbe potuto fermare suo figlio. Non aveva dato l'ordine di restituire il regno ai Pandava, e non intendeva fermare Duryodhana.

Dhritarastra ruppe il silenzio. "Mi dolgo per tutti voi, o signori, che seguirete questo sciocco alla dimora della morte. Presto i Pandava si muoveranno in mezzo alle nostre forze come tigri in un branco di cervi, e il mio esercito perirà. O figli miei, se non fate pace adesso avrete la pace eterna quando incontrerete la mazza di Bhima."

Il vecchio padre era terrorizzato al pensiero della guerra, Duryodhana invece non ne vedeva l'ora. Con l'aiuto del suo esercito ispirato dai Danava, era pronto.

Dhritarastra chiese a Sanjaya di ripetere il messaggio di Krishna. Sanjaya lo fece, poi raccontò di un altro incontro che aveva avuto con Krishna e Arjuna.

"Sono stato invitato nei quartieri di Arjuna. Sono andato nelle loro stanze, dove i due grandi mi hanno messo a mio agio. Erano seduti su di un letto d'oro incrostato di gemme, e Arjuna teneva in grembo i piedi di Krishna, e Krishna quelli di Arjuna. Draupadi e Satyabhama erano sedute vicino come due lune splendenti. Arjuna mi indicò un sedile, io però sedetti sul pavimento. Krishna e Arjuna si alzarono e mi spaventai vedendoli torreggiare come Indra e Vishnu insieme, e mi resi conto che nessuno avrebbe mai potuto vincerli."

Sanjaya chiuse gli occhi e rivisse la scena. Rimase silenzioso per qualche attimo, e proseguì con voce sommessa: "Dopo che mi ebbero offerto cibo e bevande, gli parlai del tuo desiderio di pace. Il re Yadava mi parlò con parole dolci e suadenti, ma di peso terribile. Disse: 'O Sanjaya, rivolgiti a Dhritarastra e a tutti gli anziani Kuru. Digli di fare sacrifici, dare la carità ai bramini e fare felici i figli e le mogli, perché la catastrofe è vicina. Penso al mio debito con Draupadi, che non è ancora ripagato. Quella casta signora mi ha indebitato per l'eternità quando ha gridato: 'O Govinda' nel mezzo dei Kuru, che la stavano insultando'.

Krishna poi aggiunse: 'I Kaurava hanno fatto dell'arciere del Gandiva e di me come suo secondo, il loro nemico. Fra tutti gli esseri dei tre mondi, non vedo nessuno pari ad Arjuna in battaglia. La battaglia nel regno di Matsya dovrebbe darne prova sufficiente, per non parlare del suo scontro con i Danava nei mondi inferiori. Nessuno all'infuori di Arjuna possiede così tanta forza, agilità, prodezza, leggerezza di mano, energia infaticabile, e pazienza. Considerate attentamente tutto questo prima di dar inizio alle ostilità, o Kuru.'"

Sanjaya aggiunse che Krishna aveva intenzione di venire a Hastinapura per promuovere la pace.

Il re cieco parlò con apprensione. "Queste descrizioni di Krishna e Arjuna mi convincono sempre di più della follia della guerra. I grandi ripagano sempre i loro debiti, e Agni è in debito con Arjuna per Khandava, e lo aiuterà di sicuro nella guerra. Così il divino Dharma assisterà suo figlio Yudhisthira. Bhima è figlio di Vayu e i gemelli sono nati dai due deva Ashvini. Quindi affronteremo una forza sia umana che divina. Figlio, fai pace con i Pandava, altrimenti sarà la fine dei Kuru."

Duryodhana perse la pazienza e disse: "O grande re, perché continui a esaltare i Pandava? Sono mortali come il resto di noi. Perché i deva dovrebbero aiutarli? I deva non sono mai motivati da piccole dispute. Hanno ottenuto le loro posizioni in cielo per la loro indifferenza ai desideri mondani, all'assenza di avarizia, di ira e di odio. Perché altrimenti avrebbero lasciato soffrire i Pandava? Se poi i deva prendessero le loro parti, cosa cambierebbe? Io sono pari a qualunque di loro, e con i miei poteri mistici posso impedire al fuoco di bruciare i tre mondi. Con i miei incantesimi posso solidificare l'acqua, per farci correre sopra carri e fanteria. Posso spaccare le montagne e provocare tempeste di rocce".

Vantandosi, Duryodhana si ringalluzzì, agitò le braccia e lanciò sguardi di fuoco ai re presenti. "Sapete tutti che nel mio regno non ci sono calamità naturali causate dai deva, e per la mia protezione i sudditi non sono attaccati da fiere e serpenti. Tutti i cittadini sono virtuosi e vivono pacificamente, e i deva e gli Asura non osano proteggere coloro che io odio. O monarca, dimostrerò le mie parole, io sono conosciuto come uno che dice la verità, ed il mondo intero è testimone della mia fama e gloria. Presto avrai la notizia della sconfitta dei Pandava. Io sono superiore a loro per intelligenza, forza, valore, conoscenza e abilità."

Duryodhana, che si era portato al centro della sala, tornò al suo posto. Karna lo applaudì e si alzò per parlare, ignorando Dhritarastra che aveva alzato la mano per rispondere. La voce di Karna risuonò nella sala. "Mi prendo il compito di uccidere i Pandava. Ho ricevuto il *brahmastra* da Parasurama e lo *shakti* da Indra. Con queste due armi ucciderò i figli di Pandu. Tutti gli altri Kuru possono pensare a proteggere Duryodhana."

Bhishma fece una lunga e fragorosa risata. "Ma cosa dici, Karna! Ricordi l'incidente dell'incendio di Khandava? La tua *shakti* di cui sei così orgoglioso, si ridurrà in cenere quando verrà colpita dal disco di Krishna che ha già distrutto nemici ben più potenti di te."

Bhishma ricordò a Karna la maledizione di Parasurama, per cui nel momento di massimo bisogno, si sarebbe scordato dei mantra per invocare il *brahmastra*. Karna aveva ingannato il saggio facendosi passare per bramino per poter ricevere i suoi insegnamenti, e quando Parasurama scoprì l'inganno lo maledì.

Karna sbottò. "Le tue lodi di Krishna sono giuste, o nonno. Però non posso più sopportare le tue parole crudeli. Dichiaro che quando tu combatterai, io non ci sarò, e combatterò solo quando tu sarai stato vinto. Allora mostrerò al mondo il mio valore."

Karna, uscì furibondo dalla sala, e Bhishma rise ancora e si rivolse a Duryodhana. "Il figlio di *suta* ha detto in questa sala: 'Mi sarete tutti testimoni, ucciderò migliaia e decine di migliaia di soldati nemici'. Come farà a mantenere la sua promessa? È passionale e arrogante. Quando ha ingannato Parasurama ha perso la virtù e tutti i suoi meriti ascetici."

Duryodhana era colpito dalla improvvisa uscita di Karna, ma non lo diede a vedere. Con o senza il suo aiuto, avrebbe affrontato i Pandava e vinto.

Vidura si alzò per raccontare una storia. "Un cacciatore una volta mise una rete che intrappolò due grossi uccelli che però volarono via portandosi la rete. Il cacciatore li inseguì, e un asceta lo vide e gli disse: 'Chi corre sulla terra non può raggiungere quelli che fuggono in cielo'. Il cacciatore rispose: 'Quegli uccelli uniti fra loro mi hanno preso la rete, ma se litigano cadranno'. Infatti, poco dopo, i due uccelli si misero a lottare fra loro e cascarono a terra, e il cacciatore li catturò. I fratelli che litigano fra loro presto saranno uccisi. O Duryodhana, i cugini dovrebbero godersi la vita fra loro senza mai litigare."

Era chiaro che l'assemblea non aveva più nulla da dire. Le patetiche implorazioni di pace di Dhritarastra erano inutili se non si restituiva a Yudhisthira almeno una parte del regno. I re e i ministri lasciarono la sala ad uno ad uno.

Alla fine rimase soltanto Dhritarastra con Sanjaya, ed il re volle sentire anche lui. Sanjaya propose di convocare Vyasadeva, che in quel momento era a palazzo. Se il re avesse sentito che la sua visione coincideva con quella del rishi, forse l'avrebbe presa più seriamente.

Il re acconsentì, e chiamò anche Gandhari. Vyasadeva fu ricevuto con i dovuti rispetti, e Sanjaya gli chiese: "Mio signore, dammi il permesso di parlare al re in tua presenza. Mi ha chiesto della forza dei Pandava".

Vyasadeva alzò la mano destra in segno di benedizione. "O Sanjaya, parlagli di Krishna, che è il vero potere dei Pandava."

A mani giunte Sanjaya disse: "O re molte volte tu hai chiesto delle forze e delle debolezze dei Pandava. La loro forza si può misurare semplicemente valutando il potere di Govinda, che non conosce limiti. Se tutto il mondo venisse messo da un lato e Janardana dall'altro, vincerebbe lui. In un istante potrebbe ridurre in cenere tutto il creato. Troverai Krishna ovunque vi sia virtù, rettitudine, verità e umanità, e dove c'è Krishna ci sarà la vittoria. Lui è l'anima di tutti gli esseri, venuto in questo mondo per gioco, e i Pandava sono solo gli strumenti dei suoi desideri. Quell'essere onnipotente intende annientare i miscredenti e gli elementi irreligiosi di questo mondo, e i tuoi figli saranno i primi, o re.

"Keshava è il Signore del tempo, della morte, e degli esseri mobili e immobili. Per le sue magie, viene in questo mondo come uomo, tuttavia coloro che lo conoscono non si ingannano."

Il vecchio monarca voleva saperne di più. Aveva sempre saputo che Sanjaya pensava che Krishna fosse la Persona Suprema. Krishna era certamente straordinario, era incredibile come avesse potuto uccidere tanti demoni, e tutti i rishi lo esaltavano come la divinità originale. Tuttavia sembrava un uomo normale. Il re chiese. "Perché consideri Krishna come la Persona Suprema? Sanjaya, ti prego, cerca di spiegamelo.".

"Coloro che sono troppo attaccati alle cose materiali non possono conoscere gli esseri superiori," rispose Sanjaya, "che per loro rimangono un mistero, e non possono accettarne la divinità. Io non sono attratto dalle cose materiali, e ho tenuto a bada i miei desideri. Allo stesso tempo studio attentamente i Veda, ed ascolto i saggi. Così ho potuto conoscere in parte Keshava. Anche tu, o re, potresti acquisire questa conoscenza. Prendi rifugio in Krishna, che è il tuo vero benefattore. Il tuo sciocco figlio non ha fede in lui, e porterà te e i Kuru alla rovina."

Gandhari era d'accordo. "Nostro figlio ci farà distruggere tutti. È invidioso, vano, non ascolta i consigli degli anziani e si farà uccidere da Bhima."

Vyasadeva disse: "O re, tu sei caro a Krishna. Ascolta il mio consiglio, e ascolta Sanjaya. Lui ti dirà la strada per conoscere Krishna ed accettarlo come tuo rifugio. Solo per un eccesso di desiderio e di odio gli uomini non possono conoscere il divino. Attratti dalla ricchezza e dalla fama, quasi tutti gli uomini sono presi dall'illusione, e restano sotto il dominio della morte. Il saggio rinuncia agli attaccamenti, e segue la strada della liberazione, che conduce a Krishna".

Dhritarastra si fece pensieroso. Dopo che Sanjaya e Vyasadeva se ne furono andati, rimase solo con sua moglie. Non poteva negare la supremazia di Krishna, le descrizioni di Sanjaya supportate da Vyasadeva erano lucide e profonde. Era chiaro che affrontare Krishna e i suoi alleati avrebbe portato alla sconfitta. Tuttavia, se Krishna voleva distruggere i Kuru, cosa poteva farci? Ogni sua azione sarebbe stata inutile di fronte ai piani del Signore. Dhritarastra sospirò. Possibile che Krishna desiderasse la morte dei suoi figli? Perché allora stava per venire a Hastinapura in missione di pace? Era un mistero.

Nota:
Ghee (pronuncia ghi), burro chiarificato usato in tutte le cerimonie vediche.

Capitolo 45

I Pandava consultano Krishna

Quando i Pandava ricevettero la risposta dei Kuru, Yudhisthira non fu sorpreso. Restava solo la missione di Krishna. Yudhisthira giunse le mani e disse a Krishna: "O Madhava, sei la nostra ultima speranza."

Krishna era seduto leggermente più in basso di Yudhisthira su di un trono d'oro. I capelli ricciuti gli incorniciavano il volto sorridente, in testa aveva una scintillante corona incrostata di diamanti, e degli orecchini a forma di squalo. Disse: "Sono qui, e sono pronto a fare ciò che mi chiedi".

Yudhisthira fu toccato dalla risposta di Krishna. "Hai sentito, o Krishna. Dhritarastra vuole la pace senza ridarci quello che è nostro. Quell'uomo ingordo, parziale verso i suoi figli, ha il peccato nel cuore. Abbiamo vissuto per dodici anni nella foresta per suo ordine, ed un altro miserabile anno in questa città. I bramini sanno che siamo stati fedeli alla nostra promessa, ma lui ha rinnegato la sua. Segue il suo stupido figlio e vuole proseguire per la strada dell'inganno. Non ci vuole dare nemmeno cinque villaggi, e pretende di possedere il mondo. È uno svergognato. Per la sua avidità siamo ridotti in povertà, e non possiamo svolgere i nostri doveri. L'ascesi e l'accattonaggio non si addicono agli kshatriya, o Krishna. Noi siamo nati per governare e per avere le ricchezze per poter mantenere i bramini e i bisognosi."

Yudhisthira guardò i suoi fratelli, che annuivano. Per ordine suo avrebbero anche accettato un villaggio per ciascuno, ma Dhritarastra voleva che rimanessero mendicanti. La proposta del vecchio monarca era oltraggiosa, era impensabile che uno kshatriya mendicasse. Era già umiliante e doloroso dover chiedere per riavere il loro regno.

Yudhisthira proseguì. "Pur essendo crudele uccidere i nostri parenti per riprenderci il regno, non vedo altra soluzione. Il dovere degli kshatriya obbliga a combattere quando è necessario, anche se la guerra porta sofferenza a tutti. Se vinceremo, soffriremo per il rimorso, e se perderemo soffriremo per la nostra fine. Tuttavia, senza un regno, siamo come morti. Quindi chiedo a Dhritarastra di restituirci pacificamente ciò che ci appartiene."

Yudhisthira chiese conferma a Krishna. "Cosa ne pensi, o Keshava? È giusto combattere contro Dhritarastra e i suoi? Dubito che lui accetti le mie proposte di pace."

"O Dharmaraja, non sei tu a poter scegliere, la scelta è di Dhritarastra. Andrò da lui per il bene di tutti, e se riesco ad ottenere la pace avrò fatto una buona azione."

Yudhisthira non era tranquillo. "Non voglio che tu vada dai Kuru, o Krishna, perché Duryodhana non ti ascolterà, anzi sono certo che cercherà di farti del male."

Krishna sorrise. "Andrò dai Kuru per trattare la pace, così nessuno potrà mai dire che non abbiamo fatto il possibile per evitare la guerra. Non temere per me, di fronte al mio potere tutti i re della terra devono ritrarsi. Se i Kuru mi insulteranno mentre cerco di aiutarli, li ridurrò in cenere."

"Come desideri, o Krishna" rispose Yudhisthira, "Speriamo che tu abbia successo. Accetterò anche meno di ciò che mi spetta o addirittura giocherò un'altra partita a dadi se necessario, per impedire la guerra."

Yudhisthira era sicuro di non perdere ancora ai dadi avendo imparato i segreti del gioco da Vrishaparva durante l'esilio. Yudhisthira cominciava a chiedersi se non sarebbe stato meglio lasciare ai Kaurava tutto ciò che avevano rubato. Forse avrebbe potuto vivere con i fratelli in un regno appartenente ai suoi alleati. Era sicuro che sia Krishna che Drupada sareb bero stati contenti di assegnargli dei territori da governare.

Krishna prese un'espressione seria e grave e disse: "Conosco le tue intenzioni e quelle di Duryodhana, tu vuoi la pace ad ogni costo, ma i tuoi doveri di kshatriya ti impongono di combattere. Il creatore vuole che gli kshatriya vincano o muoiano, e non possono guadagnarsi da vivere mendicando o vivendo di frutti e radici della foresta".

Yudhisthira era quasi troppo umile, e Krishna sapeva che Duryodhana se ne sarebbe avvantaggiato. L'unico modo per farsi ascoltare dai Kaurava era di usare il linguaggio della forza e delle minacce. Non sarebbe stato un bene per nessuno se si tolleravano gli inganni malevoli e crudeli di Duryodhana senza fargliene pagare le conseguenze. Il mondo sarebbe stato privato del suo sovrano più virtuoso, e sarebbe rimasto sotto il dominio di un uomo schiavo del proprio egoismo.

Krishna ricordò a Yudhisthira i molti insulti che i Kuru avevano fatto ai Pandava. Gli occhi di Krishna fiammeggiavano mentre rievocava la violazione di Draupadi. "Tutti i re presenti hanno pianto, criticando Duryodhana, ma non hanno fatto nulla. Soltanto per quell'azione si merita la morte. Anche coloro che sostengono un essere così spregevole meritano la morte."

Krishna fece una pausa. Yudhisthira raramente lo aveva visto così arrabbiato. Che speranza potevano avere i Kaurava avendo scatenato la furia di Krishna in quel modo? Sembrava che stesse per incenerire il cosmo intero con lo sguardo. Krishna proseguì. "Andando a Hastinapura eliminerò ogni dubbio, e tutti potranno vedere la tua bontà e la perfidia di Duryodhana. Ricorderò ai Kaurava tutti i mali e le ingiustizie che vi hanno fatto, e nessuno penserà che tu stia sbagliando, perché continui a offrire la pace. Il mondo condannerà i Kuru, e Dhritarastra per primo. Io chiederò la pace senza sacrificare i tuoi interessi, o Yudhisthira, e ritornerò dopo aver sentito la loro risposta.

La guerra è inevitabile. Duryodhana non ti restituirà nemmeno una minima parte dei tuoi territori."

Krishna volle ascoltare tutti i Pandava prima di partire. Per primo parlò Bhima. "Io penso che tu debba dire tutto quello che puoi per ottenere la pace, o Madhusudana." La sua voce era stranamente neutra. "Ma ti prego, fai attenzione. Duryodhana si risente subito, è iroso, arrogante e incapace di ascoltare i buoni consigli. Non trattarlo con parole dure o reagirà con violenza. Sarà difficile ottenere la pace, ma ti prego di fare il tuo meglio. Evitiamo di ucciderci tra parenti e viviamo in pace come fratelli."

Krishna, sorpreso, guardò Yudhisthira e Arjuna e si mise a ridere: "O Bhimasena, le tue parole sono come il freddo nel fuoco."

Bhima fece una smorfia mentre Krishna continuava. "Cosa ti ha fatto cambiare atteggiamento? Finora hai parlato soltanto in favore della guerra. O Bhima, cos'è quest'improvvisa mitezza?

Sembra che anche i forti abbiano paura quando arriva il tempo della battaglia. O figlio di Kunti, la mente dell'uomo è incostante e si agita come piume al vento. Sono sorpreso dal vederti in questo stato. Sei uno kshatriya, e devi vivere della tua forza, la debolezza di cuore non ti si addice, o Bhima."

Come un purosangue spronato dal suo cavaliere, Bhima si alzò di scatto e disse ad alta voce: "Non pensare che la mente mi abbia deviato, o Krishna. La prospettiva della guerra mi dà gioia, e lo sai bene".

Bhima allargò le braccia che parevano due proboscidi di elefante. "Se la terra e il cielo venissero a scontrarsi come due immense montagne, potrei tenerle divise con le mie braccia. Calpesterò sotto ai piedi tutti coloro che opporranno i Pandava. Le tue parole mi feriscono. Quando sarà il momento mi vedrai abbattere i più famosi guerrieri con i loro elefanti, carri e cavalli. Le mie erano parole di misericordia, o Krishna, e dicono soltanto che sopporterei qualunque peso pur di non sterminare i Bharata."

Krishna fece un largo sorriso mentre Bhima tornava a sedersi. "Desideravo conoscere le tue intenzioni. Conosco la grandezza della tua anima e la forza che possiedi, e le mie parole avevano solo lo scopo di rafforzare la tua determinazione. Benché il destino sia l'ultima causa di tutto, da solo non basta. Colui che agisce con piena consapevolezza delle cause e degli effetti, senza attaccamento ai risultati, raggiunge gli scopi più alti. Coloro che rimangono oziosi per paura o ignoranza, non ottengono nulla."

Krishna si rivolse ad Arjuna."E tu cosa pensi, o Dhananjaya?".

Arjuna aveva ascoltato in silenzio. Si guardò attorno nella grande sala piena di re e bramini. Disse: "Penso che Yudhisthira abbia detto tutto quello che c'era da dire, o Janardana. Tu sei il più grande benefattore nostro e dei Kuru, e qualunque cosa tu decida, io ti seguirò. Se tu vuoi la pace, che la pace sia; e se tu vuoi la guerra, combatterò".

Arjuna era nato per combattere, e non pensava che la pace fosse possibile. Krishna non costringeva mai nessuno ad agire contro i propri desideri. Avrebbe offerto saggezza, logica e ragione, ma alla fine tutto sarebbe dipeso dalla libera scelta di Dhritarastra e Duryodhana. Nulla indicava che lo avrebbero ascoltato, anzi era probabile che lo avrebbero insultato.

La voce di Arjuna si riempì di rabbia a quel pensiero. "Duryodhana merita di morire. Le tue parole saranno come semi gettati al vento. Se pensi che lui debba essere ucciso, fallo subito, o Signore. Altrimenti che sia guerra."

Krishna annuì lentamente. "È vero, la pace e la guerra sono nelle mie mani, tuttavia io non forzerò nulla. Anche la forza divina che genera il risultato delle azioni permette all'uomo la libertà di scelta, e nessuno sfugge alle conseguenze delle proprie scelte. Trasmetterò il messaggio di Yudhisthira e Duryodhana probabilmente sarà troppo stupido e crudele per accettare i miei consigli. Ci sarà la guerra, e tu dovrai combattere, Bhibatsu, concentra la tua mente sulla battaglia".

Krishna si rivolse ai gemelli. Ambedue espressero la loro determinazione per la guerra. Anche Satyaki parlò del suo desiderio di combattere.

Nell'assemblea c'era anche Draupadi che si era allarmata alla possibilità di una pace. Per tredici lunghi anni aveva aspettato che Duryodhana e i suoi fratelli fossero puniti. Desiderava la guerra, e la missione di pace di Krishna la preoccupava. E se avesse avuto successo? Le sembrava che i suoi mariti, persino Bhima, fossero disposti ad accettare la pace, rinunciando a vendicare il suo onore.

Si rivolse a Krishna coll'angoscia nella voce. "O Achyuta, perché vai a Hastinapura? Non è chiaro che Duryodhana non restituirà mai il regno di Yudhisthira? Solo la guerra ci potrà ridare il regno. Non capisco lo scopo della tua missione. Secondo i Veda, il peccato si trasmette al re che manca di uccidere il colpevole. O Janardana, non ti far corrompere da quel peccato."

Draupadi ricordò a Krishna l'offesa subita nell'assemblea dei Kuru. "È un'infamia per il valore di Arjuna e la forza di Bhima, che Duryodhana sia sopravvissuto. O Signore, se io son degna del tuo amore, abbi pietà di me, e colpisci i figli di Dhritarastra con la forza della tua ira." Draupadi pianse. "Se Bhima e Arjuna avranno la pace, il mio vecchio padre, i miei fratelli e i miei figli dovranno combattere per difendere la mia virtù. Come potrò avere pace se non sarà strappata la mano di Dushashana? Per tredici anni la mia mente ha covato la vendetta, ed il mio cuore si è spezzato quando ho sentito Bhima parlare di pace."

Draupadi tacque e si coprì il volto con le mani. Krishna la consolò con parole gentili. "Fra non molto, o Panchali, sentirai il lamento delle mogli dei Kaurava. Coloro che ti hanno insultata moriranno assieme ai loro parenti ed amici. Così è deciso. Bhima, Arjuna, i gemelli, Yudhisthira ed io li uccideremo, stai certa. I figli di Dhritarastra non ascolteranno i miei consigli, e presto saranno cibo per avvoltoi e sciacalli. O gentile signora, smetti di piangere, presto i tuoi mariti ti vendicheranno".

Non restava più altro da dire e Yudhisthira aggiornò l'assemblea. Krishna si inchinò a Yudhisthira e lasciò la sala.

Capitolo 46

La missione di pace di Krishna

Krishna si svegliò prima dell'alba. Dopo essersi lavato ed aver adorato il sole e il fuoco sacrificale, indossò dei vestiti di seta gialla. Fece i suoi rispetti ai bramini dando in carità vacche ed oro. Krishna accolse Satyaki allegramente dicendo: "O eroe, ti prego, preparami il carro, e caricalo di armi, perché Duryodhana, Karna e Shakuni non hanno scrupoli".

Satyaki fece preparare un carro veloce da viaggio che aveva due grandi ruote come il sole e la luna, tappezzato di pelli di tigre e file di sonagli. Uno stendardo blu scuro con Garuda per emblema sventolava su un'asta di lapislazzuli. Furono aggiogati i quattro cavalli di Krishna, Shaibya, Sugriva, Megapushpa e Balahaka.

Krishna montò sul carro con Satyaki e venne accolto da folle di cittadini plaudenti. I bramini cantavano inni vedici, il cielo si schiarì e spirò una brezza gentile. I Pandava e i loro alleati seguirono il carro a piedi. Quando raggiunsero la periferia della città, Krishna scese dal carro, e Yudhisthira lo abbracciò e con le lacrime agli occhi disse: "O Govinda, ti prego, fai visita a nostra madre e portale i nostri più profondi rispetti, confortala e raccontale tutto di noi".

Yudhisthira aggiunse: "Ti prego di portare i nostri saluti anche a Bhishma, a Drona e un abbraccio al saggio Vidura. Offri poi i nostri rispetti e il nostro amore a tutti gli anziani".

Yudhisthira circoambulò Krishna rispettosamente a mani giunte, Arjuna lo abbracciò e Krishna risalì sul carro. Daruka incitò i cavalli e il carro scomparve in una nuvola di polvere.

Mentre correvano verso Hastinapura, si videro vari segni, sia in terra che in cielo. Ci furono lampi a ciel sereno, i fiumi scorsero all'incontrario e la terra tremò. L'acqua uscì violentemente dai pozzi, e si videro incendi all'orizzonte. L'atmosfera era cupa, tuttavia l'area attorno al carro era tranquilla, con una lieve brezza profumata di loto e la strada davanti a loro era liscia e pulita.

Attraversarono molte province, e vennero salutati e adorati da migliaia di bramini con offerte di *arghya* e fiori. Bellissime donne dai ricchi vestiti ed ornamenti salutarono dal bordo della strada con grida gioiose, lanciando petali di fiori e riso. Krishna si fermò per salutare e per lasciarsi adorare. Alla fine del primo giorno di viaggio giunsero a Brikasthala, dove passarono la notte ospitati festosamente dai locali.

* * *

Quando si avvicinarono a Hastinapura, si levò un vento violentissimo che colpì la città abbattendo alberi e facendo crollare alcuni edifici. Il cielo divenne nero con tuoni e fulmini. I corvi e gli avvoltoi volarono in cerchi con strida roche, e gli sciacalli ulularono.

Il giorno prima dell'arrivo di Krishna, Dhritarastra convocò l'assemblea per prepararsi a riceverlo. Ricordandosi di ciò che aveva detto Vidura, il vecchio re disse: "Se noi ce lo ingraziamo, Krishna potrà soddisfare ogni nostro desiderio, poiché i destini del mondo dipendono da lui. Se non lo rispetteremo ne seguiranno delle gravi conseguenze, quindi prepariamoci a dargli un benvenuto degno di un deva".

Dhritarastra suggerì di ospitarlo nel palazzo di Dushashana, che era il più opulento della città. Il re poi fece preparare dei ricchissimi doni. "Gli regaleremo sedici carri d'oro trainati da cavalli dello stesso colore, otto giganteschi elefanti con zanne come aratri, cento vergini ed altrettanti servitori, migliaia di pelli di cervo, coperte preziose e sete, e mucchi di oro e di gemme. Tutti i miei figli, eccetto Duryodhana, andranno a riceverlo. La città sarà decorata con ghirlande e festoni, e organizzeremo una festa in suo onore."

Poi parlò Vidura. "O re, è bene che tu voglia onorare Krishna, ma la motivazione non è giusta. Tu vuoi portare dalla tua parte il signore degli Yadava con i doni senza concedergli quello che vuole veramente. Tutte le tue preparazioni e i tuoi doni saranno inutili se non rispetterai i diritti di Yudhisthira. Sicuramente l'onnipotente Govinda non degnerà i tuoi doni nemmeno di uno sguardo. Se vuoi veramente compiacerlo, fai quello che ti chiede, ed agisci come dovrebbe fare un padre con i suoi figli."

Duryodhana lanciò un'occhiata a Shakuni e si alzò per parlare. "Quello che Vidura ha detto riguardo a Krishna è giusto. Le parole gentili ed i doni non lo distoglieranno dalla causa dei Pandava, e quindi ce li possiamo risparmiare. Anche se Krishna si merita questa adorazione, la vedrebbe come un segno di debolezza. I nostri doni potrebbero persino farlo arrabbiare."

Bhishma scosse la testa. "Janardana non si arrabbierà comunque lo riceviamo. Non possiamo insultarlo, e non possiamo portarlo dalla nostra parte. Qualunque cosa egli desideri accadrà, e noi non abbiamo modo di opporci. L'unica cosa che possiamo fare è esaudire i suoi desideri. Krishna dirà sicuramente ciò che porta al bene di tutti, e noi dovremmo seguire le sue direttive. O re, fai pace con i Pandava, perché questo è il volere di Krishna."

Duryodhana replicò irosamente. "Non potrò mai condividere il potere con i Pandava. Ho un altro piano. Quando Krishna entrerà in questa assemblea lo farò prigioniero. Con lui come ostaggio gli Yadu, i Vrishni e i Pandava e tutto il mondo dipenderanno da me."

Duryodhana aveva discusso la cosa con Karna e Shakuni, ed aveva fatto i suoi preparativi all'insaputa della corte. A quella proposta avventata i re sussultarono. Dhritarastra disse con ira: "O figlio, questo è troppo, è contrario ad ogni virtù. Non si può toccare un messaggero, per non parlare di Krishna, che è nostro parente e caro a tutti."

Bhishma esplose. "Tuo figlio è sulla soglia della morte, o re. Sceglie sempre il male e tu lo segui sulla strada del peccato verso la rovina. Lui cesserà di esistere il momento che si metterà contro Krishna. Non voglio più ascoltare una parola."

Bhishma uscì dall'assemblea come una furia. Dhritarastra sciolse l'assemblea e tutti uscirono condannando Duryodhana. La sua proposta era folle, e Dhritarastra avrebbe dovuto capire chi stava sostenendo. Uscendo, tutti guardarono il re cieco seduto in silenzio. Cosa avrebbe detto all'indomani all'arrivo di Krishna?

* * *

Krishna e Satyaki, dopo una piacevole notte a Brikhastala, partirono prima dell'alba e presto raggiunsero Hastinapura accolti da una folla fin fuori della città. Bhishma, Drona, Kripa ed altri anziani Kuru gli andarono incontro, felici di vederlo. Krishna entrò nella città in festa, sotto archi decorati di gemme, donne che gli lanciavano fiori dai balconi dei palazzi, e musici, danzatrici, bardi e bramini che inneggiavano.

Le strade erano così affollate che Krishna smontò dal carro per passare. Cinquanta guerrieri gli aprirono la strada e Krishna sorrise alla folla plaudente. Lentamente giunse alla dimora di Dhritarastra che consisteva di molti palazzi immersi in giardini lussureggianti. Venne accompagnato nei quartieri più interni attraverso una serie di porte guardate da soldati armati, fino alla corte dove venne ricevuto da Dhritarastra con i dovuti rituali. Il re lo fece accomodare su un trono ricco quanto il suo, con due damigelle che lo rinfrescavano con i *chamara*. Dopo i tradizionali riti di ospitalità, Krishna rimase alla corte per breve tempo, scambiando battute scherzose con i Kuru. Venne deciso di tenere un'assemblea plenaria il giorno seguente per ascoltare il suo messaggio. Poi Krishna lasciò la corte per andare a visitare Kunti.

Vidura fu così contento di ricevere Krishna nella sua casa che i suoi occhi si riempirono di lacrime. Si gettò ai suoi piedi, e Krishna lo fece rialzare e lo abbracciò affettuosamente. Vidura disse: "Non posso descrivere la gioia che provo nel vederti, tu sei l'anima incarnata di tutti gli esseri viventi. Mi sento onorato oltre ogni limite".

Vidura chiese notizie dei Pandava, e fu felice di sapere che i Pandava stavano bene ed avevano forti alleati. Krishna volle vedere subito Kunti, e Vidura lo accompagnò da lei. Appena Kunti lo vide gli buttò le braccia al collo e pianse pensando ai suoi figli. Kunti era pallida ed emaciata per i digiuni e la sofferenza. In una parte della stanza c'erano dei bramini che accudivano un fuoco sacrificale cantando dei mantra. Su di un grande altare c'era una statua della divina forma di Vishnu splendidamente addobbata con ghirlande di fiori freschi.

Kunti non aveva visto Krishna da prima dell'esilio dei suoi figli. Gli si sedette accanto e si sfogò lamentandosi con voce soffocata. "Dimmi, come stanno i miei figli? O Keshava, quei ragazzi, pii fin dall'infanzia, dediti al servizio degli anziani, umili, gentili, sono stati derubati del loro regno ed esiliati. Come è crudele il destino! Come sono sopravvissuti, o Krishna? Loro che erano abituati a tutte le comodità, assistiti da servitori, come hanno fatto ad adattarsi a dormire sulla nuda terra? Ah, i miei figli hanno dovuto soffrire troppo."

Kunti si lamentò ancora, descrivendo i figli uno per uno, con la voce rotta dal dolore. "Li vedrò mai più?", disse, "O Achyuta, dimmi come sta Draupadi? Mi è ancor più cara di tutti i figli. Sembra che la felicità non si ottenga semplicemente con l'esercizio della virtù, in quanto lei è la più virtuosa delle donne e ha dovuto subire delle sofferenze inimmaginabili. Quando mi viene in mente come è stata trattata davanti all'assemblea, il mio cuore si riempie di angoscia, e nulla mai mi ha dato più dolore. È stata trascinata da quel delinquente pieno di lussuria davanti ai Kuru che la guardavano senza fare nulla."

La voce soffocata di Kunti si smorzò nel pianto. Krishna la guardò compassionevolmente. Anche alla sua età era bellissima, con i lineamenti fini sottolineati dalla seta bianca da vedova che le copriva il capo. Non aveva più indossato ornamenti dalla morte di Pandu, ma aveva uno splendore regale.

Kunti fece alcuni respiri profondi e riprese compostezza. "Quando sono nati i miei figli," disse, "i deva hanno parlato dal cielo. 'Questo sarà il signore dell'universo', hanno detto alla nascita di Yudhisthira, e alla nascita di Arjuna hanno detto che avrebbe sterminato i Kuru in battaglia. Non ho alcun dubbio su quelle profezie. È giunto il momento che i miei figli mostrino il loro valore. Dì a Yudhisthira che la sua pietà e la sua virtù diminuiscono ogni giorno che i Kaurava restano vivi e impuniti. O Keshava, piango soprattutto per l'offesa alla giovane Draupadi. Come sopportare il dolore di una simile onta?".

Kunti sapeva che Krishna in qualche modo aveva causato tutto questo, sfidando ogni comprensione. Perché aveva permesso che Draupadi venisse insultata? Perché Duryodhana aveva ottenuto la ricchezza e il regno del mondo? Ci doveva essere sotto un piano per il bene universale. Anche Vyasadeva ed altri rishi le avevano trasmesso la comprensione trascendentale della natura del Signore che risponde ai desideri degli uomini a seconda di quello che si meritano. Alla fine tutte le azioni portano ad appropriate reazioni. Anche se talvolta un virtuoso soffre mentre un peccatore prospera, alla fine il peccato porta sempre alla rovina e la virtù al successo. Su questo Kunti non aveva dubbi.

Krishna la consolò. "O Kunti, sei nata in una famiglia nobile, hai sposato un signore della terra e hai dato alla luce cinque eroi che sono la personificazione della virtù. Tutto quello che desiderano è la felicità che si meritano i veri potenti. I veri potenti cercano la felicità estrema o la sofferenza estrema, e non accettano ciò che è mediocre. O regnano sulla terra o fanno severe pratiche ascetiche, e i tuoi figli hanno fatto questa scelta. Adesso è giunto il loro momento per riprendere il dominio della terra. Li vedrai presto, in buona salute, i loro scopi raggiunti, insediati come re e circondati dall'opulenza."

Krishna poi diede a Kunti i messaggi dei suoi figli, e consolata dalle sue parole, Kunti disse: "Qualunque cosa tu pensi sia giusta dovrebbe essere fatta senza indugio, o Keshava, perché tu sei il massimo benefattore di questo mondo. O nemesi dei nemici, conosco la tua vera identità. Tu sei l'illimitato Brahman, l'originale Persona Suprema, in cui risiede ogni potere ed opulenza, e tutto dipende da te. Quello che tu dici deve accadere, perché la verità dipende da te. Mi inchino a te, e prego di poterti servire in eterno".

Krishna sorrise e la lasciò onorandola come sua madre.

Poi si diresse al palazzo di Duryodhana. L'edificio di marmo bianco era decorato con innumerevoli intarsi d'oro e pietre preziose. Krishna attraversò lunghi corridoi spaziosi bordati di statue d'oro dei deva. Attraversò tre zone del palazzo, ciascuna decorata in diversi stili, ed alla fine raggiunse la sala centrale, dove trovò Duryodhana con un migliaio fra re e guerrieri. Vicino a lui c'erano Karna, Shakuni e Dushashana, e tutti si alzarono per salutarlo.

Duryodhana discese dal suo trono, e diede il benvenuto a Krishna. Gli indicò un grande trono ricoperto di uno splendido tappeto di seta con dei soffici cuscini bianchi, e quando Krishna fu seduto lo onorò offrendogli il dono tradizionale di una mucca.

Quando i riti furono terminati, Duryodhana unì le mani e disse: "Siamo onorati, o Govinda. Cosa posso fare per te? Ti prego, accetta il mio invito a cenare con noi. Abbiamo preparato per te il palazzo di Dushashana, un palazzo più bello del mio".

"Non cenerò con te, o eroe, e non starò nel palazzo di Dushashana."

Duryodhana sorrise e parlò fingendo umiltà. "Perché rifiuti i nostri inviti, o Janardana? Non ti siamo cari quanto i Pandava? È certo che tu non hai preferenze, ed il tuo rapporto con Dhritarastra è altrettanto stretto di quello con i Pandava. O Madhava, ti prego, dimmi perché non vuoi accettare la nostra ospitalità."

Krishna replicò: "Un messaggero può accettare l'ospitalità di coloro a cui è destinato il messaggio solo dopo aver ottenuto lo scopo della sua missione".

Duryodhana, lottando per trattenere la rabbia, rispose: "Non è giusto che ci tratti così, o Madhusudana. Che i tuoi scopi vengano raggiunti o meno, noi desideriamo offrirti ospitalità. Ci neghi questa opportunità senza un giusto motivo. Non siamo tuoi nemici, perché ci tratti in questo modo?".

Krishna era molto serio. "Io non abbandono mai la virtù per motivi di desiderio, rabbia, odio o attaccamento. È giusto mangiare il cibo di un altro se c'è amore o bisogno. O re, non sono contento di te, e non sono nel bisogno. Senza alcuna ragione hai voluto il male dei Pandava fin dalla loro infanzia, e i tuoi cugini sono virtuosi e devoti alla divinità che è in tutti. Chiunque vuole il male di tali uomini mi offende".

Krishna guardò fissamente Duryodhana senza animosità. "O Bharata, chiunque diventa ostile ad un virtuoso per rabbia o per lussuria, è il peggiore degli uomini, e la sua fortuna non durerà. Il tuo cibo è contaminato dalla malvagità, ed io non lo mangerò. Preferisco stare con Vidura e mangiare il suo cibo."

Krishna uscì dalla sala lasciando Duryodhana schiumante di rabbia e tornò da Vidura. Tutti gli anziani Kuru lo andarono a visitare, offrendogli le loro case, ma Krishna li ringraziò dicendo: "Sono onorato dalle vostre offerte, tuttavia preferisco restare con Vidura".

Krishna e Satyaki mangiarono il cibo offerto dalla moglie di Vidura in allegria, e alla fine del pasto, Vidura disse: "Duryodhana non è molto contento della tua visita, o Keshava.. Pensa di essere saggio, ed è schiavo dei desideri, nemico anche dei suoi amici. Ha lasciato la strada della virtù, vive nella falsità, e non ascolterà il tuo consiglio".

Mentre Vidura parlava sua moglie portò delle erbe e delle spezie profumate per purificare la bocca. Poi accese dell'incenso e prese un piumino di *chamara* per rinfrescare Krishna. Lui le sorrise, e le disse di sedersi vicino al marito.

"Duryodhana ha piena fiducia in Bhishma, Drona, Kripa, Karna, Ashvatthama e Jayadratha. Ha l'esercito pronto e non pensa nemmeno alla pace, convinto che i Pandava non abbiano possibilità di fronte alle sue forze. Manca di ogni barlume di intelligenza, ed ha deciso di non restituire nulla ai Pandava."

Vidura temeva che Krishna sarebbe stato insultato e persino maltrattato all'assemblea dei Kaurava e non voleva che i Kuru venissero macchiati anche per queste offese.

"Duryodhana" proseguì Vidura toccando i piedi di Krishna, "non darà retta alle tue proposte. Si sente invincibile, e ritiene che il regno sia suo e suo soltanto. Molti dei suoi re sono tuoi nemici fin da prima, e si sono alleati con Duryodhana contro di te. Come puoi andare in mezzo a loro, o Madhusudana? Conosco il tuo potere e la tua invincibilità, ma non vedo lo scopo di andare a farsi ignorare e offendere. Dico queste cose soltanto per amicizia, rispetto ed amore per te."

Krishna strinse una mano di Vidura. "Tu hai parlato con saggezza, come dovrebbe parlare un amico. Le tue parole sono intrise di valori morali e terreni, come il consiglio di un padre, tuttavia ascolta le ragioni per cui sono venuto. Pur consapevole dell'ostilità e la malvagità di Duryodhana, sono venuto per un'azione virtuosa. Se si cerca di fare del bene con tutte le forze e si fallisce, si beneficerà ugualmente del merito di quell'azione. Quindi io cercherò la pace con tutto me stesso."

Krishna si alzò in piedi e camminò lentamente per la stanza, con i suoi gioielli che scintillavano alla luce delle lampade a olio. "Se non si tenta di salvare l'amico dalla sciagura, non si può parlare di amicizia. Si deve cercare di aiutare l'amico a non agire impropriamente, anche a costo di prenderlo per i capelli. Quindi è giusto tentare di dissuadere Duryodhana dai suoi scopi. Se lo sciocco non ascolterà i miei consigli, avrà solo se stesso da biasimare e nessuno potrà mai criticarmi. Se riuscirò a portare la pace fra i cugini senza sacrificare gli interessi dei Pandava, avrò fatto del bene a tutti".

Krishna parlò con Vidura per gran parte della notte, e poi entrambi riposarono brevemente. Poco prima dell'alba i bardi si riunirono fuori della casa di Vidura recitando inni del Samaveda. Krishna si alzò, fece le abluzioni e i rituali mattutini. Non aveva ancora finito, quando arrivarono Duryodhana e Shakuni per dire che Dhritarastra e gli altri Kuru lo attendevano nella sala dell'assemblea.

Krishna finì di prepararsi, diede in carità ai bramini oro, gemme e stoffe preziose. Krishna, Satyaki e Vidura montarono sul carro di Krishna e Duryodhana e Shakuni li seguirono sul loro. I bramini vennero a piedi salmodiando con i musici che suonavano i loro strumenti. Le strade erano gremite e dai balconi le donne gettavano petali di fiori variopinti.

Capitolo 47

L'ostinazione di Duryodhana

Nella sala c'era un'attesa palpabile. Krishna scese dal suo carro e si sentì gridare: "Govinda Hare!" e "Gloria a Krishna, signore degli Yadava!".

Krishna prese per mano Vidura e Satyaki ed entrò nella sala. Tutti si alzarono in piedi e Krishna salutò Dhritarastra rispettosamente. Il re gli indicò uno splendido trono incrostato di gemme. Con la sua visione divina, Krishna vide numerosi rishi che discendevano dal cielo, e disse: "Stanno arrivando molti rishi, fra cui Narada Muni, per essere testimoni di quanto accadrà. Offrite loro seggi adeguati, come possiamo sederci noi se loro restano in piedi?".

Dhritarastra ordinò ai suoi servitori di portare sedili d'oro, e i rishi entrarono nella sala come pianeti luminosi, vennero onorati, poi tutti si sedettero. Vidura si mise a fianco di Krishna, e di fronte Duryodhana e Karna si sedettero su di un trono unico. Lentamente si fece silenzio e tutti rivolsero gli occhi a Krishna. C'era un silenzio assoluto, e tutti erano in attesa del suo discorso.

Krishna si rivolse a Dhritarastra e disse: "O Bharata, sono venuto perché ci sia pace tra i Kuru e i Pandava".

Il suono della voce di Krishna ricordava il tuono sommesso delle nuvole d'autunno. Tutti gli occhi erano puntati su di lui. "O re, sappiamo bene la causa dell'attuale situazione. La pace è nelle tue mani. La tua stirpe è famosa per la sua virtù e nobiltà, e i Kuru in particolare sono noti per la conoscenza delle scritture, il buon comportamento, la gentilezza, la compassione, il perdono e la sincerità. Fai sì che questa eredità non venga infangata. Tu sei il capo dei Kuru e sei responsabile di ogni peccato che essi commettono. Adesso una calamità ci minaccia, causata dal comportamento dei Kuru."

Krishna guardò Duryodhana, il principe sembrava distratto e si strofinava la faccia con una mano carica di anelli.

Krishna proseguì. "O re, i tuoi figli non si curano della morale sono malvagi, privi di buon senso e dominati dall'avarizia. Sono stati sleali con i loro stessi amici. Non sarebbe difficile mantenere la pace. Dai un ordine ai tuoi figli, ed io farò lo stesso con i Pandava. So che desideri governare da solo il mondo intero, tuttavia è meglio fare la pace con i Pandava che renderseli nemici. Al momento ti considerano come un anziano da riverire, ti serviranno e ti proteggeranno in modo che nemmeno i deva potrebbero attaccarti. Non esistono alleati migliori di loro, e con loro al tuo fianco saresti il capo dell'esercito più potente dell'universo."

Il re cieco sedeva a testa bassa. Il discorso di Krishna era quello che si aspettava, tagliente e perfettamente realista.

"O re, cosa otterrai a combattere i Pandava? Che meriti pensi di guadagnare mandando a morire così tanti uomini? Non ci sono dubbi, nessuna delle due parti sopravvivrà alla guerra. I re che vedi qui ed i re che sono a Virata si stermineranno a vicenda. O imperatore, salvali e salva il mondo da questo disastro. Lascia che i sentimenti di affetto che avevi per i Pandava riempiano nuovamente il tuo cuore. Loro hanno diritto alla tua protezione. Ascolta il messaggio che mandano a questa assemblea."

Krishna ripeté le parole di Yudhisthira. "'Per ordine tuo, o re, abbiamo passato tredici anni in esilio, aspettandoci che tu tenessi fede alla tua parola. Noi abbiamo rispettato attentamente la nostra promessa, e adesso ti chiediamo di rispettare la tua. O Bharata, tu conosci i principi della virtù, agisci verso di noi come un padre con i suoi figli, e noi ci comporteremo da figli. Se pensi che abbiamo trascurato i nostri doveri, non esitare a correggerci, o re, però segui anche tu l'eccelsa strada della virtù.'"

Dhritarastra si agitò sul trono a disagio. La colpa che provava per aver maltrattato i figli di Pandu lo tormentava più di ogni altra cosa. Questo era certamente il suo peggior peccato, li aveva trascurati e li aveva fatti soffrire invece di proteggerli.

Krishna proseguì. "In un'assemblea in cui il vizio prevale sulla virtù, il falso sulla verità, coloro che sono presenti e lo permettono, saranno rovinati.

"Che altro puoi fare se non restituire il regno ai Pandava? Io desidero il vostro bene e quello dei Pandava, e se le mie parole sono giuste, che i Kuru le approvino e liberino la razza degli kshatriya dalle pastoie della morte. Non far morire tutti i re per il vizio, non tradire la morale per una felicità apparente. O signore della terra, ferma i tuoi figli, che sono schiavi dell'avarizia. I figli di Kunti sono pronti a servirti e a combattere per te. Questo è il mio consiglio, o re, e tu scegli la strada che ti pare migliore".

Tutti rimasero in silenzio. I re, che avevano ascoltato Krishna erano senza parole, non c'era nulla da eccepire. Solo Duryodhana non era d'accordo, e guardò Krishna con un sorriso.

Parasurama si alzò per parlare dal mezzo dei rishi. Era vestito di una pelle di cervo nero, i suoi occhi scuri lampeggiavano e il corpo splendeva di luce mistica. Raccontò all'assemblea la storia dell'antico re Dambhodbhava, che aveva un potere immenso ma era divenuto orgoglioso e arrogante. Un giorno venne a sapere che due rishi, Nara e Narayana erano gli uomini più forti della terra. Si recò subito a Gandhamadana dove loro vivevano e facevano pratiche ascetiche, e li sfidò. Loro declinarono, ma lui insistette, e alla fine Nara disse: "Combatti allora, o kshatriya. Porta il tuo esercito e tutte le tue armi. Ti farò passare la sete di guerra".

Il re attaccò il rishi con tutte le sue forze, e Nara prese un filo d'erba ed imbevutolo di potere mistico, lo scagliò contro il re ed il suo esercito. Il filo d'erba si trasformò in affilati dardi d'acciaio che tagliarono il naso e le orecchie di tutti i soldati, e volarono talmente tante frecce che nessuno poté muoversi. Dambhodbhava cadde ai piedi di Nara e chiese pietà. Il rishi lo perdonò e gli disse di non sfidare più nessuno senza averne ben valutato la forza.

Parasurama si guardò in giro nell'assemblea. "L'impresa di Nara fu grande, e Narayana è capace di imprese ancora più grandi. Le loro due anime nobili sono qui presenti come Arjuna e Krishna. Non fate l'errore di Dambhodbhava. Otto vizi minano la durata della vita: desiderio, rabbia, avidità, vanità, insolenza, orgoglio, malizia ed egoismo. Sotto l'influsso di questi vizi, gli uomini perdono la testa e si comportano da sciocchi. Nessuno può sconfiggere Arjuna, e Janardana è ancora più potente. Fate pace con loro e farete del bene a voi stessi e a tutto il mondo."

Poi parlò Kanwa, un altro rishi che aggiunse: "La forza fisica non è vera potenza. La vera forza consiste nella virtù. I Pandava sono virtuosi. Inoltre, Krishna, il serbatoio di tutte le virtù, è dalla loro parte. Quei cinque eroi con Krishna non sono da meno di Dharma, Vayu, Indra e i gemelli Ashvini in combinazione con Vishnu. O Duryodhana fai pace, o sarà la tua fine".

Duryodhana guardò Karna, e rise rumorosamente appena Kanwa smise di parlare. Si diede una manata sulle cosce e disse con aria di sfida: "Io sono come Dio mi ha fatto. È lui che mi ha creato ed è lui che decide il mio fato. Io farò esattamente come lui ha determinato e null'altro. A cosa serve questa discussione?".

Il principe non credeva in nessun potere supremo, e la sua voce era pregna di sarcasmo. Guardò Karna, ed ambedue sorrisero.

Narada allora raccontò l'antica storia di un re che aveva sofferto come risultato della propria ostinazione e ignoranza. In conclusione disse: "O monarca, ascolta il consiglio di chi ti vuol bene e rifletti sulla storia che ti ho raccontato. L'ostinazione porta alla rovina. Fai pace con i Pandava, altrimenti raccoglierai soltanto miseria e distruzione".

Duryodhana non disse nulla e Dhritarastra alzò la mano e replicò: "O Narada, anche io desidero la pace, ma non ne ho l'autorità".

Dhritarastra si rivolse a Krishna che era comodamente seduto con un piede sul trono, e l'altro su un cuscino ai suoi piedi. "O Keshava, le tue parole contengono la verità, e ciò che hai detto è per il nostro bene ed il bene del mondo".

"Tuttavia io non ho alcun potere. O Janardana, cerca di persuadere mio figlio che ha la mente malata ed il cuore impregnato di peccato e non fa mai ciò che desidero. Egli non ascolta me, Vidura, Bhishma e nessun anziano. Ti prego, o Krishna, correggi mio figlio."

Krishna si rivolse a Duryodhana. "Parlerò solo per il tuo bene, o Bharata. Voglio la tua prosperità e felicità quanto te. Quello che tu stai facendo ti farà soffrire. I saggi agiscono per virtù e per profitto, e così riescono a esaudire i propri desideri. Ciò che tu proponi non ti darà ciò che desideri. Rinuncia alla tua maligna, e distruttiva ostinazione, e segui invece una strada che sia benefica per te, i tuoi fratelli, i tuoi seguaci e i tuoi amici. O principe, fai pace con i tuoi cugini. Questo farà felice tuo padre e tutti gli anziani Kuru. Tuo padre ti ha ordinato di cercare la pace. Chi ignora gli ordini degli anziani e non ascolta il consiglio di chi gli vuol bene, alla fine va in rovina sommerso dai rimorsi."

Krishna fece una pausa, e fissò Duryodhana che taceva con lo sguardo abbassato. Gli occhi di tutti erano puntati su di lui.

Krishna proseguì con toni misurati. "Colui che preferisce il consiglio di uomini inferiori a quello degli anziani, si mette in pericolo, e nulla lo può salvare. La pace con i Pandava è nei tuoi interessi assai di più che l'associazione con esseri malvagi. Anche se li hai ingannati e trattati crudelmente fin dall'infanzia, loro sono pronti a perdonare e ad esserti amici. O Duryodhana, vivi secondo virtù e non solo per il piacere. Solo allora potrai avere ciò che desideri. Vivendo in pace con i Pandava otterrai tutti i tuoi scopi, e la tua fama si spargerà nel mondo. Come puoi preferire l'alleanza di Karna, Shakuni e Dushashana a quella dei tuoi nobili cugini?".

Karna si sentì insultato dalle parole di Krishna, e guardò Duryodhana. Entrambi trovavano quel discorso indigeribile, perché erano convinti che la loro causa fosse altrettanto valida di quella dei Pandava. Il diritto al trono di Dhritarastra era pari se non superiore a quello di Pandu, che era suo fratello minore. Perché allora doveva essere Duryodhana a fare concessioni? I Pandava avevano lasciato Hastinapura da molto tempo, e le cose andavano benissimo senza di loro. Come faceva Krishna a dire che teneva agli interessi di Duryodhana?

Krishna, notando gli atteggiamenti di sfida di Duryodhana e Karna, descrisse i probabili risultati di una guerra con i Pandava per incutere paura e dissenso tra i Kuru. "O eroe, chi può affrontare Bhimasena nella sua furia, e chi può scontrarsi in battaglia con Arjuna ed uscirne vivo? A Khandava, Arjuna ha sconfitto i deva, i Gandharva, gli Asura e i Naga. Che possibilità pensi di avere? Ci sarà qualche differenza da quando sei andato ad attaccare il regno di Matsya? Non essere la causa della distruzione della stirpe dei Kuru. Porta qui i Pandava in pace, che sicuramente confermeranno tuo padre come imperatore e te come suo viceré. Questa è la tua sola possibilità di ottenere una prosperità durevole. Dopo aver fatto pace con i Pandava sarai benedetto."

Bhishma, vedendo che Duryodhana non era toccato, disse: "Figliolo, la parole di Krishna sono quelle di un amico. Segui il suo consiglio. Non essere la causa della morte di tutti gli kshatriya, dei tuoi fratelli e di te stesso".

Quando Bhishma ebbe finito, parlò Drona. "Anche io approvo ciò che ha detto Krishna. Il suo consiglio è pieno di virtù e conviene a tutti noi. Non insultare Madhava con la tua comprensione malata. Coloro che ti incoraggiano a combattere ti aiuteranno ben poco al momento giusto. Sappi che secondo me nessuno di noi può resistere ad Arjuna e Krishna in battaglia. Se non ascolti, molto presto sprofonderai nel dolore. Hai sentito infinite volte tutto questo, e io sono stufo di ripeterlo."

I Kuru anziani avevano perso la pazienza con Duryodhana, non c'era modo di fargli vedere ragione. Dopo Drona parlò Vidura per mostrare la sua solidarietà con Krishna, come lui gli aveva chiesto. "Non mi addoloro per te, Duryodhana, ma per i tuoi vecchi genitori. Hanno solo te come protettore, e presto rimarranno soli. Tutti i loro ministri ed amici verranno trucidati, e diverranno mendicanti."

Dhritarastra, sentito che i suoi ministri erano del parere di Krishna, disse: "O Duryodhana, è venuto il momento di fare pace. Il grande e nobile Keshava ha detto la verità a nostro beneficio e per la nostra salvezza. Vai con lui a Virata, e fai venire qui i Pandava, e facciamo finire le ostilità. Yudhisthira ti metterà la mano sulle spalle con affetto, e tu abbraccierai Vrikodara. Arjuna e i gemelli ti offriranno i loro rispetti, e tu li benedirai. Poi potrete godere insieme del regno di questa terra. Non disobbedirmi, scegli la pace perché non puoi vincere la guerra".

Duryodhana era furioso, perché avevano tutti paura dei Pandava? Era stato sfortunato quando li aveva incontrati nel passato, ma questo sarebbe cambiato. Adesso, con l'aiuto del potere mistico dei Danava e la forza congiunta degli eroi Kuru, si sentiva invincibile. Come si permetteva il vecchio di dargli quegli ordini? Accettare l'abbraccio di Bhima? Duryodhana rabbrividì all'idea. Come si poteva pensare che onorasse Yudhisthira lui, che aveva governato la terra intera?

Duryodhana decise che era il momento di dire ciò che pensava. Si calmò e si alzò guardando Krishna: "Benché tu parli per consigliarmi, o Madhusudana, non fai altro che criticarmi. Perché o Keshava, lodi i Pandava ed accusi me? Voi tutti date solo a me ogni colpa. Tuttavia non ritengo di aver agito male, e non trovo nessuna pecca nel mio comportamento.

I Pandava hanno perso il loro regno ai dadi, e anche quando gli è stata ridata la loro ricchezza, hanno acconsentito a giocare un'ultima partita, e così sono finiti in esilio. Che colpa ne ho io? Perché mi considerano un nemico? Anche adesso, benché indeboliti e fragili, minacciano i Kuru."

Duryodhana guardò Karna, che strinse i pugni in segno di sostegno. Il principe proseguì: "Siamo dei potenti kshatriya, e non cederemo a nessuno per paura. Perché dovrei dare qualcosa ai Pandava sotto la minaccia di guerra? Piuttosto, è mio dovere combattere. Se sacrificherò il mio corpo in battaglia, otterrò una rinascita gloriosa. Quale kshatriya di nobile nascita eviterebbe la lotta per paura del nemico? Io non temo i Pandava, o Madhava, e non gli darò nulla. Il regno appartiene a Dhritarastra, e così rimarrà. Benché in passato egli abbia indebitamente ceduto metà del regno, noi abbiamo riparato a quell'errore".

Duryodhana fece una pausa guardandosi in giro. Appoggiando una mano sul fianco e l'altra sull'elsa della spada, concluse: "O Keshava, questa è la mia risposta: fintanto che io governerò questo regno per conto di mio padre, non darò ai Pandava nemmeno la terra che può essere traforata dalla punta di un ago".

Duryodhana si sedette fissando Krishna. Karna gli cinse le spalle con il braccio muscoloso cosparso di pasta di sandalo rossa. Vidura guardò i due scuotendo la testa. Dhritarastra era l'unico che avrebbe potuto impedire la sciagura imminente, ma il vecchio monarca rimase in silenzio. Se il re desiderava la pace come aveva detto, avrebbe dovuto usare la forza. Avrebbe dovuto far arrestare il principe, altrimenti le sue parole sarebbero rimaste vuote.

Krishna rifletté per un attimo e poi disse: "È ovvio che desideri l'eterno sonno dell'eroe, e presto lo avrai. Fra poco ci sarà il massacro che tu desideri.

O stolto, dici di non avere colpa, ma tutti sanno la verità. Tu sei stato geloso della prosperità dei Pandava, e con Shakuni hai complottato per battere Yudhisthira ai dadi. E chi altri avrebbe mai trattato la moglie di suo fratello come tu hai fatto con Draupadi? Draupadi è casta, di nobile nascita e di comportamento impeccabile, e tu l'hai insultata di fronte a tutti i Kuru."

Krishna continuò severamente: "Se non restituirai il loro regno volontariamente, dovrai ridarglielo quando sarai sconfitto in battaglia. Fai l'innocente dopo tutto quello che hai fatto contro ai Pandava. I tuoi anziani ti hanno ordinato di fare pace, ma tu li ignori. Solo la pace può far del bene a tutti, te incluso. Che a te non sembri, è solo un segno di mancanza di intelligenza".

Il discorso di Krishna aveva convinto anche qualcuno dei fratelli di Duryodhana, e Dushashana cominciava a pensare alla pace. Rammentando il voto di Bhima di strappargli il cuore, disse al fratello maggiore: "Se sei così sciocco da non volere la pace, i Kaurava ti legheranno mani e piedi e ti offriranno a Yudhisthira".

Duryodhana uscì dalla sala come una tempesta, seguito dai suoi ministri e dai cento fratelli.

Quando furono tutti usciti, Bhishma disse: "Al principe mancano saggezza e cultura, e si lascia dominare dalla rabbia e dall'avidità. O Janardana, penso che la razza degli kshatriya sia vicina all'eliminazione totale, perché i suoi fratelli e ministri seguono la sua follia".

Krishna guardò Dhritarastra con i suoi occhi di loto. "Tutto questo è colpa dei capi dei Kuru. Tu avresti dovuto fermare Duryodhana con la forza. O uomo senza pecca, agisci ora, e ascolta ciò che è bene per te".

"Tutti voi sapete che Kamsa, il malvagio re dei Bhoja, fu ripudiato dai suoi parenti. Io l'ho ucciso, e con quest'azione ho reso felici gli Yadava, gli Andhaka e i Vrishni. È giusto sacrificare un uomo per il bene di una stirpe, una stirpe per il bene di una città, una città per il bene di una nazione, e la terra per il bene dell'anima. O Bharata, imprigionate Duryodhana, Karna, Dushashana e Shakuni, e fate pace con i Pandava."

Questo discorso mise Dhritarastra ancora più a disagio. Fin dalla nascita di Duryodhana i suoi consiglieri gli avevano detto insistentemente di ripudiare suo figlio, e lui si era sempre rifiutato. Adesso sentiva il sapore amaro di quella scelta. Era troppo attaccato a suo figlio, e quell'attaccamento non si era indebolito con gli anni. Duryodhana se ne era approfittato, e adesso non lo ascoltava nemmeno, e l'unico modo di fermarlo era la prigione o addirittura una condanna a morte. Adesso Krishna suggeriva di fare proprio questo, ma lui non se la sentiva. Pensò a Gandhari, forse il principe avrebbe ascoltato sua madre.

"O Vidura, ti prego di portare qui la regina. Poi ordina a mio figlio di tornare qui. Forse la saggia Gandhari sarà capace di persuaderlo."

Poco dopo Gandhari entrò nella sala bendata, accompagnata dalle sue ancelle, e si rivolse al re.

"Tuo figlio è pieno di avidità e lussuria. Ha ottenuto questo regno immeritatamente, solo grazie a te. Per questa ragione tu sei da condannare per questa situazione quanto lui. Adesso sarà difficile fermarlo."

In quel momento rientrò Duryodhana, fece un piccolo inchino ai suoi genitori e si sedette, celando a stento la sua rabbia.

Gandhari parlò con dolcezza: "Caro figlio, è mio profondo desiderio che tu faccia pace con i Pandava. Tu vuoi comandare la terra perché sei pieno di desideri dei sensi, di cupidigia e di rabbia. Solo controllando questi impulsi si può avere successo. Prima di conquistare il mondo bisogna conquistare se stessi, non esiste altro modo. I sensi fuori controllo possono uccidere, così come un cavallo selvaggio può uccidere il domatore. Chi si lascia prendere dalla rabbia e dal desiderio, alla fine perde tutto. Quindi sforzati di controllare i tuoi sensi, che è la cosa migliore che puoi fare".

Dal giorno dell'esilio dei Pandava, Gandhari aveva iniziato le pratiche dell'ascesi. Si sentiva colpevole per come i Kuru avevano insultato Draupadi, e quindi si era messa a digiunare, a fare sacrifici e penitenze, pregando che suo figlio tornasse alla ragione.

La regina continuò con tono implorante. "Se tu ti farai amici i Pandava, potrai goderti la terra per lungo tempo. Cosa potrai mai guadagnare dal combatterli? Qui c'è Krishna che da solo può distruggere tutti i re del mondo. Cosa accadrà quando si unirà ad Arjuna? Hai ascoltato quello che ti ha consigliato. Colui che ignora chi gli vuol bene va incontro al disastro.

Figlio mio, tuo padre aveva dato ai Pandava la loro giusta parte, e loro hanno sottomesso tutta la terra. Certamente metà di quel regno può soddisfare i tuoi bisogni. Non distruggere ogni cosa accendendo un conflitto con i tuoi cugini. Hanno sofferto abbastanza per questi tredici anni. Restituisci ciò che è loro, ed evita questa sciagura mondiale. Se Bhishma, Drona, Kripa, Karna, Bhimasena, Dhananjaya e Dhristadyumna si scontreranno, tutti periranno. Rinuncia alla tua avidità ed agisci con saggezza."

Duryodhana sbuffò, erano cose che aveva sentito infinite volte. Uscì dalla sala, era tempo di agire.

Andò al palazzo di Dushashana, che era in compagnia di Karna e Shakuni. "Sembra che Krishna stia rendendo tutti favorevoli ai Pandava, e sta incitando il re ad arrestarci. Sono preoccupato perché Krishna è molto convincente."

Duryodhana disse a Dushashana: "Krishna ha convinto persino te", e proseguì. "Dobbiamo mettere in atto il nostro piano per mettere Krishna in catene. Quando i Pandava sapranno della sua cattura, si perderanno d'animo e non avranno più cuore ed energia per la lotta, come serpenti a cui sono stati spezzati i denti. Facciamolo prima che il vecchio dia via di nuovo il regno."

Karna espresse i suoi dubbi. "Non penso che riusciremo a catturarlo, o re. Tuttavia se insisti, aiuterò come posso."

Karna, a differenza di Duryodhana, non provava odio verso Krishna e lo rispettava. Krishna aveva ucciso molti potenti, e secondo i rishi era l'incarnazione della Persona Suprema. Si unì al piano solo per amicizia verso Duryodhana.

Duryodhana rise dei dubbi del suo amico. "Krishna non sarà pronto alla nostra mossa, è venuto senza armi. Possiamo sorprenderlo e immobilizzarlo prima che si renda conto di ciò che sta succedendo."

* * *

Nella sala, Satyaki aveva tenuto d'occhio Duryodhana. Sembrava ovvio che stesse tramando qualcosa. Sussurrò nell'orecchio di Krishna: "Penso che Duryodhana adesso cercherà di catturarti o ucciderti. O Keshava, quest'essere malvagio ha perso il rispetto di ogni valore".

Krishna sorrise e rassicurò Satyaki. "Non temere, amico mio, non basterebbero tutti i re della terra. Parla a Dhritarastra e vedi cosa vuol fare".

Satyaki si rivolse al vecchio re: "Sembra che il tuo stolto figlio voglia imprigionare Madhava. Annebbiato dal desiderio e dalla rabbia, progetta qualcosa di tragicamente malvagio".

Intervenne anche Vidura. "O re, tuo figlio ha passato la misura. Si sta preparando a fare l'impensabile. Anche il solo pensiero è inconcepibilmente peccaminoso. Krishna manderà tutti alla dimora di Yamaraja."

Krishna rise: "Lasciate che ci provino! Potrebbe essere il modo di risolvere la questione. Ma non temete, potrei sterminarli tutti, ma non lo farò. Si sono già uccisi da soli con i loro desideri perversi. O re, lascia che Duryodhana faccia ciò che vuole".

Quando Krishna smise di parlare, la voce di Dhritarastra tuonò nella sala. "Portate qui quello scellerato di mio figlio e i suoi ministri."

Duryodhana tornò nella sala con Karna e Dushashana e si andò a sedere sul suo trono. Dhritarastra era furioso. "La tua condotta è inumana, sei un peccatore senza ritegno, e ti fai aiutare da uomini senza valore. Come un bimbo che vuole la luna vuoi fare prigioniero Krishna, e non sai che è impossibile. Perfino i deva non potrebbero catturare Keshava. O stolto, torna in te!".

Duryodhana ribolliva di rabbia, ma non disse nulla. Aveva già ordinato ai suoi uomini di entrare nella sala quando Krishna si fosse alzato per andarsene. Al contrario di tutti, non temeva lo Yadava. Il principe lanciò uno sguardo verso Krishna e sorrise tranquillo.

Vidura, ricordando come i Kuru avevano violato Draupadi, non poteva sopportare l'idea che potessero fare un trattamento simile a Krishna. "O Bharata, ascolta, ti racconterò dei molti demoni che hanno provato a sconfiggere Krishna. Il potentissimo Naraka, figlio della devi della terra, aveva vissuto per migliaia di anni protetto da potentissime forze, e Krishna lo ha ucciso facilmente. Ha anche ucciso Mura dalle cinque teste, che terrorizzava persino i deva. Da bambino ha ucciso Putana e i malefici maghi Arishta e Dhenuka. A sette anni ha sollevato con una mano sola il monte Govardhana."

Vidura elencò altri asura e re che Krishna aveva sconfitto, e concluse: "Krishna è colui che fa ogni cosa, la causa di tutte le cause e da lui nasce il potere e l'opulenza. O Duryodhana, tu non capisci chi è Govinda. Il suo valore è inestimabile, e vi ridurrà tutti in cenere. L'idea di catturarlo è ridicola".

Krishna guardò Duryodhana. "O Kaurava, sei così pazzo da pensare che io sia solo e vulnerabile. Sei minorato di cervello, adesso ti mostrerò la verità. Qui ci sono tutti i Pandava, i Vrishni e gli Andhaka, e anche i deva, gli Aditya, i Rudra, i Vasu e i grandi rishi."

Duryodhana non ne poteva più, balzò in piedi indicando Krishna e urlò: "Catturatelo adesso!". I soldati entrarono di corsa nella sala da tutte le entrate, e impugnando spade ed archi si gettarono su Krishna.

Krishna rise, e il suo corpo si accese come un fulmine. Cominciò a crescere di dimensioni, e Brahma gli uscì dalla fronte, Shiva dal petto, i Lokapala sedettero sulle sue braccia e Agni gli venne fuori dalla bocca. Poi apparvero Indra e i Marut, con schiere di Gandharva, Yaksha e Rakshasa, dagli occhi spuntarono Balarama e Arjuna, che si misero ai suoi fianchi. Dietro di lui c'erano Yudhisthira, Bhima e i gemelli, i Vrishni e gli Andhaka guidati da Pradyumna. Il suo disco ed il suo bastone gli apparvero in mano, e dai suoi pori uscirono luce, scintille e nuvole di fumo.

La vista era terrificante, e quasi tutti dovettero chiudere gli occhi. Solo Bhishma, Drona, Vidura e Sanjaya riuscirono a guardare Krishna che si manifestava nella sua forma universale. Il cielo rimbombò di tamburi, e cadde una pioggia di fiori.

Sanjaya descrisse l'evento a Dhritarastra che disse: "O Krishna, tu agisci sempre per il bene del mondo. Ti prego, benedici i miei occhi perché io possa vedere la tua forma".

"O grande Kuru, che i tuoi occhi ti diano la vista." disse Krishna, e Dhritarastra poté vederlo, assieme agli esseri divini che lo adoravano.

Fuori della sala soffiò un vento impetuoso, sugli oceani si alzarono onde immense, in cielo scoppiarono tuoni e fulmini e la terra tremò.

Nella sala c'era una gran confusione. Krishna riprese la sua forma ordinaria. Chiese licenza ai rishi ed uscì dalla sala prendendo Satyaki e Kritavarma per mano. I rishi, con Narada in testa, scomparvero e Dhritarastra, sconvolto, ridivenne cieco.

I Kuru seguirono Krishna mentre Duryodhana e i suoi ministri rimasero seduti, attoniti, incapaci di parlare, il loro piano fallito.

All'esterno della sala tutti i fenomeni naturali erano cessati, e c'era una lieve brezza. Krishna salì sul suo carro. Dhritarastra uscì dalla sala guidato da Vidura, si avvicinò a Krishna e disse: "Hai visto l'influenza che ho con i miei figli, o Janardana. Non è giusto condannarmi, o Keshava, perché desidero la pace e non ho cattive intenzioni verso i Pandava. Mi hai sentito parlare a Duryodhana e hai visto la sua reazione. Io ho fatto del mio meglio".

Krishna guardò Dhritarastra circondato dagli anziani Kuru, e disse: "Anche voi siete stati testimoni, avete visto quell'ignorante che usciva dalla sala mentre gli si stava dando consigli per il suo bene. Avete anche visto che l'imperatore della terra non ha potere. Con il vostro permesso, adesso tornerò da Yudhisthira".

Krishna si sedette con Satyaki e Kritavarma al fianco, Daruka incitò i cavalli ed il carro partì. I Kuru rimasero a guardare mentre si allontanava. Krishna disse a Daruka di fermarsi alla casa di Vidura per salutare Kunti.

Si presentò davanti a sua zia, le toccò i piedi e le raccontò l'accaduto. Kunti non si sorprese e chiese a Krishna di esortare Yudhisthira a combattere. Sapeva che lui avrebbe odiato entrare in guerra con i suoi parenti ed anziani per conquistare un regno.

"O Krishna, i miei figli devono compiere il loro destino, e prendere il controllo della terra, e non ci riusciranno con mezzi pacifici. Inoltre l'onore di Draupadi non sarebbe vendicato senza una guerra. Quest'ultima è la ragione più forte per la guerra, devono assolutamente vendicare la moglie. Non l'hanno protetta durante quella maledetta partita a dadi, e ora devono rimediare."

Kunti toccò i piedi di Krishna, e concluse: "O Keshava, dì ai miei figli che sto bene. Ti auguro un buon viaggio".

Krishna, dopo aver circoambulato sua zia, la salutò e uscì. Fuori trovò Bhishma e gli altri guerrieri Kuru che lo aspettavano per salutarlo. Krishna si inchinò, scambiò i saluti e salì sul carro.

I cavalli, incitati da Daruka, sembrava si alzassero in cielo. I Kuru restarono a guardarlo mentre si allontanava verso la porta meridionale della città, poi tornarono al palazzo del re. La missione di pace di Krishna era fallita, e la guerra era ormai certa.

Capitolo 48

Verso Kurukshetra

Il mattino della partenza di Krishna, Karna andò a pregare il deva del sole. Fin dall'infanzia era stato attratto da quell'essere divino e non aveva mai mancato di pregarlo. Un'ora prima dell'alba andò al Gange accompagnato da numerosi bramini. Indossando solo un panno attorno alla vita, entrò nel fiume cantando inni vedici. Sulla riva del fiume i bramini accesero un fuoco sacro e fecero delle offerte a Surya per suo conto.

In quel momento arrivò Kunti. Quando aveva visto il giovane Karna entrare nell'arena per il saggio di arti marziali di Drona, aveva capito subito che era suo figlio. Era doloroso sapere che era diventato nemico dei suoi fratelli. Era giunto il momento di dire a Karna la verità. Forse allora si sarebbe unito ai suoi fratelli.

Karna se ne stava con le braccia alzate sopra la testa con le mani unite in preghiera, e rimase in quella posizione fino a che il sole fu alto in cielo. Kunti rimase ad aspettarlo seduta sulla riva del fiume. Quando Karna finì il suo rituale si sorprese alla vista di Kunti, e disse: "Sii la benvenuta, o nobile signora. Io sono Karna, il figlio di Adhiratha e Radha, e ti saluto con rispetto. Cosa posso fare per te?".

Kunti si alzò e si avvicinò a Karna a passi esitanti. La regina aveva un'espressione tesa e si torceva le mani. Gli parlò con dolcezza. "O figliolo, tu non sei il figlio di Radha e Adhiratha."

La voce le tremò e fece una pausa per riprendersi. "Caro figlio, tu sei mio figlio, concepito dal potente Surya. Quando sei nato, risplendevi come tuo padre. Per la reputazione mia e di mio padre, dato che ero ancora considerata vergine, ti ho dovuto abbandonare malgrado il mio dolore."

Kunti soffriva come quando aveva abbandonato Karna alla nascita. Non aveva mai potuto parlarne con nessuno, neanche quando lui era apparso nell'arena. Adesso lui rischiava la morte, e lei voleva salvarlo. Se non fosse morto avrebbe ucciso Arjuna, e Kunti non poteva sopportare di perdere o l'uno o l'altro figlio.

"Non sapendo della tua nascita, non ti sei mai reso conto che i Pandava sono tuoi fratelli. Adesso sei al servizio di Duryodhana, e questo non è giusto, figlio mio. Tu sei mal guidato da gente avara e malvagia che ha depredato Yudhisthira del suo regno. Se continui a seguirli, sarà la tua fine. Scegli la strada della virtù ed unisciti ai tuoi fratelli."

Karna si prese la testa fra le mani per la confusione che le parole di Kunti gli avevano creato. Come poteva essere vero e perché non glielo aveva detto prima? Rimase paralizzato mentre si rendeva conto della verità, troppo sbalordito per parlare.

Kunti si asciugò gli occhi e guardò il sole. Perché quel divino essere le stava dando quel dolore? Amava Karna, ma lui non avrebbe potuto accettarla. Tutte le volte che aveva pensato di rivelargli la verità aveva rinunciato per paura del suo rifiuto. Adesso non le importava più, voleva solo salvargli la vita.

"Quando tu ed Arjuna avrete stabilito fra voi un amore fraterno, i Kaurava vi si inchineranno con rispetto e timore. Tu e Arjuna, come Balarama e Janardana, potrete avere tutto quello che desiderate. O Karna, fra i tuoi cinque fratelli splenderai come Brahma fra i deva. Tu sei il mio primogenito e non un *suta*."

Quando Kunti finì, Karna si udì una voce proveniente dal sole. "O Karna, Kunti ha detto la verità. Segui il suo consiglio che ti è dato per il tuo bene."

Karna si convinse. Era figlio di Kunti, e fratello maggiore di Yudhisthira. Di colpo tutto era chiaro. Adhiratha gli aveva detto di averlo trovato in un cesto che galleggiava sul Gange, splendente come una divinità, ed aveva pensato che i deva gli avessero mandato quel bimbo per qualche scopo divino. Quando fu cresciuto, Karna apprese da Surya che la sua corazza naturale era di origine divina, e aveva capito di essere il figlio di qualche potente deva. Tuttavia non aveva mai indovinato la verità.

La voce di Karna sovrastò il rumore della corrente del fiume. "Non dubito delle tue parole, o signora, ma non posso ascoltarle. Non ritengo che sia virtuoso unirmi ai Pandava, e non penso che tu sia stata virtuosa abbandonandomi alla nascita. Sono stato etichettato come *suta* e mi sono stati negati i diritti degli kshatriya che mi spettavano. Quale nemico avrebbe potuto ferirmi di più?".

Karna cadde in ginocchio stringendo i pugni, e alzò la testa verso il sole. Le lacrime gli bagnavano il volto contorto dal dolore e dalla rabbia. Aveva spesso desiderato conoscere l'identità della sua vera madre, e adesso era qui, la regina dei Kuru e madre dei suoi odiati nemici. Era pur sempre sua madre, e in cuore gli nacquero dei sentimenti d'amore che cercò di negare.

Le parole di Karna furono taglienti. "Non posso credere che tu parli nel mio interesse. Non mi hai mostrato pietà al momento giusto, e adesso sei venuta solo per un tuo bisogno. Non posso agire come suggerisci, perché se alla vigilia della battaglia io abbandonassi Duryodhana per unirmi ai Pandava, sarei un codardo e un traditore. I Kaurava hanno sempre esaudito i miei desideri e mi hanno onorato. Che razza di uomo sarei a lasciarli adesso? Devo dimostrargli la mia gratitudine."

Karna si ricordò del voto di non combattere fino all'uccisione di Bhishma. Secondo le profezie Bhishma sarebbe stato ucciso da Shikhandhi. Allora Duryodhana avrebbe avuto bisogno di lui più che mai. Non era pensabile di abbandonarlo adesso.

"Non posso tradire il mio signore, e non lo abbandonerò. Ma il tuo appello non sarà inutile. A parte Arjuna, non ucciderò nessuno dei tuoi figli. Quando ucciderò Arjuna sarò famoso per il mio valore, e anche se sarà lui ad uccidermi la mia fama sarà grande. E tu avrai sempre cinque figli, o principessa, perché uno di noi due sopravviverà, ma non entrambi."

Kunti gli gettò le braccia al collo piangendo, e malgrado se stesso Karna sentì le sue braccia che rispondevano. Per la prima volta si abbracciarono come madre e figlio, e Kunti disse con tristezza: "O figlio mio, il destino è potente. Ciò che dici avverrà, i Kuru verranno distrutti ed io perderò te o Arjuna e forse qualche altro figlio. Che tu sia benedetto, e ti auguro ogni bene".

Kunti lo guardò per l'ultima volta, e tornò di fretta in città. Karna salì sul suo carro e rimase fermo per un po', mentre le parole di Kunti gli ribollivano nella mente. Come sarebbero state diverse le cose se lei lo avesse tenuto con sé! Inutile piangere per quello che avrebbe potuto essere. Karna decise di non rivelare nulla, la notizia avrebbe solo creato complicazioni. Se ne tornò in città con il cuore in subbuglio.

* * *

Krishna chiese a Karna di parlargli in privato e lo incontrò alla porta meridionale della città. Krishna lo fece salire sul suo carro, e gli parlò mentre andavano verso Virata. L'auriga di Karna li seguì con il suo carro su cui era salito Satyaki.

Krishna mise una mano sulla spalla di Karna e disse: "Secondo le scritture, un bimbo che nasce prima che sua madre si sposi, è figlio del marito. Tu sei nato prima del matrimonio di tua madre, o Karna, quindi sei figlio di Pandu. I Pandava sono tuoi consanguinei dalla parte di tuo padre, e i Vrishni dalla parte di tua madre. Tu sei parente di queste due razze. O eroe, vieni con me e diventa re. I Pandava ti onoreranno come fratello maggiore, come farò io e tutti i loro alleati. Al momento giusto Draupadi verrà da te come moglie, e i tuoi cinque fratelli ti seguiranno, come i deva seguono Indra. Io pure ti seguirò accompagnato dagli Andhaka e dai Vrishni. Regna su questa terra, o Karna, e che i bardi cantino le tue lodi. Riempi di gioia il cuore di Kunti e prendi il tuo giusto posto a capo dei suoi figli".

Karna guardò il volto sorridente di Krishna, che sapeva tutto. Tuttavia gli era difficile accettare il suo consiglio.

Karna scosse la testa. "Le tue parole sono per il mio bene, o Keshava, ora so di essere figlio di Pandu perché Kunti me lo ha detto. Tuttavia lei mi ha abbandonato e io sono stato allevato da Adhiratha e sua moglie, che mi hanno amato come dei genitori. Dopo avermi adottato, hanno avuto altri figli di cui sono divenuto il fratello maggiore. Hanno scelto le mie mogli, ed io ho concepito con loro dei figli. Non posso rompere quelle relazioni per ottenere il cielo e la terra, o per paura, o Madhava."

Karna si sentiva nel giusto. Seguire il consiglio di Krishna sarebbe stato scorretto. Guardando il paesaggio che scorreva, disse: "Ho vissuto nel benessere grazie a Duryodhana, e gli sono in debito. Io sono stato scelto per affrontare Arjuna nella guerra, e non posso ritirarmi. O Keshava, non voglio venir etichettato come codardo, e non posso mancare di lealtà verso Duryodhana. Se mi venisse dato il regno del mondo, lo darei subito a Duryodhana. Come potrei vivere con i Pandava dopo tutto quello che lui ha fatto per me?".

Karna rifletté sui suoi sentimenti verso i Pandava. Rispettava Yudhisthira, Bhima ed anche i gemelli. Il suo odio per Arjuna era nato quando era stato rifiutato alla scuola di Drona in quanto figlio di *suta*. Quando poi era tornato a Hastinapura per competere nel saggio, Drona non l'aveva riconosciuto. Arjuna era il migliore dei suoi discepoli, e sconfiggendolo si sarebbe vendicato. Quando poi aveva visto Arjuna nell'arena, il suo cuore si era riempito di invidia. Quell'invidia non era mai scemata, e presto sarebbe esplosa in una lotta mortale.

"O Krishna, non credo che vinceremo. Yudhisthira è virtuoso e puro di mente, e officerà il sacrificio della battaglia con i Kaurava come animali sacrificali. I Pandava sono esseri pii che meritano il regno della terra. Le offese che gli ho fatto erano solo per compiacere Duryodhana, e ho rimorso per averle pronunciate".

"Tuttavia combatterò contro Arjuna, o Keshava, perché questo è il mio dovere morale e di kshatriya. È probabile che io muoia, e la guerra finirà quando Arjuna mi avrà ucciso, e Bhima avrà ucciso Duryodhana. La battaglia sarà terribile, e verrà ricordata fin che ci saranno le montagne."

Krishna sorrise. "Allora non desideri governare la terra, o eroe? Non vuoi il regno nel modo pacifico che ho suggerito? Quando vedrai i cinque Pandava scendere in campo, inizierà la terribile era di Kali, e molti uomini moriranno. Torna a Hastinapura e dì a Drona e Kripa di prepararsi. Fra sette giorni la luna sarà piena, e la guerra avrà inizio."

Karna non riusciva a capire quale fosse l'intento di Krishna. Perché mai gli chiedeva di defezionare adesso? Sapeva che l'esito della battaglia non sarebbe cambiato, perché sembrava che il destino avesse già deciso ogni cosa.

Karna guardò Krishna, che sedeva coi lunghi capelli al vento. "Perché cerchi di confondermi, o Keshava? Vuoi portarmi alla follia? Come tu sai, la distruzione del mondo è vicina, e Duryodhana, Dushashana, Shakuni ed io ne siamo la causa. O Krishna, ho già visto i presagi che indicano la sconfitta di Duryodhana, ed in sogno ho visto i Pandava vittoriosi. Ho visto Yudhisthira con una veste di seta bianca entrare con i fratelli in un palazzo con mille colonne. Anche tu eri nel sogno, o Madhava, al fianco di Arjuna. Sull'altro lato i Kaurava con i loro seguaci, coperti di vesti rosso sangue, andavano verso la dimora di Yamaraja. Presto bruceremo nel fuoco di Gandiva, ne sono certo."

Krishna guardò Karna tristemente. "Tutto questo accadrà, o Karna, perché allora non vuoi ascoltare i miei consigli? Quando la fine è imminente, amico mio, ciò che è sbagliato appare giusto e rimane nel cuore. Che altro posso dire?".

Karna accennò col capo ad un inchino. "Se sopravvivrò alla guerra, ti rivedrò, o Krishna, altrimenti ci incontreremo in cielo."

Krishna disse a Daruka di fermare il carro, e abbracciò Karna. Satyaki tornò sul carro di Krishna e ripartirono. Karna se ne tornò tristemente a Hastinapura pensando che presto sarebbe sceso in guerra contro i suoi fratelli e contro Krishna che aveva cercato di aiutarlo. Pensò anche alle parole di Kunti e sentì un gran peso.

* * *

Poco dopo la partenza di Krishna, Dhritarastra riunì il consiglio per discutere le strategie. Il re cieco era preoccupato. Aveva visto la forma universale di Krishna, ed era certo che nessun essere umano avrebbe potuto prevalere contro un simile potere. Forse c'era qualche possibilità dell'ultimo minuto per raggiungere un accordo. Il re guardò i suoi consiglieri. "O eruditi, abbiamo tutti ascoltato Krishna, e abbiamo visto il suo potere sovrumano. Il Signore di tutti i mondi sarà dalla parte dei Pandava. Mio figlio lo ha insultato e se ne è andato pieno d'ira. Adesso siamo davanti a un immenso pericolo. Vi prego, ditemi cosa si può fare per fermare questa catastrofe."

Bhishma scosse la testa. "Il nostro fato è segnato, o re. Abbiamo maltrattato Keshava, degno anche dell'adorazione dei deva. La fortuna ci ha abbandonato. Dobbiamo prendere le armi per una guerra che priverà la terra di moltissimi eroi. A cosa servono le parole? Dobbiamo soltanto prepararci a combattere."

Drona e Kripa erano d'accordo con Bhishma, e Duryodhana sorrise. Il momento che aveva atteso per molti anni era arrivato e non ci sarebbero più stati inutili discorsi moraleggianti. Krishna aveva mostrato un potere soprannaturale, tuttavia aveva votato di non combattere. Inoltre c'erano molti eroi padroni delle armi mistiche dalla parte dei Kaurava. Non aveva paura.

Vidura vide l'espressione di Duryodhana e non riuscì a contenersi. Non riusciva a perdonare il principe per i suoi insulti a Krishna. "Devi restituire adesso a Yudhisthira la sua parte legittima del regno. Yudhisthira non ha nemici, ed è stato più che paziente. Tu dovresti temerlo con Bhima e gli altri fratelli".

"Krishna, il Signore Supremo, ha accettato i figli di Kunti come parenti. Vive a Dwaraka con i re e i principi Yadu, ha soggiogato un gran numero di monarchi, è il loro signore, e certamente tu lo temi."

Vidura si rivolse al re: "O signore della terra, con la tua inerzia stai sostenendo l'insulto del tuo amato figlio. Lui è invidioso di Krishna, e per questo non hai speranza. Liberati da questa mala sorte il prima possibile punendo Duryodhana per il bene della famiglia! Altrimenti saremo tutti condannati".

Duryodhana non ne poté più, fin dall'infanzia aveva visto suo zio parteggiare per i Pandava. Sembrava che non avesse alcun affetto per lui e i suoi fratelli. Duryodhana balzò in piedi schiumando di rabbia.

"Chi ha chiesto a questo figlio di serva di essere qui? Khattwa non è amico dei Kuru, è malvagio e ha lavorato in segreto per l'interesse del nemico, complottando contro coloro che lo hanno mantenuto. Gettatelo fuori e lasciategli solo l'aria che respira!".

Dhritarastra costernato per quell'esplosione, alzò la mano per zittire Duryodhana, ma Vidura sorrise e si alzò in piedi. Aveva sempre cercato il modo di evitare di combattere contro i Pandava, e adesso ne aveva l'occasione. Senza dire una parola si incamminò verso la porta, vi appoggiò il suo arco, indicando così che non avrebbe combattuto per i Kuru, uscì dalla sala e senza fermarsi partì per un pellegrinaggio dei luoghi sacri.

Gli anziani Kuru condannarono Duryodhana, ed egli si limitò a ridere. Dhritarastra sciolse l'assemblea

* * *

Quando Krishna arrivò a Virata raccontò gli avvenimenti di Hastinapura, saltando la conversazione con Karna, perché sapeva che se avesse rivelato a Yudhisthira la vera identità di Karna, lui non gli avrebbe combattuto contro.

Krishna, seduto in mezzo ai Pandava e agli altri re, disse: "Ho usato tutti i mezzi della diplomazia, dalla conciliazione alla creazione del dissenso. Ho detto che avreste rinunciato al vostro orgoglio e sareste divenuti i servitori di Dhritarastra se i Kuru avessero fatto pace, e che potevano tenersi il regno dandovi soltanto cinque villaggi. Quando ancora si sono rifiutati, sono ricorso alle minacce, ed ho mostrato i miei poteri sovrumani. Ho provato a spaventare Duryodhana ma lui è rimasto fermo nella sua stoltezza. Quindi resta solo l'ultimo mezzo della diplomazia: la guerra. Le forze dei Kaurava stanno già andando a Kurukshetra".

Yudhisthira si fece serio. "O eroi, avete sentito le parole di Krishna, prepariamo i nostri eserciti. È il momento di scegliere un generale per comandare le nostre forze. Abbiamo sette guerrieri a capo delle nostre divisioni: Drupada, Virata, Dhristadyumna, Shikhandhi, Satyaki, Chekitana e Bhimasena. Chi dovrebbe prendere il comando generale? Sahadeva, cosa ne pensi?".

Era uso sentire l'opinione di tutti, cominciando dal più giovane fino al più anziano. Sahadeva rispose: "Virata, che è legato a noi per relazioni di parentela, è un capo di valore e di grande virtù. Il potente re di Matsya è fortissimo in battaglia".

Nakula disse: "Drupada è il migliore di tutti per maturità, conoscenza delle scritture, pazienza, nobiltà di nascita e rispettabilità, e ha imparato la scienza delle armi da Bharadvaja".

Poi fu il turno di Arjuna, e la sua voce squillò: "Colui che in virtù delle sue pratiche di austerità e il suo servizio ai rishi uscì dal fuoco armato e vestito di una corazza d'oro; colui che ha la forza dei leoni ed è capace di ucciderli perché ha il cuore, le spalle e il petto di un leone; colui che risplende come il sole ed è bellissimo da guardare; colui che dice la verità, ha i sensi sotto controllo, è nato per la morte di Drona, Dhristadyumna, lui dovrebbe comandare le nostre forze.".

Bhima disse: "Dovremmo essere guidati da Shikhandhi che, come hanno detto i rishi, è nato per uccidere Bhishma. Quando è pronto per combattere con le sue armi mistiche, somiglia al grande Parasurama. A mio parere non è nato l'uomo che lo possa vincere. Solo lui può uccidere Bhishma".

Yudhisthira disse: "Keshava soltanto conosce la verità e la falsità di ogni cosa, la loro forza, debolezza e le altre qualità. Colui che sarà nominato da Krishna, il signore dei Dasarha, sarà il comandante, e nessun altro. Krishna è alla radice della nostra vittoria o sconfitta. Da lui dipendono la nostra vita, il regno, il successo, la felicità e la sofferenza. Miei cari fratelli, Keshava è il Signore di tutte le cose, ascoltiamolo e seguiamo la sua decisione".

Allora parlò Krishna. "Tutti gli eroi che avete nominato si meritano di guidare il nostro esercito. Sono tutti competenti e possono incutere paura persino a Indra. Benché Duryodhana e i suoi fratelli siano deboli a causa dei loro peccati, si considerano forti.. Quando Arjuna, Bhima e i gemelli, Abhimanyu, i figli di Draupadi con Drupada, Virata e gli altri capi andranno a combattere, Duryodhana e i suoi fratelli si pentiranno della loro follia. Io mi sono sforzato di ottenere la pace e non potremo venir condannati per quello che sta per succedere. È il tempo della guerra. Per quanto concerne il comando del nostro esercito, sono d'accordo con Dhananjaya, che il forte Dhristadyumna sia il generale."

I re e gli kshatriya presenti manifestarono il loro consenso. Erano eccitati al prospetto di una battaglia, e nessuno esitò ad accettare la scelta del generale che aveva fatto Krishna. Andarono presto a riposare perché il giorno seguente si sarebbero messi in marcia verso Kurukshetra, un viaggio di sei o sette giorni.

* * *

Il sole si alzò su Virata in pieno trambusto per la preparazione. Le conchiglie suonavano caricando gli uomini di entusiasmo, e i bramini cantavano inni per invocare la buona sorte.

Gli elefanti barrirono, le ruote dei carri rimbombarono, i tamburi rullarono e l'immenso esercito si mise in marcia. I soldati erano allegri e cantavano gioiosamente. Yudhisthira viaggiava in mezzo a loro, su di un carro d'oro, con un'armatura d'oro e la lancia in mano. A suo fianco c'era il carro di Arjuna con Krishna come auriga. Il tesoro veniva trasportato su numerosi carri vicino a Yudhisthira, con servitori, attendenti e migliaia di medici e chirurghi. Dietro all'esercito c'era una lunga fila di carri di provviste, armi di riserva ed altri beni.

Mentre l'esercito procedeva, i Pandava diedero la carità ai bramini. Passarono vicino a molti villaggi ed insediamenti, ma evitarono accuratamente i templi e gli eremi per non dissacrare i luoghi santi. I bramini recitarono incessantemente i mantra vedici.

Si fermarono ogni sera al tramonto e procedettero a marce lente. La sesta notte raggiunsero Kurukshetra e si accamparono vicino al lago Hiranvati. Al centro dell'accampamento i servitori eressero una grande tenda per i Pandava che sarebbe servita anche come quartier generale. Intorno ad essa vennero montate le tende di Krishna, Dhristadyumna, Drupada, Virata e gli altri generali. Le provviste furono sistemate in tende ben sorvegliate. Le armi, le armature e i ricambi dei carri, erano disposti in mucchi grandi come colline, così come le scorte di ghee, miele ed altri cibi.

Le mandrie di migliaia di elefanti coperti di corazze chiodate, sembravano colline semoventi. C'erano vari tipi di macchine da guerra per scagliare lance, proiettili di ferro roventi e olio bollente.

Si udì il fragore delle forze dei Kuru a qualche miglio di distanza. Dhristadyumna dispose l'esercito in attesa. I comandanti dei due eserciti si sarebbero incontrati per stabilire il giorno dell'inizio della battaglia.

* * *

Quando Krishna fu partito da Hastinapura, Duryodhana andò dai suoi consiglieri e disse: "Krishna, dopo aver frustrato il nostro tentativo di catturarlo, è tornato dai Pandava. Sarà furioso e inciterà i Pandava a combattere con tutte le loro forze. Ci sarà una battaglia da far rizzare i capelli. Non perdiamo tempo, organizziamo le nostre forze e partiamo subito per Kurukshetra".

I ministri con a capo Karna, Shakuni e Dushashana, erano felici per la prospettiva di combattere e si percossero le braccia ridendo. Presero le armi e le caricarono sui carri. Tutta Hastinapura ferveva per i preparativi. La città sembrava un oceano di carri, elefanti e cavalli come onde, armi luccicanti come schiuma, il suono dei tamburi e delle conchiglie come il ruggito dell'oceano, e i palazzi della città come le colline sulle rive.

Duryodhana era felice alla vista del suo formidabile esercito, e si dedicò alla supervisione dei preparativi. Furono caricati sui carri archi, frecce, asce lance, mazze, clave chiodate ed enormi giare di melassa e sabbia da scaldare per gettarle contro al nemico. C'erano anche grandi cesti contenenti serpenti velenosi e macchinari di ogni tipo per scagliare ogni genere di proiettile, fra cui bombe ed altri missili. La vista di tutte quelle armi rallegrava il cuore dei guerrieri e spaventava i deboli di cuore.

I guerrieri, vestiti di tuniche scintillanti ricamate in oro ed adorne di gemme, si riunirono. Per guidare i carri dei principali guerrieri, vennero scelti per cocchieri degli uomini forti, corazzati e ben armati. I carri da combattimento erano equipaggiati con armi, medicine ed erbe per curare le ferite. Ogni carro era trainato da quattro cavalli con ricchi finimenti, e issava le sue bandiere. Le torrette dei carri erano irte di spade e lance con le lame che puntavano in fuori.

I grandi elefanti da guerra erano corazzati con armature decorate di perle e gemme. Sulla groppa portavano sette uomini, di cui due erano arcieri, due spadaccini, due armati di uncini ed uno di lancia e tridente. Li seguiva una sconfinata cavalleria. I cavalli erano dei migliori, perfettamente addestrati e completamente controllati. Dietro a loro c'era la fanteria, con le armature scintillanti nel sole. Per ogni carro c'erano dieci elefanti, per ogni elefante dieci cavalli e per ogni cavallo dieci fanti.

Duryodhana ispezionò le sue undici *akshauhini*, ciascuna con più di ventimila elefanti, e il suo cuore si riempì di orgoglio, convinto che i Pandava non sarebbero nemmeno riusciti ad alzare lo sguardo sulle sue forze. Scelse i comandanti di ogni subdivisione, e come comandanti delle *akshauhini*, nominò Kripa, Drona, Shalya, Jayadratha, Sudakshina, Kambhoja, Kritavarma, Ashvatthama, Bhurisrava, Shakuni e Bahlika.

Poi andò da Bhishma e chiese umilmente: "Senza un comandante in capo anche un grande esercito in battaglia si sfascia facilmente. I capi delle divisioni raramente sono d'accordo, e sono gelosi l'uno dell'altro. Conosci certamente la storia degli kshatriya Haihaya, che pur essendo in pochi sconfissero i bramini uniti ai vaishya e ai sudra. Quando i bramini chiesero agli kshatriya il perché del loro successo, loro risposero: 'In battaglia ascoltiamo soltanto gli ordini del più saggio, e voi siete divisi, e ciascuno fa ciò che gli pare'. Allora i bramini scelsero un comandante adatto e vinsero".

"Anche noi abbiamo bisogno di un capo. O nonno, tu sei pari a Shukra. Mi hai sempre voluto bene, e hai sempre seguito la retta via. Ti prego, sii il mio generale. Per i Kuru tu sei come il sole fra i pianeti, Kuvera fra gli Yaksha, Indra fra i deva, Meru fra le montagne e Garuda fra gli uccelli. Se tu ci proteggerai, nemmeno i deva potranno attaccarci. Marcia davanti all'esercito come Karttikeya, il comandante dei deva, e noi ti seguiremo come i vitelli seguono le vacche."

Il nobile Bhishma guardò Duryodhana che stava a mani giunte. "Potrebbe essere come dici, o re, e per me tu sei come i Pandava. Tuttavia combatterò per te come ho promesso."

Bhishma pensò alla promessa che aveva fatto a suo padre di proteggere sempre il re di Hastinapura. Come avrebbe potuto prevedere questa situazione? Così, quando Duryodhana gli aveva chiesto di aiutarlo, si era sentito obbligato ad accettare.

Bhishma continuò: "Non vedo nessuno che possa uguagliare la mia forza eccetto Arjuna. Lui è saggio e conosce i mantra di tutte le armi celesti, tuttavia non combatterò con lui in un duello aperto. Ucciderò diecimila soldati al giorno, ma non ucciderò neanche un Pandava".

Duryodhana chiamò i bramini per la consacrazione di Bhishma a comandante. I guerrieri lanciarono urla di gioia. Con Bhishma come capo, chi avrebbe potuto batterli? Da solo egli era capace di vincere eserciti, e non poteva venir ucciso a meno che lo volesse lui.

In quel momento si videro terribili presagi. Piovve sangue dal cielo e la terra tremò. Delle trombe d'aria fecero cadere gli alberi, si udirono delle voci, caddero meteore e gli sciacalli ulularono

Bhishma uscì dalla sala come la luna piena. I bramini lo adorarono, ed egli partì per Kurukshetra al comando dell'esercito.

L'esercito dei Kuru si accampò sul lato occidentale di Kurukshetra. I guerrieri urlavano e le conchiglie suonavano. Finalmente era arrivato il momento agognato da tutti gli kshatriya. O avrebbero vinto o sarebbero morti andando in cielo.

Capitolo 49

Gli eserciti si preparano

Dopo aver insediato Dhristadyumna a comandante dell'esercito, Yudhisthira e i suoi generali consultarono Krishna. Avevano saputo che Duryodhana aveva chiesto a Bhishma di diventare comandante in capo e lui aveva accettato. Yudhisthira volle che Arjuna fosse il primo generale subito sotto Dhristadyumna, volendo utilizzare al massimo la sua grande esperienza bellica.

Mentre i Pandava parlavano dell'organizzazione, arrivò Balarama in compagnia di Akrura, Uddhava, Samba, Pradyumna ed altre personalità di spicco di Dwaraka. Balarama, con le sue vesti blu e le ghirlande di fiori era maestoso come il monte Kailash. Krishna li andò a ricevere con tutti i re, e lo adorarono con affetto. Yudhisthira prese Balarama per mano, lo salutò calorosamente e lo fece sedere.

Balarama si accomodò e disse: "Molti uomini verranno massacrati. Il destino ha deciso così e non si può evitare, è giunta l'ora per molti kshatriya. La terra si sta per trasformare in un fango di argilla, sangue e carne. Spero che voi eroi ne veniate fuori vivi. Io ho chiesto sempre a Krishna di essere imparziale fra i Pandava e i Kaurava, ma lui ha deciso di favorire voi".

Krishna guardò il suo fratello maggiore e sorrise. Balarama ricambiò lo sguardo e proseguì: "Keshava si è schierato con voi, e particolarmente con Dhananjaya. La vostra vittoria è certa perché Krishna lo desidera. Sia Bhima che Duryodhana sono miei discepoli di combattimento con la mazza e mi sono ugualmente cari, e non desidero combattere contro uno di loro. Quindi ho deciso di andare in pellegrinaggio perché so che non potrei stare qui seduto ad osservare indifferentemente il massacro".

Balarama si alzò, si mise l'elmo in testa, prese congedo da Krishna e i Pandava e se ne andò.

Poco dopo arrivò Rukmi, figlio del re Bhishmaka e cognato di Krishna, portando con sé un'altra *akshauhini*. Aveva deciso di offrire il suo aiuto perché sua sorella era una moglie di Krishna. Pizzicò il suo arco ed entrò nella tenda di Yudhisthira, e i Pandava lo ricevettero con rispetto. Disse: "O grande re, se temi la guerra con i Kuru, io sono qui per aiutarti. Nessuno può eguagliare il mio valore, e i tuoi nemici non resisteranno alla mia forza. Assegnami una parte del loro esercito ed io la schiaccerò nella polvere. Nemmeno Bhishma, Drona e Kripa potranno resistermi. Sconfiggerò i Kuru e ti consegnerò la terra".

Arjuna si irritò per il discorso orgoglioso di Rukmi, e disse ridendo: "Io sono figlio di Pandu e discepolo di Drona, e Krishna mi assiste. Come posso temere il nemico? O eroe, quando ho affrontato i Gandharva, chi mi ha aiutato? Quando ho combattuto i Danava nei mondi sotterranei, chi mi è venuto in aiuto? Nella battaglia contro i Kuru nel regno di Matsya, chi mi ha aiutato? Io non ho paura, o Rukmi, e non ci serve il tuo aiuto. Vai o rimani, con o senza di te, sconfiggeremo i Kuru.".

Vedendo che gli altri guerrieri erano d'accordo con Arjuna, Rukmi sbuffò. Prese il suo arco ed uscì dalla tenda senza una parola, e andò da Duryodhana con i suoi soldati. Se i Pandava non lo volevano, allora avrebbe combattuto con i Kaurava. Almeno aveva offerto il suo aiuto a Yudhisthira per primo. Di fatto era contento di combattere per Duryodhana, perché al *swayamvara* di sua sorella avrebbe voluto che lei scegliesse Sishupala. Krishna aveva rapito Rukmini, e Rukmi l'aveva inseguito e aveva combattuto con lui, ma era stato sconfitto e umiliato. Forse adesso avrebbe potuto vendicarsi.

Andò da Duryodhana e ripeté le parole che aveva usato con Yudhisthira. "Non temere i

Pandava, o re, perché ci sono qui io ad aiutarti."

Anche Duryodhana lo respinse. "Non ho bisogno del tuo aiuto," rise. "Che paura posso avere dei Pandava, sostenuto dagli eroi più forti del mondo, ed io stesso un formidabile guerriero?".

Rukmi lasciò i Kaurava e se ne tornò a casa. Se nessuno voleva il suo aiuto, non avrebbe combattuto. Che si massacrassero a vicenda senza di lui.

* * *

Dopo che Rukmi se ne fu andato, Duryodhana chiamò Uluka, il figlio di Shakuni per mandare un messaggio ai Pandava. Certo della sua superiorità, il principe voleva schernire i nemici e mostrare il suo disprezzo per il loro esercito.

Duryodhana disse: "O Uluka, porta ai Pandava questo messaggio in presenza di Krishna: 'È giunto il tempo dell'azione. Stiamo per combattere una terribile guerra fra di noi, e voi ne siete la causa. Provate ora la verità di tutte le vostre vanterie e vediamo la vostra vera forza'".

Duryodhana proseguì: "Dì a Yudhisthira: 'Come puoi posare da virtuoso, o discendente di Bharata? Vuoi distruggere il mondo per brama di ricchezza. Chi si presenta come un essere pio ma in cuor suo nasconde intenzioni malvagie, è come il gatto di una antica storia.

'Una volta c'era un gatto che andò al Gange, e dalla riva con le zampe alzate disse: "Farò pratiche di virtù". Dopo un po' gli uccelli lo lodarono per la sua devozione.

Il gatto continuò le sue pratiche ascetiche, e a suo tempo anche i topi, visto il suo comportamento pacifico, decisero di chiedere la sua protezione. Gli dissero: 'Tu sei il nostro rifugio e il nostro migliore amico. Sii per noi come uno zio e proteggici dai nemici.'

Il gatto acconsentì con riluttanza. 'Farò quello che posso per voi, ma anche io ho bisogno di aiuto. Le pratiche ascetiche mi hanno reso debole e fatico a muovermi. Vorrei che ogni giorno qualcuno di voi mi accompagnasse al fiume per il bagno.'

I topi accettarono, e vissero vicino al gatto. Ogni giorno uno di loro lo accompagnava al fiume e lui se lo mangiava. Così il gatto divenne grasso e robusto, e i topi diminuirono di numero, finché un topo notò dei peli nelle feci del gatto, e concluse: 'Il gatto finge di essere un asceta, ma vuole solo mangiare topi'.

O Yudhisthira, anche le tue parole dicono una cosa mentre le tue azioni sono differenti. Togliti la maschera di uomo pio e misericordioso, e combatti come uno kshatriya. Ricorda la nostra inimicizia di lunga data, il veleno, la casa incendiata, gli insulti a Draupadi. E mostra la tua vera forza."

Poi, ricordandosi della forma universale che Krishna aveva mostrato all'assemblea di Hastinapura, aggiunse: "Dì a Vasudeva che la sua scena da illusionista non mi spaventa. Anche io sono capace di mostrare molte forme, ma a che prò? O Keshava, vieni pure in quella forma mistica sul campo di battaglia, e vediamo che cosa riesci a fare. Conosco la tua forza e quella di Arjuna, il Gandiva e le faretre inesauribili, conosco il carro che gli ha dato Agni con le bandiere divine. Tuttavia io ti sfido. Potrei affrontare mille Krishna e cento Arjuna facendoli scappare tutti".

Karna, Shakuni e Dushashana applaudirono il suo messaggio e lo spronarono a dire di più. Duryodhana ricordò ai Pandava la partita a dadi e l'esilio: "Non è quella una prova sufficiente della mia superiorità? Bhima deve essersi stancato di lavare pentole nella cucina di Virata; Arjuna ha portato braccialetti e treccine; Yudhisthira è divenuto il servo di Virata. Così uno kshatriya punisce i deboli. Non ho paura di voi e degli stolti che hanno scelto di combattere al vostro fianco. Non vi ridarò nemmeno una briciola del vostro regno".

Uluka mandò a memoria ogni parola e lo spirito con cui era stata pronunciata, malgrado il discorso di Duryodhana durasse più di un'ora. Duryodhana concluse: "Domani comincerà la guerra e potrete vedere la vostra follia. Come una rana in un pozzo non può conoscere l'oceano, voi non potete sapere la vastità delle mie forze. Voler sconfiggere Bhishma, Drona e Kripa è come voler spaccare una montagna colla testa o attraversare un oceano a nuoto. Quando vedrete le forze dei Kuru schierate sul campo, la vostra speranza di vincere svanirà. Domani vedrete chi è il vero imperatore della terra".

Uluka andò al campo dei Pandava con le parole di Duryodhana che gli risuonavano in testa. Sapeva che avrebbe attizzato la furia dei Pandava, e si avvicinò alla tenda di Yudhisthira alquanto preoccupato. "Consideratemi soltanto un messaggero, e non prendetevela con me per le mie parole. Dirò soltanto quello che Duryodhana mi ha detto di dirvi e nulla più."

Yudhisthira sorrise e fece sedere Uluka nella sua tenda. "Non temere, parla liberamente. Dicci pure cosa ha detto quello stolto."

Uluka si guardò intorno nella tenda. Tutti i Pandava erano presenti con le loro splendenti armature e le sete colorate.

Quando Uluka ebbe finito, I Pandava balzarono in piedi, senza parole per la rabbia, e si guardarono tra loro digrignando i denti. L'assemblea dei re sembrava un oceano in tempesta. Tutti si alzarono in piedi percuotendosi le braccia. Krishna disse ridendo: "O Uluka, torna dal tuo padrone e digli che abbiamo ascoltato il suo messaggio, e ne abbiamo compreso il significato. Che sia come dice lui, la guerra avrà inizio domani".

Bhima ruggì: "Uluka, porta la mia risposta al tuo padrone. 'O Duryodhana, solo per rispetto al nostro fratello maggiore ti abbiamo tollerato così a lungo. Il virtuoso Yudhisthira ha offerto la pace, e tu hai rifiutato. Certo, la guerra avrà inizio domani, e io ho fatto il voto di uccidere te e tutti i tuoi fratelli. Non credere che io non abbia la forza per tener fede al mio voto. L'oceano potrà uscire dalle rive, le montagne si potranno spaccare, ma le mie parole si proveranno vere. O essere di piccolo cervello, nemmeno i deva e i demoni insieme ti potranno più salvare. Berrò il sangue di Dushashana e schiaccerò nella polvere il resto dei Kaurava. E tutti gli kshatriya che mi attaccheranno andranno subito alla dimora della morte. Giuro sulla mia anima di dire la verità'".

I re e i guerrieri gridavano e agitavano le armi. Arjuna li calmò, poi si rivolse a Bhima e disse: "O Bhimasena, abbi pazienza. Coloro che hanno fatto di te un nemico, saranno presto sconfitti, e nulla ora può salvarli. Non è giusto prendersela con Uluka: cosa può fare un messaggero? Le parole che ha detto non sono le sue".

Arjuna si guardò attorno. "Avete tutti sentito lo sporco messaggio di Duryodhana diretto anche contro Krishna. Col vostro permesso darò la mia risposta."

A quel punto Uluka stava tremando. Arjuna disse: "Dì a Duryodhana che domani avrà la mia risposta dal Gandiva. Solo gli eunuchi usano le parole".

Arjuna si sedette accanto a Yudhisthira che disse: "O Uluka, ho sentito le parole del tuo padrone. Dagli questa risposta: 'O stolto, ti sei sempre comportato con noi con cattiveria e crudeltà. Adesso ci sfidi in una guerra, e ci minacci affidandoti al valore di altri. Uno kshatriya combatte i nemici basandosi sulle proprie forze, ma tu non ne sei capace'".

Uluka si alzò per andare, ma Krishna lo fermò. "Dì anche questo a Duryodhana. 'O peccatore, pensi che io non abbia peso in questa guerra perché non combatterò. Non fare un simile errore. Io sarò l'auriga di Arjuna, e tu lo vedrai ovunque, e distruggerà le tue forze come il fuoco brucia l'erba secca. Anche se tu andrai al di là dei tre mondi, ed andrai nelle regioni inferiori, là vedrai il carro di Arjuna. Pensi che Bhima si sia vantato a vuoto, ma sappi che è come se avesse già bevuto il sangue di Dushashana. Né Yudhisthira né i suoi fratelli hanno la minima paura di te che sei forte solo a parole'".

Quando Krishna finì di parlare, Arjuna si alzò in piedi, non era soddisfatto della breve risposta che aveva dato al messaggio di Duryodhana. Disse: "Dì questo al tuo padrone: 'Hai fatto Bhishma il comandante in capo sperando che noi non lo attaccheremo, tuttavia lui sarà il mio primo bersaglio".

Arjuna continuò con la voce carica d'ira: "Benché il nostro adorato nonno sia molto saggio, ha preso la tua parte ed ha scelto di morire. Non esiterò a colpirlo con le mie frecce. O Duryodhana, le tue speranze sono vane, sei arrogante, duro, inumano, dedito al vizio, e ignori la virtù. Presto vedrai le conseguenze della tua natura. Quando la mia furia sarà montata, con Krishna che mi assiste, che speranza di successo puoi avere? Quando sarai abbattuto da Bhima ti renderai conto della tua stoltezza".

Quando Arjuna si sedette, Uluka si inchinò a Yudhisthira, ansioso di andarsene. Yudhisthira lo rassicurò e disse: "Dì anche questo a Duryodhana: 'Non mi hai giudicato correttamente. Io non desidero ferire nemmeno i vermi e le formiche, per non parlare dei miei parenti. Quindi ero pronto ad accettare solo cinque villaggi per evitare questa guerra. Solo per colpa tua è nata questa tragedia. O essere di poco comprendonio, sei talmente annebbiato dalla tua lussuria che non hai ascoltato il consiglio di Krishna, e deliri come se avessi perso la ragione. Cosa ti servono le parole? Vieni a combattere con tutti i tuoi amici, la morte ti attende'".

Bhima si torse le mani respirando affannosamente. Anche se avrebbe accettato una soluzione pacifica al conflitto, non poteva negare la gioia che provava alla prospettiva di confrontarsi con i Kaurava. Il messaggio che Uluka aveva portato aveva alimentato la sua ira a lungo repressa, fino al punto dell'esplosione. Soffocando la sua rabbia disse a Uluka parole ancor più dure: "Questo è il mio messaggio finale per Duryodhana: 'O peccatore, o resti a Hastinapura o giacerai nel ventre di un avvoltoio, queste sono le uniche scelte che ti rimangono. Giuro sulla verità che le parole che ho pronunciato nell'assemblea a Hastinapura si avvereranno. Berrò il sangue di Dushashana e ti fracasserò le cosce. Io sarò la morte per tutti i figli di Dhritarastra'".

Mentre Uluka si stava inchinando per andarsene, si udì la voce tuonante di Dhristadyumna: "O Uluka, dì a Duryodhana che io sono nato per uccidere Drona, che morirà con i suoi amici per mano mia. Non c'è altro."

Uluka uscì dalla tenda camminando all'indietro piegato in un inchino profondo, e tornò di corsa la campo dei Kaurava.

Yudhisthira fece disporre l'esercito in posizione sul campo di battaglia, e Dhristadyumna distribuì i compiti ai principali guerrieri. Ogni carro doveva proteggere la fanteria dai carri nemici, e gli eguali dovevano combattere gli eguali. I capi furono incaricati di affrontare i capi dello schieramento opposto. Bhima avrebbe lottato con Duryodhana, Sahadeva con Shakuni, Nakula con Ashvatthama, Shikhandhi con Bhishma, Uttamauja con Kripa e Dhristadyumna con Drona. Abhimanyu, ritenuto forte come Arjuna, ebbe l'ordine di attaccare tutti i re che proteggevano Duryodhana, mentre Arjuna aveva il compito di proteggere tutto l'esercito.

Le forze si schierarono lentamente, e per sera tutti erano in posizione, pronti per la battaglia della mattina seguente.

* * *

Quando Uluka tornò a riferire i messaggi dei Pandava, Duryodhana era seduto fra tutti i suoi generali. Il principe si rivolse a Bhishma: "La guerra inizierà domani, o nonno. Cosa dobbiamo fare adesso?".

Bhishma, che si era arreso all'inevitabilità della guerra e all'impossibilità di far ragionare Duryodhana, rispose: "Dopo essermi inchinato a Kumara, il deva della guerra, prenderò il comando. So organizzare gli eserciti al pari di Brihaspati. Conosco ogni tipo di manovra di attacco e di difesa usati da uomini, deva e demoni, e getterò la confusione nelle file dei Pandava. Combatterò secondo le regole dei libri sacri, che conosco a fondo. Non temere".

Duryodhana non apprezzò il suggerimento che lui potesse avere paura. "Io non temo nemmeno i deva e gli Asura schierati insieme. O guerriero dalle forti braccia, ti sto dicendo la verità, e tantomeno dovrei temere con te e Drona al mio fianco. O grande uomo, con te al mio fianco, penso che non sarebbe difficile neppure vincere il regno dei deva."

Duryodhana tacque per riflettere, era sicuro che il suo esercito fosse invincibile, specialmente sotto il comando di Bhishma e Drona. Tuttavia i Pandava si erano provati finora difficili da sconfiggere anche con l'aiuto di un esercito. Erano riusciti a mettere insieme un esercito con sette divisioni, e i fratelli, protetti dall'astuto Krishna, avrebbero combattuto furiosamente. Il principe Kaurava parlò con Bhishma. "Parlami delle forze e debolezze del nemico e delle nostre. Dimmi tutto ciò che sai".

Si trovavano nella tenda di Duryodhana con tutti i re. Bhishma disse: "O re, ti dirò chi sono i *ratha*, i *maharatha* e gli *atiratha* del tuo esercito. Ci sono migliaia di *ratha* nel tuo schieramento, ciascuno di loro capace di affrontare mille guerrieri alla volta. Ci sono anche numerosi *maharatha*, che ne possono affrontarne diecimila, e molti *atiratha* che possono affrontare un numero quasi infinito di opponenti. Tu, o figlio di Gandhari, sei un *atiratha*, ed i tuoi fratelli sono tutti *maharatha*. Tutti voi siete bravi guerrieri di carri ed elefanti ed esperti di armi. Sterminerete un gran numero di soldati Pandava".

Poi Bhishma descrisse le forze di ciascun guerriero dell'esercito dei Kaurava. Parlò di Kritavarma, di Shalya, di Kripa, Drona, Ashvatthama e Bahlika come *atiratha*. Quando giunse a Karna, normalmente considerato come *atiratha*, su cui Duryodhana puntava le sue speranze, Bhishma disse: "Per la maledizione di Parasurama e la perdita della sua armatura divina, egli ha perso il suo potere. Benché si vanti del suo valore, e tu l'abbia elevato ad una posizione più alta di quella che si merita, lui ha poca influenza. Nelle battaglie va in confusione, ed è troppo debole con il nemico. E secondo me vale solo quanto un mezzo *ratha*. Quando affronterà Arjuna non ne uscirà vivo".

Drona era d'accordo. "È vero quello che dici."

Karna si alzò con lo sguardo furente. "O nonno, quale peccato ho mai commesso perché tu ti diverta sempre ad insultarmi? Lo sopporto solo per amore di Duryodhana. Tu sei il nemico dei Kuru travestito da amico. Perché semini il dissenso fra noi con delle crudeli descrizioni delle nostre forze? Dicendo che uno è più forte dell'altro affidandoti alle tue stime, ti limiti a scoraggiare i nostri guerrieri. Sei motivato soltanto dal desiderio e dall'odio".

La voce di Karna riempiva la tenda, non sopportava più le parole pungenti di Bhishma. Stringendo i pugni si rivolse a Duryodhana: "O re, disfati subito di quest'essere maligno! Se non lo farai, presto distruggerà il tuo esercito piantando i semi della discordia. Lasciami andare ad affrontare l'esercito dei Pandava, e li metterò subito in rotta come tori attaccati da una tigre. Bhishma si vanta di saper affrontare l'universo, ma le sue parole sono vane e vuote. È un vecchio, è senile e la sua mente è ormai come quella di un bambino. Ripudialo subito e scegli me. Da solo posso sterminare i Pandava con tutti i loro alleati.

Tuttavia non mi muoverò fintanto che Bhishma sarà sul campo di battaglia. La gloria e la fama della vittoria vanno al comandante in capo e non ai singoli guerrieri. Io non farò nulla per aiutare la fama di Bhishma, e solo quando sarà morto uscirò a mostrare il mio valore".

Bhishma guardò Karna con disprezzo. "Il peso di questa terribile guerra è sulle mie spalle, e non voglio certo seminare discordia tra i nostri uomini, e solo per questo, o figlio di *suta*, sei ancora vivo. Altrimenti, benché io sia vecchio, ti toglierei subito la voglia di combattere."

Bhishma sentiva la rabbia che montava. "Gli uomini degni non approvano le lodi rivolte a se stessi, ma ora ho perso la pazienza. Al *swayamvara* di Kashi, da solo ho sottomesso tutti i re della terra. E tu cosa hai fatto? Sei nato sotto cattive stelle, e dal tuo arrivo i Kuru hanno visto soltanto disastri. Prova le tue parole combattendo. Vedrò la tua vera forza solo se riuscirai a sfuggire ad Arjuna".

Duryodhana balzò in piedi: "Pace, o figlio di Ganga. Ho bisogno di tutti e due in questa guerra. Lascia perdere questi miseri litigi e continua le tue valutazioni delle due parti. La battaglia sta per iniziare.".

Lanciando occhiatacce a Karna, Bhishma passò a descrivere le forze dei Pandava. "Il pio re Yudhisthira è un potente *maharatha*. Combatterà come il fuoco. Suo fratello Bhimasena è potente oltre ogni limite, la sua forza è sovrumana, e non ha pari nella lotta con l'arco e la mazza. I due figli di Madri sono guerrieri impareggiabili, e ricordando le dure sofferenze nella foresta, riverseranno la loro furia sui tuoi uomini. O re, tutti e cinque i Pandava sono grandi anime devote al signore Supremo. Sono invincibili. Tutti loro hanno fatto pratiche ascetiche e sono virtuosi. Il loro valore non ha paragone, come hai visto al Rajasuya quando hanno conquistato la terra. Quando erano bambini tu hai visto la loro forza straordinaria, e allora è scattata la tua invidia. Dovremmo evitare di combatterli.

Per quanto riguarda Arjuna, dagli occhi color rame, che ha Narayana per alleato, ho questo da dire: nessun guerriero in questi due eserciti lo eguaglia. Lui non ha eguale nemmeno fra i deva, i Gandharva, i Naga, i Rakshasa e gli Yaksha, figuratevi tra gli uomini. Ha l'arco Gandiva, un carro divino tirato da cavalli che possono andare come il vento, un'armatura divina impenetrabile, e due faretre inesauribili. Conosce ogni arma celeste. Distruggerà il tuo esercito, o re. Solo io o il suo maestro d'armi possiamo affrontarlo, nessun altro è in grado di resistere alla sua pioggia di frecce. Tuttavia lui è giovane e robusto, mentre Drona ed io siamo vecchi e logori. Inoltre c'è Keshava al suo fianco."

A questa descrizione di Arjuna, tutti i re si sentirono mancare le forze. Bhishma descrisse gli altri guerrieri dello schieramento dei Pandava. Ne nominò molti come *atiratha* e *maharatha*, poi parlò di Shikhandhi. "Avete saputo tutti che lui è destinato ad uccidermi. Egli è nato donna, e io non combatterò con lui. Ascoltate questa storia che ho sentito dal rishi Narada."

Capitolo 50

Il destino di Shikhandhi (Raccontato da Bhishma)

"Come sapete, molto tempo fa ho fatto voto di non accettare mai il trono e di non concepire figli che potessero rivendicarlo. Mio padre Shantanu ha quindi potuto sposare la bellissima Satyavati ed ha avuto due figli: Chitrangada e Vicitravirya. Morì prima che i suoi figli fossero adulti, ed io rimasi come loro protettore. Chitrangada venne ucciso in una battaglia con il re dei Gandharva, e Vicitravirya rimase l'unico erede al trono.

Quando crebbe pensai di trovargli moglie. Avevo saputo che il re di Kashi aveva organizzato un *swayamvara* per le sue tre figlie, Amba, Ambika e Ambalika, e decisi di andare a Kashi, pronto a combattere. Si erano radunati moltissimi re e principi che speravano di sposare una delle tre figlie.

Sapevo che i saggi approvano molti tipi di matrimonio, ma per uno kshatriya la cosa migliore è rapire la moglie da un'assemblea di re dopo averli sconfitti in battaglia. Allora annunciai che avevo deciso di portar via le tre principesse per il mio fratello minore.

Ho caricato sul carro le tre ragazze e sono andato via a tutta velocità. I re prima furono sorpresi, poi si infuriarono. Indossarono le loro armature, salirono sui loro carri e mi inseguirono a centinaia lanciando migliaia di frecce che io schivai. Le principesse tremavano di paura, e io presi il mio arco e mi voltai per affrontare gli inseguitori, e li colpii tutti colle mie frecce. Fui così veloce che i miei nemici andarono in confusione. Alcuni furono uccisi e gli altri, con le corazze tagliate e le armi distrutte, si diedero alla fuga.

Solo Shalva continuò ad inseguirmi, deciso ad ottenere la mano di una principessa, e mi corse dietro sfidandomi.

Lo affrontai, e dopo una breve lotta furiosa, ebbi ragione di lui, distrussi il suo carro ma decisi di non ucciderlo, e me ne tornai a Hastinapura con le tre principesse.

Una volta arrivati, la maggiore delle tre sorelle mi disse: "Avevo già scelto Shalva per marito, anche lui mi vuole e mio padre è d'accordo per questa unione. Lo avrei scelto nel *swayamvara*, ma tu mi hai rapito. Tu che conosci la virtù, dimmi cosa devo fare".

Le chiesi di aspettare, e discussi la faccenda con i bramini. Si concluse che si doveva lasciare che Amba andasse da Shalva offrendoglisi in moglie. Tuttavia quando lui la vide, disse: "O signora dalla carnagione chiara, tu sei già stata presa da un altro. Come posso accettarti, io che devo dare l'esempio della legge? Secondo i libri sacri non ti posso prendere in moglie".

Amba cercò di far cambiare idea a Shalva, disse che era stata rapita contro la sua volontà, ed era tornata subito da lui, ma il re fu inflessibile e le disse di tornare a Hastinapura. Piangendo come una vitella Amba pensò: "Quale donna è mai caduta in una situazione più disperata? Mi hanno portato via gli amici, Shalva mi ha fatto torto, e non posso tornare a Hastinapura o a casa mia con questa vergogna, rifiutata da tutti".

Amba pensò che la colpa delle sue disgrazie fosse mia. Volle vendicarsi. Invece di tornare a Hastinapura, andò in un eremo per trascorrere la notte. Il mattino seguente i rishi la videro piangere e le chiesero cosa fosse successo. La donna raccontò tutto e chiese il loro aiuto, ma i rishi risposero: "Abbiamo rinunciato a qualunque azione mondana. Come possiamo aiutarti?".

Amba chiese di restare con loro per dedicarsi alla pratica dell'ascesi. Certa che la sua tragedia fosse il risultato di peccati delle vite passate, voleva liberarsene con le penitenze.

I rishi si consultarono, qualcuno pensava che Shalva avrebbe dovuto accettarla, ed altri proposero che avrei dovuto sposarla io. Alla fine decisero di farla tornare da suo padre, perché una donna deve sempre avere un protettore, che sia il padre, il marito, il fratello o il figlio.

Amba però si rifiutò.

Mentre i rishi continuavano a pensare cosa fare di lei, giunse all'eremo il saggio reale Hotravahana, il suo nonno materno, che prese a cuore la situazione. Si infuriò quando seppe che l'avevo rapita e con le labbra tremanti di rabbia disse: "O Amba, hai sofferto abbastanza. Vai ad esporre il tuo caso al grande Parasurama. Lui è un mio buon amico e ti aiuterà. O convincerà Bhishma a sposarti oppure lo ucciderà in battaglia".

Parasurama, arrivò la mattina seguente, vestito di pelli di cervo nero, con i suoi discepoli. Aveva un'ascia sulla spalla e impugnava un arco. Era una visione terrificante, con i capelli lunghi fino alla vita e gli occhi che ardevano come il fuoco. Dopo che fu ricevuto ed adorato dai saggi, si sedette con Hotravahana che gli raccontò le difficoltà di Amba. Lui la chiamò e disse: "Tu mi sei cara quanto Hotravahana. Dimmi cosa posso fare per te. Posso ordinare a Bhishma di sposarti, altrimenti lo ucciderò. O se preferisci lo ordinerò a Shalva. Dimmi cosa vuoi, o principessa".

Amba rispose: "Bhishma è la causa della mia attuale disgrazia. Penso che dovresti ucciderlo. Io sono piena di sentimenti di vendetta e voglio la sua morte. O saggio, uccidi quel disgraziato".

Parasurama era riluttante a prendere le armi contro di me e disse: "Userò le armi solo se me lo chiederà un bramino. Tuttavia posso far sì che o Bhishma o Shalva accettino il mio ordine. Quindi scegli uno di loro per marito, o bella fanciulla".

Amba ormai voleva solo la mia morte, e insistette perché mi sfidasse a duello. A quel punto un bramino, per compassione di Amba, gli chiese di combattere. Parasurama disse con riluttanza: "Va bene, andrò da Bhishma a cercare una soluzione pacifica. Se non obbedirà al mio ordine lo ucciderò".

Il giorno seguente venne a Hastinapura con Amba. Io lo onorai con tutto il rispetto, e lui mi disse, con voce carica d'ira: "O Bhishma, con quale coscienza hai rapito Amba? L'hai presa con la forza, poi l'hai mandata via. L'hai derubata della sua virtù e ora non la vuole nessuno. Quindi la devi prendere per te stesso o per tuo fratello".

Io risposi: "Non posso riprendermela perché ha dato il suo cuore ad un altro. Un uomo virtuoso non deve prendere così una donna. Io non posso rinunciare al mio dovere per paura, avidità, attaccamento o pietà. Questo è il mio voto, o Rama".

Il saggio avvampò: "Se non accetti i miei ordini, ucciderò te e tutti i tuoi ministri". Cercai in ogni modo di calmarlo con parole gentili. Vedendo che era deciso a lottare, chiesi: "Perché vuoi combattere? Tu sei il mio maestro d'armi".

Parasurama replicò: "Benché io sia il tuo precettore, non hai obbedito al mio ordine. C'è solo un modo di soddisfarmi: o accetti questa fanciulla, o ti prepari a morire".

Le parole del saggio non trovarono posto nel mio cuore. Risposi: "O signore, non posso fare ciò che mi ordini. Qual è quello stolto che prenderebbe in moglie una donna che sospira per un altro? Inoltre io ho fatto il voto solenne di non sposarmi mai. Il divino Vayu ha detto che un precettore può essere respinto se è vano, se ha deviato dalla strada della virtù o non conosce i suoi giusti doveri. Io non vedo peccato nel combattere con te in questo caso piuttosto che obbedire al tuo ordine. Mi chiedi di fare un'azione ingiusta per un tuo desiderio. Ti mostrerò la forza delle mie braccia ed il mio valore. Andiamo a Kurukshetra, e ti manderò nelle beate regioni che ti meriti per la tua ascesi".

Anche io ero furioso e aggiunsi: "Ti vanti di aver sterminato la razza degli kshatriya, ma oggi proverò che la tua vanteria è falsa. Allora io non ero ancora nato, ma adesso hai di fronte colui che porrà fine alle tue vanterie. Distruggerò il tuo orgoglio".

Il saggio sorrise. "È una fortuna, o Bhishma che tu voglia combattere. Io schiaccerò la tua arroganza. Combatteremo a Kurukshetra. Tua madre Ganga ti vedrà trasformato in cibo per gli avvoltoi. O re della terra, tua madre non merita questo dolore, ma dev'essere così per la tua stoltezza e arroganza".

Io mi inchinai al saggio e dissi: "Così sia". Dopo gli atti propiziatori e la benedizione dei bramini, andai a Kurukshetra e vidi Rama che mi attendeva con il suo arco gigantesco. C'erano migliaia di discepoli e numerosi rishi. In cielo vidi i deva con a capo Indra. Si udì una musica divina e piovvero fiori dal cielo.

Mia madre, che aveva assunto la sua forma umana, mi venne incontro e mi chiese: "Cosa vuoi fare, figlio mio? Non combattere con il figlio di Jamadagni, la sua forza è pari a quella di Shiva. Egli ha sterminato la razza degli kshatriya".

Le spiegai la situazione e dissi che non mi sarei tirato indietro. Allora andò da Rama e lo implorò.

Il saggio disse che voleva darmi una lezione. Non riuscendo a fermarci, mia madre si ritirò, angosciata per la mia sorte.

Io guardai Parasurama e vidi che non aveva corazza né carro da cui combattere. Lo chiamai: "Come faccio a lottare con te che stai sulla terra, o Rama? sali su un carro e indossa l'armatura, perché ora scaglierò le mie armi".

Rama scoppiò a ridere: "La terra è il mio carro, i Veda i miei cavalli ed il vento il mio auriga. Gayatri, Savitri e Sarasvati, le madri dei Veda, sono la mia corazza. Combatterò ben protetto da loro".

Il saggio mi lanciò subito una nuvola di frecce che io respinsi con le mie. Salì su di un carro fiammeggiante che sembrava una città, trainato da cavalli divini. Il carro era meraviglioso da vedere ed era stato creato dalla sua volontà. Indossava un'armatura splendente e sembrava Yamaraja con i suoi *astra* personificati. Il suo discepolo Akritavana, quello che gli aveva chiesto di combattere, gli faceva da auriga manovrando abilmente il carro e Rama mi gridò: "Vieni, vieni!".

Io respinsi altre due volate di frecce, poi smontai dal carro, deposi le armi ed andai dal saggio e mi prostrai a terra. "Che tu sia il mio pari o io ti sia inferiore nella lotta, mio signore, io combatterò, anche se tu sei il mio precettore. Benedicimi perché io possa ottenere la vittoria."

Rama sorrise. "O grande Kuru, sono contento del tuo nobile comportamento. Se tu non fossi venuto da me in questo modo, ti avrei maledetto. Non posso darti la benedizione per vincere perché voglio sconfiggerti, vai e combatti lealmente e con pazienza".

Tornai al mio carro, soffiai nella conchiglia per segnalare l'inizio della battaglia. Usammo ogni tipo di arma e combattemmo furiosamente. Ridendo scagliai dardi dalla punta larga che infransero il suo arco molte volte. Altre frecce trapassarono il suo corpo ed uscirono bagnate di sangue, entrando nel terreno come serpenti sibilanti, ma il saggio, grazie al suo potere spirituale rimase vivo combattendo con un'energia spaventosa.

Rama, coperto di sangue sembrava una montagna che eruttava lava, e replicò con frecce taglienti che mi colpirono come fulmini.Venni trafitto nei miei organi vitali, e tremando mi aggrappai all'asta della bandiera. Ricorrendo a tutta la mia pazienza mi ripresi e mandai cento frecce mortali contro Rama, che cadde privo di sensi sul fondo del suo carro.

Fui subito preso dal rimorso. "Cosa ho fatto!, ho ucciso il mio precettore, un bramino virtuoso." Lasciai cadere le armi e mi presi la testa fra le mani. Rama tuttavia si riprese, e il suo auriga gli estrasse le frecce e lo assistette. Il sole era tramontato e ci ritirammo, e passammo insieme la serata come amici.

Il giorno seguente all'alba eravamo di nuovo sul campo. Rama mi bersagliò con frecce incandescenti con delle punte come fauci di serpenti. Io le parai con le mie spezzandole nell'aria, poi il saggio fece ricorso alle armi divine che io contrastai con le mie. Durante il violento scambio di colpi io venni colpito al petto da un dardo che mi fece perdere i sensi. Il mio cocchiere mi allontanò velocemente dalla battaglia, e Amba esultò.

In breve ripresi conoscenza, e ordinai al mio auriga di riportarmi sul campo. Appena vidi Rama gli lanciai cinquecento frecce che sibilarono nell'aria, ma Rama le spezzò tutte in volo facendole cadere a terra. Gli tirai altri cento dardi mentre stava parando il mio attacco e lo presi di sorpresa facendolo svenire.

Vedendolo crollare a terra come un sole che cade dal cielo, i suoi discepoli corsero a soccorrerlo, spruzzandogli acqua in volto e recitando inni di guarigione. Rama si rialzò lentamente e mi guardò, e disse con ira: "O Bhishma, sei già morto!".

Ancor prima di risalire sul carro mi scagliò una freccia che sembrava il bastone della morte e che mi colpì al fianco destro facendomi girare, poi uccise i miei cavalli e mi coprì con una volata di altre mille frecce. Senza lasciarmi confondere parai il suo attacco con mano leggera, e il mio auriga portò dei cavalli freschi. Ci fu uno scontro terrificante, ed il cielo si ricoprì di nuvole di frecce che oscuravano il sole. Rama lanciò migliaia, decine di migliaia poi milioni di frecce ed io le parai con le armi divine. Apparve in cielo un grande fuoco che ridusse in cenere le foreste circostanti. Infine il sole tramontò e la battaglia cessò.

Combattemmo per molti giorni, con ogni genere di arma mistica e tutte le forme di combattimento descritte dai Veda. Rama usò armi indescrivibili che assumevano forme diverse e venivano da ogni parte. Il mio carro continuava ad evitarle, ed io respingevo i suoi attacchi e contrattaccavo, però nessuno riusciva a trovare un varco nella difesa dell'altro. Di giorno la battaglia infuriava e la notte riposavamo.

Il ventitreesimo giorno Rama combatté con energia raddoppiata, ed improvvisamente scagliò un gran numero di frecce che caddero sui miei cavalli e sul mio auriga come serpenti velenosi. Morirono tutti, ed io rimasi in piedi sul carro fermo mentre Rama mi ricopriva di frecce mortali. Mentre io le paravo, Rama mandò un missile che venne contro di me come un fulmine e mi colpì al petto facendomi cadere all'indietro, scagliandomi a una ventina di metri.

Pensando che fossi morto, Rama lanciò un ruggito di trionfo ed i sui seguaci esultarono. I Kuru che mi accompagnavano erano pietrificati dal dolore. Mentre giacevo stordito vidi otto bramini luminosi di aspetto divino. Mi fecero rialzare, mi sostennero delicatamente, mi spruzzarono dell'acqua in volto e dissero: "Non aver paura, presto vincerai".

Mi alzai e vidi che il mio carro era di nuovo aggiogato a cavalli freschi portati da mia madre. Le toccai i piedi ed onorai la memoria dei miei antenati. Poi salii sul carro, feci scendere mia madre, presi io stesso le redini e ripresi a combattere. Riuscii a colpirlo con una freccia molto potente che lo trafisse profondamente. Rama cadde in ginocchio, lasciò andare l'arco e perse conoscenza.

Allora vidi dei segni di cattivo auspicio. Il sole si eclissò, soffiarono forti venti e la terra tremò. Rama però era soltanto stordito, in breve si rialzò e riprese a combattere, e continuammo fino al tramonto.

Quella notte mentre ero a letto e i medici accudivano alle mie ferite, pensai che la battaglia non sarebbe mai finita. Pregai i deva di mostrarmi il modo di sopraffare Rama. Mi addormentai e vidi in sogno gli otto bramini che mi avevano aiutato sul campo di battaglia. Mi dissero: "Non temere, o figlio di Ganga, tu sei il nostro corpo e noi ti proteggeremo, e sconfiggerai Rama. Ti diamo un'arma che hai conosciuto in una vita passata. Si chiama Prashwapa, è stata creata da Vishvakarma e nessuno la conosce. Rama verrà abbattuto ma non ucciso, tuttavia sarà sconfitto e reso incosciente. Poi tu lo resusciterai con il Samvodhana".

I bramini scomparvero, ed io mi svegliai pieno di gioia. Rinfrancato dai bramini celesti, ero pieno di energia fresca. Dopo uno scambio furibondo pensai al Prashwapa, e mi vennero in mente i mantra, e udii un gran tumulto di voci celesti che dicevano: "O Bhishma, non usare il missile Prashwapa!".

Le ignorai, misi il missile nel mio arco e lo puntai contro Rama. Di colpo il rishi Narada comparve dinnanzi a me. "I deva ti proibiscono di usare quest'arma. Rama è un asceta, un bramino ed il tuo protettore. O figlio dei Kuru, non umiliarlo."

Apparvero anche gli otto bramini, e dissero: "O grande fra i Bharata, obbedisci a Narada per il bene di tutti".

Parasurama, vide l'irresistibile missile incoccato nel mio arco, e non sapendo che mi era stato proibito di usarlo, gridò: "Ahi, Bhishma, hai vinto!" e lasciò cadere l'arco. Suo padre Jamadagni, insieme ad altri divini rishi, gli dissero di smettere di combattere, che io ero un Vasu, e che non avrebbe potuto sconfiggermi. Jamadagni disse: "Arjuna, il potente figlio di Indra, sarà la causa della morte di Bhishma. Così vuole Brahma".

La battaglia finì, e io mi prostrai ai piedi del mio precettore. Rama parlò con Amba. "O principessa, non posso fare più nulla per te." La fanciulla rispose: "Che così sia, o santo. Hai fatto del tuo meglio e te ne sono grata. Tuttavia il mio cuore è ancora pieno di vendetta, così mi dedicherò a pratiche ascetiche per acquisire sufficienti poteri per provocare la morte di Bhishma".

Il mio precettore era felice del mio valore e mi benedì in modo che nessuno mi potesse mai eguagliare in battaglia, e se ne andò con i suoi discepoli. Amba andò nella foresta, sulle rive del fiume Yamuna, per dedicarsi ad austere penitenze. Io lo sapevo perché avevo incaricato degli uomini di tenerla d'occhio. Rimase sulla riva del fiume senza prendere cibo per un anno, con le braccia alzate al cielo. Divenne emaciata, con la pelle ruvida bruciata dal sole.

Dopo un anno interruppe il digiuno mangiando una foglia secca. Poi si immerse in acqua fino alla vita per un altro anno reggendosi su di un piede solo.

Per dodici anni continuò in questo modo, e nessuno riuscì a farla desistere. Poi lasciò lo Yamuna e vagò, visitando molti eremi sacri, continuando le sue austerità, facendo tre bagni al giorno, meditando in silenzio e digiunando. Il suo aspetto, una volta gentile divenne feroce, ed iniziò a risplendere di potere mistico.

Un giorno si stava bagnando nel Gange, e mia madre le chiese: "Ragazza mia, perché fai penitenze?".

Amba rispose: "Voglio acquisire poteri immensi con l'ascesi per distruggere Bhishma, che è così forte che neppure Parasurama è riuscito a sconfiggere".

Mia madre si infuriò. "O figlia di Kashi, hai agito male, e sei troppo debole per ottenere ciò che vuoi. Se ti ostini su questa strada io ti maledirò trasformandoti in un fiume spaventoso che scorre solo nella stagione delle piogge, infestato di coccodrilli ed altre bestie feroci."

La principessa non si fermò, anzi fece penitenze ancor più severe, astenendosi dal cibo e dall'acqua e controllando il respiro. Continuò a vagare e quando giunse a Vatsabhumi, cadde a terra e cominciò a scorrere come un fiume. Si dice che il fiume Vatsabhumi scorra solo durante il monsone, e non ci si può avvicinare perché è infestato di coccodrilli e pesci pericolosi.

Per merito della sua ascesi però, solo metà del suo corpo divenne fiume, mentre l'altra continuò come prima. Proseguì con le pratiche ascetiche, fin quando i rishi di Vatsabhumi la avvicinarono. Le chiesero cosa desiderasse, e quando lei si spiegò, dissero: "Devi ingraziarti Mahadeva, solo quella divinità potrà esaudire il tuo desiderio".

Amba supplicò Shiva e lui apparve chiedendole cosa desiderasse. Quando lei chiese il potere di uccidermi, egli rispose: "Tu lo ucciderai". Amba chiese come sarebbe stato possibile, dato che era una donna, e Shiva rispose: "Le mie parole sono sempre vere. O benedetta, tu diventerai uomo e ucciderai Bhishma in battaglia. Rinascerai nel casato di Drupada e sarai un *maharatha,* rapido e abilissimo nell'uso delle armi. Così sarà".

Quando Shiva scomparve, Amba raccolse della legna e si costruì una pira davanti ai rishi. Accese il fuoco, e schiumando di rabbia si gettò nella pira gridando: "Per la morte di Bhishma!".

Amba rinacque come donna nel corpo di Shikhandhi e poi prese la forma di adesso. Vi racconto come è accaduto.

"La regina di Drupada non ebbe figli per molto tempo, ed insieme al marito adorò Shiva per avere un figlio, pregando che fosse potente. Shiva disse che le sarebbe nata una femmina, che in seguito si sarebbe trasformata in uomo. Benché Drupada lo implorasse per avere un maschio, Shiva insistette. "Sarà come ho detto, perché così vuole il destino."

La regina concepì, e a suo tempo diede alla luce una bambina. Drupada annunciò la nascita di un figlio, e fece fare i rituali per un maschio. Nessuno la poté vedere salvo i pochi che la curarono.

Drupada allevò la figlia con amore, le insegnò la scrittura e tutte le arti marziali. Quando fu cresciuta, la regina gli chiese di trovargli una sposa adatta. Drupada era preoccupato, la fanciulla non si era ancora trasformata in uomo. Sua moglie insistette, fiduciosa per la promessa di Mahadeva. Shikhandhi sarebbe divenuta maschio, e quindi doveva sposare una donna.

Drupada, convinto dalla fede della regina, organizzò il matrimonio con la figlia di Hyranyavarma, re dei Dasharnaka. Il potentissimo re fu felice dell'unione. Nessuno sospettò nulla durante la cerimonia. La giovane Shikhandhi, di divina bellezza, nella sua splendida armatura sembrava un ragazzo. Si ricordò della sua vita precedente e delle parole di Shiva e così, benché nata donna, si comportò da uomo.

La figlia di Hyranyavarma scoprì la verità in poco tempo, e mandò dei messaggeri a suo padre per dirgli che il figlio di Drupada era una donna. Il padre mandò un messaggio a Drupada. "Come hai potuto prendere mia figlia in sposa per una donna? È un insulto, e verrò a punirti, ti ucciderò con tutti i tuoi ministri."

Drupada,scoperto come un ladro, non poté dire nulla. Cercò senza successo di convincere la moglie di Shikhandhi che il "marito" sarebbe diventato maschio. Hyranyavarma radunò un grande esercito e marciò su Kampilya. Drupada disse alla moglie: "Siamo stati degli sciocchi e ci siamo tirati addosso la rovina. Adesso cosa facciamo?".

Drupada e sua moglie pregarono i deva. Drupada li supplicò mentre Hyranyavarma si avvicinava.

Nel frattempo Shikhandhi, addolorata per il pericolo che aveva creato per tutti, lasciò la città, decisa a togliersi la vita. Andò nella foresta vicino alla dimora di un potente Yaksha di nome Sthuna. Entrò nel suo palazzo, dove non c'era nessuno, e si mise a digiunare. Qualche giorno dopo arrivò Sthuna e la vide emaciata. Era gentile di natura e le chiese la ragione delle sue pratiche severe. "Dimmi cosa posso fare per aiutarti."

Shikhandhi rispose: "Nessuno mi può dare ciò che desidero".

Sthuna replicò: "Io ti posso dare qualunque cosa tu desideri, o principessa. Sono l'attendente di Kuvera e posso dare doni. Ti conferirò l'inconferibile. Dimmi cosa desideri".

Shikhandhi raccontò la sua storia e concluse: "Potrei salvare la situazione solo se ottenessi la virilità".

Lo Yaksha, rattristato dalla sua storia e influenzato dal destino, rispose: "Sarà così. Però metto una condizione: posso esaudire il tuo desiderio solo scambiando il mio sesso con il tuo, ma devi riportarmi la virilità prima possibile".

Shikhandhi promise di farlo appena Hyranyavarma avesse lasciato Kampilya. I due si scambiarono il sesso e Shikhandhi tornò al palazzo del padre. Quando l'esercito di Hyranyavarma arrivò alle mura della città, il re mandò a Drupada questo messaggio: "O vile, esci a combattere. Mi hai ingannato".

Shikhandhi però era appena tornato, e Drupada disse al messaggero: "Il re è stato informato male, guarda tu stesso il sesso di mio figlio."

Hyranyavarma fece esaminare Shikhandhi da un gruppo di bellissime ragazze. Quando gli dissero che il figlio di Drupada era veramente un maschio, entrò in città in pace. Si fermò con Drupada per un po' di tempo e poi se ne tornò al suo paese, felice della rinnovata alleanza con Drupada.

Sthuna si era nascosto nel suo palazzo attendendo il ritorno di Shikhandhi. Mentre aspettava, Kuvera, nei suoi viaggi per i cieli, passò di lì con il suo carro celeste. Vide il palazzo di Sthuna, e scese per una visita, ma quando nessuno venne ad accoglierlo, disse con rabbia ai suoi attendenti: "Che razza di sciocco vive qui? Perché non mi viene a salutare?".

Degli Yaksha dissero a Kuvera quello che era successo, e che Sthuna si nascondeva per la vergogna. Kuvera rispose: "Portatemi qui quello stolto, lo punirò".

Sthuna venne fuori, e rimase timidamente nella sua forma femminile davanti a Kuvera. "Perché ti sei comportato in questo modo?" chiese Kuvera, "hai umiliato gli Yaksha dando via il tuo sesso. Ti condanno a non riavere la tua virilità. Anche Shikhandhi non riavrà la sua forma femminile." Gli Yaksha provarono pietà per Sthuna, che dopo tutto aveva agito per compassione. Chiesero a Kuvera di porre un limite alla sua maledizione.

Kuvera disse: "Quando Shikhandhi morirà, Sthuna riavrà la sua forma maschile. Ditegli di non preoccuparsi".

Il potente Kuvera ripartì con il suo seguito, e dopo poco tempo Shikhandhi tornò. "O Sthuna," disse, "Come d'accordo ti restituisco la tua virilità."

Sthuna rispose: "È stato deciso che la virilità resterà tua per la durata della tua vita, o nobile signore. Puoi tornare alla tua dimora". Shikhandhi se ne tornò felice a Kampilya.

* * *

Quando Bhishma ebbe terminato di raccontare la sua storia, aggiunse: "Così Shikhandhi, che era Amba, mi odia, ma poiché è nato come donna, io non posso combattere contro di lui. Ho fatto questo voto: Non combatterò mai contro una donna, contro colui che di donna ha il nome, o anche contro chi sembra una donna. O Duryodhana, io non combatterò con Shikhandhi, anche se lui mi attaccherà cercando di uccidermi".

Duryodhana assentì, e guardò Bhishma con rispetto. Anche se il nonno era spesso duro con lui, il principe non poteva negare la sua nobiltà. Duryodhana pose la mano sullo scettro e disse: "O figlio di Ganga, adesso dovremo combattere contro il potente esercito dei Pandava. Hanno molti eroi pari in valore ai protettori universali, e il loro esercito sarà difficile da affrontare. Dimmi, o nonno, quanto tempo pensi che ci vorrà per annientarlo?".

L'antico volto di Bhishma, dalla pelle come il cuoio e la barba bianca fluente, si stemperò in un sorriso. "È giusto che tu lo chieda, o Duryodhana. Un comandante deve conoscere le forze e le debolezze di entrambi gli schieramenti prima di iniziare la battaglia. Sappi allora della potenza enorme delle armi che userò in questa guerra. Posso uccidere diecimila soldati di fanteria al giorno e mille guerrieri sui carri, e forse più. Se mi prende la furia della battaglia posso ucciderne molti di più. Comunque sappi che combatterò sempre lealmente."

Bhishma ricordò a Duryodhana le regole della battaglia che lui avrebbe rispettato. Per esempio, gli eroi non dovevano mai usare armi divine per uccidere combattenti di minor valore, e la lotta doveva essere sempre pari. Anche se uno possedeva armi celesti, doveva combattere a mani nude contro chi era rimasto senza armi.

La mano di Bhishma andò sull'arco. "In questo modo, o re, combattendo incessantemente per tutto il giorno posso annientare l'esercito nemico in un mese."

Duryodhana applaudì Bhishma e si rivolse a Drona. "O precettore, tu cosa potrai fare? Quanto tempo pensi che ti ci voglia per annientare l'esercito?".

Drona sorrise a Duryodhana. "Io sono vecchio e ho perso un po' della mia forza. Tuttavia posso ancora lottare e distruggere l'esercito dei Pandava. Anche io penso di metterci un mese."

Kripa disse che avrebbe impiegato due mesi, e Ashvatthama, che era più sfrontato, disse che gli sarebbero bastati dieci giorni. Karna disse che gliene bastavano cinque, e Bhishma rise e disse: "Puoi cantarle così grosse fintanto che non incontri Arjuna con le sue armi, la sua conchiglia e con Vasudeva come auriga. Dì quello che vuoi, o figlio di Radha, perché le parole non costano nulla".

Karna si accigliò ma tacque, e Duryodhana continuò a fare domande ai suoi generali, cercando di valutare la loro forza e la loro determinazione. I Kaurava discussero i piani di battaglia fino a tarda notte. La battaglia sarebbe iniziata dopo il sorgere del sole.

Capitolo 51

In posizione

Prima dell'alba del giorno dopo Yudhisthira venne a sapere tutto quello che si era detto la notte prima nella tenda di Duryodhana. Preoccupato, ne parlò con Arjuna. "Hai sentito che Bhishma dice di poter annientare in un mese il nostro esercito, come anche Drona. Tutti gli eroi Kaurava hanno dichiarato la loro determinazione. Karna ha persino detto che potrebbe distruggere il nostro esercito in cinque giorni. Dimmi, o Phalguni, quanto tempo servirà a te per ucciderli tutti".

Arjuna lanciò un'occhiata a Krishna, e disse: "I guerrieri Kuru sono tutti valorosi ed esperti con le armi, ma non essere in ansia, caro fratello. Con l'aiuto di Krishna, posso sradicare in un attimo i tre mondi. Ho l'arma personale di Shiva, che da sola può annientare il creato e nessuno dei Kaurava la conosce. Non è corretto usarla contro di loro, ma non ce ne sarà bisogno. Vinceremo con la semplice forza delle nostre braccia".

Arjuna indicò tutti i re presenti con un gesto. "Oltre a me ci sono numerosi eroi dalla nostra parte. Faremo delle scorribande con i nostri carri nelle file nemiche portando distruzione e morte. Inoltre ci sei anche tu, o re, e chiunque tu guardi con ira sarà consumato come una foglia secca dal fuoco. Non vedo come i Kaurava possano vincere questa guerra."

Yudhisthira si tranquillizzò e diede gli ordini per la battaglia imminente. I comandanti, che si erano purificati con i riti sacri ed avevano donato ricchezze ai bramini, lasciarono la tenda per prendere le loro posizioni. Il sole spuntò, rivelando la vasta piana di Kurukshetra ricoperta dai due eserciti, simili ad oceani. Il loro fragore riempiva il cielo come il brontolio delle nuvole d'autunno.

Le truppe si prepararono in allegria. I Pandava e Krishna salirono sui carri, e i bramini lodarono Yudhisthira ed offrirono preghiere a Krishna.

Seguendo il piano, l'esercito dei Pandava si schierò e rischierò in diverse formazioni, con i capi che svariavano per il campo per confondere i Kaurava. Anche i Kaurava mossero le loro divisioni in modo da non far capire facilmente il loro piano di attacco. Le manovre degli immensi eserciti fecero sorgere un'enorme nuvola di polvere che oscurò il sole. Le migliaia di elefanti facevano tremare la terra, e le formazioni dei guerrieri montati sui carri ornati e luccicanti, in contrasto alle divisioni degli elefanti, apparivano come grappoli di luci contro la notte scura.

Dietro agli eserciti, gli accampamenti si stendevano per miglia, con tende e botteghe come due grandi città che fervevano di cuochi, servitori e mercanti indaffarati. Tutti i guerrieri erano pronti alla battaglia che sarebbe durata fino al tramonto.

Lentamente gli eserciti si avvicinarono tra loro, e il suono di centinaia di migliaia di conchiglie riempì l'aria, con il rullio dei tamburi e gli squilli delle trombe, in una cacofonia che si mescolava con il barrito degli elefanti.

I comandanti delle due parti convennero di incontrarsi per accordarsi sulle regole di combattimento. I guerrieri dovevano combattere solo con gli eguali ed ad armi pari. Nessuno doveva colpire senza avvisare, e per prima cosa doveva lanciare la sua sfida. Chi si arrendeva o lasciava il campo non poteva essere colpito. I servitori che erano sul campo di battaglia non dovevano essere uccisi.

I comandanti parlarono tra loro per qualche tempo. Quando tutte le regole furono stabilite, Dhristadyumna si fece pensieroso. Duryodhana e i suoi sgherri non avevano mai mostrato troppo rispetto per le regole. Le avrebbero osservate adesso, soprattutto se la battaglia gli andava male? Dhristadyumna diede voce ai suoi dubbi. "Noi rispetteremo le regole, con una riserva. Se i Kaurava le violeranno, noi adotteremo qualunque tattica ci sembri appropriata."

"Così sia", rispose Bhishma, e prese congedo da Dhristadyumna. I guerrieri ripresero le loro posizioni in attesa dell'inizio delle ostilità che i comandanti avrebbero segnalato soffiando nelle loro conchiglie.

* * *

Dhritarastra era rimasto a palazzo, preda di una terribile ansia. Non aveva nulla da fare salvo che aspettare. Il vecchio re chiamò Sanjaya e disse: "Dimmi cosa succede, o Sanjaya, i due eserciti sono arrivati a Kurukshetra? Il destino è più potente di tutti gli sforzi umani. Consapevole degli orrori della guerra, ho cercato di fermare mio figlio, ma non ci sono riuscito. Perché mai, o saggio Sanjaya? Questa guerra deve essere stata voluta dalle divinità".

Sanjaya sentiva di non aver molto da aggiungere. Troppe volte aveva detto che la colpa per la sciagura che si stava addensando sui Kuru non era solo di Duryodhana ma anche del re. "O re, colui che si trova davanti ad una tragedia come risultato delle proprie azioni non dovrebbe dare la colpa alle divinità, al destino o ad altri. O Bharata, non hai agito secondo virtù. I Pandava hanno sopportato le persecuzioni dei tuoi figli sperando che alla fine tu facessi giustizia, ma tu non l'hai fatto. Adesso puoi solo aspettare di ricevere le notizie dello sterminio degli eroi Kuru."

In quel momento entrò nella stanza Vyasadeva, il rishi, che conosceva passato, presente e futuro, e disse: "O grande re, i tuoi figli e gli altri re sono arrivati alla fine della loro vita e si uccideranno fra loro. Non dolertene, ricorda gli inevitabili cambiamenti che il tempo porta con sé. Se desideri vedere la battaglia, te ne darò la possibilità".

Dhritarastra sospirò. "Non voglio veder morire i miei figli, o grande saggio, fa sì che possa solo ascoltare ciò che accade."

"Allora darò a Sanjaya la facoltà di vedere," disse Vyasadeva, "grazie a me vedrà tutto ciò che accade a Kurukshetra, anche le cose nascoste e tutto ciò che accade persino di notte. Non sentirà stanchezza per tutta la durata della guerra. Per quanto riguarda la vittoria, questa sceglierà la rettitudine, e comunque vada, quasi tutti i guerrieri di ambedue le parti verranno uccisi."

Vyasadeva descrisse i segni che pronosticavano la distruzione. Migliaia di uccelli carnivori si erano appollaiati sulle cime degli alberi in attesa impaziente. Gli aironi si erano diretti a sud, il sole si era annebbiato con nubi di tre colori all'alba e al tramonto, e nei templi le statue dei deva sudavano e tremavano e talvolta cadevano dai piedestalli. "Tutto indica una grande carneficina. Molti eroici re dormiranno per sempre, abbracciati alla terra come all'amante. Anche i pianeti si sono allineati in una formazione sinistra."

Dhritarastra alzò il volto verso il rishi. "Certamente questa guerra è voluta dalle divinità. O saggio, gli kshatriya andranno tutti nelle regioni riservate agli eroi, ottenendo la felicità eterna?".

Vyasadeva meditò per un poco prima di rispondere. "Il tempo distrugge l'universo e tutte le sue creature. Nulla a questo mondo dura per sempre. Solo la virtù rimane con l'anima quando tutto il resto si è dissolto. Metti i tuoi figli sulla giusta strada. Tutti voi dovreste seguire la volontà di Krishna. Quell'essere eterno vi ha mostrato personalmente la via della virtù, ma tu non l'hai voluta seguire. La carneficina di uomini, e in particolare di parenti, non porta mai nulla di buono, e i Veda la condannano. Tu puoi ancora impedire quello che sta per succedere, figlio mio, ma non lo fai per il tuo attaccamento al regno. I tuoi meriti stanno svanendo rapidamente. Hai permesso a tuo figlio, che è la morte personificata della tua famiglia, di portare i Kuru alla rovina."

Dhritarastra chinò la testa mentre suo padre continuava a criticarlo con parole dure che si stagliavano nel silenzio della stanza. "Che valore ha un regno che ti procura solo peccato, o re? Difendi il tuo buon nome e la virtù, e potrai raggiungere il cielo. Fai riavere ai Pandava il loro regno ridando la pace ai Kuru."

Dhritarastra era imbarazzato, e la sua voce patetica si fece implorante. "O rishi dal potere smisurato, le tue parole sono ineccepibili e le condivido pienamente. Credimi, io non sono portato al peccato. I figli non mi obbediscono, anche se ho provato del mio meglio. Non abbandonarmi, io sono debole, con buone intenzioni ma con potere limitato. O grande saggio, nonno di tutti i Kuru, sii clemente con me."

Vyasadeva capì che non c'era più nulla da fare e si alzò per andarsene. "O re, io vado, hai altre cose che vuoi sapere?".

"Sì, c'è una cosa. Quali segni indicano la vittoria per un esercito?".

Il re sperava ancora che i suoi figli potessero in qualche modo uscire vittoriosi dalla guerra. Voleva sapere se qualcosa lo presagiva. Dopo tutto le forze dei Kaurava erano quasi doppie delle forze dei Pandava.

Vyasadeva, consapevole di quello che passava per la mente di Dhritarastra, disse: "La dimensione di un esercito ha poca importanza, anzi un grande esercito quando viene messo in rotta è più difficile da riorganizzare. Più importante è il coraggio e l'unione fra i soldati. Anche solo cinquanta uomini ben addestrati che si conoscono bene, possono sconfiggere un intero esercito. La vittoria in una guerra è sempre incerta, pertanto la pace è sempre la scelta migliore. I risultati che si ottengono con le trattative sono i migliori, quelli che vengono dal dissenso sono neutri ed i peggiori sono quelli che derivano dalla guerra. Anche i vincitori soffrono di grandi perdite".

Il rishi se ne andò, ed il suono dei suoi sandali di legno sul pavimento di marmo echeggiò nella stanza. Dhritarastra sospirò e Sanjaya incominciò a descrivere gli avvenimenti di Kurukshetra.

* * *

Sul campo di battaglia Yudhisthira parlò con Arjuna. "Abbiamo meno truppe del nemico. In questo caso Brihaspati raccomanda la formazione ad ago. O Dhananjaya, disponile subito in quel modo."

Arjuna era coperto dalla testa ai piedi con un'armatura impenetrabile, e impugnava il Gandiva che aveva una luminosità iridescente. Vicino c'era il suo carro color fuoco con Krishna che teneva le redini dei suoi cavalli bianchi. Disse a Yudhisthira: "Disporrò le nostre forze nella formidabile formazione Vajra, che è stata pensata da Indra. Metterò Bhima alla sua testa ed il nemico fuggirà soltanto a vederlo come prede alla vista di un leone. Nessuno può nemmeno guardare Vrikodara quando è scatenato. Lui sarà il nostro scudo, così come Indra è lo scudo dei celesti".

Arjuna montò sul suo carro e andò a dare gli ordini. La divisione dei guerrieri su carri si mosse rapidamente andando davanti a formare una lunga linea con Bhima, Dhristadyumna, Nakula, Sahadeva e Dhristaketu sulla punta. Li accompagnarono centinaia di migliaia di soldati con spade, lance ed asce. L'esercito si mosse in avanti, affiancato dagli elefanti corazzati. Dietro alla punta la cavalleria e la fanteria formavano un gruppo più largo. La formazione era protetta da dietro da Virata e la sua *akshauhini*.

Nakula e Sahadeva erano ai fianchi di Bhima, mentre Abhimanyu e i figli di Draupadi lo proteggevano da dietro. Non lontano c'era Shikhandhi, protetto da Arjuna che avanzava deciso ad uccidere Bhishma. Yudhisthira prese la sua posizione al centro dell'esercito, protetto da tutti i lati dai guerrieri montati sui carri, come un sole circondato dai pianeti.

Le bandiere dei guerrieri si innalzavano sopra le truppe come delle palme decorate con oro ed argento. Sopra tutte sventolava l'immensa bandiera di Arjuna con Hanuman che lanciava le sue terribili urla di guerra. L'esercito avanzò e Bhima roteò la sua mazza ruggendo e folgorando i Kaurava con lo sguardo, spaventando persino le sue truppe.

Quando le forze dei Pandava si furono disposte si fermarono per attendere altri ordini. I due comandanti dovevano ancora suonare le loro conchiglie. I Pandava fronteggiavano il lato est del campo dove l'immenso esercito dei Kaurava copriva a perdita d'occhio tutto l'orizzonte. Si mise a soffiare un forte vento che portava ghiaia e sabbia, il cielo tuonò malgrado non si vedessero nuvole, caddero delle meteore e la terra tremò. Si alzò un nuvolone di polvere e il cielo si oscurò.

Bhishma vide la formazione Vajra dei Pandava, e dispose l'esercito dei Kaurava nella sua contro formazione. Aveva un copricapo bianco, una bandiera bianca, un arco bianco ed un parasole bianco e sembrava una montagna. Duryodhana era nel mezzo dell'esercito protetto da centinaia di migliaia di soldati, su di un elefante del colore del loto blu, e sopra il suo sedile c'era un grande parasole bianco. Teneva la mazza appoggiata alla spalla e l'arco al suo fianco, mentre i bardi e i menestrelli cantavano lodi in suo onore.

Tutti i figli di Dhritarastra erano nella divisione comandata da Bhishma e sotto la sua protezione personale. Un grande numero di re e principi, affiancati dai loro eserciti, avanzarono verso i Pandava, e dietro a loro veniva Drona su un carro d'oro tirato da cavalli rossi.

Yudhisthira, avendo visto l'esercito dei Kaurava con Bhishma alla testa si spaventò. Si rivolse ad Arjuna: "O eroe dalle forti braccia, Bhishma ha schierato le sue truppe in una formazione impenetrabile. Ha una forza illimitata e una gloria splendente. Chi può affrontarlo? Come potremo vincere?".

Yudhisthira aveva l'aria afflitta e sconsolata. Arjuna lo incoraggiò. "Ascolta, o re, anche pochi uomini valorosi possono sopraffare un grande esercito. Brihaspati lo ha affermato nel lontano passato quando i celesti affrontarono i demoni. Coloro che vogliono vincere non hanno successo tanto per il loro valore quanto per la verità, la compassione, la pietà e la virtù. Combatti con confidenza, perché la vittoria va dove si trova la rettitudine."

Yudhisthira sembrava poco convinto. Era proprio retta la sua causa? Temeva che la causa profonda di questa guerra fosse il suo desiderio per il regno. Arjuna, che si rendeva conto dei suoi sentimenti, proseguì: "Krishna, che è dalla nostra parte, è la rettitudine e la verità in persona. Narada ha detto che la vittoria sarà sicuramente sua e di coloro che sono con lui. Lui è il Signore dagli attributi eterni, dalla forza infinita. È la Persona Suprema, al di là e al di sopra di questo mondo con le sue politiche e le sue sofferenze. Non vedo motivo per il tuo timore quando il Signore dei celesti è al tuo fianco desiderando il tuo successo".

Pensando a Krishna, Yudhisthira si tranquillizzò. Guardò le sue truppe e disse: "È giusto quello che dici, Arjuna. Krishna vuole questa guerra, e quindi non dobbiamo esitare. Dì ai nostri uomini di combattere al meglio delle loro possibilità, con lealtà e con il desiderio di andare in cielo".

Poi Yudhisthira distribuì la carità ai bramini che lo accompagnavano sul campo di battaglia. Tutto intorno a lui i rishi cantavano inni in sua lode invocando la buona sorte per la battaglia. Ricevettero oro, vacche, frutti, fiori e stoffe, e lasciarono il campo recitando mantra vedici e preghiere.

Krishna portò il carro di Arjuna davanti all'esercito e disse: "Ecco Bhishma, quel possente eroe che ha fatto centinaia di sacrifici, che incenerisce i suoi nemici e che presto attaccherà le nostre truppe come un leone. Un gran numero di soldati lo protegge come nuvole che coprono il sole. Fai di lui il tuo bersaglio, o Arjuna, perché nessun altro lo può affrontare".

Krishna disse ad Arjuna di pregare la divina Durga di dargli la forza. Arjuna scese dal suo carro e si inginocchiò. Si rivolse ad oriente e cantò degli inni vedici per supplicare la potente divinità della forza materiale. Durga apparve in cielo sopra di lui. "O figlio di Pandu," disse, "la vittoria ti arriderà, con l'invincibile Narayana che ti aiuta. Nessun nemico ti può sconfiggere, nemmeno il potente Indra."

Durga scomparve, e Arjuna si rialzò, e sentendosi benedetto risalì sul carro con il cuore pieno di gioia.

Vedendo che i due eserciti erano pronti a combattere, Bhishma alzò la conchiglia e fece un potente suono. Subito gli fecero eco centinaia di altre conchiglie suonate dai principali guerrieri, e poi si aggiunsero i tamburi e le trombe con un fragore assordante.

Arjuna e Krishna presero le loro conchiglie e le suonarono. Bhima, i gemelli e gli altri capi dei Pandava li imitarono. Sentendo il suono divino i Kaurava si sentirono il cuore tremare, ma Bhishma fu felice. Con gli occhi pieni di lacrime riconobbe il suono trascendentale della conchiglia di Krishna. Il Signore eterno di tutti i mondi era pronto ad entrare in battaglia per proteggere i suoi servitori devoti. Bhishma guardò il carro di Arjuna. Per un crudele destino si trovava a combattere contro Krishna e i Pandava, sotto il giogo del suo dovere.

Capitolo 52

La Bhagavad-Gita

Cominciarono le prime manovre della battaglia. Arjuna prese il Gandiva e disse a Krishna: "O infallibile signore, ti prego, porta il carro fra i due eserciti, così che io possa vedere il posizionamento del nemico. Vai avanti, così che io possa vedere chi vuole combatterci. Vediamo chi è così stolto da voler compiacere il perfido figlio di Dhritarastra.".

Krishna guidò il carro al centro del campo. Krishna sorrise. "Guarda, o Arjuna, i Kuru qui riuniti." Arjuna guardò attraverso il campo, e Krishna comprese i pensieri di Arjuna. La guerra tanto attesa stava per iniziare, e non c'era modo di tornare indietro. Comprendendo improvvisamente l'orrore di ciò che stava per avvenire, Arjuna guardò i parenti e gli amici schierati contro. Erano come padri, fratelli, figli e nipoti, maestri, zii e amici.

Arjuna fu sommerso dalla compassione, come aveva potuto desiderare di uccidere parenti ed amici? Si sentì debole e si rivolse a Krishna con voce tremante: "Mio amato Signore, vedo solo amici e parenti davanti a me pronti a combattermi, mi sento tremare e ho la bocca secca".

L'arco gli scivolò di mano, e fu preso da un tremito. "O Keshava, la mia mente vacilla. Non credo di poter combattere questa battaglia. Mi sembra che da questa guerra nascerà solo male e sventura. Che bene può derivare dall'uccisione dei propri parenti? Che valore ha la vittoria se coloro che amiamo sono morti?".

Arjuna cadde in ginocchio. Era inorridito dall'idea di combattere. Era stato diverso quando aveva affrontato i Kaurava sul campo di Virata, perché allora non aveva intenzione di ucciderli, voleva soltanto dargli una lezione. Questa volta invece o i Pandava o i Kaurava non sarebbero tornati a casa. Mentre esponeva i sui sentimenti a Krishna, le lacrime gli rigarono il volto.

"O Govinda, non voglio un regno privato dei miei parenti. Quando vedo i miei maestri, fratelli, figli, e così tanti altri cari davanti a me, la mia sete di battaglia svanisce. Anche se loro vogliono la mia morte non riesco a concepire di ucciderli. O Janardana, non li ucciderei nemmeno per il regno dei tre mondi."

Arjuna aveva la fronte ricoperta di sudore e il respiro affannoso. La vista dei nobili e rispettati Bhishma, Drona, Shalya e Bahlika, che lui amava teneramente, lo riempiva di dolore. I molti giovani principi figli dei Kaurava e dei loro alleati erano per lui come figli, e provava per loro una gran compassione. Sentiva pietà persino per i figli di Dhritarastra, per la loro stoltezza. Come avrebbe potuto essere un atto virtuoso ammazzarli?

Arjuna implorò Krishna. "Secondo me, se li uccido cadrò nel peccato. Abbiamo il dovere di perdonarli, anche se hanno perso la virtù per cupidigia, e non dovremmo dimenticare gli insegnamenti religiosi come hanno fatto loro. Se uccidiamo i nostri anziani, le virtù tradizionali saranno tradite. Senza tradizioni tutta la società perderà gradualmente il senso del divino. Uccidendo gli uomini, lasceremo le donne prive di protezione, e cadranno preda di peccatori, dando alla luce figli indesiderati. Chi li educherà mai? O Krishna, io sarò responsabile per tutte queste disgrazie sociali e finirò all'inferno per l'eternità."

Arjuna pianse. "Preferirei che i Kaurava mi uccidessero mentre sono disarmato e passivo piuttosto che prendere le armi contro di loro." Gettò le armi e si afflosciò sul fondo del carro.

Krishna sorrideva dolcemente guardando il suo amico. Disse con fermezza: "O Arjuna, come hai potuto cedere a una simile debolezza in un momento così critico? Così non si raggiungono i pianeti superiori, ma si cade nell'infamia e nel degrado. O figlio di Kunti, non cedere a questa umiliante debolezza e rialzati, o nemesi dei nemici".

Arjuna, sorpreso, guardò Krishna. Cosa gli stava dicendo? Aveva ignorato tutti i suoi argomenti. Krishna non aveva mai dato cattivi consigli, era la personificazione di tutti i principi religiosi. Naturalmente per uno kshatriya il combattimento contro ai miscredenti era sempre un'azione religiosa, ma questi non erano peccatori comuni. Bhishma, Drona, Kripa e tutti gli altri erano persone degne di rispetto che eseguivano con diligenza i loro doveri religiosi.

Ancora scosso, Arjuna chiese: "Mio caro Krishna, benché sia giusto uccidere i peccatori, come faccio a colpire con le mie frecce uomini che dovrei adorare? Preferirei essere un mendicante che conquistare il mondo a prezzo della loro vita. Anche se sono avidi, sono sempre i miei anziani. Quale precetto religioso sancisce di ucciderli? Se li ucciderò la mia vittoria sarà macchiata del loro sangue. La vittoria in ogni caso è incerta, e in questo caso addirittura indesiderabile. Come potrò vivere dopo aver causato la morte dei miei parenti? E tuttavia loro sono davanti a me con le armi in pugno".

Arjuna non riusciva a vedere una via d'uscita, i Kaurava erano chiaramente determinati ad uccidere lui con tutto l'esercito, tuttavia lui non si sentiva di combattere. Allo stesso tempo i suoi argomenti religiosi non avevano avuto alcun peso su Krishna. Qual'era il suo dovere adesso? C'era solo una persona che poteva aiutarlo. Guardò Krishna, che sedeva tranquillo tenendo le redini far le mani inguantate. Era stato con l'aiuto di Krishna che Arjuna e i suoi fratelli erano sopravissuti a tante difficoltà. Con la sua saggezza avrebbe saputo cosa fare.

Decise di arrendersi a qualunque consiglio Krishna avesse dato e disse: "O Krishna, sono in confusione su quale sia il mio dovere e ho perso la mia centratura. Sono afflitto da misere ed egoistiche considerazioni, e non riesco a superarle. Ti scongiuro, dimmi cosa è meglio per me. Io da adesso sono tuo discepolo, un'anima arresa a te. Istruiscimi, ti prego. Neanche la conquista di un regno ricco e prosperoso come quello dei deva potrebbe placare il mio dolore. O Govinda, io non voglio combattere".

Dall'altra parte del campo Bhishma guardava incuriosito il carro solitario di Arjuna nello spazio fra i due eserciti. Perché Arjuna non era in posizione? Qualcosa stava succedendo tra lui e Krishna. Bhishma alzò la mano per fermare le sue forze. Che Krishna stesse pensando ad un ultimo sforzo di pace? Era improbabile. Le conchiglie avevano già suonato per segnalare l'inizio della battaglia. Qualunque cosa Krishna volesse fare, Bhishma intendeva rispettarlo. Bhishma decise di aspettare fino a quando il carro di Arjuna si fosse mosso di nuovo prima di dare l'ordine di caricare. Anche Yudhisthira teneva ferme le truppe, e così non c'era bisogno di alcuna azione immediata.

Krishna ora sorrise di più. Era contento che Arjuna, il suo caro amico, fosse pronto ad accettarlo come maestro e guida. Alzò la mano per benedirlo, e disse: "Benché tu dica parole colte che vengono dalle scritture, stai lamentandoti senza motivo. Il saggio non si lamenta per i vivi o per i morti. Sia tu che io e tutti gli kshatriya che sono qui, siamo sempre esistiti e sempre esisteremo. Siamo anime eterne, che passano di corpo in corpo, e in questa stessa vita vediamo il nostro corpo cambiare, pur rimanendo la stessa persona. Poi, quando arriva la morte, ci viene dato un nuovo corpo. Coloro che sono realizzati non si turbano per questo cambiamento".

Inginocchiato ai piedi di Krishna, Arjuna si sentì subito sollevato. Come al solito, Krishna era andato subito al cuore dell'argomento. Krishna proseguì. "O figlio di Kunti, gioie e dolori vanno e vengono come le stagioni. Nascono solo dalla percezione dei sensi, o Bharata, e si deve imparare a percepirli senza lasciarsi disturbare. Colui che è capace di rimanere fermo in ogni circostanza si libera da ogni sofferenza. I grandi saggi hanno concluso dopo un attento studio, che l'anima e la realtà spirituale sono immutabili, mentre il corpo materiale è illusorio, senza una base nella realtà. L'anima pervade il corpo ed è indistruttibile, mentre il corpo materiale ha una fine. Quindi, o eroe, combatti senza riguardo per i corpi dei tuoi parenti."

Arjuna capì bene ciò che stava dicendo Krishna, l'anima è eterna, ma era un argomento valido per uccidere i corpi? La morte e la rinascita sono delle esperienze dolorose per l'anima.

Per amore di Arjuna, e consapevole dei suoi dubbi, Krishna disse: "È ignorante chi crede che l'entità vivente possa uccidere o essere uccisa. Per l'anima non esiste nascita o morte, non è mai creata. Non nata e sempre esistente, non è uccisa quando il corpo è ucciso. Come puoi esser la causa della morte di qualcuno? Infatti la morte del corpo permette all'anima di ricevere un corpo nuovo, così come si mette una nuova veste dopo aver scartato la vecchia".

Uccidendo i corpi dei suoi parenti, li avrebbe liberati dalle sofferenze e dai dolori del loro karma attuale, e gli avrebbe dato l'occasione di una nuova partenza in un corpo migliore, probabilmente nei pianeti superiori.

Arjuna temeva anche che le armi celesti avrebbero potuto ferire l'anima. Krishna rispose a quel dubbio. "Non c'è arma che sia di fuoco, d'acqua o di vento che possa ferire o danneggiare l'anima. L'anima non può venire influenzata da cause materiali. I Veda la descrivono come invisibile, inconcepibile e immutabile. Il corpo è solo il suo vestito esteriore."

Arjuna rimase in silenzio. Pur sapendo che Bhishma e Drona erano anime immortali, si doleva al pensiero della loro morte. Krishna gli aveva detto che tali dolori erano inevitabili, e dovevano venir sopportati, ma non gli era facile.

Krishna sorrise con affetto al suo amico. "Anche se credi che il sé sia la stessa cosa del corpo, non hai ragione di lamentarti, o guerriero dalle forti braccia. Il corpo è materia, e le cose materiali continuano ad essere create e poi distrutte. Qual è il saggio che si lamenta delle variazioni delle cose materiali nel tempo? Gli effetti del tempo non possono venire evitati. La morte segue la nascita, e a suo tempo la nascita segue la morte. Limitati a compiere il tuo dovere, perché non puoi cambiare il corso del tempo, che è la causa profonda della morte."

Arjuna rifletté su queste parole. Era difficile comprendere l'esistenza dell'anima, che fosse eterna ed indistruttibile era chiaro, ma la sua natura rimaneva un mistero.

Krishna proseguì concludendo le sue spiegazioni sull'anima. "Coloro che conoscono l'anima la considerano meravigliosa, e così la descrivono i Veda. Nemmmeno chi ha sentito tutte le descrizioni dell'anima riesce a comprenderla. È certo che non può essere uccisa. Quindi lascia andare il dolore per i tuoi parenti.".

Krishna cambiò approccio, e affrontò la paura di Arjuna di macchiarsi di peccato uccidendo i suoi anziani. "Tu sei uno kshatriya, o Arjuna, ed è tuo dovere combattere secondo i principi della religione. Non esitare e cogli quest'occasione che ti aprirà le vie del cielo. Se non combatterai, peccherai per aver trascurato il tuo dovere e perderai la tua fama di guerriero. Nessuno penserà che ti sia ritirato per compassione, ma crederanno che tu sia fuggito per paura e vigliaccheria e perderai ogni rispetto. Cosa potrebbe essere più penoso?".

Krishna proseguì. "O Partha, se combatterai ci sono due possibilità: o sarai ucciso ed andrai nei pianeti superiori, o sconfiggerai il nemico e guadagnerai il regno della terra. Alzati quindi e combatti con determinazione. Questo è il mio desiderio, o figlio di Kunti, combatti perché questo è il tuo dovere, senza pensare alla gioia o al dolore, alla perdita o al profitto, alla vittoria o alla sconfitta. In questa maniera non peccherai."

Arjuna sentì il cuore che si apriva mentre assorbiva gli insegnamenti di Krishna, che aveva placato la sua paura di peccare combattendo. Al contrario, avrebbe peccato non combattendo.

"Ti ho detto alcune verità esistenziali sull'anima, o figlio di Kunti. Ora ti insegnerò come agire senza il desiderio del risultato, in modo da restare libero dalle reazioni del karma. Questa è la strada della liberazione. Una volta che sarai su questa strada non ricadrai più nell'abisso dell'esistenza materiale. Con l'unico desiderio di servire il Supremo, sarai fermo e risoluto nel compiere i tuoi doveri religiosi. Coloro invece che cercano la felicità in questo mondo sono costantemente schiacciati dalle diverse tentazioni.

Solo coloro che hanno scarsa intelligenza sono attratti da quelle parti dei Veda che parlano di felicità materiale, e pensano che nella vita non ci sia altro che i piaceri sensuali, la ricchezza e il potere. Cadono sotto l'influsso di questi piaceri e non possono concentrare la mente sulla pratica dello yoga. Non lasciarti attrarre dalle cose di questo mondo, o Partha, rimani libero dalla dualità della gioia e del dolore. Rimani centrato nel sé, e lascia andare le ansie per la sicurezza ed il guadagno materiale."

Arjuna comprese che i suoi argomenti precedenti erano diretti soltanto alla felicità materiale, pur essendo fondati sulla morale vedica. Capì che non aveva compreso profondamente i veda e il loro scopo ultimo. C'erano verità e principi superiori.

"I Veda danno indicazioni per raggiungere la felicità materiale, o Arjuna, tuttavia c'è uno scopo più profondo dietro ai loro insegnamenti. Chi conosce questo scopo può soddisfare tutti i propri desideri senza doverli perseguire separatamente, come colui che ha accesso ad un grande fiume non ha bisogno di piccoli pozzi e stagni. Lo scopo supremo della vita si raggiunge operando senza il desiderio dei frutti dell'azione, e solo perché è proprio dovere agire in quel modo. Così si rimane posati nello yoga, senza attaccamento al successo o al fallimento delle proprie azioni. Non si è toccati dal peccato, e persino gli effetti del karma per le azioni del passato vengono distrutti. Allora potrai raggiungere le destinazioni più alte, la suprema dimora divina, ed essere liberato per sempre dal ciclo della morte e della nascita. Quando non si è più attratti dalle promesse dei Veda di felicità materiali e si rimane contenti soltanto nel sé, si rimane fermi nella coscienza divina che porta alla liberazione eterna."

Arjuna chiese: "Come si può riconoscere un uomo dalla coscienza divina? Quali sono le indicazioni che lo fanno capire?".

"Un tale uomo non cerca i piaceri sensoriali, o Partha, ma è sempre soddisfatto all'interno di se stesso. Le disgrazie non lo turbano, e pure le gioie materiali non lo toccano. È senza attaccamenti, paure e rabbia ed è sempre indifferente alle dualità di questo mondo. I suoi sensi sono sotto totale controllo, anche se può percepire i desideri dei sensi. La sua mente è concentrata sul Supremo, ed è sempre in pace. Non indugia sugli oggetti del piacere sensoriale, che possono coinvolgere anche la mente di uno yogi esperto, e si mantiene libero da ogni coinvolgimento materiale. Per questo controllo dei sensi la sua intelligenza non viene disturbata ed è sempre in pace. O Arjuna, come può essere felice colui che non controlla i sensi e non è in pace?".

Arjuna era sbalordito e perplesso. Krishna raccomandava lo yoga ed il controllo dei sensi – mantenersi in pace – ed allo stesso tempo gli diceva di combattere. Come erano compatibili le due cose? "O Keshava, perché vuoi che mi impegni in questa orrenda guerra pur dicendo che lo yoga e il distacco sono essenziali? Il combattimento richiede che io sia motivato dal desiderio di vittoria. Sono confuso dai tuoi insegnamenti".

"O Arjuna senza peccato, ci sono due strade per la liberazione. Una consiste nella rinuncia e nella ricerca della conoscenza, e l'altra consiste nel lavorare con i desideri materiali. Non si può raggiungere la perfezione con la sola rinuncia, perché semplicemente cessando di agire non si è necessariamente liberi dagli effetti del karma. L'uomo, sulla spinta della sua natura, è forzato ad agire tutto il tempo, anche se l'azione è solo nella sua mente. Rinunciare ai sensi lasciando che la mente pensi ai piaceri dei sensi è inutile, o Arjuna. È solo una finzione di yoga. È molto migliore colui che usa la propria intelligenza per controllare i sensi e allo stesso tempo agisce senza attaccamenti."

Arjuna pensò al suo caso. Anche se cercava di rinunciare alla battaglia rimanendo distaccato, la sua mente avrebbe continuato a lavorare. Era probabile che avrebbe continuato a pensare a Duryodhana e alle sue cattive azioni e a Yudhisthira e del modo in cui era stato derubato del regno. Questi pensieri prima o poi lo avrebbero costretto ad agire, prendendo le armi e lottando. Ma come si può combattere senza attaccamenti?

"Il lavoro deve essere svolto come un sacrificio a Vishnu, o figlio di Kunti. Questo è distacco. Ogni altro modo di agire causa legami a questo mondo. Quindi agisci solo per compiacere Vishnu. Con un simile lavoro sacrificale ci si può guadagnare tutte le necessità della vita ed allo stesso tempo progredire spiritualmente. Solo colui che è pienamente soddisfatto in se stesso non ha necessità di fare questo lavoro."

Arjuna pensò se sarebbe stato in grado di essere soddisfatto in se stesso. Aveva già delle esperienze di yoga e di meditazione. Aveva veramente bisogno di lavorare?

Krishna sorrise. "Un uomo veramente distaccato non vede la necessità di agire, ma nemmeno la necessità di non agire. Agisce semplicemente per dovere, e senza desiderio del risultato. Con questo lavoro si ottiene il Supremo. Inoltre si dà esempio, perché qualsiasi cosa faccia un grande uomo, viene sempre imitato dagli uomini comuni."

Krishna pensava alla posizione di Arjuna nella società, stimato come capo ed eroe. Se rinunciava al suo dovere, pur ammettendo che fosse giustificato per farlo, sarebbe stato imitato da persone senza la sua giustificazione. Krishna ricordò ad Arjuna il famoso re Janaka. Benché fosse conosciuto come persona avanzata spiritualmente e capace di rimanere in meditazione sul Supremo, Janaka aveva continuato a fare il suo dovere di re.

"Guarda me, o Partha. Tu sai che io sono il Signore Supremo. Che dovere ho? Malgrado ciò io eseguo con cura tutti i doveri di un uomo nella mia posizione. Se non lo facessi tutti seguirebbero il mio esempio e i mondi andrebbero in rovina."

Arjuna sapeva che Krishna come capofamiglia e membro della famiglia reale era scrupoloso nell'eseguire i doveri prescritti dai Veda. Era un esempio perfetto.

"Colui che conosce la verità sa bene la differenza fra il lavoro materiale, motivato soltanto dal desiderio dei sensi, ed il lavoro fatto per il piacere del Supremo. O Arjuna, io sono il Supremo, e quindi combatti per il mio piacere, senza desiderio di profitto materiale, senza pretese e senza pigrizia. Coloro che agiscono solo secondo i miei insegnamenti con piena fede in me, raggiungono la completa liberazione. Coloro che ignorano i miei ordini invece, sono degli stolti e non raggiungeranno né la perfezione né la felicità."

Questo era chiaro ad Arjuna che aveva sempre compreso la natura divina di Krishna, e questa conoscenza gli aveva giovato. Con i suoi fratelli aveva goduto della protezione di Krishna, anche in questo momento in cui stava per scendere in campo con loro. Arjuna chiese: "Perché, caro signore, gli uomini non adempiono ai loro doveri religiosi?".

"Sono dominati dal desiderio, il grande nemico. L'eccessivo desiderio per le cose materiali induce l'uomo a peccare, ignorando le sofferenze che ne conseguono. Il desiderio non può mai essere soddisfatto, brucia come il fuoco e quando viene frustrato si converte in rabbia sconvolgendo la mente. O Arjuna, devi fermare il desiderio con il controllo dei sensi, altrimenti distruggerà la tua conoscenza e la tua realizzazione. Ascolta la spiegazione della scienza del sacrificio e del controllo dei sensi."

Krishna disse che questa era scienza antica, enunciata la prima volta dalla divinità del sole milioni di anni prima. Arjuna chiese: "Come posso accettare questo fatto? Mi pare che tu sia nato in questo mondo soltanto recentemente.".

"Sia tu che io siamo nati innumerevoli volte, o Arjuna. Io posso ricordare tutte le mie vite, ma tu non puoi. In realtà io non sono mai nato come uomo comune, il mio corpo è trascendentale, non cambia e non si deteriora. Tuttavia sembra che io nasca in ogni era. Vengo con l'unico scopo di affermare la religione e combattere l'irreligiosità, o Partha. In questo modo io proteggo gli uomini pii e stermino i demoni. Chi comprende questa verità su di me non dovrà entrare in un altro corpo materiale. Coloro che prendono rifugio in me si libereranno dagli attaccamenti, dalla paura, dalla rabbia e raggiungeranno il puro amore trascendentale per me."

Krishna spiegò che aveva ordinato il mondo in modo che i desideri materiali degli uomini venissero soddisfatti, ed era pronto a dare a tutti quello che volevano, sia che fosse il godimento dei sensi o l'amore per Dio. Si limitava ad agire in risposta ai desideri degli uomini, a seconda di quello che si meritavano. Lui stesso era sempre trascendente rispetto al mondo materiale. Con questa conoscenza tutte le anime che si erano liberate in passato avevano raggiunto la perfezione, agendo solo per il piacere di Krishna. Quel lavoro era privo di reazioni karmiche, in quanto lui era la trascendenza suprema.

Coloro che invece rinunciavano al lavoro, se la rinuncia non era per il piacere di Krishna, erano sempre soggetti al karma. Tutto ciò che viene fatto a proprio vantaggio, che sia motivato dall'attaccamento o dalla repulsione, comporta una reazione karmica.

Dopo aver descritto vari tipi di sacrificio, Krishna disse: "Ogni sacrificio ha lo scopo di portare alla conoscenza trascendentale e di realizzare la propria identità come servitore del Supremo. Questo è il frutto maturo di tutto il misticismo che riduce in cenere tutte le reazioni karmiche accumulate. Agendo con questa comprensione non si hanno più reazioni alle proprie azioni. Tutti i tuoi dubbi, o Arjuna, sono nati dall'ignoranza, uccidili con l'arma della conoscenza. Armato dello yoga, o Bharata, alzati e combatti".

Krishna proseguì spiegando come agire nella devozione, e Arjuna cominciò a capire che questa era la vera rinuncia. Solo dedicando il proprio lavoro al piacere del Supremo si può essere veramente distaccati. Krishna spiegò che agire con questa consapevolezza porta progressivamente al punto di ricordare costantemente il Supremo, ovvero al *samadhi*. Questo tipo di yoga non era meno efficace delle pratiche di meditazione e di ascetismo, anzi era più facile, perché rinunciare a tutto e meditare in un luogo solitario sarebbe stato difficile per un uomo del mondo come Arjuna. Con suo grande sollievo, Krishna disse chiaramente che per lui non era necessario. Inoltre gli assicurò che la strada dello yoga, una volta imboccata, non si perde mai. Anche se non avesse raggiunto il successo in questa vita, nella prossima avrebbe potuto continuare dal punto in cui era arrivato.

Dopo aver stabilito che il pensiero costante del Supremo è lo scopo più alto dello yoga, Krishna fece ancora più chiara la propria posizione. "Sono io che devo sempre essere ricordato, o Partha. Non esiste verità superiore a me. Tutto è collegato a me come le perle nel filo di una collana. Io sono la creazione e la dissoluzione dei mondi. La gente è distratta dai desideri materiali e quindi non conosce me che sono trascendente al mondo materiale. È difficile superare completamente l'attrazione per questo mondo materiale, ed è possibile solo arrendendosi a me. Potrà richiedere molte morti e rinascite, e lunghi sforzi nello yoga fino a quando si arriva a conoscermi. Sono rare le anime che raggiungono questa perfezione. Per la loro mancanza di intelligenza, la maggior parte degli uomini si accontenta di adorare i deva minori. Altri stolti pensano che oltre a me ci sia una qualche suprema esistenza impersonale. A causa dei desideri materiali radicati nel loro essere quegli stolti non mi possono conoscere mai, benché io sia il Signore ed il conoscitore di tutti gli esseri viventi."

Arjuna si sentì rassicurato dagli insegnamenti di Krishna. Tutta la vita lo aveva considerato come suo protettore e grande amico. Adesso Krishna diceva che questa era la maniera perfetta di vivere. Il massimo coronamento della vita era di ricordarsi di Krishna al momento della morte, per così raggiungere la sua eterna dimora spirituale. Tuttavia ciò richiede tutta una vita di pratica.

"Questa è la vetta della conoscenza, o Arjuna, il più segreto dei segreti e la perfezione della religione. Sono soltanto io che devo essere adorato e servito con amore. Gli stolti non capiscono come io possa assumere una forma umana ed apparire in questo mondo. Non conoscono la mia natura trascendentale, come Signore Supremo di ogni cosa. Coloro che sono intelligenti, invece, sono totalmente dediti al mio servizio devozionale. Cantano sempre le mie glorie, e si sforzano di compiacermi con grande determinazione, inchinandosi a me ed adorandomi con tutto il cuore. Io li proteggo personalmente, e sono in debito con chiunque mi offra una foglia, un fiore o un frutto. Pertanto ogni tua azione dovrebbe essere un'offerta a me, o figlio di Kunti, e in questo modo raggiungerai la perfezione. Questo è il massimo insegnamento. Usa sempre la mente per pensarmi, diventa mio devoto, offrimi la tua obbedienza e adorami. Con questa dedizione totale verrai sicuramente a me, lo scopo supremo della vita."

Arjuna guardò il suo amico con amore e meraviglia. Il Signore Supremo era diventato il suo auriga: un attestato dell'amore che ricambiava ai suoi devoti. Come comprenderlo? Krishna sembrava così umano, come si poteva riconoscere la sua suprema divinità?

Comprendendo i dubbi di Arjuna, Krishna proseguì. "Coloro che mi sono devoti possono riconoscere la mia posizione ed opulenza. Siccome sei un mio caro amico, ti dirò di più su di me. Neanche i semi-dei e i grandi saggi mi possono conoscere completamente, perché io sono la loro origine, sotto ogni aspetto. Io sono l'origine di ogni cosa materiale e spirituale, e tutto emana da me. I saggi che lo sanno si dedicano al mio servizio devozionale. I loro pensieri sono sempre rivolti a me, e traggono grande piacere a parlare di me. A chi mi serve costantemente con amore io dono la comprensione per raggiungermi. Con la luce della lampada della conoscenza io distruggo la loro ignoranza."

Arjuna non dubitava della posizione di Krishna, aveva già sperimentato il suo potere e la sua opulenza, oltre ad averne sentito parlare da molti rishi. Ora Krishna lo esprimeva chiaramente, ed Arjuna era profondamente colpito. Giunse le mani e si inginocchiò davanti a Krishna e disse: "Tu sei l'originale Persona Suprema, la dimora ultima e la Verità Assoluta. Sei il non-nato, eterno e trascendente, sei il più grande dei grandi e possiedi ogni opulenza. Questo viene confermato da quei saggi che possono vedere la verità, come Narada, Asita, Devala e Vyasadeva, ed ora tu ti dichiari a me. O Krishna io accetto come verità tutto ciò che hai detto. Nessuno può conoscerti, nemmeno i deva e gli asura. Solo tu puoi conoscere te stesso con la tua potenza, o Signore di tutte le cose, Dio degli dei, Signore dell'universo!".

Sentendo un'ondata di amore divino, Arjuna chiese a Krishna di descriversi ancora più profondamente. "Dimmi in che modo tu pervadi tutti i mondi, o Signore, e come dovresti essere ricordato e conosciuto. Spiegami in dettaglio i tuoi poteri mistici e la tua opulenza. Non mi stanco mai di ascoltare queste descrizioni, e anelo a bere il nettare delle tue parole."

"La mia opulenza non ha limiti, o Arjuna dalle forti braccia, e io ti dirò solo quello che è più evidente."

Krishna disse che, benché tutto fosse una manifestazione della sua energia e potere, gli avrebbe indicato alcune caratteristiche fondamentali con cui poteva venire ricordato. Egli era Vishnu fra i deva, il sole fra i pianeti, Shiva fra i Rudra, e Meru fra le montagne. Si descrisse in molti modi, rivelando ad Arjuna di essere presente in ogni cosa lui potesse vedere. Concludendo disse: "Sappi che tutta questa opulenta, meravigliosa e gloriosa creazione nasce soltanto da una scintilla del mio splendore. Che altro bisogna sapere di me? Con un piccolo frammento del mio essere io pervado e sostengo tutto l'universo".

Arjuna aveva il volto rigato di lacrime, e ricordandosi di come spesso si era intrattenuto con Krishna come un uguale, disse con voce spezzata: "Solo per una mia illusione ho creduto che tu fossi un uomo come me, e adesso quell'illusione è dissolta. Sono ormai certo della tua posizione suprema. Ma, o essere superiore ad ogni altro, ci sono molti che non crederanno in questa verità. Ti prego quindi di mostrarti in tutta la tua maestà. Anche io desidero vedere quella grande forma che pervade e sostiene i mondi. Se io posso vederla, ti prego o signore di mostrarmela adesso".

Krishna accolse la richiesta di Arjuna. "Guarda ora la mia opulenza mistica, o figlio di Kunti. Ecco le mie centinaia e migliaia di forme divine multicolori. Mio caro Arjuna, adesso ti impartirò la visione divina, perché non puoi vedermi con i tuoi occhi. Guarda, o eccelso Bharata, tutto ciò che desideri vedere e tutto ciò che desidererai vedere nel futuro. Tutto ciò che si muove e tutto ciò che è immobile è qui in un unico luogo."

Mentre Arjuna contemplava attonito, Krishna mostrò la sua forma universale. A Hastinapura aveva mostrato una manifestazione parziale della sua forma, ma questa volta la mostrò interamente. Arjuna divenne consapevole di una vasta forma con illimitati occhi e bocche, decorata con innumerevoli ornamenti divini, che impugnava molte armi mistiche, vestita di indumenti celestiali e ghirlande. Era meravigliosa, splendente, illuminata ed espansa ovunque. Sembrava che centinaia di migliaia di soli fossero sorti contemporaneamente in cielo.

Arjuna si sentì rizzare i capelli. Chinò la testa toccando il fondo del carro, e offrì le sue preghiere a Krishna. Nella sua forma divina poteva vedere tutti i deva con Brahma e Shiva, tutti i rishi, i Siddha e i Naga. Ogni genere di creatura era presente in quella forma, tutti i mondi erano visibili e nulla mancava.

Era difficile guardare la forma universale e Arjuna disse: "O essere inesauribile, questo tuo corpo universale, è meraviglioso e allo stesso tempo terribile a vedersi. Vedo tutti i deva ed i rishi davanti a te che ti offrono preghiere. Come loro sono turbati, così lo sono anch'io, caro Signore. Vedendo questa terrificante apparizione, sto perdendo la pace della mente ed il mio equilibrio. Non riesco a guardare i tuoi mille volti fiammeggianti, simili alla morte. Tutti i soldati di ambedue le parti si stanno precipitando nelle spaventose bocche di quei volti, mentre tu distruggi quegli uomini e tutto il resto come falene al fuoco. Ricopri tutto l'universo manifestandoti con terribili raggi roventi".

Arjuna stava tremando. "O Signore di tutti i signori, dalla terribile forma, dimmi chi sei e quale è la tua missione."

La voce di Krishna arrivava ad Arjuna da tutte le parti. "Io sono il Tempo, o Partha, il grande distruttore dei mondi. Eccetto te, i tuoi fratelli e pochi altri, tutti verranno uccisi. Questo accadrà che tu combatta oppure no, Arjuna. Quindi fai il tuo dovere di guerriero, e diventerai lo strumento del mio desiderio. Bhishma, Drona e tutti gli eroi dei Kuru sono già morti. Combatti senza esitazione, Arjuna, ed otterrai una gloriosa vittoria."

* * *

Sanjaya, che era seduto di fronte a Dhritarastra, vide tutto quello che accadeva fra Krishna e Arjuna, e lo descrisse dettagliatamente, riportando esattamente le parole che vennero dette. Il re fu colpito dalla descrizione della divina opulenza di Krishna. Quando Sanjaya tentò di descrivere la forma universale di Krishna, il cuore di Dhritarastra tremò. Come avrebbero potuto sopravvivere i suoi figli a un tale potere? E Krishna diceva che tutti gli eroi Kuru erano già morti per volontà divina. Poteva essere vero? Era davvero in grado Krishna di fare una simile profezia? Forse non tutto era in suo potere, dopo tutto era venuto a Hastinapura cercando la pace e la sua missione era fallita. Forse avrebbe potuto fallire nel suo desiderio di vedere i Pandava uscire vittoriosi dalla guerra.

Sanjaya disse al re quello che Arjuna diceva a Krishna dopo aver sentito che tutti i guerrieri sarebbero morti. "Arjuna capì il desiderio di Krishna, e disse: 'Tutto ciò è ben fatto, o Signore, tu sei il protettore dei devoti e virtuosi, ed il distruttore degli atei e dei demoni. Ciò è per il bene di tutti, perché con questo trattamento anche i demoni possono venir condotti alla ragione. O potente, tutti dovrebbero offrirti le loro obbedienze, tu sei il santuario ultimo. Tu sai tutto e sei tutto quello che è conoscibile. Io cado ai tuoi piedi ancora ed ancora e ti offro tutte la mia obbedienza, o signore! Fino ad ora io non ti ho rispettato quanto avrei dovuto. Ti prego di perdonarmi. Non conoscevo le tue glorie, ed ho giaciuto con te nello stesso letto, ho scherzato con te e molte volte non ti ho onorato per la mia follia o per amore. O infallibile, ti prego di scusarmi, come un padre scusa il figlio, o un amante la sua amata.'"

Sanjaya era seduto ad occhi chiusi osservando la scena. Arjuna si inchinò ai piedi di Krishna, poi si rialzò disse: "O potente, ho visto questa tua forma che mai avevo visto prima, e la mia mente è piena di terrore. Ti prego sii gentile e mostrami la tua bellissima forma di Vishnu, con le sue quattro braccia ed i suoi ornamenti divini".

Krishna rispose: "Sono stato lieto, grazie alla mia potenza spirituale, di mostrarti questa forma universale suprema. Nessun'altro l'ha mai vista, e non può essere vista in nessun modo, o Arjuna. Adesso basta, guarda la mia forma di Narayana e la tua mente ritroverà la pace".

Krishna mostrò la sua aggraziata forma di Narayana, con le quattro braccia che reggevano la conchiglia, il disco, un bastone ed un fiore di loto. Dopo qualche istante anche quella cambiò nella forma di Krishna con due braccia, da cui emanano tutte le altre forme.

Arjuna si ricompose e si sentì più forte. Krishna disse: "O Arjuna, benché la mia forma universale sia difficile da vedere, è ancora più difficile conoscere la mia forma originale. I deva cercano sempre l'occasione di vedermi come appaio adesso. Questa forma è la più cara e può essere conosciuta solo con un totale servizio devozionale. Solo in questo modo si può penetrare i misteri della mia comprensione".

Sanjaya ripeté a Dhritarastra queste parole, che illustravano la scienza del *bhakti-yoga* o del servizio devozionale. Krishna spiegò che ci sono due vie per la trascendenza: l'adorazione del non manifesto e Supremo Brahman – l'eterna energia spirituale alla base dell'esistenza – e l'adorazione della forma personale di Krishna.

"Fra le due, la concentrazione della mente sulla mia forma personale e l'adorazione di me con fede ed amore, è considerata la più perfetta. Per l'altra via, l'avanzamento spirituale è più difficile, e alla fine, quando la realizzazione spirituale matura, si finisce per arrivare al punto di adorare me. O Arjuna, io sono la base e l'origine del Brahman impersonale. Quindi adora soltanto me. Io libero rapidamente i miei devoti adoratori dal terribile oceano delle morti e delle rinascite, e li faccio vivere in me eternamente nella felicità perfetta."

Krishna poi spiegò come dedicarsi alla pratica del *bhakti-yoga* con un metodo graduale. Dopo aver descritto le qualità che si trovano in un esperto praticante di bhakti, parlò della natura della materia e della coscienza. Descrisse colui che conosce, la conoscenza e l'oggetto della conoscenza. Disse che lui permeava l'energia materiale ed era l'anima suprema in ogni essere vivente, assicurando inoltre Arjuna sulla sua capacità assoluta di proteggere e liberare i suoi devoti.

Dagli insegnamenti di Krishna, Arjuna poté comprendere che ogni individuo è causa della propria felicità e sofferenza. Inizialmente desidera allontanarsi da Dio, e viene collocato nel mondo materiale. Poi si associa con i diversi aspetti della materia e vi si coinvolge, attratto dalle varie forme di godimento materiale e così viene obbligato a nascere nelle varie specie di esseri viventi. Nel frattempo l'anima suprema lo accompagna come testimone delle sue azioni. Il Signore osserva e sanziona le azioni degli esseri viventi. Se un essere gli va incontro, si può liberare subito dal mondo della materia.

Krishna proseguì. "Coloro che possono vedere la differenza fra il corpo e l'anima e possono vedere l'anima suprema, sono in grado di andare nella suprema dimora spirituale. E non verranno degradati, malgrado agiscano nel mondo."

Arjuna volle sapere come l'anima cada nelle grinfie della materia la prima volta, e Krishna lo spiegò e disse che con questa conoscenza ci si poteva districare dall'energia materiale. Arjuna chiese quali fossero le qualità di colui che aveva raggiunto la completa liberazione dal legame con la materia. Krishna gli rispose esaurientemente, e concluse dicendo: "Colui che si dedica al servizio devozionale verso di me senza riserve, in ogni circostanza, è immediatamente libero dall'energia materiale e viene innalzato su un piano trascendentale".

Arjuna comprese che la libertà dalla materia non significa che si deve lasciare il mondo materiale, ma semplicemente liberarsi dall'attaccamento e dall'attrazione per le cose materiali, dedicandosi solo a compiacere il Signore. Arjuna doveva combattere in questo spirito. Krishna aveva così spiegato esaurientemente il suo iniziale consiglio ad Arjuna di combattere senza attaccamenti materiali.

Gli aveva descritto la via sacra del *bhakti-yoga* e le qualità di colui che è su quella via, e adesso parlò degli atei che si allontanano progressivamente dal Supremo. "Tali persone sono prese dall'orgoglio e dal falso prestigio, sono motivate dalla lussuria e dall'avidità e credono che la soddisfazione dei sensi sia la cosa più importante della vita. Rimangono confusi di fronte alle difficoltà e restano impigliati in una rete di illusioni, hanno un forte attaccamento ai piaceri materiali, e finiscono male. Come risultato dei loro desideri peccaminosi rinascono nel corpo di una creatura inferiore.

"Coloro che rifiutano i precetti delle scritture ed agiscono secondo i propri impulsi, alla fine ricavano solo sofferenze.". Krishna concluse i suoi insegnamenti descrivendo come si poteva agire in uno spirito di rinuncia. "O Arjuna, combatti con questo spirito. Colui che non è motivato dal falso ego e sa di non essere il corpo, la cui intelligenza non è intrappolata nei calcoli materiali di profitti e perdite, anche se uccide, in realtà non uccide, e non viene condizionato dalle proprie azioni. D'altro canto colui che sceglie di non uccidere basandosi su calcoli materiali, viene motivato soltanto dal falso ego, e resta soggetto alle reazioni per le sue azioni."

Arjuna assentì, aveva capito. La sua esitazione a combattere era nata dall'ignoranza, e tutte le sue considerazioni erano egoistiche. Alla vista dei suoi amati parenti, aveva scordato la sua vera natura spirituale, e si era lasciato influenzare da sentimenti mondani. Lui e tutti quei re sul campo di battaglia erano eterni servitori del Supremo, ed il loro più alto dovere era di servire il Signore con amore. Agendo secondo gli insegnamenti di Krishna avrebbe raggiunto la perfezione, liberandosi dai vincoli del mondo materiale e raggiungendo l'eterna dimora spirituale.

Vedendo che Arjuna aveva compreso i suoi insegnamenti, Krishna disse: "Siccome tu sei il mio caro amico, ti ho trasmesso tutto il sapere spirituale. Meditaci sopra, poi fai ciò che desideri. Il mio ultimo consiglio è di arrenderti a me ed agire per compiacermi. Questa è la morale suprema. Non hai bisogno di altre considerazioni o di altre pratiche religiose o di yoga. Se tu agisci come ti raccomando, ti proteggerò sempre dal peccato, non temere".

Krishna guardò Arjuna che era seduto ai suoi piedi. "Dimmi allora, o figlio di Kunti, mi hai ascoltato attentamente? Le tue illusioni sono state disperse?".

Arjuna si alzò in piedi e prese il Gandiva. "Mio adorato Krishna, le mie illusioni sono svanite e grazie alla tua misericordia ho ritrovato la memoria. Adesso sono deciso e non ho più dubbi. Agirò secondo i tuoi insegnamenti divini."

Sanjaya, seduto accanto a Dhritarastra disse: "Mi sento rizzare i capelli per la profondità e la bellezza di questo dialogo tra due anime eccelse, ed il mio cuore vibra di felicità. Quando mi viene in mente la forma meravigliosa di Krishna, mi sento pieno di gioia. Dove c'è Krishna, il maestro di tutti i mistici, e dove c'è Arjuna, l'arciere supremo, vi sarà opulenza, vittoria, forza straordinaria e moralità".

Dhritarastra non disse nulla. Era certo che la predizione di Sanjaya si sarebbe avverata. Tuttavia il re sperava che ci fosse ancora una pallida speranza per i suoi figli. Era strano, benché la sua intelligenza accettasse che Krishna e chiunque si associasse a lui non potesse venire sconfitto, il suo attaccamento ai figli annebbiava la sua intelligenza. Il conflitto interiore di cui pativa era già una guerra. Non riusciva a riposare o a dormire, benché si sentisse emozionalmente e fisicamente esaurito. In qualche modo gli insegnamenti di Krishna ad Arjuna lo avevano calmato, malgrado la posizione dei suoi figli gli apparisse ancora più compromessa. Rimase seduto con la testa fra le mani mentre Sanjaya raccontava l'inizio della guerra.

Capitolo 53

La guerra comincia

I guerrieri dell'esercito dei Pandava avevano guardato ed aspettato mentre Krishna parlava con Arjuna. Era chiaro che Arjuna era stato preso dai dubbi alla vista del suo amato nonno e del suo precettore, tuttavia pareva che si fosse ripreso. Era di nuovo in posizione sul carro, con il Gandiva in pugno. I guerrieri dei Pandava lanciarono un urlo, soffiarono nelle conchiglie e suonarono i tamburi e i corni.

In cielo si radunarono le schiere dei rishi, i Siddha ed altri esseri divini che volevano vedere la battaglia, e guardando il carro di Arjuna, si meravigliarono che l'auriga fosse Krishna.

Yudhisthira, visto che la battaglia stava per iniziare, si tolse l'armatura e scese dal suo carro, e si mise a camminare verso i Kaurava. Cosa aveva mai in mente? Che avesse improvvisamente deciso di umiliarsi e concedere una vittoria incruenta alle forze dei Kuru? I suoi fratelli lo chiamarono, chiedendogli che intenzioni avesse, ma il re non rispose. Privo di armi e di protezione, andò dritto verso il carro di Bhishma.

Krishna spronò i cavalli bianchi di Arjuna ed il carro si avvicinò a quelli di Bhima e dei gemelli. "Conosco le intenzioni di vostro fratello," disse, "Vuole offrire i suoi rispetti agli anziani prima di combattere contro di loro. Nelle antiche storie si dice che chi per primo offre i suoi rispetti agli anziani ed ai maestri prima di combatterli, vincerà."

Anche i figli di Dhritarastra pensarono che Yudhisthira avesse paura. "Guarda quell'ignobile codardo," dissero sghignazzando, "è terrorizzato e sta andando da Bhishma a chiedere pietà."

Yudhisthira ignorando i loro schiamazzi, arrivò davanti a Bhishma che scese dal carro. Yudhisthira gli toccò i piedi. "O invincibile, mi inchino a te." disse, "Combatteremo contro di te. Ti prego dacci il permesso e le tue benedizioni."

Bhishma sorrise ed alzò la mano destra. "O imperatore della terra, o grande re, se tu non fossi venuto da me in questo modo, ti avrei maledetto augurandoti la sconfitta. Sono contento di te, figliolo. Chiedimi un dono, o figlio di Kunti, qualunque esso sia. Ahi, gli uomini sono schiavi della ricchezza, ma la ricchezza non è schiava di nessuno. Io sono legato dalla ricchezza dei Kuru, e sono impotente, costretto ad affrontarti in questa guerra, pur sapendo che la tua causa è giusta. Dimmi, figliolo, cosa vuoi da me".

Yudhisthira si sentì le lacrime salire agli occhi. "O saggio, che vuoi il mio bene, ti prego di fare il mio interesse compiendo il tuo dovere combattendo per i Kuru. Questo è il mio desiderio".

Bhishma era contrariato. "Benché io debba combattere dalla parte dei tuoi nemici, o re, dimmi cosa posso fare per te.".

Yudhisthira giunse le mani, chinò la testa e disse: "O sire, ti chiederò una cosa: dimmi come potremo sconfiggerti, tu che sei invincibile".

Bhishma, con il grande arco laminato d'argento, malgrado i suoi quasi novant'anni aveva ancora un aspetto imponente, con la corazza d'oro ed argento levigato. Mise una mano sulla spalla di Yudhisthira e disse: "O Bharata, non vedo nessuno che mi possa sconfiggere, nemmeno il signore dei deva. L'ora della mia morte non è ancora giunta. Vieni un'altra volta da me con questa domanda".

Yudhisthira si inchinò, si rimise in cammino fra le file dei soldati ed andò da Drona. Girò attorno al suo carro in segno di rispetto e disse: "O eroe invincibile, dimmi come posso combattere con te, mio adorabile precettore, senza peccare. Come, o grande bramino, potrò sconfiggere i miei nemici?".

Come Bhishma, Drona rispose: "O re, se tu avessi mancato di venire da me ti avrei maledetto, augurandoti la sconfitta. Sono contento di te, e hai il mio permesso di combattere. Che la vittoria sia con te! Desidero darti un dono. Ah, non posso combattere per te, perché sono schiavo della ricchezza dei Kuru, ma pregherò per la tua vittoria".

Yudhisthira, a quelle parole cariche di affetto, sentì ancora le lacrime che gli salivano. Che fato crudele il dover combattere contro il suo amato maestro!

Tuttavia Drona sarebbe stato difficile da battere. Malgrado l'età avanzata, conosceva tutti i segreti delle armi divine e umane. Poteva ancora lanciare torrenti di frecce con il suo formidabile arco. Yudhisthira non riusciva a pensare a nessuno che lo potesse affrontare in battaglia. Con reverenza disse: "O bramino, prega per me. Combatti per i Kuru con tutta la tua forza. Questo è il mio desiderio".

Drona guardò il suo discepolo con amore. Benché fisicamente non fosse così forte come Bhima o Arjuna, la sua forza consisteva nel rimanere fermo sulla strada della virtù. Drona sapeva che l'uomo pio è sempre protetto dalla virtù, diede un'occhiata al carro di Arjuna e disse: "O re, la tua vittoria è sicura. Dove c'è Krishna ci deve essere la vittoria. O figlio di Kunti, vai e combatti con serenità. Cos'altro ti posso dire?".

Yudhisthira chiese: "O eroe dalle forti braccia, dimmi, come ti si può sconfiggere?".

"Fin tanto che io combatto, non potrai vincere, o re. Quindi cerca di uccidermi alla prima occasione. Ma nessuno mi può vincere mentre sto combattendo. Né un uomo né un essere divino può affrontare la mia furia quando scaglio nugoli di frecce in tutte le direzioni. O Bharata, solo quando depongo le armi, e sono pronto a morire, avendo ritirato i sensi, potrete uccidermi. Quando sentirò da una fonte attendibile qualcosa di spiacevole, io deporrò le armi e cesserò di combattere."

Yudhisthira si inchinò al suo maestro e meditando sulle sue parole, andò verso il carro di Kripa. Dopo aver offerto i suoi rispetti al vecchio guerriero bramino, disse: "O maestro, posso combattere senza peccare soltanto se tu me ne darai il permesso. Ti prego di accordarmelo".

Come Bhishma e Drona, Kripa disse che lo avrebbe maledetto se non fosse venuto a chiedere il suo permesso, e si lamentò della sua dipendenza dai Kaurava, e di non poter combattere dalla sua parte. Poi gli chiese se poteva fare qualcosa per lui.

Yudhisthira si sentiva spezzare il cuore. Bhishma, Drona e adesso Kripa, che erano come padri per lui e i suoi fratelli. Fin dall'infanzia, quando erano arrivati a Hastinapura la prima volta, gli anziani li avevano accolti con affetto e li avevano educati con grande cura. Non poteva ricordare una sola parola o atto crudele da parte di nessuno di loro, e ora gli stava chiedendo come poteva ucciderli. Rimase a testa bassa con la gola stretta, senza riuscire a parlare.

Comprendendo la sua difficoltà, Kripa disse: "O re, sappi che nessuno può uccidermi. Adesso vai e vinci".

Il padre di Kripa, il rishi Gautama, gli aveva detto che non sarebbe mai stato sconfitto in battaglia, e quindi consigliò a Yudhisthira di non perdere tempo a cercare di batterlo. Alzò la mano destra per benedirlo, e proseguì: "Tutte le mattine quando mi sveglierò, pregherò sinceramente per la tua vittoria. Vai adesso, e ti auguro di ottenere quello che desideri".

Infine Yudhisthira si recò da Shalya, il suo zio materno, e dopo avergli chiesto il permesso di combattere contro di lui, rimase a mani giunte ad ascoltare la sua risposta. Shalya gli disse con tristezza: "La ricchezza dei Kuru mi ha reso schiavo. Cosa posso fare per te in queste circostanze? Vorrei esaudire un tuo desiderio, dato che sei venuto così umilmente da me. Cosa desideri?".

Yudhisthira gli ricordò della sua promessa di scoraggiare Karna al tempo del suo duello con Arjuna.

"Lo farò", rispose Shalya, "Vai e combatti, e io pregherò per la tua vittoria."

Yudhisthira si inchinò e ritornò nello schieramento del suo esercito. Di fronte al rispetto e l'onore che aveva mostrato verso i suoi anziani persino i Kaurava lo lodarono, e i soldati di ambo le parti piansero pensando alle nobili qualità di Yudhisthira.

Quando fu salito sul suo carro, con la sua armatura e le armi in pugno, Yudhisthira gridò ai Kuru: "Se qualcuno di voi vuole scegliere la nostra parte, vi considereremo nostri alleati".

Ci fu silenzio e nessuno si mosse. Poi dalle file dei Kaurava emerse il carro di Yuyutsu. "Combatterò per te!" gridò, "o senza peccato, mi accetterai?".

"Vieni, vieni", disse Yudhisthira, "combatti con noi contro i tuoi stolti fratelli. La discendenza di Dhritarastra e le onoranze funebri della sua famiglia saranno sulle tue spalle. O principe accetta noi che ti accettiamo. L'iroso e sciocco Duryodhana non sopravvivrà!".

Mentre suonavano cimbali e tamburi, Yuyutsu andò dalla parte dei Pandava. Duryodhana lanciò un occhiataccia al suo fratellastro, che non aveva mai condiviso il suo odio per i Pandava. Come poteva abbandonare la famiglia nell'ora del bisogno? Gli avrebbe fatto rimpiangere la sua decisione.

Vedendo che era giunto il momento di dare inizio alla battaglia, i guerrieri di ambo le parti lanciarono le loro grida di guerra. Adesso o sarebbero morti per ascendere alle regioni celesti, o avrebbero vinto. Il suono di migliaia di conchiglie trombe e tamburi era assordante, ed i guerrieri si scagliarono l'uno contro l'altro ad armi alzate. La terra tremò e si sollevarono nuvole di polvere. Erano come due oceani che si univano. Le urla di Bhima sovrastavano il tumulto mentre correva alla testa delle forze dei Pandava come un toro infuriato. I soldati dei Kaurava si terrorizzarono, gli elefanti e i cavalli perdettero urina ed escrementi inciampando nella loro corsa. I figli di Dhritarastra furono presi dal panico mentre Bhima li caricava roteando la mazza sopra la testa, e lui rise del loro spavento. Finalmente era arrivato il suo momento, e poteva sfogare tutta la sua ira.

I Kaurava si fecero coraggio e lanciarono il loro grido di battaglia agitando gli archi. Circondarono Bhima lanciandogli frecce come serpenti. Ridendo, mentre le frecce scivolavano sopra la sua armatura, Bhima parò il loro attacco, e rispose con migliaia di frecce disperdendo i principi Kaurava in tutte le direzioni.

Abhimanyu e i figli di Draupadi con Nakula, Sahadeva e Dhristadyumna avanzarono come un corpo unico penetrando nelle forze dei Kuru lanciando ovunque nugoli di frecce.

Nessuna delle due parti esitò o si ritirò dal violento scontro. Ovunque risuonava il rombo delle corde degli archi e lo schiocco dei legacci di cuoio delle protezioni delle braccia e dei guanti, e l'aria era piena di frecce sibilanti. Sugli eserciti piovevano lance, dardi e palle di ferro a migliaia. Il suono delle conchiglie, i ruggiti leonini dei guerrieri, i passi pesanti della fanteria, i nitriti dei cavalli, il clangore delle armi, il rombo delle ruote dei carri, il tintinnio dei sonagli dei finimenti degli elefanti, i loro barriti ed il rullio dei tamburi si mescolavano in un frastuono da far rizzare i capelli. I guerrieri si lanciarono in avanti sprezzanti del pericolo.

Arjuna ingaggiò subito un duello con Bhishma, e con mano leggera ed agile gli spedì contro migliaia di frecce, ma Bhishma le parò tutte, rispondendo ai suoi colpi. Anche se qualcuna delle frecce di Bhishma lo trafissero, Arjuna non batté ciglio, ma neanche Bhishma venne scosso. I due guerrieri si impegnarono in uno scambio di colpi mentre attorno a loro infuriava la battaglia.

Il cielo era illuminato da lampi azzurri e rossi, e dalle nuvole nere piovve sangue e carne sul campo di battaglia. Soffiò un vento tremendo che faceva volare le pietre, tormentando le truppe, mentre i fulmini colpivano la terra.

I forti guerrieri dei carri combatterono tra loro, le fanterie si scontrarono con le fanterie, e le cavallerie lottarono tra loro. I guerrieri cercarono gli avversari che si erano scelti. Bhima attaccò Duryodhana, Sahadeva andò contro Shakuni, e Dhristadyumna contro Drona. Gli altri re e kshatriya vennero in loro aiuto e la battaglia diventò generale.

Nei due schieramenti vi erano delle divisioni di Rakshasa. Ghatotkacha comandava una divisione di Rakshasa per conto dei Pandava, ed il forte Alambusha comandava i Rakshasa per i Kaurava. Quegli esseri terrificanti fecero una carneficina fra i soldati con le loro asce e mazze.

I guerrieri lottarono senza quartiere come posseduti da demoni. Nella tremenda confusione i padri non potevano riconoscere i figli, i fratelli i fratelli, gli amici gli amici. Zii uccisero nipoti, e cugini si uccisero tra loro. I soldati si colpirono con spade, mazze chiodate e lance, e sul terreno scorsero torrenti di sangue che trascinavano membra mutilate. I carri si scontrarono tra loro andando a pezzi, e gli elefanti si scagliarono contro altri elefanti lacerandoli con le loro zanne dalle punte ricoperte d'acciaio affilato.

Il campo di battaglia prese l'aspetto di Yamaloka, la dimora della morte. Gli uomini gridavano per il dolore, come anime condannate all'inferno. Ovunque c'erano mucchi di guerrieri ed animali uccisi, le asce e le spade fendevano l'aria sibilando fra i colpi delle mazze e i tonfi delle frecce che colpivano i soldati.

Bhishma combatté con furia e la sua bandiera con l'emblema di una palma navigava fra le linee dei Pandava lasciando una scia di sangue. Con le sue frecce tagliava le teste e gli arti di chiunque gli si parasse davanti. Il vecchio eroe Kuru sembrava danzasse sul suo carro mentre si girava per colpire con l'arco. Le sue frecce mortali erano scagliate con tale forza da trafiggere anche gli elefanti, mandandoli a rotolare nella polvere.

Abhimanyu, vedendo la carneficina che Bhishma stava facendo, andò a sfidarlo. Bhishma era protetto da cinque eroi *maharatha*, ma Abhimanyu li attaccò tutti. Scagliò delle frecce con la velocità del lampo, attaccando Bhishma e fermando i suoi protettori. Con una freccia ben mirata spezzò in due l'arco di Bhishma, con altre tre tagliò l'asta della sua bandiera.

Persino gli esseri celesti apprezzarono la leggerezza di mano di Abhimanyu, e i guerrieri che lo videro pensarono che non fosse da meno di suo padre. Il suo arco, che faceva il suono del Gandiva, sembrava un cerchio di fuoco che scagliava frecce senza interruzione. Il divino principe si muoveva sul suo carro così rapidamente che le frecce sembravano partire tutte insieme.

Sotto l'attacco, Bhishma si raccolse e contrattaccò. Ferì il figlio di Arjuna con nove frecce, poi gli tagliò l'asta della bandiera con altre tre. Kritavarma, Shalya e Kripa, che erano fra coloro che proteggevano Bhishma, lo attaccarono tutti insieme, ma non riuscirono a farlo vacillare, e lui respinse il loro attacco senza cessare di bersagliare Bhishma. Bhishma coprì di frecce il figlio di Arjuna, e quando intensificò il suo attacco altri eroi Pandava vennero in aiuto di Abhimanyu.

Tutti bersagliarono Bhishma, ma lui non ne patì, rispondendo a tutti con le sue frecce d'oro.

Anche il principe di Virata, Bhuminjaya, venne in aiuto di Abhimanyu, e Shalya lo attaccò, e ne seguì un feroce duello fra i due. Bhuminjaya, montato su un enorme elefante, caricò Shalya con una lancia. L'elefante mise la zampa sul giogo del carro di Shalya e schiacciò i suoi quattro cavalli. Shalya prese un pesante giavellotto di ferro e lo scagliò con forza contro Bhuminjaya trapassando la sua armatura e trafiggendogli il petto. Il principe cadde dall'elefante morto sul colpo, e l'uncino e la lancia gli caddero dalle mani. Shalya balzò giù dal suo carro, e con la spada troncò la proboscide dell'elefante, poi saltò sul carro di Kritavarma, lodato dai guerrieri vicini per il suo eroismo.

Il fratello di Bhuminjaya, Sweta, vide la morte di suo fratello. Si infuriò e caricò il re di Madra come un elefante impazzito. Sette guerrieri Kaurava si fecero avanti per fermarlo, bombardandolo di frecce. Sweta le parò, e con sette frecce dalla larga punta tagliò in due tutti gli archi dei suoi assalitori. I guerrieri Kaurava gli lanciarono contro dei giavellotti mentre lui caricava, ma il principe li fece a pezzi con delle frecce a punta di rasoio prima che lo colpissero. Con altre frecce ferì i suoi assalitori e li mise in fuga, con i corpi mutilati e gli stendardi a pezzi.

Sweta proseguì verso Shalya, e sembrava la morte in persona venuta a prendere il re di Madra. Bhishma vide l'attacco e si interpose fra Sweta e Shalya. Migliaia di cavalieri e di carri erano venuti in soccorso di Sweta, e Bhishma si mise a colpirli con i suoi dardi infallibili. Il figlio di Ganga sembrava il sole d'estate dai raggi infuocati, e come il sole dissolve il buio, Bhishma dissolse i nemici. I carri senza guida scorrazzavano sul campo senza una direzione, e i cavalli portavano appesi alla sella giovani cavalieri senza vita. Centinaia di guerrieri giacevano a terra con le armature infrante, privi di arti o di testa.

Mentre Bhishma macellava le truppe dei Pandava, Sweta faceva altrettanto con i Kaurava. Dopo un po' di tempo rimasero soli a fronteggiarsi, e si aggredirono a vicenda come leoni infuriati. Nuvole di frecce volavano in cielo come uccelli dalle ali d'oro, e ciascuno riuscì a ferire l'altro. Sweta, col sangue che scorreva dalle ferite, colpì Bhishma con venticinque frecce, e con altre dieci gli spezzò l'arco, poi gli uccise l'auriga ed i cavalli.

Bhishma senza esitare prese un altro arco e continuò a combattere da terra. Sweta allora prese una freccia d'oro e gridò: "Adesso, o Bhishma, io ti uccido", e scagliò la freccia che volò verso Bhishma come una cometa. Ma Bhishma con otto frecce fece a pezzi il dardo, e continuò a combattere contro il principe che perse il lume della ragione quando vide che il suo proiettile era stato neutralizzato. Sweta prese un'enorme mazza chiodata e caricò Bhishma. Il figlio di Ganga montò su un altro carro, e vedendo che l'attacco non poteva essere fermato, balzò dal carro mentre Sweta lo colpiva con la mazza. La forza del colpo distrusse carro, cavalli ed auriga.

Bhishma salì su un altro carro ancora e riprese il suo attacco contro Sweta e udì una voce divina: "O Bhishma, o eroe dalle possenti braccia, l'ora fissata per Sweta è arrivata. Combatti con tutte le tue forze e vinci".

Sweta era fiancheggiato da molti Pandava, fra cui Bhima, Abhimanyu e Satyaki. Bhishma, incoraggiato dalla voce divina, concentrò il suo attacco contro Sweta. Prese una freccia simile alla staffa della morte, la incoccò e tese l'arco fino all'orecchio. Impregnò la freccia del potere dell'arma di Brahma e la rilasciò.

La freccia emise il bagliore di un lampo e colpì Sweta al petto trapassandogli il corpo, e penetrò nel terreno come un serpente nella tana, portandosi con sé la vita del principe. Sweta cadde dal carro come una vetta di montagna che frana. I Pandava si dolsero mentre i Kaurava gridarono di gioia. Duryodhana e Dushashana danzarono felici lodando Bhishma al suono di trombe e tamburi.

Il sole stava scendendo lentamente sull'orizzonte, e Dhristadyumna e Arjuna ritirarono le loro truppe, e gli eserciti tornarono ai loro accampamenti per la notte, i Pandava senza gioia, e i Kaurava con grida e risate. Come cadde l'oscurità, arrivarono migliaia di avvoltoi e sciacalli e le loro grida si mescolarono col suono dei guerrieri che si ritiravano.

Capitolo 54

La paura di Yudhisthira

Sanjaya terminò la descrizione del primo giorno di battaglia. Dhritarastra sorrise pensando al valoroso Bhishma che aveva ucciso due eroi Pandava. Dopo tutto sembrava che il destino favorisse le sue forze. Sentendo rinascere la speranza, il re disse: "Le tue parole mi sono gradite perché sembrano preludere alla vittoria. Il mio cuore non prova vergogna al ricordo dei nostri soprusi sui Pandava, fatto in sé vergognoso".

Dhritarastra rimase in silenzio per qualche attimo e poi disse sospirando: "O Sanjaya, anche sapendo dei nostri successi, non posso giustificare la guerra che il mio stupido figlio ha causato. A cosa può portare di buono una guerra? A parte i miei malvagi figli ed i loro cattivi consiglieri, credo che nessuno a questo mondo approvi questa guerra".

La mente del re vacillava fra la speranza per i suoi figli ed il dolore per la morte inevitabile dei Kuru. Talvolta veniva sopraffatto dalla disperazione quando pensava al valore, alla virtù e alla forza dei Pandava. Il rapporto sulla prima giornata era incoraggiante, ma Arjuna aveva ancora da mostrare la sua forza, come pure Bhima e gli altri generali dei Pandava. Molti sarebbero morti prima che la faccenda fosse sistemata.

Mandò via i servitori, scosse la testa e disse: "La vittoria andrà indubbiamente ai retti, Sanjaya, ma le nostre ragioni sono davvero così sbagliate? Il trono non doveva essere mio? E Duryodhana non ha il primo diritto alla sovranità, anche più di Yudhisthira?".

Sanjaya non rispose. Da lungo tempo era stato stabilito che Pandu era il monarca di diritto. Dhritarastra era nato cieco, e questo lo squalificava dal governo del regno. Quindi i figli di Pandu erano gli eredi di almeno metà del regno, se non di tutto. Secondo Sanjaya questa era la volontà del Signore. Non c'era nessuno che potesse eguagliare la virtù e la gentilezza dei Pandava. La terra non avrebbe potuto avere regnanti migliori. Inoltre l'alternativa era Duryodhana e i suoi fratelli.

Dhritarastra, continuando a lottare con il suo conflitto interiore, continuò mestamente. "Tuttavia non c'è scusa per la crudeltà dei miei figli contro i Pandava e la loro casta moglie. Presto vedremo il fuoco della loro rabbia incendiare il campo di battaglia. O Sanjaya, pensando all'ira che Duryodhana ha generato, non riesco a riposare né di giorno né di notte."

Sanjaya parlò affettuosamente ma con franchezza. "Tu hai creato questa situazione, perché biasimi solo i tuoi figli? Il tuo rimorso assomiglia alla costruzione di una diga quando l'acqua è già andata via. Ascolta il mio resoconto dei fatti che si svolgono a Kurukshetra, e presto sarai consumato dal rimorso solitario mentre questa guerra prenderà il suo corso inevitabile."

Dhritarastra tacque e Sanjaya riprese la sua cronaca degli avvenimenti di Kurukshetra.

* * *

Al ritorno all'accampamento alla fine del primo giorno di battaglia, Yudhisthira convocò un consiglio di guerra. Si consultò con Krishna, che sedeva al suo fianco con indosso un'armatura d'oro e un elmo ingioiellato. "O Govinda, il potente Bhishma consuma le nostre truppe come il fuoco divora l'erba secca. Non riusciamo nemmeno a guardarlo quando usa le sue armi divine, e le nostre truppe fuggono non appena lo vedono. Forse potremmo battere Vayu, Varuna, o addirittura Yamaraja, ma non credo che potremo sconfiggere Bhishma."

La voce di Yudhisthira era carica di dolore e proseguì: "O Keshava, con Bhishma come nemico penso che sia meglio ritirarsi nella foresta. È sbagliato sacrificare questi kshatriya nel fuoco delle sue armi soltanto per riprendermi il regno. Guarda i miei fratelli! Oggi sono feriti, e hanno perso ricchezze e felicità per l'amore che hanno per me. Come faccio a chieder loro di soffrire ancora? Dedicherò il resto della mia vita all'ascesi e alle penitenze".

Krishna rimase in silenzio, sapeva che il re Pandava non aveva intenzione di abbandonare la lotta. Il primo giorno era andato male, ed era naturale che si sentisse frustrato, specialmente di fronte ad un guerriero come Bhishma.

Yudhisthira continuò. "Sembra che Arjuna si accontenti di fare lo spettatore, solo Bhima ricorda i suoi doveri di kshatriya e combatte con determinazione. Perché, o Krishna, il tuo amico Arjuna resta a guardare con indifferenza mentre Bhishma macella le nostre truppe? Dimmi, chi lo può fermare? Dobbiamo fare un piano per neutralizzarlo prima che ci distrugga tutto l'esercito. O Govinda, solo per grazia tua riavremo il regno dopo aver sterminato i nemici."

Krishna replicò: "O grande Bharata, non lasciarti sopraffare dal dolore. Sei circondato da grandi guerrieri che hanno dedicato cuore e anima alla tua causa. Anche io mi sto impegnando. Hai i tuoi fratelli, Drupada, Virata, Dhristadyumna, Satyaki, Shikhandhi e molti altri. Sono tutti illustri guerrieri che non esiteranno a combattere. Shikhandhi sicuramente ucciderà Bhishma a suo tempo. Non disperarti".

Yudhisthira fu confortato da queste parole. Krishna diceva sempre la verità, ed era ovvio che voleva che la guerra continuasse. Inoltre non c'era più modo di fermarla.

Yudhisthira era preoccupato che i suoi sentimenti potessero aver scoraggiato le sue truppe, e guardando Dhristadyumna disse: "O eroe, tu sei stato nominato capo delle mie truppe. Così come Karttikeya comanda i celesti, porta il nostro esercito alla vittoria. Impegna tutto il tuo valore per attaccare i Kuru. Io ti seguirò con i miei fratelli e gli altri kshatriya".

Dhristadyumna rispose: "O figlio di Pritha, combatterò con ogni Kuru che mi troverò davanti. Che tutti quei re provino a fare del loro meglio, io non temo nessuno, poi ucciderò Drona".

Tutti i presenti esultarono. Poi Yudhisthira discusse le strategie per il giorno seguente. Il suo esercito si sarebbe disposto secondo la Krauncha-vyuha, la formazione a forma di corvo, inventata da Brihaspati. Dopo che ebbe spiegato le posizioni dei guerrieri, l'esercito dei Pandava si riposò per la notte, con la luna che illuminava le tende.

* * *

Quando il sole sorse sul secondo giorno di battaglia, le forze dei Pandava si disposero nella formazione Krauncha. Alla vista di quel formidabile schieramento, con gli adiratha e i maharatha disposti nei punti chiave, Duryodhana chiese a Bhishma di disporre le truppe nella posizione di contrasto. Bhishma dispose le truppe in un'altra potente vyuha. Le conchiglie e le trombe suonarono, e gli eserciti attaccarono. Bhishma condusse personalmente l'attacco dei Kaurava, aggredendo i principali guerrieri Pandava condotti da Dhristadyumna, Abhimanyu, Bhima ed Arjuna. La vyuha dei Pandava traballò sotto l'attacco di Bhishma, e i guerrieri dei carri e i cavalieri caddero uno dopo l'altro. Le frecce dalle ali d'oro di Bhishma sibilavano nell'aria con precisione mortale, e le truppe dei Pandava erano terrorizzate.

Vedendo la carneficina, Arjuna si infuriò. "Vai o Janardana, portami dal nonno. Sta distruggendo il nostro esercito e per questo io lo devo uccidere."

Mentre attraversavano il campo di battaglia, Arjuna lanciò frecce in tutte le direzioni, uccidendo un immenso numero di Kaurava. Il suono della corda del suo arco, lo schiocco dei legacci di cuoio della sua armatura e il sibilo delle frecce che lasciavano il suo arco erano un fragore continuo.

Bhishma lo vide arrivare. Il grande carro con i cavalli bianchi, la grande bandiera con la scimmia, e le altre numerose bandiere divine lo rendevano facilmente riconoscibile. Senza indugio Bhishma scagliò otto frecce ad asta lunga contro Arjuna, mentre Duryodhana ne lanciava sessanta, Kripa cinquanta e Drona venticinque. Anche altri potenti guerrieri diressero i loro colpi verso Arjuna.

Benché colpito da ogni parte, Arjuna non vacillò. Ricambiò le frecce degli assalitori, trafiggendoli tutti. Satyaki, Virata, Dhristadyumna e i figli di Draupadi vennero in suo aiuto mentre lui metteva sotto tiro Bhishma. Impegnando ciascuno uno o due eroi Kuru riuscirono a scoprire Bhishma.

Bhishma mandò altre ottanta frecce contro Arjuna che lo ferirono e lo fecero vacillare, e i Kaurava urlarono di gioia facendo infuriare Arjuna. Lui riprese l'equilibrio e chiese a Krishna di guidare il carro verso i Kaurava, attaccandoli con frecce a punta di denti di vitello. I Kaurava subirono l'attacco come un oceano battuto dal vento di tempesta. Le loro armature vennero fatte a pezzi, i loro archi frantumati. Arjuna li mise in fuga terrorizzati. Duryodhana si precipitò da Bhishma che aveva interrotto il suo attacco contro Arjuna, e gli disse: "O sire, questo terribile eroe sta falciando le nostre truppe come un mietitore che taglia il grano. Perché lo lasci fare? A causa tua Karna ha deposto le armi, e come risultato sembra che Arjuna ci farà tutti a pezzi. Agisci subito per proteggerci, o figlio di Ganga".

Bhishma guardò il principe spaventato e disse: "Maledetti i doveri degli kshatriya!", e spinse il suo carro verso Arjuna. Non voleva affrontare i Pandava, ma sapeva che era inevitabile. Duryodhana, Ashvatthama e Dushashana lo seguirono ai fianchi e da dietro.

I due atiratha, Bhishma e Arjuna, si scambiarono freccia con freccia, scagliandone prima dieci, poi cento e mille. Arjuna lanciò talmente tante frecce che Bhishma sembrava coperto da una rete, ma l'eroe Kuru le disperse con le sue e contrattaccò. Nessuno dei due riuscì a prendere il sopravvento.

Krishna fu colpito da tre frecce al petto che fecero scorrere il suo sangue. Sembrava un albero di *kinsuka* con brillanti fiori rossi, e stando in piedi sul carro, lo faceva avanzare ed arretrare con bellissimi movimenti circolari così veloci che Bhishma faceva fatica a prendere la mira. Anche lui si muoveva rapidamente sul campo rendendo altrettanto difficile ad Arjuna di colpirlo.

La terra tremava sotto le ruote dei carri, e sembrava pronta a spaccarsi. Coloro che guardavano il duello erano attoniti, non si poteva vedere differenze tra i due combattenti, o degli errori nelle loro tecniche di combattimento. La maggior parte del tempo restavano nascosti sotto nuvole di frecce. In cielo gli esseri divini dissero: "Questi due sono invincibili a ogni essere umano o divino. Questo duello non avrà mai fine".

Nel frattempo i due eserciti continuarono a combattere. Drona e Dhristadyumna lottavano come leoni furiosi, in un duello non meno spettacolare di quello di Bhishma e Arjuna. Si trafissero a vicenda le corazze rimanendo fermi come le montagne dell'Himalaya. Dhristadyumna, cosciente di essere destinato ad uccidere Drona, cercava l'occasione di ucciderlo, ma Drona frustrò ripetutamente i suoi attacchi. Ad un certo punto Dhristadyumna vide un'opportunità e lanciò un lungo dardo ornato di gemme vaidurya che volò come un fulmine verso Drona. Ma il momento in cui lo rilasciò, Drona lanciò tre frecce a punta di rasoio che lo fecero a pezzi a mezz'aria.

Dhristadyumna si infuriò e mandò una pioggia di frecce, ma il guerriero Kuru le bloccò tutte e spezzò l'arco di Dhristadyumna con una freccia a punta di falce, poi uccise i suoi cavalli e distrusse il suo carro.

Dhristadyumna afferrò un'enorme mazza e balzò dal carro sfasciato. Drona colpì la sua mazza con una volata di frecce che la ridussero in mille pezzi. Dhristadyumna estrasse la sua spada, e proteggendosi con lo scudo decorato da cento lune d'oro, caricò Drona che lo fermò con una serie di frecce uncinate costringendolo a parare le frecce con la spada e lo scudo. Bhima lo prese sul suo carro e lo portò via.

Dhristadyumna prese un carro nuovo e tornò ad affrontare il suo avversario. Bhima incontrò il re di Kalinga, Ketumat, ed il suo vasto esercito. Ketumat aveva anche il supporto di un altro re di nome Srutayush, capo dei guerrieri Nishadha. I due eserciti attaccarono Bhima circondandolo con elefanti, cavalleggeri e fanti. Il Pandava si mise a ridere e scagliò frecce in tutte le direzioni. Le sue frecce, con la forza delle sue terribili braccia, trapassarono i corpi degli uomini e dei cavalli.

Tuttavia le forze dei Kalinga e dei Nishadha non cedettero. Altre truppe dei Pandava si mossero per aiutare Bhima. I Matsya, i Chedi, e i Karusha attaccarono contemporaneamente gli eserciti che lo circondavano. Si scatenò una lotta furibonda, con il frastuono assordante delle grida degli animali ed il clangore delle armi. Lentamente i Nishada, combattendo con furia demoniaca, fecero arretrare i Chedi e i Matsya, e Bhima rimase solo sul suo carro, circondato da migliaia di guerrieri.

Impassibile, il Pandava mantenne la posizione, ricoprendo i Kalinga di una pioggia di frecce. Ketumat e suo figlio Sakradeva lo caricarono scagliando numerosi dardi. Bhima ruggì e li parò con facilità. Sakradeva lanciò una serie di frecce che uccisero i cavalli di Bhima, che rispose scagliando con terribile forza una mazza che colpì Sakradeva al petto uccidendolo all'istante.

Ketumat, vedendo che suo figlio era stato ucciso, caricò furiosamente con le sue truppe. Bhima prese una lunga spada forgiata col miglior acciaio azzurrino e uno scudo massiccio di pelle di toro decorato con falci di luna e soli d'oro, saltò giù dal carro, e corse verso Ketumat a spada alzata.

Ketumat scagliò una freccia avvelenata, ma il Pandava la tagliò al volo, e gridò nell'esaltazione della lotta. Ketumat preso da una furia tremenda, lanciò altre quattordici frecce con le punte di pietra affilata, e Bhima le fece a pezzetti con la spada. Il fratello di Ketumat, Bhanumat, che montava un elefante, lo attaccò con un ruggito simile ad un leone. Bhima gridò più forte, e tutti i soldati si terrorizzarono e gli animali si paralizzarono per la paura.

Bhima corse verso Bhanumat, salì sul suo elefante, e con un terribile fendente lo tagliò in due parti che caddero ai lati dell'elefante. Poi, con un altro fendente, troncò la proboscide dell'elefante e saltò giù dalla groppa dell'animale morente urlando ferocemente. I Kaurava lo guardarono inorriditi.

Bhima si mise a roteare come una girandola di fuoco e si scavò un varco fra le file del nemico con la sua spada grondante sangue. Fece volare teste e braccia macellando un numero immenso di guerrieri ed animali, e si mosse per il campo con la velocità di un falco, uccidendo chiunque gli si trovava davanti. Sembrava Yamaraja al tempo della distruzione universale, e le truppe dei Kaurava si dispersero nel panico.

Bhima si muoveva girando in cerchio e roteando su se stesso, facendo balzi laterali, saltando in alto, in avanti ed indietro come un danzatore impazzito. La sua spada balenava tutto il tempo e i soldati urlavano mentre venivano macellati, e centinaia di elefanti caddero con tremendi barriti d'agonia. Bhima squarciò le file sia dei Kalinga che dei Nishadha, ed il terreno si ricoprì di armature spezzate, rottami di armi, lance, archi, mazze, dardi, asce, tutti ridotti in briciole.

Nessuno riusciva a fermarlo. La terra intorno era diventata una palude di sangue e carne. Srutayush lo affrontò per salvare i suoi soldati lanciandogli una sfida e scagliandogli cento frecce. Trafitto come un elefante dall'uncino, Bhima si infuriò al di là di ogni limite. Il suo auriga Vishoka gli aveva portato un carro nuovo e lui vi balzò sopra, e gridando "Aspettami!” raggiunse Srutayush e scagliò nove frecce di ferro. Tre di queste lo colpirono con la forza del fulmine e lo uccisero.

Poi si voltò verso Ketumat e lo uccise con delle frecce che uscirono dal suo arco con il rombo del tuono. I restanti Kalinga circondarono Bhima a centinaia di migliaia, lanciandogli contro le loro armi. Bhima li respinse, poi scese dal carro muovendo la sua mazza così rapidamente che nessuno riuscì a toccarlo, e schiacciò i nemici mettendoli in fuga.

Bhima suonò ripetutamente la conchiglia, incutendo il panico nei Kaurava, e continuò a sterminare i Kalinga che sembravano in trance. Con grande difficoltà il loro comandante riuscì a radunare i pochi superstiti.

Bhima rimontò sul carro per affrontare le truppe che venivano in aiuto dei Kalinga. Dhristadyumna venne in suo aiuto con un gran numero di guerrieri Pandava. La battaglia infuriava, ed il sole si avvicinò all'orizzonte. Al crepuscolo gli eserciti si ritirarono dal campo di battaglia per tornare ai loro accampamenti lasciando il terreno agli avvoltoi e agli sciacalli.

Capitolo 55

Bhishma fa una carneficina

Il terzo giorno i Kuru si disposero nella formazione Garuda-vyuha, colla forma della divina aquila ad ali spiegate. Bhishma si trovava nel collo, mentre nei due occhi c'erano Drona e Kritavarma. Alla testa c'erano Ashvatthama e Kripa affiancati dagli eserciti di Kekaya e Vatadhana. Altri eserciti formavano le ali e il dorso, e Duryodhana con i suoi seguaci erano nella coda.

Di fronte ai Kuru, i Pandava si erano messi a forma di mezzaluna con le punte rivolte verso il nemico. Bhima, circondato da molti re, stava sulla punta destra, Dhristadyumna e l'immenso esercito dei Pandava ne formavano il centro, e dietro c'era Yudhisthira protetto da Satyaki ed altri guerrieri su carri. Arjuna era nella punta sinistra con Ghatotkacha e le sue terribili armate Rakshasa.

Ancora una volta gli eserciti si scontrarono al suono delle conchiglie e dei tamburi. Sembravano due nuvole che si uniscono in cielo, e il massacro ricominciò.

Arjuna, incitato da Krishna, mostrò tutto il suo valore, sembrava il distruttore alla fine della creazione. Molti eroi, sperando di conquistarsi la gloria si pararono davanti ad Arjuna. Caddero a migliaia, e Arjuna creò degli squarci enormi nelle file dei Kaurava.

Duryodhana, temendo che Arjuna potesse distruggere tutto il suo esercito in un solo giorno, ordinò ai suoi generali di circondarlo. Gli andarono addosso da tutte le direzioni, tirandogli lance, asce, mazze e frecce. Arjuna sorrideva nel mezzo di quella pioggia che parò con le sue frecce senza smettere di colpire i suoi assalitori. In cielo gli esseri celesti ammirarono la sua straordinaria leggerezza di mano e lo lodarono ad alta voce.

Anche gli altri eroi Pandava attaccarono i Kaurava, Yudhisthira e i gemelli combatterono furiosamente respingendo il nemico con piogge incessanti di frecce e Bhima e Ghatotkacha, padre e figlio, compirono straordinarie imprese di valore.

Duryodhana, stringendo i denti per la rabbia, sfidò Bhima, e il Pandava gli lanciò subito una freccia di ferro. Colpito al petto, Duryodhana cadde sul fondo del carro, e l'auriga lo portò via mentre le truppe che lo proteggevano si dispersero.

Abhimanyu si unì a Bhima, Ghatotkacha, Yudhisthira e i gemelli, mentre Arjuna continuava il suo attacco. Bhishma e Drona tentarono senza successo di fermare le truppe in fuga.

Duryodhana riprese i sensi e si rialzò sul suo carro, e vedendo la rotta gridò ai suoi soldati: "Dove state andando o stolti, non vedete che lasciate la fama dietro di voi? Non siate imbelli, la lotta è appena iniziata. Io sono ancora in piedi, Bhishma e Drona sono i nostri capi, come potrà sfuggirci la vittoria? Voltatevi e combattete!".

I guerrieri si vergognarono, si fermarono, e tornarono ad affrontare i Pandava. L'immenso esercito Kaurava riprese la formazione, come un oceano nella marea di luna piena. Duryodhana andò a conferire con Bhishma. "O Bharata, ti prego, ascoltami," disse cercando di controllare la rabbia, "non penso che i Pandava siano pari a te. Come è possibile che le mie truppe siano messe in fuga quando tu stai combattendo insieme a Drona, Kripa, Ashvatthama e tanti maharatha? Stai favorendo i Pandava! Avresti dovuto dirmelo prima di cominciare la guerra che non avresti lottato contro di loro. Allora avrei messo Karna a capo dell'esercito. O eccelso guerriero, se non mi merito che tu mi abbandoni, combatti con tutte le tue forze."

Bhishma rispose con rabbia. "O re, non ti ho detto molte volte che i Pandava sono invincibili? Tuttavia farò tutto ciò che sono capace di fare. Adesso vedrai la mia forza, e castigherò i Pandava, la loro gente e le loro truppe."

Duryodhana sorrise, ed ordinò di suonare conchiglie e tamburi. Bhishma avanzò affiancato dai migliori guerrieri.

Alla vista dei Kaurava che ritornavano all'attacco, i Pandava esultarono e suonarono le loro conchiglie in risposta. I guerrieri di ambo le parti ricominciarono a cadere come spighe di grano, e le grida delle migliaia di soldati si mescolarono fra loro come il rombo di un oceano in tempesta, mentre l'odore di sangue riempiva l'aria.

I guerrieri non riuscivano quasi a muoversi sul campo pieno di cadaveri. Si videro guerrieri mortalmente feriti che con orgoglio combattevano ancora, altri che giacevano moribondi lamentandosi, e anche corpi senza testa che correvano ancora, col sangue che sgorgava dal collo.

Bhishma, secondo la sua promessa a Duryodhana, stava portando la distruzione sul campo di battaglia. Il suo arco teso a cerchio scagliava frecce pesanti in tutte le direzioni non mancando mai il bersaglio. Il vecchio capo Kuru prese di mira tutti i principali eroi dei Pandava, chiamandoli per nome. Il suo carro si muoveva con evoluzioni straordinarie, e sembrava che fosse contemporaneamente dappertutto, lasciando una scia di morte. Sembrava che si fosse moltiplicato per mille con il potere dell'illusione. Nessuno riusciva nemmeno a guardarlo, si vedeva solo un torrente di frecce che uscivano dal suo arco.

L'esercito dei Pandava ondeggiò, poi ruppe le file. Anche i capi dei Pandava erano confusi dall'abilità di Bhishma.

Krishna fermò il carro e disse: "O eroe dalle forti braccia, concentrati su Bhishma, che da solo sta disperdendo l'esercito. Agisci subito o tutto sarà perduto. O eroe, nell'assemblea dei re hai detto: 'Ucciderò tutti i guerrieri Kaurava, con in testa Bhishma e Drona'. O Bhibatsu, nemesi dei tuoi nemici, prova le tue parole".

Arjuna, pur colmo di ammirazione per la forza di Bhishma, rispose: "Tuffiamoci nelle schiere del nemico, o Keshava, e porta il carro davanti a Bhishma. Abbatterò quell'invincibile guerriero".

A quella vista il resto dell'esercito dei Pandava riprese coraggio e tornò allo scontro.

Quando Bhishma vide arrivare Arjuna, ruggì come un leone, e lo ricoprì con nugoli di frecce, così che il carro di Arjuna, sparì sotto la cortina di proiettili. Krishna con pazienza e coraggio manovrò il carro per evitare i colpi, e Arjuna con quattro dardi precisi del suo Gandiva spezzò l'arco di Bhishma, che prese un altro arco. Arjuna fece a pezzi anche quello e Bhishma lo lodò gridando: "O Partha, bei colpi davvero!".

Bhishma prese un altro arco, tirando molte frecce contro Arjuna, ma Krishna, con abili manovre, le evitò tutte. Il loro carro si muoveva con rapide giravolte, ed Arjuna continuava a girarsi per non interrompere il suo attacco. Sia Arjuna che Krishna erano feriti, e sembravano dei tori furiosi graffiati dalle loro corna.

Dhristadyumna corse in aiuto di Arjuna assistito dai gemelli e molti guerrieri. Anche i Kuru vennero ad aiutare Bhishma

Il sole discese sulle colline ad occidente, le conchiglie suonarono ed i soldati abbassarono le armi. Ambedue le parti avevano avuto perdite pesanti, però i Pandava erano stati quelli più colpiti. Le truppe andarono a riposare, e sul campo di battaglia discesero i Rakshasa, gli sciacalli e gli avvoltoi.

Dhritarastra era sollevato, nemmeno Arjuna e Krishna insieme erano riusciti a fermare Bhishma. Poi c'era Drona, forse anche più forte di Bhishma, per non parlare di Ashvatthama, Kripa e gli altri maharatha. Anche se i Pandava in qualche modo fossero riusciti a sconfiggere Bhishma, c'era ancora Karna che aspettava di entrare nella lotta, e vi sarebbe entrato fresco e riposato. Le cose sembravano promettenti per i Kaurava, e il re guardò con speranza al quarto giorno di guerra.

* * *

La quarta mattina Arjuna dispose l'esercito in un vyuha a forma di alligatore, e i Kaurava si disposero nella contro formazione, e i due eserciti si scontrarono nuovamente facendo tremare la terra.

I Pandava erano stati rincuorati da Krishna dopo il duro colpo inflitto da Bhishma, e combattevano con rinnovato vigore. Arjuna lottò con Bhishma tenendolo a bada.

Bhima andò in cerca dei figli di Dhritarastra. Scorrazzò per il campo seminando rovina, fino ad arrivare al carro di Duryodhana che era circondato da molti dei suoi fratelli.

Duryodhana e Bhima si guardarono in cagnesco, poi Bhima impugnò la mazza e caricò con un ruggito.

Duryodhana, con un cenno della sua mano guantata, ordinò ad una grande divisione di elefanti di contrastarlo, e Bhima, leccandosi le labbra e roteando la sua mazza di ferro, la Shaikya, scese dal carro e attaccò il branco di elefanti abbattendoli uno dopo l'altro. Bhima era assistito da Abhimanyu, i figli di Draupadi, Dhristadyumna e i gemelli che decapitavano i guerrieri sugli elefanti con frecce affilate.

Il comandante della divisione di elefanti, Maghadaraja, incitò la sua montatura contro Abhimanyu. La bestia sembrava Airavata, l'elefante di Indra, tuttavia Abhimanyu, senza fare una piega, scagliò una lunga freccia che colpì l'elefante in mezzo agli occhi penetrando fino alle piume. L'animale cadde come una montagna, e Abhimanyu decapitò Maghadaraja con un'altra freccia.

Bhima continuò a sterminare gli elefanti a colpi di mazza, spaccandogli il cranio o frantumandogli zanne e zampe. Le forze degli elefanti furono disperse come nubi spazzate dalla tempesta, e Bhima, nel mezzo delle carcasse ruggì mentre i suoi occhi cercavano altri nemici.

Duryodhana furibondo, gridò alle sue truppe: "Uccidetelo!". Tutte le forze che sostenevano Duryodhana si volsero contro Bhima, che sorrise, aspettandoli a piè fermo. Gli altri guerrieri Pandava che lo affiancavano soffiarono nelle loro conchiglie e accolsero la carica dei Kaurava con scariche di frecce. Erano come la riva che resiste all'assalto dell'oceano, e Bhima da solo teneva a bada i principali Kaurava con la mazza, seminando il caos. Sembrava il monte Meru, e nessuna delle loro armi parve scalfirlo. Parò la maggior parte dei colpi con la mazza e si scrollò con noncuranza le poche frecce che lo colpirono.

Con Bhima davanti, le forze dei Pandava schiacciarono i Kaurava come un elefante distrugge un canneto. Duryodhana, circondato da molti fratelli, lo sfidò. Poiché erano montati su carri, Bhima fece segno al suo auriga di portargli il suo. Duryodhana e suo fratello Nandaka gli scagliarono contro delle frecce che ferirono lui e il suo auriga Vishoka, e gli spezzarono l'arco.

Bhima prese un altro arco e con una freccia dalla punta a ferro di cavallo frantumò l'arco di corno di bufalo di Duryodhana. Duryodhana, al picco della frenesia della lotta, prese un altro arco e scagliò una freccia a punta di martello che colpì Bhima al petto. Bhima, stordito dal colpo, cadde in ginocchio.

Le forze dei Pandava ricoprirono Duryodhana di un torrente di frecce, e mentre il Kaurava parava l'attacco, Bhima si riprese e con un urlo scagliò otto frecce che trafissero Duryodhana. Quattordici fratelli di Duryodhana lo assalirono, Bhima si leccò le labbra come un lupo affamato, incoccò delle frecce a punta di rasoio, e con mira perfetta tagliò la testa a tutti i quattordici principi. Duryodhana guardò impotente lo sterminio dei suoi fratelli. Le belle teste coperte da elmi d'oro e orecchini scintillanti, rotolarono nel fango. Il resto dei fratelli si voltò e fuggì. Bhishma venne in aiuto di Duryodhana urlando ordini: "Bhima sta sterminando i figli del re. Attaccate il figlio di Pandu prima che li uccida tutti!".

Verso sera Ghatotkacha e i suoi Rakshasa, la cui forza aumenta quando si avvicina la notte, fecero un'altra strage fra i Kaurava. Vedendo che le sue truppe avevano la peggio, Bhishma soffiò nella conchiglia e ordinò la ritirata. Mentre le forze provate dei Kaurava si ritiravano, i Pandava tornarono all'accampamento tutti allegri lodando Bhima e Ghatotkacha per le loro imprese.

Capitolo 56

I Rakshasa mostrano la loro forza

Quando Dhritarastra venne a sapere della morte dei suoi figli, pianse e disse: "O Sanjaya, ho paura. Sono sbalordito dalla forza disumana di Bhima. Come andrà a finire questa guerra? Sembra che la profezia di Vidura si stia avverando. Gli eroi Pandava stanno vincendo, anche se le nostre forze capeggiate da Bhishma e Drona parevano invincibili. Quali austerità hanno compiuto? Quali conoscenze hanno acquisito? Quali doni hanno ricevuto? Il destino dei miei figli è segnato".

Dhritarastra pianse, poi si riprese e disse: "Il destino mi sta punendo. Dimmi o Sanjaya, perché i miei figli vengono uccisi mentre i Pandava sopravvivono? Bhima li ucciderà tutti. O Sanjaya, dimmi cosa fanno Duryodhana e i suoi generali?".

Sanjaya, seduto ai piedi del re ad occhi chiusi, poteva vedere tutto quello che accadeva sia sul campo di battaglia che negli accampamenti. Guardando nella tenda di Duryodhana disse: "O re, a che serve sperare di vincere? Ti è stato detto molte volte che i Pandava vivono soltanto per il piacere di Krishna, e l'universo dipende solo dalla sua volontà. I tuoi figli si sono comportati con ingiustizia e crudeltà. Adesso ne raccolgono gli amari frutti".

Poi Sanjaya proseguì nella descrizione degli avvenimenti.

* * *

Duryodhana entrò nella sua tenda col cuore pesante. Le sue truppe erano state decimate e Bhima aveva ucciso quattordici dei suoi fratelli. Prese posizione fra i suoi consiglieri con il volto rigato di lacrime di rabbia e frustrazione.

Si rivolse a Bhishma. "O nobile nonno, dalla mia parte ci siete tu, Shalya, Drona, Kripa, Kritavarma, Ashvatthama e molti altri formidabili guerrieri pronti a mettere la vita al mio servizio. Il nostro esercito è molto più numeroso di quello dei Pandava. Non riesco a capire come mai stiamo subendo il loro attacco."

Bhishma si tolse l'elmo d'argento. "O re ti spiegherò per l'ennesima volta perché non riusciamo a sconfiggere i Pandava. Sei stato consigliato ripetutamente di fare pace con loro, e hai scelto di ignorare questi consigli. Quindi dovrai soffrire, come i tuoi consiglieri ti hanno detto. Io sono diventato rauco cercando di farti sentire ragione. Cosa vuoi che ti dica ancora? In ogni modo, dato che tengo al benessere tuo e dei tuoi fratelli, non cesserò di tentare."

Bhishma ebbe pena di Duryodhana, che stava piangendo al ricordo dei fratelli, parenti ed amici che erano morti per lui, e sperò che il dolore lo rendesse più ricettivo.

"O re, non c'è mai stato, non c'è e non ci sarà mai nessuno che possa uccidere i Pandava mentre Krishna li protegge. Ti racconterò una storia che ho sentito mentre ero in cielo con mia madre. Una volta, mentre Brahma sedeva nella sua assemblea di esseri divini, Bhumi, la devi della terra, si presentò in lacrime. Disse che era perseguitata dalle azioni peccaminose dei demoni e dei Danava che si erano incarnati in terra. 'O signore,' pregò, 'i potenti e malvagi Daitya e Danava già sconfitti dai deva, sono riapparsi sulla terra come re e guerrieri. Non posso più sopportare il peso di quegli uomini crudeli, che saccheggiano e distruggono le mie risorse per i loro piaceri egoistici.'

Brahma, provando compassione per Bhumi, si recò con tutti i deva nell'infinito oceano di latte dove giace l'inconcepibile Vishnu e gli raccontò le condizioni della terra. Brahma lo sentì rispondere da dentro di sé, dove il Signore risiede come anima Suprema di ogni essere. Il Signore disse che sarebbe presto sceso in terra per distruggere i demoni, assistito dalle incarnazioni dei suoi servitori. Tutti i deva sarebbero rinati nel mondo terreno, e con loro il

Signore avrebbe compiuto il suo piano divino."

Bhishma fece una pausa e guardò Duryodhana, sapendo che il principe non era molto interessato alle storie. Era pronto ad accettare che Vishnu fosse un essere molto potente che agiva per il bene dei deva, ma non accettava la sua identità come Signore Supremo. Duryodhana non era un uomo religioso, e benché svolgesse i suoi doveri di kshatriya, non aveva il concetto di servire e compiacere una Persona che controllava ogni cosa. Credeva nella propria forza, e adesso, in un momento di difficoltà in cui finalmente si rendeva conto dei suoi limiti, Bhishma sperava di trovare una breccia nella sua mente rigida.

"L'eterno e indescrivibile Signore Vishnu è ora apparso come Krishna. In realtà Krishna è la sorgente di Vishnu, e non c'è differenza tra i due. O Duryodhana, hai già sentito che Krishna e Arjuna sono stati i due antichi rishi Nara e Narayana. Sappi che i molti kshatriya e re che combattono con loro sono espansioni dei deva. Gli stessi Pandava sono incarnazioni di Indra da diverse ere. Tramite loro Krishna compirà il piano divino di uccidere i demoni che si sono riuniti nel tuo esercito. O re, la volontà di Krishna è infallibile. Lui è il mistero ultimo, il supremo rifugio e la gloria suprema. Non sottovalutarlo pensando che sia un uomo comune. Dovresti adorare quell'essere dalle energie infinite."

Duryodhana era pensieroso. Era difficile accettare che Krishna, pur dotato di uno straordinario potere, fosse l'onnipotente Essere Supremo. Inoltre Duryodhana non si sentiva un tale peccatore, aveva sempre fatto il suo dovere cercando di governare con giustizia. Se c'era un Essere Supremo, perché avrebbe dovuto essergli contro? Però se Krishna era quell'Essere, si sarebbe spiegato perché era così difficile battere i Pandava.

Duryodhana fece un profondo respiro e disse con voce insolitamente dimessa: "Parlami ancora di Krishna. O nonno, voglio conoscere tutto di lui e delle sue glorie".

Allora Bhishma descrisse l'opulenza di Krishna come aveva sentito da Narada, Vyasadeva, Markandeya e Parasurama. "Tutti questi saggi accettano la divinità di Krishna, e lo considerano il maestro ed il sostegno di tutti gli esseri viventi. Lui è amico e benefattore di tutti, anche se tu non lo riconosci come tale, o re. Ti considero pertanto un Rakshasa malvagio nel cuore e nella mente. Sei profondamente ignorante, preso da pensieri di piacere e felicità egoistici, pertanto non puoi conoscere Krishna. Egli può essere conosciuto soltanto da coloro che sono privi di lussuria, avidità e rabbia, e da coloro che si rendono conto di essere suoi eterni servitori. O re, questa comprensione porta alla felicità eterna. Fai pace, e vivi serenamente con i tuoi cugini. Non puoi vincere questa guerra, la tua inimicizia verso Krishna e i Pandava ti porterà solo sofferenze e sconfitte."

Molti re che ascoltavano Bhishma cominciarono a credergli, e anche Duryodhana era perplesso. Forse Krishna era davvero qualcosa di più di un semplice essere umano, e magari anche più elevato di un essere celeste.

Ma era troppo tardi per tirarsi indietro. Chiunque fosse Krishna, i Pandava erano i nemici, e se volevano il regno avrebbero dovuto conquistarselo lottando. E se il loro esercito possedeva la forza dei deva, anche il suo era potenziato dai Danava, la cui forza era analoga.

Duryodhana sciolse l'assemblea e si ritirò. Prima di coricarsi si inchinò a Krishna. Se l'eroe Yadu era realmente il Supremo, non avrebbe perso nulla offrendogli i suoi rispetti. Forse, pensò il principe, le sue sorti sarebbero cambiate. Si sdraiò sulle lenzuola di seta e dormì profondamente.

* * *

Il sole si alzò sul quinto giorno di guerra, e i due eserciti si scontrarono nuovamente. I guerrieri uccisi il giorno precedente erano stati lasciati sul letto degli eroi per la notte e poi cremati all'alba per sgombrare il campo per l'azione.

Le truppe, prese dal furore della battaglia ricominciarono a massacrarsi senza pausa per tutto il giorno. Arjuna mostrò il suo incomparabile valore, e il Gandiva scaricava i suoi colpi con lampi e fulmini. Gli altri grandi guerrieri come Abhimanyu, Bhima, i gemelli, Satyaki e Yudhisthira portarono anche loro lo scompiglio nelle file del nemico. Dalla parte dei Kaurava, Bhishma ed altri forti guerrieri continuarono a demolire le forze dei Pandava. Shikhandhi affrontò Bhishma in varie occasioni cercando di ucciderlo, ma ogni volta Bhishma evitò lo scontro. Anche Dhristadyumna cercò l'occasione di uccidere Drona, ma il maestro d'armi Kuru parò i suoi attacchi facendolo retrocedere. Anche Bhima cercava di continuo l'occasione di acciuffare i figli di Dhritarastra, deciso ad ucciderli tutti il prima possibile. Sembrava la morte in persona, combatteva preferibilmente con la mazza, pur essendo altrettanto abile con l'arco.

Il quinto, sesto e settimo giorno trascorsero senza che nessuno dei guerrieri principali di ambo le parti fosse ucciso. Nel tentativo di limitare la distruzione che Arjuna portava nelle sue truppe, Duryodhana ordinò a Susharma e al suo esercito di Samshaptaka di impegnarlo. All'inizio di ogni giorno quei guerrieri attaccavano Arjuna, e lui li sterminava a migliaia.

Malgrado fossero inferiori di numero, i Pandava lentamente consumarono il nemico. Duryodhana continuava a incitare Bhishma e Drona, accusandoli di favorire i Pandava. Ambedue cercarono di convincere Duryodhana a fermare la guerra e fare pace, ma Duryodhana era deciso, la lotta sarebbe continuata.

L'ottavo giorno Bhima scovò i figli di Dhritarastra e ne uccise altri diciassette. Poi arrivò Drona, che nascose i principi superstiti con una fitta cortina di frecce. Liberandosi dall'attacco di Drona, Bhima tornò sul campo come un lupo in un gregge di pecore.

Mentre gli eroi Pandava sterminavano i Kaurava in tutte le zone del campo, Iravan, il figlio di Arjuna e di Ulupi, la principessa Naga, entrò in battaglia. A capo di una divisione di guerrieri montati su cavalli pezzati dell'Himalaya, con armature di maglia di ferro e selle d'oro caricò la sterminata cavalleria delle colline di Gandhara comandata dai sei fratelli minori di Shakuni.

I Naga mostrarono le loro brillanti qualità di cavalieri, con i cavalli che parevano galleggiare e le armi che colpivano il nemico da ogni parte, e lo annientarono. I fratelli di Shakuni, rimasti soli, scagliarono le loro lance contro Iravan colpendolo al petto e alle gambe. Iravan, per nulla scosso, estrasse le lance e le tirò contro i suoi nemici. Scese da cavallo con le ferite che sanguinavano e caricò i figli di Suvala con la sciabola in pugno. Malgrado i principi Gandhara lo bersagliassero con centinaia di frecce, non riuscirono a trovare un'apertura nella sua difesa. Iravan li aggredì tagliando braccia e gambe e teste.

Solo un principe, Vrishaba, riuscì a salvarsi, e corse da Duryodhana con la notizia del massacro. Duryodhana chiamò Alambusha, un grosso Rakshasa dall'aspetto terrificante. Alambusha si era unito a Duryodhana perché odiava Bhima, che aveva ucciso suo fratello Baka. Il Kaurava gli disse: "Iravan è un maestro dell'illusione e può essere fermato solo da uno di pari poteri. O eroe, tu sei capace di andare in ogni luogo della terra e del cielo, e puoi trasformarti in qualunque forma. Vai ed uccidi Iravan, nipote del tuo nemico giurato".

Il Rakshasa lanciò il suo terribile grido di battaglia e caricò Iravan, e con l'illusione creò una divisione di demoni a cavallo.

Iravan radunò i suoi cavalieri, e i Naga e i Rakshasa si scontrarono. Presto entrambi gli schieramenti si annientarono a vicenda, e Iravan e Alambusha si affrontarono come Indra e Vritrasura nei tempi remoti. Quando il Rakshasa si avvicinò, Iravan gli spezzò la spada con una sciabolata.

Alambusha si innalzò in cielo vanificando l'attacco di Iravan, e Iravan lo inseguì volando. I due combattenti, coperti di armature scintillanti, sembravano due pianeti in collisione. Iravan attaccò il Rakshasa con gran forza e gli tagliò gli arti mutilandolo, ma in qualche modo Alambusha riuscì a sfuggire alla morte, ricomparendo con un corpo giovane e nuovo. Iravan lo squarciò di nuovo a colpi di sciabola e di ascia, ma ogni volta il Rakshasa ricomparve con un corpo nuovo. Improvvisamente prese una forma spaventosa e cercò di catturare Iravan.

Da sotto migliaia di guerrieri li guardavano, e Iravan ricorse anche lui alle illusioni assumendo una forma enorme, simile ad Ananta-sesha, circondato da molti Naga con la forma di serpenti. Questi attaccarono Alambusha scoprendo i denti e sputando veleno. Il Rakshasa, dopo una breve riflessione, assunse la forma di Garuda e mangiò tutti i serpenti.

Iravan era confuso, e quando riprese la sua forma originale, Alambusha lo caricò e con un fendente gli tagliò la testa, che cadde a terra come la luna che cade dal cielo.

Duryodhana e i suoi esultarono e lottarono con vigore rinnovato. Altrove, Arjuna stava combattendo contro i Samshaptaka, ignaro della morte del figlio.

Ma Ghatotkacha aveva visto, e si infuriò lanciando un terribile ruggito. La terra tremò, e l'urlo rimbombò nelle lontane colline. I Kaurava tremarono e sudarono, colpiti da quel suono spaventoso e fuggirono disordinatamente.

Ghatotkacha alzò il suo tridente fiammeggiante e avanzò spalleggiato da orde di Rakshasa dalle forme spaventose, e disperse il nemico come foglie al vento.

Duryodhana malgrado la rotta delle sue truppe rimase fermo ad affrontare la carica. Scosse l'arco e preparò molte lunghe frecce a punta di rasoio. Dietro di lui c'era una grande divisione di elefanti da guerra che caricarono i Rakshasa urlando.

I Rakshasa, con forme di demoni, spiriti maligni e diavoli terrificanti, attaccarono gli elefanti con frecce, dardi, sciabole mazze e asce e li sterminarono con i guerrieri che li montavano. Duryodhana era fuori di sé per la rabbia, e senza curarsi della sua vita attaccò Ghatotkacha e le sue truppe. Il potente guerriero Kuru lanciò torrenti di frecce, uccidendo nemici a dozzine. Le sue frecce misero i Rakshasa in grave difficoltà.

Allora Ghatotkacha attaccò personalmente Duryodhana, e scagliandoglisi contro come la morte in persona, lo rimproverò.

"O essere malvagio, oggi liquiderò il mio debito con mio padre. Hai derubato degli uomini virtuosi ed hai insultato la loro moglie. O essere dalla mente perversa, disgrazia della tua razza, ti punirò per queste e altre azioni."

Ghatotkacha si morse le labbra e lanciò una pioggia di frecce, e il Kaurava resse all'attacco senza indietreggiare, come un elefante sotto una pioggia di fiori, poi lanciò venticinque frecce in risposta. Ghatotkacha, trafitto e sanguinante, decise di uccidere Duryodhana e prese una lancia capace di penetrare la roccia.

Vedendo Duryodhana in pericolo, il comandante di una divisione di elefanti di nome Banga fece avanzare il suo animale, frapponendosi fra Ghatotkacha e Duryodhana nel momento in cui veniva scagliata la lancia. L'elefante venne ucciso e Banga saltò a terra. Duryodhana era in subbuglio, le sue forze venivano distrutte su tutto il campo, e adesso il figlio Rakshasa di Bhima lo stava affrontando. Tuttavia, tenendo presenti i suoi doveri di kshatriya, il principe rimase fermo, scagliando frecce contro il Rakshasa.

Ghatotkacha evitò abilmente i colpi e ruggì ripetutamente terrorizzando i nemici. Bhishma udì le grida e, preoccupato per la vita di Duryodhana, andò da Drona e disse: "Dalle urla che sento mi pare che Ghatotkacha stia sopraffacendo il re. Nessuno può battere il figlio di Bhima, solo tu puoi aiutarlo. Vai subito a salvarlo, e che il cielo ti aiuti.".

Drona, seguito da Ashvatthama, Kripa, Bahlika, Somadatta, Shalya, Bhurisrava ed altri guerrieri, arrivò sulla scena, vide Duryodhana in difficoltà e mise sotto tiro Ghatotkacha, e gli altri Kuru attaccarono l'esercito dei Rakshasa.

Ghatotkacha rise, e con un terribile urlo tese il suo arco e con una freccia a punta di mezzaluna spezzò l'arco di Drona. Con altre frecce trafisse tutti gli altri Kuru e spezzò le aste delle loro bandiere. I suoi movimenti erano così veloci che i Kuru non ebbero nemmeno l'opportunità di puntargli contro le armi prima di venir colpiti. La forza dei suoi colpi li fece sbandare, e molti di loro rimasero seduti nei loro carri, storditi e feriti.

Mentre i Kuru si ritiravano sotto il suo attacco, Ghatotkacha si concentrò su Duryodhana, e lo caricò con la spada. I Kuru si ripresero e lo ricoprirono di frecce. Duramente colpito, Ghatotkacha si alzò in cielo come un'aquila, e i suoi ruggiti arrivarono a Yudhisthira che disse a Bhima: "Queste sono le urla di tuo figlio sotto l'attacco di un numero enorme di nemici. O Bhima, vai ad aiutarlo".

Bhima corse verso Ghatotkacha con il sostegno di altri guerrieri Pandava montati su carri ed un largo contingente di soldati, e lanciò il suo grido di guerra.

I Kuru impallidirono per la paura, e molti di loro scapparono. Solo i capi non si ritirarono, e ne seguì una violenta battaglia con le forze combinate di Bhima e Ghatotkacha.

Duryodhana radunò le sue truppe che tornarono nella mischia solo per venir massacrate dai guerrieri Pandava. La terra si ricoprì di cadaveri mutilati di entrambe le parti, e il clangore delle armi che colpivano le armature era assordante. Si alzò una nube di polvere, poi il suolo si inzuppò di sangue e la nube si dissolse, rivelando una desolante scena di distruzione.

Bhima e Ghatotkacha spazzavano il campo come trombe d'aria, uccidendo uomini a migliaia. Duryodhana visto che le sue forze stavano avendo la peggio, ordinò a Bhagadatta, il re di Pragyotisha, di attaccare Bhima e suo figlio. Il forte guerriero montava un elefante non meno potente di Airavata, e con il supporto di una divisione di elefanti avanzò contro Bhima gridando la sua sfida. I guerrieri Pandava attaccarono il suo elefante con frecce che gli trafissero i fianchi.

Ferito da centinaia di frecce, il grande animale assomigliava a una collina rigata da gesso rosso. Si infuriò e barrì, fracassando i carri con le zampe nonostante le ferite.

Il capo dei Dasarha, Kshatradeva, montò un altro elefante e si lanciò contro Bhagadatta. I due elefanti si scontrarono, ma quello di Bhagadatta non si scompose, mentre l'animale di Kshatradeva inciampò all'indietro. Bhagadatta gli lanciò quattordici lance in rapida successione che penetrarono l'armatura dell'elefante e lo fecero sbandare. Bhagadatta lanciò un urlo di trionfo e incitò il suo elefante ad attaccare, schiacciando intere compagnie di soldati. I Pandava fuggirono disordinatamente.

Allora Ghatotkacha sfidò Bhagadatta, si trasformò in un essere immenso e scagliò un tridente fiammeggiante contro l'elefante. Bhagadatta lo parò con una freccia a punta di mezzaluna, ed il tridente cadde a pezzi come una pioggia di meteore infiammate. Bhagadatta scagliò una lancia che si incendiò mentre sibilava nell'aria, e Ghatotkacha con un balzo la afferrò e la spezzò contro la coscia. I Pandava esultarono, e Bhagadatta li attaccò furiosamente con la sua divisione di elefanti, e ne seguì una violenta battaglia. Ghatotkacha tenne impegnato Bhagadatta mentre Bhima e gli altri guerrieri uccidevano le sue truppe.

Capitolo 57

Il voto di Bhishma

Sul lato all'estremo sud di Kurukshetra Arjuna combatteva i Samshaptaka guidati da Susharma che lo impegnavano totalmente, lontano da Bhishma e dagli altri principali Kuru.

Arjuna combatteva lealmente, senza usare le armi che aveva avuto in dono dai deva, anche se quei missili celesti sarebbero stati in grado di annientare i suoi nemici. Tuttavia anche con le armi convenzionali, Arjuna era formidabile. I Samshaptaka lo assaltavano ad ondate, tirando ogni sorta di proiettile che Arjuna parava senza sforzo con le frecce del Gandiva. Li colpì ripetutamente sfondando le loro corazze, e ad ogni assalto ne perivano migliaia, ma loro continuavano a venire.

Nella tarda giornata arrivò un messaggero con la notizia della morte di Iravan. Arjuna gridò e si sedette dentro al carro, e Krishna portò il carro lontano dalla battaglia. Arjuna si prese la testa fra le mani e pianse. Dopo qualche minuto disse: "O Signore, mi rendo conto di come avesse ragione il pio Yudhisthira a cercare di evitare questa guerra con ogni mezzo, conscio della distruzione e del dolore che avrebbe causato. Maledetto il dovere degli kshatriya! E dannato il desiderio di ricchezza e del regno! Questa guerra non mi dà alcun piacere".

Arjuna non pensava di abbandonare la lotta, era chiaro che la guerra sarebbe finita soltanto quando le forze di Duryodhana sarebbero state annientate. Il dolore di Arjuna si trasformò in rabbia al pensiero dell'ostinazione di Duryodhana, che aveva causato la morte di suo figlio.

Arjuna riprese l'arco e disse: "Non è il momento di mostrare sentimenti femminili. Guida il carro verso Duryodhana, o Keshava. Attraversiamo questo oceano di soldati, e con la tua grazia metterò fine a questa guerra".

Krishna incitò i cavalli, e il carro sfrecciò sul campo. Arjuna vide da lontano le bandiere di Duryodhana, Bhishma e Drona che combattevano con l'aiuto di Ashvatthama, Kripa e Bhagadatta, che quando lo videro arrivare lo accolsero con nugoli di frecce. Arjuna parò e rispose all'attacco colpendo con mira impeccabile i guerrieri sui loro carri.

Il sole si avvicinava all'orizzonte. Il terreno era pieno di cadaveri e di armi infrante. L'odore del sangue e della carne bruciata ammorbava l'aria. Verso il tramonto ci fu un furioso duello tra Bhima e Duryodhana. Dopo aver sgominato da solo una compagnia di mille uomini, Bhima si sentì sfidare da Duryodhana. "Combatti con me, Bhima, se ne hai il coraggio. Finora hai ucciso solo dei comuni soldati, vediamo come te la cavi con un vero guerriero."

Stringendo la mazza quasi volesse stritolarla, Bhima rise. "L'ora che ho atteso con tanta impazienza è finalmente arrivata. Oggi, se non fuggirai per paura, ti ucciderò. Oggi vendicherò i dolori di Draupadi e Kunti, e le sofferenze che abbiamo patito nella foresta. Adesso raccoglierai i frutti della tua follia. O essere malvagio, hai pure disprezzato Krishna quando è venuto a Hastinapura per cercare la pace, e con gioia malata ci hai mandato Uluka con il tuo sporco messaggio. Per questi peccati ti spedirò alla dimora della morte con tutti i tuoi fratelli."

Bhima sollevò l'arco e scagliò trentasei frecce potenti come fulmini contro Duryodhana. Uccise i suoi cavalli, spezzò il suo arco e gettò l'auriga fuori del carro, poi con due frecce a punta di rasoio fece cadere la sua bandiera e il parasole. Duryodhana prese un altro arco, ma Bhima lo colpì con altre dieci frecce facendolo vacillare. Senza cavalli non riuscì a sfuggire all'attacco di Bhima. Jayadratha lo vide in difficoltà e bersagliò Bhima con un nugolo di frecce, e Kripa caricò Duryodhana semisvenuto sul suo carro allontanandolo dalla battaglia.

Molti guerrieri Kaurava attaccarono Bhima, cui venne in aiuto Abhimanyu. Il sole tramontò sulla carneficina e i due eserciti si ritirarono lodandosi a vicenda per le loro imprese.

* * *

Duryodhana riprese coscienza lentamente nella sua tenda, sofferente per le ferite e vergognoso per la sconfitta. Se Bhishma non voleva uccidere i Pandava, avrebbe dovuto lasciare il comando per far combattere Karna. Il principe Kaurava decise di parlare con il suo amico che stava aspettando la sua occasione di unirsi alla battaglia.

Karna, quando lo vide entrare nella tenda insanguinato e coperto di polvere, lo abbracciò e gli chiese: "Come stanno andando le cose? Stai cominciando a prevalere sul tuo nemico?".

Duryodhana scosse la testa. "No amico mio, le cose non vanno a modo nostro. Siamo schiacciati dai Pandava che giorno per giorno stanno logorando le mie forze. O Karna io mi sto indebolendo e le nostre scorte di armi stanno riducendosi. Mi chiedo se potremo mai vincere."

Karna arrossì e strinse i pugni. "Farò subito ciò che vuoi. Che Bhishma si ritiri, e quando lui avrà deposto le armi verrò personalmente a uccidere i Pandava. Bhishma li tratterà sempre con indulgenza."

Karna diceva solo ciò che faceva piacere a Duryodhana. Sapeva di non poterli uccidere per la promessa che aveva fatto a Kunti, però avrebbe combattuto con tutta la sua forza per uccidere Arjuna e mettere in fuga i suoi fratelli, dando la vittoria ai Kaurava.

Duryodhana si rincuorò. "Le tue parole mi rinfrancano, o grande eroe. Andrò da Bhishma, e se lui non vorrà uccidere i Pandava domani, tornerò da te. Allora potrai combattere, perché persuaderò Bhishma a ritirarsi."

Duryodhana lasciò la tenda di Karna ed andò ai quartieri di Bhishma. Il vecchio guerriero chiamò i medici reali per curare le brutte ferite di Duryodhana, ed applicò lui stesso le erbe che lo guarirono rapidamente. Poi gli applicò la vishalyakarini, un'erba che cresce sull'Himalaya, che toglie il dolore. Il capo dei Kaurava espresse la sua ansia mentre veniva curato.

"Sembra che non riusciamo a fare nulla per fermare la carneficina che stanno facendo i Pandava. Anche oggi hanno spezzato la nostra formazione e messo in rotta le nostre truppe, io sono stato ferito e quasi ucciso da Bhima. O eroe, non riesco a credere che tu non sappia fermare i Pandava. Domani mostra tutta la tua forza, voglio la vittoria e la morte dei figli di Pandu".

Bhishma lanciò a Duryodhana uno sguardo di pietà. Ancora non si rendeva conto che la sua speranza di battere i Pandava era futile, ed altrettanto futile era spiegarglielo. Avrebbe comunque capito a duro prezzo. Bhishma pensò a Krishna, che avrebbe vanificato tutti i piani e le manovre dei Kuru, per quanto abili potessero essere. Tuttavia, come comandante dell'esercito, Bhishma aveva il dovere di fare il possibile per sconfiggerli

Bhishma, finito di curare Duryodhana, si sedette al suo fianco. "Ho combattuto al massimo delle mie forze ogni singolo giorno." Il vecchio Kuru mostrò le sue braccia piene di cicatrici per l'incessante uso dell'arco. "Ho ucciso decine di migliaia di guerrieri, ma non riesco a colpire i Pandava e i loro migliori combattenti. Sono protetti dalla virtù e dallo stesso Signore della virtù".

Duryodhana giunse le mani e disse: "Mi sono affidato a te, o sterminatore di nemici, e insieme possiamo vincere gli Asura ed i celesti insieme. Come posso credere che non puoi uccidere cinque uomini, anche se aiutati dai loro alleati?

"O figlio di Ganga, abbi pietà di me. Uccidi i figli di Pandu e fai fede alla tua promessa di distruggere il loro esercito."

Guardando Bhishma negli occhi Duryodhana proseguì. "Altrimenti, se per compassione per loro o odio per me, o signore, non desideri ucciderli, ritirati e lascia che combatta Karna. Quell'eroe mi ha promesso di uccidere i figli di Kunti e tutti i loro alleati."

A quelle parole Bhishma si sentì pugnalato al cuore. L'insinuazione che non facesse del suo meglio esacerbava il dolore di combattere questa guerra. Duryodhana non capiva nulla, non vedeva come combattevano i suoi guerrieri? Cosa sperava che Karna potesse fare di più? Bhishma tacque per qualche istante per controllare la rabbia. Poi, stringendo l'impugnatura della spada, disse con voce fredda. "Perché, o Duryodhana, mi insulti? Mi sono sempre sforzato al massimo per il tuo bene, anche a rischio della mia vita. I Pandava sono invincibili. Non ti basta ricordare che Arjuna per compiacere Agni abbia respinto a Khandava le orde celesti? O che lui e suo fratello ti abbiano salvato dai Gandharva? Dov'era allora il figlio di *suta*?".

Bhishma si sentiva profondamente frustrato. Il principe pensava solo a se stesso. Perché non riusciva a capire i suoi veri interessi? Accecato dall'odio e dall'invidia per i cugini, aveva scelto la sua distruzione, che adesso si stava avverando sotto i suoi occhi.

Insieme alla frustrazione provava compassione. "Colui che è vicino alla morte perde la chiarezza della ragione, o figlio di Gandhari. Tu non riesci a vedere le conseguenze inevitabili dell'inimicizia che hai creato con i Pandava."

I servitori annunciarono che il pasto era pronto, e Duryodhana li mandò via con un cenno della mano, non aveva appetito. Dall'inizio della guerra non aveva quasi mangiato, rifiutando persino il vino. La sua mente pensava soltanto ai Pandava e a come ucciderli. Seduto ai piedi di Bhishma, lo guardò con occhi imploranti. Se il figlio di Ganga si fosse scatenato, pensò, i Pandava erano come morti.

Bhishma disse: "Sappi, o monarca, che non abbandonerò mai te o i Kuru. Per te, o re, farò uno sforzo straordinario per uccidere i Pandava domani. Sfonderò le linee nemiche e li attaccherò personalmente. Con l'eccezione di Shikhandhi non risparmierò nessuno".

Bhishma prese la sua grande faretra d'argento ed estrasse cinque frecce dorate incrostate di gemme, con punte uncinate e penne di avvoltoio, le dispose su un panno, entrò in meditazione e mormorò dei mantra vedici.

Infine disse: "Ho impregnato queste frecce con tutta la forza dei miei poteri ascetici, e con queste domani ucciderò i Pandava".

La voce di Bhishma era piatta e priva di gioia. "Dormi tranquillo, o re. Domani andrò a combattere una battaglia di cui non si è mai viso l'eguale, e i Pandava non sfuggiranno. Solo Krishna potrebbe salvarli, ma lui ha votato di non combattere".

Un sorriso sfiorò la bocca di Bhishma, sarebbe riuscito Krishna a salvare i suoi servitori? Altrimenti i Pandava sarebbero finiti, le cinque frecce non potevano fallire.

Duryodhana balzò in piedi raggiante, poi si fece pensieroso, come Bhishma, anche lui si chiese se Krishna avrebbe trovato un modo per mandare a monte il piano. Guardò le frecce e disse: "Lasciale qui questa notte, te le ridarò all'inizio della battaglia".

Bhishma acconsentì e Duryodhana tornò nella sua tenda, e appoggiò le frecce con cura vicino al letto. I Pandava erano condannati. Bhishma era noto col nome di Devavrata, che significa 'colui che non rompe i voti'. Nulla l'avrebbe potuto fermare dal mantenere la sua promessa. Duryodhana si sdraiò felice sul letto, in attesa impaziente del giorno seguente.

* * *

Yudhisthira era nella sua tenda con i fratelli. Dopo otto giorni di guerra, sembrava che si stessero avvantaggiando. Yudhisthira era contento, e allo stesso tempo rattristato dalla morte di tanti uomini.

Krishna si era fatto pensieroso, e quando tutti furono seduti parlò. "Stiamo cominciando a prevalere. Bhima e Arjuna stanno schiacciando i Kaurava con l'aiuto di tutti voi. Secondo me i nemici ricorreranno a qualunque mezzo per rovesciare la situazione. Sento che stanno preparando un piano pericoloso."

Krishna guardò Arjuna che se ne stava a capo chino pensano a Iravan. Il principe Naga aveva combattuto soltanto per amore del padre. Arjuna si ricordò del giorno in cui aveva concepito Iravan con Ulupi. Il bimbo era stato allevato da lei, ma spesso aveva passato del tempo con suo padre a Indraprastha. A quel ricordo Arjuna pianse, pensando al ragazzo che giaceva morto sul letto d'eroe, un'altra vittima della follia di Duryodhana.

Krishna gli mise una mano sulla spalla e disse: "O Partha, ricordati dei doveri degli kshatriya e smetti di dolerti. Tuo figlio è andato nelle regioni di eterna felicità. Pensa solo alla battaglia".

Arjuna si terse le lacrime e si sentì fortunato che il Signore di tutto il creato fosse presente per mantenerlo sulla strada della virtù anche nelle difficoltà.

Krishna continuò con un dolce sorriso. "C'è qualcosa che devi fare questa notte, o Arjuna. Ti ricordi di quando hai salvato Duryodhana dai Gandharva, e lui ti promise un favore? Adesso ha cinque frecce che sono destinate ad uccidere te e i tuoi fratelli. O Arjuna, vai da lui in amicizia, e chiedigliele."

Arjuna si tolse l'armatura. Da solo e disarmato montò su un cavallo bianco e si recò all'accampamento dei Kaurava. Per il codice d'onore degli kshatriya, sapeva di non essere in pericolo. Spesso, alla fine della giornata di lotta, i soldati si incontravano da amici. Le guardie dei Kaurava lo accompagnarono alla tenda di Duryodhana, dove il principe si era appena coricato.

Duryodhana fu sorpreso di vedere Arjuna. "Salute, o Partha!", disse invitandolo a sedersi vicino al letto. "Sei il benvenuto. Dimmi, come mai sei qui? Sei venuto a chiedermi il regno senza combattere? Se è così te lo darò subito".

Duryodhana stava scherzando, e guardò Arjuna con curiosità. Arjuna rimase in piedi e disse: "O eroe, sono venuto a ricordarti il dono che mi hai promesso".

Duryodhana fu preso dalla vergogna al ricordo di quel giorno. "Certamente, me lo ricordo molto bene. Cosa vuoi da me?".

"Voglio le tue cinque frecce, o Bharata."

Duryodhana lo guardò sbigottito, tuttavia senza esitare prese le frecce e le porse ad Arjuna. "Prendile, o Partha, ma ti prego, dimmi come hai saputo della loro esistenza."

Arjuna lo ringraziò, disse che glielo aveva detto Krishna e si congedò. Duryodhana si sdraiò guardando il soffitto della tenda. Di nuovo Krishna! Forse ciò che Bhishma e Vidura dicevano di lui era vero, c'era qualcosa di straordinario nello Yadava, sembrava che sapesse tutto. C'era ancora speranza di vittoria?

Capitolo 58

Krishna protegge i suoi devoti

All'alba del giorno seguente, quando Bhishma andò da Duryodhana per prendere le frecce, seppe che le aveva prese Arjuna su suggerimento di Krishna, Bhishma sorrise, non era sorpreso. Anche se lui avesse ancora avuto le frecce, Krishna avrebbe trovato il modo di sventare il suo piano. Finché Krishna era l'auriga di Arjuna, i Kuru erano condannati. Quanto poteva ancora durare la battaglia? Dovevano morire tutti prima che finisse?

Indossando l'armatura, Bhishma disse: "Sembra che lo Yadava abbia reso vana la mia promessa. Non posso rifare le frecce, quindi oggi non potrò uccidere i cinque fratelli. Tuttavia farò il massimo possibile, mi concentrerò su Arjuna, e se anche ucciderò soltanto lui, il tuo scopo sarà raggiunto".

Preparandosi per la battaglia, Bhishma pensò alla promessa di Krishna di non prendere le armi. Bene, oggi lo avrebbe messo alla prova. L'eroe Yadu aveva vanificato la sua promessa, e lui lo avrebbe forzato a rompere la sua per salvare Arjuna.

Bhishma montò sul carro e si portò alla testa dell'esercito, e lo dispose nella formazione Sarvabhadra, che sembrava un'aquila ad ali spiegate. Si mise alla sua testa con Kripa, Kritavarma, Jayadratha ed altri re, mentre altri eroi si misero alle ali per proteggere le divisioni di fanteria. Duryodhana era nel centro circondato dai fratelli e protetto da Drona e suo figlio. Alambusha e i suoi Rakshasa erano nella coda con decine di migliaia di altri soldati.

Duryodhana guardò Bhishma, che scintillava come la luna in mezzo agli altri Kaurava. Con Bhishma che impiegava tutta la sua forza, i Pandava sarebbero stati certamente messi in fuga.

Duryodhana disse a Dushashana: "Oggi il nonno ucciderà i nostri nemici come il fuoco brucia l'erba secca, e otterremo ciò che abbiamo desiderato per tutti questi anni. La nostra priorità è di proteggere Bhishma, che ucciderà chiunque lo affronti, con l'eccezione di Shikhandhi che è il solo che lo può uccidere".

Dall'altra parte del campo le forze dei Pandava erano pronte ed avanzarono. Arjuna, che era vicino a Dhristadyumna, disse: "Oggi Bhishma sarà furioso pensando che lo abbiamo ingannato, quindi mandiamo Shikhandhi ad affrontarlo. Io lo coprirò".

Gli eserciti si scontrarono frontalmente. In cielo volavano gli uccelli da preda e gli sciacalli ululavano, l'orizzonte era infuocato e dal cielo caddero piogge di pietre. I cavalli e gli elefanti avevano le lacrime agli occhi ed inciampavano. Malgrado questi segni di malaugurio che facevano presagire una strage, i guerrieri si gettarono nella mischia con tutte le loro forze.

Abhimanyu uscì dalle linee dei Pandava con sbalorditiva forza ed abilità, e attaccò Duryodhana e le sue divisioni. Scagliava frecce così potenti e numerose contro al principe e la sua guardia, da paralizzarli e renderli incapaci di rispondere. Molti guerrieri furono uccisi, i loro carri distrutti, e gli elefanti abbattuti. Quasi non si riusciva a vederlo mentre imperversava con l'arco sempre teso a cerchio. Era come un altro Arjuna. Confuse persino Drona, Kripa e Ashvatthama che avevano cercato di fermarlo. La formazione dei Kaurava venne spezzata e l'esercito messo in fuga.

Allora Duryodhana chiamò Alambusha e disse: "Il figlio di Subhadra sta distruggendo da solo il mio esercito. Non vedo altro modo di fermarlo che con il tuo aiuto. O principe dei Rakshasa, uccidilo, mentre Bhishma, Drona ed io attaccheremo Arjuna.".

Alambusha si inchinò e fece un ruggito che scosse la terra e fece cadere a terra i guerrieri vicini. Abhimanyu fu felice di vedere il Rakshasa che lo caricava. Afferrando il suo grande arco disse all'auriga di avvicinarsi, e mentre scagliava le sue frecce contro Alambusha e i suoi Rakshasa, sembrava che stesse danzando.

I Rakshasa attaccarono le divisioni che proteggevano Abhimanyu, e Alambusha con forza e rapidità riuscì a uccidere migliaia di guerrieri. Le sue frecce piovvero come serpenti velenosi e logorarono le forze dei Pandava. I cinque figli di Draupadi lo caricarono come pianeti che cadono sul sole. Il figlio di Yudhisthira, Prativindya, trafisse l'armatura del Rakshasa e i figli di Draupadi continuarono a colpirlo da ogni lato. Gravemente ferito, Alambusha perse i sensi accasciandosi sul fondo del carro.

Quando riprese conoscenza si alzò in preda alla furia, e scagliò lunghe frecce con piume d'avvoltoio che spezzarono gli archi degli avversari, e ferì gravemente i cinque fratelli, uccise i loro cavalli e gli auriga.

Alambusha fu fermato da una volata di frecce scagliate da Abhimanyu. Il demone si volse verso il figlio di Subhadra e ne seguì un feroce duello. Il Rakshasa usò i suoi poteri di illusione, e Abhimanyu li contrastò con armi divine.

Il Rakshasa, in grave difficoltà, ricorse a vari tipi di magia, che Abhimanyu parò con i missili divini. Alambusha, con i poteri mistici neutralizzati dal nipote di Krishna, si diede alla fuga.

Abhimanyu allora attaccò le sue truppe come un elefante furioso schiaccia i loti in un lago. Solo Bhishma avrebbe potuto fermarlo. Il nonno dei Kuru lo affrontò spalleggiato da molti guerrieri su carri.

In un'altra zona del campo Duryodhana, Drona, Kripa, Susharma e l'esercito di Trigarta si scontrarono con Arjuna, usando le armi celesti. Mentre duellavano, Arjuna e Drona, dimentichi della loro relazione, lottarono senza remore.

I Trigarta sfidarono Arjuna e lo bersagliarono di frecce da ogni lato, ma Arjuna mostrò la sua destrezza di mano parandole tutte, tanto che persino i celesti lo applaudirono e lodarono.

Furioso per essere attaccato da ogni lato, Arjuna invocò il Vayu-astra, che provocò una tempesta che fece volare carri, guerrieri ed elefanti. Drona con il missile Saila fece cessare il vento, e uomini e cavalli ricaddero a terra.

Duryodhana, Kripa, Ashvatthama, Shalya, Bahlika ed altri maharatha circondarono Arjuna, mentre Bhagadatta e Srutayush attaccarono Bhima che stava aiutando il fratello.

Mentre tutti questi guerrieri tenevano impegnati i due Pandava, Bhishma si avvicinò a Yudhisthira. Il capo dei Kuru sapeva che se l'avesse catturato la guerra sarebbe finita. Lo attaccò con migliaia di carri e cavalleggeri. Il primogenito dei Pandava, sostenuto da Dhristadyumna, Satyaki, Shikhandhi ed altri eroi, si difese valorosamente.

Nel frattempo Bhima, che era circondato dagli elefanti, si leccò le labbra e sorrise, prese la mazza e balzò dal carro con un ruggito. Bhima sembrava il sole in mezzo a nuvole scure, e come una tempesta si mosse fulmineamente, afferrò gli elefanti per le zanne strappandole, li abbatté a colpi di mazza e sgominò l'intera divisione. I pochi animali sopravvissuti si diedero alla fuga travolgendo e schiacciando le loro stesse truppe.

Nel frattempo Arjuna aveva respinto i guerrieri che lo circondavano, mettendoli in fuga. Bhima e Arjuna corsero in aiuto di Yudhisthira che era ancora sotto l'attacco di Bhishma. Nella sua furia, Bhishma aveva già annientato un distaccamento di Somaka.

Virata, Drupada e i suoi due figli si fecero avanti e sfidarono Bhishma. Lo trafissero con frecce decorate di gemme. Shikhandhi avanzò e lanciò la sua sfida scagliando cento frecce, e Bhishma non rispose ma attaccò Drupada e Virata. Dhristadyumna tirò tre frecce che trapassarono la corazza di Bhishma ferendolo al petto. Pur bagnato di sangue, il vecchio guerriero splendeva sul campo di battaglia. Senza batter ciglio colpì con venticinque frecce Dhristadyumna e spezzò con un'altra l'arco di Drupada.

In quel momento arrivarono Bhima e Arjuna, e la battaglia si accese ancor più. Vennero uccisi tanti uomini che si formò un fiume di sangue. I re e gli kshatriya gridarono: "Questo sterminio è nato dalla follia di quel principe e del suo padre cieco".

Duryodhana con una smorfia gridò: "Non date retta a queste grida, combattiamo decisi ed uccidiamo i nemici prima che lo facciano loro. O nonno, perché indugi?".

Bhishma alzò la mano in gesto di assenso, e vide lo stendardo di Arjuna. Bhishma pensò ancora a Krishna, presto il suo amico sarebbe stato in pericolo. Con l'astuzia aveva salvato i Pandava la notte precedente, però adesso avrebbe dovuto fare di più per salvare Arjuna.

Quando arrivò Bhishma, Arjuna stava combattendo con Susharma e la sua armata. Nessuno riusciva a resistergli, e molti guerrieri fuggirono abbandonando carri, cavalli ed elefanti. Susharma cercò di fermare la fuga, ma in breve si trovò da solo con suo fratello. Duryodhana accorse in suo aiuto con Bhishma.

Gli altri Pandava si affiancarono ad Arjuna, e altri guerrieri Kaurava vennero ad assistere Bhishma e Duryodhana. Ne seguì una dura lotta fra i migliori guerrieri di ambo le parti.

Bhishma attaccò le truppe dei Pandava come la morte in persona. Diecimila guerrieri montati su carri dei Chedi, dei Kashi e dei Karusha lo attaccarono, e lui li uccise tutti.

L'esercito dei Pandava era in rotta. Krishna disse: "O Partha, è giunta l'ora che hai così ardentemente atteso. Fai fede alle parole che hai pronunciato nell'assemblea di Virata. 'Ucciderò tutti i guerrieri di Duryodhana, con a capo Bhishma e Drona.' È il momento di far fede alla tua promessa".

Arjuna guardò Krishna e disse con tristezza: "È pesante il dovere degli kshatriya. Tuttavia, o Janardana, farò ciò che chiedi, e ucciderò Bhishma".

Krishna prese le redini e il carro partì, e le truppe dei Pandava interruppero la fuga e si riformarono.

Bhishma lanciò il suo grido di guerra, e coprì il carro di Arjuna con un nugolo di frecce, che Krishna vanificò con abili movimenti del carro. Arjuna lanciò una freccia dalla punta larga che spezzò in due l'arco di Bhishma, lui ne incordò subito un altro, ma prima che potesse incoccare un'altra freccia, Arjuna glielo frantumò ancora.

Evitando le frecce di Arjuna, il Kuru prese un altro arco, si girò di colpo lanciando dozzine di frecce. Bhishma concentrò il suo attacco sul carro di Arjuna. Colpì Krishna con delle frecce facendolo tremare mentre guidava, poi ridendo sonoramente lanciò migliaia di frecce contro Arjuna. Krishna era impressionato dal valore di Bhishma, sembrava che il guerriero Kuru potesse consumare i tre mondi. Stava uccidendo i migliori guerrieri dei Pandava, e Arjuna non combatteva al pieno delle sue capacità. Se veniva lasciato fare, Bhishma avrebbe potuto uccidere gli eserciti combinati dei deva e degli Asura. A meno che Arjuna facesse qualcosa, lui stesso sarebbe morto sotto le frecce mortali di Bhishma.

Krishna pensò: "Ucciderò io stesso Bhishma, non posso accettare la sconfitta dei Pandava. Arjuna non sta facendo quello che dovrebbe per amore del nonno".

Nel frattempo Bhishma aveva aumentato l'intensità del suo attacco usando missili celesti che riempirono il cielo di frecce. Non si vedeva nulla, e le truppe di Yudhisthira furono messe in fuga. Il carro di Arjuna era interamente nascosto, si vedeva solo la bandiera. Krishna con una giravolta riuscì a schivare l'attacco di Bhishma, depose le redini e balzò dal carro, prese una ruota di carro, la alzò sopra la testa come se fosse la sua arma preferita, il *chakra* Sudarshan. Si mise a correre verso Bhishma come un leone che attacca un elefante. La ruota nella sua mano sembrava risplendere di luce propria, bella come il loto primevo da cui era nato Brahma. Il braccio scuro di Krishna sembrava lo stelo del loto, e il suo bel volto, coperto di goccioline di sudore, il suo filamento.

Bhishma fu preso da un tremito, e i suoi occhi si riempirono di lacrime. Il Signore dell'universo rompeva la sua promessa per proteggere i suoi devoti. L'eroe Kuru gettò le armi ed aprì le braccia, e gridò: "Vieni, o mio Signore! O Divinità Suprema, Signore di tutti i deva, mi inchino a te. Vedendoti rinnegare il tuo voto per salvare il tuo amico, io sono soddisfatto. Fammi cadere dal carro, o Keshava. Ucciso da te, la mia fama e la mia dignità saranno celebrate in tutti i mondi".

Arjuna era mortificato, era colpa sua, se avesse combattuto al suo meglio contro Bhishma, non sarebbe stato necessario che Krishna rompesse la sua promessa.

Arjuna depose l'arco e inseguì Krishna che aveva già coperto metà della distanza verso Bhishma. Guardando Bhishma con gli occhi arrossati dall'ira, Krishna gridò: "Tu sei colpevole di questa carneficina. Un ministro saggio e virtuoso deve fermare con ogni mezzo un re malvagio, e se questo non è possibile deve lasciarlo".

Arjuna lo raggiunse, e con un tuffo lo afferrò alle gambe, ma Krishna continuò a correre verso Bhishma anche con Arjuna attaccato alle gambe.

Bhishma chinò la testa e rispose: "Tu dici sempre la verità, mio Signore, Ho detto a Dhritarastra di ripudiare Duryodhana come i Bhoja respinsero Kamsa, ma non mi ha ascoltato".

Arjuna puntò i piedi in terra, e dopo altri dieci passi riuscì a fermare Krishna, poi si gettò ai suoi piedi. "Placa la tua ira, O Keshava. Tu sei il rifugio dei Pandava, ma ti prego, non infrangere il tuo voto. Hai detto: 'Io non prenderò le armi'. O Signore, io giuro sui miei figli e sui miei fratelli che farò fede alle mie promesse, e mi vedrai combattere come non mai."

A questa promessa, Krishna si placò, e abbassò la ruota del carro. Krishna e Arjuna tornarono sul loro carro mentre il sole tramontava e le ostilità cessavano. I guerrieri sfiniti dalla battaglia se ne tornarono agli accampamenti, raccontandosi lo stupefacente incidente fra Bhishma e Krishna. Bhishma stesso pensò solo a Krishna, e l'immagine dello Yadava che gli correva incontro con la ruota alzata gli rimase impressa per sempre nel cuore.

Capitolo 59

Yudhisthira incontra Bhishma

Nell'accampamento dei Pandava tutti parlavano di Bhishma. Sembrava che non ci fosse modo di fermarlo, e se Krishna non avesse preso in mano la situazione, forse Arjuna sarebbe stato ucciso.

Mentre i Pandava si consultavano con gli alleati, Yudhisthira disse: "Bhishma pare un incendio che incenerisce ogni cosa. Forse si potrà vincere il deva della morte con la sua mazza, o Varuna con il suo cappio, o Indra con il fulmine, ma non lui. O Krishna, sto pensando di ritirarmi da questa guerra. Troppi eroi sono morti, ed è chiaro che nessuno sopravvivrà. È forse meglio fermarsi adesso e passare il resto dei miei giorni nelle pratiche di ascesi? Cosa consigli, o Keshava? La mia mente è tormentata dai dubbi".

Benché avesse passato la giornata totalmente impegnato come auriga di Arjuna, Krishna era fresco, pulito e appariva riposato. Alzando con grazia una mano, rispose: "O figlio di Dharma, non sprecare energia nei dubbi. Al tuo fianco ci sono guerrieri pari ai deva. Tutti i tuoi fratelli sono ai tuoi ordini, e tutti sono invincibili. Anche io sono qui per te, o grande re, e se me lo ordini, ucciderò personalmente Bhishma davanti agli occhi di Duryodhana, e se Arjuna è riluttante, io non lo sono.

Colui che è contro i tuoi fratelli è contro di me e loro mi sono cari quanto i miei parenti. Arjuna è mio amico, parente e discepolo. Per lui mi taglierei la carne, come lui darebbe la vita per me.

Tuttavia, benché io sia pronto a fare ciò che è necessario, Arjuna dovrà tener fede al suo voto, e uccidere il nonno. Inoltre c'è la profezia che riguarda Shikhandhi che sarà coinvolto nella morte di Bhishma. Agiamo presto per porre fine alla sua vita."

Yudhisthira rispose: "So che con il tuo aiuto potrei ottenere tutto ciò che desidero, ma non posso permettere che le tue parole non si provino vere a causa mia. È già tanto che tu oggi sia stato sul punto di rompere la promessa. Non sei tu che devi uccidere Bhishma. O mio Signore, dobbiamo trovare un altro modo".

I fratelli di Yudhisthira annuirono. Le parole di Krishna dovevano servire a guidare gli uomini, e se lui mancava alla sua parola, altri avrebbero seguito il suo esempio e il mondo sarebbe andato in rovina.

Yudhisthira, ricordandosi quello che Krishna aveva detto all'inizio della guerra, disse: "Sarà Bhishma a dirci come ucciderlo. Ahi, che tragedia, adesso devo cercare di uccidere il vecchio nonno che ci fece da padre quando divenimmo orfani".

Krishna consolò Yudhisthira. "Fatti coraggio, o eroe. Il figlio di Ganga ha scelto di aiutare Duryodhana e quindi non può evitare di morire in questa guerra. Hai detto bene, devi tornare da Bhishma e chiedergli come ucciderlo. Te lo ha promesso, adesso andiamo da lui."

I Pandava si tolsero le armature ed andarono con Krishna al campo dei Kaurava, entrarono nella tenda di Bhishma e si inchinarono. Il volto di Bhishma si accese. "Benvenuto, o grande Vrishni, e benvenuti siate voi, figli di Pandu!".

Bhishma risplendeva nelle sue vesti di seta bianca, e col suo lungo braccio indicò dei sedili d'oro ricoperti di preziosi tappeti, e quando i visitatori si furono seduti, disse: "Cosa posso fare per voi? Farò con grande gioia qualunque cosa vogliate".

Yudhisthira giunse le mani, guardò Krishna per farsi coraggio, fece un respiro profondo e disse: "O Bhishma, grande saggio, dicci come possiamo vincere questa guerra, e porre fine alla carneficina. Dicci come possiamo vincerti, tu che mai mostri una debolezza in battaglia. Ogni giorno distruggi sempre più grandi porzioni del nostro esercito e presto saremo rovinati.

Così sono tornato da te come mi hai chiesto".

Bhishma si commosse guardando Yudhisthira e i suoi fratelli. Tutti portavano le cicatrici delle ferite della battaglia e tutti lo guardavano con riverenza. Che differenza con Duryodhana e i suoi fratelli! Bhishma sapeva che se avesse chiesto a Yudhisthira di smettere di combattere e lasciare il regno ai Kaurava, gli avrebbe obbedito. Non c'era nulla che i Pandava non avrebbero fatto per obbedire agli anziani. Se i figli di Dhritarastra fossero stati come loro, questa guerra non sarebbe mai stata iniziata. Tuttavia c'era anche Krishna, che desiderava che tutti i re della terra e i guerrieri venissero distrutti. Una gran parte di loro erano atei, o addirittura demoniaci, e lui voleva liberarne la terra.

Bhishma disse: "O figlio di Kunti, fin tanto che io sono vivo non potrai vincere. Uccidimi, e la vittoria sarà tua. Vi permetterò, o figli di Kunti, di colpirmi come vorrete".

Yudhisthira rispose: "Ti prego di spiegarci esattamente come fare. Forse potremmo sconfiggere Indra e il suo fulmine o Yamaraja e la sua mazza, ma non te".

"È come dici, o re," disse Bhishma, "Quando combatto, nessuno mi può resistere. Ecco il mio voto: 'Non alzerò le armi contro colui che è disarmato, colui la cui armatura e lo stendardo sono distrutti, colui che fugge spaventato, colui che si arrende, colui che ha solo un figlio, colui che è disabile, contro una donna o colui che porta un nome di donna'. O figlio di Pandu, non combatterò mai contro uno di questi.

Il valoroso figlio di Drupada, Shikhandhi, sarà la causa della mia caduta. Come tutti sanno, lui era una donna, quindi non lo colpirò. Mettilo in prima linea con Arjuna dietro di lui. Solo Dhananjaya o l'illustre Krishna possono farmi cadere. Non combatterò contro Shikhandhi, e Arjuna mi potrà uccidere."

Quando Bhishma tacque i Pandava si alzarono e uno dopo l'altro gli toccarono i piedi. Anche Krishna toccò i piedi di Bhishma e gli si inchinò fino a terra. Sulla strada del ritorno, Arjuna, con lo sguardo perso nel buio, sapeva che non poteva evitare questa lotta. Si rese conto che i suoi sentimenti lo frenavano, e che doveva trovare il modo di andare oltre. Disse con voce triste: "Shikhandhi è nato per uccidere Bhishma. Appena lui lo vedrà, lascerà le armi, e io farò il mio dovere".

I Pandava tornarono all'accampamento pieni di sentimenti contraddittori. Sapevano che la vittoria sarebbe stata loro, ma solo a costo della vita di Bhishma.

* * *

Sanjaya descrisse la battaglia che portò alla morte dei suoi figli e poi tacque. Il re cieco piangeva, si percuoteva il petto e si agitava sul trono.

"Ah, è tutta colpa mia. Perché non ho dato retta a Vidura? Dov'è adesso il mio saggio fratello? Dove andremo a finire, o Sanjaya? Che rifugio ci può essere per un uomo vecchio e logoro, privato dei suoi figli e parenti?".

Sanjaya cercò di consolare il re. La battaglia stava prendendo la sua piega inevitabile. Adesso che Bhima stava sistematicamente uccidendo i suoi figli come aveva promesso, il re si sarebbe reso conto delle sue colpe? Ogni volta che le sorti dei Kaurava volgevano al peggio, lui esprimeva il suo rimorso, ma poi quei sentimenti sparivano appena sentiva di qualche successo.

Quando il re smise di singhiozzare, Sanjaya continuò la sua descrizione della battaglia, e quando descrisse le imprese di Bhishma, il re si riprese ed ascoltò con speranza.

Poi Sanjaya raccontò l'episodio avvenuto nella tenda di Bhishma. Dhritarastra disse con sgomento: "Perché il nonno ha rivelato come ucciderlo? È questo il suo dovere? Sarà stanco della lotta, ma perché favorire i figli di Pandu?".

I lamenti di Dhritarastra echeggiarono tristemente nella sala.

Capitolo 60

La caduta di Bhishma

All'alba del decimo giorno il suono di migliaia di tamburi, cimbali, conchiglie e trombe riempì l'aria e i guerrieri scesero in campo. I Pandava fecero schierare Shikhandhi alla testa della formazione. Bhima e Arjuna gli proteggevano i fianchi, e dietro c'erano Abhimanyu e i figli di Draupadi. Poi, a ventaglio dietro di loro c'erano i Panchala al comando di Dhristadyumna, Satyaki e Chekitana. Altri forti ratha e maharatha proteggevano i punti chiave della formazione.

Bhishma era al centro della formazione dei Kaurava. Duryodhana ordinò ai suoi migliori guerrieri di proteggerlo. Sapeva che i Pandava lo avrebbero attaccato. Anche Duryodhana rimase vicino al nonno, osservando le mosse dei Pandava.

I due eserciti si scontrarono e la carneficina ricominciò. Sapendo che sarebbe andata così fino all'ultimo giorno, Bhishma decise di fare un ultimo sforzo. Se doveva morire, sarebbe caduto combattendo al massimo delle sue possibilità. Scagliò le sue frecce contro le truppe dei Pandava come torrenti incessanti, e un numero spaventoso di uomini, cavalli ed elefanti caddero sotto il suo attacco. Sembrava che egli fosse ovunque.

Shikhandhi lanciò la sua sfida e scagliò tre frecce contro Bhishma che lo colpirono al petto trapassando la corazza, e gridò: "Tu sei il terrore degli kshatriya, o eroe dalle forti braccia. Combatterò con te, e che tu risponda o no, io ti ucciderò".

Shikhandhi tirò altre cinque frecce che colpirono Bhishma alla spalla, e Arjuna gli disse: "Continua ad attaccare il nonno, o eroe dalle forti braccia, e io ti proteggerò dai guerrieri che verranno in suo aiuto".

Shikhandhi voleva che Bhishma gli rispondesse, gli mandò contro nugoli di frecce ferendolo in tutto il corpo, ma Bhishma non rispose muovendosi in cerchi, bersagliando le truppe dei Pandava e allo stesso tempo schivando Shikhandhi. Duryodhana in persona comandava le forze attorno a Bhishma, assicurandosi che fosse protetto da ogni lato.

Arjuna si gettò nella mischia con un ruggito, e con le sue innumerevoli frecce scavò un varco nelle file dei Kaurava. Duryodhana disse a Bhishma: "O signore, le nostre forze vengono messe in fuga da Arjuna. Solo tu puoi fermarlo".

Bhishma abbassò l'arco e disse a Duryodhana: "O re, ascoltami bene. All'inizio della guerra ho promesso di uccidere diecimila soldati al giorno, e l'ho fatto. Adesso farò un'ultima promessa: o io ucciderò i Pandava o loro uccideranno me. Con questo ti ripagherò il debito per il cibo che mi hai dato".

Senza altre parole Bhishma se ne andò sparando frecce. I Pandava non riuscivano nemmeno a guardarlo.

Arjuna incitò Shikhandhi: "Attacca Bhishma, o eroe, non avere paura. Io lo farò cadere dal carro".

Arjuna, con Shikhandhi davanti, si avvicinò rapidamente a Bhishma. Dushashana lo vide e gli si parò davanti. Scacciò la paura dalla sua mente e si pose di fronte al Pandava come una riva di fronte all'oceano. I due guerrieri combatterono come Indra e Mayasura nei regni celesti nelle ere antiche. Dushashana parò le venticinque frecce di Arjuna e colpì Krishna con tre delle sue. Arjuna si infuriò e mandò cento frecce dall'asta lunga che penetrarono la sua armatura succhiandogli il sangue facendolo gridare per il dolore.

Ridendo, Arjuna spezzò l'arco di Dushashana con tre frecce a punta di mezzaluna, e con altre cinquanta a punta di martello fece a pezzi il suo carro. Poi ne lanciò altre cento a punta rostrata che fecero a pezzi il carro di Dushashana.

Senza scomporsi, Dushashana parò le frecce di Arjuna con le sue, e i guerrieri Kaurava lo applaudirono. Incoraggiato, scagliò altre venti frecce che colpirono Arjuna, e fecero esplodere la sua furia. Scagliò così tante frecce che il principe corse a rifugiarsi sul carro di Bhishma.

Drona che osservava la lotta, disse a suo figlio: "Mi sembra, mio caro Ashvatthama, che Arjuna si stia impegnando a fondo per uccidere Bhishma. Vedo brutti segni, le frecce cadono fuori dalla mia faretra, e non si incoccano a dovere nell'arco. Il mio desiderio di combattere viene meno, e sento le grida degli animali da preda. Sembra che la terra pianga, ed il sole si è smorzato. Sono segni che indicano che il nostro venerabile nonno è vicino alla morte".

Drona incitò suo figlio. "Non è il momento di pensare alla propria vita. Concentra la tua mente sul cielo, mio caro figlio e affronta il terribile Dhananjaya. Senti le urla di dolore dei nostri soldati e lo schiocco della corda del Gandiva. Vai, e fai di tutto per impegnarlo prima che ci finisca tutti."

Ashvatthama con Shalya, Kripa, Bhagadatta ed altri sei maharatha Kaurava attaccò Arjuna, allora Bhima si interpose. Tutti e dieci puntarono le loro armi contro il Pandava, che da solo li tenne impegnati con le sue frecce.

Arjuna si concentrò su Bhishma, respinse un attacco di Susharma e di suo fratello Chitrasena, poi trovò Bhagadatta con il suo elefante sulla sua strada e lo fece vacillare con una scarica di frecce. Shikhandhi colpì Bhishma con incessanti scariche di frecce, e il vecchio eroe lo ignorò sterminando chiunque gli venisse a tiro. Solo Arjuna riuscì a sostenere il suo attacco e ad avvicinarsi con Shikhandhi che non era stato nemmeno toccato.

Quando rimasero soli davanti a Bhishma, Shikhandhi gli trafisse il petto con dieci frecce a punta larga. Bhishma lo guardò come per incenerirlo, ma non rispose. Incitato da Arjuna, Shikhandhi lo attaccò con maggiore violenza. Anche Arjuna scagliò le sue frecce dalle piume d'oro contro il nonno. Bhishma combatté solo contro Arjuna, ignorando le frecce di Shikhandhi. Dushashana tornò a proteggere Bhishma e Arjuna, persa ogni pazienza, con frecce fulminee gli strappò l'armatura, lo sbalzò dal carro. Il Kaurava appena si riprese fuggì di corsa.

Nel frattempo un gran numero di guerrieri Kaurava aveva circondato Bhishma. Tribù di barbari vestiti di pelli caricarono Arjuna con mazze e bastoni, e migliaia di cavalieri caricarono urlando e scagliando lance e giavellotti. Arjuna con nugoli di frecce infuocate cariche di poteri mistici devastò i loro ranghi.

Bhishma venne soccorso da Duryodhana, Kripa, Shalya e un buon numero di figli di Dhritarastra. Gli altri quattro Pandava vennero all'assalto facendo cadere molti guerrieri nemici.

Bhishma e Arjuna lottarono come leoni, senza riuscire a trovare un varco nelle reciproche difese. Ambedue invocavano armi celesti che l'altro neutralizzava, e si lodavano a vicenda.

Bhishma attaccò tutti coloro che avanzavano, e con una freccia a punta di rasoio uccise Satanika, l'amato fratello di Virata, e annientò il suo esercito, pur continuando a difendersi da Arjuna. Sembrava che il capo dei Kuru si divertisse, danzando sul ponte del suo carro come se avesse ritrovato la gioventù, e disperse le forze dei Pandava come il sole disperde le nuvole.

Shikhandhi continuò ad avvicinarsi a Bhishma. Di tanto in tanto il Kuru gli lanciava un'occhiata di scherno, mantenendo la sua concentrazione contro le truppe dei Pandava. Arjuna gli squassò l'armatura e lo ferì, ma Bhishma sorrise dimentico del dolore, e continuò a lottare deciso a fare la morte dell'eroe.

Arjuna sentì che era il momento di finirlo e con una freccia perfettamente mirata gli spezzò l'arco, poi lo trafisse con delle frecce uncinate, uccise i suoi cavalli e l'auriga bloccando il carro. Bhishma prese un altro arco, e Arjuna glielo spezzò subito. Allora Bhishma scagliò una lancia, e Arjuna con cinque frecce a punta larga la tagliò in volo in sei pezzi.

Bhishma guardò Krishna che guidava abilmente i veloci cavalli di Arjuna. Sapeva che era la fine, così aveva deciso il fato. Non poteva vincere contro Krishna. La sua sola presenza rendeva i Pandava invincibili. Bhishma abbassò le armi e cominciò a pensare alla morte. In cielo i rishi, riuniti con gli otto Vasu, si rivolsero a Bhishma in modo che solo lui potè sentirli. "Desideriamo che tu smetta di lottare, il tuo tempo è giunto."

Improvvisamente si mise a soffiare una fresca brezza, i tamburi divini rullarono e cadde una pioggia di fiori. Bhishma era fermo, pensieroso, e Shikhandhi scagliò nove frecce che lo colpirono in pieno sul petto, e Arjuna lanciò venticinque frecce corte e spesse che colpirono Bhishma con forza tremenda, seguite da cento frecce dallo stelo di acciaio. Bhishma decise di fare un ultimo attacco contro Arjuna, che però gli spezzò l'arco, e con le lacrime agli occhi lo trafisse con mille frecce. Chiamò Dushashana, che corse al suo fianco. "Queste frecce, che mi giungono a file ininterrotte, o Bharata, sono quelle di Arjuna e non di Shikhandhi. Posso distinguerle perché hanno il tocco dell'arma Vajra di Indra. Solo Arjuna mi può vincere, nemmeno tutti i re del mondo riuniti potrebbero farlo."

Con un ultimo supremo sforzo Bhishma alzò una lancia massiccia e la scagliò contro Arjuna con tutta la sua forza. Arjuna la spezzò in cento pezzi, e piegando il Gandiva a cerchio completo, scagliò serie di venti frecce in linee ininterrotte. Shikhandhi gli era davanti e Bhishma abbassò le armi senza difendersi. Le frecce lo colpirono a ondate, e non c'era uno spazio più grande di due dita sul suo corpo che non fosse colpito. Bhishma cadde dal carro, con la testa rivolta a est, ed il corpo appoggiato interamente alle frecce di Arjuna. Nessuna parte del suo corpo toccava terra.

I Kuru erano disperati. Si udì una voce dal cielo: "Come può questo eroe, l'illustre figlio di Ganga, lasciare il corpo quando il sole è nel suo corso meridionale?".

Bhishma disse: "Sono ancora vivo". Aveva osservato il corso del sole, e grazie al dono di suo padre poteva scegliere quando morire. Secondo l'insegnamento vedico, uno yogi dovrebbe lasciare il corpo quando il sole è nel suo tratto settentrionale. Fino ad allora sarebbe rimasto sul campo, come si addice a un guerriero, aspettando il momento finale. Duryodhana e i suoi erano in confusione e non riuscirono più a combattere, gettarono le armi e piansero. Quando il sole raggiunse l'orizzonte, i Kaurava si aggiravano ancora per il campo in preda al dolore.

Dalla parte dei Pandava suonarono le conchiglie, le trombe, i cembali ed i corni, e i soldati esultarono. La notizia della caduta di Bhishma si era sparsa in un attimo.

I rishi celesti si trasformarono in cigni, scesero dal cielo e camminarono attorno a Bhishma che giaceva con la mente assorta in meditazione. I Siddha e i Charana lodarono Bhishma dal cielo.

Duryodhana andò subito da Drona che era stato portato lontano da Bhishma dalle vicende della battaglia e gli diede la notizia. Drona si sentì mancare e cadde dal carro, e quando rinvenne ordinò la ritirata. Duryodhana, Drona, Kripa e gli altri Kuru si recarono sul luogo dove giaceva Bhishma.

Bhima danzò sul campo di battaglia, Arjuna invece non esultò. Chiese a Krishna di portarlo dal nonno, scese con l'arco in mano e gli si inginocchiò accanto. "Dimmi cosa posso fare per te, o signore," disse sforzandosi di controllare il suo dolore.

Bhishma aprì gli occhi e parlò a fatica."O Phalguni, la mia testa pende, prendimi un cuscino, o eroe. Solo tu sei all'altezza di questo compito."

Comprendendo il desiderio di Bhishma, Arjuna sollevò l'arco e pronunciando dei mantra lanciò alcune frecce che si infilarono in terra sotto la testa di Bhishma formando un appoggio. Bhishma sorrise e mosse la mano per benedirlo. "O figlio di Pandu, mi hai capito, questo è il solo cuscino degno di un guerriero."

Intorno a lui c'erano sia i Pandava che i Kaurava inchinati a mani giunte. I figli di Dhritarastra si vergognavano per aver mancato di proteggerlo. Duryodhana era distrutto dal rimorso per questa guerra che aveva insistentemente voluto.

Bhishma li rincuorò: "Ho raggiunto la fine che tutti gli eroi desiderano. Questo letto per me è meglio delle migliori piume e sete. Presto rivedrò i miei antenati nelle beate regioni del cielo. Perché dovrei lamentarmi?".

Arrivarono i medici con erbe e balsami. Bhishma sussurrò: "O re della terra, onorate e ricompensate questi bramini, poi mandateli via. Non ho più bisogno di medici. La mia fine è giunta, ed io sono pronto. Voglio morire per queste frecce. Lasciatemi qui fino a quando il sole raggiungerà il punto di Vaishravana, e allora me ne andrò nelle regioni del cielo". Bhishma appoggiò la testa alle frecce e chiuse gli occhi.

Duryodhana mandò via i bramini, e rimase per un po' in silenzio guardando l'eroe caduto. Poi, con i suoi fratelli ed i re alleati, circoambulò Bhishma tre volte, e tornò al suo accampamento sospirando. Anche i Pandava offrirono i loro rispetti a Bhishma.

I Pandava riposarono per la notte, certi di poter presto ottenere la vittoria, mentre i Kaurava si rivoltavano nei loro letti.

Capitolo 61

Drona al comando

La voce lamentosa di Dhritarastra echeggiò nella sala. "Com'è possibile che Bhishma sia caduto? Colui che ha frecce per denti, arco per bocca e spada per lingua, la nemesi dei nemici, invincibile in battaglia come Indra, che può tenere a bada la morte, perché mai è caduto? Come hanno fatto Shikhandhi e Arjuna a farlo cadere?".

Il re era inconsolabile, e anche Sanjaya era triste. Piangendo, il monarca cieco proseguì: "Dopo che per dieci giorni ha devastato le truppe nemiche con straordinarie imprese, oggi è tramontato come il sole. Questo è il risultato delle mie scelte malvage. Il figlio di Ganga ha ucciso centinaia di migliaia di nemici, e adesso giace a terra come un albero sradicato dal vento. O Sanjaya, non ci si può più stupire di nulla dopo la caduta di Bhishma.

"Il mio cuore dev'essere fatto di pietra per non spezzarsi. Certamente i miei figli staranno piangendo adesso che lui è andato, come coloro la cui barca affonda in mezzo all'oceano. Il nostro esercito senza la sua guida sarà come una mandria nel panico. Che senso ha la vita per me, colpevole della morte del nostro padre, il più virtuoso fra gli uomini?".

Dhritarastra rimase in silenzio nella sala buia. Si sentiva una musica triste ed i canti dei bramini dal tempio del palazzo.

Dhritarastra chiese a Sanjaya di raccontargli di nuovo la battaglia. Quando Sanjaya finì era quasi l'alba, e il re disse: "Certamente la morte non si può evitare, e alla fine il tempo consuma ogni cosa di questo mondo, o Sanjaya. Dimmi cosa hanno fatto i miei figli. Chi hanno scelto per comandante? Come trovano la forza di continuare a combattere?".

Mentre il sole stava sorgendo, Sanjaya raccontò gli eventi della fine della decima giornata di guerra. Poi Dhritarastra andò nella sala da bagno. Dopo i rituali e le preghiere, tornò nella sala e Sanjaya iniziò a descrivere l'undicesima giornata.

* * *

Dopo che tutti i re ebbero lasciato Bhishma, Karna uscì silenziosamente dalla sua tenda. La luna illuminava un livido scenario di distruzione. Gli avvoltoi svolazzavano e le iene ringhiavano. Gli fu facile trovare Bhishma perché cento guerrieri lo vegliavano con le torce accese per tener lontani gli animali.

Karna smontò dal carro, si gettò ai piedi di Bhishma, e sussurrò: "Io sono il figlio di Radha, o primo fra i Kuru. Sono quello che tu hai sempre trattato con ostilità".

Bhishma aprì gli occhi e guardò Karna. Fece allontanare le guardie e gli disse di avvicinarsi, parlandogli con affetto. "Vieni, figlio caro. Tu mi sei stato nemico perché cercavi sempre di essermi superiore. È un bene che tu sia venuto."

Bhishma non provava rabbia contro Karna, e solo per affetto lo aveva sempre rimproverato. Sollevò un poco la testa e disse: "O eroe dalle forti braccia, tu sei il figlio di Kunti, non di Radha. Adhiratha non è tuo padre, ti ha concepito Surya, il deva del sole. Lo ho saputo da Narada e Vyasa. O figliolo, non ti voglio male, ti ho sempre parlato con durezza per fermarti nei tuoi irragionevoli insulti ai Pandava che ti avrebbero portato disgrazia".

Karna si inginocchiò al fianco di Bhishma. Malgrado tutti i diverbi, aveva sempre rispettato il nonno, riconoscendo la sua forza e la sua nobiltà, sapendo che le sue parole non erano cattive, anche se difficili da accettare.

Bhishma chiuse gli occhi e proseguì: "O Karna, la tua nascita è avvenuta nel peccato, e così la tua mente si è pervertita senza che tu ne abbia colpa. Per questa ragione ho tentato di correggerti nelle assemblee degli kshatriya. La tua abilità e la tua forza sono pari a quelle di

Arjuna. Sei devoto ai bramini, osservi i doveri del tuo ordine, e non sei da meno degli esseri divini. Se vuoi il mio bene, unisciti ai tuoi fratelli, i Pandava, così che le ostilità cessino con la mia caduta. Fai riconciliare Duryodhana con i Pandava".

Karna chinò la testa. "So tutto, o eroe dalle forti braccia. So di essere figlio di Kunti, ma lei mi ha abbandonato e sono stato allevato da un auriga. Ho goduto della ricchezza e dell'amicizia di Duryodhana per lungo tempo, come posso tradirlo? Combatterò per Duryodhana a costo di perdere ricchezze, figli, moglie, onore e la mia stessa vita. Per lui mi sono inimicato i Pandava. Le conseguenze sono inevitabili. Chi può cambiare il destino?".

Karna, sentendo i racconti delle battaglie e vedendo le truppe di Duryodhana che andavano riducendosi, si era sentito sempre più frustrato. Desiderava ardentemente provare la sua gratitudine, ed era giunto il momento. "O sire, non posso cessare l'ostilità contro i Pandava. Sono invincibili e protetti dal potente figlio di Vasudeva, tuttavia io combatterò. Ti prego, dammi il permesso. Ti prego inoltre di perdonare le parole crudeli che ti ho rivolto".

Bhishma guardò Karna e vide la sua determinazione. "Se non puoi rinunciare all'inimicizia per i Pandava, o Karna, ti do il permesso. Fissa la tua mente al cielo e combatti al pieno delle tue forze. Arjuna ti manderà nelle regioni benedette riservate agli eroi che non fuggono. Rinuncia all'arroganza, affidati al tuo valore, e trova la morte dell'eroe. Quale maggior gloria per uno kshatriya? Vai, ti benedico, e ti perdono le offese che mi hai fatto."

Bhishma chiuse di nuovo gli occhi. Karna sparì nell'oscurità lasciando Bhishma alla sua meditazione.

* * *

All'alba dell'undicesimo giorno i Pandava e i Kaurava tornarono a visitare Bhishma. Dopo le preghiere e l'offerta dei rispetti, gli rimasero accanto mentre i servitori gli cospargevano la fronte e le tempie di pasta di sandalo e di riso vestito. Vennero a vederlo a migliaia, ammirati per la sua forza e determinazione. Come un grande asceta, dopo aver digiunato per anni, mantiene nel suo corpo la forza vitale, il capo dei Kuru aspettava il suo momento finale.

I guerrieri si avvicinarono all'eroe caduto. Bhishma aprì gli occhi e mosse appena la testa, poi alzò la mano e disse: "Portatemi dell'acqua.".

I Kaurava portarono delle anfore colme d'acqua fresca e del cibo, ma Bhishma rifiutò e disse: "Dov'è Arjuna?".

Arjuna si fece avanti. "Cosa posso fare o nobile nonno?". "Il mio corpo brucia, e ho fortissimi dolori. La mia bocca è secca e desidero bere quell'acqua che soltanto tu mi puoi dare."

Arjuna prese il Gandiva, camminò tre volte attorno a Bhishma, poi incoccò una freccia d'oro. Dopo aver cantato dei mantra ed aver caricato la freccia con la divina arma Parjanya, la scagliò nel terreno vicino alla testa di Bhishma, e sgorgò uno zampillo di acqua pura e fresca che raggiunse la sua bocca.

Gli kshatriya trattennero il fiato per la meraviglia, e i Kaurava tremarono di paura per quella prodigiosa abilità.

Dopo aver placato la sete, Bhishma disse: "O eroe dalle forti braccia, non mi stupisco perché sei l'incarnazione dell'antico saggio Nara. Tu sei il migliore fra gli arcieri, e insieme a Krishna puoi compiere imprese impossibili persino ai deva".

Bhishma guardò Duryodhana. "O figlio di Dhritarastra, guarda le capacità di Arjuna. Nessuno lo può sconfiggere, nemmeno con l'aiuto delle forze combinate dei deva e degli Asura. Quindi supera la tua inimicizia, e la guerra cessi con la mia caduta. Dai metà del regno a Yudhisthira, e vivete insieme in pace per il bene tuo e della dinastia. Solo per la tua malvagia incomprensione non mi hai ascoltato, e presto ti pentirai della tua follia."

La voce di Bhishma si smorzò fino a spegnersi. Duryodhana tacque mentre Karna guardava Arjuna minacciosamente. Era chiaro che la guerra sarebbe continuata. I re onorarono Bhishma e tornarono agli accampamenti per indossare le armature e si diressero verso il campo di battaglia, seguiti dalla fanteria, dalla cavalleria e dai grandi elefanti che barrivano. Gli eserciti si schierarono suonando conchiglie e tamburi.

Nella sua tenda, Karna, con l'aiuto dei servitori, indossò un'armatura gemmata ed un elmo splendente. Con espressione decisa si infilò i guanti di pelle di iguana e le protezioni di cuoio per le braccia. I servitori caricarono sul suo carro migliaia di frecce imbevute d'olio, cinquanta archi della miglior fattura, mazze, spade, asce, giavellotti e lance.

Karna si cosparse di pasta di sandalo, indossò ghirlande di fiori e montò sul carro. I musici suonarono le trombe ed i cembali, e Karna disse all'auriga: "Portami subito da Arjuna. Anche se lo proteggesse la morte, non mi sfuggirà. O lo manderò all'altro mondo, o ci andrò io seguendo la strada di Bhishma".

Duryodhana si unì a lui e vedendolo splendente come un fuoco pensò che i suoi nemici erano già condannati. Sorrise e disse: "O grande eroe dimmi cosa fare. Non abbiamo più un capo, e un esercito senza guida è come una barca senza timone. Dimmi chi pensi debba essere il comandante dell'esercito".

Karna indicò i principali guerrieri: "Qualunque di quegli eroi potrebbe comandare il tuo esercito. Conoscono tutti la scienza della guerra, e sono valorosi. Bisogna però non offendere nessuno. Penso che dovresti dare l'incarico a Drona, che è il più anziano, il più esperto e il maestro d'armi di molti degli eroi che combattono per noi. Nessuno si opporrà ai suoi ordini. Così come i deva nella guerra con i demoni hanno nominato comandante Karttikeya, così tu dovresti eleggere Drona".

Duryodhana era d'accordo, andò da Drona e disse: "O grande eroe, fra tutta questa schiera di re, tu sei il migliore. Sei un bramino di nobile nascita, conosci i Veda, le tue capacità, la tua forza e il tuo valore sono ineguagliabili. Accetta il comando delle nostre forze. Chi ti può eguagliare sul campo di battaglia? Anche Arjuna non oserà avvicinarsi".

Drona in piedi sul suo carro, con il grande arco, la barba e i capelli bianchi, risplendeva come la luna in una notte serena. Alzando la mano in segno di benedizione, disse: "Darò battaglia ai figli di Pandu. Vinceremo gli eserciti di Panchala e Somaka, e colle mie scorrerie sul campo riempirò di terrore il cuore del nemico. Tuttavia, o re, non credo che riuscirò ad uccidere Dhristadyumna, perché quell'eroe è nato per uccidermi".

Duryodhana fece preparare la cerimonia per investire Drona. Egli stesso si sarebbe dedicato a tenere Dhristadyumna lontano da Drona. Del resto era difficile credere che il principe Panchala avesse la forza di uccidere Drona. I due si erano già scontrati in molte occasioni e ogni volta Drona aveva prevalso. Forse quella profezia era solo un pettegolezzo.

Quando la cerimonia fu terminata, le truppe dei Kaurava lanciarono un urlo e suonarono i loro strumenti. Drona, con la testa bagnata dall'acqua sacra dell'investitura, risalì sul carro e guidò l'esercito alla battaglia, con Duryodhana a fianco. Mentre si avvicinavano al terreno dello scontro, Drona disse: "O grande re, sono onorato dall'incarico e voglio ripagarti. Dimmi cosa desideri e mi sforzerò di esaudirti".

Duryodhana pensò un momento e rispose: "O precettore, cattura Yudhisthira e portamelo".

Drona fu sorpreso. "Il figlio di Kunti è fortunato che tu ne desideri la cattura e non la morte. Perché lo vuoi risparmiare? La sua morte non sarebbe la fine del conflitto e la tua vittoria? Vuoi forse ristabilire la pace e un amore fraterno con i Pandava?".

Un sorrisetto astuto apparve sulle labbra di Duryodhana. "La morte di Yudhisthira, non porrebbe fine alla guerra, o maestro, e non mi darebbe la vittoria. Se fosse ucciso, Arjuna sarebbe preso da una tale ira da distruggerci tutti. Oramai penso che non si può uccidere tutti e cinque i fratelli. Quando Yudhisthira sarà prigioniero, lo sfiderò ad un'altra partita a dadi e così rispedirò nella foresta tutti e cinque i fratelli."

Era chiaro che l'atteggiamento di Duryodhana non era cambiato. Tuttavia Drona aveva un dovere da compiere. Con un sospiro disse: "Se non ci sarà Arjuna a proteggere Yudhisthira, considera la cosa fatta, altrimenti nemmeno Indra con tutti i celesti potrebbe catturarlo. Anche se io sono il maestro di Arjuna, lui è più giovane di me ed ha armi conosciute solo dai deva. Devi separarlo da Yudhisthira, ed allora io cercherò di catturarlo".

Quando i Kaurava seppero del piano esultarono. La vittoria sarebbe arrivata presto. Chi poteva resistere a Drona?

La notizia del piano arrivò anche a Yudhisthira, che chiamò Arjuna e disse: "Caro fratello, non allontanarti da me durante la battaglia perché Drona cercherà di catturarmi".

Arjuna rispose: "O re, finché ho vita non permetterò che accada. Le stelle potranno cadere dal cielo, la terra frantumarsi, ma non temere, Drona non ci riuscirà".

Arjuna prese posto alla testa dell'esercito con Dhristadyumna e Abhimanyu. Yudhisthira seguì Arjuna con gli altri fratelli e le vaste forze Panchala.

Capitolo 62

"Yudhisthira sarà catturato"

L'undicesimo giorno di battaglia gli eserciti si scontrarono nuovamente sul campo di Kurukshetra. Karna, fresco di forze, portò la distruzione fra le file dei Pandava. I soldati Kaurava erano felici. "I Pandava verranno presto messi in rotta da Karna. Bhishma ha trattato i figli di Pandu con delicatezza, ma Karna non darà tregua."

Drona caricò a testa bassa l'esercito dei Pandava con migliaia di frecce taglienti che fecero a pezzi i guerrieri che lo fronteggiavano. Invocando le armi divine, Drona distrusse i suoi nemici come Indra sterminò gli Asura. L'esercito dei Pandava tremò sotto l'attacco di Drona che sembrava Yamaraja con la staffa della morte.

Yudhisthira, preoccupato per la carneficina, disse a Dhristadyumna: "Impegna Drona senza perdere tempo!".

Con un ruggito Dhristadyumna caricò Drona, seguito da Bhima, i gemelli, Abhimanyu ed altri guerrieri. Circondarono Drona ricoprendo di frecce il suo carro. Drona azionò il suo arco a velocità impressionante respinse carri e uomini facendoli barcollare e corse freneticamente con il suo carro scagliando proiettili di fuoco. I Pandava fuggirono in preda al terrore e alla confusione. Il suono della corda dell'arco di Drona non cessava un attimo, e come Bhishma prima di lui, fece un massacro. Allo stesso tempo i grandi guerrieri Kaurava impegnarono le loro controparti, e ne seguì una serie di duelli fra i capi dei due eserciti.

Drona, con in mente la promessa a Duryodhana, scavò un varco nelle forze dei Pandava. Yudhisthira stava nel loro mezzo, protetto da molti maharatha. Arjuna gli era vicino, e lottava contro i numerosi guerrieri che tentavano di separarlo dal fratello.

Quando Drona irruppe attraverso le schiere di soldati di fronte a Yudhisthira, Kumara, un principe Panchala che proteggeva le ruote del carro di Yudhisthira, lo caricò. Il principe lanciò un nugolo di frecce che trafissero Drona e fermarono la sua avanzata. Drona si riprese e scagliò una freccia a punta larga con precisione mortale tagliando la testa di Kumara. Un altro principe Panchala, Simhasena, colpì Drona con cento frecce, aiutato dal fratello, Vyaghradatta, che assalì Drona urlando. Ambedue lo colpirono al torace e alle braccia , tuttavia Drona, per nulla turbato, con due frecce a punta di rasoio tagliò le loro teste in rapida successione e continuò ad avvicinarsi a Yudhisthira. Le truppe dei Kaurava gridarono: "È fatta, Yudhisthira è catturato!".

Sentendo le grida, Arjuna si precipitò verso Drona falciando senza pietà i guerrieri che gli si opponevano. Tutto quello che si riusciva a vedere di Arjuna e del suo carro erano le nuvole di frecce che lanciava.

Duryodhana ordinò a migliaia di guerrieri su carro di contrastarlo. Lo spazio intorno ad Arjuna era una massa unica di frecce, e i Kaurava vennero fatti a pezzi, i loro carri distrutti. Drona non riuscì ad avvicinare Yudhisthira, e le divisioni che lo sostenevano si disfecero sotto i colpi di Arjuna.

Mentre Arjuna massacrava l'esercito dei Kaurava, il sole raggiunse l'orizzonte. Drona suonò la conchiglia per ritirare le truppe, e i due eserciti tornarono nei loro accampamenti.

* * *

Drona era depresso per il suo fallimento e vergognandosi, disse a Duryodhana: "Ti avevo detto che non posso catturare Yudhisthira quando è difeso da Arjuna. Devi trovare il modo di allontanarlo, e allora lo prenderò. O riuscirò o almeno mi sarà possibile uccidere almeno uno dei grandi guerrieri Pandava che cerchi di proteggere Yudhisthira. Però tu dovrai impegnare Arjuna in un'altra zona del campo di battaglia".

Allora Susharma disse: "Arjuna mi ha umiliato molte volte, è nemico mio e dei miei fratelli. Prenderemo noi il compito di lottare con lui domani e lo attaccheremo con cinquantamila carri".

Con i suoi quattro fratelli, Susharma giurò davanti al fuoco sacro di combattere Arjuna fino alla morte. Le speranze di Duryodhana si risollevarono. Anche se Susharma non fosse riuscito ad uccidere Arjuna, almeno avrebbe dato a Drona la possibilità di catturare Yudhisthira.

La mattina del dodicesimo giorno la notizia del giuramento di Susharma arrivò a Yudhisthira. Arjuna ne venne informato, e disse a suo fratello: "Non c'è motivo di preoccuparsi, o re. Satyaki, il mio discepolo è forte quanto me. Egli ti starà a fianco e anche se io dovessi allontanarmi non ti potranno catturare".

Yudhisthira si tranquillizzò e diede ordini per la battaglia. Le sue forze si mossero rapidamente verso il campo e si schierarono nella formazione dell'alligatore.

Susharma, che era alla testa della formazione Kaurava, sfidò subito Arjuna. Forzato dalle regole degli kshatriya, Arjuna accettò la sfida, e subito fu circondato dai cinquantamila carri dei Trigarta e dei Samshaptaka. Il resto delle forze dei Pandava si mosse per impegnare le altre truppe dei Kaurava, e Arjuna ingaggiò una tremenda lotta con quegli indomiti guerrieri. Sentendo le loro urla esaltate, Arjuna disse a Krishna: "Guarda, o figlio di Devaki, come questi uomini che stanno per perire sono gioiosi quando dovrebbero piangere. Forse sono felici perché stanno per raggiungere le regioni splendenti del cielo negate ai codardi".

Arjuna prese la sua conchiglia divina intarsiata d'oro e fece uno squillo poderoso. I cavalli defecarono e gli uomini caddero dai carri. Quando il suono si spense, si ripresero e scagliarono migliaia di frecce. In un istante Arjuna le parò tutte, poi trafisse i principali guerrieri che lo stavano attaccando. Susharma e i fratelli risposero con delle frecce appuntite che trafissero Arjuna al torace e alle braccia.

Krishna limitò l'attacco con una manovra, e quando Arjuna emerse dalla grandinata di frecce, uccise i quattro cavalli di Sudhaman, uno dei fratelli di Susharma, e gli tagliò la testa. Quando il principe cadde dal carro, i quattro fratelli intensificarono il loro attacco. Decine di migliaia di guerrieri di carro lo bersagliarono da ogni lato con le loro armi e allo stesso tempo l'esercito di Dwaraka entrò nella mischia con urla terrificanti. Arjuna era completamente impegnato nella battaglia mentre il resto delle forze dei Pandava incontravano i Kaurava ad una certa distanza.

I Kaurava, nella formazione dell'aquila, attaccarono con Drona alla loro testa. Satyaki, mandando frecce a centinaia, fece perdere i sensi ai due auriga di Drona, e uccise i suoi cavalli. Il precettore si infuriò e gli fracassò arco e corazza. Satyaki non fece una piega, prese un altro arco e rispose con trenta frecce che colpirono Drona che vacillò e lasciò andare l'arco. Altri guerrieri delle due parti si aggiunsero alla lotta. Drona si riprese e combatté freneticamente. Uccise i principi Satyajit e Satanika e migliaia dei soldati Matsya e Panchala.

Dhristadyumna lo affrontò con Shikhandhi, Satyaki, Chekitana e molti altri guerrieri e riuscì a fermarlo. Tuttavia Drona combatteva come posseduto, e l'esercito dei Pandava tremò di paura. Drona costrinse a retrocedere tutti quelli che lo affrontavano.

Duryodhana rise e disse a Karna che gli era accanto: "Guarda, Radheya, quelle truppe messe in rotta da Drona, sembra che abbiano perso la voglia di lottare. Cosa può persino Bhima contro il suo maestro?".

Karna era più serio. "Quell'eroe Pandava non abbandonerà la lotta finché avrà vita, come non lo faranno i suoi fratelli. Ricordandosi delle ingiustizie che gli abbiamo fatto, ci assaliranno continuamente. Bhima sta avanzando e Satyaki e Dhristadyumna stanno tornando nella mischia con i gemelli e molti maharatha per attaccare Drona. Andiamo ad aiutarlo."

Il carro di Bhima tirato da quattro cavalli fulvi volava verso Drona con Dhristadyumna e Satyaki ai fianchi. I tre guerrieri ruggivano come leoni attaccando il comandante dei Kuru. Dietro di loro veniva un fiume di carri e cavalieri che sparavano frecce. Duryodhana si staccò da Karna e attraversò il campo in velocità, gridando ordini per proteggere Drona.

Duryodhana attaccò personalmente Bhima, Alla testa di un massiccio esercito di elefanti lanciò la sua sfida al Pandava insultandolo. Bhima ridendo sterminò gli elefanti con frecce uncinate. Il suo carro si muoveva fulmineamente e i suoi nemici si dispersero come nuvole al vento.

Duryodhana, in piena frenesia, si avvicinò a Bhima bersagliandolo di frecce. Bhima lo guardò con gli occhi iniettati di sangue e si leccò le labbra. Scagliò dozzine di frecce dalle piume d'oro che ferirono gravemente Duryodhana, poi con una freccia a punta larga abbattè la sua bandiera col serpente, gli frantumò l'arco con un altro dardo e ruggì.

Il re dei barbari che comandava la divisione degli elefanti, avanzò con la sua enorme belva. Bhima colpì l'elefante in mezzo agli occhi con una freccia pesante e lo fece crollare, e mentre il capo dei barbari cercava di saltare a terra lo decapitò con una freccia mirata alla perfezione.

I guerrieri degli elefanti sopravissuti si voltarono e fuggirono. Duryodhana cercò di rimetterli in formazione senza riuscirvi. Bhagadatta venne ad aiutarlo montato sul suo invincibile elefante Supratika, e caricò Bhima così velocemente che sembrava che volasse. Bhima scagliò delle frecce dall'asta lunga contro l'elefante che rimbalzarono sulla sua armatura senza riuscire a ferirlo. In un lampo l'elefante lo raggiunse e schiacciò il carro con i suoi cavalli mentre il Pandava saltava a lato. Supratika arretrò cercandolo, e Bhima corse sotto il suo ventre colpendolo da sotto a mani nude. L'elefante, urlando per il dolore, girò su se stesso come la ruota di un vasaio. Bhima uscì e l'elefante lo afferrò con la proboscide. Bhima si divincolò e si liberò dalla presa nascondendosi di nuovo sotto al suo ventre.

Yudhisthira ordinò ad una compagnia di elefanti di aiutarlo. Mentre Supratika era distratto dall'attacco degli elefanti, Bhima colse l'occasione e corse via.

Seguì una lotta fra le forze dei Pandava con gli elefanti al comando del re Dasharna e Bhagadatta. Questi parò le frecce con il suo ferro uncinato, e incitando Supratika ad avanzare gli fece calpestare le forze nemiche. Fracassò carri, schiacciò fanti e cavalieri scorrazzando per il campo.

A una certa distanza Arjuna, che stava combattendo da solo contro gli eserciti dei Samshaptaka e dei Narayana, udì i barriti di Supratika e li riconobbe. Si rivolse a Krishna e disse: "O Madhusudana, il re di Pragyotisha sta annientando il nostro esercito. Dubito che qualcuno dei nostri lo possa fermare. Devo attaccarlo immediatamente e tornerò qui solo dopo averlo ucciso con il suo elefante".

Krishna diresse i cavalli verso il resto dell'esercito Pandava. Mentre si allontanavano, i Samshaptaka gli gridarono dietro. "Perché fuggi? Non ci hai ancora sconfitti."

Arjuna non sapeva cosa fare. Voleva salvare il suo esercito da Bhagadatta, ma non poteva lasciare i Samshaptaka. Uno kshatriya non poteva rifiutare una sfida. Disse a Krishna di girare il carro. Per prima cosa avrebbe spazzato via l'intera forza dei Samshaptaka, poi si sarebbe occupato di Bhagadatta. Tuttavia centinaia di migliaia di guerrieri sostenevano Susharma e ci sarebbero volute ore per schiacciarli. Nel frattempo Bhagadatta e il suo terribile elefante avrebbero fatto danni irreparabili.

Improvvisamente i Samshaptaka lanciarono un attacco coordinato contro Arjuna e con moltissime frecce colpirono lui e Krishna. Krishna lasciò cadere le redini svenuto, e il carro si fermò e sparì sotto la grandinata di frecce. Arjuna perse la pazienza e decise di usare il Brahmastra. Incoccò una freccia d'oro e cantò i sacri mantra per portare in essere la spaventosa arma. Con abilità consumata la diresse contro ai nemici.

Un muro di frecce infuocate si diresse verso i Samshaptaka, ed i guerrieri vennero abbattuti con teste, gambe e braccia troncate. I carri furono sbriciolati e gli elefanti fatti a pezzi. Cavalli e cavalieri caddero a migliaia, e l'esercito bruciò.

Krishna riprese i sensi e disse: "Ben fatto, o Partha. Quest'impresa sarebbe stata difficile anche per Indra, Kuvera o persino Yamaraja. I nostri nemici sono in fuga, e quelli che restano stanno morendo nel rogo. Ora possiamo andare".

Veloce come il vento, il carro volò sul campo di battaglia e presto arrivò dove infuriava la lotta con Bhagadatta. Duryodhana lo vide arrivare e mandò una grande forza di carri per fermarlo. Arjuna parò l'attacco con il Gandiva e i guerrieri Kaurava, sprezzanti della vita, lo caricarono urlando. Il Pandava li falciò come un contadino falcia il grano.

Bhagadatta diresse l'elefante contro di lui per schiacciarlo. I due guerrieri girarono vorticosamente sul campo, ingaggiando un duello mortale. Bhagadatta lanciò migliaia di frecce contro Krishna e Arjuna, ma il Pandava le distrusse in volo. Supratika caricò il carro d'oro con barriti agghiaccianti. Krishna evitò la carica di Supratika facendo un'abile finta a sinistra dell'animale. Mentre passava al fianco di Bhagadatta, Arjuna vide che il guerriero e l'elefante si erano scoperti, però non ne approfittò, per rispettare le regole di combattimento.Vedendo il carro di Arjuna che gli sfuggiva, l'elefante si infuriò e si mise a correre all'impazzata in mezzo alle forze dei Pandava. Centinaia di carri vennero calpestati e distrutti, con i guerrieri e i cavalli schiacciati a morte. Arjuna, si infuriò per quell'attacco spietato e con un rapido movimento tirò quattro frecce che spezzarono l'arco di Bhagadatta e con altre due uccise i guerrieri che gli sedevano dietro.

Il monarca Pragyotisha tirò quattordici lance in rapida successione che Arjuna frantumò in volo. Con dodici frecce il Partha distrusse l'armatura di Supratika che cadde dal suo corpo a pezzi e con altre dieci frecce trafisse Bhagadatta, che rispose con due dozzine di lance. Una di queste colpì il diadema di Arjuna e glielo fece cadere. Rimettendosi il diadema, Arjuna con uno sguardo duro come l'acciaio, gridò: "Dai il tuo ultimo sguardo alla terra, o re".

Bhagadatta prese un nuovo arco e bersagliò Arjuna con una nuvola di frecce rostrate, e Arjuna rispose con frecce a testa piatta che spaccarono il suo arco e lo trafissero in ogni parte del corpo. Prendendo il suo uncino d'oro, Bhagadatta pensò all'arma Vaishnava. Recitò l'antico mantra per invocare quell'arma irresistibile, caricò il suo uncino e lo scagliò contro Arjuna.

Krishna si alzò in piedi, aprì le braccia e ricevette l'arma in pieno petto. Quando lo colpì, l'arma si trasformò in una ghirlanda di fiori divini che gli cinse il collo.

Arjuna era mortificato, perché Krishna aveva interferito? Tenendo d'occhio Bhagadatta che era sbalordito dall'accaduto, disse: "O essere divino dagli occhi di loto, avevi promesso di guidare il mio carro e di non entrare mai nella lotta. Perché l'hai fatto? Posso capire che tu mi protegga quando sono incapacitato o sto per cadere, ma adesso ero qui con tutte le mie facoltà e le mie armi. Nessuno mi può sconfiggere".

Krishna condusse il carro in lenti giri attorno a Bhagadatta e rispose: "Ascolta la storia dell'arma che Bhagadatta aveva destinato alla tua morte. Tanto tempo fa, mi ero appena risvegliato dal sonno nella mia forma di Mahavishnu, e la devi della terra venne da me per un favore. Sapendo che ero ben disposto, mi disse: 'Ti prego di dare a mio figlio Naraka l'arma Vaishnava, in modo che non possa venir ucciso da nessuna creatura.'

"Io risposi: 'O devi, tuo figlio sarà invincibile, protetto dalla mia arma'. Quest'arma in seguito venne donata a Bhagadatta. È un'arma che può uccidere chiunque nei tre mondi, inclusi Rudra e Indra, quindi, o Arjuna, ho dovuto pararla. Adesso potrai uccidere Bhagadatta, l'implacabile nemico dei deva, proprio come in passato io ho ucciso Naraka in una terribile battaglia."

Krishna gli aveva salvato la vita. Arjuna si concentrò su Bhagadatta bersagliandolo con centinaia di frecce. Mentre questi parava l'attacco, Arjuna prese un lancia d'oro, la impregnò del potere di Indra e la scagliò contro Supratika con tutte le sue forze. La lancia penetrò fino alle ali nella testa dell'elefante che cadde a terra lentamente franando come una collina.

Bhagadatta balzò giù dalla sua groppa, ma non aveva ancora toccato terra che una freccia a punta di falce di luna gli squarciò il petto spaccandogli il cuore in due. Il suo turbante cadde come un petalo di loto e lui piombò a terra a braccia aperte.

Arjuna circoambulò il suo nemico in segno di rispetto, e si ributtò nella mischia.

I due fratelli di Shakuni lo attaccarono urlando, appoggiati da un migliaio di cavalieri Gandhara. Arjuna senza scomporsi decapitò i principi con due frecce affilate. Shakuni, inorridito, si gettò contro Arjuna, ed invocando un'arma mistica degli Asura, lanciò una spaventosa illusione che gli fece cadere addosso ogni genere di arma. Animali feroci, Rakshasa, uccelli da preda e demoni attaccarono Arjuna da ogni parte e un fitto buio avvolse il suo carro mentre delle voci lo minacciavano.

Arjuna invocò la luminosa arma divina Gotishka e l'oscurità si disperse, e tutti gli assalitori illusori svanirono. Allora un'enorme ondata d'acqua si diresse verso di lui, ma Arjuna usò l'arma Aditya per prosciugare l'acqua. Vedendo che le sue illusioni venivano disperse, Shakuni fuggì come un codardo. Arjuna si dedicò alle forze dei Gandhara, massacrandole come un leone stermina le pecore.

Altri guerrieri Kaurava si lanciarono nella mischia, e ne seguì una battaglia generale fra i due eserciti. Yudhisthira rimase vicino ad Arjuna, con Dhristadyumna, Satyaki e Bhima al fianco.

Abhimanyu lottò con Karna e lo tenne impegnato, e Dhristadyumna si occupò di Drona. Mentre i principali guerrieri lottavano tra loro, Arjuna fece arretrare l'enorme esercito di Duryodhana e Bhima massacrò le truppe con la sua mazza.

Drona combatté fieramente, ma non riuscì a catturare Yudhisthira. Uccise molti guerrieri, ma l'invincibile Satyaki protesse Yudhisthira da vicino e tenne a distanza Drona con l'aiuto di Dhristadyumna e delle forze dei Panchala.

Quando il sole raggiunse lo zenit, Drona rendendosi conto che i Kaurava stavano subendo pesanti perdite, decise di riformare le truppe. Suonò la ritirata e richiamò tutti verso la parte occidentale di Kurukshetra, verso il loro accampamento.

Duryodhana era furioso. "O precettore, perché non hai fatto fede alla tua promessa? Non hai catturato Yudhisthira e Arjuna agisce indisturbato dappertutto. Che le tue parole siano false?".

La pazienza di Drona era al limite. "Non parlare così con chi si sforza di servirti. Ti ho sempre detto che nessuno al mondo può battere Arjuna, che ha persino affrontato Mahadeva dai tre occhi. Adesso Yudhisthira è consapevole del nostro piano, si mantiene ben protetto, e sarà difficile catturarlo. Farò del mio meglio, e la mia parola di uccidere un forte eroe sarà mantenuta. Adesso preparerò una formazione che nemmeno i deva possono sfondare. I restanti Samshaptaka dovranno sfidare ancora Arjuna e portarlo al lato meridionale di Kurukshetra, e noi riproveremo a intrappolare Yudhisthira."

Drona guardò l'esercito dei Pandava. Se almeno uno dei loro principali guerrieri fosse stato ucciso, sarebbe stato un duro colpo al loro morale. Decise di schierare i Kaurava nella formazione circolare *chakra-vyuha*. Quella formazione avrebbe probabilmente intrappolato uno degli eroi Pandava, forse anche Yudhisthira. Solo Arjuna conosceva il segreto di quella formazione e nessun'altro fra i Pandava potevano resisterle o romperla, a meno che Arjuna l'avesse insegnata a qualcuno, e questo si sarebbe visto presto. Drona diede gli ordini necessari.

Capitolo 63
L'immenso valore di Abhimanyu

Drona si recò da Susharma e disse: "O re, la tua promessa non è ancora stata mantenuta, e Arjuna accetterà la tua sfida. Attiralo verso sud, e noi proveremo di nuovo a intrappolare Yudhisthira".

Susharma ripartì con i tre fratelli rimasti, seguiti dai Samshaptaka, Trigarta e Narayana superstiti. Arjuna sentì la sfida di Susharma, si staccò dall'esercito dei Pandava e si gettò su di lui. Lentamente Susharma manovrò verso sud mentre Drona disponeva l'esercito dei Kaurava nella *chakra-vyuha.*

La formazione si chiuse rapidamente con i principali guerrieri Kaurava nei punti chiave, ed avanzò verso i Pandava. Duryodhana e i suoi fratelli erano al centro, protetti da Karna e Kripa. Alla testa c'era Drona con suo figlio, spalleggiato da molti re con le loro armate che si stendevano in un vasto cerchio.

Drona si avvicinò al nemico lanciando centinaia di frecce alate, subito seguite da lance, dardi, mazze, asce e palle di ferro scagliate dal suo esercito.

Yudhisthira, vide l'impenetrabile *chakra-vuhya* dei Kaurava e si mise a pensare. Soltanto Arjuna sarebbe stato in grado di romperla. Arjuna ne aveva parlato ai fratelli ma non aveva rivelato i segreti che aveva appreso da Drona. Tuttavia Yudhisthira si ricordò che Arjuna aveva detto di averne discusso con Subhadra davanti a Abhimanyu. Il principe era l'unica speranza. Yudhisthira lo chiamò e disse: "Figliolo, penso che a parte te non ci sia nessuno fra noi che possa rompere questa formazione. O eroico principe, Drona vuole sfondare le nostre schiere e poi cercherà di catturarmi. Dimmi, caro figliolo, sei in grado di rompere la loro formazione?".

Abhimanyu, orgogliosamente eretto sul suo carro, con la sua splendente armatura, l'arco in mano e la bandiera al vento, sembrava un potente eroe dei deva. Aveva solo sedici anni, ma era già uno dei più forti guerrieri dei Pandava. Tuttavia esitò nella sua risposta. "O re, ciò che dici è vero. Conosco il metodo per penetrare questa formazione, ma non per uscirne. Mio padre non mi ha ancora dato questa conoscenza. Sarò come una falena nel fuoco e alla prima difficoltà sarò intrappolato."

Yudhisthira lo rassicurò. "Non aver paura, o eroe dalle forti braccia, io ed i miei fratelli ti seguiremo con Dhristadyumna, Satyaki e tutti i Panchala, Kekaya, Matsya e Prabhadraka, e ti proteggeremo".

Bhima che aveva sentito la conversazione, aggiunse: "Ti seguiremo da vicino, o eroe, ed una volta che avremo penetrato la formazione la spaccheremo".

Le rassicurazioni degli zii lo tranquillizzarono, alzò la spada e gridò: "Oggi la mia impresa darà gloria alle famiglie di mio padre e di mia madre. Non mi considererò figlio di Partha e Subhadra se non riuscirò a sfondare la formazione".

Yudhisthira lo benedì. "Che le tue parole si provino vere, o figlio di Subhadra, e che la tua forza possa crescere con le tue parole."

Sumitra, figlio di Daruka, l'auriga di Krishna, guidò il carro di Abhimanyu verso Drona, e mentre attraversava il campo disse con apprensione: "O grande eroe, è mio dovere proteggerti. Considera con attenzione il pesante compito che ti è stato assegnato. Drona padroneggia tutte le armi, è assistito da guerrieri che non conoscono la sconfitta e sono disposti in una formazione potente. Tu, d'altro canto sei un ragazzino cresciuto nel lusso, e non conosci i rigori della battaglia".

Abhimanyu rise. "O auriga, chi è Drona? E chi sono quei guerrieri che lo circondano?

Combatterei anche contro Indra su Airavata, con al seguito i suoi immortali. Ho l'invincibile Vishnu per zio e Arjuna per padre. Non tremerò davanti a nessuno. O Sumitra, vai dritto verso Drona."

Sumitra guardò il muro delle truppe nemiche, e col cuore pesante incitò i cavalli. Il carro avvicinò Drona e Abhimanyu lo bersagliò di frecce assieme ai guerrieri vicini.

Drona vide la bandiera con l'albero *karnikara* e riconobbe il figlio di Arjuna che caricava i Kaurava come un leone attacca una mandria di elefanti, e ordinò il contrattacco.

Abhimanyu diede precise istruzioni a Sumitra, ed il carro fece delle finte laterali mentre si avvicinava ai Kaurava con una traiettoria obliqua. Mentre Drona e i guerrieri al suo fianco si ritraevano per il suo attacco, Abhimanyu si gettò improvvisamente a destra, stordì Drona con cento frecce d'acciaio, gli passò a fianco e irruppe nella formazione mentre i Kaurava lo guardavano sbigottiti.

Seguì un tremendo scontro, e l'esterno della formazione si ruppe. La battaglia fra il principe e le truppe densamente affollate assomigliava ai mulinelli che si vedono dove il Gange entra nel mare. Un gran numero di elefanti, cavalieri, carristi e fanti si gettarono su Abhimanyu urlando. Il figlio di Subhadra li falciò a frecciate, muovendosi fra i nemici come un turbine. Ai Kaurava pareva di combattere con cento Abhimanyu.

Abhimanyu massacrò soldati a centinaia di migliaia, con una velocità e agilità insuperabili, e ricoprì il terreno di cadaveri di guerrieri come un sacerdote sparge l'erba *kusha* per un sacrificio.

Quando raggiunse l'interno della vyuha dei Kaurava, il figlio di Arjuna si mosse in tutte le direzioni, così rapidamente che nessuno riuscì a prenderlo di mira. Le sue frecce scorrevano ininterrotte come raggi di sole, abbattendo elefanti con i loro guidatori e guerrieri, cavalieri e cavalli.

I Kaurava lo guardavano con meraviglia nella sua bellezza distruttrice. Non riuscivano a trovare un'apertura nella sua difesa e venivano colpiti a migliaia dalle sue frecce. Molti Kaurava gettarono le armi e fuggirono. Anche gli elefanti correvano all'impazzata e i cavalli fuggivano da Abhimanyu al galoppo saltando sopra ai corpi dei soldati uccisi.

Duryodhana era furibondo, e incurante della propria incolumità caricò Abhimanyu con un ruggito. Drona si spaventò ed urlò: "Salvate il re!", e Ashvatthama, Kripa, Karna, Shakuni, Shalya e un'altra mezza dozzina di eroi attaccarono Abhimanyu. Il principe era ricoperto di una pioggia di frecce, e roteando sulla piattaforma del carro le parò mentre Sumitra evadeva l'attacco. Trafisse tutti i suoi assalitori con le sue frecce pungenti che quasi non si vedevano da quanto erano rapide.

I guerrieri Kaurava attaccarono Abhimanyu da tutti i lati, bersagliandolo di migliaia di frecce, ma il principe le schivò o le parò. Alcune frecce penetrarono le sue difese e perforarono la sua armatura, ma lui non batté ciglio. Prese attentamente la mira e con una dozzina di frecce distrusse il carro di re Ashmaka, un potente alleato dei Kaurava. Con altre sei uccise i suoi cavalli, l'auriga e lo stesso re.

Duryodhana e Karna combatterono fianco a fianco. Sopportando i loro colpi come una montagna prende la pioggia, Abhimanyu tirò contro Karna una freccia che gli trapassò l'armatura e gli si conficcò nella spalla. Karna tremò e cadde svenuto.

Poi Abhimanyu stordì Duryodhana con sedici frecce e con altre quattro uccise quattro re che lo proteggevano. Shalya e Ashvatthama lo assalirono contemporaneamente sui due fianchi, e Abhimanyu, con l'abilità e la velocità del padre, colpì Shalya e lo fece sbandare sul suo carro, poi si girò e colpì Ashvatthama con un'altra dozzina di frecce che lo fecero cadere. I Kaurava che affrontavano Abhimanyu fuggirono in numero sempre maggiore, solo i massimi eroi riuscivano a resistergli, poi anche loro vennero sovrastati dal suo attacco furibondo. I Siddha e i Charana lo lodarono dal cielo, e anche i Kaurava lo applaudirono, sentendosi contemporaneamente arrabbiati e meravigliati mentre erano forzati ad arretrare sotto la sua impareggiabile abilità marziale.

Abhimanyu sterminò a migliaia i Kaurava che gli si pararono davanti. Il fratello minore di Shalya, Madra, vedendo il fratello in difficoltà caricò furiosamente Abhimanyu lanciandogli venti dardi che questi spezzò in volo. Abhimanyu contrattaccò con frecce lunghe che distrussero il suo carro e gli tagliarono braccia, gambe e testa contemporaneamente. Mentre Madra cadeva senza vita dal suo carro, migliaia dei suoi soldati attaccarono Abhimanyu gridando: "Non riuscirai a sfuggire vivo di qui.".

Il figlio di Subhadra si difese dal loro attacco con una scarica di frecce mortali, e invocando i missili celesti che aveva ricevuto da suo padre e da suo zio, sventrò le divisioni nemiche senza che nessuno lo riuscisse a fermare.

Drona non riusciva a nascondere la sua ammirazione per il figlio di Arjuna. Duryodhana andò da lui e il precettore disse: "Guarda, o re, come questo giovane principe avanza contro le nostre forze deliziando i suoi amici e parenti. Non credo che nessun arciere gli sia pari. Potrebbe annientare da solo tutto il nostro esercito".

Duryodhana era furibondo e disse a Karna che gli era tornato accanto: "Il precettore è affezionato al figlio di Arjuna, perché altrimenti non lo uccide? Lo sta risparmiando per amore di Arjuna. O Karna, è venuto il momento di ucciderlo".

Dushashana sentì le parole del fratello e rispose: "Lascialo a me, lo ucciderò davanti agli occhi dei Pandava. Quando Krishna e Arjuna sapranno che lo ho ucciso, moriranno dal dolore. Fammi gli auguri, perché sfiderò quell'arrogante figlio di Subhadra".

Dushashana caricò Abhimanyu con un urlo feroce e con una scarica di frecce con piume di avvoltoio che ricoprirono il carro di Abhimanyu. Il giovane principe riconobbe l'avversario e sorrise, e lo colpì subito con due dozzine di frecce. Dushashana si infuriò ed intensificò il suo attacco con frecce e dardi che fiammeggiavano in volo. Il giovane principe parò i missili e rispose. I Kaurava esultarono mentre Dushashana stringeva il suo attacco.

Abhimanyu resistette e gli gridò: "Sono fortunato a incontrare un guerriero vano e crudele privo di virtù, che si vanta del suo valore e conosce solo il peccato. Hai goduto a ferire con le tue parole Yudhisthira e Bhima. Adesso pagherai per il tuo crimine, o malvagio, e per il peccato di aver preso per i capelli l'innocente Draupadi. Raccogli i frutti della tua ignoranza, violenza, cupidigia e crudeltà. Ti punirò severamente davanti a tutti, liberandomi del peso della rabbia che provo per te".

Abhimanyu incoccò una freccia dorata e la scagliò con tutta la sua forza. La freccia si infilò profondamente nella spalla di Dushashana e gli fece cadere l'arco. Abhimanyu lo colpì con altre venticinque frecce che bruciavano come il fuoco. Trafitto al petto e alle braccia, Dushashana svenne e il suo auriga lo portò via.

Karna si fece avanti per sfidare Abhimanyu, ma anche lui non riuscì a sconfiggere il giovane guerriero. Abhimanyu lentamente lo costrinse ad arretrare. Karna, con lo stendardo tagliato e l'armatura a pezzi, si voltò e fuggì. Era assistito dai figli di Adhiratha che Karna considerava come fratelli. Uno di loro caricò Abhimanyu lanciando un centinaio di frecce col suo grido di guerra. Il giovane principe lo colpì con trenta frecce, spezzò la sua bandiera, uccise i cavalli e spezzò le ruote del suo carro. Mentre il suo avversario cercava di rispondere, Abhimanyu gli tagliò la testa con una freccia a punta di falce.

I Kaurava erano sconvolti, nessuno riusciva ad affrontarlo. Abhimanyu suonò la conchiglia e si mise a vagare fra le truppe dei Kaurava massacrando i soldati a migliaia.

I Pandava si gettarono nel varco creato da Abhimanyu per seguirlo, ma Jayadratha gli si parò davanti. Il re Sindhu li attaccò, e grazie al dono di Shiva, combatté senza paura fermando i quattro Pandava. Per quel dono, Jayadratha non incontrò Arjuna, ma i suoi fratelli non riuscirono a soverchiarlo mentre cercavano di seguire Abhimanyu.

I Pandava erano sbalorditi. Non sapevano del dono, e non si capacitavano dell'abilità di Jayadratha. Anche le truppe dei Pandava puntarono le armi su di lui, ma non riuscirono a fare nulla. Mentre lottavano per passare Jayadratha, i Kaurava richiusero la formazione, bloccando Abhimanyu al suo interno.

Dozzine di guerrieri Kaurava vennero in aiuto di Jayadratha lodando la sua bravura ad aver fermato i Pandava. Si sviluppò una battaglia alla periferia della formazione, mentre Abhimanyu portava lo scompiglio al suo interno.

* * *

Duryodhana era preoccupatissimo. Sembrava che nessuno riuscisse a fermare Abhimanyu, chiunque lo affrontasse veniva ucciso o era costretto a ritirarsi. Aveva superato tutti i grandi eroi dei Kaurava, incluso Karna, Kripa, Ashvatthama, Shalya, Kritavarma e Bahlika. Anche Duryodhana era stato trafitto dalle sue frecce, e persino Drona non riusciva a fermarlo.

Mentre Duryodhana guardava Abhimanyu che devastava ogni cosa sulla sua strada, Shakuni gli si avvicinò e disse: "Non riusciremo ad uccidere il principe combattendo lealmente. Attacchiamolo tutti insieme prima che ci uccida tutti".

Karna, che aveva sentito, chiese a Drona: "O precettore, dicci come possiamo uccidere il figlio di Subhadra".

Drona guardò Abhimanyu con rispetto e ammirazione. "Tutti voi lo avete attaccato e non avete trovato varchi nelle sue difese. Quell'eroe mi sta dando una grande gioia anche quando mi colpisce con le sue frecce brucianti. Non vedo differenza tra lui e suo padre."

Karna divenne impaziente ascoltando le lodi di Abhimanyu, e disse: "O bramino, anche io sono stato ferito da quel ragazzo, e solo per il dovere degli kshatriya sono ancora qui sul campo. Ha quasi ucciso il re e sta annientando le nostre truppe. Dimmi come possiamo fermarlo".

"Abhimanyu è virtuoso e fedele," rispose Drona, "e i suoi maestri sono Arjuna e Krishna. Arjuna gli ha mostrato come bardarsi di un'armatura impenetrabile. Nessuno di noi lo potrà abbattere."

Drona disse a testa china: "C'è tuttavia un modo in cui potremmo farcela. O Karna, ascolta attentamente. Se tu potessi tagliare il suo arco, le redini dei suoi cavalli e le ruote del suo carro, e allo stesso tempo Kritavarma uccidesse i suoi cavalli, Ashvatthama il suo auriga e Kripa, il re ed io lo attaccassimo personalmente, forse noi sei insieme saremo in grado di vincerlo".

Drona sapeva che era una violazione delle regole del codice di combattimento, ma non c'erano alternative. Era il comandante dei Kaurava ed era suo dovere proteggere l'esercito con qualunque mezzo. Con un peso sul cuore, Drona si preparò ad attaccare Abhimanyu con gli altri cinque Kaurava. Circondarono il principe e Karna spezzò il suo arco, Kritavarma uccise i suoi cavalli e Ashvatthama il suo auriga. Poi Drona e Kripa lo attaccarono di fronte e Duryodhana alle spalle. Con il carro immobilizzato, il principe balzò a terra con spada e scudo, e tagliò le frecce che gli arrivavano.

I sei Kaurava si avvicinarono e lui si rese conto di essere intrappolato, e quindi fece un gran salto, e grazie ai suoi poteri mistici rimase alto in cielo. Drona da sotto mirò alla sua spada e con una freccia affilata la spezzò all'altezza dell'elsa. Allo stesso tempo Karna distrusse il suo scudo con quattro frecce. Abhimanyu discese dal cielo e prese una ruota di un carro, e ricordandosi di Krishna che aveva attaccato Bhishma, caricò Drona. Coperto di sangue, con i lunghi capelli al vento, e il bel volto coperto di polvere, il principe era bellissimo nella sua corsa con la ruota alzata sopra la testa. Benché sovrastato dal numero, il figlio di Subhadra non mostrava la minima paura.

Drona e Kripa fecero a pezzi la ruota del carro, e Abhimanyu prese una mazza che trovò vicino e balzò verso Ashvatthama roteandola sopra la testa. Ashvatthama, vedendolo arrivare come Shiva dai tre occhi alla fine di uno *yuga*, saltò giù dal suo carro appena in tempo, mentre Abhimanyu lo sfasciava uccidendo cavalli e cocchiere.

Con il corpo trafitto di frecce dappertutto, Abhimanyu in un attimo uccise Kalikeya, il fratello di Shakuni, e ottanta dei suoi guerrieri. Poi uccise dieci altri guerrieri su carri, una dozzina di elefanti e cinquanta guerrieri Kekaya. Il figlio di Dushashana, Durjaya, lo attaccò. Abhimanyu uccise subito a mazzate i suoi cavalli, e Durjaya balzò a terra con la sua mazza sfidandolo.

Abhimanyu gli corse incontro, e i due combatterono furiosamente con colpi di mazza che risuonavano come tuoni. Infine si colpirono reciprocamente in testa e caddero entrambi a terra svenuti.

Dopo qualche attimo Durjaya si alzò sollevando di nuovo la mazza. Abhimanyu, stanco dopo la sua lunga battaglia si tirò lentamente a sedere, e mentre cercava di alzarsi in piedi Durjaya lo colpì in testa a tutta forza, e Abhimanyu cadde a terra senza vita.

Drona e gli altri capi dei Kuru gli si avvicinarono. Migliaia di altri soldati vennero a vederlo, e lo guardavano come un incendio che ha distrutto una intera foresta in estate ed è stato estinto, o una tempesta che si è spenta dopo aver abbattuto chissà quanti alberi. Giaceva con un'espressione pacifica sul suo bel volto, con gli occhi arrossati rivolti al cielo. Anche da morto splendeva come la luna piena d'autunno.

I Kaurava urlarono di gioia. Il loro terribile avversario era stato abbattuto. Danzarono sul campo di battaglia, sollevati per il pericolo scampato, e si abbracciarono ridendo.

In cielo i rishi e i Siddha si lamentarono: "Ahi, l'eroe è stato ucciso da sei *maharatha* insieme. Che atto sleale!".

Intorno c'era uno scenario di desolazione totale. Un numero sconfinato di uomini ed animali giaceva in mezzo ai rottami di carri, armi ed armature, rendendo il terreno un'impraticabile massa fangosa di corpi e sangue.

Il sole aveva raggiunto l'orizzonte e le truppe dei Kaurava, si ritirarono in allegria, lasciando il corpo di Abhimanyu nel mezzo della carneficina che aveva creato.

Sentendo esultare i Kaurava, Yudhisthira capì che il peggio era successo, e pensò ad Arjuna che ancora stava combattendo contro i Samshaptaka. Presto sarebbe tornato, e avrebbe saputo che il suo giovane figlio era stato mandato da solo nel *chakra-vyuha*. Yudhisthira aveva causato la morte di Abhimanyu solo per timore di essere catturato.

Yudhisthira disse: "L'eroico figlio di Subhadra è stato ucciso. Il ragazzo è salito in cielo seguendo i guerrieri che ha sterminato. Il principe, pari in valore a Krishna e Arjuna, ha raggiunto la beata dimora di Indra."

I Pandava si ritirarono silenziosamente, chiusi nel loro dolore. Entrarono nelle loro tende, affranti, muovendosi come marionette e Yudhisthira pianse. "Voleva compiacermi, ed è entrato nel cerchio di Drona come un leone in una mandria di vacche. Ha fatto indietreggiare tutti i più forti Kuru, ha ucciso molti loro eroi, e adesso è andato nelle regioni del cielo. Cosa dirò adesso ad Arjuna o alla bella Subhadra?".

Coprendosi il volto con le mani Yudhisthira proseguì: "Ho mandato un fanciullo allo sbaraglio pensando soltanto alla mia sicurezza. Ho agito con cupidigia, senza pensare a ciò che poteva accadere. Adesso egli giace senza vita sulla nuda terra".

Anche tutti gli altri re e guerrieri piangevano. Abhimanyu era il loro beniamino. A soli sedici anni non aveva esitato ad unirsi al padre per la guerra e si era fatto amare per la sua innocenza, allegria e sincerità.

"Che i Kaurava tremino. Arjuna, infuriato per la sleale uccisione del figlio, li annienterà, però sarà una vittoria senza gioia."

In quel momento entrò nella tenda Vyasadeva, e dopo averlo debitamente accolto, Yudhisthira disse: "O grande rishi, il figlio di Subhadra è stato ucciso slealmente. Era un bambino, ed è stato attaccato da un numero esorbitante di nemici. Per il nostro bene ha sfondato la formazione del nemico, ma è stato intrappolato ed ucciso senza pietà mentre noi eravamo bloccati dal re di Sindhu".

Vyasadeva rispose con dolcezza. "O re, tu sei saggio e non dovresti lamentarti così. Gli uomini del tuo stampo non si lasciano sconvolgere dalle sciagure. L'eroico Abhimanyu è andato in cielo, le sue imprese sono molto superiori ai suoi anni e ha conquistato fama eterna. Perché ti lamenti? O Yudhisthira, nessuno può infrangere la legge della morte, che prende senza fallo uomini, deva, Gandharva, Danava e ogni altro essere."

Consolati dalla presenza di Vyasadeva, i Pandava ascoltarono le sue parole di conforto. Quando tacque, Yudhisthira disse: "Moltissimi re sono caduti sotto la furia del nemico. Vedendo questa carneficina, desidero comprendere il significato della morte. O saggio erudito, perché la morte porta via gli uomini? Da dove viene la morte? Ti prego, spiegalo".

Vyasadeva, seduto a gambe incrociate sul prezioso seggio, era scarno e coperto di sporcizia per le sue incessanti austerità, ma risplendeva di una luce mistica simile al chiarore della luna. Il saggio narrò l'antica storia dell'origine della morte, creata da Brahma, poi elencò gli innumerevoli re morti nella storia del mondo, pur ricchi di meriti di ascesi e di pietà.

Infine concluse: "Abhimanyu ha raggiunto le regioni abitate solo da coloro che hanno fatto i sacrifici più eccelsi, e risplende come un essere divino in un corpo nuovo. Non vorrebbe tornare per nulla al mondo. Dovresti dolerti per i vivi piuttosto che per coloro che hanno raggiunto quelle dimore".

Vyasadeva esortò Yudhisthira a rimanere fermo e vincere la guerra. Il dolore, disse, genera solo una perdita di energia, e concluse: "Riconosci questa verità, figlio mio. Smetti di lamentarti e non scordare i tuoi doveri".

Yudhisthira chiese al saggio perché Jayadratha avesse potuto fermarli, e Vyasadeva gli disse del dono di Shiva. "Così quel debole re ha potuto fare un'impresa incredibile. Se non fosse stato per lui avreste potuto seguire il ragazzo e proteggerlo. Il destino è sovrano, o re, e nessuno ne può cambiare il corso. La volontà imperscrutabile del Signore desidera il bene del mondo. Se tu la segui, a suo tempo capirai tutto."

Vyasadeva si alzò, salutò i Pandava e svanì. Yudhisthira si era ripreso, ma era preoccupato per dover dare la notizia ad Arjuna che doveva tornare da un momento all'altro. Il re guardò il seggio vuoto di Abhimanyu ricoperto dalla sua bandiera, e sospirando fissò l'entrata della tenda che sventolava nella brezza notturna.

Capitolo 64
Il grande voto di Arjuna

Quando il sole tramontò, Arjuna, dopo aver sterminato migliaia di Samshaptaka, scese dal carro con Krishna e con lui pregò Sandhya, la devi del crepuscolo. I due amici risalirono sul carro e si avviarono verso l'accampamento mentre scendeva il buio. Arjuna si sentì preso da un'angoscia inspiegabile e disse: "O Govinda, perché di colpo mi mancano le parole? Vedo brutti segni e mi sento debole. Temo che sia accaduta una terribile disgrazia".

Krishna, mentre il carro attraversava la carneficina, rispose: "Guarda tutti questi Kaurava uccisi, penso che tutto vada bene. Non dare spazio ai cattivi pensieri".

Tuttavia Arjuna era preoccupato. Che Drona fosse riuscito a catturare Yudhisthira? Arjuna tremò al solo pensiero. Se era successo qualcosa a lui o a uno dei fratelli, non avrebbe potuto sopravvivere. Anche se era notte avrebbe attaccato l'esercito dei Kaurava e li avrebbe sterminati tutti.

Quando un'ora dopo raggiunsero l'accampamento, Arjuna si guardò in giro e disse: "O Janardana, non sento le allegre musiche che celebrano i nostri successi, né le voci dei bardi e dei menestrelli che narrano le nostre vittorie, e nessuno viene a salutarmi come al solito. O Madhava, temo una brutta notizia".

Arjuna cominciò a sospettare la verità. Ogni sera Abhimanyu gli veniva incontro per salutarlo, e ora non si era visto. Arjuna con Krishna al fianco entrò nella tenda reale e vide i fratelli che sedevano a testa bassa con un espressione di dolore. Tutti tacquero, e nessuno sostenne il suo sguardo.

Poi vide il seggio vuoto del figlio, e il suo cuore si fermò. Si avvicinò a Yudhisthira, gli si inchinò e disse: "O re, sei pallido. Abhimanyu non è qui, e nessuno mi ha dato il benvenuto. Ho saputo che i Kaurava hanno fatto il *chakra-vuhya*. Hai chiesto a mio figlio di entrare in quella pericolosissima formazione?".

Arjuna cadde in ginocchio e chiese fra i singhiozzi: "Dimmi come è caduto mio figlio dalle forti braccia, nato fra noi come un giovane leone. È morto in battaglia?".

Arjuna vide le lacrime negli occhi di Yudhisthira, e capì che i suoi timori erano fondati. La testa gli cadde fra i ginocchi e singhiozzò. Dopo qualche minuto alzò lo sguardo dicendo: "Quali stolti guerrieri spinti da un perfido destino, hanno osato uccidere mio figlio? Come è potuto morire colui che in valore, generosità e conoscenza dei veda somigliava persino a Krishna? Se non rivedrò quell'eroe, che è parte di me, il favorito di Keshava e amato da Subhadra, lo raggiungerò nella dimora di Yamaraja. Se non rivedrò quel ragazzo modesto, gentile, dalla parlata dolce, con i suoi ricci neri, gli occhi di una gazzella, il passo dell'elefante e le spalle di leone, me ne andrò negli sconfinati domini della morte".

Krishna gli cinse le spalle con un braccio. Il Pandava pianse, e i fratelli e gli alleati rimasero in silenzio.

"Egli era fin superiore a me, pur essendo così giovane. Era virtuoso, grato, obbediente agli anziani, e desiderava il nostro bene. Era controllato, privo di peccato, e seguiva la strada della pietà e della virtù. Era fedele e serviva il Supremo in tutte le sue azioni. In battaglia non colpiva mai per primo e mai avrebbe attaccato un nemico impotente. Era il terrore dei nemici e il rifugio degli amici. Perché è stato ucciso?".

Arjuna cadde a terra gridando ripetutamente il nome di suo figlio, poi con uno sforzo disse: "Oggi mio figlio, sempre accudito da belle donne, da bardi che lo lodavano e da servitori, giace a terra fra gli avvoltoi e gli sciacalli. Il suo viso, degno del parasole reale, è coperto di polvere. Che sciagura perderti! Fortunati i deva che ti accolgono! Sarai ospite gradito di

Yamaraja, Indra, Kuvera e Varuna che si stanno preparando ad adorarti".

Arjuna guardò Yudhisthira con gli occhi gonfi di lacrime, e gli chiese: "Ti prego, dimmi o re, mio figlio è andato in cielo? Ha lottato da solo contro molti eroi? Sicuramente mi avrà pensato quando era sotto l'attacco di Drona, Kripa e Karna e del malvagio Duryodhana".

Arjuna si sentì responsabile. Era chiaro che Duryodhana aveva escogitato un piano che richiedeva la sua assenza. Se l'avesse capito, Abhimanyu sarebbe stato ancora vivo.

Arjuna gridò: "Il mio cuore dev'essere di pietra per non avere ceduto, e si spezzerà con i lamenti di Subhadra e Draupadi. Come posso dir loro che Abhimanyu giace sulla nuda terra in un lago di sangue? Cosa dirò a Uttara, la sua casta e bellissima moglie? I Kaurava se la godranno solo fin quando torneranno sul campo di battaglia, e li farò soffrire quanto soffro io adesso".

Arjuna si volse a Krishna: "Perché o Madhava, non mi hai detto quello che succedeva oggi? Avrei bruciato immediatamente i crudeli Kaurava. Come hanno osato attaccare il mio tenero figlio in mia assenza? Come hai potuto permetterlo, o Krishna?".

Krishna consolò il suo amico. "Non cedere al dolore. Questa è la morte inevitabile degli eroi coraggiosi. I Veda affermano che questa è la fine più desiderabile per uno kshatriya. Abhimanyu è andato nelle regioni più alte. Stai gettando nel dolore i tuoi fratelli e gli amici, quando avresti il dovere di consolarli."

Arjuna si girò lentamente verso Yudhisthira. "O signore della terra, dimmi come è stato ucciso mio figlio."

La sua voce si fece fredda e il dolore si trasformò in una furia intensa. "Come ha combattuto i malvagi nemici? Li incenerirò tutti. Perché, o fratello, non lo hai già fatto? Come hanno potuto uccidere Abhimanyu quando tu, Bhima e i gemelli e tutti gli altri eroi eravate presenti? Siete dei deboli!".

Arjuna scosse la testa e proseguì: "Sapendo che siete dei codardi, non avrei dovuto andarmene. Le vostre armi sono soltanto delle decorazioni? Le vostre parole coraggiose servono solo a impressionare l'assemblea? Tutti voi insieme non avete saputo proteggere mio figlio".

Nessuno osò parlare. Dopo qualche momento, Yudhisthira raccontò le imprese di Abhimanyu e la sua fine, ucciso slealmente dai Kaurava.

Arjuna pianse sconsolatamente. Poi si riprese e si alzò tremando di rabbia, e parlò con voce gelida. "Io vi dico in verità: domani ucciderò Jayadratha. Chiunque cerchi di difenderlo, che sia Drona, Kripa o chiunque altro, morrà sotto le mie frecce. Il re di Sindhu ha causato la morte di mio figlio e deve morire."

Tutta la rabbia di Arjuna era diretta a Jayadratha, che già aveva tentato di rapire Draupadi. Benché Abhimanyu fosse stato attaccato da sei guerrieri Kaurava contemporaneamente e infine ucciso da Durjaya, il vero colpevole era Jayadratha. Molte volte i guerrieri sono attaccati da molti nemici, ma i loro alleati possono sempre andare ad aiutarli. Abhimanyu sarebbe sicuramente stato salvato se i Pandava lo avessero potuto raggiungere. L'azione di Jayadratha era malvagia e imperdonabile.

Arjuna guardò tutti negli occhi e proseguì. "Se non uccido domani quel disgraziato, che io mai possa entrare nelle regioni dei giusti. Andrò invece all'inferno assieme a quelli che si accoppiano con le loro madri, i malvagi e gli avari, nei mondi scuri dei violentatori, degli assassini di bramini, dei traditori, di coloro che seducono le mogli degli altri, di coloro che maltrattano gli ospiti e che ingannano o frodano il prossimo. Se domani non ucciderò Jayadratha, quella sarà la mia fine."

La voce di Arjuna scosse la terra. "Adesso ascoltate il mio voto. Se domani non avrò ucciso Jayadratha per il tramonto, mi getterò nel fuoco, e nessuno mi potrà fermare. Se Jayadratha dovesse nascondersi nelle regioni inferiori o in qualche modo salisse in cielo, lo troverò ugualmente e gli taglierò la testa."

Arjuna pizzicò con violenza la corda del Gandiva con un suono che raggiunse i cieli, e Krishna, anche lui furibondo, suonò la sua conchiglia facendo vibrare l'universo.

La notizia del voto di Arjuna fece il giro dell'accampamento, e tutti ruggirono suonando conchiglie e tamburi. L'indomani i Kaurava avrebbero subito il peggior rovescio della guerra.

* * *

Nell'accampamento dei Kaurava ci furono molti festeggiamenti. Era quasi come se fosse stato ucciso Arjuna. Duryodhana lodò Drona e si sedette in assemblea per decidere la strategia per il giorno seguente. Forse si poteva rifare la stessa formazione e intrappolare un altro potente guerriero.

Mente i Kaurava discutevano, sentirono il clamore dell'accampamento dei Pandava. Perché esultavano? Non avrebbero dovuto essere disperati?

Improvvisamente entrò nella tenda Jayadratha bagnato di sudore, tremando come un fuscello e con un'espressione di terrore. Duryodhana gli chiese cosa avesse, e Jayadratha rispose: "Colui che è stato concepito dalla moglie di Pandu e dal lussurioso Indra, ha fatto il voto di uccidermi domani. Se volete che rimanga dovete garantire la mia sicurezza, altrimenti andrò a casa".

Jayadratha aveva goduto del suo momento di gloria, ma come risultato si trovava di fronte al peggiore dei pericoli. Il re dei Sindhu proseguì. "Sono terrorizzato. Le spie mi hanno detto che Arjuna ha fatto il voto di uccidermi domani, altrimenti si getterà nel fuoco. Nessuno può impedire ad Arjuna di realizzare il suo voto, nemmeno i deva. Fuggirò subito di nascosto."

Duryodhana rise. "O eroe, non temere. Ti proteggerò con Drona, Kripa, Karna, Ashvatthama, Shalya, Bahlika e gli altri eroi. Stai tranquillo, ci frapporremo fra te ed Arjuna con tutte le truppe, e domani non riuscirà nemmeno ad avvicinarti."

Duryodhana si rendeva conto che sarebbe stato difficilissimo impedire ad Arjuna di adempiere al suo voto, tuttavia era anche l'occasione per ottenere la vittoria. Se Arjuna avesse fallito, si sarebbe gettato nel fuoco, e i Pandava sarebbero finiti. Valeva la pena di impiegare tutto l'esercito per proteggerlo.

Jayadratha chiese a Drona: "Anche io sono tuo discepolo, allora perché Arjuna è più forte? A cosa dovrò stare attento nella battaglia di domani?".

Drona rispose: "Vi ho dato gli stessi insegnamenti, ma lui è più forte di te per le sue pratiche di yoga e di ascesi. Domani disporrò le truppe in modo che Arjuna non potrà avvicinarti".

Drona sorrise. Jayadratha aveva solo se stesso da biasimare per il pericolo in cui si trovava adesso. Come per Duryodhana, il suo odio per i Pandava avrebbe causato la sua fine. Gli mise una mano sulla spalla. "Se tu poi venissi ucciso, andrai nelle beate regioni del cielo. Combatti senza paura e non temere la morte. Hai fatto sacrifici e hai rispettato i tuoi doveri di kshatriya."

Drona sapeva che Jayadratha era spacciato. Arjuna da solo non avrebbe potuto farcela, però Krishna guidava il suo carro, e avrebbe potuto attraversare l'universo superando i quattro Lokapala per rubare il nettare divino. Anche senza combattere, Krishna avrebbe trovato il modo di aiutare il suo amico.

Incoraggiati da Drona i guerrieri gridarono e suonarono le conchiglie. I capi discussero la strategia del giorno seguente, e i timori di Jayadratha svanirono.

* * *

I Pandava decisero di fare i piani il mattino, dopo aver saputo dalle spie le reazioni dei Kaurava al voto di Arjuna.

Arjuna era tormentato dalla rabbia e dal dolore, impaziente di cominciare la battaglia. Per un'ora rimase immobile, seduto sul letto col volto fra le mani. Krishna gli si sedette a fianco rimproverandolo con dolcezza. "O Partha, hai fatto un voto difficilissimo senza consultarti con me. Sei sconsiderato, ti sei preso sulle spalle un carico pesantissimo. Come faremo ad evitare di cadere nel ridicolo? Ho saputo dalle spie che Drona ha promesso di proteggere Jayadratha con una formidabile formazione protetta da ogni lato da Karna, Kripa, Ashvatthama, Bhurisrava, Vrishasena e Shalya. Egli stesso sarà a capo di una formazione secondaria a fianco di Jayadratha. Dovrai sconfiggere quei sei eroi prima di poterti avvicinare al re dei Sindhu, e poi dovrai vedertela col tuo precettore."

Arjuna sollevò la testa, la sua voce quasi un ringhio. "I sei guerrieri che hai menzionato non valgono la metà di me. Vedrai come spezzerò le loro armi. Il re dei Sindhu è un uomo morto. Anche se venisse a proteggerlo un esercito celeste, anche se dovessi combattere contro l'oceano e le montagne personificate, contro la terra e il cielo e chi li governa, lo ucciderò."

Arjuna continuò per qualche minuto su quel tono, dicendo che era pronto persino ad affrontare la morte in persona. "Domani mi vedrai sventrare il fronte nemico. Mi scatenerò mostrando il potere delle armi che Yamaraja, Kuvera, Varuna, Indra e Maheshvara mi hanno donato. Con il missile di Brahma annienterò chiunque si trovi sulla mia strada."

Arjuna era rosso in volto e le sue labbra tremavano. Il Gandiva vibrava nelle sue mani e le frecce sembrava che volessero uscire da sole dalle faretre. Non riusciva a capire le preoccupazioni di Krishna. Che possibilità avevano i Kaurava con lui in quello stato d'animo? Depose l'arco nella sua custodia d'oro, e togliendosi l'armatura, chiese: "O signore, conosci il mio valore e il tuo potere. Quando siamo insieme possiamo fare qualunque impresa. Io sono Arjuna, colui che onora le promesse, e tu sei Narayana. Come la verità è nei bramini, l'umiltà nei pii, la prosperità in coloro che fanno i sacrifici, così la vittoria è in te, o Keshava. Domani prepara il mio carro riempiendolo di armi. Abbiamo da compiere una grande impresa".

Arjuna e Krishna rimasero seduti, non potevano dormire. Anche Krishna era addolorato. Mentre i Pandava erano in esilio lui aveva educato Abhimanyu come un padre, tenendoselo sempre vicino. Gli aveva insegnato le arti marziali, e spesso erano andati a caccia nelle foreste vicino a Dwaraka.

Arjuna chiese a Krishna di andare nei quartieri delle donne per consolare Subhadra. Krishna la trovò che giaceva a terra lamentandosi. Le si sedette a fianco e la consolò. "Amata sorella, non cedere così al dolore. Abhimanyu ha fatto la fine che tutti gli eroi desiderano. Ha ucciso nemici a migliaia, e poi è salito nelle regioni più alte del cielo. Benché fosse quasi un bambino ha raggiunto un livello difficile da ottenere anche per gli yogi più realizzati. O principessa, sei la moglie di un eroe, la figlia di un eroe e la madre di un eroe. Sei nata in una stirpe di eroi, e non devi piangere per chi è morto da eroe. Questa morte verrà vendicata. Domani ti giungerà la notizia che Arjuna ha tagliato la testa di Jayadratha. Cara sorella, ora vai a consolare tua nuora."

Subhadra con il volto rigato di kajal rispose fra i singhiozzi. "Ahi, figlio di madre sventurata, perché sei andato in guerra? O figlio valoroso, come hai potuto morire? Vergogna alla forza di Bhima, al valore di Arjuna e al potere dei Panchala che non hanno potuto impedire che lui morisse davanti ai loro occhi. Il mondo senza mio figlio è vuoto e privo di bellezza.

O figlio mio, sei come un tesoro visto e perduto in un sogno. Ahimè, tutto a questo mondo è effimero e irreale, come la schiuma del mare."

Krishna rimase in silenzio ad ascoltare. Subhadra si percosse il petto dicendo: "O figlio mio, come potrò consolare Uttara? Distrutta dal dolore, è come una mucca privata del suo vitello. Le vie del fato sono misteriose, perché malgrado la protezione di Keshava, sei stato trucidato da nemici malvagi".

In quel mentre Draupadi entrò nella tenda con Uttara, e tutte e due si gettarono a terra vicino a Subhadra, inebetite dal dolore.

Krishna, con le lacrime agli occhi e con voce tremante disse loro: "O Subhadra, o Panchala, o Uttara, fatevi coraggio. Tutti gli altri guerrieri messi insieme si possono sognare le imprese che Abhimanyu ha compiuto da solo".

Krishna si congedò e tornò da Arjuna. Era passata mezzanotte, e i servitori avevano preparato un fitto tappeto di erba *kusha* decorato con ghirlande di fiori. Krishna, con le armi a fianco, si sdraiò appoggiando la testa al braccio. Nella tenda i bramini facevano i rituali della notte offrendo a Shiva le vittime della battaglia perché lui le guidasse verso la loro destinazione.

Arjuna adorò Krishna e poi giacque al suo fianco. Krishna disse: "O figlio di Pritha, adesso riposa. Domani dovrai compiere un'impresa sovrumana".

Grazie alle cure di Krishna, Arjuna si era calmato, e la sua mente andò a Jayadratha. Avrebbe dovuto ucciderlo quando aveva insultato Draupadi. Questa volta Yudhisthira non l'avrebbe protetto. Con questi pensieri Arjuna cadde in un sonno ristoratore.

Capitolo 65

Arjuna stermina i Kaurava

Poco prima dell'alba del tredicesimo giorno di battaglia, Yudhisthira si alzò svegliato dai bardi e dai menestrelli che cantavano le sue lodi. Le canzoni erano melodiose e accompagnarono il re nelle sue abluzioni. Il suo corpo venne cosparso di pasta di sandalo, poi i servitori gli portarono le vesti e lo adornarono con ghirlande di fiori di loto e di champaka.

Una volta pronto, Yudhisthira si rivolse a est per adorare Krishna, con il cuore pieno di amore. Poi andò davanti al fuoco sacro e fece delle offerte a Vishnu e ai deva, invocando le loro benedizioni e pregando per la vittoria.

Uscì dalla tenda e vide un migliaio di venerabili bramini, accompagnati da ottomila discepoli. Lo benedirono, e lui diede loro la carità. Poi si recò alla tenda del consiglio. Fuori della tenda si sentiva il frastuono delle ruote dei carri dei re che stavano arrivando. I suoni delle conchiglie riempivano l'aria, e la ritmata marcia dei soldati faceva vibrare la terra.

I re presero posto e quando giunse Krishna, Yudhisthira lo adorò e gli offrì un seggio al suo fianco. Krishna disse a Satyaki di sedergli vicino e i due Yadava condivisero lo stesso trono.

Quando fu nuovamente seduto, Yudhisthira disse: "O Madhusudana, hai passato una buona notte? Se a te piace ti chiediamo di fare sì che il voto di Arjuna si possa compiere. Aiutaci ad attraversare quest'oceano d'ira e di dolore. A te ogni gloria, o Krishna, o Vishnu, O Janardana. A te che sei il primo fra gli uomini e proteggi i tuoi devoti, oggi chiediamo protezione".

Krishna rispose con voce vibrante: "In tutti i tre mondi non esiste arciere pari ad Arjuna. Quell'eroe distruggerà i vostri nemici, e io guiderò il suo carro facendo tutto ciò che posso per assisterlo. Jayadratha dovrà percorrere una strada senza ritorno. Non temere, o re, stasera gli sciacalli, i falchi e gli avvoltoi festeggeranno con la sua carne".

Poi arrivò Arjuna. Si inchinò a Yudhisthira che lo abbracciò e disse: "O Dhananjaya, oggi sarà il giorno di una grande vittoria, grazie alla benedizione di Krishna".

I Pandava discussero la strategia della giornata. Le spie li avevano informati dei piani di Drona, e dopo aver deciso la formazione, si prepararono alla battaglia.

Krishna caricò di armi il carro di Arjuna, poi indossò la sua splendente armatura e portò il carro alla tenda reale. Arjuna circoambulò il carro con il Gandiva in mano e vi salì. Anche Satyaki salì a bordo, e il carro si mosse. Arjuna, sembrava Indra accompagnato da Varuna e Surya quando partì per uccidere gli Asura.

Gli strumenti suonarono e i bramini cantarono le glorie di Arjuna e lo benedissero. Arjuna, incoraggiato dalle grida degli altri guerrieri, disse a Satyaki: "Sono certo che riuscirò a compiere la mia promessa. I segni attorno a noi lo confermano e la mia mente è ispirata. Raggiungerò Jayadratha passando sul cadavere di chi mi vorrà ostacolare. O eroe dalle forti braccia non mancare di proteggere Yudhisthira. Il re è sicuro con te quanto con me, e sapendoti al suo fianco potrò attaccare Jayadratha serenamente".

Satyaki promise di non lasciare Yudhisthira per quanto fosse in suo potere.

* * *

Al sorgere del sole Drona diede gli ordini di schieramento. Chiamò Jayadratha e disse: "Karna sarà al tuo fianco con mio figlio, Shalya, Kripa e Vrishasena, centomila cavalieri, sessantamila carri, ventimila fanti e quattordicimila elefanti. Questo distaccamento con te al centro, si disporrà in una formazione ad ago. Io comanderò una seconda formazione a forma di loto, e il re con i suoi fratelli ed altri forti guerrieri saranno in questa seconda *vyuha*. Di fronte ci sarà uno schieramento semicircolare, e nel punto più avanzato ci sarà una formazione a forma di carro per attirare tutti i guerrieri che tenteranno l'attacco da quella direzione. Nemmeno Shakra con il suo fulmine potrebbe raggiungerti".

Tranquillizzato, Jayadratha prese posizione e i guerrieri ruggirono, suonarono le conchiglie e si percossero le braccia procedendo velocemente verso il campo di battaglia.

La *vyuha*, che si estendeva per miglia, aveva un aspetto così formidabile che nessuno poteva pensare di sfondarla. Jayadratha era dietro, protetto da tutti i lati.

I Siddha e i Charana ammirarono dal cielo la splendida formazione dei Kaurava. Anche Duryodhana guardò con soddisfazione il suo esercito, poi osservò le forze dei Pandava. Era impossibile che Arjuna potesse adempiere al suo voto. Era stato sconsiderato, e per il tramonto la guerra sarebbe finita. Prese l'arco e disse all'auriga di muoversi.

Quando i Pandava videro la formazione di Drona rimasero sbalorditi, eccetto Arjuna che non si turbò e disse: "O Krishna, le linee frontali della *vyuha* sono lunghe venti miglia, con una profondità doppia. Io la sfonderò nei suoi punti deboli. Truciderò quel peccatore di Jayadratha davanti agli occhi di Drona".

Mentre i due eserciti si avvicinavano uno dei fratelli di Duryodhana, Durmarshana, si mise davanti ai Kaurava e ruggendo esclamò: "Guardatemi, io fermerò Arjuna.", e il Partha disse: "Vai subito verso il principe Kaurava, o Madhava. Accetterò la sua sfida e lo farò andare a gambe all'aria".

Krishna guidò il carro nel mezzo della formazione a carro dei Kaurava. Quando Arjuna si trovò davanti a Durmarshana, fu attaccato da migliaia di carri. Pensando a suo figlio si mise ad uccidere senza pietà, e in piena frenesia, falciò le teste dei nemici che caddero come fiori di loto recisi. In breve il terreno fu ricoperto di armature insanguinate, carri sfasciati e cadaveri di uomini e animali.

Dopo un breve scontro Durmarshana fuggì gravemente ferito e con l'armatura a pezzi. Arjuna lo risparmiò in onore al voto di Bhima.

Il carro si muoveva a tale velocità che ai Kaurava pareva che ci fossero cento Arjuna, e nella confusione si colpirono e uccisero fra loro. Nessuno riuscì a trovare un varco nelle sue difese mentre danzava sul carro con l'arco teso a cerchio. Krishna guidava abilmente schivando gli attacchi dei Kaurava.

Drona e gli altri capi erano sgomenti per la facilità con cui Arjuna annientava le loro truppe. L'uccisione di Abhimanyu lo aveva trasformato. Prima era un guerriero formidabile, ma adesso combatteva con intensità frenetica.

Si fece avanti Dushashana col supporto di una divisione di elefanti, e sfidò Arjuna, che fermò il suo attacco abbattendo gli animali uno ad uno, con cento frecce ciascuno e falciando i guerrieri che li montavano, e Dushashana si diede alla fuga.

Drona si diresse verso Arjuna. Vedendo arrivare il suo precettore, Arjuna si inchinò e a mani giunte gridò: "O bramino, fammi gli auguri e benedicimi. Voglio passare attraverso questa formazione impenetrabile. Tu sei per me come un padre. Ho diritto alla tua protezione quanto Ashvatthama. Lasciami passare. Io voglio uccidere il re di Sindhu. O signore, lascia che il mio voto si adempia".

Drona rispose: "O Bhibatsu, prima dovrai affrontarmi", e scagliò cento frecce contro Arjuna in rapida successione. Il Pandava le parò abilmente e replicò con cento delle sue frecce scagliate così rapidamente da sembrare una sola, poi seguì con altre settecento, poi mille e altre diecimila mirate sui guerrieri che sostenevano Drona.

Allora Drona scagliò una freccia rostrata che trafisse il petto di Arjuna facendolo sobbalzare come una montagna con il terremoto. Riprendendosi, Arjuna spezzò la freccia che era rimasta conficcata nella corazza, si concentrò su Drona mandandogli nugoli di frecce.

Krishna riuscì ad evitare le frecce di Drona, e disse: "O Partha, non c'è tempo da perdere. Jayadratha è molto distante da qui. Questo duello con Drona potrebbe proseguire per tutto il giorno. Lasciamolo qui e procediamo".

Arjuna capì che Krishna aveva ragione e gridò: "Mio signore, adesso prendo licenza, non voglio più combattere con te".

Krishna incitò i cavalli ed il carro accelerò passando a fianco di Drona, che urlò: "Dove vai Dhananjaya? Hai paura di me?". Drona tirò altre frecce, ma il carro andava così velocemente che non ne venne raggiunto. Si unirono a lui Yudhamanyu e Uttamaujas, due fortissimi guerrieri Panchala che si erano aperti la strada fino a lui combattendo e lo protessero su entrambi i fianchi.

Drona si mise all'inseguimento di Arjuna, e Dhristaketu, il comandante dei Panchala lo sfidò. Drona si girò e venne subito colpito da un'ondata di frecce che ricoprirono lui, il carro, l'auriga e i cavalli. Drona si rivoltò come un leone di montagna e con una lunga e potente freccia *anjalika*, carica di mantra e scagliata con forza immensa trapassò il petto del re di Chedi e si infilò in terra.

Drona si guardò attorno, ma Arjuna era scomparso, e allora decise di raggiungere Jayadratha.

Arjuna si tuffò nelle file dei Kaurava falciandoli a schiere. Ruggiva ed attaccava suonando la conchiglia e lanciando incessantemente frecce del suo Gandiva che trucidavano uomini, carri, cavalli ed elefanti. Kritavarma, dimentico della loro vecchia amicizia lo sfidò. Frecce cariche di mantra si scontrarono a mezz'aria esplodendo e ambedue ne furono feriti.

Krishna disse ad Arjuna: "Perdi troppo tempo. Dimenticati della tua amicizia e schiaccialo".

Spronato, Arjuna lanciò un nugolo di frecce che spaccò l'arco di Kritavarma e lo fece vacillare, e sfruttando l'occasione gli passò a lato fiondandosi nelle truppe dei Kaurava. Quando Kritavarma si riprese venne attaccato dai due protettori di Arjuna che lo tennero impegnato.

Poi Srutayush, il re Kalinga, caricò Arjuna che gli indirizzò tre dozzine di frecce. Il re le parò, poi scese dal carro con la sua mazza che per dono di Varuna si sarebbe provata irresistibile contro tutti. Tuttavia il deva lo aveva avvertito: "Non attaccare chi non combatte, o quest'arma ti ucciderà".

Nel fuoco della battaglia, il re si scordò dell'avvertimento di Varuna, e con la mazza colpì Krishna che ricevette il colpo sulle spalle senza vacillare. La mazza, fedele alle parole di Varuna, si girò in mano a Srutayush, lo prese alla testa e lo uccise.

Sudakshina, un principe di Kambhoja, sfidò Arjuna e gli lanciò le sue frecce. Arjuna le parò e Sudakshina scagliò una terribile lancia di ferro dalla punta rostrata che lasciò una scia di scintille. Arjuna fu colpito e cadde in ginocchio. Krishna fece volteggiare il carro fino a che Arjuna si riprese. Il Pandava si inumidì le labbra, tese il Gandiva fino all'orecchio e con un nugolo di frecce distrusse il carro del principe, poi lo colpì al petto con una freccia carica della potenza del fulmine che lo uccise.

Poi Arjuna incontrò gli eserciti dei Surasena, Abhisaha, Sini e Vasati e li disperse. Uccideva i guerrieri come se fosse l'incaricato di Yamaraja alla fine di uno *yuga*, e continuava ad avvicinarsi a Jayadratha lasciando una larga scia di devastazione. In meno di un'ora uccise sessantamila nemici, e i sopravvissuti fuggirono.

Tre figli di Srutayush attaccarono Arjuna per vendicare il padre. Erano formidabili guerrieri, e con le loro frecce fecero scomparire il carro di Arjuna. Tuttavia Arjuna fermò l'attacco dei loro missili e il carro riapparve, poi incoccò una freccia lunga caricandola dell'arma Shakra, presieduta dal re dei deva. Migliaia di frecce volarono verso i principi come lampi, distrussero i loro proiettili, poi li colpirono con forza tremenda tagliando braccia, gambe e teste.

Arjuna lanciò un grido di trionfo e caricò le file dei Kaurava che lo separavano da Jayadratha. Gli altri Pandava nel frattempo tenevano impegnati i principali guerrieri Kaurava.

Duryodhana, visto che Arjuna si stava avvicinando inesorabilmente al re Sindhu, parlò con Drona. "O precettore, Arjuna sta demolendo le nostre forze come un fuoco rinforzato dal vento dell'ira brucia l'erba secca. Credevo che non te lo saresti lasciato sfuggire. O illustre saggio, forse hai un debole per lui."

Karna era poco distante, con le armi pronte, ma anche per lui sarebbe stato difficile fermare la furia di Arjuna. Solo Drona che era il suo precettore, conosceva ogni sfumatura del suo modo di combattere e i suoi punti deboli.

Duryodhana fece una smorfia. "Ho cercato di compiacerti al meglio delle mie possibilità, o grande bramino. Ma sembra che tu pur vivendo del mio cibo, non mi voglia aiutare. Se non mi avessi rassicurato avrei lasciato che Jayadratha tornasse a casa. Quando Arjuna lo raggiungerà non avrà scampo."

Duryodhana pianse lacrime di frustrazione, cercando di pungolare Drona poi, temendo di ottenere l'effetto opposto, moderò i toni: "O eroe, perdona i miei vaneggiamenti. Ti scongiuro, salva Jayadratha e il nostro esercito da Arjuna.".

Drona era stanco e infastidito. Quante volte bisognava dire le stesse cose? "Non mi hai offeso, o re, tu sei per me come un figlio. Per questo ho cercato di aiutarti in ogni modo, ti ho dato degli ottimi consigli che tu hai ignorato. Per il tuo bene ho fatto dei voti, e ho fatto di tutto per adempierli. Ho promesso di catturare Yudhisthira, ma non è servito. Poi ho fatto voto di proteggere Jayadratha, ma come è possibile di fronte a Krishna e Arjuna? Posso solo impegnarmi al massimo, ma non posso garantire i risultati. Il destino controlla ogni cosa al di là degli sforzi umani, e il Signore del destino siede a fianco di Arjuna."

Drona scosse la testa e guardò le fitte file di guerrieri a protezione di Jayadratha. Stavano tutti per morire, Arjuna non avrebbe risparmiato nessuno pur di uccidere Jayadratha, e Krishna avrebbe fatto di tutto per proteggere il voto del suo amico, lo aveva già dimostrato molte volte. Duryodhana non poteva capire questa semplice verità.

Drona indicò con il braccio la distesa delle forze che lo circondavano. "Questa è l'ultima linea di difesa per Jayadratha. Io non attaccherò personalmente Arjuna perché devo rimanere qui. Inoltre egli non combatte con me, quando lo ho affrontato mi ha evitato."

La situazione era disperata, i Pandava avevano messo in atto una buona strategia. Le loro forze avevano seguito Arjuna approfittando del caos che lui aveva creato. Tutti i capi dei Kaurava erano impegnati a combattere in diverse zone del campo per presidiare i punti critici dello schieramento e l'unico guerriero disponibile era Duryodhana.

Drona proseguì: "O grande eroe, tu sei un forte *maharatha*. Vai da Arjuna, sfidalo e ferma la sua avanzata".

Duryodhana si sbigottì. "O precettore, come ti aspetti che io possa fermare Arjuna? Ha già battuto sia te che Kritavarma oltre ad uccidere tutti i sovrani Kalinga. Ha anche sterminato orde di feroci guerrieri barbari. È impossibile che io possa avere la meglio contro di lui."

"Quello che dici è vero, o re, nessuno può sconfiggere Arjuna. Non ti rischierei contro di lui se non fossimo di fronte a una catastrofe. Però non ti preoccupare, ti renderò invincibile anche per Arjuna. Ti preparerò l'armatura in modo da renderti invulnerabile alle armi umane e divine. Solo Arjuna conosce questo segreto. Togliti l'armatura, o re, ed io te la rimetterò usando gli antichi mantra pronunciati da Brahma, così potrai andare senza paura ad affrontare il Pandava."

Drona si purificò mani e bocca con dell'acqua consacrata, e rivestì Duryodhana della sua armatura recitando i mantra. Quando ebbe finito disse: "Questa armatura divina che ho invocato con le mie preghiere era stata data un tempo da Brahma a Indra. Con questa Indra ha sconfitto Vritrasura. O re, vai e affronta Arjuna, non c'è tempo da perdere".

* * *

Quando il sole raggiunse lo zenit erano già state combattute molte feroci battaglie fra i massimi eroi delle due parti. Dhristadyumna continuava ad avanzare sperando di affrontare Drona, Bhima cercava i figli di Dhritarastra e Yudhisthira era impegnato contro Shalya e la sua divisione. Satyaki si scontrò con Bahlika e Sahadeva con Shakuni. Ghatotkacha e le sue orde di Rakshasa fronteggiava Alambusha ed i suoi, mentre gli altri capi guerrieri dei Pandava affrontavano i loro opponenti di simile forza usando armi umane e celesti.

Nel frattempo Arjuna continuava a scavare un varco attraverso le truppe Kaurava. Jayadratha venne a sapere del suo progresso e tremò di paura. Karna e Ashvatthama gli erano a fianco con i volti tesi. Arjuna era ancora a venti miglia da Jayadratha, ma combatteva come una furia. Creava aperture nelle truppe nemiche con i suoi dardi, e Krishna vi si gettava dentro. Le frecce di Arjuna uccidevano anche a due miglia di distanza, cadendo dal cielo come piogge di meteore. Talvolta procedevano velocemente, ed altre più adagio, senza pausare.

Quando il sole iniziò la sua discesa, Arjuna fu attaccato da Vinda e Anuvinda, principi di Avanti. Erano entrambi *maharatha*, e aggredirono Arjuna ai fianchi di sorpresa colpendolo con più di sessanta frecce. Arjuna, preso da una furia tremenda, si scrollò via le frecce e mirò ai punti deboli degli avversari. Li colpì entrambi fermando la loro carica, e con due frecce a punta larga spezzò i loro archi, con altre due troncò le bandiere e con un'altra dozzina distrusse i carri ed uccise gli auriga, il tutto in pochi attimi. Prima che i principi potessero reagire Arjuna tirò a piena forza una freccia a punta di mezzaluna che tagliò la testa di Vinda.

Anuvinda scese dai rottami del suo carro ruggendo come una furia e brandendo una mazza corse a zig zag verso Arjuna per vendicare la morte del fratello. Raggiunse il carro e colpì a tutta forza Krishna sulla fronte. Krishna non diede segno di risentirne e Arjuna furibondo con cinque frecce tagliò braccia, gambe e testa di Anuvinda.

Il loro esercitò caricò Arjuna come un sol'uomo, e il Pandava li trucidò con i missili del Gandiva. Migliaia di altri soldati si aggiunsero a loro e bloccarono il carro. Krishna disse ad Arjuna: "O Partha, l'intensità di questa battaglia è tale che i nostri cavalli sono stanchi e hanno bisogno di riposo".

Continuando a combattere, Arjuna disse: "O Madhava, farò un varco attraverso queste linee, tu attraversalo, cura le ferite dei cavalli e falli riposare, e io terrò impegnati questi guerrieri".

Con un torrente di frecce, Arjuna fece arretrare i nemici poi scese dal carro con un balzo senza smettere di colpire, e Krishna si allontanò. I Kaurava pensarono di avere l'occasione di sconfiggerlo, ignorarono Krishna e il carro e si concentrarono su Arjuna, ma non trovarono un varco nelle sue difese. Avvicinarlo voleva dire andare contro un muro di frecce. Lo scontro delle frecce di ambo le parti produsse un muro di fuoco, e i Kaurava si ustionarono e fuggirono.

Arjuna raggiunse di corsa il luogo dove Krishna riposava i cavalli, e Krishna gli disse che avevano bisogno di acqua. Arjuna incoccò una freccia dorata e pronunciò i mantra per invocare il Varunastra. Scagliò la freccia verso terra, ed un grande lago con cigni, anatre, loti e ninfee venne trasportato dal cielo insieme a dei rishi seduti sulle sue rive.

Con un'altra arma mistica, Arjuna costruì un rifugio sulla riva del lago fatto di frecce. Krishna lo applaudì, portò i cavalli nel rifugio, gli estrasse le frecce e li massaggiò. I cavalli bevvero e si rotolarono nell'erba.

I Kaurava si erano raggruppati ed erano tornati all'attacco circondando Arjuna che continuava a lottare a piedi, fermo come il monte Meru, contro un enorme numero di guerrieri montati su carri, cavalli ed elefanti. Gli esseri celesti lo lodarono e persino i Kaurava plaudirono al suo valore, e malgrado si sforzassero di approfittare del suo svantaggio, non riuscirono a sopraffarlo. La sua velocità, agilità e leggerezza di mano erano mirabili. Krishna aggiogò i cavalli e tornò da Arjuna, e il lago mistico scomparve.

Arjuna salì sul carro e suonò la conchiglia, Krishna spronò i cavalli verso il folto della battaglia, ed Arjuna riprese il suo sterminio. I Kaurava, incapaci di fermarlo, si ritirarono gridando: "Che Duryodhana si vergogni! È sua la colpa di questa calamità". Altri dissero: "Il re Sindhu morirà oggi".

Arjuna avanzò senza fermarsi. Rimanevano solo quattro ore al tramonto, e doveva affrontare ancora dieci miglia di truppe. I più coraggiosi dei Kaurava lo caricarono, ma come i fiumi che si riversano nell'oceano, non tornarono indietro. Altri guerrieri più paurosi si voltarono e fuggirono incorrendo nel peccato e nella condanna.

Il carro rosso fuoco di Arjuna sembrava il carro di Surya, il deva del sole. I Kaurava erano scoraggiati e lottavano senza speranza per frenarlo. Dopo un'ora Arjuna vide in lontananza lo stendardo di Drona, e con un grido di trionfo esclamò: "O Madhava, ecco la bandiera del precettore. Ci stiamo avvicinando a Jayadratha".

Krishna consigliò ad Arjuna di aggirare Drona per non perdere tempo, ma egli li aveva visti e con le sue frecce a lunga gettata li colpì entrambi. Krishna uscì dal suo tiro nascondendosi dietro una schiera di truppe Kaurava e fece un largo cerchio per evitarlo, mentre Arjuna continuava la sua opera di distruzione.

In quel momento si fece avanti Duryodhana con la sua armatura impenetrabile che brillava, e caricò.

Krishna fermò il carro e disse: "Ecco il figlio di Dhritarastra che ti affronta senza paura. O senza peccato, è giunta l'ora di incontrarlo. La vittoria e la sconfitta dipendono da lui. Vomita su di lui il veleno della tua ira, o Partha. Chissà perché rischia la sua vita? Presto rimpiangerà la sua follia. O Arjuna, abbattilo e la guerra sarà finita".

"Hai ragione, o Keshava, avvicinati così che lo possa colpire vendicando i torti che ha fatto a Draupadi."

Vedendo che il principe Kaurava non dava segni di paura, i guerrieri applaudirono, e altri gridarono spaventati: "Il re è morto!".

Duryodhana rise: "Non temete! Spedirò quei due alla dimora della morte", poi provocò Arjuna. "O Partha, vediamo quanto vali. Usa tutte le armi che conosci e io le parerò. Poi taglierò la tua testa e quella di Krishna."

Duryodhana trafisse subito Arjuna con tre frecce invisibili, con altre quattro colpì i cavalli e con altre dieci raggiunse Krishna. Con un'altra freccia ben mirata tagliò la frusta di Krishna che cadde a terra in due pezzi. Arjuna tese il Gandiva fino all'orecchio e tirò quattro frecce con lo stelo d'acciaio che sibilarono colpendo l'armatura di Duryodhana ma caddero a terra senza scalfirlo. Arjuna ne lanciò altre sedici che vennero ancora neutralizzate dall'armatura, e poi altre venti ancora più cariche, anch'esse inefficaci.

Krishna si sorprese e disse: "Non ho mai visto una cosa del genere. Le tue frecce che possono trapassare la terra non riescono a scalfire l'armatura di Duryodhana. Stai bene, o Partha? Che il Gandiva stia perdendo la sua forza? Perché non riesci a ferirlo? Non è il momento di sbagliare".

Arjuna capì e rispose: "Credo che Drona oggi gli abbia caricato l'armatura con l'energia dei tre mondi, di cui lui conosce il segreto. Nessun'arma può trapassare quell'armatura. Guarda lo sciocco che non si sa avvantaggiare della sua invulnerabilità.".

Duryodhana sfidò ancora Arjuna: "Provaci ancora, o Partha. Pare che tu abbia perso il tocco." E scagliò un nugolo di frecce.

Arjuna le parò e con un sorriso teso, gli uccise i cavalli e poi con cento frecce a testa di martello gli sfasciò il carro. Poi prese quattro frecce a punta lunga, le caricò con dei mantra, mirò accuratamente e lo colpì sulle punte delle dita, l'unica parte esposta. Duryodhana urlò dal dolore: le frecce erano penetrate sotto le unghie. Lasciò cadere l'arco e si mise a saltellare.

Vedendolo in difficoltà, gli altri guerrieri corsero in suo aiuto con carri, elefanti e cavalieri, e Kripa portò via Duryodhana .

Arjuna si liberò dall'attacco. Quando il carro emerse dalla mischia, lui e Krishna suonarono le conchiglie a tutto fiato. Anche Jayadratha lo udì e si sentì gelare.

Nel resto del campo gli altri Pandava avevano combattuto con grandi perdite da ambo le parti, con la terra ricoperta di cadaveri e rottami.

Capitolo 66

I poteri mistici di Krishna

Yudhisthira sentì il suono delle conchiglie di Krishna e Arjuna, e temendo che il fratello fosse in difficoltà e stesse chiedendo aiuto, disse a Satyaki: "O nipote di Sini, penso che Arjuna abbia bisogno del tuo aiuto. Vai ad aiutarlo, nessuno lo potrebbe fare meglio di te.".

Satyaki si sentì diviso. Arjuna gli aveva ordinato di rimanere al fianco di Yudhisthira e di obbedire ai suoi comandi, e adesso Yudhisthira gli ordinava di lasciarlo. Cosa sarebbe successo se in sua assenza Drona avesse attaccato e catturato Yudhisthira? Arjuna non glielo avrebbe mai perdonato. Satyaki espresse il suo dubbio. "O signore della terra, non c'è nulla che non farei per obbedirti. Tuttavia ti devo ricordare quanto mi ha ordinato oggi Arjuna: 'Proteggi Yudhisthira fino a quando sarò tornato dopo aver ucciso Jayadratha'. Come posso lasciarti?" e aggiunse: "Arjuna non può essere in pericolo perché Krishna è con lui, e la conchiglia avrà suonato per una sua vittoria. Se però insisti, andrò da lui".

Yudhisthira era con Bhima, Dhristadyumna, i gemelli, i figli di Draupadi, Ghatotkacha e molti altri, ed era ben protetto. Inoltre Drona era impegnato a proteggere Jayadratha.

Vista la determinazione di Yudhisthira, Satyaki si sentì obbligato ad andare. Forse Dhananjaya aveva veramente bisogno di aiuto. Disse: "Obbedisco, o re".

Affidò a Bhima il suo posto a fianco di Yudhisthira e poi ordinò al suo auriga di seguire Arjuna. Vide le tracce della sua carneficina, e mentre si apriva la strada lottando contro le truppe superstiti, si scontrò con Kritavarma. Ne seguì una battaglia furibonda, e in breve Satyaki ebbe ragione di lui. Passando sulla strada di Arjuna fece rapidi progressi, e in un'ora avvistò il suo carro, con l'alto stendardo che sventolava, e diede fiato alla sua conchiglia.

Yudhisthira sentì, la sua ansia crebbe e parlò con Bhima. "Adesso temo sia per Satyaki che per Arjuna. O eroe dalle forti braccia, tu da solo sei capace di fermare l'esercito Kaurava. Quindi raggiungi subito Satyaki e tuo fratello, e quando li trovi sani e salvi, fai uno dei tuoi ruggiti, e io mi tranquillizzerò. Con te al suo fianco, nulla sarà impossibile per Arjuna."

Bhima rise. "Quale pericolo temi per Arjuna? Ma se lo desideri andrò da lui, e presto sentirai la mia voce."

Bhima disse a Dhristadyumna: "Vado da mio fratello, ti prego rimani al fianco di Yudhisthira e proteggilo".

Anche Bhima percorse il sentiero di distruzione lasciato da Arjuna procedendo rapidamente, sconfiggendo facilmente i pochi superstiti e presto raggiunse il fratello. Quando Bhima vide la bandiera di Arjuna con quella di Satyaki poco distante fece un poderoso ruggito.

Arjuna, sorpreso di vedere il suo discepolo, lo rimproverò temendo per Yudhisthira, ma lui lo rassicurò dicendo che il re era ben protetto e Drona era impegnato a proteggere Jayadratha. Allora Arjuna gli chiese di aiutarlo a raggiungere Jayadratha.

Rimanevano solo due ore al tramonto, e Arjuna doveva ancora superare Karna, Ashvatthama ed altri potenti Kaurava prima di poter raggiungere Jayadratha. Anche Drona avrebbe combattuto con tutta la sua forza per proteggere il re Sindhu. Duryodhana si era ripreso dalle sue ferite ed era tornato sul campo con molti fratelli e tutti si frapponevano fra Arjuna e Jayadratha. Però adesso, con Bhima, i Kaurava tremavano come una foresta colpita da una bufera. Già era impossibile contrastare Arjuna, e con Bhima e Satyaki la loro situazione era disperata.

I tre eroi Pandava avanzarono verso la divisione che formava l'ultima linea di difesa. Karna si fece avanti e Bhima lo sfidò. I due si guardarono con occhi di brace, le corde dei loro archi schioccavano come tuoni mentre si udivano i tonfi delle frecce contro le armature. Tutti li guardarono ammirati. Alcuni, impressionati dalla velocità fulminea di Karna, pensarono che Bhima era finito, ed altri che videro la furia di Bhima pensarono che fosse arrivata l'ora di Karna.

Bhima attaccò con tutta la sua forza, guardando Karna con immenso disprezzo. Le sue parole di scherno quando erano partiti per l'esilio gli risuonavano ancora nella testa. Adesso finalmente lo stava affrontando. Senza la minima paura, Bhima si avvicinò tendendo l'arco al massimo e mise nell'aria così tante frecce che non vedeva più il nemico. Karna parò l'attacco, uscì da quella nuvola di frecce e colpì Bhima con nove frecce di acciaio temprato che uscirono dal suo arco come fulmini.

Bhima non accusò i colpi e si avvicinò ancora di più a Karna scagliando frecce e lo colpì su tutto il corpo. Il Pandava voleva usare la mazza, e portò il carro contro al suo, e i suoi cavalli neri si mischiarono con i cavalli bianchi di Karna.

Il Pandava colpì con la mazza e Karna parò con la sua. Le mazze si scontrarono con una nuvola di scintille e un botto assordante. I duellanti sembravano leoni di montagna avvinghiati in una lotta mortale. Gli auriga fecero arretrare i cavalli e i carri si separarono, e i due ripresero a scagliare frecce di ogni genere mentre Arjuna e Satyaki continuavano a massacrare i Kaurava.

Bhima spezzò l'arco di Karna, uccise uno dei suoi due auriga e lanciò altre cinquanta frecce. Karna se le scrollò di dosso, prese una lancia e la scagliò violentemente contro Bhima come Indra scarica i fulmini. La lancia sibilò nell'aria facendo fuoco e scintille. Bhima la fece a pezzi con sette frecce a punta di falce di luna e con altre venti frecce colpì Karna al petto.

In un attimo Karna incordò un altro arco e ricominciò a tirare. Persino gli esseri celesti erano sorpresi dalla sua abilità. Vishoka, l'auriga di Bhima, fece muovere il carro a zig zag schivando le frecce di Karna. La tremenda lotta fra i due continuò con scambi di frecce, urla, risate, sfide e suoni di conchiglie.

Poi Bhima riuscì a spezzare ancora l'arco di Karna, a uccidere i suoi quattro cavalli e l'ultimo auriga, e facendo ricorso a tutte le sue forze mandò un nugolo di frecce che ricoprì completamente Karna, che non sapeva più cosa fare. Duryodhana mandò suo fratello Durmukha a salvarlo. Sfidando le frecce di Bhima, Durmukha corse da Karna e lo prese sul suo carro. Mentre Karna stava trasbordando, Bhima uccise Durmukha, i suoi cavalli ed il suo cocchiere.

Sgomento, Karna corse verso il carro di un altro guerriero. Altri fratelli di Duryodhana vennero in suo soccorso e Karna riprese a lottare. Bhima sorrise e intensificò la lotta, uccise altri tre principi Kaurava, e lanciò il suo urlo di battaglia e attaccò senza pietà i fratelli di Duryodhana come un leone sgozza i cervi. A un certo punto si imbatté in Vikarna e si ricordò che nella partita a dadi aveva parlato coraggiosamente in difesa di Draupadi. Bhima sapeva che Vikarna aveva un affetto sincero per i Pandava e che sosteneva la loro causa contro al fratello maggiore, tuttavia il suo dovere lo aveva costretto a combattere per Duryodhana.

Tenendo presente il suo voto di uccidere i cento i fratelli e il suo dovere di kshatriya, Bhima non esitò. Con delle frecce dalle piume d'oro uccise i fratelli uno dopo l'altro, e infine con altre tre frecce abbattè Vikarna. Bhima lo circoambulò con un po' di tristezza, tuttavia pensando alle regioni celesti a cui Vikarna era destinato, si consolò. Il virtuoso Kaurava aveva osservato i suoi doveri religiosi ed era morto combattendo.

Bhima si ributtò nella mischia. Vicino a lui Satyaki stava respingendo le truppe di Drona avvicinandosi al precettore, e Arjuna si muoveva inesorabilmente verso Jayadratha. Non rimaneva molto tempo prima del tramonto, ed i tre Pandava lottarono con tutte le loro forze.

* * *

Duryodhana era affranto. Bhima gli aveva ucciso più di trenta fratelli. Si ricordò degli ammonimenti di Vidura. Perché non aveva ascoltato? Bhima e Arjuna non erano umani, stavano distruggendo il suo esercito come Indra e Mahadeva con gli Asura. Non lontano Satyaki da solo stava sgominando l'esercito Trigarta. Sembrava che i guerrieri Pandava fossero aiutati dal potere divino. Forse Krishna era davvero la Persona Suprema. Duryodhana si ricordò delle promesse dei Danava. Anche se quegli esseri divini lo assistevano, non pareva che servisse molto contro un nemico aiutato dal Supremo. Malgrado le sproporzioni fra i due eserciti, i Pandava stavano demolendo le sue forze. Nel suo esercito c'erano i migliori guerrieri del mondo, ma non riuscivano a scalfire i Pandava. Egli stesso non era riuscito a fare nulla, persino quando era protetto dall'armatura di Indra. Tuttavia il sole non era distante dall'orizzonte, e c'era ancora speranza.

Duryodhana andò da Drona per un ultimo sforzo strategico. Lui e il suo precettore avrebbero potuto formare insieme agli altri guerrieri una solida linea per proteggere Jayadratha. Persino Arjuna non avrebbe avuto tempo sufficiente per sfondare contro Drona, Karna, Kripa, Ashvatthama, Shalya e una dozzina di altri guerrieri.

Satyaki si scontrò con il potente Bhurisrava. Sini, il padre di Satyaki, un tempo aveva sconfitto Somadatta, il padre di Bhurisrava, in duello a un *swayamvara*. Somadatta aveva pregato Shiva ed aveva ottenuto il dono per cui suo figlio avrebbe vinto il figlio di Sini. Adesso i due si incontravano per la prima volta. Si scambiarono migliaia di frecce, senza che l'uno riuscisse a prevalere sull'altro. Si tirarono lance e giavellotti, si distrussero i carri, e si uccisero cavalli ed auriga, poi scesero dai rottami dei carri e si scontrarono con spade e scudi. Le spade si spezzarono contemporaneamente, e i due lottarono a mani nude, rotolandosi a terra con urla, colpi e grugniti.

Piano piano Satyaki si stancò. Aveva fatto uno sforzo sovrumano per raggiungere Arjuna. Bhurisrava lo afferrò per i capelli prendendolo a pugni e calci. Krishna vide quello che stava accedendo e disse: "O Arjuna, salva il tuo discepolo che è stanco per aver lottato per te".

Bhurisrava raccolse da terra una spada e si apprestò a tagliare la testa di Satyaki. Arjuna gli tagliò il braccio con una freccia affilata proprio mentre egli stava calando il fendente mortale. Il braccio cadde a terra con la spada ancora stretta in mano, come un serpente dalle cinque teste caduto dal cielo. Bhurisrava, col sangue che zampillava dal moncherino, si guardò attorno sorpreso e furioso. Chi aveva ignorato le regole del combattimento leale in modo così sfacciato? Era inconcepibile attaccare un nemico senza avvisarlo.

Bhurisrava capì che era stato Arjuna, e lo rimproverò: "O figlio di Kunti, come hai potuto compiere un'azione così crudele? Non eri impegnato contro di me, e di soppiatto mi hai tagliato un braccio. Certo non te l'ha insegnato Drona o Kripa e nemmeno Indra. Nemmeno tu, che sei di nobile nascita, avresti fatto una cosa simile di tua iniziativa. Penso ti abbia istigato quell'imbroglione di Krishna. Perché sei suo amico, o Arjuna?".

Arjuna si avvicinò a Bhurisrava e disse: "La mente si indebolisce quando si soffre, o eroe, pertanto sbagli. Io conosco a fondo le regole del combattimento ed i precetti morali. Gli kshatriya combattono con l'aiuto dei loro uomini. Perché non avrei dovuto proteggere Satyaki che combatte per me? Avrei peccato se fossi rimasto a guardare".

Bhurisrava cadde in ginocchio e Arjuna proseguì. "Stavi per uccidere Satyaki quando era disarmato, stanco e a terra. Ho dovuto agire istantaneamente per salvarlo. Satyaki non era pronto al tuo ultimo attacco quanto tu non eri preparato al mio. Dovresti rimproverare te stesso per non esserti protetto. Dimmi, o eroe dalle forti braccia, tu come avresti agito al mio posto?".

Bhurisrava, la cui vita stava sfuggendo con il suo sangue, non rispose. Decise di morire in meditazione, e con la mano sinistra fece un letto di frecce, vi si sedette con gli occhi rivolti al sole, mentre gli altri guerrieri sul campo smisero di lottare in segno di rispetto. I Kaurava insultarono Krishna e Arjuna.

Arjuna non tollerò gli insulti e replicò: "Ho votato solennemente di proteggere chi lotta al mio fianco. Come osate condannarmi per aver salvato un uomo disarmato, voi che avete ucciso Abhimanyu a piedi e disarmato, assalendolo in tanti?"

Bhurisrava tacque, la sua rabbia era sbollita. Era amico di lunga data di Arjuna e dalle sue oneste parole comprese le sue colpe. Si rese conto che era giunta la sua fine, chiuse gli occhi, e con la mente fissa su Vishnu si preparò a meditare fino alla morte secondo il sacro voto Praya.

Arjuna disse al Kuru caduto: "O grande eroe, ti amo come un fratello. Vai nelle beate regioni con la benedizione di Krishna".

Krishna aggiunse: "Hai fatto sacrifici e sei un devoto del Signore Supremo. Vai nel mio regno splendente di luce con una forma spirituale simile alla mia, monta sulla groppa di Garuda che ti porterà nella dimora celeste".

In quel momento Satyaki rinvenne, e con una spada trovata in terra si gettò su Bhurisrava e mentre tutti gridavano per fermarlo, gli tagliò la testa. Ci fu un silenzio di sgomento.

Dei Kaurava dissero: "Satyaki è stato solo lo strumento del destino, la morte di Bhurisrava era scritta".

Altri, come Duryodhana e Karna, rimproverarono Satyaki, e lui, voltandosi con la spada insanguinata, ribatté: "Voi parlate di virtù, ma i vostri atti non sono mai virtuosi. Dov'era la vostra virtù e la vostra rettitudine quando Abhimanyu è stato trucidato? Molto tempo fa ho fatto il voto di uccidere chiunque mi avesse atterrato e preso a calci. Era destino che io uccidessi Bhurisrava, è il fato che muove la mano dell'uomo".

Tutti tacquero, l'atto di Satyaki non parve nobile a nessuno. Nella loro mente lodarono Bhurisrava che era andato nelle regioni più alte. Guardarono la sua testa sul terreno, bellissima anche nella morte.

Dopo un momento di silenzio, i guerrieri suonarono le conchiglie e la battaglia ricominciò. Arjuna prese il Gandiva e disse a Krishna: "Sprona i cavalli, o Madhava, il sole si sta avvicinando rapidamente alle colline di occidente".

Il carro di Arjuna corse verso Jayadratha, la cui bandiera era appena visibile sopra il fitto schieramento di truppe Kaurava. In quel momento Duryodhana, Karna, Shalya. Ashvatthama, Kripa e Vrishasena attaccarono contemporaneamente con decine di migliaia di carri, cavalieri ed elefanti. Arjuna con le sue frecce affilate massacrò senza posa le truppe dei Kaurava mentre il sole si tingeva di azzurro. Benché decimati, i Kaurava si rallegrarono vedendo il sole che si avvicinava all'orizzonte.

Ashvatthama e Kripa attaccarono Arjuna sui due lati bersagliandolo di frecce. Duryodhana, sempre vestito della sua armatura impenetrabile, lo attaccò di fronte con Karna. Da dietro venne Shalya sfidandolo con un ruggito e nugoli di frecce. Arjuna si mosse come un fulmine, e volteggiando sul ponte del carro colpì tutti gli assalitori. Bhima affrontò ancora Karna sterminando le sue truppe di sostegno. Satyaki si occupò di Shalya e Vrishasena uccidendo migliaia dei loro soldati.

Arjuna fece arretrare i Kaurava di fronte a lui, che vanamente cercavano di difendersi dai suoi dardi fiammeggianti. Ashvatthama e Kripa mostrarono grande valore, ma Arjuna bloccò le loro armi con le sue frecce, e li trafisse con missili fiammeggianti lanciati a piena potenza dal Gandiva. Il cielo si illuminò con il diluvio di meteore. Arjuna nella sua furia sembrava Shiva col suo divino arco Ajagara.

Molti re e guerrieri si fecero avanti per attaccare Arjuna e vennero annientati. I Kaurava andarono nel panico. Anche Drona attaccò Arjuna con tutta la sua forza senza riuscire a fermarlo.

Rimaneva meno di mezz'ora al tramonto. Drona ordinò a suo figlio, a Kripa, Karna, Shalya e Duryodhana e ad altri *maharatha* di mettersi davanti a Jayadratha. Arjuna, benché vicino al suo nemico, cominciò a disperare. Mancavano pochi minuti al tramonto, e non riusciva quasi più a vederlo da quanto era fitta la pioggia di armi scagliate dai Kaurava.

Allora Krishna alzò la mano destra e subito il *chakra* Sudarshana apparve sul suo dito teso. Gettò il disco che coprì il sole come un eclisse, e subito cadde il buio. I Kaurava pensarono che fosse tramontato il sole ed esultarono. Jayadratha era ancora vivo, adesso Arjuna si sarebbe gettato nel fuoco. La guerra era finita.

Krishna rassicurò Arjuna. "O Partha, c'è ancora tempo. I Kaurava hanno abbassato le armi, e il re Sindhu non è protetto. Guarda verso sud, e fra un attimo lo vedrai. Prepara una freccia carica del potere di Brahma."

Arjuna obbedì e Krishna aggiunse: "Questo re ha avuto un dono da suo padre. Il vecchio re Sindhu, Vridhakshatra, lo ha benedetto dicendo che chiunque faccia cadere a terra la sua testa morirà con la sua stessa testa ridotta in mille pezzi. So che Vridhakshatra siede in meditazione qualche miglio da qui, sulle rive del lago Samantapanchaka in profonda meditazione. Dai alla tua freccia il potere di deporre la testa di Jayadratha in grembo a suo padre".

Detto questo, Krishna ritirò il suo *chakra*, e la luce tornò, con il sole chiaramente visibile appena sopra l'orizzonte. Arjuna scagliò la sua freccia che volò come una cometa verso Jayadratha. La freccia spiccò la sua testa, la portò in alto fuori dalla vista di tutti e la depositò in grembo a Vridhakshatra. Il monarca sbalordito balzò in piedi, la testa di suo figlio rotolò a terra, e la sua stessa testa esplose in mille pezzi.

I Kaurava compresero che il buio era stata un'illusione di Krishna. Duryodhana cadde in ginocchio sul suo carro, abbandonò le armi e pianse a calde lacrime. Tutti i suoi guerrieri lasciarono il campo di battaglia spenti e sbigottiti.

Krishna abbracciò il suo amico esultando per il successo. "Per buona sorte hai ucciso Jayadratha e quel disgraziato di suo padre, un forte nemico dei deva, e hai annientato un'intera *akshauhini*. Nemmeno Karttikeya avrebbe potuto compiere una simile impresa. Duryodhana e i suoi si renderanno conto che la loro fine è vicina."

Arjuna, sudato per i suoi sforzi prodigiosi, sorrise: "Solo con la tua grazia ho potuto avere successo. O Krishna, non c'è da stupirsi che coloro che tu aiuti vincano. Yudhisthira riavrà il suo regno, ed io e i miei fratelli saremo sempre tuoi servitori".

Il terreno era ricoperto di cadaveri. Migliaia di medici curavano i feriti che si lamentavano.

Krishna suonò la conchiglia rallegrando i Pandava. Yudhisthira scese dal carro e abbracciò Arjuna e poi Krishna e lo adorò tremando di felicità trascendentale.

Krishna disse: "Lo sciagurato Jayadratha è stato consumato dal fuoco della tua rabbia. Le vaste ed orgogliose armate di Duryodhana si stanno riducendo, o Bharata e Duryodhana è vicino alla fine. Coloro che hanno scelto di esserti nemici sono già praticamente sconfitti".

Bhima e Satyaki, col corpo ricoperto di ferite, si avvicinarono ad Arjuna che li abbracciò e disse fra le lacrime: "Sono fortunato a vedervi emergere dal terribile oceano dei Kaurava, in cui Drona è l'invincibile alligatore e Kritavarma lo squalo. Avete compiuto una grande impresa mettendo in fuga Karna, Kripa e Shalya. Mi siete entrambi cari quanto la vita, e con il vostro aiuto ho potuto adempiere al mio voto".

Capitolo 67

I Kaurava si riprendono

Dopo la morte di Jayadratha i Kaurava si abbandonarono al dolore. I soldati, vedendo tanti di loro trucidati, biasimarono Dhritarastra e suo figlio per la loro cattiva politica, e lodarono Yudhisthira e i suoi fratelli. Duryodhana era disperato e fece ritorno all'accampamento, seduto sul ponte del carro con la testa fra le mani. Ripensò agli avvenimenti della giornata. Non c'era al mondo un guerriero al pari di Arjuna. Né Drona, né Kripa e nemmeno Karna avevano potuto fermarlo, nemmeno tutto l'esercito era riuscito ad impedirgli di uccidere Jayadratha. Duryodhana pianse disperatamente, entrò nella sua tenda e si sedette seguito da Drona e gli altri generali. Nell'accampamento regnava il silenzio.

Il principe Kaurava, cercando di mantenere un aspetto dignitoso, disse a Drona: "O precettore, è stata una vera carneficina. Anche Bhishma giace steso sul terreno. I Pandava hanno annientato sette *akshauhini*, e il tuo discepolo è riuscito ad uccidere Jayadratha. Molti signori della terra se ne sono andati alla dimora di Yamaraja. Come posso ripagarli? Sono soltanto un codardo, e ho fatto morire amici e parenti. La terra dovrebbe inghiottirmi, invidioso, peccatore e nemico della virtù quale sono. Il mio stesso nonno giace su di un letto di frecce per colpa dei miei desideri perversi. Cosa mi dirà quando lo incontrerò nell'altro mondo?".

Duryodhana tacque e si abbandonò al pianto. Karna gli si avvicinò e lo consolò. Lentamente Duryodhana riprese il controllo, con la mente che oscillava fra la disperazione e il desiderio di vendetta. Non tutto era perduto, fra i Kaurava rimanevano ancora Drona, Karna, Ashvatthama, ed altri forti eroi. Forse potevano ancora sconfiggere i Pandava, o almeno catturare o uccidere Yudhisthira. In ogni caso la resa era fuori questione, meglio morire fino all'ultimo uomo piuttosto che cedere. Era il minimo che si doveva a chi aveva dato la vita.

Duryodhana disse con le lacrime agli occhi: "O grandi guerrieri, giuro che ci sarà pace solo quando i Pandava o noi saremo morti. I nostri alleati stanno perdendo la fiducia nella nostra forza e lodano apertamente i Pandava. O precettore, con Bhishma caduto e tu che combatti tiepidamente, le nostre truppe non hanno un protettore. Mi sembra che Karna sia l'unico che tiene veramente al nostro successo. Come uno sciocco mi sono affidato a te che sei amico soltanto a parole. Il risultato è che Jayadratha e moltissimi altri re sono morti".

Drona si tolse l'elmetto e i suoi lunghi guanti. Le sue braccia nerborute erano coperte di ferite di frecce che i medici stavano curando con le erbe, e le parole di Duryodhana lo fecero soffrire più delle ferite. Si rivolse al principe: "Perché, o re, mi ferisci con queste dure parole? Ti ho detto infinite volte che non si può sconfiggere Arjuna in battaglia. Da quando Bhishma è caduto ho compreso che siamo condannati. I dadi che Shakuni ha tirato contro i Pandava ci tornano contro come frecce di fuoco. Vidura ti aveva avvisato, ma tu non hai voluto ascoltare. Chi ignora coloro che vogliono il loro bene e va per la sua strada è stupido. Hai generato questa tragedia con gli imperdonabili insulti a Draupadi davanti all'assemblea".

Drona non ne poteva più, e ricordò a Duryodhana tutte le crudeltà e le angherie fatte ai Pandava. Poi guardò Duryodhana e i fratelli sopravvissuti. Bhima ne aveva già ucciso la metà, e quelli che restavano facevano pena. Drona si sentì in dovere di proteggerli per quanto poteva, ma c'era poca speranza. Si alzò e disse: "Non infierire sul mio dolore, oggi che sono stato sopraffatto dal valore dei Pandava. Ti prometto che non mi toglierò l'armatura fino a quando non avrò sterminato tutti i Panchala. Mio figlio distruggerà i Somaka, e forse allora potremo battere i Pandava".

Drona proseguì. "Kripa poi è l'invincibile acharya e i nostri nemici non possono ucciderlo. Che lui si dedichi a sterminare i re che sono a fianco dei Pandava. O Duryodhana, adora i bramini e offri loro molti doni, fai offerte nel fuoco sacrificale per propiziare le divinità. Faremo un ultimo sforzo. Domani sarò alla testa del tuo esercito vomitando fuoco dalle mie armi e sfonderò le linee dei Pandava".

Rallegrati dalle parole di Drona, i Kaurava si ritirarono per la notte, esausti dopo la giornata di lotta.

* * *

Dhritarastra sedeva silenziosamente sul trono. Al suo fianco Sanjaya gli tergeva la fronte con un fazzoletto inumidito con acqua profumata. Il vecchio era svenuto quando aveva sentito che Bhima aveva ucciso più di trenta dei suoi figli. Quando rinvenne venne a sapere che Arjuna era riuscito ad uccidere Jayadratha, e gemeva. Il monarca parlò con voce flebile. "O migliore tra i miei servitori, dimmi come stanno i miei figli sopravvissuti, con l'esercito in rotta e Jayadratha trucidato".

Dhritarastra si interruppe scuotendo la testa. "Arjuna ha sfondato il nostro esercito e nemmeno i deva lo avrebbero potuto fermare. Inoltre c'è Bhima.

Metà dei miei figli sono morti, e Bhima non si placherà prima di averli uccisi tutti. Nel frattempo Arjuna, con l'aiuto di Dhristadyumna e Satyaki, annienterà tutti gli altri eroi Kuru. È difficile da credere. All'inizio della guerra il nostro esercito era doppio di quello dei Pandava, adesso ci restano quattro divisioni contro le tre dei Pandava, ed il vantaggio è quasi scomparso".

A testa bassa Dhritarastra ascoltò Sanjaya che raccontava la conversazione fra Drona e Duryodhana. Sentendo che il precettore aveva nuovamente fatto voto di annientare le forze dei Pandava, il re si fece coraggio. Karna e Drona erano ancora vivi, ed anche Kripa, Ashvatthama e molti altri. Dovevano essere furiosi col desiderio di vendicare Jayadratha. Inoltre Arjuna doveva essere stremato dopo quell'impresa tremenda. Forse le cose si potevano ancora aggiustare. Spesso le guerre erano state vinte dopo aver raccolto e riorganizzato un esercito in rotta.

Sanjaya capì cosa pensava il re, e disse: "O re, non dimenticare che Krishna è la guida e il protettore dei Pandava. Oggi Arjuna ha vinto col suo aiuto. I tuoi uomini non hanno speranza. Krishna è il difensore dei retti e lo sterminatore dei demoniaci. I tuoi figli sono sprofondati nel peccato e si sono attirati una disgrazia di immense proporzioni. La loro unica speranza consisteva nel ridare ai Pandava il maltolto, ma ormai è troppo tardi. Ci sarà un massacro totale degli kshatriya".

Dhritarastra si ricordò dell'inconcepibile forma che Krishna gli aveva mostrato. In seguito i rishi, cercando di far ragionare il re, gli avevano ricordato che Krishna aveva sterminato un gran numero di Asura.

Mentre pensava a Krishna, Dhritarastra sentì uno strano senso di pace. "Anche se per caso vincessimo contro i Pandava ci resterà da confrontarci con Keshava. Lui prenderà il suo irresistibile disco e incenerirà il mio esercito come il fuoco della distruzione universale, e dopo aver distrutto i Kuru offrirà la terra a Kunti. Duryodhana non si rende conto della posizione e del potere di Krishna. Quello sciocco senza fede è schiavo dei suoi sensi, e non può comprendere la Verità Assoluta. È come un bimbo che vuole spegnere il fuoco con le mani. Arjuna e Krishna sono uniti come un'anima sola, i loro desideri e scopi sono gli stessi, ed anche il potente Shiva non potrebbe fermarli".

Pensando a suo figlio il re sentì il cuore riempirsi di dolore, lo avrebbe mai rivisto? Probabilmente sarebbe morto in questa battaglia. Tuttavia le vie del fato sono imperscrutabili, persino Krishna non aveva potuto impedire la morte di Abhimanyu. Dhritarastra non avrebbe voluto la sua morte. In preda alla dualità, rendendosi conto dell'inevitabile, tuttavia sperando di sfuggirgli, il re si ritirò accompagnato dai servitori. Disse a Sanjaya di tornare l'indomani per narrargli gli eventi della notte e l'inizio della battaglia.

* * *

Quando il sole si alzò all'alba del quattordicesimo giorno, Duryodhana, ribollendo di rabbia al pensiero del giorno precedente, disse a Karna: "Come è stato possibile che Arjuna penetrasse nella nostra formazione ieri? Ha ucciso Jayadratha davanti ai nostri occhi. Drona lo ha consentito. Non posso credere che abbia lottato al pieno delle sue possibilità".

Karna non era d'accordo. "Non è colpa di Drona. Arjuna è un guerriero formidabile, e non mi stupisce che abbia superato Drona. Il precettore è vecchio e non è più così rapido e agile. Come può contendere con Arjuna alla pari?".

Karna e Duryodhana stavano andando in battaglia sui loro carri affiancati. Karna indossò l'elmo e continuò. "Secondo me il destino è supremo. Malgrado i nostri numeri, malgrado il nostro esercito abbia gli eroi più forti, i nostri sforzi vengono resi vani dal fato. I Pandava sono usciti illesi da tutti i piani che abbiamo fatto per distruggerli. Non mi pare che siano superiori a noi per forza o intelligenza, e non credo che tu abbia fatto degli errori di calcolo o delle valutazioni sbagliate."

Duryodhana tacque, forse Karna aveva ragione, la sorte aveva favorito finora i Pandava. Ma la sorte non è costante, e forse sarebbe cambiata. Drona aveva giurato di annientare i Panchala e i Somaka, la parte più consistente dell'esercito dei Pandava. Se ci fosse riuscito, avrebbero ancora potuto vincere. Non era il caso di criticarlo ancora.

Avevano scelto una formazione a forma di tartaruga. I Pandava risposero disponendosi con una formazione a squalo. I due eserciti si scontrarono con un gran frastuono e un nuvolone di polvere.

Bhima si dedicò a cercare i principi superstiti. Venne subito attaccato dalla cavalleria e dagli elefanti. Dhristadyumna e i gemelli attaccarono l'esercito di Madraka, Susharma ed il resto dei Samshaptaka sfidarono Arjuna. Satyaki rimase accanto a Yudhisthira con Shikhandhi ed altri guerrieri per proteggerlo.

Drona si scontrò con i Panchala bersagliandoli di frecce. Invocò le armi celesti, e gli inflisse rapidamente grandi perdite. Bhima era circondato da molti principi Kaurava che lo attaccarono da ogni direzione con le frecce. Bhima saltò giù dal suo carro e corse verso uno di loro, saltò sul suo carro e lo massacrò di pugni. Il principe con tutte le ossa rotte, cadde a terra senza vita. Bhima corse verso un altro principe uccidendolo allo stesso modo. Karna venne in soccorso scagliando un dardo fiammeggiante contro Bhima che stava attraversando il campo di corsa. Bhima lo afferrò e lo tirò di nuovo verso Karna. Shakuni lo fece a pezzi con un freccia affilata.

Ignorando le frecce dei Kaurava, Bhima afferrò un altro principe e lo uccise con un poderoso schiaffo, poi rimontò sul suo carro e suonò la sua conchiglia. Con una scarica di frecce dalle piume d'oro distrusse il carro di Durmada. Questi abbandonò i rottami del suo carro e saltò su quello di suo fratello Duskarna. Bhima sfasciò il loro carro con un colpo di mazza. I due principi fuggirono, ma Bhima li acchiappò e li massacrò a pugni.

Bhima tornò sul suo carro e lottò con Duryodhana, Kripa e Karna. Era solo, e allora altri guerrieri Pandava vennero in suo aiuto, e ne seguì una lotta feroce.

In un'altra zona del campo Somadatta si scontrò con Satyaki, e furioso per la morte di suo figlio gridò: "Perché, o eroe, hai violato le regole del combattimento? Io ti punirò. Giuro sui miei due figli che uno di noi due morirà oggi".

Somadatta suonò la sua conchiglia e ruggì come un leone. Satyaki si infuriò e gridò: "O discendente dei Kuru, non mi fai paura. Combatti con tutte le tue forze, solo o con i tuoi soldati, e io ti ucciderò. Ho ucciso tuo figlio, ma in realtà è perito nel fuoco dell'ira del retto e virtuoso Yudhisthira. Lo hai scelto per nemico, o re, e anche tu farai la fine di tuo figlio".

Duryodhana, mandò una compagnia di cavalleggeri per aiutare il vecchio zio, e in diecimila circondarono Satyaki ricoprendolo di frecce. Dhristadyumna corse in suo aiuto con forte seguito, e i due gruppi si scontrarono in una mischia furibonda. Somadatta si concentrò su Satyaki e gli tirò delle frecce succhia sangue, e l'eroe Vrishni rispose con una scarica delle sue che trafissero l'armatura di Somadatta e lo fecero svenire. Il suo auriga lo allontanò dalla battaglia.

Drona attaccò Satyaki. Yudhisthira e i gemelli corsero in suo aiuto e sventarono il suo assalto. Bhima e Dhristadyumna si unirono a loro e Duryodhana, Karna e Kripa vennero per aiutare i Kaurava.

Poco distante c'era Ghatotkacha su di un carro ad otto ruote di ferro nero coperto di pelli d'orso. Era un carro divino, trainato da belve delle regioni inferiori simili ad elefanti con le corna e gli occhi rossi. Sulla bandiera c'era un avvoltoio ad ali spiegate che faceva dei versi spaventosi. Sui lati del carro c'erano file di ossa e bandiere rosse. Ghatotkacha, con le lunghe zanne, le orecchie a punta, la testa calva e gli occhi disumani, terrorizzava i Kaurava con il suo solo aspetto, mettendoli in fuga . Aveva con sé una *akshauhini* di guerrieri Rakshasa armati di mazze, lance, rocce e alberi, e insieme si gettarono nella mischia con ruggiti che scossero la terra.

Ashvatthama gli si parò davanti, e Ghatotkacha rise ed usò i suoi poteri mistici per far cadere una pioggia di macigni, frecce, lance, mazze e bastoni su Ashvatthama e i suoi soldati. Ghatotkacha prese una ruota dai mille raggi col bordo affilato come un rasoio e la scagliò contro Ashvatthama.

Ashvatthama con delle frecce a punta di falce la ruppe in mille pezzi, facendola cadere come gli scopi di colui che è sotto l'influsso di un destino avverso. Ghatotkacha proseguì l'attacco con una nuvola di frecce che ricoprì completamente Ashvatthama. Il figlio del Rakshasa, Anjanaparva, gli si affiancò e attaccò Ashvatthama con centinaia di frecce dalla punta rostrata imbevute di olio.

Sommerso dalle frecce, Ashvatthama sembrava il monte Meru sotto al diluvio. Il suo auriga manovrando rapidamente lo tirò fuori dall'attacco, e con una freccia, Ashvatthama tagliò la bandiera di Anjanaparva, con altre due uccise i suoi due auriga. Poi uccise i suoi cavalli, e con una freccia affilata gli spezzò l'arco.

Poi con una freccia carica di mantra gli spiccò la testa.

Ghatotkacha tremando di rabbia e dolore ruggì: "Fermati e combatti. Non ne uscirai vivo".

Ashvatthama abbassò l'arco e disse: "O formidabile essere divino, non combattere con me. Sei un figlio di Bhima, e quindi sei come mio figlio. Vai ora fin che sei in tempo, perché con la tua ira potresti uccidere te stesso".

Ghatotkacha si infuriò ancora di più, e replicò: "Cosa credi?. Sono l'imperatore dei Rakshasa, e il mio valore non è da meno di Ravana dalle dieci teste. O figlio di Drona, se rimarrai a combattere metterò fine alla tua vita".

Ghatotkacha, impazzito di rabbia tirò le sue frecce lunghe, ma il figlio di Drona le abbattè in volo. Le nuvole di frecce si scontravano in volo facendo scintille e illuminando il campo di battaglia. Con i suoi poteri mistici Ghatotkacha sparì dalla vista.

Ashvatthama rimase calmo e invocò l'arma Vajra che distrusse l'illusione del Rakshasa. Ghatotkacha riapparve in cielo con il suo arco simile ad una nuvola con l'arcobaleno. Invocò un'arma che scaraventò macigni contro Ashvatthama, che scossero la terra col loro rombo. Ashvatthama li frantumò in volo con la divina arma del vento coprì di frecce l'esercito dei Rakshasa uccidendoli a migliaia.

Ghatotkacha ritornò a terra, salì sul suo carro, e con una schiera di Rakshasa con teste di tigre e leone a cavallo di belve terrificanti, caricò scagliando dieci frecce che colpirono al petto Ashvatthama facendolo traballare, e con un'altra spezzò il suo arco, ma lui in un attimo ne incordò un altro.

Quindi il figlio di Drona con i suoi missili celesti attaccò duramente le orde dei Rakshasa. Le sue armi divine tolsero la vita a molti Rakshasa, ma moltissimi altri apparvero dalle regioni inferiori per aiutare Ghatotkacha. I Kaurava si spaventarono, ma Ashvatthama disperse l'attacco con le sue frecce.

Altri guerrieri si unirono alla battaglia da entrambe le parti, Dhristadyumna con Ghatotkacha e Shakuni con i suoi per Ashvatthama. Drupada con il suo esercito attaccò i Kaurava attorno a Duryodhana, e Bhima che lo seguiva su un carro si unì alla mischia roteando la sua mazza.

Improvvisamente Ashvatthama scagliò un missile potente che sembrava il bastone della morte, caricato del fulmine di Indra, e colpì Ghatotkacha al petto facendolo cadere a terra svenuto. Dhristadyumna subito lo raccolse e lo portò via.

Capitolo 68

La battaglia notturna

Come il sole si avvicinò alle colline di occidente, Satyaki si scontrò di nuovo con Somadatta. Disse al suo auriga di avvicinare il Kuru. "Non tornerò dalla battaglia senza averlo ucciso."

Somadatta lo affrontò senza paura. I due kshatriya si colpirono a vicenda con le loro frecce.

Il padre di Somadatta, Bahlika, venne ad aiutare il figlio, e Bhima venne ad assistere Satyaki. Bahlika lo accolse con una scarica di frecce che si fermarono sull'armatura di Bhima. Il Pandava rispose con centinaia di frecce lunghe un metro, ma il vecchio guerriero le parò al volo, e con una lunga freccia d'acciaio a punta uncinata riuscì a colpire Bhima al petto traforando la sua corazza.Bhima tremò e svenne, però si riprese subito e colpì Bahlika alla fronte con una mazzata uccidendolo all'istante.

Somadatta, preso nel suo duello con Satyaki, pianse di dolore e mirò le sue frecce verso Bhima, ma Satyaki lo coprì di frecce vanificando il suo attacco. Somadatta era in piena frenesia di battaglia. Spezzò l'arco di Satyaki e lo colpì ripetutamente. Satyaki prese un altro arco e uccise i suoi cavalli e l'auriga. Poi prese una lancia e la tirò a tutta forza contro il petto di Somadatta, ma questi la parò. Allora Satyaki prese una freccia simile ad una lancia, la incoccò caricandola con i mantra, e colpì Somadatta spaccandogli il cuore in due. I Kaurava gridarono per l'angoscia, e le forze dei Pandava approfittarono del vantaggio per metterle in rotta con un attacco brutale di Bhima, Yudhisthira e i gemelli.

Duryodhana andò da Karna e disse: "È venuto il momento. O Karna, salva i miei soldati. I Pandava stanno schiacciando le nostre forze come Indra con gli Asura.".

Karna rassicurò l'amico: "O re, presto distruggerò i Pandava. È venuto il momento di uccidere Arjuna. Quando lui sarà morto i suoi fratelli saranno finiti, e la tua vittoria sarà assicurata. Userò l'infallibile dardo che mi ha dato Indra. Non temere. Dopo aver ucciso Arjuna distruggerò le loro ultime forze e ti consegnerò la terra".

Kripa aveva ascoltato le parole di Karna e rise "Ben detto, o figlio di Radha. Se le parole bastassero, Duryodhana avrebbe già vinto. O eroe, le tue parole devono essere confermate dalle azioni. Tutte le volte che ti sei scontrato con i Pandava, ne sei uscito sconfitto."

Kripa ricordò a Karna l'incidente con i Gandharva nella foresta e la battaglia di Virata "Le tue vanterie sono come il brontolio delle nubi senza pioggia. Ruggisci ora che sei fuori dalla portata delle frecce di Arjuna, perché quando ti colpiranno tacerai per sempre."

Karna, replicò: "Perché mi inveisci contro in questo modo, o bramino? I saggi che conoscono la propria forza la dichiarano ruggendo, e così si ispirano per compiere grandi imprese".

Kripa gli diede un'occhiata di spregio. "Le tue parole sono poco meglio dei deliri di un folle. Arjuna non può essere ucciso da nessuno, e così non è possibile sconfiggere il virtuoso Yudhisthira che se volesse, con un semplice sguardo potrebbe incenerire tutti gli esseri viventi. Possiamo vivere solo grazie alla sua compassione. Inoltre Krishna protegge sempre lui e i suoi fratelli. È solo la tua sciocca impudenza che ti fa credere di poter affrontare Arjuna."

Karna fece un sorriso forzato. "Le tue parole sono vere, o nato due volte. I Pandava sono questo ed ancor più. Tuttavia io sono più grande e vincerò. Non sottovalutarmi, ho ancora in mano l'infallibile arma di Indra che ucciderà chiunque ne venga colpito, e la userò contro Arjuna. Quando egli si unirà in cielo a suo padre, i suoi fratelli non saranno in grado di proseguire la guerra.

"Non vedo alcun valore nelle imprese dei Pandava. Anche noi stiamo distruggendo le loro forze. Il fatto che grandi eroi come Bhishma, Bhagadatta, Bhurisrava, Somadatta e Jayadratha assieme a tutti gli altri giacciano ora sul campo, è solo colpa del destino. Bisogna accusare solo il destino avverso; tuttavia tu, infima creatura, scegli di lodare i nostri nemici. Presto vedrai il loro valore reale nei duelli contro di me".

Ashvatthama sentì Karna che insultava il suo zio materno e sguainò la spada gridando a Karna: "Come osi parlare così, o stolto? L'acharya ha detto la verità riguardo ad Arjuna e i suoi fratelli, ma per invidia non riesci ad accettarla. O disgraziato auriga, ti vanti troppo e fai troppo poco. O vile fra gli uomini, non posso accettare i tuoi insulti a mio zio. Affrontami e ti taglierò la testa.".

Karna scese dal carro per affrontare Ashvatthama. Duryodhana si spaventò e corse a dividerli, mettendo le mani sulle loro spalle.

Karna sguainò la spada e disse: "O grande Kuru, fatti da parte. Farò assaggiare la mia lama a questo disgraziato". Trattenendoli, Duryodhana disse: "O Ashvatthama, ti prego di perdonarlo, non essere arrabbiato con lui. I Pandava ci attaccano da ogni parte. Ho bisogno di tutti e due per respingerli. Fate pace".

Ashvatthama si calmò e disse: "O Karna, ti perdono. Ci penserà Arjuna a schiacciare il tuo orgoglio smisurato". Anche Kripa, che era di buon carattere, lo perdonò.

Intanto la battaglia stava infuriando, e le forze dei Pandava stavano mettendo in rotta i Kaurava.

Karna ribolliva di rabbia per il rimprovero di Ashvatthama. Era il tempo di mostrare il suo valore. Risalì sul carro e si gettò nella lotta, con l'arco teso fino alle orecchie che sparava frecce come razzi infuocati. I nemici caddero a centinaia sotto i suoi colpi.

I Pandava urlarono: "Ecco Karna, finalmente!". Yudhisthira guidò le sue truppe contro la forza che circondava Karna. Migliaia di guerrieri scagliarono le loro frecce, lance, dardi, e palle di ferro coperte di olio infuocato. Karna mostrò la sua bravura parando l'attacco, e migliaia di proiettili caddero a terra resi inoffensivi dalle sue frecce, poi uscì dalla cortina dei proiettili nemici e lanciò una controffensiva, falciando le truppe dei Pandava con delle frecce cariche di mantra.

Allora si fece avanti Bhima e sfidò Karna che con quattro frecce uccise i suoi cavalli, con altre cinque trafisse Vishoka, che saltò giù dal carro e corse verso Satyaki con le frecce infilate nel corpo.

Bhima si infuriò e scagliò con tutte le sue forze una lunga lancia con la punta di ferro. Karna la fece a pezzi, e Bhima lanciò la sua spada contro Karna spezzando in due il suo arco.

Karna ne prese un altro e gli tirò contro centinaia di frecce, e Bhima le schivò con un balzo gigantesco atterrando a fianco del carro di Karna. Vedendolo arrivare come Yamaraja, Karna si chinò e il suo auriga lo portò lontano. Karna sparò altre cinquanta frecce d'acciaio come se fossero una sola. Colpito, Bhima corse nel mezzo di un gruppo di elefanti uccidendone un gran numero a pugni e creando una barricata. Vide che Karna cercava ancora di raggiungerlo, e gli tirò un elefante. Karna lo fece a pezzi in volo e proseguì il suo attacco bombardando di frecce Bhima che non aveva armi, cercando di ucciderlo, ma Bhima schivò agilmente i suoi colpi saltando in aria.

Il Pandava era furioso e si mise a tirare carri, cavalli, pezzi di elefanti e tutto quello che trovava in giro, ma Karna fermò ogni cosa con le sue frecce. Bhima, sapeva di poterlo uccidere a mani nude, ma voleva rispettare il voto di Arjuna. Decise di lasciare la lotta e uscì dal mezzo degli elefanti correndo verso l'esercito dei Pandava. Karna continuò a colpire Bhima con centinaia di frecce, ma ricordando la sua promessa a Kunti non cercò di ucciderlo. Raggiunse Bhima e lo colpì con la punta dell'arco ridendo. "O essere ignorante e impotente, vai a combattere con qualcun altro. Sei solo bravo a mangiare. Il campo di battaglia non è luogo per un bambinone come te. Dovresti rinunciare alla vita del guerriero e restare nella foresta. Vai a farti proteggere da Krishna e Arjuna."

Controllandosi a fatica, Bhima replicò: "O stolto essere malvagio, ti ho sconfitto molte volte, e sei vivo solo grazie al tuo destino. Perché perdi tempo a vantarti? Anche se mi hai sconfitto, questo cosa prova? Persino Indra ha subito sconfitte e poi ha vinto. Scendi dal tuo carro e lotta con me se osi. Ti mostrerò come ho ucciso Kichaka".

A quel punto apparve Arjuna che vedendo Karna vicino a Bhima privo di armi, gli lanciò una serie di frecce dando a Bhima l'opportunità di scappare. Karna vide il suo arcinemico, si leccò le labbra e guardò la sua arma Shakti. Presto il Pandava sarebbe morto.

Arjuna colpì Karna con una serie di frecce che lo fecero vacillare e perdere la presa dell'arco. Riprendendosi rapidamente, rispose con cento frecce che Arjuna parò continuando a colpirlo con un gran numero di colpi. Mentre Karna lottava per mantenere la sua postura, Arjuna gli lanciò una lunga freccia a forma di serpente, caricata di mantra che volò verso Karna alla velocità del vento. Ashvatthama vide la freccia che stava per uccidere Karna e ricordandosi dei suoi doveri di kshatriya e del suo debito verso Duryodhana, la spezzò con una freccia affilata caricata con i mantra. Poi si girò per attaccare Arjuna e lo allontanò da Karna, che era sfinito per il suo duello con Bhima.

* * *

Il sole stava tramontando, ma nessuno suonò la ritirata. Al crepuscolo si combatteva ancora con la massima intensità, e tre quarti dei guerrieri di entrambe le parti erano stati uccisi. Era chiaro che la guerra non sarebbe durata ancora molto. Le frecce fiammeggianti ed i rottami dei carri in fiamme illuminavano la scena della battaglia. Si alzò la luna aggiungendo una luce spettrale alla terribile scena.

Arjuna aveva annientato quasi tutti i Samshaptaka e si dedicò con tutta la forza ai Kaurava sopravvissuti. Usando la sua capacità di colpire bersagli invisibili, sterminò i nemici come il fuoco consuma l'erba secca. I Kaurava fuggirono disperatamente cadendo l'uno sull'altro nella fretta di salvarsi.

Duryodhana cercò di fermare la fuga. "Fermatevi, non abbiate paura. Ucciderò il Partha insieme ai suoi fratelli! Fermatevi e combattete, ora vedrete il mio valore impareggiabile".

Il principe diede degli ordini e caricò in direzione di Arjuna, appoggiato da una grande divisione di carri e cavalleria. Kripa disse a Ashvatthama: "Il re ha perso ogni prudenza, e Arjuna lo incenerirà. Fermalo".

Ashvatthama corse dietro a Duryodhana e gridò: "O figlio di Gandhari, finché io vivo tu non hai bisogno di combattere. Fermerò io il Partha".

Duryodhana rispose urlando. "Sembra che tuo padre tratti i Pandava come fossero figli suoi. Anche tu non hai fatto mostra di tutta la tua forza. Sgomina il nemico con le tue armi divine che sono pari a quelle di Shiva. O figlio di bramino, tu puoi mettere in fuga i Pandava con tutte le loro forze. Vai, ora dipendo da te."

Duryodhana si era fermato ad una certa distanza da Arjuna, da dove riusciva a vedere Hanuman sul suo vessillo che splendeva nel buio. Il carro di Arjuna spazzava il campo lasciando una scia di distruzione.

Ashvatthama rispose: "O Kaurava, è vero che i Pandava sono cari a mio padre, come sono cari pure a me, e anche loro ci amano. Tuttavia in battaglia è diverso, l'amicizia si dimentica. Karna, Shalya, Kritavarma, mio padre ed io stiamo facendo tutto il possibile per batterli".

Ashvatthama era stanco di sentire le costanti accuse di Duryodhana, specialmente quando erano dirette a suo padre. Duryodhana aveva la sua stessa età e la stessa educazione, era di casta inferiore, e quindi lo rimproverò. "Certamente, o re, tu hai una mente malvagia. Sei un peccatore, arrogante e meschino, e non ti fidi di nessuno, tuttavia io non mancherò al mio dovere combattendo con tutte le mie forze. Sgominerò i Somaka, i Panchala e i Chedi."

Ashvatthama entrò nel fitto della battaglia lanciando la sua sfida: "O forti guerrieri, mostratemi il vostro valore. Vi farò vedere quanto valgo!".

Ashvatthama venne accolto da una nuvola di frecce, che parò subito, mettendosi a distruggere le forze dei Pandava. Dhristadyumna lo affrontò gridando. "O figlio del precettore, perché te la prendi con dei comuni soldati? Sono qui io, e se sei veramente un eroe, combatti con me."

Dhristadyumna colpì Ashvatthama con fitte scariche di terribili frecce che lo trafissero. Con il sangue che scorreva dalle ferite, il figlio di Drona resistette impassibile all'attacco di Dhristadyumna, rispondendo con una scarica di frecce d'acciaio.

Dhristadyumna rise. "O sciocco bramino, conosci le mie origini ed il mio destino? Ucciderò tuo padre e poi anche te. Adesso non ti ucciderò perché tuo padre si merita di morire prima di te. Quando si alzerà il sole domattina, lo farò a pezzi con le mie frecce."

Ashvatthama, fuori di sé per la rabbia, bombardò Dhristadyumna di frecce, ma il Panchala parò l'attacco, e gli esseri celesti guardarono dal cielo il duello furibondo, in cui i due impiegarono le armi mistiche illuminando il cielo. Ashvatthama uccise i cavalli e l'auriga di Dhristadyumna, gli passò accanto e si mise a uccidere i Panchala a migliaia, e prima che qualcuno riuscisse a fermarlo aveva mandato all'altro mondo diecimila fra fanti e cavalleggeri.

Yudhisthira, Bhima e i gemelli si precipitarono a proteggere le loro truppe, e ne seguì una mischia feroce illuminata dalla luna. I soldati si scontrarono con i soldati, gli eroi con gli eroi e i cavalieri con i cavalieri. Quando fu notte piena, Ghatotkacha si sentì raddoppiare le forze. Si era ripreso dallo scontro con Ashvatthama. Krishna, vedendolo di nuovo sul campo, disse a Arjuna: "Guarda il formidabile figlio di Bhima, che secondo me è l'unico, a parte te, capace di sconfiggere Karna. Mandiamolo subito contro di lui, perché sta annientando le nostre truppe.".

Krishna indicò la bandiera di Karna illuminata dalle torce e visibile a distanza. Krishna proseguì: "Non penso che sia giunto per te il momento di affrontare Karna. Lui ha ancora l'arma Shakti che sta serbando per te, o Partha. Chiama Ghatotkacha e ordinagli di fermare l'arrogante figlio di *suta*. Il Rakshasa conosce ogni genere di arma, e sarà un temibile avversario per Karna".

Arjuna non vedeva l'ora di poter schiacciare per sempre l'orgoglio di Karna. Non temeva la Shakti, avendo affrontato ogni tipo di arma divina. Tuttavia doveva ascoltare i consigli di Krishna. Arjuna chiamò Ghatotkacha e Krishna gli disse: "Ti benedico, o Ghatotkacha. È arrivato il momento di provare il tuo valore, e non vedo altri che possano fare ciò che ti chiedo. Vedi laggiù Karna che sta infliggendo perdite alle nostre truppe? Solo tu lo puoi affrontare. Salva tuo padre e i tuoi zii, poiché questa è la ragione per cui i padri concepiscono i figli. Tu sei il degno figlio di Bhima, o Rakshasa. Usa il potere della tua illusione e ferma quel formidabile arciere".

Arjuna disse che gli avrebbe mandato Satyaki per difenderlo dagli altri, facendo sì che lui potesse concentrarsi su Karna e i suoi soldati.

Ghatotkacha era felice di servire Krishna e suo zio. "Sono all'altezza di questo compito, o Bharata, sono un degno avversario per Karna. Fintanto che esiste il mondo, si narrerà la mia battaglia di questa notte. Combatterò come un Rakshasa, senza nessuna pietà."

Si diresse a tutta velocità verso Karna, lanciandogli frecce infuocate da una distanza di due miglia mentre urlava la sua sfida. Karna si girò per affrontarlo. Ci fu un violento scontro. Alambusha andò da Duryodhana e disse: "Lascia che io affronti i Pandava, o re. Voglio ucciderli ed offrire il loro sangue ai miei parenti uccisi. Hanno ucciso mio fratello Baka e mio padre Jatasura, ma non mi sfuggiranno, perché la notte ha raddoppiato le mie forze".

Duryodhana sorrise. "Vai e sfida Ghatotkacha, che è della tua razza e sta combattendo con Karna."

Alambusha si leccò le labbra guardando Ghatotkacha, montò sul suo carro d'acciaio con i rostri che spuntavano dai fianchi, e caricò con un urlo assordante.

Ghatotkacha stava attaccando Karna demolendo allo stesso tempo le sue truppe a migliaia per volta, e quando Alambusha lo caricò, rise lanciandogli una potente scarica di frecce di ferro con la punta incendiaria, arrestando la sua carica. Poi, usando i poteri Rakshasa, Ghatotkacha fece apparire un diluvio di frecce che caddero su Alambusha, Karna e tutti i Kaurava che li circondavano. Alambusha le parò usando simili poteri, e i due Rakshasa combatterono fra loro con diverse magie mistiche. Le loro grida terrorizzarono i soldati Kaurava, che fuggirono. Nella notte buia cadde un'oscurità totale, rendendo tutto invisibile.

Mentre un Rakshasa creava un illusione, l'altro la contrastava con la sua. Si bersagliarono con un numero incredibile di frecce, giavellotti, lance, asce, mazze e palle di ferro. Ghatotkacha riuscì a distruggere il carro di Alambusha, e questi corse verso di lui attaccandolo a mani nude, scuotendolo con i suoi pugni. Allora Ghatotkacha lo colpì con un pugno così potente da farlo cadere a gambe all'aria, poi gli saltò addosso prendendolo alla gola. Alambusha si divincolò e ne seguì una lotta a mani nude in cui i due cambiavano forma, l'uno un serpente e l'altro un'aquila, uno un elefante e l'altro una tigre, poi una coppia di *sharabha*. Si sollevarono in aria sembrando due pianeti in collisione, combattendo splendidamente, con spade, mazze, lance e macigni.

Pian piano la forza superiore di Ghatotkacha ebbe il sopravvento, afferrò Alambusha per i capelli, lo gettò a terra con un calcio poderoso, e gli tagliò la testa con una scimitarra. Ghatotkacha risalì sul suo carro con la testa in mano e la gettò sul carro di Duryodhana e gridò: "Ecco il tuo amico, o re. Presto tu e Karna farete la stessa fine. Le scritture dicono che non si dovrebbe mai andare da un re a mani vuote. Accetta questa testa in dono".

Ghatotkacha si allontanò e riprese il suo duello con Karna che era incalzato dai guerrieri Pandava. Il Rakshasa gli lanciò un torrente di frecce, e la lotta fra i due ricominciò in pieno. Il loro sangue scorreva a rivoli, ma entrambi non se ne curavano continuando a combattere con tutte le forze, ed il suono delle corde dei loro archi era come un tuono continuo.

Ghatotkacha, rendendosi conto che non sarebbe riuscito a sopraffare il nemico con le sole frecce, invocò l'arma dei Rakshasa. Karna venne circondato da un'orda di demoni armati di macigni, alberi, lance e bastoni. Tutti fuggirono eccetto Karna che rimase orgogliosamente a parare con migliaia di frecce le illusioni del Rakshasa. Ghatotkacha lo caricò roteando la sua mazza, e Karna la frantumò con una dozzina di frecce e trafisse Ghatotkacha con altre venti.

Ghatotkacha si infuriò e ricoprì Karna di frecce così come Rahu copre il sole. Karna parò l'attacco e rispose con un egual numero di frecce, allora Ghatotkacha si alzò in cielo, volò sopra Karna e lo bombardò di rocce. Karna le spezzò in volo, e con un'arma divina colpì Ghatotkacha con tante frecce da farlo sembrare un porcospino.

Ghatotkacha usò la sua magia per neutralizzare l'attacco e poi sparì dalla vista. Improvvisamente apparvero dal nulla frecce che arrivavano da ogni direzione, e Karna dovette invocare altre armi divine che Ghatotkacha, trasformatosi in una forma con moltissime teste, inghiottì. Volava in cielo, correva a terra, e sembrava che fosse contemporaneamente da tutte le parti. Un momento era enorme, il momento dopo piccolo come un pollice, andò sottoterra, poi in cielo, prima lontano e poi vicinissimo.

Poi creò una montagna che eruttava frecce. Karna non si scompose distruggendo la montagna con un missile celeste. Ghatotkacha creò una nuvola azzurra da cui cadeva una pioggia di massi e Karna la soffiò via con l'arma Vayavya, e con un numero illimitato di frecce continuò a contrastare le illusioni del Rakshasa. Poi migliaia di demoni andarono all'attacco di Karna con ogni genere di arma, e lui li fermò e li annientò in breve tempo. Solo Ghatotkacha resistette al suo attacco.

Allora il figlio di Bhima con la sua magia creò un carro grande come una montagna, trainato da cento asini con la testa di demone grandi come elefanti, che lo portò vicino a Karna. Il Rakshasa scagliò una lancia divina che con meraviglia di tutti venne afferrata da Karna e scagliata di nuovo verso Ghatotkacha.

Il demone, sorpreso, la schivò con un balzo, e la lancia colpì il carro facendolo esplodere. Ghatotkacha, che era saltato fino in cielo, schivò con agilità i missili celesti di Karna.

Poi si moltiplicò in centinaia di forme rendendo difficile per Karna capire quale fosse il nemico. C'erano leoni, tigri, iene, serpenti dalla lingua di fuoco, e avvoltoi dal becco d'acciaio che turbinavano, insieme a branchi di lupi, leopardi, fantasmi, *pisacha*, genii con forma umana e testa di animale. Karna resistette sul suo carro colpendo tutte le creature con le sue frecce, mormorando mantra al deva del sole, e incenerendo i suoi nemici a migliaia.

Ghatotkacha sparì dalla vista e tuonò dal cielo: "O disgraziato, la tua fine è vicina, ora ti uccido.".

Karna, che non riusciva a vedere il suo avversario, ricoprì il cielo di frecce, e allora apparve una gran nuvola rossa che illuminò il campo emettendo bagliori di luce e lingue di fuoco, e tuonò come se mille tamburi fossero stati percossi contemporaneamente. Da essa cadde ogni sorta di proiettili sui Kaurava sopravvissuti. Dalla nube volarono giù migliaia di Rakshasa con asce e lance sterminando spietatamente i superstiti.

Karna rimase solo, coperto di frecce ma indomito. Lottò contro i Rakshasa parando il loro attacco e scagliando fiammeggianti dardi d'acciaio in ogni direzione del cielo e della terra. Ghatotkacha si avvicinò al suo nemico mandando quattro lance irresistibili che uccisero i quattro cavalli di Karna, e lo assalì con la scimitarra.

Karna fece una rapida riflessione. Non c'era scelta, il Rakshasa stava consumando tutte le sue armi divine, e nulla lo avrebbe fermato se non l'irresistibile arma Shakti. Temendo di morire, si dimenticò di Arjuna, e prese la Shakti dalla sua custodia d'oro. La incoccò e la puntò verso Ghatotkacha pronunciando i mantra. Il campo di battaglia si illuminò come se si fosse alzato il sole, e soffiarono delle violente raffiche di vento. Karna scagliò l'arma che volò come una palla di fuoco verso Ghatotkacha. Il Rakshasa vide la propria fine che si avvicinava e di colpo si ingigantì enormemente, e mentre torreggiava sul campo, venne colpito in pieno petto dallo Shakti, che trapassò il suo corpo e volò in cielo dove tornò nelle mani di Indra.

Ghatotkacha cadde morto sui Kaurava, ed il suo immenso corpo schiacciò un'intera divisione di guerrieri nemici. Con la sua morte le sue illusioni scomparvero. Karna fece un ruggito di trionfo. I Kaurava superstiti suonarono conchiglie e tamburi, e circondarono Karna portandolo in trionfo.

Capitolo 69

Lo scontro fra Dhristadyumna e Drona

I Pandava piansero alla vista del figlio di Bhima che giaceva sul terreno. Con stupore di tutti, Krishna invece mandò il suo grido di battaglia e rise e danzando sul ponte del carro, applaudì dalla contentezza, abbracciando Arjuna con le lacrime agli occhi.

Arjuna lo guardò sbigottito: "Perché o Madhusudana, stai esultando in un momento come questo? Siamo tutti affranti per la morte del figlio di Hidimbi. O essere onnisciente, dimmi che non sei impazzito".

Krishna mise una mano sulla spalla del suo amico e disse: "O Dhananjaya, mi sento molto felice. Adesso che Karna ha usato la Shakti, puoi ritenerlo finito. Nessuno lo poteva affrontare fintanto che aveva, come Karttikeya, la Shakti in mano. Per nostra fortuna è stato privato della sua armatura naturale, e anche del dardo che ne ha avuto in cambio. Adesso è come un serpente velenoso privato di denti, o come un fuoco le cui fiamme sono state spente".

Krishna disse che era molto preoccupato da quando aveva saputo che Karna aveva lo Shakti, conoscendo il terribile potere di quell'arma che nemmeno Arjuna avrebbe potuto fermare. Adesso Karna non l'aveva più. Arjuna guardò il corpo di Ghatotkacha pensando che la Shakti doveva essere un'arma di straordinaria potenza se aveva potuto uccidere il poderoso Rakshasa. Perché allora Karna non l'aveva usata prima contro di lui? Krishna disse: "Ogni giorno voleva usare la Shakti per ucciderti, o Partha. Sono stato io che ho frustrato i suoi tentativi. Ti ho tenuto in altre zone del campo dandogli pochissime occasioni. Lui ha aspettato pazientemente, ma poi è stato costretto ad usarla. O Partha, adesso non devi più temere".

Arjuna si rese conto che era stato salvato da qualcosa di più delle manovre tattiche di Krishna, perché Karna aveva avuto più di una opportunità di usare quell'arma. La sua intelligenza e la sua memoria erano state manipolate dall'Anima Suprema interiore. Il Pandava guardò Krishna con meraviglia e stupore. Se lui voleva proteggere qualcuno, come era possibile ucciderlo? E se avesse desiderato che qualcuno morisse, chi avrebbe potuto salvarlo?

Yudhisthira era addolorato per la morte di Ghatotkacha, si sedette sul ponte del carro e pianse, e Bhima, malgrado avesse il cuore a pezzi, cercò di consolarlo. Krishna disse a Yudhisthira: "O figlio di Kunti, non abbandonarti al dolore in un momento così critico. In questa terribile notte i nemici si stanno rallegrando e si preparano ad attaccarci. Se ti vedono così, i tuoi uomini perderanno la voglia di combattere".

Yudhisthira si asciugò le lacrime, e rispose: "Tu conosci sempre la strada del dovere, o Keshava. Tuttavia il cuore mi duole al ricordo dei molti servigi e della gentilezza del figlio di Bhima, che ha dato la sua vita per noi. Il bene che gli volevo è pari a quello che provo per Sahadeva, e il figlio di *suta* l'ha ucciso davanti ai nostri occhi. Il malvagio Karna è anche stato responsabile della morte di Abhimanyu".

Yudhisthira aveva lo sguardo perso nella notte. Si riusciva a vedere il vessillo illuminato di Karna che si muoveva fra le truppe dei Pandava. Yudhisthira con un'espressione decisa si alzò in piedi impugnando il suo arco di corno scolpito e disse a Krishna: "Karna e Drona stanno decimando le nostre truppe. O Keshava, è tempo che muoiano. Io attaccherò Karna, sono stufo di vedere il suo valore all'opera. Mi pare che Arjuna esiti ad ucciderlo e allora lo farò io".

Dopo aver detto a Bhima di occuparsi di Drona, disse al suo auriga di attaccare Karna. Quando fu andato, Krishna disse ad Arjuna: "Tuo fratello sta attaccando Karna sotto l'impulso della rabbia. Non è giusto che tu lo lasci andare a combattere una battaglia con il *suta* che tu hai giurato di uccidere.".

Arjuna disse a Krishna di inseguirlo, ma in quel momento apparve Vyasadeva sul campo davanti a Yudhisthira, che fermò il carro vicino al saggio per onorarlo. Vyasadeva toccò il capo di Yudhisthira per benedirlo e disse: "O primo fra i Bharata, è una fortuna che Arjuna sia ancora vivo benché abbia incontrato parecchie volte Karna in battaglia. La Shakti con cui Karna ha ucciso Ghatotkacha era destinata ad Arjuna, e solo per fortuna non l'ha usata prima contro di lui. Se si fossero incontrati in un duello serio, Karna l'avrebbe sicuramente ucciso, e la tragedia vi avrebbe sommerso. Oggi Ghatotkacha vi ha salvato, la morte del Rakshasa era la volontà del destino. Non cedere al dolore o all'ira. Tutti gli esseri di questo mondo devono morire".

Il saggio disse che la guerra era quasi finita. "Il quinto giorno da oggi la terra diventerà tua. Medita sulla virtù, fissa la mente sulla sopportazione, la carità, la verità e l'ascesi. O figlio di Kunti, la vittoria segue la rettitudine.".

Con quelle parole Vyasadeva svanì. Yudhisthira chiamò Dhristadyumna e disse: "È giunto il momento per cui sei nato. Vai e uccidi Drona. Attaccalo subito con Shikhandhi, tuo padre, Virata, i gemelli, Satyaki, tutti i Panchala e i Kekaya. Uccidi il precettore e mettiamo fine a questa orribile guerra".

Poi Yudhisthira disse ad Arjuna: "O Dhananjaya, capisco ora che tu sei stato salvato dalla morte. Adesso ti devi impegnare per distruggere Karna. Dhristadyumna sta attaccando il precettore e sul campo restano solo quattro o cinque *akshauhini*. Questa guerra non può più durare molto".

I due fratelli si guardarono in giro sul campo. Era passata mezzanotte e le truppe erano stanche. Alcuni si erano addormentati sul posto, incapaci di continuare a combattere, ed altri continuavano, ubriachi di sonno, roteando ciecamente le armi. I guerrieri morivano mentre erano quasi inconsci per la fatica, senza neanche sentire i colpi che mettevano fine alla loro vita.

Vedendo le condizioni delle truppe, Arjuna andò da loro e disse: "Siete tutti stravolti dal sonno, cessate di combattere, deponete le armi e sdraiatevi. Ricominceremo la lotta al sorgere del sole".

I soldati, grati ad Arjuna per la sua compassione, smisero di combattere e si riposarono. Lentamente sul campo di battaglia cadde il silenzio e gli uomini si addormentarono per terra, sul dorso degli elefanti e sui ponti dei carri, con le armi a fianco. Era una bellissima scena con i guerrieri e gli animali che dormivano al chiaro di luna fra lo scintillio delle armi.

Quando il cielo si tinse di rosso ed il sole si alzò dalle colline d'oriente, le truppe si svegliarono, si stirarono, offrirono le loro preghiere al deva del sole e si prepararono alla battaglia. Le due parti erano ancora mescolate fra loro nella posizione in cui avevano cessato di combattere. Montarono sui carri e sugli elefanti e si raggrupparono nelle loro divisioni attendendo gli ordini.

* * *

Duryodhana non era stato contento della decisione di riposare, al contrario degli altri capi Kuru. L'enorme Rakshasa aveva ucciso talmente tanti soldati con la sua caduta, che aveva pareggiato i numeri fra i due eserciti. Duryodhana era furioso che i Kaurava non avessero approfittato del vantaggio. Andò da Drona e disse duramente: "Non avresti dovuto concedere quartiere ad un nemico indebolito, e non avresti dovuto permettere che le nostre truppe obbedissero ad Arjuna. Ancora una volta hai salvato i Pandava".

Drona rispose con rabbia: "Sono qui, ancora ricoperto della mia armatura che mi sforzo di uccidere i tuoi nemici, e faccio tutto quello che posso. Ma non credo che possiamo sconfiggere i Pandava, in particolare Arjuna. Se ci attacca con la sua ira, ci manderà tutti nella dimora di Yamaraja. Come fai a non capire questa verità, o re, che è sempre davanti ai tuoi occhi?".

Duryodhana, furioso di sentire ancora le lodi di Arjuna rispose controllando a fatica la sua voce. "O maestro, oggi, con l'aiuto di Dushashana, Karna e Shakuni ucciderò Arjuna."

Drona rise. "Che la fortuna sia con te, o Bharata. Parli come uno stolto. Quale presuntuoso kshatriya può pensare di battere Arjuna con il suo Gandiva al fianco di Krishna? È mai tornato qualcuno da una sfida con Arjuna? Sei sospettoso di tutti, crudele, rimproveri anche coloro che lavorano per la tua causa. Vai e combatti allora, e prova le tue vanterie con i fatti. Hai detto molte volte che avresti trucidato i Pandava, oggi vedremo se ne sei capace. Prendi tuo zio, che preferisce combattere con i dadi ed il vano Karna, e affronta Arjuna e i suoi fratelli. Sono lì che ti aspettano. Vai e fai quello che dovrebbe fare un bravo kshatriya. Niente ti può fermare."

Drona si voltò e se ne andò. Nulla lo feriva di più di dover combattere per quel principe arrogante. Quali peccati aveva mai commesso nelle vite passate per essere costretto a combattere con Duryodhana contro i Pandava? Drona si diresse verso le truppe superstiti e diede l'ordine di iniziare i combattimenti. I guerrieri urlarono, suonarono le conchiglie e i tamburi e si mossero verso i Pandava, decisi a combattere fino alla morte.

In quella quindicesima mattina di guerra, Drona combatté contro Drupada e Virata. I due monarchi erano a capo degli eserciti Panchala e Chedi. Drona li ignorò e si mise a distruggere le loro truppe. In meno di mezz'ora massacrò cinquemila guerrieri su carri. Ovunque dirigesse le sue armi, metteva in rotta l'esercito. Nessuno riusciva ad avvicinarlo mentre tirava i suoi missili infuocati.

Tre principi Panchala, figli di Dhristadyumna e Shikhandhi, lo attaccarono coraggiosamente, colpendolo con centinaia di frecce, ma Drona senza fare una piega, li uccise uno dopo l'altro con delle frecce affilate.

Drupada e Virata attaccarono Drona ai fianchi, colpendolo con dei dardi che lo fecero traballare sul ponte del suo carro. Drupada proseguì con dieci lance seguite da dieci frecce d'acciaio con la punta infuocata. Drona tagliò i missili in volo e colpì Drupada al petto con tre frecce. Drona decise di uccidere i suoi rivali, e con due frecce a punta di falce di luna forgiate in un sol pezzo e caricate di mantra, tagliò le teste di Drupada e Virata. I due vecchi re caddero privi di vita, e Drona riprese a distruggere i loro eserciti.

Dhristadyumna aveva visto la morte dei suoi figli e di suo padre, e gridò alle truppe: "Attaccatelo, e che chiunque fugga oggi da lui, perda i meriti delle sue buone azioni!". Duryodhana, incoraggiato dalla morte dei due generali dei Pandava venne in aiuto di Drona con Karna e Shakuni. I Kaurava sapevano che Dhristadyumna avrebbe fatto di tutto per far avverare la profezia di uccidere Drona.

Nel frattempo Bhima impazzì di rabbia a vedere il macello di truppe che Drona stava compiendo, si avvicinò a Dhristadyumna e disse con durezza: "Quale kshatriya se ne starebbe a guardare mentre padre e figli vengono uccisi? Hai fatto un terribile giuramento in assemblea, perché non fai nulla? Sei di fronte al tuo nemico giurato. Fatti da parte, se tu non lo ucciderai, lo farò io".

Bhima si staccò da Dhristadyumna lanciandosi nel mezzo dei Kaurava, spazzando via coloro che gli stavano davanti con torrenti di frecce. Dhristadyumna, colpito dal rimprovero, lo seguì cercando di farsi strada verso Drona che era circondato da un gran numero di Kaurava. Le forze dei Pandava lo seguirono e ne uscì una mischia furibonda. Il cielo si riempì di polvere al punto che tutti credettero che il sole fosse tramontato. I guerrieri dovevano arrampicarsi sui cadaveri per raggiungere i nemici, agitando le spade e affondando le lance. I carri erano bloccati, con i cavalli che si impennavano e arretravano senza riuscire a smuoverli. I soldati cadevano gridando di dolore ed invocando i loro cari. Molti coraggiosi giacevano morenti, estaticamente in attesa di ascendere in cielo.

Arjuna, che cercava di incontrare Karna, si trovò prima davanti a Drona. Bhima e Dhristadyumna stavano aprendo la strada verso Drona, e Arjuna li seguì da vicino. Mentre Bhima era impegnato con Duryodhana e i suoi fratelli, e Dhristadyumna era impegnato con Ashvatthama, Arjuna spedì migliaia di frecce dalle piume d'oro contro Drona. Seguì uno stupefacente duello fra maestro e discepolo. Sembravano due danzatori che esibivano le loro movenze più belle, le frecce volavano nel cielo come stormi di cigni, incontrandosi in cielo con esplosioni e piogge di scintille. Drona invocò tutte le armi celesti che conosceva, ma come lasciavano il suo arco, Arjuna le distruggeva. Drona sorrise ed approvò la sua abilità. Nel frattempo Dhristadyumna avanzò con l'intento di uccidere Drona, seguito dai gemelli che attaccarono Kritavarma e Kripa.

Satyaki, seguendo la strada aperta da Arjuna, raggiunse Duryodhana. Molto tempo prima, quando Satyaki era alla scuola di Drona a Hastinapura, erano stati amici e benché Satyaki fosse diventato discepolo di Arjuna, aveva mantenuto la sua relazione con Duryodhana. I due si guardarono ricordando i giochi di gioventù, e Duryodhana gridò: "Salute, caro amico. Che siano maledetti i doveri degli kshatriya e l'avidità di ricchezza e potere. O gioiello della razza dei Sini, mi eri più caro della vita, tuttavia l'amicizia non conta nulla in battaglia e siamo qui pronti ad ucciderci. Ah, dove sono andati i bei giorni passati?".

Satyaki abbassò l'arco e rispose: "Il dovere di uno kshatriya è di combattere persino contro il proprio precettore. O re, non esitare, e se mi vuoi bene uccidimi senza indugio, mandandomi nelle beate regioni".

Satyaki era in lacrime, sapeva che i giorni in cui si era goduto l'amicizia dei Pandava e dei Kaurava erano finiti da tempo, e le lotte che facevano per gioco si erano trasformate in duelli mortali. Tese il suo arco e scagliò una serie di frecce contro Duryodhana, che replicò immediatamente.I due si trafissero a vicenda ruggendo con furia, in un duello simile a quello fra Drona ed Arjuna. Satyaki cominciò a prendere il sopravvento su Duryodhana, e Karna venne a salvarlo, trascinandolo via con il corpo lacerato dalle frecce.

Drona continuava a sterminare le truppe dei Pandava come se fosse stato incaricato dalla morte in persona. Yudhisthira andò da Arjuna e Bhima e disse: "Sembra che Drona ci stia annientando e non vedo come potremo vincere".

Krishna rispose: "Quello che dici è vero, o re. Drona non può venire fermato fintanto che combatte, però se abbassa le armi, lo si può uccidere. Digli che Ashvatthama è morto, allora cesserà di lottare e lo uccideremo".

Arjuna si scandalizzò: "Questo non posso accettarlo, o Madhava". Bhima invece, sentite le parole di Krishna si allontanò e corse verso una divisione di elefanti dei Kaurava. Alla sua testa c'era Indravarma, il re Malava. Bhima sapeva che il suo elefante si chiamava Ashvatthama, e con la mazza massacrò l'animale e il suo conduttore. Poi corse verso Drona gridando: "Ashvatthama è stato ucciso!". La sua voce tremava, ma sapeva di eseguire le istruzioni di Krishna, e così continuò ad urlare che Ashvatthama era morto.

Drona lo udì e smise di combattere, e le sue membra si sciolsero come sabbia nell'acqua. Tuttavia, ripensando al valore di suo figlio, pensò che forse non era vero. Bhima era imprevedibile e balzano, ed era da lui mentire per gioco o per rabbia. Drona si riprese e ricominciò a combattere. Dhristadyumna lo aveva raggiunto e iniziarono il duello. Drona parò il suo attacco e continuò a devastare l'esercito dei Pandava. Usò l'arma di Brahma e uccise diecimila soldati davanti agli occhi di Yudhisthira, pur difendendosi contemporaneamente dall'attacco di Dhristadyumna.

Mentre Drona guardava il nemico semidistrutto, apparve in cielo un gruppo di rishi capeggiato da Agni. C'era suo padre Bharadvaja, Vasishta, Vishvamitra, Gautama, Kashyapa e molti altri divini saggi nelle loro forme sottili. Gli dissero con una sola voce che solo lui poteva sentire: "Stai combattendo slealmente, o Drona, usando armi celesti contro guerrieri che non le possiedono. Adesso è tempo di morire, getta via le tue armi, tu che sei un bramino erudito, questa slealtà non ti si addice. Smetti di peccare in questo modo e non combattere più. I tuoi giorni sono finiti".

Drona si guardò intorno, Dhristadyumna gli era ancora vicino gridando la sua sfida. Forse era arrivato il momento della profezia. Drona lasciò cadere le braccia, non poteva continuare. Le parole di Bhima lo turbavano, e il rimprovero dei rishi gli dava ancor più dolore. Che Ashvatthama fosse veramente morto? A chi chiedere per essere sicuro di sapere la verità? Vedendo Yudhisthira poco distante, il generale Kuru gli si avvicinò, sicuro che lui non avrebbe mentito.

Krishna disse: "Salvaci da Drona, o re. Se lui combattesse ancora per mezza giornata, il tuo esercito verrebbe annientato. In queste circostanze la menzogna è meglio della verità. Anche secondo le scritture non è peccato mentire per salvarsi la vita".

Yudhisthira rifletté sulle parole di Krishna, che non poteva ignorare. Mai in vita sua aveva parlato in modo ambiguo, ed il pensiero di mentire era insopportabile. Tuttavia se non si fermava Drona, le sue forze sarebbero state sconfitte. Il Pandava si ricordò di quanto gli aveva detto Drona all'inizio della guerra: sarebbe stato vinto quando avrebbe ascoltato una brutta notizia da una fonte attendibile. Con riluttanza Yudhisthira accettò il suggerimento di Krishna, e quando il precettore fu vicino disse: "Ashvatthama è morto!", aggiungendo a voce bassa per non farsi sentire: "l'elefante", perché non poteva dire una bugia assoluta.

Fino a quel momento i cavalli di Yudhisthira si muovevano sul campo senza toccare terra, e dopo la sua menzogna scesero pesantemente a terra. I saggi che osservavano la scena si chiesero il perché, alcuni sostennero che era a causa della menzogna, altri per la sua riluttanza a seguire il suggerimento di Krishna.

A quelle parole Drona sprofondò nel dolore. Inoltre per le parole dei saggi, si rendeva conto di aver offeso i Pandava. Sconvolto dal dolore, si allontanò da Yudhisthira abbassando le armi, e Dhristadyumna lo attaccò. Drona venne colpito ma non reagì. Dhristadyumna intensificò l'attacco, e il vecchio Kuru si infuriò e rialzò l'arco per combattere. Facendo mostra della sua incomparabile leggerezza di mano, parò tutte le frecce di Dhristadyumna e cantò i mantra, invocando le armi divine che però non apparvero al suo comando. Stupito, scagliò nugoli di frecce normali, poi vide che la sua scorta, che era rimasta inesauribile per quindici giorni, era finita.

Disperato, decise di morire. Lasciò cadere l'arco e gridò: "O Duryodhana, o Karna, o Kripa, combattete voi. Io ho finito.".

Drona si sedette sul suo carro in meditazione, con gli occhi semichiusi e le braccia allargate con la mente concentrata su Vishnu, ed entrò in trance cantando la sillaba OM. Drona lasciò il suo corpo e ascese come un sole verso le regioni celesti.

Dhristadyumna, non si rese conto che Drona se ne era già andato, e con una sciabola affilata come un rasoio, balzò dal suo carro e corse verso il precettore. Tutti i guerrieri gli urlarono di fermarsi, ma lui non li ascoltò, balzò sul carro di Drona, lo afferrò per i capelli e con un gran fendente gli tagliò la testa e la gettò verso i Kaurava ruggendo in trionfo. Arjuna che aveva detto a Dhristadyumna di catturare Drona e di portarlo vivo a Yudhisthira, si dispiacque di quella crudeltà. Bhima invece esultò e corse ad abbracciare Dhristadyumna, mentre Yudhisthira era tormentato da diverse emozioni.

I Kaurava increduli e spaventati, si diedero alla fuga. Duryodhana, Karna e Shakuni con gli altri capi Kuru fuggirono assieme alle loro truppe e incontrarono Ashvatthama che correva in direzione opposta, come un alligatore che risale la corrente di un fiume. Sorpreso di vedere i Kaurava in fuga, fermò Duryodhana per chiedergli: "Perché fuggite, o re?".

Duryodhana non se la sentì di dargli la notizia e guardò in basso tacendo e disse a Kripa: "Diglielo, o figlio di Saradwata".

Con le lacrime in volto, Kripa gli raccontò quello che era successo.

Ashvatthama lanciò un grido, l'arco gli sfuggì di mano e cadde in ginocchio. Impazzito di rabbia, si scuoteva come un albero nella tempesta. Poi si ricompose, si alzò e disse: O Duryodhana, come hanno fatto i cosiddetti virtuosi Pandava a commettere un simile atto? Oggi la pagheranno. Dhristadyumna ha commesso un crimine odioso. Giuro sulla verità che presto la terra berrà il suo sangue insieme a quello del figlio di Dharma. Se io non ucciderò fino all'ultimo dei Pandava, non continuerò a trascinarmi in vita su questa terra. Con ogni mezzo, leale o sleale, sterminerò Dhristadyumna e i suoi amici.

"Voltatevi, o eroi, e combattete. Sarò alla vostra testa. Ho con me l'arma Narayana che mio padre ha ricevuto da Shiva. Quel dio infallibile gli ha detto che l'arma uccide tutti coloro a cui è diretta. Oggi la userò per annientare l'intero esercito dei Pandava. Si può usare una sola volta, e io l'ho conservata per un momento disperato come questo. Adesso il mondo ne vedrà la potenza."

Ashvatthama ruggì, i Kaurava lo festeggiarono riformando le truppe in fuga, e tornarono all'attacco dei Pandava al rullo dei tamburi e al suono delle conchiglie.

Capitolo 70

L'arma Narayana

I Pandava, dopo la fuga dei Kaurava, si riunirono per discutere la prossima mossa. Arjuna era furioso con Dhristadyumna, e parlò con Yudhisthira: "Il figlio di Drupada ha fatto un'azione barbara, e anche tu, o re, sei macchiato dal peccato. Il precettore si è fidato di te, e tu gli hai mentito. Te ne porterai sempre dietro la macchia, come Rama per aver ucciso Vali. Anche io sono colpevole, perché non sono intervenuto. Vorrei morire per aver fatto parte di un simile peccato".

Bhima lo rimproverò: "È proprio strano che tu predichi la morale come un rishi della foresta. Ti sei scordato la ragione per cui siamo entrati in guerra? Per compiere il dovere degli kshatriya siamo venuti a punire Duryodhana e i suoi.Non ti ricordi come hanno abusato di Draupadi in presenza del precettore? Ti sei scordato che siamo stati cacciati in esilio mentre Drona restava a guardare? Per anni abbiamo tenuta accesa la fiamma della vendetta per dare ai nostri nemici quello che si meritavano. Adesso che lo stiamo facendo, ti lamenti in nome della virtù. Se non c'era virtù nell'uccisione di Drona, perché hai giurato di scagliare le tue armi contro i Kaurava con Drona a capo?".

Arjuna tacque, le parole di Bhima non l'avevano mai offeso, pertanto si sforzò di ascoltare. "Caro fratello ci stai straziando con i tuoi lamenti e i rimproveri. È tempo di gioire, e tu stai favorendo i nemici. La morte di Drona è giusta e appropriata. Non sprechiamo tempo e schiacciamo i Kaurava rimasti, che ora saranno al seguito di un infuriato Ashvatthama."

Arjuna strinse i denti e non disse nulla. Dhristadyumna se ne stava in disparte, per niente pentito. Arjuna lo guardò con occhi di fuoco e il principe Panchala gli si rivolse con tono conciliante. "O Bhibatsu, non credo di aver commesso un peccato. Benché bramino, Drona ha violato i doveri del suo ordine perché ha usato il potere del *brahma* per uccidere soldati comuni. In questo modo ha ingannato, e con l'inganno è stato ucciso. Non si poteva fare altro."

Bhima fece un grugnito di assenso e Dhristadyumna proseguì. "Uccidendo Drona mi sono liberato dal debito verso mio padre e la mia gente. Avrei peccato a risparmiargli la vita. O Partha, tu hai abbattuto tuo nonno. Drona era al servizio dei peccatori. Non mi condannare. Che la pace sia con te. Yudhisthira ha agito giustamente e così io. Fra noi abbiamo ucciso uno che feriva i suoi discepoli."

Arjuna ribolliva di rabbia mentre Dhristadyumna sminuiva il suo maestro, ma vedendo che Bhima e Yudhisthira e Krishna tacevano, si controllò.

Satyaki, che era seduto sul carro a fianco di Arjuna, balzò in piedi indignato per le parole di Dhristadyumna. "Non c'è nessuno che ammazzi questo maledetto disgraziato? È strano che la sua testa non sia esplosa mentre uccidevi il tuo precettore. Per colpa tua sette generazioni della tua razza prima di te e altre sette che ti seguiranno, sprofonderanno all'inferno, private di ogni gloria. Accusi Arjuna di aver abbattuto Bhishma, ma non è il tuo malvagio fratello Shikhandhi che ha causato la sua fine?".

Satyaki continuò ad accusare Dhristadyumna alzando la sua mazza. "Se dirai altre parole di questo genere ti fracasserò la testa. Se vali qualcosa, affrontami con le tue armi. Non tollererò di sentirti accusare il mio maestro ed il maestro del mio maestro."

Dhristadyumna rise. "O figlio dei Madhu, ti perdono per le tue parole. Ti sei scordato come tu che ami la giustizia, hai ucciso Bhurisrava dopo che ti aveva sconfitto e non poteva più combattere? Tieni a freno la tua lingua."

Dhristadyumna ricordò a Satyaki tutti gli inganni dei Kaurava. Drona stesso aveva organizzato la sleale uccisione di Abhimanyu. In guerra è inevitabile che qualche volta le regole vengano infrante. Alla fine in ogni caso è la rettitudine che decide a chi va la vittoria. "Combatti quindi, o eroe Vrishni contro i Kaurava. Loro devono essere sterminati con qualunque mezzo a nostra disposizione."

Satyaki tremava di rabbia. Con gli occhi arrossati prese la mazza e saltò giù dal carro e corse verso Dhristadyumna. "Non sprecherò più parole con te."

Krishna fece un segno e Bhima si frappose fra i due guerrieri infuriati. Anche Sahadeva scese dal suo carro e disse: "Non abbiamo amici migliori di voi, e le vostre razze ci sono care quanto la nostra. Ricordate i doveri dell'amicizia, e perdonatevi. Non è il momento di litigare".

Krishna parlò ai due avversari per calmarli, come la luna con i suoi raggi rinfrescanti. Quando tutti furono risaliti sui carri, sentirono le grida di battaglia dei Kaurava, e si guardarono sorpresi. Come mai i nemici erano già pronti? Arjuna sorrise e disse: "Ashvatthama deve aver radunato e rincuorato i nostri nemici e adesso è furioso per l'odiosa uccisione di suo padre. Dhristadyumna è in grave pericolo. Prepariamoci a combattere".

Dimenticando i dissapori i guerrieri si schierarono rapidamente pronti a ricevere l'attacco. Davanti all'esercito dei Kaurava sventolava la bandiera di Ashvatthama con l'emblema di una coda di leone. Bhima e i gemelli schierarono un grande numero di guerrieri sul carro per attaccarlo prima che potesse raggiungere Dhristadyumna.

* * *

Il sole cominciò a scendere verso l'orizzonte, e i Kaurava si lanciarono nella lotta per vendicare la morte di Drona. Ashvatthama, a mezzo miglio dai Pandava incoccò la freccia divina e recitò i sacri mantra per invocare il missile Narayana. Si udì un rombo in cielo e decine di migliaia di frecce comparvero sul campo di battaglia e avvolsero le forze dei Pandava. I soldati caddero a migliaia e gli eroi Pandava cercarono di parare l'attacco, ma più ci provavano e peggio diventava. Sembrava che il Narayana-astra avesse tanta più forza tanto più vi si opponeva. Vedendo il suo esercito decimato, Yudhisthira diede l'ordine per la ritirata, e con il panico nella voce urlò sopra al fragore dei missili che colpivano gli scudi e le armature dei guerrieri: "Fuggite! Quest'arma non si può parare. Dev'essere la conseguenza della nostra uccisione del maestro. Io mi butterò nel fuoco con i miei fratelli, e voi guerrieri, tornate a casa vostra".

Krishna disse a Yudhisthira di calmarsi, sapeva come resistere a quell'arma. Si alzò in piedi sul carro di Arjuna e gridò: "Deponete le armi e scendete dai carri e dagli elefanti. Sdraiatevi a terra e non cercate di combattere, se solo ci pensate sarete uccisi".

I guerrieri obbedirono e i missili generati dal Narayana-astra passarono sopra la loro testa senza nuocere. Bhima invece gridò: "Non abbandonate le armi, non abbiate paura. Io parerò quest'arma con le mie frecce. Colpirò il figlio di Drona e lo spedirò dietro a suo padre. O Arjuna, come puoi deporre il Gandiva? Combatti! Mi prenderò sul petto l'impatto di quest'arma".

Arjuna urlò: "Ho fatto voto di non usare il Gandiva contro bramini, vacche e le armi del Signore Narayana. Deponi le tue armi, o eroe, questo missile non può essere fermato con la forza.".

Bhima non gli diede retta e caricò i Kaurava ignorando il diluvio di proiettili e bersagliò Ashvatthama di potenti frecce d'acciaio. Il figlio di Drona sorrise parando all'attacco. Il Narayana-astra concentrò la sua forza su Bhima, che venne ammantato di missili infuocati. Non lo si poteva nemmeno guardare da quanto era abbagliante. Arjuna invocò l'arma dell'acqua di Varuna che protesse Bhima dalla potenza tremenda del Narayana. Tuttavia Arjuna sapeva che suo fratello non avrebbe potuto resistere per molto.

Allora Krishna saltò giù dal carro e corse verso Bhima dicendo ad Arjuna di seguirlo. I due eroi si gettarono intrepidamente nella massa di fuoco che circondava Bhima, lo afferrarono e lo trascinarono sul carro mentre lui si dibatteva e Arjuna gli strappò le armi. Krishna gli disse con voce concitata: "O Bhimasena, cosa credi di fare? Se fosse possibile fermare quest'arma, staremmo tutti combattendo. Smettila e non essere sciocco".

Bhima ascoltò con riluttanza le istruzioni di Krishna. Il Narayana-astra si ritirò, e i numerosi proiettili in cielo svanirono. Quando il campo di battaglia fu libero i Pandava si alzarono e ripresero le armi, salvati dal prezioso consiglio di Krishna.

Duryodhana disse a Ashvatthama: "Presto, scaglialo di nuovo, perché i Pandava si sono riorganizzati e ci stanno per attaccare".

Ashvatthama scosse la testa. "Il Narayana-astra può venire usato una volta sola. Se lo invocassi di nuovo morirei. Krishna conosceva il segreto di quest'arma e ci ha beffato."

Duryodhana bestemmiò. "Allora usa qualunque arma tu abbia. Tu sei forte quanto Mahadeva, o figlio di Drona, uccidi questi assassini del loro precettore."

Ashvatthama si gettò nella lotta cercando Dhristadyumna, e attaccandolo con migliaia di frecce rostrate, incalzandolo ferocemente con violenza straordinaria, e distrusse il suo carro. Dhristadyumna saltò a terra e parò l'attacco di Ashvatthama con lo scudo e la spada.

Satyaki si precipitò ad aiutarlo. Avvolse Ashvatthama in una nuvola di frecce che gli uccise i cavalli e l'auriga. Kripa gli venne in aiuto e lo prese sul suo carro. Poi Kripa e Karna attaccarono Satyaki e Dhristadyumna, ed altri guerrieri si aggiunsero alla mischia.

Ashvatthama montò su un carro nuovo e tornò ad attaccare Dhristadyumna, ma Satyaki si frappose e Ashvatthama gli gridò: "O nipote di Sini, giuro sulla mia vita che sterminerò tutti i Panchala con a capo questo disgraziato peccatore. Anche tu cadrai vittima delle mie frecce se cercherai di proteggerlo insieme ai Pandava e il loro esercito".

Ashvatthama colpì Satyaki con una serie di frecce uncinate facendolo barcollare, poi prese una brillante freccia dall'asta lunga che scagliò con forza. La freccia trapassò l'armatura di Satyaki e gli penetrò profondamente nella spalla facendolo cadere sul ponte del carro. L'auriga lo allontanò rapidamente per farlo riprendere.

Ashvatthama tornò ad attaccare Dhristadyumna, colpendolo su tutto il corpo con delle frecce cariche di mantra. Dhristadyumna, scosso dal violento assalto, si appoggiò all'asta della bandiera. Bhima e Arjuna vennero a salvarlo ricoprendo Ashvatthama di frecce. Il figlio di Drona parò l'attacco con una sbalorditiva velocità e destrezza, colpendo i suoi assalitori e lanciando il suo spaventoso urlo di battaglia.

Ashvatthama era posseduto dal pensiero della morte del padre, e riuscì a respingere i suoi assalitori. Nessuno lo aveva mai visto combattere così. Teneva sotto scacco i principali guerrieri Pandava, ed allo stesso tempo sterminava i soldati con le sue armi mistiche. Re e principi di varie terre lo attaccarono, ma lui li trucidò tutti.

Ashvatthama massacrò i Panchala e li mise in fuga, uccidendoli anche quando avevano deposto le armi. Arjuna gridò: "O figlio di Drona, smetti di uccidere semplici soldati, Sono qui io. Mostra la tua forza e la tua bravura. Dhristadyumna ed io ti schiacceremo. Lui ha già ucciso tuo padre ed è pronto ad uccidere anche te".

A queste dure parole, la furia di Ashvatthama arrivò all'apice. La vecchia amicizia dei tempi della scuola di Drona fu dimenticata. Ashvatthama pensò all'arma Agneya, e la scagliò con un urlo. Subito cadde un diluvio di frecce e una densa oscurità avvolse il campo di battaglia. Delle raffiche di vento spazzarono il campo sferzando di polvere e pietrisco i guerrieri. Nel buio si sentirono le grida tremende dei Rakshasa e dei Pisacha, e gli sciacalli ulularono.

L'abilità di Ashvatthama nella scienza delle armi mistiche dotava l'Agneya di una forza spaventosa. Vennero trucidati e inceneriti uomini, cavalli ed elefanti come nella conflagrazione finale dell'universo. Agni però, ricordandosi dell'episodio di Kandhapravastha, fece passare la sua arma sopra Krishna e Arjuna senza sfiorarli.

Arjuna si concentrò e pensò al Brahmastra, la più potente di tutte le armi, con cui dissipò all'istante l'oscurità e neutralizzò l'arma di Agni, portando il sereno ed una fresca brezza. Decine di migliaia di cadaveri bruciavano sul campo, carbonizzati e irriconoscibili.

Ashvatthama era sbigottito che la sua arma fosse stata parata e che Arjuna fosse illeso. Come aveva fatto a scamparla quando decine di migliaia di guerrieri erano stati uccisi? Ashvatthama si scoraggiò. Prima il Narayana-astra, poi l'Agneya-astra, entrambi erano stati neutralizzati da Krishna e Arjuna. Come faceva a combattere contro tali nemici? Erano invincibili. Disperato, gettò l'arco, saltò dal carro e abbandonò di corsa il campo di battaglia e si riparò in un bosco vicino.

Vyasadeva gli si avvicinò. Il figlio di Drona si fermò, si inchinò al rishi e gli chiese perché le sue armi fossero inefficaci contro Arjuna. Vyasadeva gli disse che Krishna era il Signore Supremo, era Narayana, era Vishnu. O meglio, l'immortale Narayana era semplicemente una parte di Krishna. Non c'era essere al mondo che potesse sconfiggere Krishna e i suoi protetti.Persino Shiva si considerava servitore di Krishna, e anche lui un tempo era stato sconfitto.

Ashvatthama allora ripensò a Krishna. Fintanto che Arjuna aveva Krishna sul suo carro era inutile combattere con lui. Triste e depresso, Ashvatthama si rese conto che il potente destino controllava ogni cosa. All'uomo toccava fare soltanto il suo dovere, ed il resto era nelle mani del fato.

Si inchinò ancora al saggio e tornò verso il campo di battaglia. Era ancora suo dovere combattere per Duryodhana e per onorare suo padre.

Il sole però stava tramontando, e i due eserciti si ritirarono, stremati da quasi due giorni e una notte di battaglia. I Kaurava, affranti per la morte di Drona, ritornarono tristemente al loro accampamento e i Pandava fecero ritorno al suono delle trombe, dei tamburi e delle conchiglie.

All'accampamento i Pandava trovarono Vyasadeva. Arjuna scese dal carro e si prostrò ai suoi piedi dicendo: "O magnifico, ho visto qualcosa oggi che mi ha meravigliato profondamente. Mentre combattevo, ho visto davanti a me un essere luminoso come il fuoco che impugnava un tridente. Ovunque lui si girasse, i miei nemici venivano inceneriti. Non ha mai scagliato il suo tridente o altre armi, sembrava che bastasse la sua energia per annientare i miei nemici. Chi sarà mai, o saggio?".

Vyasadeva, posando la mano sulla testa di Arjuna che era in ginocchio davanti a lui, disse: "O figlio di Kunti, hai visto Shankara, il gran distruttore dei mondi che cammina davanti al tuo carro per amore di Krishna, bruciando i tuoi nemici con la sua irresistibile energia. Persino i quattro protettori dell'universo non potrebbero resistergli. Combatti con fiducia, o Dhananjaya".

Dopo aver detto ai Pandava che la guerra sarebbe finita presto, Vyasadeva se ne andò. I guerrieri esausti andarono dritti alle loro tende per riposare.

Capitolo 71

Karna è fatto comandante

Nella tenda di Duryodhana sedevano in silenzio i re ed i guerrieri guardando il seggio vuoto di Drona. Duryodhana era distrutto dal dolore. Alcuni dei suoi amici provarono a consolarlo citando versi dai Veda sull'immortalità dell'anima e sulla transitorietà delle cose materiali. Consolarono anche Kripa che piangeva la morte dell'adorato amico e cognato. Ashvatthama si era ritirato nella sua tenda desiderando restare da solo.

Dopo un po' i re se ne andarono lasciando Duryodhana solo con Karna, i suoi fratelli e Shakuni. Con l'avanzare della sera si sdraiarono sui loro divani lussuosi, e Duryodhana pensò ai Danava. Avevano mantenuto la promessa di aiutarlo. Drona aveva combattuto in un modo demoniaco, e pure era stato abbattuto. Quale potere avevano mai i Pandava dalla loro parte? Che non ci fosse nulla in grado di fermarli?

Quando il sole si avvicinò al cielo d'oriente i Kaurava si alzarono e si dedicarono ai rituali del mattino. Nella riunione dei re venne deciso di eleggere Karna come comandante. Si fece subito la cerimonia, e dopo aver dato la carità ai bramini, tutti si recarono sul campo di battaglia per il sedicesimo giorno di guerra.

Karna procedeva di fronte coperto di una brillante armatura, luminoso come suo padre, e incitava i soldati mentre i bardi e i poeti cantavano le sue glorie. A suo fianco c'era Duryodhana con i fratelli superstiti, Ashvatthama, Kripa, Kritavarma e Shalya. Altri re li seguivano in una formazione che sembrava un uccello. I guerrieri si scordarono dei rovesci subiti e si gettarono urlando nel combattimento.

Vedendo i loro nemici che caricavano con spirito eroico, i Pandava disposero le loro forze in una formazione a forma di mezzaluna. Degli originali sei milioni di uomini ne restavano meno di un milione. Duryodhana avrebbe combattuto fino alla fine, e i Pandava non avrebbero rinunciato alla loro pretesa sul regno. Dalle due parti c'erano ancora degli eroi formidabili, e quindi i due eserciti sarebbero stati annientati, lasciando agli eroi lo scontro finale.

Karna, esaltato dalla sua nomina a comandante, si diede a sgominare le restanti truppe dei Pandava trucidando uomini, cavalli ed elefanti. Bhima, Sahadeva e Nakula si affrettarono a contrastarlo bombardandolo di frecce e lo fecero arretrare. Altri Kaurava vennero in suo aiuto e ne seguì una feroce battaglia fra gli eroi delle due parti.

Vi fu un terribile duello fra Bhima e Ashvatthama ammirato anche dagli esseri celesti. Alla fine Bhima prese il sopravvento e Ashvatthama venne portato via svenuto dal campo di battaglia. Anche Bhima era ferito, ed anche lui si accasciò e venne portato via dal suo auriga.

Karna cercò di liberarsi dai suoi assalitori e si gettò di nuovo sulle truppe dei Pandava, sterminandole come un incendio nella foresta, inseguito da numerosi eroi Pandava.

Su un'altra parte del campo, Arjuna combatteva senza pietà caricando e annientando i restanti Narayana e i pochi Samshaptaka sopravvissuti. Voleva incontrare Karna e non sprecò tempo a sterminare i nemici.

Karna venne raggiunto e sfidato da Nakula. Combatterono intensamente per qualche tempo e poi si guardarono ferocemente. Nakula gridò: "Ho la fortuna di combatterti oggi. Per colpa tua sono morti tutti questi guerrieri, ed il mondo è pieno di vedove e orfani. Raccogli ora i frutti della tua malvagità, o disgraziato, sono qui per punirti".

Karna lo schernì. "O eroe, prima colpisci e poi parla. Gli eroi si vantano solo dopo aver compiuto le loro imprese."

Il duello riprese e con le armi celesti riempirono il cielo di dardi oscurando il sole. Piano piano Karna prese il sopravvento e uccise i quattro cavalli di Nakula ed il suo auriga. Nakula prese spada e scudo che Karna fece subito a pezzi. Il Pandava prese la sua mazza ferrata, ma Karna la frantumò con le sue frecce. Ridendo si avvicinò al suo nemico disarmato e lo colpì con il suo arco. Nakula bruciava di vergogna e Karna lo schernì. "O ragazzino, torna dai tuoi fratelli maggiori, non dovresti combattere contro i potenti. Sei forte solo a parole."

Karna, avendo presente la promessa fatta a Kunti, non uccise Nakula e proseguì il suo attacco alle forze dei Pandava. Si scontrò con i Srinjaya e li uccise a migliaia.

Nel frattempo Kripa lottava con Dhristadyumna, Kritavarma con Satyaki mentre Bhima uccise altri venti figli di Dhritarastra. Yudhisthira affrontò Shalya e vari altri guerrieri lottarono furiosamente.

Arjuna da solo distrusse l'esercito Narayana pur protetto da forti *ratha* e *maharatha.*

Quando il sole raggiunse l'orizzonte metà degli uomini che erano andati a combattere quella mattina erano morti. Il terreno era coperto di cadaveri bruciati e irriconoscibili e di rottami di armi e carri. Gli avvoltoi volavano in cerchi e gli sciacalli latravano. Karna ordinò la ritirata, volendo evitare un'altra battaglia notturna. I soldati si disimpegnarono e tornarono ai loro accampamenti.

* * *

Duryodhana era seduto nella sua tenda sospirando e torcendosi le mani. Era inconcepibile che delle sue undici Akshauhini ne rimanesse solo una. La maggior parte del danno era stato fatto da Bhima e Arjuna. Quanto poteva andare avanti? I due eroi Pandava dovevano venire eliminati. A Bhima avrebbe pensato lui, ma perché Karna non aveva ancora ucciso Arjuna?

Leggendogli il pensiero, Karna disse: "Arjuna è sempre attento, perseverante, abile e intelligente. Ogni volta che c'è l'opportunità di sopraffarlo, interviene Krishna. Però io non mi arrendo. Oggi è riuscito ad evitarmi con mille astuzie, ma domani lo incastrerò e lo ucciderò".

Duryodhana fu tranquillizzato dalla sicurezza di Karna. "Così sia", disse e sciolse l'assemblea rimandandola alla mattina seguente per studiare la strategia per uccidere Arjuna.

La mattina seguente Karna si recò da solo da Duryodhana che lo fece accomodare accanto a sé. Mentre si legava le protezioni delle dita, Duryodhana disse: "Mio caro amico, sei pronto ad affrontare Arjuna?".

Karna rispose sobriamente. "Oggi combatterò un'indimenticabile battaglia contro quell'eroe famoso. Uno di noi due morirà. Se non posso ucciderlo oggi, non ritornerò dal campo di battaglia. Anche senza l'arma Shakti non mi considero da meno di lui. Parasurama mi ha dato potenti armi divine, e io sono pari ad Arjuna per leggerezza di mano e velocità. Non c'è impresa che io non possa compiere per te, o re, e nessuno mi potrà resistere nella mia furia. Tuttavia ho bisogno che mi aiuti."

Karna disse che Arjuna aveva un vantaggio su di lui avendo Krishna come auriga. "Krishna guida il suo carro con un'abilità superba, e a me serve un auriga altrettanto bravo. Per questo compito riesco a pensare solo a Shalya."

Duryodhana lo guardò sorpreso. Shalya era uno dei più validi eroi che ancora rimanevano, e sarebbe stato un disastro perderlo. Probabilmente si sarebbe offeso per il modesto incarico di auriga, soprattutto per Karna. Inoltre Shalya era parente dei Pandava. Si poteva fidarsi di lui?

Vedendo l'espressione dubbiosa di Duryodhana, Karna disse: "Con l'aiuto di Shalya potrò vincere. Lui è famoso in tutto il mondo per la sua abilità di guida. Nessuno è meglio di lui per valutare le forze e le debolezze del nemico. Ha giurato per la tua causa, o re. È un uomo di incrollabile virtù, e farà tutto ciò che potrà per aiutarmi. Ti prego, vai da lui e convincilo".

Duryodhana era pensieroso. Forse questa era l'ultima occasione per vincere la guerra. Se Arjuna non fosse stato ucciso, la sconfitta era sicura. "Convincerò il re di Madras ad accettare l'incarico di auriga."

Duryodhana sapeva che per contrastare le faretre inesauribili di Arjuna sarebbe stata necessaria un'enorme scorta di frecce. Diede ordini ai suoi servitori di prepararla, poi si alzò ed uscì dalla tenda.

Si recò da Shalya e gli disse umilmente: "O grande eroe, sono venuto con una richiesta. Karna vuole che tu sia il suo auriga per il duello di oggi con Arjuna. Nessun'altro è alla tua altezza nella guida dei carri. O grande fra i guerrieri, ti chiedo aiuto e ti prego di accettare questo incarico".

Duryodhana insistette lodandolo e dicendo che con lui alla guida, Karna avrebbe potuto uccidere Arjuna. L'esito della guerra era nelle sue mani, perché se Arjuna non fosse stato fermato i Kaurava sarebbero stati annientati in poco tempo.

Shalya guardò Duryodhana con orrore. Si alzò e si mise a camminare nella tenda. "O figlio di Gandhari, mi offendi con questa richiesta. Mi credi inferiore a Karna? Sospetti della mia lealtà e del mio impegno in battaglia? Posso compiere qualunque impresa possa fare il figlio di *suta*. Se vuoi che combatta da solo contro i Pandava, lo farò, ma questa richiesta è un insulto. Dovrei abbandonarti."

Shalya era furibondo. Il suo dovere di kshatriya era di combattere, non di guidare i carri, compito dei sudra. Nelle scritture si afferma che i sudra devono servire gli kshatriya, e non il contrario. Karna veniva da una famiglia di sudra, e lui era il monarca di una potente nazione.

Shalya uscì dalla tenda e Duryodhana gli corse dietro, lo fermò e gli toccò i piedi. "Ti prego di capirmi e di non offenderti. Non intendevo dire che tu sei inferiore a Karna e non dubito della tua lealtà. O signore della terra, tu vali più di Karna sotto tutti gli aspetti. Lasciami spiegare".

Duryodhana disse che di tutti i guerrieri in campo nessuno era all'altezza di Krishna che pure era l'auriga di Arjuna. Per questa ragione lui aveva pensato a Shalya che era come un secondo Vasudeva. Karna poteva lottare alla pari con Arjuna con Shalya alla guida del suo carro.

Pensando all'esempio di Krishna, Shalya si calmò. Si ricordò della promessa fatta a Yudhisthira. Era destino che lui guidasse il carro di Karna in questa battaglia. Si decise e disse: "Accetto questo incarico a una condizione: devo essere libero di dire ciò che voglio in presenza di Karna".

Duryodhana fece un sospiro di sollievo e gli raccontò l'antica storia della lotta fra Mahadeva e i Danava con i Daitya, in cui Brahma era l'auriga. Non era una vergogna per un guerriero prendere quella posizione in caso di bisogno. Quando raggiunsero la tenda di Karna, Shalya lo salutò e disse: "Sarò il tuo auriga per questo duello, però dubito del risultato. Anche se riuscirai ad uccidere Arjuna, vedrai il Keshava prendere le armi per affrontarti".

Shalya si rivolse a Duryodhana: "Krishna annienterà sicuramente la tua stirpe e i tuoi alleati, cosa ti serve uccidere Arjuna?". Duryodhana rispose: "O re, non ho paura di Krishna con Karna e te dalla mia parte. Karna ucciderà di sicuro Arjuna, poi tu e lui insieme sarete ben più forti di Krishna, anche se i suoi lo aiuteranno.".

Shalya prese le redini e guidò il carro di Karna alla testa dell'esercito. Mentre si avvicinavano al campo, Karna disse: "Portami subito dai Pandava. Se necessario combatterò con tutti e cinque i fratelli. Sprona i cavalli, o grande eroe, e che io possa uccidere Arjuna, Bhima, Yudhisthira e i gemelli".

Shalya rise. "O figlio di auriga, perché sottovaluti i Pandava? Quei cinque eroi sono invincibili con Krishna come guida e protettore. O Karna, quando li vedrai coprire il cielo con una tenda di frecce e quando udirai il suono del Gandiva, ti pentirai delle tue vane parole."

Karna lo ignorò e il carro si diresse rombando verso i Pandava.

Quando gli eserciti si scontrarono si videro dei terribili presagi. I Kaurava non vi badarono e si precipitarono a combattere trascinati dal destino.

Karna gridò: "Chiunque mi mostri dove si trova Arjuna sarà riccamente ricompensato con oro, gemme e cavalli. Ditemi dove combattono Krishna e Arjuna e vi darò tutto quello che ho dopo averli uccisi".

Shalya rise di nuovo. "O figlio di *suta*, sei sciocco ad offrire le tue ricchezze come se fossi Kuvera. Sarà anche troppo facile trovare Arjuna. Non ho mai visto una volpe abbattere un paio di leoni. Non riesci a capire cosa fare o non fare, e questo mi dice che sei vicino alla morte. Come tuo amico ti consiglio di avvicinarti ad Arjuna con cautela, con l'appoggio di una divisione. Non attaccarlo da solo, sarebbe come attraversare l'oceano a nuoto con una pietra legata al collo."

Karna ringhiò. "Sei un nemico travestito? Io non temo Arjuna, e mi affido soltanto alla forza delle mie braccia per sconfiggerlo, e nessuno mi può far cambiare idea."

Shalya continuò a schernirlo. "Quando sarai colpito dalle frecce taglienti del Partha, ti pentirai della tua vanità. Sfidando Savyasachin, sei come un bimbo in grembo alla madre che cerca di afferrare il sole. Non essere così folle da attaccare un cobra nero infuriato a mano nuda, e non gridare come una rana che gracida contro una nuvola che sta per rovesciarsi. Sei come lo sciacallo che vive fra le lepri e crede di essere forte fin quando non incontra un leone. Dì quello che vuoi, il tuo orgoglio sarà distrutto dalle frecce di Arjuna."

Karna era furioso per la tirata di Shalya. Stringendo furiosamente l'arco disse duramente: "O re, solo i valorosi riconoscono il valore degli altri. Tu non vali nulla e non puoi capire. Sono pienamente cosciente del valore di Arjuna. Così lo ho sfidato sapendo di poterlo vincere. Il Gandiva, la bandiera con la scimmia e il suo auriga, possono spaventare i timorosi, ma per me sono una gioia. Oggi li ucciderò entrambi con una sola freccia. Tutti si renderanno conto della mia nascita, della mia nobiltà e del mio valore. Non prenderti gioco di me, o stolto".

Poi si girò verso Shalya gridando con rabbia: "O essere malvagio, lodi il nemico per la paura o per altre ragioni? Dopo questa battaglia ucciderò te e i tuoi parenti. Sei nato in una terra di peccato e sei uno kshatriya crudele e malvagio. Non cercare di spaventarmi, potrei uccidere mille Krishna e cento Arjuna. Trattieni la tua lingua!

O re di Madra, se parli ancora in questo modo ti spaccherò il cranio con una mazzata, e non lo faccio solo per riguardo a Duryodhana."

Shalya fece finta di nulla e ricordò a Karna le imprese di Arjuna, inclusa l'occasione in cui aveva vinto tutti i Kuru, Karna incluso. Karna ribatté: "Le tue parole non mi toccano. Non mi puoi spaventare. Le mie sole paure sono le maledizioni dei bramini".

Karna sapeva di correre un serio pericolo per un errore del lontano passato. In una partita di caccia aveva accidentalmente ucciso la vacca di un bramino. Il bramino lo aveva maledetto dicendo: "Quando affronterai il tuo mortale nemico, la terra inghiottirà la ruota del tuo carro".

Poi ricordò la maledizione di Parasurama per cui avrebbe dimenticato i mantra del Brahmastra nel momento in cui gli sarebbe servito di più. Incurante delle due maledizioni, disse a Shalya di continuare. Tutto era nelle mani del destino.

Karna e Shalya continuarono a scambiarsi insulti mentre si avvicinavano al campo di battaglia. Duryodhana sentì le loro grida e si avvicinò a Shalya implorandolo di non scoraggiare Karna e chiedendo a quest'ultimo di perdonarlo. I due tacquero avvicinandosi velocemente alle forze dei Pandava.

Capitolo 72

Il valore di Karna

Yudhisthira vide Karna alla testa dei Kaurava e disse ad Arjuna: "Guarda, o Dhananjaya la poderosa formazione spiegata da Karna. Fai qualunque cosa sia necessaria per fermarlo. Oggi devi ucciderlo".

Arjuna sorrise. L'occasione di uccidere il suo nemico era finalmente arrivata. Aveva atteso questo momento fino dal giorno del torneo di Hastinapura. Forse tutta questa distruzione e morte si sarebbero evitate se l'avesse affrontato allora. Ma non era destino.

Arjuna avanzò verso Karna e Yudhisthira ordinò a Bhima di attaccare Duryodhana e i fratelli, a Sahadeva di combattere con Shakuni, a Satyaki con Kritavarma, e a Pandya, il re del Bharata del sud, di lottare con Ashvatthama, mentre lui stesso avrebbe affrontato Kripa.

Le due armate si scontrarono, e per ordine di Duryodhana, Arjuna venne circondato da migliaia di soldati con l'intento di stancarlo prima che si scontrasse con Karna.

Karna penetrò nel mezzo delle truppe Panchala facendo una carneficina. Dhristadyumna, Shikhandhi e i figli di Draupadi lo sfidarono e gli scagliarono migliaia di frecce.Tre dei figli di Karna, Bhanusena, Sushena e Vrishasena, vennero in suo aiuto, erano tutti maharatha e lottarono ferocemente contro i guerrieri Pandava. Bhima entrò nella mischia e a Karna si aggiunse Dushashana.

Bhima tagliò la testa di Bhanusena con una freccia affilata e poi attaccò Sushena con tre frecce di ferro che gli trafissero il torace facendolo cadere in ginocchio. Karna colpì Bhima con cento frecce. Bhima non ne risentì e scagliò una freccia affilata per finire Sushena, ma Karna la spezzò in volo. Sushena si riprese ed attaccò furiosamente Nakula che lo aveva sfidato. Altri eroi si unirono alla mischia urlando.

Yudhisthira si vide Karna davanti e lo sfidò: "O Karna, figlio di auriga, sei vano e arrogante e ti credi pari ad Arjuna. Combatti con me, mostrami il tuo valore ed il tuo odio per i Pandava. Ti farò passare la voglia di combattere".

Senza replicare Karna scagliò delle frecce che colpirono Yudhisthira al petto. Furibondo per il suo disprezzo, Yudhisthira prese una lunga freccia d'oro capace di spaccare le montagne. La caricò di mantra e la scagliò con l'arco teso al massimo. La freccia colpì Karna al fianco facendolo cadere in ginocchio stordito.

I Kaurava gridarono per lo spavento, tuttavia Karna si riprese e uccise i guerrieri che gli proteggevano le ruote, e colpì il suo auriga con una dozzina di frecce. Yudhisthira combatté con valore parando le frecce di Karna con le sue. Karna rise ed aumentò l'intensità del suo assalto con nugoli di frecce uncinate. Molti guerrieri Pandava lo circondarono per proteggere Yudhisthira, bombardandolo di frecce, lance, giavellotti. Karna allora invocò un missile divino che riempì il cielo di dardi fiammeggianti.

Karna si liberò dai suoi aggressori e concentrò il suo attacco su Yudhisthira. Con una precisione incredibile gli tagliò l'armatura ingioiellata facendola cadere a terra.

Yudhisthira scagliò quattro lance rostrate che perforarono l'armatura di Karna e gli fecero uscire il sangue.

Karna estrasse le lance ed attaccò Yudhisthira. Il Pandava era privo di armatura e senza auriga, e non poteva resistere all'attacco, quindi scese dal carro e fuggì. Karna lo inseguì schernendolo. "In che famiglia sei nato, o eroe? Penso che tu sia più adatto per la vita del bramino nella foresta. Vai e datti alle pratiche di ascesi."

Yudhisthira corse da Dhristadyumna e salì sul suo carro. Ignaro della promessa di Karna a Kunti, non si capacitava di essere ancora vivo.

Bhima aveva visto la sconfitta e l'umiliazione del fratello e venne preso da una furia incontrollabile. Si gettò su Karna lanciando il suo grido di battaglia. I guerrieri che si frapponevano vennero sterminati all'istante dalle sue frecce o ridotti in poltiglia dalla sua mazza. Shalya disse: "Arriva il secondo figlio di Pandu, fuori di sé per la rabbia. Non l'ho mai visto così, sembra che voglia distruggere i tre mondi con tutte le loro creature".

Karna sorrise: "Lo truciderò all'istante, e così vedrò arrivare Arjuna per il nostro scontro finale.".

Karna lanciò una volata di frecce curve dalle punte affilate che volarono roteando su se stesse. Alcune rimbalzarono sull'armatura, ma altre penetrarono nelle spalle e nelle braccia di Bhima. Il Pandava non le sentì nemmeno e rispose con frecce scagliate a tutta forza. Karna venne scosso dalla potenza di quei missili, tuttavia rispose con cento frecce. Bhima era una furia scatenata e prese un dardo lungo quanto una lancia, lo tirò con l'arco e colpì Karna con la forza del fulmine. Karna, stordito, cadde a sedere sul ponte del carro.

Shalya, cosciente del suo dovere di kshatriya, lo allontanò rapidamente. Duryodhana si spaventò e disse ai suoi fratelli di andare in aiuto. I principi caricarono Bhima come uno sciame di insetti che si getta nel fuoco. Circondarono Bhima in più di venti, sostenuti da una compagnia di guerrieri su carri, bersagliandolo di frecce, lance e mazze.

Bhima sorrise fra sé e si mise ad ucciderli uno per uno. Ne decapitò qualcuno con frecce a punta di falce, e con delle frecce lunghe trapassò gli organi vitali di altri. In pochi attimi ne uccise una dozzina, e fece un ruggito che gelò il sangue dei Kaurava. I figli di Dhritarastra rimasti si diedero alla fuga nel panico, e Bhima sterminò le loro truppe senza pietà. Karna si riprese e si ributtò nella mischia, e ne seguì un altro formidabile scontro.

In un'altra parte del campo, la bandiera di Arjuna volava nel mezzo di centinaia di migliaia di Kaurava.Un enorme numero di loro venne sterminato, tuttavia riuscirono ad avvicinarlo con spade e mazze fino a salire sul carro menando violenti colpi a Krishna e Arjuna. Dozzine di loro afferrarono Arjuna, ma lui si divincolò e con la sciabola li gettò giù dal carro, poi prese una freccia d'oro e la caricò del Paridava-astra, l'arma dei Naga. Dei serpenti si avvolsero intorno alle gambe dei Kaurava, immobilizzandoli e Arjuna prese ad ucciderli senza pietà. Susharma, invocò il Suparna-astra, ed uno stormo di avvoltoi discese dal cielo e divorò i serpenti.

Appena liberati, i Kaurava ripresero il loro attacco, e Arjuna invocò il Aindra-astra che li fece cadere a file per volta.

Arjuna disse a Krishna: "Questo esercito è sistemato, o Madhava. È il momento di affrontare il figlio di *suta*. Vedo la sua bandiera che sventola in mezzo alle truppe di Yudhisthira. O Govinda, portami da lui.".

Il carro di Arjuna corse sul campo verso Karna che distava un paio di miglia. Molti forti Kaurava fronteggiarono Arjuna per rallentare la sua corsa, ma lui li spazzò via con le sue frecce, lasciando una scia di cadaveri di uomini e animali e di carri sfasciati. In pochi minuti furono trucidati venticinquemila uomini e gli eserciti dei feroci barbari Kambhoja, Yavana e Saka subirono gravissime perdite e vennero respinti, con altri ventimila morti.

Karna si era disimpegnato da Bhima, e stava sterminando le truppe dei Pandava, e le sue frecce dal tocco letale, abbattevano soldati a migliaia.

Il campo di battaglia aveva un aspetto terrificante, con strati di cadaveri e di rottami in cui i soldati superstiti combattevano scivolando e inciampando nella fanghiglia insanguinata.

Karna tornò ad attaccare Yudhisthira, e i due figli di Madri lo sfidarono ricoprendolo di frecce. Karna sorrise e combatté senza paura contro i tre Pandava. Spezzò gli archi di Sahadeva e Nakula e colpì Yudhisthira al petto con una serie di frecce facendolo svenire. Con un'altra dozzina di frecce uccise i cavalli e l'auriga di Nakula.

Shalya, vedendo i nipoti in difficoltà, disse a Karna: "Perché sprechi il tuo tempo? Sembra che tu stia cercando di evitare Arjuna. Non vedi che sta venendoti incontro? Se sei così forte come dici, dirigi i tuoi colpi verso di lui, invece di impegnarti con gli altri".

Karna si girò e vide il carro di Arjuna che era ormai vicino. Yudhisthira, che aveva sofferto l'attacco di Karna, lasciò la battaglia protetto dai gemelli, e tornò all'accampamento non riuscendo a continuare a combattere. La sua armatura era distrutta ed il corpo era coperto di ferite. Mentre i medici si occupavano di lui, i gemelli tornarono sul campo di battaglia, dove Karna stava impiegando il missile Bhargava, con cui stava falciando le truppe Pandava. L'esercito dei Pandava venne messo in fuga, ed i soldati correvano implorando Krishna e Arjuna di salvarli. Arjuna disse: "Ecco il terribile Bhargava-astra, o Keshava, nessuno gli può resistere. È giunto il momento del nostro duello finale. Sarà la vittoria o la morte.".

Krishna sterzò il carro per evitare la grandinata di frecce e rispose: "Yudhisthira ha lasciato la battaglia gravemente ferito. Penso che prima dovresti andare a trovarlo per assicurarti che stia bene".

Nel tempo della visita a Yudhisthira, Karna si sarebbe stancato combattendo. Krishna voleva anche rincuorare Yudhisthira, sapendolo in ansia per il massacro causato da Karna. Arjuna chiese a Bhima di proteggere l'esercito in sua assenza. Bhima rispose: "Vai subito a trovare il re e non temere per noi. Bloccherò tutte le armi del figlio di *suta*".

Arjuna lo ringraziò e corse alla tenda di Yudhisthira. Il re stava bene e stava riposando, e pensando che Karna fosse già stato ucciso, disse: "Sono contento di vederti, o Arjuna, ed è bello vedere anche te, o Keshava. Quel *suta* era come un serpente mortale con i denti sempre pronti a mordere, forte e vitale, irresistibile come l'oceano. O Achyuta, ho lottato con lui e mi ha ridotto in queste miserabili condizioni, e mi ha insultato. Per nostra fortuna lo hai ammazzato".

Arjuna era confuso, fece un passo indietro mentre Yudhisthira continuava a lodarlo."O Dhananjaya, per tredici anni ho perso il sonno pensando alla forza di Karna e me lo immaginavo davanti anche da sveglio. Lo ho attaccato con un impulso di morte, lui mi ha sconfitto però mi ha lasciato vivere, umiliandomi profondamente. Sono sollevato dalla sua morte."

Arjuna fece un respiro profondo. "O re, non sei al corrente della situazione. Dopo aver sterminato orde di Kaurava, sono andato a sfidare Karna, che stava annientando le nostre truppe con le sue armi terribili. Ho saputo allora che tu eri stato ferito e ti eri ritirato, e sono venuto qui per assicurarmi del tuo benessere prima di attaccare Karna."

Arjuna gli mise una mano sulla spalla dicendo: "O re illustre, non disperare. Affronterò e ucciderò Karna come Shakra ha fatto con Vritrasura. Non temere, perché questo è il mio voto solenne. Vieni a guardare il duello e dammi la tua benedizione, o re".

Yudhisthira che ancora soffriva per l'umiliazione subita da Karna, si infuriò. Scuotendo la testa disse: "Fratello mio, la tua nascita dal grembo di Kunti è stata inutile. Come hai potuto lasciare il campo senza aver ucciso Karna? Sei venuto qui per paura, per evitare il figlio di *suta*. Se nella foresta tu mi avessi detto che non potevi uccidere Karna, non l'avrei mai lasciata. Tutte le nostre speranze sono state vanificate. Per tredici anni ci siamo aspettati molto da te, come i seminatori che attendono la pioggia".

Yudhisthira si alzò in piedi. I bramini che gli stavano curando le ferite si ritrassero, Yudhisthira gridò: "Perché, o disgraziato, non dai il Gandiva a Keshava? Lui avrebbe ucciso Karna senza indugio. Se non sei in grado di affrontarlo cedi il tuo famoso arco a un altro guerriero. Per colpa del tuo fallimento il mondo ci vedrà sprofondare negli abissi dell'inferno. Sarebbe stato meglio se tu fossi uscito dal grembo di Kunti come un aborto piuttosto che nascere in una famiglia reale per poi mostrare la schiena. Vergogna al Gandiva, alla forza delle tue braccia e alle tue frecce. Vergogna alla bandiera con l'emblema di Hanuman e al carro di Agni.".

Yudhisthira si accasciò sul letto guardando il fratello minore con occhi infuocati di rabbia. Arjuna non disse nulla, respirava affannosamente e sfoderò la spada.Krishna gli afferrò il braccio ed esclamò: "O Dhananjaya, cosa fai? Hai visto che Yudhisthira sta bene e dovresti esserne felice. Hai perso la testa?".

Arjuna fissando il fratello disse: "Ho giurato di decapitare chiunque mi avesse detto di deporre il Gandiva. Il re me lo ha chiesto e io devo rispettare il mio voto. Che altro posso fare, o Keshava? Tu, che sai ogni cosa, dimmi cosa mi consigli.".

Arjuna era in un dilemma. La sua rabbia si era placata, ma non poteva infrangere il suo voto. Abbassò la spada e attese la risposta di Krishna.

"Vergognati, Arjuna! Sembra che tu non abbia mai servito gli anziani. Coloro che conoscono le sottigliezze della religione non contemplerebbero nemmeno quello che tu stai pensando, o Partha. Chi compie un atto del genere è il peggiore degli uomini. Come puoi uccidere il tuo fratello maggiore dimenticandoti che è il tuo signore, degno della tua adorazione? Non è un nemico e non ti aggredisce. Per questa ed altre importanti ragioni non puoi ucciderlo senza incorrere nel più grave dei peccati."

Arjuna rimise la spada nel fodero e Krishna proseguì: "O Partha, il tuo voto è infantile. Per preservare la tua veridicità sei pronto ad uccidere tuo fratello".

Krishna citò un verso dei Veda che descrive le circostanze in cui mentire non viene considerato peccato, e la verità viene considerata come una non verità. Ciò accade quando la vita è in pericolo, quando un bramino è in pericolo o quando è in gioco l'intera ricchezza. In quelle circostanze la menzogna non è peccato.

Krishna aggiunse: "In tutti i casi, o Partha, la virtù più alta consiste nel non ferire altre creature. Uccidere in una battaglia leale o per scopi personali sono due cose diverse, e producono risultati diversi. Tu ti vuoi attenere alla cosiddetta verità, ma stai solo mostrando la tua ignoranza della vera morale, che ci dice di agire senza ferire nessuno. La morale non segue la logica, e non si trova nello studio superficiale delle scritture. Si deve seguire la guida degli anziani saggi e ricchi di esperienza, per impararne le sottigliezze".

Arjuna abbassò la testa. La sua rabbia era completamente scomparsa. Krishna alzò la mano indicando Yudhisthira e disse: "Ora dimmi, o eroe, se pensi di dover uccidere questo re virtuoso".

Arjuna rispose con le lacrime agli occhi: "O Krishna, chi conosce le sottigliezze della verità meglio di te? Tu sei come un padre e un fratello. Sei il mio sacro rifugio e le tue parole mi fanno sempre e solo bene. Di nuovo ci hai salvato dalla tragedia. Ammetto di non poter uccidere Yudhisthira, tuttavia il mio dilemma rimane. Che il mio voto sia giusto o sbagliato, l'ho pur sempre fatto. Se lo violassi, tutti i miei voti non varranno più nulla.".

Krishna mise il braccio attorno alle spalle di Arjuna. "O eroe, Karna ha fatto soffrire il re e lui se l'è presa con te, cercando anche di provocarti per uccidere subito il figlio di *suta*. Dharmaraja non vede nessun'altro che lo possa fare, ed ha usato parole dure per la frustrazione e la delusione. O Partha, fai ciò che lui desidera e uccidi Karna! Per quanto riguarda il tuo voto, ecco cosa si può fare."

Krishna citò un passo delle scritture che dice che non ci si deve rivolgere agli anziani in modo irrispettoso. Se questo accade si dice che l'anziano si sente morire. Krishna disse ad Arjuna di insultare il fratello. "Così lo ucciderai senza togliergli la vita. Dopo questo potrai chiedergli perdono gettandoti ai suoi piedi."

Arjuna capì che questa era l'unica soluzione, e a malincuore insultò Yudhisthira dicendogli che Bhima era meglio di lui, schernendo la sua forza e chiamandolo codardo. Gli disse che era schiavo del gioco e causa della guerra, aggiungendo che non era degno di diventare imperatore. Si vergognò profondamente delle sue parole pensando di aver peccato, e di nuovo sguainò la spada.

Sorpreso, Krishna disse: "Che ti succede? Se hai ancora dei dubbi, dimmeli e te li risolverò".

Arjuna, devastato dal rimorso disse: "Mi ucciderò perché ho peccato contro il virtuoso monarca".

Arjuna si puntò la spada al cuore, e Krishna gli disse: "Fermati! O sterminatore di nemici, questa è un'azione condannata quanto l'uccisione di Yudhisthira. Devi essere vittima di qualche assurdo zelo religioso, perché prima eri pronto ad uccidere il re, e adesso vuoi suicidarti. Non peccare in nome della virtù. O Partha, adesso recita ad alta voce le tue glorie, è come se tu ti uccidessi, perché nessun uomo degno si glorifica da solo".

Arjuna, fermato nuovamente da Krishna, rinfoderò la spada e fece come suggeriva Krishna, lodandosi da solo. Poi abbassò la testa per la vergogna e disse a Yudhisthira: "O re, perdonami, la mia vita è dedicata a te. Perdona la mia stoltezza e le mie parole ingiustificate. Adesso vado ad uccidere Karna".

Arjuna si inginocchiò e prese in mano i piedi di Yudhisthira. "Ti prego, benedicimi", e posò la testa sui piedi del fratello.

Yudhisthira parlò senza gioia. "O Arjuna, la colpa è mia, tu sei in pericolo a causa mia, e sei stato salvato solo grazie a Krishna. Mi merito la morte. Chi è peggio di me? Stupido e codardo, mi ritirerò nella foresta lasciando la corona a Bhima. Le tue dure parole risuonavano di verità, o Partha. Lasciatemi andare nella foresta, io non sono degno di regnare."

Yudhisthira si alzò e si strinse addosso la veste dirigendosi verso l'uscita della tenda. Krishna gli si mise davanti e si inchinò ai suoi piedi e gli disse: "O re, dove stai andando? Non devi prendere seriamente i rimproveri di Arjuna. Nel suo cuore non ci sono mai stati quei pensieri, e ha parlato solo per evitare la necessità di ucciderti. Sia tu che lui vi siete comportati da sciocchi. Adesso riposa in pace. Oggi la terra berrà il sangue di Karna.".

Yudhisthira si calmò e disse: "O Govinda, tu mi hai salvato, mi ero lasciato prendere dall'ignoranza, mentre tu non perdi mai la ragione".

Arjuna era ancora pieno di vergogna per quello che aveva detto, e la sofferenza di Yudhisthira lo fece sentire ancora peggio. Cadde ai suoi piedi piangendo, chiedendogli perdono: "O re, nulla di quel che ho detto era vero, e ho parlato solo per salvare il mio voto. Come mi puoi perdonare?".

Yudhisthira fece alzare Arjuna e lo abbracciò, dicendogli che non si era offeso. Arjuna con un'espressione decisa e terrificante disse con voce glaciale: "Caro fratello, il malefico Karna pagherà per le sofferenze che ti ha inflitto. Giuro che oggi lo farò cadere sotto le frecce del Gandiva".

Yudhisthira alzò la mano per benedire Arjuna. "Che la vittoria sia con te e i deva ti diano assistenza. Vai figliolo, e distruggi le speranze di Duryodhana. Sarò presto anch'io sul campo.".

Arjuna prese congedo, salì sul carro mentre i bramini lo benedicevano e partì per il campo di battaglia. Fece un suono terrificante con la sua conchiglia e si percosse le braccia. Vedendolo così furibondo tutti pensarono che per Karna era la fine. Apparvero molti segni favorevoli. Gli avvoltoi volavano davanti a lui con falchi e corvi, aspettandosi di avere presto del cibo.

Capitolo 73

Il duello fra Arjuna e Karna

Mentre Arjuna visitava Yudhisthira, Bhima era impegnato in un'intensa battaglia con i Kaurava. Incurante di ogni pericolo lottava fra loro insieme a Satyaki, Shikhandhi e Uttamaujas.

Dushashana, e Shakuni attaccarono Bhima con una compagnia di guerrieri di montagna. I Pandava li attaccarono di fronte infliggendogli grandi perdite. Uttamaujas, che era vicino a Bhima, venne attaccato da Sushena, il figlio maggiore di Karna. Uttamaujas lanciò una freccia con tutta la sua forza che decapitò Sushena. Karna rimase impietrito dal dolore, poi cercò vendetta, attaccò Uttamaujas e gli uccise i cavalli e l'auriga e distrusse il suo carro.

Uttamaujas parò le frecce di Karna con le sue e salì sul carro di Shikhandhi, e i due lottarono con Kripa e Kritavarma. Bhima, caricò le truppe dei Kaurava sputando veleno e falciando nemici come Rudra alla fine del creato. I soldati, massacrati dalla mazza di Bhima e dalle sue frecce corsero a farsi proteggere da Karna.

Bhima, dopo aver disperso i suoi avversari disse al suo auriga: "O Vishoka, temo per la vita di Yudhisthira. Arjuna è andato da lui e non è tornato, malgrado Karna continui a combattere con le sue terribili armi mistiche. Sono preoccupato, quando tornerà Arjuna?".

Bhima non ebbe il tempo di scoprirlo, perché venne attaccato da Dushashana e i suoi fratelli con una compagnia di migliaia di guerrieri. Chiese al suo auriga: "O Vishoka, ho consumato un gran numero di frecce, dimmi, come stanno le scorte? Posso attaccare con frecce e dardi o devo usare solo la mazza?".

Vishoka rispose: "O eroe, hai ancora sessantamila frecce oltre a ventimila dardi a punta affilata e altri ventimila a punta larga. Attacca pure senza risparmio".

Bhima prese l'arco e tirò cento dardi d'acciaio contro Dushashana e Shakuni che lo stavano caricando con gli altri figli di Dhritarastra. Durante lo scontro Vishoka disse: "O eroe, senti questo suono? È Arjuna che soffia nella sua conchiglia. I Kaurava scappano come cervi di fronte a un leone. Ecco il vessillo di Arjuna".

Bhima disse: "Per questa bellissima notizia, o auriga, ti regalerò una dozzina di villaggi, venti carri dei migliori e cento servitori. Sicuramente Yudhisthira sta bene, perché Arjuna suona la sua conchiglia".

Bhima, sollevato e felice, riprese a combattere con entusiasmo rinnovato.

* * *

Dopo aver lasciato l'accampamento, Krishna e Arjuna si diressero verso il campo di battaglia a gran velocità. Era già metà pomeriggio, e Arjuna si chiese come fare a uccidere Karna. Certamente non sarebbe stato possibile senza un combattimento, e bisognava evitare di perdere tempo con gli altri guerrieri che Duryodhana gli avrebbe mandato contro.

Krishna, vedendolo pensieroso, disse: "O Partha, tu sei di forza e valore ineguagliabili, nessuno può uscire vivo da un combattimento con te. Il figlio di Radha non va sottovalutato, ma non vedo come possa vincere contro di te. O eroe, poni fine ai giorni di quell'arrogante nemico dei Pandava".

Arjuna riprese confidenza, prese la sua conchiglia e fece un suono terrificante, poi pizzicò la corda del Gandiva con uno schianto fragoroso di tuono, e disse: "Con te al mio fianco posso sfidare i tre mondi riuniti, che dire di Karna? Duryodhana spera nella sua protezione, ma io distruggerò questa speranza, e si ricorderà delle sue azioni efferate contro di noi, in particolare la violenza su Draupadi".

Ripensando alla partita di dadi e all'uccisione di Abhimanyu, la rabbia di Arjuna esplose come un fuoco irrorato di olio. Entrò nella mischia mettendo in fuga le schiere dei Kaurava. Subito venne affrontato da Kripa, Kritavarma e alcuni dei fratelli di Duryodhana, ma lui li respinse continuando ad avvicinarsi a Karna. Le sue lunghe frecce uscivano come fulmini dal Gandiva facendo traballare i nemici. Tenendo gli occhi fissi su Karna, affondò spietatamente nel fitto dei Kaurava.

Abbattè molti elefanti che Duryodhana gli aveva mandato contro, e distrusse l'attacco di migliaia di guerrieri su carri, schiacciandoli come un elefante infuriato che calpesta i fiori di loto in un lago.

Dopo aver annientato quattro compagnie, ciascuna di diecimila soldati, Arjuna disse: "O Keshava, Karna non è lontano, Duryodhana stesso lo protegge insieme a molti maharatha. Andiamo!".

Krishna incitò i cavalli ed il carro rombò correndo verso Karna. Shalya, vedendolo arrivare, disse: "Ecco il portentoso figlio di Pandu. Sembra che venga direttamente contro di te, o eroe. Hai ferito gravemente il pio Yudhisthira e hai colpito gli altri Pandava, quindi Arjuna sarà gonfio d'ira e assetato di vendetta. Tu sei l'unico arciere al mondo che lo possa affrontare. Tutti i Kaurava contano su di te".

Shalya aveva capito che era giunto il momento dell'incontro finale fra i due eroi, e non era più il caso di scoraggiare Karna. Osservò Krishna colla sua carnagione scura che guidava abilmente il carro attraverso le file dei Kaurava come una nuvola nerastra che si muove nel cielo stellato. Dietro a lui Arjuna era come un'altra nuvola scura da cui scoccavano i fulmini delle sue frecce.

Karna si rallegrò. "O eroe dalle forti braccia, sembra che ti sia passata la paura di Arjuna. Apprezzo queste tue parole. Oggi vedrai ciò che ho imparato dai miei maestri d'armi. Tuttavia se fallirò, perché l'esito delle battaglie non è mai certo, avrò fatto una fine da eroe."

Karna disse a Duryodhana: "O re, adesso combatterò con Dhananjaya. Circondalo da ogni parte così che non mi possa sfuggire. Mi serve tutto l'aiuto possibile".

Duryodhana diede il compito di assisterlo a Kripa, Ashvatthama e Dushashana con i fratelli superstiti, che attaccarono Arjuna con migliaia di elefanti, carri e cavalli.

Arjuna li affrontò con un diluvio di frecce sibilanti. Bhima suonò la sua conchiglia e si mise a fianco di Arjuna e prese di mira i figli di Dhritarastra che erano rimasti in poco più di venti.

Dushashana era una furia, e mostrò il suo valore. Colpì Bhima con una dozzina di frecce scagliate con forza tale da stordirlo e fargli mollare l'arco. Poi gli scagliò contro una freccia luminosa come il sole che lo colpì al petto e lo fece inginocchiare.

Dushashana ruggì e suonò la conchiglia. I suoi fratelli esultarono bombardando Bhima di frecce, ritenendolo finito. In un attimo però, Bhima si riprese, si alzò in piedi e scagliò una freccia contro Dushashana che la parò in volo. Poi Dushashana colpì Bhima con una freccia rostrata che gli fece una ferita profonda.

Bhima si infuriò e tuonò: "Colpiscimi finché puoi, disgraziato. Adesso mi hai ferito, ma presto sarai morto. Berrò il tuo sangue. Assaggia il peso della mia mazza.".

Bhima si avventò su Dushashana roteando la sua mazza, e parando le frecce che lo bersagliavano. In un attimo gli fu addosso e gli diede un colpo tremendo sulla fronte che lo fece volare a venti passi di distanza, stordito e con la testa insanguinata.

Ricordandosi del suo voto, Bhima balzò dal carro, si avvicinò al principe caduto e mentre questi cercava di alzarsi, lo colpì di nuovo facendolo volare, poi sguainò la spada, e lo afferrò per un braccio. Dushashana cercò di liberarsi scalciando violentemente, ma Bhima gli torse il braccio fino a farlo gridare, e poi glielo troncò con un terribile fendente gridando: "Ecco il braccio che ha afferrato i sacri capelli di Draupadi. Guardate, ora berrò il suo sangue".

Dushashana si dibatteva in agonia mentre il sangue zampillava dalla spalla. I ruggiti del Pandava echeggiavano per miglia facendo impietrire i guerrieri di ambo le parti. Bhima afferrò la spada con due mani, e Dushashana attese con il volto deformato da una smorfia di terrore. Bhima sorrise godendosi il momento di quella vendetta tanto attesa e affondò la spada nel petto di Dushashana. Mentre il Kaurava moriva urlando, Bhima gli aprì il petto e gli strappò il cuore, si chinò e facendo coppa con le mani bevette il sangue schiumeggiante. Poi si rialzò e gridò: "Il sapore di questo sangue è più dolce del latte di mia madre, più dolce del miele". Col volto sporco di sangue, guardò Dushashana e disse: "Adesso sei al sicuro, non posso più farti nulla".

I Kaurava erano inorriditi, e fuggirono urlando: "Non è un essere umano! Mettiamoci in salvo!".

Bhima si rivolse a Krishna e Arjuna dicendo: "O eroi, ho esaudito la mia promessa di uccidere Dushashana e bere il suo sangue. Draupadi è vendicata. Presto esaudirò l'altro voto schiacciando Duryodhana, e finalmente sarò in pace.".

Dieci dei restanti fratelli di Dushashana assalirono Bhima e lo incalzarono scagliando migliaia di frecce. Bhima rispose con una successione rapida di frecce affilate decapitandoli tutti.

Karna rimase a bocca aperta, le armi gli caddero di mano mentre guardava Bhima con evidente terrore. Il Pandava, coperto di sangue e ruggente sembrava un mostruoso Rakshasa di potenza sconfinata.

Shalya disse: "O eroe, non è il momento di spaventarsi. Questa è la guerra, con la morte e la distruzione sempre presenti. Duryodhana piange la morte di Dushashana e dei suoi fratelli e i Kaurava sono in fuga. Duryodhana ti ha dato la responsabilità per questa guerra, datti da fare e combatti con tutte le tue forze".

Spronato da queste parole, Karna si riprese. Era vero, non c'era altra alternativa, bisognava combattere fino in fondo e non era il momento di esitare.

Il figlio di Karna, Vrishasena, vedendo che il padre si teneva indietro, soffiò nella sua conchiglia ed attaccò Arjuna con un nugolo di frecce rostrate. Bhima gridò ad Arjuna: "Dovrei ucciderlo subito, ma lo lascerò a te".

Arjuna attaccò Vrishasena sotto gli occhi di Karna, gli uccise i quattro cavalli e l'auriga. Mentre Vrishasena tentava di scendere dal carro, Arjuna gli tagliò la testa con una freccia a punta di falce di luna. Il giovane guerriero cadde a terra come un albero abbattuto dal fulmine.

Karna urlò di dolore, afferrò l'arco e avanzò verso Arjuna. I lucenti carri d'oro ricoperti di pelli di tigre sembravano due soli che convergono. Si avvicinarono come Indra e Bali, mentre tutti nei due eserciti, li guardavano ammirati.

Gli esseri celesti osservavano dalla volta del cielo, senza riuscire a decidere quale dei due eroi avrebbe vinto.Sembrava loro di rivedere la battaglia fra Parasurama e Kartivirya. I Siddha e i Charana suonarono i corni e gettarono fiori sui combattenti. Indra benedì suo figlio, e Surya illuminò Karna augurandogli ogni bene.

Le truppe di entrambi gli eserciti si avvicinarono per assisterli, e Dhristadyumna con tutte le forze dei Pandava si misero attorno ad Arjuna, mentre Duryodhana proteggeva Karna con i Kaurava. Si scatenò una feroce battaglia fra i guerrieri che proteggevano i due eroi, mentre questi si scambiavano i primi colpi.

Improvvisamente Hanuman balzò giù dalla bandiera di Arjuna e volò verso quella di Karna che aveva l'emblema di una corda da elefante ingioiellata simile al cappio di Yamaraja. La scimmia infuriata strappò la corda con le unghie e con i denti lanciando urli raccapriccianti. I cavalli di entrambi i guerrieri nitrirono e si impennarono. Karna lanciò un'occhiataccia a Shalya che li riprese, poi disse: "O Shalya, amico mio, è arrivato il momento. Dimmi in verità, cosa farai se il Partha mi ucciderà?".

Shalya rispose: "Attaccherò Dhananjaya e Keshava. Quale morte migliore?".

Arjuna fece la stessa domanda a Krishna che rispose: "O Dhananjaya, il sole può cadere dal cielo, la terra si può frantumare in mille pezzi, il fuoco può diventare freddo, ma Karna non ti ucciderà. Tuttavia, se dovesse succedere, sarebbe la fine del mondo. Sia Karna che Shalya moriranno insieme a tutte le schiere degli kshatriya".

Arjuna sorrise. "O Keshava, non temere, Karna e Shalya sono alla mia portata. Io schiaccerò Karna con cavalli, bandiera, carro, armi e armatura come un elefante nella foresta abbatte un albero. Non posso contenere la mia ira quando penso agli atti efferati che Karna ha commesso contro di noi, specialmente quelle parole tremende e crudeli dette a Draupadi. Oggi consolerò la madre di Abhimanyu ripagando i nemici con la loro stessa moneta, e consolerò Draupadi che tanto ha pianto per le sofferenze che i Kaurava le hanno inflitto."

I due eroi si scambiarono grandi volumi di frecce, creando un'ombra scura sul campo di battaglia e pararono i reciproci attacchi. I loro archi d'oro, tesi sempre al massimo erano come la corona del sole, e le loro frecce i raggi. Decisi ad annientarsi, erano come due soli sorti per distruggere l'universo alla fine di uno *yuga*.

Nel frattempo non cessavano di sterminare soldati, cavalli ed elefanti della parte avversa. Duryodhana, Kripa, Shakuni e Ashvatthama attaccarono Arjuna, cercando di distrarlo da Karna per dargli un vantaggio, ma Arjuna li respinse facilmente con i suoi dardi. Duryodhana e Ashvatthama si riunirono per discutere la strategia.

Ashvatthama era ancora profondamente colpito dalla morte del padre e dalle parole di Vyasadeva. Disse: "O re, che la pace sia con te. Non serve continuare questa guerra, sono morti fin troppi uomini. Fai pace con Yudhisthira. I suoi fratelli accetteranno i suoi ordini. Come credi che sia possibile battere Arjuna?".

Il carro di Arjuna si muoveva agilmente in una serpentina per evitare gli attacchi di Karna, e Krishna, in piedi con le redini in mano e la faccia coperta di sudore, gridava i comandi ai cavalli.

"Secondo me bisognerebbe fermare questa guerra, e la cosa migliore per te sarebbe stringere un'alleanza con i Pandava. O re, ti parlo così perché ti sono amico, e desidero il tuo bene. Se vuoi posso dissuadere Karna dal proseguire il duello."

Duryodhana scosse la testa. "Amico mio, hai detto quello che pensavi e ti ho ascoltato. Ora senti cosa penso io della situazione. Come la potenza di una tempesta viene spezzata dal monte Meru, così la forza di Arjuna si infrangerà contro Karna. Lasciamo che il duello continui. Dopo tutto il male che gli ho fatto, i Pandava non si fideranno più di me. Non fermare Karna. Arjuna è stanco dopo un lungo giorno di battaglie, e presto verrà sopraffatto. O eroe, torna a combattere, dipendo da te quanto da Karna.".

Ashvatthama sospirò e tornò lentamente al suo carro. Duryodhana era stravolto dal dolore per la morte dei fratelli, e a stento riusciva ad alzare le armi. Rimase a guardare la terribile lotta fra Arjuna e Karna. Era così intensa che nessuno osava avvicinarsi. Entrambi gli avversari erano feriti, e il sangue scorreva copiosamente dalle loro ferite. Anche Krishna e Shalya erano pieni di frecce infilate nel corpo.

Arjuna, sorridendo e passando la lingua sulle labbra, tirava frecce dalle diverse punte, alcune a falce di luna, altre a dente di vitello ed altre ad orecchio di orso. Karna replicò con un numero simile di frecce a punta di rasoio che tagliarono in volo quelle di Arjuna.

Improvvisamente Arjuna invocò una potente arma celeste, la scagliò e il cielo si illuminò. Il calore del missile incendiò i carri e le vesti dei guerrieri vicini e volò con un crepitio che faceva pensare ad un canneto di bambù in fiamme. Karna rispose con l'arma di Varuna che fece apparire immense nuvole dalle quali cadde un diluvio che spense il missile di Arjuna.

Arjuna applaudì Karna e mandò un altro missile celeste che disperse le nuvole e invocò un'arma ricevuta da Indra. Migliaia di frecce infuocate con penne di avvoltoio uscirono dal Gandiva e caddero sul carro di Karna. Il figlio di Surya, roteando furiosamente gli occhi, invocò il Bhargava-astra che parò tutte le frecce che uscivano dal Gandiva. Il potere del Bhargava-astra si sparse sul campo di battaglia tormentando le forze dei Pandava, e migliaia di loro caddero tagliati a pezzi.

I Kaurava esultarono agitando le armi, e Bhima gridò rabbiosamente ad Arjuna: "Come hai permesso a questo malandrino senza religione di uccidere così tanti di noi sotto ai tuoi occhi? Prima di adesso nemmeno i deva ti hanno messo in difficoltà, come puoi permettere a Karna di mostrare una tale forza? O Savyasachin, non essere tenero con questo disgraziato, uccidilo subito".

Anche Krishna parlò con urgenza: "O coraggioso guerriero, mi sembri confuso. Come mai le tue armi vengono ridicolizzate da Karna? Mostra la forza che ti ho visto esibire *yuga* dopo *yuga* quando sterminasti Rakshasa e Asura. Prendi il mio *chakra* dal bordo affilato come un rasoio e taglia subito la testa di Karna".

Spronato all'azione, Arjuna strinse i denti, e guardando Karna tirò fuori una freccia d'oro e disse: "Adesso, per il bene del mondo e con il tuo permesso invocherò la potentissima arma di Brahma".

Arjuna si concentrò, invocò il Brahmastra e scagliò la freccia con tutta la sua forza. Quando il missile illuminò il cielo, migliaia di altre frecce eruttarono dal Gandiva. Erano come feroci serpenti che mostravano i denti, e volarono sul campo verso Karna. Inoltre migliaia e migliaia di altre frecce partirono dal carro di Arjuna e massacrarono le truppe di Duryodhana.

Karna rispose con un altro missile celeste di simile potenza e Arjuna perse la pazienza, colpì Karna al petto con sei potenti frecce d'acciaio, poi con dodici, poi venti e cinquanta. Allo stesso tempo uccise quattrocento elefanti con i loro guerrieri, mille cavalli e cavalieri e ottomila fanti.

Karna si sforzò al massimo mandando piogge di frecce succhia sangue che ricoprirono Arjuna e uccisero soldati Panchala e Pandava. Arjuna, invisibile sotto la cortina di frecce, si mosse come un fulmine, parando le frecce di Karna e ricambiandolo con le sue.

Mentre Arjuna e Karna si attaccavano e contrattaccavano, scambiandosi ogni tipo di arma celeste, Yudhisthira tornò sul campo di battaglia. Le sue ferite erano state guarite con erbe e mantra, e lui riapparve splendente nella sua armatura come la luna dopo l'eclisse, e le truppe dei Pandava esultarono.

Arjuna era in piena frenesia, e lanciava enormi volumi di frecce. I Kaurava non riuscirono a reggere l'assalto e fuggirono, però Karna resistette all'attacco di Arjuna, respingendo contemporaneamente le forze dei Pandava.

Rimasti da soli, i due eroi si scambiarono ogni tipo di arma divina. Un Naga di nome Ashwasena, figlio di Takshaka, arrivò sul campo di battaglia.Arjuna, nella foresta Khandhava, aveva ucciso sua madre e suo fratello, e vista l'opportunità di vendicarsi prese la forma di una freccia ed entrò nella faretra di Karna, rimanendo concentrato sulla sua missione di distruggere Arjuna. Ashwasena usò i suoi poteri mistici per ispirare Karna al pensiero di usare il Naga-astra.

Karna si era reso conto che non poteva battere Arjuna con la pura forza, e che avrebbe avuto bisogno di un colpo ispirato con un missile celeste. Allora pensò al Naga-astra. Se fosse riuscito a prendere Arjuna di sorpresa con una salva di frecce tagliando la corda del suo arco, magari avrebbe avuto il tempo di ucciderlo col Naga-astra prima che si riprendesse.

Agì a velocità fulminea e riuscì a tagliare la corda del Gandiva e a stordire momentaneamente Arjuna. Poi prese una freccia che gli venne in mano da sola e la incoccò, mirò attentamente al collo di Arjuna e tese l'arco al massimo. Non sapeva che Ashwasena era nella freccia, e tirò gridando: "Sei morto, o Partha".

I celesti gridarono di dolore. La freccia volò verso Arjuna con un suono terrificante, e pareva dividesse in due il cielo come una donna divide col pettine i capelli. Krishna la vide arrivare e sporgendosi in avanti, spinse in basso il carro con un piede. I cavalli vennero gettati a terra e il carro sprofondò di un cubito nella terra.

La freccia serpente volò sopra la testa di Arjuna colpendo il suo diadema, facendolo volar via roteando vorticosamente come un sole che cade dal cielo.

I deva plaudirono Krishna, che aveva salvato Arjuna da morte certa e gli gettarono fiori, e Arjuna, che sembrava una montagna privata della sua vetta innevata, ringraziò Krishna. e si legò i capelli con una stoffa bianca, e incordò il Gandiva.

Ashwasena, essendo andato a vuoto il suo tentativo, tornò da Karna e disse: "Io ero nella tua freccia. Sono un nemico del Partha perché ha ucciso mia madre. Usami di nuovo e la potrò vendicare mentre tu avrai il successo che cerchi".

Karna guardò con sorpresa il Naga e scosse la testa. "Non voglio la vittoria grazie a qualcun altro, e non userò la stessa freccia due volte. Vattene".

Ashwasena si voltò verso Arjuna e si lanciò nell'aria da solo riprendendo la forma di freccia. Arjuna era pronto e con sei frecce a punta di falce lo fece a pezzi.

Krishna balzò dal carro e lo risollevò con le sue mani, rimontò e si mise a fare dei cerchi intorno a Karna mentre Arjuna lo colpiva con frecce mortali mirate ai suoi organi vitali. Arjuna era una furia scatenata, e bombardò di frecce Karna squarciandogli l'armatura, facendogli volar via l'elmo e il diadema e lasciandolo ferito e sanguinante.

Karna era stordito e aveva lasciato cadere l'arco e Arjuna interruppe l'attacco per rispettare i codici di combattimento. Krishna ne fu sorpreso e disse: "Perché, o Partha, fai un simile errore? Il saggio acquisisce grandi meriti distruggendo il nemico malvagio anche quando è indebolito. Non perdere tempo, quando si sarà ripreso ti sarà di nuovo molto difficile".

Arjuna allora scagliò delle frecce a punta di denti di vitello che colpirono il corpo possente di Karna con dei tonfi. Karna si riprese rapidamente, afferrò l'arco riempiendo Krishna e Arjuna di frecce. Arjuna le parò e continuò il suo attacco contro il nemico ormai improtetto.

La situazione era critica, e Karna pensò di usare nuovamente il Bhargava-astra caricato del potere di Brahma. Karna pensò che era l'unico modo per bloccare l'attacco di Arjuna per avere il tempo di occuparsi delle sue ferite e indossare un'altra armatura. Cercò di recitare i mantra, ma si rese conto di averli dimenticati. Con tristezza Karna ricordò la maledizione del suo precettore.

Parò gli attacchi di Arjuna con frecce normali, e in quel mentre vide un'ombra nera che riconobbe come Kala, la personificazione del tempo, che gli disse: "La terra sta divorando la ruota del tuo carro".

Karna vide che il carro stava affondando malgrado i disperati sforzi di Shalya e si lamentò rimproverando la virtù: "Si dice che tu, o virtù, proteggi sempre i virtuosi. Io ho sempre fatto rigorosamente il mio dovere. Perché tutti i miei sforzi in questa battaglia sono stati resi vani?".

Arjuna intanto intensificò il suo attacco e Karna si difese con disperazione. Le frecce di Arjuna affondarono profondamente nel suo corpo. Nella frenesia della battaglia Karna lanciava torrenti ininterrotti di frecce che tagliavano in volo quelle di Arjuna. Alcune penetrarono le difese di Arjuna trafiggendo lui e Krishna.

Vedendo che Karna combatteva ancora furiosamente malgrado lo svantaggio e le gravi ferite, Krishna disse: "Usa armi più potenti, o Arjuna".

Arjuna recitò i mantra per invocare il Brahmastra, e in quel momento la corda del Gandiva venne tagliata da una freccia di Karna. Arjuna lo incordò subito e di nuovo Karna la tagliò e questo accadde per dodici volte.

Meravigliato per la leggerezza di mano di Arjuna, Karna proseguì nel formidabile attacco, riuscendo a stordire temporaneamente Arjuna. Ne approfittò per scendere dal carro per liberare la ruota affondata. Aveva spalle massicce, braccia dai muscoli possenti, e sembrava un albero di *sal* con due tronchi. Tirò con tutta la sua forza scuotendo la terra, ma la ruota non si smosse.

Karna pianse per la frustrazione, e vedendo Arjuna vicino gridò: "O Partha, aspetta un momento mentre libero il mio carro. Non agire come fanno i codardi che colpiscono coloro che sono senza armi. Presto sarò in grado di combattere. Ricorda la virtù e il codice degli kshatriya".

Sentendo questa implorazione, Krishna sorrise e disse: "È una fortuna che tu ricordi adesso la virtù, o Karna. Coloro che sono in difficoltà se la prendono spesso con la provvidenza scordandosi le proprie cattive azioni. Dov'era, o Karna la tua virtù quando Draupadi venne trascinata piangente nell'assemblea dei Kuru? Dov'era quando Yudhisthira venne derubato del suo regno? E quando lui chiese che gli venisse restituito, dopo aver passato i tredici anni in esilio come promesso, la tua virtù ha suggerito di ridarglielo? È stata la tua virtù a cospirare per il complotto della casa di cera di Varanavata? È stata la tua virtù a farti dire ridendo a Draupadi: "O signora, sceglíti un altro marito."? Quella stessa virtù che ha ordinato a Dushashana di spogliarla? E quando voi sei eroi avete circondato Abhimanyu, un ragazzino, ti era venuta in mente la virtù?".

Karna abbassò la testa senza rispondere, e lottò disperatamente per estrarre da terra la ruota. Krishna proseguì: "Se è stata quella la tua virtù, non sprecare tempo a invocarla. Vorresti che oggi praticassimo la pietà, tuttavia non uscirai vivo di qui.".

Karna non poté replicare, tremava di rabbia ed era coperto di sudore mentre lottava con la ruota. Krishna allontanò il carro e disse: "O Arjuna, abbatti subito Karna con un missile celeste.".

Arjuna che aveva presenti i peccati di Karna, alzò il Gandiva invocando l'Agneyastra. Karna abbandonò la ruota e balzò sul carro e parò il missile con il Varunastra. Era disperato e continuò a tirare frecce a centinaia. Prese un'enorme freccia d'acciaio lavorato con oro e la punta uncinata, e la scagliò cantando continuamente dei mantra. Cadde improvvisamente l'oscurità e soffiarono forti raffiche di vento mentre i celesti gridarono e fecero lamenti.

I Pandava erano in apprensione e pregarono Krishna. La freccia di Karna lasciò il suo arco con uno scoppio di tuono, e colpì Arjuna in pieno petto facendolo barcollare, e trafiggendolo attraverso la sua armatura.

Karna scese di nuovo dal carro ed afferrò la ruota, lottando inutilmente per liberarla. Arjuna si riprese rapidamente ed incoccò una freccia *anjalika* e la impregnò del potere del

Vajra-astra, l'arma di Indra. Krishna si avvicinò a Karna dicendo: "Arjuna, scaglia subito questa freccia e tagliagli la testa.".

Arjuna tese il Gandiva fino all'orecchio e tutti sul campo di battaglia gelarono e il cielo parve tremare.

Arjuna prese la mira dicendo: "Se io ho praticato austerità, se ho rispettato gli anziani ed ascoltato i loro consigli, che questa freccia uccida Karna".

La freccia lasciò l'arco splendendo come un sole e illuminò il campo mentre volava verso Karna. Lo colpì al collo mentre stava lottando con la ruota affondata, e gli spiccò la bella testa facendola cadere a terra, come un sole cremisi che tocca l'orizzonte. Il suo corpo si afflosciò con un getto di sangue che usciva dal collo, e poi, davanti agli occhi di tutti una luce intensa uscì dal suo corpo e si alzò in cielo entrando nel sole.

I Pandava esultarono suonando trombe, cembali e tamburi, e Arjuna e Krishna, suonarono con gioia le loro conchiglie. Vennero subito circondati da guerrieri che li lodavano e danzavano felici sul campo di battaglia.

Tutti guardarono con meraviglia il corpo disteso di Karna, che sembrava un fuoco spento. Shalya si allontanò lentamente sul carro vuoto. I Kaurava erano disperati, le loro speranze infrante e fuggirono guardando con terrore il vessillo di Arjuna.

Duryodhana era devastato dal dolore. Andò con gli altri capi dei Kuru a vedere il corpo di Karna, e anche i Pandava erano presenti per offrire i loro rispetti.

Bhima ruggì come un tuono, e danzò tutt'intorno percuotendosi le braccia per la gioia, saltando e facendo capriole. Le truppe dei Pandava si abbracciarono con le lacrime agli occhi. Adesso la guerra era finita, la più grande speranza di Duryodhana era stata infranta.

Capitolo 74

Shalya al comando dei Kaurava

Rimanevano meno di due ore al tramonto. Yudhisthira decise di approfittare del vantaggio, e vedendo i nemici disorganizzati, ordinò alle truppe di attaccare. Esaltati dall'uccisione di Karna, i Pandava si gettarono sui Kaurava urlando. L'esercito dei Kuru aveva perso la voglia di combattere, e i guerrieri fuggirono disordinatamente, guardandosi indietro nel timore di essere inseguiti da Bhima o Arjuna.

Duryodhana si riprese e si preparò a combattere. Respirava affannosamente, con il volto coperto di lacrime, e disse al suo auriga: "Portami nella battaglia. Vendicherò la morte del mio amico, il figlio di Kunti non mi potrà resistere. Ucciderò Arjuna e Govinda, l'arrogante Vrikodara e gli altri nemici. Ripagherò il mio debito verso Karna".

I Kaurava, vedendo che il loro capo si stava gettando nella lotta, si rincuorarono e si rimisero in formazione. Venticinquemila guerrieri si riunirono per affrontare le forze dei Pandava. Bhima, osservando le regole del combattimento leale, scese dal carro per lottare con la fanteria. I soldati lanciarono il loro grido di battaglia e caricarono il figlio di Kunti.

Bhima rise, e roteando la sua enorme mazza di ferro, la Shaikya, attaccò come un falco il nemico. In poco tempo quasi tutti i venticinquemila soldati furono sterminati, e i sopravvissuti erano in fuga. Poi Bhima incontrò i restanti fratelli di Duryodhana e li uccise con la mazza e con le frecce.

Duryodhana attaccò i Pandava con furia. Fu subito circondato da migliaia di guerrieri che lo inondarono di frecce. Il principe Kaurava contrattaccò uccidendoli a centinaia e fece un grande urlo di trionfo. Poi vide le sue truppe in fuga sotto l'attacco di Bhima, e gridò: "Dove state andando? Non vedo un luogo sulla terra dove i Pandava non vi troveranno e vi uccideranno se fuggite. Il loro esercito è ormai molto piccolo, e uniti possiamo vincere."

Malgrado l'esortazione di Duryodhana le truppe non smisero di fuggire. Shalya gli disse: "O re, guarda che scena spaventosa. La terra è coperta di cadaveri mutilati di guerrieri, e i tuoi fanno fatica a muoversi sul terreno intriso di sangue e stanno invocando aiuto. Ritirati adesso, o eroe Bharata, il sole sta per tramontare. Torna all'accampamento e dà un po' di respiro ai tuoi uomini".

Duryodhana guardò Shalya che era sul carro vuoto di Karna. Preso nuovamente da un'ondata di dolore gridò: "O Karna, amico mio!".

La divinità del sole, che mandava i suoi raggi morenti sul cadavere del figlio, scomparve dietro le colline. I due eserciti si ritirarono, e i deva e i rishi rientrarono nelle loro dimore. I guerrieri, camminando nella luce del crepuscolo guardarono Karna che pareva illuminasse il campo anche da morto. Sembrava una massa di oro puro, o come un fuoco smorzato dalle frecce di Arjuna.

Yudhisthira era felice. Finalmente Karna era morto, e il re sentì come se gli fosse stato tolto un peso dal cuore. Krishna gli si avvicinò e disse: "Per nostra fortuna il figlio di *suta* è morto, mentre tu e i tuoi eroici fratelli siete salvi. Quello sciagurato che ha schernito Draupadi ha avuto la sua ricompensa. Certamente la vostra regina si rallegrerà quando avrà questa notizia, e presto sarà seduta al tuo fianco quando assumerai il governo di questa terra opulenta".

Yudhisthira abbracciò Krishna con le lacrime agli occhi. "O Keshava, con il tuo sostegno non c'è da stupirsi del nostro successo. Il saggio Narada mi ha rivelato la tua vera identità, e anche quella di Arjuna." Yudhisthira salì sul suo carro e tornò all'accampamento.

Il corpo di Karna giaceva sul terreno illuminato da migliaia di lampade ad olio portate dalle truppe dei Kaurava. La mattina seguente avrebbero celebrato gli ultimi riti, lasciandolo per la notte sul suo letto d'eroe.

Arjuna e Krishna lasciarono il campo di battaglia come il sole e la luna quando tramontano. Suonarono le conchiglie, con un suono terrificante. I Gandharva, i Charana e i Siddha li lodarono e li adorarono mentre seguivano Yudhisthira verso l'accampamento come i deva seguono Indra verso Amaravati.

* * *

I Kaurava lasciarono il campo di battaglia nella disperazione. Duryodhana piangeva, e nessuno riusciva a consolarlo. Tutti i capi dei Kuru entrarono nella tenda reale, e si sedettero in silenzio accanto a lui.

Poi la rabbia di Duryodhana superò il dolore, e si alzò in piedi con gli occhi arrossati per l'ira. Si asciugò il volto con le mani e disse con voce gelida: "Non possiamo lasciare impunita questa atrocità. Karna, il più grande guerriero, è stato ucciso da Arjuna mentre era a terra inerme. Come lo possiamo tollerare? Eleggeremo un altro comandante per le nostre truppe, attaccheremo quei peccatori, e lo vendicheremo. Hanno tradito la virtù e così perderanno la loro forza. Adesso li possiamo schiacciare. Lo dobbiamo a Karna: o li uccidiamo tutti fino all'ultimo uomo o dobbiamo sacrificare le nostre vite unendoci a lui nel sonno eterno dell'eroe".

Duryodhana tacque pensando a Karna e pianse silenziosamente. Il principe non riusciva a capacitarsi della morte del suo amico. Non aveva nemmeno osato pensare che Arjuna avrebbe potuto un giorno uccidere Karna. Dal primo momento in cui l'aveva visto, era vissuto nella speranza che Karna avrebbe vinto Arjuna. Che il Partha fosse veramente invincibile? Forse, ma non si poteva fermare adesso la guerra. Karna andava vendicato.

Mentre Duryodhana cercava di riprendersi, Kripa disse con grande delicatezza: "O grande re, considera con attenzione cosa sia meglio fare adesso. Siamo in guerra da diciassette giorni, e moltissimi uomini sono morti. Tutti i tuoi fratelli sono morti. Dobbiamo ancora vedere dei segni di stanchezza in Arjuna, che impazza nella battaglia come un elefante dalle quattro zanne, sgominando le nostre forze come vuole. Adesso ha ucciso Karna, prima di lui Jayadratha, malgrado tutto il nostro esercito fosse impegnato a proteggerlo. Chi lo può affrontare adesso, o Bharata? E chi può fronteggiare la furia di Bhima?".

Kripa aveva parlato schiettamente, ma il principe Kaurava si limitò a guardare davanti a sé tacendo. Kripa continuò. "Hai commesso tanti peccati contro i Pandava di cui oggi tutti noi raccogliamo i frutti. Hai messo insieme un esercito gigantesco per ottenere i tuoi scopi, ed è stato distrutto. Adesso siamo più deboli dei Pandava. Secondo le regole della politica dovremmo cercare di usare la diplomazia per fare pace."

Kripa continuò a scongiurare Duryodhana, e pianse pensando a tutti i re e i guerrieri morti per la causa. Con voce tremante, concluse: "Consiglio di cercare la pace, o eroe. È nel tuo interesse, e non lo dico per paura".

Duryodhana tremava in silenzio. Dopo qualche minuto si ricompose e disse: "Non metto in dubbio che hai parlato da amico. Il tuo consiglio è valido e nato con ottime intenzioni, ma non lo posso accettare. Oltre tutto non credo che Yudhisthira si fiderebbe se andassi a trattare la pace. L'ho ingannato facendogli ogni genere di torto. Lo stesso vale per Arjuna e Krishna. Keshava ha molto sofferto per la morte di Abhimanyu, e noi lo abbiamo offeso. La pace è fuori questione. Questa guerra finirà solo quando i Kaurava o i Pandava saranno morti. Le cose si sono spinte troppo in là".

Pensando a Draupadi proseguì: "La principessa Panchala, per quanto ho saputo, sta facendo pratiche austere per ottenere la mia morte. Dorme sulla nuda terra e mangia una sola volta al giorno. O Kripa, sta andando tutto a fuoco, e non possiamo più spegnerlo. Poi, come potrei io, che sono stato il re di tutti i re, camminare dietro a Yudhisthira? Dopo aver regnato come imperatore indiscusso di questa terra, non posso accettare una misera vita di servitù".

Il Kaurava ribadì chiaramente che la unica scelta era la lotta. Morendo almeno avrebbe preservato la sua fama e sarebbe andato nelle regioni più alte del cielo. Ritirarsi adesso voleva dire marchiarsi di codardia e ignominia.

Duryodhana concluse il discorso con accenti risoluti. "Non c'è kshatriya che voglia morire nel suo letto. Ho fatto molti sacrifici e ho osservato fedelmente i miei doveri, e non temo la morte. Come posso smettere di lottare dopo che questi nobili guerrieri hanno dato tutto per me? Non potrei vivere con le mani sporche del loro sangue, a meno che non abbia fatto tutto il possibile per vendicarli. O la morte o il cielo. Non c'è alternativa."

I guerrieri applaudirono il discorso coraggioso, si scossero e si risolsero a lottare fino all'ultimo. Decisero di scegliere un nuovo comandante il mattino seguente e si ritirarono per la notte.

* * *

Gandhari, quando seppe che quasi tutti i suoi figli erano stati uccisi da Bhima, ed in particolare dell'uccisione brutale di Dushashana, fu sconvolta dal dolore. Dall'inizio della guerra si era dedicata a severe pratiche di penitenza, pregando per una rapida fine delle ostilità. Forse Duryodhana avrebbe potuto tornare alla ragione vedendo la futilità della sua causa. Tuttavia Gandhari conosceva bene la sua ostinazione, ed era improbabile che volesse metter fine alla guerra prima che tutti gli uomini del suo esercito fossero uccisi.

La regina dei Kuru sapeva che i suoi figli stavano morendo per i loro peccati, però come madre non riusciva a sopportarlo. Ogni sera riceveva notizie degli eventi del giorno. Tutti i grandi eroi Kuru venivano uccisi uno dopo l'altro. Quando seppe che Bhima aveva ucciso i suoi figli non ne poté più, doveva fare qualcosa. L'ascetismo a lungo praticato le aveva dato un grande potere mistico, e aveva il potere di rendere invulnerabili i figli rimasti. Decise di andare da loro, ed ordinò ai suoi servitori di prepararle un carro.

Arrivò a Kurukshetra al tramonto del diciassettesimo giorno di guerra. Quando entrò nella tenda delle donne seppe che tutti i suoi figli erano morti con la sola eccezione di Duryodhana. La vecchia regina svenne. Quando tornò in sé pianse a lungo, poi si riprese e convocò Duryodhana. Forse il destino le avrebbe lasciato un figlio. Certo, lui era la causa della guerra, ma adesso Karna era morto, anche Shakuni sarebbe stato ucciso, perché era con lui che Duryodhana aveva concepito i suoi piani malvagi. Forse da solo sarebbe stato una persona diversa.

Il principe arrivò da sua madre e si inchinò, pallido, con il volto tirato e sofferente. Lei lo benedisse e poi disse: "Caro figlio, avevo sperato che questa guerra finisse prima che tutti i miei figli venissero uccisi, ma la mia speranza è morta. Almeno tu sei vivo, ed io voglio aiutarti. Con i miei poteri mistici posso rendere invulnerabile il tuo corpo. Vieni da me domattina nudo, e io ti conferirò questo potere".

Duryodhana uscì dalla tenda rinfrancato, la venuta di sua madre era stata provvidenziale. Forse così avrebbe potuto ancora vincere.

La mattina seguente, prima dell'alba, Duryodhana fece il bagno e andò alla tenda di sua madre. Andò nell'anticamera della grande tenda e si tolse i vestiti, e stava per entrare quando vide Krishna che usciva. Aveva sentito dell'arrivo della regina ed era andato a porgerle i suoi rispetti. Vedendo Duryodhana nudo di fronte a sé, sbarrò gli occhi sbalordito. "Che succede, o eroe? Come mai sei senza vestiti?".

Duryodhana spiegò che stava per vedere sua madre, e Krishna rispose: "Non hai imparato l'educazione? Ti presenti nudo a tua madre? Mi sorprendi! Almeno copriti i fianchi".

Duryodhana si guardò con imbarazzo. Krishna aveva ragione, non poteva mostrarsi nudo a sua madre. Si cinse i fianchi con un panno ed andò a vedere la regina. Quando lei lo sentì entrare gli chiese di mettersi in piedi di fronte a lei, poi alzò il velo che copriva i suoi occhi e lo guardò. Duryodhana sotto lo sguardo della madre, sentì un'energia che lo impregnava, ma quando Gandhari vide che aveva i fianchi coperti si disperò. "Perché, caro figlio, non hai seguito le mie istruzioni? Ti avevo detto di presentarti nudo. Ti sei coperto i fianchi, e così, benché il resto del corpo sarà duro come il ferro, i tuoi fianchi e le tue cosce rimangono vulnerabili, perché io non le ho viste."

Gandhari aveva esaurito tutto il suo potere prima di guardare suo figlio, e sentì che non avrebbe potuto rifarlo. Quando Duryodhana le ebbe detto che aveva incontrato Krishna prima di entrare, la regina sospirò. Si rimise la sua benda sugli occhi, pensando che la sua ultima speranza era stata distrutta. Era ormai certo che suo figlio sarebbe morto per mano di Bhima, secondo il voto che aveva fatto nell'assemblea dei Kuru anni prima. Si rese conto che non poteva fare nulla contro il destino, e sorrise. Ancora Krishna. Fintanto che lui proteggeva i Pandava, la causa dei Kaurava era senza speranza. Se ne tornò a Hastinapura per stare vicino al marito.

* * *

Il sole si alzò sulla diciottesima giornata, i Kaurava, dopo aver cremato Karna e gli altri guerrieri morti, montarono sui carri e si riunirono. Il loro dolore aveva lasciato il posto al torpore per la vista di tanta morte e distruzione. Si prepararono per la battaglia quasi meccanicamente. Duryodhana guardò chi era rimasto. Chi avrebbe potuto essere il comandante in capo? Kripa sarebbe stata la scelta più ovvia, però aveva mostrato la sua riluttanza a continuare la guerra. Il principe decise per Ashvatthama, ma quando glielo chiese Ashvatthama suggerì: "Scegli Shalya. Come nascita, valore, energia, fama e ogni altra cosa lui ci è superiore. Fagli guidare le nostre truppe, come Skanda guida i celesti".

Gli altri guerrieri applaudirono le parole di Ashvatthama e circondarono Shalya gridando: "Vittoria! Vittoria!". Duryodhana scese dal carro e gli si avvicinò a mani giunte dicendo: "O eroe, ancora vengo a chiederti un favore. Prendi il comando. Non c'è nessuno fra noi forte e coraggioso come te. O re, prendi il comando di queste forze come Karttikeya comanda le schiere celesti".

Shalya, che ormai aveva perso la speranza di uscire vivo dalla guerra, accettò l'incarico. Giunse le mani e disse: "O re dalle forti braccia, affronterò i Pandava senza paura. Farò una poderosa formazione che li metterà in difficoltà. Non perdiamo tempo e diamo inizio alla battaglia".

Duryodhana applaudì Shalya e lo insediò lui stesso versandogli l'acqua consacrata sulla testa. I Kaurava, rinnovata la speranza, si diressero verso il campo di battaglia disponendosi nella formazione dell'aquila con le ali spiegate, secondo gli ordini di Shalya. Diecimila elefanti, undicimila carri, altrettanti cavalieri e cinquecentomila fanti era quel che rimaneva dell'originale forza di quattro milioni di uomini.

Yudhisthira sentì le grida gioiose dei Kaurava, e quando venne a sapere che Shalya era il nuovo comandante, disse: "O Keshava, cosa facciamo? Dammi il tuo consiglio".

Krishna era pensieroso. "Shalya è un guerriero straordinario, o re, e non bisogna sottovalutarlo. Esaltato dall'incarico di comandante, non è da meno di Bhishma, Drona o persino Karna. Tuttavia tu lo puoi uccidere. Vai, o eroe, e uccidilo come Shakra ha ucciso il demone Shambara. Adesso che hai attraversato l'oceano senza fondo dei Kaurava, non affondare nello stagno di Shalya. Fai mostra nella lotta di tutto il tuo valore di kshatriya, e del tuo potere ascetico."

Yudhisthira aveva presente la sua promessa di uccidere Shalya. Era giusto che il re di Madra morisse per mano del suo amico e nipote. Ambedue erano maestri nella lotta con la lancia, e si erano già scontrati in duri combattimenti. Questo sarebbe stato l'ultimo.

Le truppe Pandava marciarono con Dhristadyumna in testa, e la battaglia ebbe inizio. Shalya, vedendo da lontano il parasole bianco di Yudhisthira, disse al suo auriga di andare da lui. Venne subito affrontato da dei guerrieri sui carri che lo bersagliarono con frecce e lance. Il re di Madra mantenne la sua posizione e replicò con un nugolo di frecce dalle piume d'oro che uccisero dozzine di quei guerrieri.

I due figli sopravvissuti di Karna, Satyasena e Chitrasena, caricarono Nakula, lo ricoprirono di frecce e gli spezzarono l'arco. Il Pandava però incordò un altro arco e li contrattaccò ridendo, e scagliò un dardo brillante unto d'olio che colpì Satyasena trapassandogli il cuore. Suo fratello fece un urlo di rabbia e intensificò il suo attacco, uccidendo i cavalli e distruggendo il carro di Nakula. Il figlio di Nakula, Sutasoma, venne in suo aiuto e lo prese sul suo carro. Nakula continuò a combattere, e con una freccia a punta di mezzaluna colpì Chitrasena al collo tagliandogli la testa. Il principe cadde dal carro come un albero abbattuto.

I Kaurava, alla vista dell'uccisione dei due figli di Karna, si ritirarono, ma Shalya li rimise in formazione. Alla testa dei Kaurava, Kripa e Kritavarma caricarono i Pandava urlando, e si scontrarono con la solida linea delle truppe condotte da Dhristadyumna e Satyaki. I due eserciti si scontrarono con immenso fragore. L'aria era densa e si sentiva il fetore del sangue.

Shalya si avvicinò a Yudhisthira e lo bersagliò di frecce, e Yudhisthira le parò con le sue. Mentre i principali guerrieri combattevano l'uno contro l'altro, Yudhisthira e Shalya ingaggiarono un duello furibondo. Si scambiarono frecce che si neutralizzavano a mezz'aria con piogge di scintille. Yudhisthira scagliò una freccia a punta larga che tagliò l'asta della bandiera di Shalya, che rispose inferocito con mille frecce. I fratelli di Yudhisthira vennero in suo aiuto ricoprendo Shalya di nugoli di frecce uncinate. Il re di Madra, supportato da Kripa e Ashvatthama, lottò con furia selvaggia, come mai si era visto prima. Le sue frecce trovavano i punti deboli degli avversari che caddero dai loro carri storditi dalla forza dell'attacco.

Shalya resistette all'attacco combinato di Yudhisthira, Satyaki, Bhima, e i due figli di sua sorella Madri. Duryodhana andò in suo aiuto con Kritavarma, e la battaglia infuriò per lungo tempo.

Nel frattempo Arjuna era stato circondato dai rimanenti guerrieri dell'esercito Trigarta. Il Pandava li massacrò senza pietà. Sentendo le loro urla di disperazione, Ashvatthama venne in soccorso. Senza badare alle parole di Vyasadeva, il figlio di Drona assalì Arjuna con tutte le sue forze. Mettendo da parte la loro amicizia fraterna, i due lottarono come tori infuriati. Il cielo si riempì delle loro frecce, in un duello che anche i celesti ammirarono.

Arjuna prese il sopravvento, uccise i quattro cavalli e l'auriga di Ashvatthama, che resistette spavaldamente dal carro immobilizzato, continuando a bersagliare i soldati Pandava.

Allora Suratha, un formidabile guerriero di carro dei Pandava, si gettò su Ashvatthama con un urlo agghiacciante. Ashvatthama saltò giù dal carro con l'arco in mano, incoccò una freccia speciale e tese l'arco al massimo. La freccia trapassò il petto di Suratha squarciandogli il cuore, uscì dalla schiena e si infilzò nel terreno.

Ashvatthama prese il carro di Suratha e molti altri guerrieri Kaurava corsero in suo aiuto guidati da Shakuni e Uluka. Ne seguì uno scontro con Arjuna.

Non lontano, Shalya continuava a lottare fieramente troneggiando sul suo carro come un sole, e scagliava le sue frecce in fiumi ininterrotti di fuoco. Migliaia di coraggiosi Pandava persero la vita cercando di avvicinarlo.

Rammentando il suo voto e le parole di Krishna, Yudhisthira lo incalzò, come la luna vicino al pianeta Saturno. I due eroi suonarono le loro conchiglie con grande strepito, e si lanciarono le loro sfide e contro sfide, coprendosi di nuvole di frecce, colpendosi a vicenda fino a sembrare alberi di *kinshuka* e *shalmali* in pieno fiore.

Shalya colpì i guanti di cuoio di Yudhisthira e gli spezzò l'arco, e Yudhisthira fece roteare il carro, incordò un altro arco, si girò e uccise i quattro cavalli e l'auriga di Shalya. Proseguì il suo attacco con centinaia di frecce che fecero traballare Shalya sul suo carro immobilizzato. Ashvatthama si affrettò ad accorrere in aiuto prendendolo sul suo carro.

Duryodhana gli fece portare un carro nuovo, e Shalya tornò subito all'attacco di Yudhisthira. Era affiancato da altri guerrieri, e si tuffò nel fiume di frecce dalle piume d'oro che Yudhisthira gli stava scagliando. Bhima, Satyaki e i gemelli parteciparono allo scontro.

Il combattimento fra Yudhisthira e Shalya era come la lotta tra due giovani tigri che si disputano un pezzo di carne. Volteggiavano e fintavano con velocità e grazia, esaltati nel loro coraggio e valore. Shalya attaccò contemporaneamente Yudhisthira e Bhima distruggendo le loro armature. Con frecce ben mirate uccise i quattro cavalli di Yudhisthira ed il suo auriga. Avendo stordito il re e suo fratello si dedicò a sterminare le truppe Pandava.

Bhima era fuori di sé per la rabbia, e con delle frecce lunghe uccise i cavalli di Shalya arrestando il suo carro, e con altre cento fece a pezzi la sua armatura. Shalya prese la spada e lo scudo, e attraversò di corsa il campo correndo verso Yudhisthira, come un falco verso la preda. Bhima con una freccia a punta larga gli spezzò la spada e con altre venti gli distrusse lo scudo. Gli altri Pandava risero e suonarono le loro conchiglie bianche come il latte.

Vedendo Shalya appiedato, disarmato e inerme, i Kaurava si spaventarono. Yudhisthira, dal suo carro privo di cavalli, prese un grande giavellotto d'oro con il manico di corallo, lo sollevò e guardò fieramente Shalya quasi ad incenerirlo con lo sguardo. Pronunciando dei mantra lo scagliò con tutte le forze.

Il dardo volò come una meteora. Shalya cercò di afferrarlo ma gli scivolò tra le mani e lo colpì al petto trapassandolo. Un fiotto di sangue gli uscì dalla bocca, dagli occhi e dal naso, e mentre cadeva, pareva che la terra salisse ad accoglierlo come una sposa devota accoglie l'amato.

Yudhisthira e i fratelli esultarono e i Kaurava fuggirono nella disperazione. Le truppe dei Pandava sfruttarono il vantaggio e inseguirono il nemico scoraggiato.

Il fratello minore di Shalya attaccò Yudhisthira con una serie di frecce uncinate che lo ferirono. Yudhisthira rispose con delle frecce affilate che spezzarono l'arco del giovane principe. Poi con un'altra freccia gli tagliò la testa. Il bel principe seguì la strada appena percorsa dal fratello.

Duryodhana era disperato, tutto attorno le sue truppe erano disordinatamente in fuga, lasciandolo solo a combattere contro i Pandava. Preso da una furia selvaggia, combatté al limite delle proprie forze, e le sue frecce volavano come comete di fuoco.

Kritavarma, Kripa e Ashvatthama, vedendo la coraggiosa resistenza di Duryodhana, andarono ad aiutarlo. I quattro guerrieri Kaurava arginarono l'esercito dei Pandava come la riva ferma l'oceano. In un ultimo disperato tentativo di rovesciare le sorti della giornata, si lanciarono verso Yudhisthira, ancora fermo sul suo carro. Allora Bhima, Satyaki, Dhristadyumna e i cinque figli di Draupadi circondarono il re Pandava per proteggerlo. Ne seguì una feroce lotta che riempì il cielo di armi infuocate.

L'esercito di Shalya tornò all'attacco gridando: "Dov'è Yudhisthira? Dove sono Bhima e Dhristadyumna? Uccidiamoli!".

Vennero accolti da nugoli di frecce dei Pandava, e caddero a centinaia, i carri distrutti e i cavalli abbattuti. Quelli che li seguivano inciamparono e caddero sui loro cadaveri. I cavalli nitrivano di terrore mentre gli auriga cercavano di calmarli e di evitare gli ostacoli. Intanto la pioggia di frecce incessante continuava a farli cadere a migliaia.

Arjuna aveva annientato i resti dell'esercito dei Trigarta e dei guerrieri di montagna di Shakuni, e attaccò i Madraka. Con le sue infallibili e potenti frecce uccise duemila elefanti con i loro guerrieri. I Madraka urlarono per il terrore, e decimati dal Pandava e dai suoi fratelli, alzarono i tacchi, solo per trovarsi davanti altri eroi Pandava, e chiesero aiuto a Duryodhana gridando.

Li sentì Shakuni, e andò da Duryodhana e gridò: "Arjuna ha sterminato tutti i miei guerrieri, e adesso sta finendo i Madraka. O re, raduna le nostre forze e vai ad aiutarli!".

Duryodhana aveva lo sguardo vuoto, la sua mente era precipitata nella disperazione. Rimanevano pochissime truppe, ed erano in fuga. Era diventato roco cercando di incitarle a tornare a combattere. La guerra adesso non sarebbe durata molto. I Pandava stavano inseguendo i suoi soldati in fuga. Solo una manciata dei più coraggiosi, Kripa, Ashvatthama, Kritavarma resistevano, con meno di ventimila uomini.

Il principe disse fra le lacrime: "O zio, mi sento nella mente continuamente le parole di Vidura. Solo per la mia ignoranza non ho ascoltato i suoi saggi consigli. Il nostro orgoglioso esercito è stato praticamente annientato, Bhima e Arjuna hanno massacrato i nostri uomini. Non posso tornare sconfitto da questa guerra. Le mie uniche scelte sono la vittoria o la morte. Gettiamoci nella lotta un'ultima volta. Fai ricorso a tutta la tua energia, o figlio di Suvala, forse possiamo ancora cambiare le sorti della giornata".

I due Kaurava si gettarono nella mischia lanciando il loro grido di battaglia. Ma i Pandava erano pronti, con la vittoria a portata di mano, resistettero contro l'ultimo attacco disperato dei loro nemici, abbattendoli con le loro micidiali frecce. Duryodhana guardò con orrore lo sterminio di quasi tutti i suoi soldati restanti.Krishna, visto che i Kaurava erano virtualmente sconfitti, disse: "O Dhananjaya, questa guerra è praticamente finita. Adesso le nostre forze sono superiori a quelle dei Kaurava. L'unica cosa che è necessaria per assicurarci la vittoria è la morte di Duryodhana, altrimenti non ci sarà fine alle ostilità, perché lui non ammetterà mai la sconfitta. O Partha, impegnati ad uccidere Duryodhana per porre fine a questo spaventoso conflitto".

Arjuna guardò Krishna che risplendeva luminoso, con le redini in mano, malgrado le ferite. "O Madhava, è vero, il malvagio figlio di Dhritarastra combatterà fino all'ultimo uomo. Bhima ha ucciso tutti i suoi fratelli, e per mantenere la sua promessa ucciderà anche lui. O Keshava, portami da Susharma, il mio vecchio nemico."

Susharma lottava a fianco di quattro principi Trigarta e bersagliava di frecce le truppe dei Pandava. Quando Krishna e Arjuna li raggiunsero, vennero accolti da centinaia di frecce, ma Arjuna le parò velocemente e con grazia, e con delle frecce a punta di rasoio uccise i quattro principi, poi si dedicò a Susharma. Lo colpì al petto con tre potenti frecce e con una lunga freccia dorata carica di mantra gli trafisse il cuore.

Mentre Susharma cadeva dal carro, Arjuna attaccò le sue truppe. Nelle vicinanze Bhima ruggì e roteò la sua mazza attaccando Duryodhana. Il Kaurava gli resistette coraggiosamente tenendolo in scacco con migliaia di frecce. Poco distante, Satyaki combatteva con Kritavarma mentre Dhristadyumna e i gemelli lottavano contro Kripa e Ashvatthama.

Sahadeva vide Shakuni e ricordandosi del suo voto si staccò dalla lotta con Kripa e lo attaccò lanciandogli la sua sfida. Quando Shakuni si voltò, Sahadeva scagliò delle potenti frecce che spezzarono l'arco di Shakuni e troncarono l'asta della bandiera. Shakuni prese un altro arco e si difese con grande energia.

Sahadeva parò l'attacco con grande perizia, e rispose con sessanta frecce che colpirono Shakuni in ogni parte del corpo, ne spedì altre ottanta che lo fecero traballare sul ponte del suo carro mentre l'arco gli cadeva di mano.

Uluka venne in aiuto del padre e Sahadeva lo decapitò immediatamente.

Shakuni gridò di dolore e si ricordò le parole di Vidura. Era sempre stata una follia covare l'inimicizia con i Pandava. Il re di Suvala, sempre sotto l'attacco di Sahadeva, ripensò tristemente alla sua vita. La sua vecchia rabbia contro Bhishma per aver dato sua sorella in moglie a Dhritarastra era stata da tempo dimenticata. Dopo esser diventato amico di Duryodhana, si era coinvolto sempre più negli inganni, benché in fondo al cuore sapesse che un giorno ne avrebbe avuto delle spaventose conseguenze. Era stato posseduto dalla rabbia e dagli attaccamenti, ignorando la verità e sperando che con l'astuzia avrebbe potuto vincere i Pandava. Adesso si trovava davanti al risultato delle sue azioni. Il fuoco della rabbia dei Pandava era diventato una conflagrazione, e tutto l' esercito e persino suo figlio erano stati uccisi davanti ai suoi occhi.

Ricordandosi dei suoi doveri di guerriero, Shakuni guardò Sahadeva con furia, sperando almeno di vendicare suo figlio prima di morire. Sollevò l'arco e incoccò una freccia dall'aspetto terribile, ma ancor prima che potesse lanciarla, Shakuni gli fece a pezzi l'arco con tre frecce affilate.

Shakuni ruggì di rabbia, prese una scimitarra e la scagliò, e Sahadeva la fece a pezzi mentre ancora stava roteando in aria. Shakuni gettò la mazza che Sahadeva distrusse ancora in volo, poi un giavellotto, anche quello parato.

Vedendo che le sue armi cadevano a terra come le speranze di un malvagio, Shakuni fu preso dal terrore, e si voltò per fuggire. Sahadeva lo inseguì gridandogli di fermarsi e combattere ma Shakuni non lo stette a sentire.

Correndogli a fianco Sahadeva gridò: "Perché non fai il tuo dovere, o stolto? Ti ricordi come hai goduto nell'assemblea dei Kuru, o vile? Tu e quello sciagurato di Duryodhana siete gli unici sopravvissuti fra quelli che ci hanno schernito e hanno insultato la nostra regina. Fermati e combatti".

Sferzato dalle parole di Sahadeva, Shakuni girò il suo carro e prese una lancia che venne fatta a pezzi mentre la alzava per scagliarla. Poi Sahadeva gli tagliò le braccia con delle frecce a punta di rasoio e infine con una freccia luminosa come il fuoco gli tagliò la testa.

I Kaurava gridarono per l'orrore, e Duryodhana lasciò cadere l'arco per la disperazione. Tutti i guerrieri gettarono le armi e fuggirono ma vennero accerchiati e sterminati dai Pandava.

Quando Duryodhana si rese conto che era rimasto solo si diede alla fuga.Abbandonò il carro e si gettò nel bosco vicino, correndo fino a raggiungere un grande lago. Si gettò in acqua, e mentre affondava, mantenne l'aria in circolazione nel suo corpo secondo le pratiche yoga, poi usò i suoi poteri mistici per solidificare l'acqua intorno a sé.

Vista la fuga di Duryodhana, anche Kripa, Kritavarma e Ashvatthama, che erano gli unici rimasti sul campo, si diedero alla fuga. Dopo poco, incontrarono Vyasadeva, che gli disse dove trovare Duryodhana. I tre guerrieri andarono al lago e videro sulla riva la tunica di Duryodhana. Si resero conto che era entrato nell'acqua e si gettarono a terra piangendo. "Ahi, il re non sapeva che noi siamo sopravvissuti, e si è gettato in acqua senza sapere che non tutto era perduto."

Poi decisero di far ritorno all'accampamento dei Kaurava. Trovarono i pochi rimasti che si stavano disperando, e sentirono i lamenti delle mogli dei re dalle loro tende. Le donne facevano pena a vedersi, con gli abiti e i capelli scompigliati, mentre salivano sui carri per tornare in città. Tutti si stavano affrettando per lasciare il campo e tornare a Hastinapura nel terrore che arrivassero i Pandava per terminare la loro opera.

I tre guerrieri, non riuscendo a sopportare quell'atmosfera deprimente, fecero ritorno al luogo dove si nascondeva Duryodhana, e Kripa lo chiamò dalla riva. "O re, esci dall'acqua e rialzati per affrontare il nemico. In tua assenza i tuoi uomini si sono lasciati andare al dolore e alla disperazione, mentre i Pandava ti stanno cercando sul campo di battaglia. Il loro esercito è quasi distrutto.Affrontali, cosa aspetti? Ashvatthama, Kritavarma ed io siamo qui per aiutarti. Se continueremo a combattere potrai vincere."

Duryodhana lo sentì dal fondo del lago, e rispose: "È una fortuna che siate sopravvissuti, o eccellenti guerrieri. Lasciatemi riposare qui per un po', poi ricominceremo la guerra. Anche voi sarete stanchi e dovete riposare. Quando saremo freschi e ristorati, riprenderemo la battaglia. O guerrieri dalle forti braccia, siete molto nobili ed è grande la vostra devozione per me, ma adesso non è il momento di usare la forza. Riposiamo adesso per la notte e domattina mi unirò a voi".

Ashvatthama disse: "Giuro sulle mie buone azioni, sui miei talenti e sulla verità stessa che ucciderò i Pandava. O re, non mi toglierò l'armatura fino a che saranno tutti morti, stanne certo".

Mentre Ashvatthama parlava, arrivarono dei cacciatori stanchi e assetati per dissetarsi al lago. Vedendo quei tre poderosi kshatriya si nascosero fra i cespugli e ascoltarono. Compresero che Duryodhana si nascondeva nel lago, e avendo osservato i combattimenti fra tutti gli kshatriya del mondo, pensarono che i Pandava li avrebbero rimunerati riccamente se gli avessero indicato il nascondiglio di Duryodhana. Si allontanarono silenziosamente ed andarono all'accampamento dei Pandava per vedere Yudhisthira.

Capitolo 75

Il duello fra Bhima e Duryodhana

I Pandava tornarono al loro accampamento dopo l'inutile ricerca di Duryodhana. Entrarono nella tenda di Yudhisthira, e stavano per mandare dei soldati a continuare la ricerca quando arrivarono i cacciatori, che si gettarono ai piedi di Yudhisthira e gli raccontarono tutto quello che avevano visto ed udito. Yudhisthira, sorrise, ricompensò riccamente i cacciatori e si recò con i fratelli al lago Dwaipayana. Tutti i guerrieri Pandava li accompagnarono gridando: "Abbiamo trovato Duryodhana. Finiamolo una volta per tutte".

I tre guerrieri Kaurava stavano ancora cercando di convincere Duryodhana a uscire dal lago quando sentirono i Pandava che arrivavano. Gridarono a Duryodhana: "I Pandava stanno arrivando! Non possiamo restare". Montarono i cavalli e si dileguarono nella foresta.

I Pandava notarono che le acque del lago erano immobili per l'incantesimo di Duryodhana, e capirono che si nascondeva nel lago come un codardo. Yudhisthira disse a Krishna: "Guarda come questo imbroglione ha usato i suoi poteri mistici per evitare la morte. Adesso non mi sfuggirà, nemmeno se lo stesso Indra dovesse venire in suo aiuto".

Krishna fu d'accordo. "O re, distruggi la magia di Duryodhana con i tuoi poteri mistici. Chi fa magie viene sconfitto dalle magie. Molti Daitya e Danava, maestri dell'illusione, sono stati uccisi dai deva grazie all'illusione. Agisci subito, così che questo malvagio abbia la fine che si merita".

Yudhisthira gridò a Duryodhana: "Perché hai fatto questo incantesimo al lago e ti sei nascosto nelle sue acque? Come mai ora vuoi salvare la vita dopo che hai causato la morte della tua famiglia, dei tuoi amici e di milioni di kshatriya? Alzati e combatti! In tutte le assemblee sei stato considerato un eroe, ma era un errore. Non sei altro che un codardo che si nasconde per paura di morire. Gli eroi non evitano mai la battaglia, e preferiscono la morte al disonore".

Il lago era fresco e dava respiro dopo la polvere ed il calore del campo di battaglia. Era situato in una radura, ombreggiato da alberi alti e frondosi con fiori colorati che pendevano quasi fino alla superficie dell'acqua. Sui rami erano appollaiati degli uccelli acquatici, confusi dalla trasformazione delle acque. Una brezza gentile muoveva le foglie con un dolce fruscio punteggiato dai canti degli uccelli. Nell'incantevole paesaggio, abitato da yogi e asceti, i Pandava si sentirono ristorati e rinfrescati.

Dopo qualche attimo, Duryodhana rispose: "O re, non sono entrato in questo lago per paura. Sono stanco e ho cercato rifugio in questo lago per riprendermi. O figlio di Kunti, anche tu dovresti riposare. A suo tempo riprenderò a combattere".

Yudhisthira rise. "O Duryodhana, abbiamo riposato a sufficienza. È giunta l'ora della battaglia finale. Vieni fuori e concludiamo questa guerra."

Duryodhana, con ancora vivo il dolore per la morte di Karna, Shakuni e tutti i suoi fratelli, parlò con voce angosciata. "O discendente dei Kuru, non voglio più governare questa terra, ormai privo di parenti ed amici. Tutti coloro per cui volevo il potere, sono morti. Ti consegno questa terra vuota. Anche la mia volontà di lotta si è spenta al pensiero di Drona, Karna ed il nostro nobile nonno Bhishma. Mi ritirerò nella foresta, coperto di pelli di cervo per dedicarmi all'ascesi. Vai, o re, e regna su una terra priva di re, guerrieri e ricchezze. Io resterò qui."

Le parole di Duryodhana avevano una nota sarcastica che non sfuggì a Yudhisthira, che perse la pazienza e disse: "Non farneticare, o Duryodhana. Non sento per te alcuna pietà. Per ingordigia hai causato tutte queste morti. Non accetterò questa terra in dono, perché gli kshatriya non devono accettare carità. Inoltre non puoi donare nulla, hai già perso tutto".

Yudhisthira sorrise ai fratelli e aggiunse: "Perché non hai fatto questa offerta quando te lo ha chiesto Krishna? Come mai tu, che hai rifiutato persino la terra che si può traforare con un ago, adesso me la vuoi regalare? Non è più tua, e non è mai stata tua. Per tutti i tuoi peccati contro di noi e contro la casta Draupadi, ti meriti di morire. Non ti risparmierò".

Anche gli altri Pandava gridarono a Duryodhana di uscire dal lago, continuando a insultarlo e rimproverarlo. Allora Duryodhana si decise a combattere. "O Pandava, voi avete amici, carri ed animali. Io sono rimasto solo e senza carro, come faccio ad affrontarvi? Non mi sembra in linea con i codici degli kshatriya. Uscirò se mi farete combattere contro uno per volta. Non temo nessuno di voi. Vi ucciderò uno per uno e ripagherò il mio debito con tutti i guerrieri morti."

I Pandava esultarono e Yudhisthira rispose: "Per fortuna ti sei ricordato dei tuoi doveri, o eroe dalle forti braccia, e ti sei deciso a lottare. Scegli uno qualunque di noi e l'arma che vuoi. Se vincerai contro uno qualsiasi di noi, diventerai re, altrimenti morirai".

Duryodhana sorrise tra sé e sé, accarezzò la mazza cha aveva a fianco e disse: "Coraggiosi quanto siete, o forti eroi, se mi lasciate la scelta dell'arma sceglierò la mazza che ho in mano. Chiunque fra voi si senta di affrontarmi si faccia avanti. Combatterò a piedi armato della sola mazza. Senza alcun dubbio vi ucciderò tutti, uno alla volta. Nemmeno Indra mi può affrontare con quell'arma".

"Vedremo. Intanto esci e sii uomo. La morte ti attende, combatti come vuoi, non ci sfuggirai."

Duryodhana non ne poteva più di sentirsi pungolato da Yudhisthira, ed uscì dall'acqua. La superficie del lago si agitò ed egli uscì con la mazza sulle spalle, come il crinale di un monte che emerge dall'oceano.

I Pandava esultarono e si abbracciarono tra loro: adesso la guerra poteva concludersi.

Duryodhana li guardò con rabbia, sentendosi insultato dalla loro gioia, si morse le labbra, e restando sulla riva con l'acqua che gli sgocciolava di dosso tuonò: "Pagherete per i vostri insulti. Vi ucciderò tutti e vi spedirò alla dimora di Yamaraja".

Fece tremare la terra con un violento colpo di mazza e con un'occhiata furibonda a Yudhisthira disse: "Sono qui, figlio di Kunti. Lotterò contro uno qualunque di voi. Tu arbitrerai lo scontro, perché sei il più qualificato a giudicare".

Duryodhana guardò Bhima che ricambiò lo sguardo con odio. Ambedue sapevano che lo scontro finale sarebbe stato fra loro due. Bhima moriva dalla voglia di farsi avanti e di colpire Duryodhana, ma si frenò aspettando l'ordine di Yudhisthira.

Yudhisthira sorrise fra i denti alla richiesta di arbitrare il contesto. Aveva capito cosa voleva Duryodhana. Bhima aveva promesso di fracassargli le cosce, tuttavia nel duello con la mazza i colpi sotto la cintura erano proibiti. Il Kaurava aveva avuto largo avviso, Bhima aveva reso chiare le sue intenzioni. Voleva spaccare le cosce che Duryodhana aveva indecentemente mostrato a Draupadi nella sala dell'assemblea. Non ci sarebbe stato alcun peccato in somministrare quella punizione.

Yudhisthira si arrabbiò al ricordo della partita a dadi, e replicò severamente: "Come mai, o Duryodhana, non hai considerato quello che era giusto o sbagliato quando tu e i tuoi avete ucciso Abhimanyu? Come hai potuto uccidere quel ragazzo in modo così sleale? Perché adesso chiedi di combattere uno contro uno? Nelle difficoltà ci si dimentica facilmente della virtù, senza badare alle conseguenze. In ogni modo, o eroe, ti darò una possibilità. Scegli uno qualsiasi di noi come avversario".

Krishna guardò Yudhisthira non credendo alle sue orecchie. Cosa gli aveva preso? Duryodhana era famoso in tutto il mondo per la sua bravura con la mazza. Lo stesso Balarama, maestro di mazza senza rivali, lo considerava il migliore dei suoi allievi. Soltanto Bhima avrebbe potuto batterlo, e sarebbe comunque stato un duello di esito incerto. Ma se Duryodhana avesse scelto un altro, non ci sarebbe stata storia. Yudhisthira aveva ancora puntato tutto in una volta.

Duryodhana fece una risata e si fece avanti, tuttavia l'orgoglio gli impedì di scegliere un avversario facile. Era sicuro di poter battere chiunque e non temeva nemmeno Bhima, anzi, il suo violento odio gli fece sperare di incontrare proprio lui. Aveva sperato in questa opportunità da anni, e si era allenato ogni giorno per ore con un manichino di ferro foggiato a immagine di Bhima.

Mentre ancora Duryodhana stava parlando, Krishna andò da Yudhisthira e gli sussurrò: "O re, hai fatto una promessa sconsiderata. Cosa accadrà se Duryodhana deciderà di combattere contro di te, o contro Arjuna o contro uno dei gemelli? Solo Bhima lo può affrontare con la mazza, ed anche in quel caso l'esito sarebbe incerto. Benché Bhima sia più forte, Duryodhana ha maggiore abilità, e normalmente il talento batte la forza. Penso tu abbia fatto un grave errore. Chi se non te si sarebbe giocato il regno dopo aver vinto questa guerra spaventosa, con un unico nemico rimasto? Sembra che tu non voglia regnare".

Bhima aveva sentito e si intromise. "O Madhava, non temere. Porrò fine a questa guerra. La vittoria di Yudhisthira è certa perché il perfido Duryodhana combatterà con me. La mia mazza è più potente della sua, e non manco di abilità. Con la mia mazza potrei affrontare i celesti con a capo Indra, che dire di Duryodhana!".

Krishna approvò Bhima e disse: "Yudhisthira riavrà le sue ricchezze grazie a te, o eroe dalle forti braccia. Hai sterminato tutti i fratelli di Duryodhana ed un numero immenso dei suoi guerrieri. Vai e fai fuori anche questo sciagurato e adempi alla tua promessa. Attento però a non sottovalutarlo, con la mazza è un avversario formidabile".

Bhima fece un sorriso e si avvicinò a Duryodhana con la mazza appoggiata alla spalla, e tuonò. "Sfido questo peccatore arrogante. Oggi vomiterò la rabbia che ha albergato nel mio cuore per anni, Oggi, caro fratello, estrarrò il dardo che è stato a lungo infisso nel tuo cuore. Oggi Duryodhana perderà la vita, le ricchezza e il regno, e Dhritarastra si pentirà di tutti i peccati commessi contro di noi".

Bhima ruggì e roteò la mazza, e percosse la terra facendola tremare. Duryodhana furibondo per la sfida si fece avanti a pugno alzato, lanciò uno sguardo furente a Bhima che lo ricambiò. Parevano un leone ed un elefante che si stavano per affrontare nella foresta.

Bhima, con gli occhi fissi su Duryodhana, disse: "Ricordi gli insulti a Draupadi, o peccatore, e come hai ingannato il pio Yudhisthira? Adesso vedrai le conseguenze di questi atti e degli altri torti che ci hai inflitto. È colpa tua se adesso Bhishma giace sul suo letto di frecce, se Drona è stato ucciso con tutti gli altri valorosi eroi. Tutti i tuoi fratelli sono morti, incluso quell'infame che ha afferrato i sacri capelli di Draupadi. Adesso tu li seguirai, e il tuo orgoglio verrà schiacciato. Preparati a pagare per i tuoi misfatti".

Duryodhana sogghignò. "Ti farò passare la voglia di combattere. Mi disprezzi?Nemmeno Purandara, il signore dei cieli, potrebbe battermi in uno scontro leale. Che peso hanno le mie cattive azioni? Avete dovuto soffrire a causa della mia forza, e tu sei diventato un cuoco e Arjuna un eunuco. Ho ucciso quasi tutti i vostri alleati, e tu sarai il prossimo a morire."

Bhima era sul punto di esplodere. Il Kaurava, si ricordò del suo voto e disse: "Non cercare la vittoria con mezzi sleali, o Vrikodara, perché distruggeresti la tua reputazione. Combatti onestamente. Io ti sconfiggerò, e tu ti guadagnerai una fama eterna".

Krishna propose di tenere il duello mortale vicino al lago Samantapanchaka, un lago sacro creato da Parasurama. I guerrieri furono d'accordo e si incamminarono. Mentre attraversavano il campo di Kurukshetra, incontrarono Balarama, di ritorno dal suo pellegrinaggio ai luoghi sacri. Fu accolto con affetto da Yudhisthira e dai suoi fratelli. Krishna gli si inchinò, gli toccò i piedi dicendo: "Adesso vedrai le qualità dei tuoi discepoli, o Rama".

Balarama, con la sua carnagione bianca, sembrava la luna sorta sul campo di battaglia. Era vestito di seta blu con ornamenti d'oro, una ghirlanda di loti rossi al collo, ed abbracciò sia Bhima che Duryodhana, che gli fecero i loro rispetti.

Balarama chiese notizie di tutti i re e gli kshatriya, e sentendo che quasi tutti erano morti, disse: "Avevo già avuto notizie della guerra da Narada, che mi ha detto che stava per iniziare il duello fra questi due eroi. Così sono venuto. Settimane fa, prima di partire per il mio pellegrinaggio, avevo deciso di rimanere neutrale, e non ho cambiato parere. Guarderò questo scontro con cuore imparziale".

In breve raggiunsero Samantapanchaka, dove Parasurama aveva scavato il bacino del lago per riempirlo del sangue dei guerrieri che aveva ucciso. Scelsero una zona pianeggiante e sabbiosa, e si disposero in cerchio, con Bhima e Duryodhana nel centro. Sembravano due nuvoloni scuri che si avvicinavano nel cielo tuonando. Girarono in tondo scambiandosi insulti, con la mazza pronta.

In quel momento si videro terribili presagi. Soffiarono delle raffiche di vento fortissime e cadde una pioggia di polvere dal cielo, e scoppiarono tuoni fragorosi a ciel sereno. Caddero delle meteore, e attorno al sole si formò un alone nero. Gli sciacalli latrarono accompagnati dalle strida dei corvi e degli avvoltoi, mentre risuonavano strane voci.

I due guerrieri ignorarono i presagi e si scagliarono l'uno contro l'altro scontrandosi come due tori, e le mazze si scontrarono con un suono assordante e un'esplosione di scintille. Mostrarono mosse agili ed aggraziate, roteando le mazze e facendo agili piroette fra l'approvazione dei guerrieri che li guardavano.

I deva, i Gandharva e i rishi vennero ad assistere al duello, meravigliandosi della velocità e dell'abilità dei due contendenti. Per molto tempo nessuno dei due riuscì a penetrare le difese dell'altro, e le mazze sbattevano l'una contro l'altra con rumore di tuono.

Poi cominciarono ad arrivare a segno dei tremendi colpi alle spalle e alle braccia. Ogni qual volta uno dei due veniva colpito, barcollava arretrando, poi si riprendeva e restituiva il colpo appena l'avversario apriva la guardia. Erano entrambi lottatori consumati, e conoscevano ogni mossa. La mazza di Bhima sembrava la staffa della morte di Yamaraja, alzata per uccidere ogni creatura, e si abbassava su Duryodhana con il rumore di una raffica di vento, e il Kaurava si muoveva con una velocità straordinaria, evitando i colpi di Bhima con risposte fulminee, e la sua mazza si turbinava facendo fuoco e fiamme. Duryodhana, grazie alla sua tecnica più raffinata cominciò ad avvantaggiarsi su Bhima, colpendolo ripetutamente con dei colpi tremendi.

Benché ripetutamente colpito, Bhima resistette e non pareva scosso, anzi, arrivato al picco della sua furia, cercò di restituire i colpi, muovendo la mazza a tale velocità che non si riusciva più a vederla. Duryodhana lo schivò con dei salti e delle capriole, e assestò un gran colpo in testa a Bhima.

Benché colpito violentemente, Bhima non fece una piega, con grande meraviglia di tutti.

Sembrava che Duryodhana danzasse sul campo, con la mazza che roteava attorno a lui, proteggendo ogni lato del suo corpo. Ogni attacco di Bhima veniva parato con forti colpi in risposta. Balarama applaudì la sua bravura, mentre i Pandava erano scoraggiati, perché Bhima le stava prendendo.

Bhima era furioso per la tattica evasiva di Duryodhana, e dopo un ennesimo colpo ricevuto fece qualche passo indietro e poi si girò di colpo roteando la mazza all'altezza della vita tenendola per il laccio e scagliandola come una fionda. Duryodhana venne colpito al fianco e cadde in ginocchio per il colpo e per il dolore. I Pandava esultarono facendo inferocire Duryodhana, che carico dell'energia dello sguardo di sua madre, si rialzò in piedi ignorando il dolore, e con un urlo si slanciò contro Bhima colpendolo alla fronte.

Bhima non vacillò, il sangue gli scorreva abbondantemente. Duryodhana era sbalordito di vederlo ancora in piedi, e fece un passo indietro. Bhima colse al volo l'occasione, e gli assestò un violento colpo sulla spalla. Duryodhana cadde come una quercia sradicata, rimanendo a terra svenuto.

Bhima attese che si riprendesse, stupito di non averlo ucciso. In un attimo Duryodhana si rialzò, non era nemmeno ferito, grazie allo straordinario potere ascetico di Gandhari. Poi rise e si slanciò in avanti, evitò la mazza di Bhima, e con un giro completo su se stesso colpì Bhima al petto. L'armatura di Bhima si squarciò e lui barcollò all'indietro cadendo poi fragorosamente a terra. I celesti gridarono di meraviglia e lanciarono una pioggia di fiori sui due guerrieri.

I Pandava si spaventarono ma in un attimo Bhima si rialzò, si asciugò il sangue dal volto e guardò Duryodhana con gli occhi iniettati di sangue. I due si fronteggiarono nuovamente, studiandosi con rispettosa cautela e cercando l'opportunità di colpire.

Arjuna, essendosi reso conto dell'invulnerabilità di Duryodhana si preoccupò, non vedeva come Bhima potesse vincere. Krishna sussurrò: "Quei due hanno ricevuto gli stessi insegnamenti. Bhima è più forte, ma Duryodhana è più abile e ha praticato molto di più. Inoltre è stato reso invulnerabile da sua madre. Bhima non può vincere in un combattimento leale, ma se fa ricorso a qualche tattica scorretta, vincerà. L'inganno in battaglia è accettabile contro un avversario che inganna. Anche Indra ha usato l'inganno per sconfiggere Virochana e Vritra, i fortissimi asura".

Osservando i due contendenti in lotta, Krishna ricordò ad Arjuna il voto di Bhima di spezzare le cosce di Duryodhana, promessa che era stata rinforzata dalla maledizione di Maitreya, e disse era l'unico modo per Bhima per vincere.

"Per colpa di Yudhisthira i Pandava sono stati messi nuovamente in una condizione di pericolo", proseguì Krishna, "Duryodhana aveva perso tutto ed era pronto a ritirarsi nella foresta. Yudhisthira non avrebbe dovuto sfidarlo. Adesso Bhima dovrà ricorrere ad una mossa sleale per porre fine al duello, ed evitare di perdere il regno".

Krishna sapeva che Bhima stava cercando di vincere il duello con mezzi leali prima di esaudire il suo voto di spezzare le cosce del principe. Arjuna colse lo sguardo di Bhima e si percosse la coscia, e il fratello fece un impercettibile cenno di assenso. Aveva capito che era un messaggio di Krishna. Il Kaurava combatteva con forza demoniaca, mostrando incredibile bravura e malgrado i terribili colpi che Bhima gli aveva inferto era illeso.

Il Pandava fece delle abili finte, confondendo il Kaurava, che rispose attuando tutte le mosse descritte nelle antiche scritture di arti marziali.

Si erano distrutti a vicenda le armature, e combattevano solo con un panno attorno ai fianchi, e i loro corpi muscolosi rilucevano nel sole del tardo pomeriggio.

Bhima fece un passo indietro come per evitare la mazza di Duryodhana, e poi scagliò la sua tenendola per il laccio. Duryodhana anticipò la mossa evitandola con un movimento laterale, e mentre Bhima aveva le braccia allargate lo colpì al fianco con un colpo poderoso. Duryodhana non si rese conto del vantaggio, e per eccesso di cautela non lo colpì una seconda volta.

Bhima si riprese, strinse gli occhi e si slanciò in avanti, menando un fendente con la mazza, e come aveva previsto, Duryodhana fece un balzo verso l'alto con una mossa nota come *avasthana*. Bhima fece fare alla mazza un rapido arco all'altezza del petto e quando il Kaurava ricadde a terra, venne colpito alle cosce da un colpo carico della forza delle braccia di Bhima e dell'inerzia di una mazza che per essere sollevata richiedeva la forza di tre uomini. Le cosce si fracassarono spezzandosi come tronchi d'albero colpiti dal fulmine.

Duryodhana cadde urlando, e rimase a terra contorcendosi dal dolore. Era ovvio che il combattimento era finito, e tutti i Pandava esultarono. Yudhisthira abbracciò i fratelli e Krishna applaudì Bhima.

L'aria si riempì ancora di cattivi presagi, cadde l'oscurità con piogge di polvere e ossa, raffiche di vento e terribili boati dal centro della terra, mentre in cielo si sentivano gli spaventosi ruggiti dei Rakshasa, degli Yaksha e dei Danava.

Bhima si avvicinò al nemico caduto schiumando di rabbia: "O sciagurato, ricordati dei tuoi insulti a Draupadi e dei tuoi molti peccati contro Yudhisthira. Questo è il frutto delle tue azioni".

Bhima diede un calcio a Duryodhana, poi gli appoggiò il piede sinistro sulla testa continuando con voce durissima: "Per i poteri ascetici della figlia di Drupada tu giaci qui nel dolore, il tuo esercito annientato. Tutti coloro che hanno insultato e disprezzato i Pandava sono morti".

Molti dei guerrieri Pandava, vedendo Bhima col piede sulla testa di Duryodhana inorridirono.

Balarama si infuriò, già si era indignato per il modo in cui Bhima aveva colpito Duryodhana. Gridò: "Vergogna! Non si deve colpire sotto la cintura, è una regola antica, ma questo disgraziato l'ha infranta. Quest'atto non può restare impunito.".

Balarama afferrò l'aratro che era la sua arma e si slanciò verso Bhima. Krishna gli corse dietro e lo afferrò fermandolo prima che potesse raggiungere Bhima.

Mentre Balarama si divincolava nella stretta del fratello, questi gli disse: "O eroe, non fare così. Bhima ha servito anche i nostri interessi. I Pandava sono nostri amici, figli della sorella di nostro padre. Duryodhana era il loro nemico giurato, e quindi anche nemico nostro, e andava ucciso con qualunque mezzo. Bhima poi aveva fatto il voto solenne di spezzargli le cosce. Rispettare i propri voti è un dovere sacro, quel voto era stato confermato dalle parole infallibili di Maitreya. Per tutte queste ragioni, o uccisore di Pralamba, non vedo alcuna colpa in Bhima. Frena la tua rabbia, o eccelso".

Balarama fece un sorrisetto. Krishna era sempre bravissimo con le sue argomentazioni, tuttavia era poco convinto. Mentre Krishna ancora lo stava trattenendo, rispose: "Secondo me, Bhima ha sacrificato i valori della religione per un vantaggio materiale".

Krishna replicò: "Bhima non ha fatto nulla di ingiusto. O potente fratello, l'era di Kali è alle porte, segnata da azioni crudeli e dalla perdita della religione".

Balarama si rilassò e Krishna lo lasciò andare, e lui disse con una voce ancora carica di rabbia: "Per quest'atto disonesto, Bhima sarà ricordato come un guerriero scaltro e malizioso, mentre Duryodhana avrà fama di guerriero leale. Il re Kaurava ha fatto sacrifici e dato abbondante carità ai bramini. Adesso ha versato la sua vita come libagione nel fuoco del nemico, ed andrà nelle regioni di beatitudine eterna".

Balarama salì sul suo carro e se ne andò come una nuvola bianca che attraversa il cielo.

Bhima giunse le mani e si inchinò al suo maestro di arti marziali. Dopo che lo ebbe visto scomparire si rivolse di nuovo verso Duryodhana che stava quasi svenendo per il dolore.

Stava per prenderlo a calci quando Yudhisthira lo fermò dicendo: "Fermati. Hai avuto la tua vendetta e hai raggiunto il tuo scopo con mezzi giusti o ingiusti.Lascialo stare, Duryodhana è un re, un tuo parente, il signore dei Kuru. È rovinato, i suoi fratelli sono morti, il suo regno è perduto, il suo esercito annientato, e lui è ridotto in condizioni pietose. O eroe, non agire in modo sconveniente".

Yudhisthira si inginocchiò vicino a Duryodhana e disse: "O fratello, non ti dolere. È vero, stai soffrendo le terribili conseguenze delle tue azioni. Questa è la legge universale a cui nessuno può sfuggire, in questa o nelle prossime vite. Per la tua avarizia, il tuo orgoglio e la tua follia ti è piombata addosso questa disgrazia. Hai provocato la morte dei tuoi fratelli, dei tuoi figli dei tuoi compagni e dei tuoi alleati, e adesso tu stesso stai per morire. Milioni di eroi sono morti, e tu ora devi seguirli. Questo è il destino".

Yudhisthira sentiva compassione per Duryodhana e lo considerava un fratello minore. Voleva consolarlo e confortarlo, e così proseguì. "La morte ti coglie dopo una lotta leale. Tu, o re, lasci questo mondo e te ne vai nelle regioni beate, mentre noi dovremo restare in questo mondo devastato dalla sofferenza e dai lutti."

Yudhisthira sospirò mentre le lacrime gli rotolavano dalle guance. Si rialzò e si allontanò da Duryodhana che era rimasto in silenzio. Non voleva pietà. Strizzò gli occhi per il dolore e giacque ansimando.

Krishna si avvicinò a Yudhisthira e disse: "O re, hai ottenuto una grande vittoria. Non dolertene. È opera del destino. Duryodhana è stato consumato dal fuoco dell'ira di Bhima. La guerra è finita".

La furia di Bhima si placò, si allontanò da Duryodhana e si rivolse a Yudhisthira a mani giunte. "O re, adesso la terra è tua, privata di tutte le sue spine. Quel disgraziato impostore, responsabile di questa guerra, è ormai vinto. La terra intera con le sue ricchezze si rivolge oggi a te come suo signore."

I guerrieri Pandava esultarono con urla di trionfo, pizzicando le corde degli archi e suonando le conchiglie. Sghignazzarono e danzarono di gioia lodando Bhima anche per aver posato il suo piede sulla testa di Duryodhana.

Krishna disapprovava e alzò la mano. "O eroi, non è giusto ferire con simili parole un nemico già caduto. Questo peccatore svergognato e avido ha già avuto il premio della sua follia. Adesso è come un pezzo di legno, e non dobbiamo essergli né amici né nemici. Non sprechiamo più energia con lui. Andiamocene subito. Per nostra fortuna il malvagio Duryodhana dal cuore crudele è finito, con tutti i suoi ministri e consiglieri."

Duryodhana sentì le parole di Krishna e si sollevò a fatica sui gomiti e fissando con rabbia Krishna, come un serpente che sputa veleno disse: "O figlio di uno schiavo di Kamsa, sei uno spudorato. Ti sei scordato del modo indegno con cui sono stato vinto? Come hai potuto? Tu hai istigato Bhima a quel colpo basso, pensi che non lo abbia notato? È stato grazie ai tuoi astuti inganni che così tanti eroi sono stai uccisi. Bhishma, Drona, Karna e Bhurisrava sono stati vittime della tua malizia, e senza i tuoi malvagi consigli i Pandava non avrebbero mai vinto la guerra".

Duryodhana gemette di dolore e ricadde a terra, col volto coperto di sudore. Krishna replicò: "O figlio di Gandhari, tu sei stato schiacciato con i tuoi fratelli, figli e parenti per i tuoi peccati. O stolto, quando ti ho chiesto di ridare ai Pandava la loro giusta parte del regno, ti sei rifiutato per pura avarizia. Hai commesso molti atti malvagi contro i tuoi cugini, e quando hai insultato l'innocente Draupadi nell'assemblea avresti dovuto essere ucciso all'istante. Adesso muori per quel crimine, e ancora tu muori per il peccato di aver ucciso Abhimanyu in modo sleale. Non hai mai rispettato gli anziani, ed hai ignorato i loro consigli. Ecco perché adesso giaci sulla nuda terra. È inutile che protesti, stai solo soffrendo le conseguenze delle tue azioni".

Duryodhana rispose con la voce alterata dal dolore: "Che m'importa delle tue parole? Ho studiato i veda, ho fatto sacrifici, ho elargito carità e governato la terra, e adesso muoio di morte gloriosa, quella fine che ogni kshatriya desidera. Ho goduto di piaceri degni dei deva, e di immense ricchezze. Chi è più fortunato di me? Salirò in cielo con tutti i miei fratelli, mentre voi Pandava rimarrete qui, continuando a soffrire".

A queste parole cadde dal cielo una pioggia di petali profumati, e i Gandharva con le apsara suonarono una musica celestiale, mentre i Siddha gridavano: "Sia lodato il re Duryodhana".

Gli esseri divini guardavano ammirati la scena. La caduta di Duryodhana davanti a Krishna era di ottimo auspicio, malgrado il Kaurava fosse rimasto ostile a lui. Il solo fatto della presenza della Suprema Divinità era la benedizione più grande possibile. Chiunque fosse stato ucciso in presenza di Krishna avrebbe raggiunto senza fallo le regioni della felicità eterna.

In quel momento una voce risuonò dal cielo affermando che Duryodhana, Bhishma, Drona, Karna e Bhurisrava erano stati uccisi slealmente. I Pandava si vergognarono, e pieni di rimorsi per il modo in cui quei cinque eroi erano stati uccisi, guardarono Krishna. Krishna li rassicurò parlando con una voce profonda come il rombo delle nubi. "Non doletevi, o eroi. Non c'era altro modo di uccidere quegli uomini, e io ho usato i miei poteri magici per il vostro bene e per alleviare il peso della terra. In un combattimento leale sarebbe stato impossibile per voi sconfiggere quegli *atiratha*. Non ci sarebbero riusciti nemmeno i guardiani dell'universo. Non sentitevi colpevoli, questi mezzi sono accettabili quando si affronta un nemico potente, specialmente se quel nemico usa lui pure l'inganno. A ben guardare tutti i Kaurava erano seguaci di Duryodhana, e quindi peccatori quanto lui. Per questa ragione sono stati sconfitti, e voi, esseri virtuosi siete stai incoronati dalla vittoria."

I guerrieri Pandava accolsero le parole rincuoranti di Krishna con grida di approvazione, e i cinque fratelli, sempre obbedienti a Krishna, si consolarono. Il sole era tramontato e Krishna suggerì di ritornare all'accampamento. I Pandava lasciarono Duryodhana dove si trovava. Con le due cosce fratturate non sarebbe vissuto a lungo. Il principe si accasciò nel suo dolore aspettando la morte.

Capitolo 76

Il massacro notturno

I Pandava andarono all'accampamento di Duryodhana, come da tradizione, per cercare il bottino di guerra, ma trovarono soltanto qualche servitore. Andarono alla tenda reale di Duryodhana, e mentre Arjuna stava smontando dal carro, Krishna gli disse: "Prendi il Gandiva e le tue faretre, o Partha, e io ti seguirò".

Arjuna lo guardò sorpreso, ma fece come gli era stato detto. Anche Krishna scese dal carro, e subito Hanuman lasciò la bandiera e scomparve, il carro prese fuoco senza una causa apparente, e in un attimo si trasformò in un mucchio di cenere. I Pandava rimasero a guardare sbalorditi la cenere fumante, e Arjuna chiese a Krishna cosa fosse successo. Krishna disse: "Il carro era stato colpito dalla più potente arma divina, e non si è incenerito prima solo per la mia presenza".

Krishna abbracciò Yudhisthira con un sorriso: "O re, hai vinto, e tu e i tuoi fratelli state tutti bene. Adesso hai il dovere di governare la terra."

Poi mise un braccio sulle spalle di Arjuna e continuò: "Dhananjaya, quando sono venuto a Virata mi hai accolto con amore e adorazione, e mi hai detto: 'O Keshava, sei mio fratello ed amico. Sei il Signore della mia vita. Quindi mi affido alla tua protezione'. Io ho accettato e ho mantenuto la mia parola".

I Pandava avevano le lacrime agli occhi, e Yudhisthira disse con voce soffocata: "Ti dobbiamo la vita, la ricchezza ed il regno, o Janardana. Chi altro avrebbe potuto resistere alle armi di Bhishma, Drona e Karna? Arjuna li ha potuti sconfiggere solo grazie alla tua protezione.".

Krishna sorrise, e con un braccio su Yudhisthira e uno su Arjuna, entrò nella tenda di Duryodhana seguito dagli altri Pandava. Il trono d'oro vuoto di Duryodhana, i seggi dei suoi consiglieri che erano stati occupati da re vestiti di sete sgargianti, sembravano dei palazzi abbandonati. In un angolo videro Yuyutsu, l'unico figlio sopravvissuto di Dhritarastra, che stava seduto a riflettere sul da farsi, rendendosi conto che la responsabilità del comando era caduta su di lui.

Vedendo i Pandava si alzò e fece i suoi rispetti. Yudhisthira lo abbracciò e gli disse delle gentili parole di conforto. Gli disse di tornare a Hastinapura, per consolare suo padre e Gandhari, che dovevano essere sprofondati in un mare di dolore. Yuyutsu si inchinò a Yudhisthira, uscì dalla tenda e si mise in viaggio nella notte sulle strade illuminate dalla luna.

In un parte della tenda i Pandava trovarono l'immenso tesoro che Duryodhana si era portato da Hastinapura. Oro, argento, gemme, perle, gioielli, ricchi ornamenti, pelli, coperte e tappeti giacevano in enormi mucchi sul nudo terreno. I Pandava, dopo aver caricato tutto sui loro carri, riposarono un po' sui divani coperti di seta.

A sera inoltrata Krishna disse a Yudhisthira: "O re, secondo le antiche tradizioni, tu e i tuoi fratelli dovete passare qui la prima notte dopo la vittoria. Il resto dell'esercito invece può tornare al nostro accampamento".

Dopo che i guerrieri furono andati, il Pandava parlò ancora con Krishna, e gli chiese di incontrare Gandhari a Hastinapura prima di loro. Yudhisthira temeva i suoi poteri ascetici, e disse: "Quando la pia regina saprà come Bhima ha ucciso suo figlio temo che rilasci il fuoco della sua ira. Quando verrà a sapere quanto è accaduto temo che ci vorrà incenerire. O Keshava, penso che solo tu possa farla ragionare".

Krishna partì subito per Hastinapura. Arrivò all'alba e andò direttamente al palazzo di Dhritarastra dove incontrò Vyasadeva che era appena arrivato. Gli offrì i suoi rispetti, gli toccò i piedi ed insieme entrarono nella stanza di Dhritarastra. Il re sedeva in silenzio con a fianco Gandhari. Krishna gli si avvicinò, gli prese la mano e pianse apertamente senza dire nulla.

Poi si asciugò gli occhi e si lavò la faccia con dell'acqua fresca portata da un servitore, e sempre tenendo la mano del re, disse compassionevolmente: "O re Bharata, tu sei consapevole del trascorrere del tempo. Tutto ciò che viene creato, a suo tempo viene distrutto. Nessuno può impedirlo. O re, per rispetto verso di te i Pandava hanno ripetutamente cercato la pace per evitare questa catastrofe. Il virtuoso Yudhisthira ha tollerato ogni genere di sofferenza accettando persino di andare in esilio come se fosse impotente ad evitarlo, sperando di preservare la pace".

Krishna si guardò intorno nella stanza del re. I primi raggi del sole passavano attraverso le intelaiature delle finestre illuminando i seggi vuoti e le pigre volute del fumo di franchincenso. Si sentivano i primi canti degli uccelli dai giardini del palazzo, frammisti ai lamenti delle donne che piangevano i mariti e i figli uccisi.

Krishna proseguì: "Ricordati di tutto questo e di come tu ne sei stato la causa, o re, e non nutrire rancore per i Pandava. Tu sai quanto Yudhisthira ti sia devoto. Egli è afflitto dal dolore sentendosi responsabile per la morte di tutti i suoi parenti, e si vergogna di venire da te".

Poi Krishna si rivolse con dolcezza a Gandhari. "O figlia di Suvala, donna dai voti eccelsi, ascolta. Ti ricordi il rimprovero che facesti a tuo figlio quando gli dicesti che la vittoria si ottiene con la rettitudine? Non ti diede ascolto. Adesso è accaduto ciò che gli hai pronosticato. Non maledire i Pandava, non desiderare la loro morte."

Le lacrime scorsero da sotto la benda di seta di Gandhari, che rimase in silenzio, non riuscendo a trovare la voce. Dopo un po' disse: "Hai detto il vero, o Keshava, la mia mente è sconvolta dal dolore, ma si è placata con le tue parole. O Janardana, questo vecchio re non ha più figli, e il suo unico rifugio adesso siete tu e i figli di Pandu".

Gandhari nascose il volto fra le mani e pianse. Krishna consolò la coppia con sagge parole, poi si alzò e disse: "Tornerò a trovarvi, ora consentitemi di andare dai Pandava".

Dhritarastra e la regina lo salutarono con rispetto e lo congedarono. Krishna uscì, e disse a Daruka di riportarlo a Kurukshetra all'accampamento dei Pandava.

* * *

Dopo che i Pandava ebbero lasciato Duryodhana, i tre Kaurava sopravvissuti uscirono dai loro nascondigli ed andarono dal principe caduto. Era coperto di sangue, respirava affannosamente e soffriva atrocemente, la fronte contratta per l'ira e il dolore, e gli occhi iniettati di sangue. I predatori gli stavano intorno ringhiando, come mendicanti che chiedono la carità.

I tre scesero dai loro carri e gli si inginocchiarono accanto piangendo. Duryodhana cercò di sollevare le mani in saluto.

Ashvatthama disse: "Nulla è permanente a questo mondo, o re, tanto è vero che tu giaci sulla nuda terra coperto di polvere. Tu che comandavi tutti i re della terra, ora sei ridotto in uno stato pietoso. Ahi, dove sono Dushashana, Shakuni e Karna? Cosa è successo? È difficile comprendere le vie di Yamaraja, il signore del karma".

Il grande capo dei Kuru era chiaramente prossimo alla morte, e la guerra era finita. Il tempo della guerra era finito e i tre si resero conto delle tremende conseguenze del lungo conflitto. Erano gli unici sopravvissuti fra i Kuru, e la maggior parte dei loro parenti ed amici erano morti. Cosa avrebbero detto alle loro donne, e che vita sarebbe stata?

Ashvatthama proseguì. "Questo grande re adesso morde la polvere. Dov'è il tuo parasole bianco, dove sono i tuoi servitori, dov'è il tuo immenso esercito? Le fortune dei mortali sono fragili, e tu, che eri potente come Indra, ne sei la prova".

Duryodhana si girò sul fianco con una smorfia di dolore, sollevò la testa e disse: "Tutti gli esseri viventi sono destinati a morire per volontà del Creatore. Per mia fortuna sono caduto in battaglia, mentre combattevo coraggiosamente. Ho ricevuto un colpo basso da Bhima, e sono stato sconfitto con l'inganno. Non doletevi per me, se i Veda sono giusti, io mi sono guadagnato le regioni della beatitudine eterna. Lasciatemi in pace, presto abbraccerò la morte e salirò in cielo".

La testa gli ricadde e sospirò profondamente. Pensò a Krishna, un essere straordinariamente potente. Il successo dei Pandava dipendeva dal suo potere e dai suoi espedienti. Duryodhana si chiese se lui fosse il Signore Supremo, e in questo caso diventava difficile comprendere come potesse parteggiare per i Pandava.

Uno spasmo di dolore lo fece gridare, e si afflosciò.

Ashvatthama digrignò i denti guardando nel vuoto. Era ancora furibondo per il modo in cui era stato ucciso suo padre, e la sua furia stava ulteriormente montando sentendo che Duryodhana era stato vinto con un colpo proibito. Con gli occhi arrossati per la rabbia ed il respiro pesante, dichiarò: "Ascolta, o re, giuro sulla verità che oggi, in presenza di Krishna, ucciderò tutti i Pandava. Dammene il permesso, o signore".

Sorridendo malgrado il dolore, Duryodhana disse: "Portami dell'acqua, o Kripa. O precettore, consacra il figlio di Drona a comandante in capo del nostro esercito. Che le ostilità abbiano fine con la morte dei nostri nemici".

Kripa prese l'acqua dal lago e con una breve cerimonia, Duryodhana fece di Ashvatthama il comandante dei Kaurava. Ashvatthama montò sul suo carro con un urlo di battaglia, e Kripa e Kritavarma suonarono le conchiglie, consapevoli che la vittoria contro i Pandava era improbabile, preferendo la morte per mano loro alla misera vita degli sconfitti, privi di amici e parenti.

Lasciarono il re morente e viaggiarono nell'oscurità fino ad un macchia di alberi vicino all'accampamento dei Pandava e discussero il da farsi. Erano esausti e si sdraiarono sotto un albero di baniano. Si sentivano i suoni della celebrazione della vittoria. Decisero di sfidarli dopo l'alba e si coricarono.

Kripa e Kritavarma si addormentarono rapidamente, ma Ashvatthama era troppo furioso per dormire. Rimase a guardare i rami del baniano in controluce con la luna, carichi di corvi addormentati, ad ascoltare i versi dei pipistrelli e delle civette, girandosi e rigirandosi, con la mente che ribolliva per il desiderio di vendetta. Improvvisamente apparve un grande gufo con gli occhi verdi fosforescenti ed i rostri taglienti che atterrò sull'albero e si mise a uccidere silenziosamente i corvi. In pochi minuti ne uccise un gran numero, ed i loro cadaveri caddero a terra vicino ad Ashvatthama . Gli altri corvi si svegliarono spaventati e fuggirono gracidando e sbattendo le ali.

Ashvatthama si mise a riflettere, questo sembrava un segno del destino. Quale modo migliore di uccidere i nemici che cogliendoli nel sonno? C'erano ben poche probabilità che loro tre potessero sopraffare i Pandava. Benché fosse peccato uccidere chi era addormentato, per i Pandava sarebbe stata la giusta fine, dato che loro avevano fatto così spesso ricorso all'inganno e alle azioni sleali durante la guerra. L'unico modo di vincerli era di aggredirli nel sonno, quando avevano messo da parte le armi credendo di aver già vinto.

Si decise ad andare subito all'accampamento dei Pandava, e svegliò i suoi due compagni, che stropicciandosi gli occhi ascoltarono il suo piano e inorridirono.

Ashvatthama insistette. "Non esitiamo. Duryodhana è stato ucciso slealmente, e così mio padre e Bhishma. Che bisogno c'è di discutere? Siamo i soli sopravissuti fra i Kaurava, e se non usiamo l'astuzia moriremo senza vendicarli. Cosa dite, o eroi?".

Kripa scosse la testa. "O bramino, noi abbiamo fatto del nostro meglio, e non abbiamo avuto successo. È chiaro che abbiamo il destino contro di noi. L'incauto Duryodhana, motivato dall'invidia e dall'avidità, ha agito senza riguardo per la virtù e senza ascoltare il consiglio degli anziani. Per questo si è tirato addosso questa catastrofe, e noi che lo abbiamo seguito vi siamo sprofondati con lui. Secondo me dobbiamo andare a chiedere protezione e consiglio. Andiamo a Hastinapura, e parliamo con Dhritarastra e Vidura. Loro ci possono consigliare saggiamente."

Ashvatthama guardò i corvi morti. Era sconvolto dal dolore e dalla rabbia, e le parole di Kripa gli erano indigeste. Si alzò e si mise a camminare avanti e indietro, stringendo l'impugnatura della spada. Parlò con voce glaciale e priva di emozione. "È inevitabile che ognuno la pensi a modo suo. Tutti pensano che la propria opinione sia giusta e che chi non è d'accordo abbia torto. Inoltre la comprensione di ciascuno cambia con le circostanze, ed è quasi impossibile stabilire quale sia il modo d'agire migliore. Quindi le decisioni vanno prese ascoltando le parole di saggezza per poi agire secondo le proprie convinzioni. Io sono certo che il nostro piano è compatibile con il codice degli kshatriya. Non dobbiamo avere pietà del nemico e distruggerlo con ogni mezzo." Ashvatthama aggiunse che avrebbe eseguito il suo piano anche da solo.

Kripa replicò: "Ti vedo risoluto, è ovvio che non puoi essere dissuaso. Nemmeno Indra potrebbe affrontarti quando il tuo cuore è colmo di vendetta. Aspettiamo l'alba, poi andiamo a sfidare i Pandava. Kritavarma ed io ti accompagneremo, ma adesso togliti l'armatura e riposa. Quando saremo freschi e riposati li affronteremo in uno scontro aperto. Non c'è bisogno di adottare tattiche malvagie che tutti condannerebbero".

Ashvatthama ignorò il suggerimento di Kripa, la sua mente era ormai fissa sul suo piano tenebroso. Non aveva nessuna intenzione di aspettare il mattino. Svegliò i cavalli e disse: "Il mio cuore soffre e la mia mente pensa soltanto alla vendetta. Come potrei dormire? Penso alla morte di mio padre, e non ho pace. Non mi riposerò prima che Dhristadyumna abbia pagato per la sua odiosa azione. O nato due volte, come posso vivere mentre quel principe Panchala continua a respirare? Come possiamo riposare mentre il re geme di dolore con le cosce spezzate dal malefico Bhima? Non potremo mai sconfiggere i Pandava sul campo di battaglia, protetti come sono da Krishna. Uccidiamoli mentre dormono, è l'unico modo".

Kripa era sgomentato mentre Ashvatthama aggiogava i cavalli al suo carro. La sua espressione era dura e decisa, illuminata dai raggi di luna che filtravano tra i rami del baniano.

Kripa tentò ancora di dissuaderlo. "Caro nipote, pensaci prima di agire. Solo a un peccatore verrebbe in mente quello che proponi. Hai perso la rettitudine ed il controllo dei tuoi sensi, e hai scordato la morale? Sto cercando di fermarti da qualcosa che ti farà condannare e che ti farà pentire. Sei famoso al mondo come un grande guerriero, non distruggere la tua reputazione. Non sprofondare in un inferno senza fondo uccidendo guerrieri addormentati. Combatti lealmente ed avrai fama eterna. Noi ti aiuteremo. Questo è il mio consiglio, o eroe dalle forti braccia".

Ashvatthama montò sul suo carro e disse a Kripa: "Quello che dici è vero, o zio, tuttavia secondo me è giusto che i Pandava finiscano in questo modo. Si sono comportati in modo esecrabile e non meritano pietà. Non riesco a sopportare il pensiero di Duryodhana in agonia mentre il malvagio Panchala dorme in pace dopo aver ucciso mio padre in modo abbietto.

Non mi importa se poi rinascerò come un verme o un insetto. Non mi puoi far cambiare idea, andrò con o senza di voi".

Kripa e Kritavarma si guardarono tra loro scuotendo la testa. Sembrava che il destino avesse deciso che l'atto finale della guerra sarebbe avvenuto quella notte. Loro tre erano i soli Kaurava sopravvissuti, ed Ashvatthama era il loro comandante. Quindi i due uomini decisero di andare con lui. Se c'era una battaglia, il loro dovere era di aiutarlo. Si erano già dedicati alla causa di Duryodhana, uccidendo tantissimi guerrieri nemici, e non era il caso di abbandonare la lotta adesso quando l'ultima speranza dei Kaurava dipendeva da loro. Si rassegnarono e salirono sui carri per seguire Ashvatthama.

* * *

Mentre si avvicinava all'accampamento dei Pandava, Ashvatthama vide davanti a sé uno strano essere coi fianchi coperti da una pelle di tigre insanguinata, con una pelle di cervo nero sulle spalle, e un grande serpente attorno al collo come un filo sacro. Attorno ai bicipiti aveva due serpenti come bracciali, e impugnava delle armi tremende. Il volto aveva cento occhi, e la sua bocca era in fiamme.

Ashvatthama, alla vista di quell'essere spaventoso, essendo fuori di sé ed al di là della paura, sollevò l'arco e lanciò numerosi missili celesti, che vennero assorbiti senza effetto. Ashvatthama allora scagliò un lungo dardo d'acciaio che volò come una cometa fiammeggiante e colpì la figura misteriosa al petto frantumandosi. Allora il figlio di Drona scagliò la sua scimitarra e poi la mazza, ma anche quelle armi non ebbero effetto.

Quando finì le sue armi, Ashvatthama vide la figura ancora davanti a sé, e pensò che si trattasse di Shiva, che lui aveva adorato per tutta la vita, perché soltanto lui avrebbe potuto resistere al suo attacco. Ashvatthama gettò le armi e scese dal carro, e tremando si inginocchiò. Avrebbe dovuto ascoltare i consigli di Kripa. Adesso il potente Mahadeva, che sicuramente stava proteggendo i Pandava per volere di Krishna, lo avrebbe ucciso per i suoi intenti peccaminosi.

Ashvatthama pregò inchinato fino a terra, e dopo un po' di tempo Shiva gli parlò con voce tuonante. "Figliolo, per tutta la guerra ho protetto i figli di Pandu, perché per amore di Krishna io proteggo i suoi devoti. Adesso i guerrieri dei Pandava sono attaccati dal Tempo. Hanno portato a compimento la volontà ed i piani della Provvidenza, liberando la terra del suo gran peso. Adesso la fine che il destino gli ha assegnato è vicina. O figlio di Drona, è scritto che tu sia lo strumento della loro distruzione, e io te ne darò il potere. Prendi questa spada ed usala per sterminare le ultime truppe dei Pandava."

Shiva gli porse una grande spada splendente con l'elsa decorata di gemme, e poi svanì nel nulla.

Improvvisamente Ashvatthama si sentì pieno di un'energia straordinaria, il suo corpo era quasi in fiamme e i suoi occhi divennero incandescenti. Quando risalì sul carro diretto all'entrata dell'accampamento dei Pandava, Kripa e Kritavarma lo raggiunsero. Non disse nulla dell'incontro con Shiva che era stato quasi come un sogno, e disse: "O eroi, è un bene che vi siate ricordati dei doveri degli kshatriya. Porremo fine al conflitto trucidando i Pandava. Andrò nel loro accampamento come Yamaraja, mentre voi due aspetterete qua fuori uccidendo quelli che mi sfuggiranno".

Dopo essersi messi d'accordo su ogni dettaglio, Ashvatthama si avvicinò silenziosamente all'accampamento brandendo la spada di Shiva, scese dal carro e saltò il muro di difesa. Guidato dai segni andò verso la tenda di Dhristadyumna. L'accampamento era totalmente in silenzio, e i guerrieri esausti erano profondamente addormentati.

Ashvatthama entrò cautamente nella tenda di Dhristadyumna e lo vide addormentato nel suo letto. Si mosse rapidamente e lo prese a calci. Dhristadyumna si svegliò, e Ashvatthama lo prese per i capelli e lo trascinò giù dal letto continuando a dargli calci sul petto e sulla testa.

Dhristadyumna era mezzo addormentato e sorpreso, e non riuscì a difendersi. Ashvatthama lo gettò a terra e gli salì sul collo. Dhristadyumna si difese con le unghie dicendo: "O Ashvatthama, uccidimi con un'arma, così che per mano tua, io muoia in battaglia".

Ashvatthama rise odiosamente. "O disgraziato, non c'è beatitudine per coloro che uccidono il proprio precettore, e tu non meriti una morte da guerriero. Ti ucciderò come l'animale che sei."

Ashvatthama continuò a colpire Dhristadyumna con i tacchi, uccidendolo. Poi uscì velocemente alla ricerca dei Pandava. Vide lì vicino una grande tenda decorata con numerosi vessilli e ghirlande, e accanto vi erano dei bellissimi carri. Ashvatthama entrò e trovò cinque guerrieri addormentati vicini tra loro.

Ashvatthama ebbe un fremito di gioia: ecco i fratelli! Sollevò la spada, e con un solo fendente uccise il primo, e proseguì con gli altri quattro prima che si svegliassero.

Udì all'esterno della tenda tra le grida di coloro che si erano svegliati, ed uscì ruggendo come un leone con la sua terribile spada alzata. I guerrieri, vedendolo avanzare come la Morte personificata, con la spada imbrattata di sangue, arretrarono spaventati. Ashvatthama li inseguì sgozzandoli tutti come un leone nella foresta stermina un branco di cervi.

Degli altri kshatriya indossarono le armature ed uscirono dalle tende e circondarono Ashvatthama, ma lui, carico del potere di Shiva e della sua furia, li trucidò tutti quanti. Poi entrò nella tenda vicina e trovò Uttamaujas che si alzava sorpreso dal letto, e lo uccise a calci come Dhristadyumna.

Molti altri guerrieri lo attaccarono, ma vennero tutti selvaggiamente uccisi. Con la sua spada divina li fece tutti a pezzi, sia nei loro letti che quando tentarono di resistergli con le armi. Era preso da una frenesia omicida, e girò per tutto l'accampamento uccidendo tutti i guerrieri che vide.

Mentre i pietosi lamenti delle donne riempivano l'aria, Ashvatthama portò a termine la sua carneficina, coperto di sangue e urlando come Yamaraja quando uccide tutti gli esseri viventi.

Degli invisibili Rakshasa volavano attorno all'accampamento, felici di vedere tanti cadaveri insanguinati. Le loro grida erano mischiate agli ululati degli sciacalli.

I cavalli e gli elefanti terrorizzati correvano da ogni parte, e quei pochi guerrieri che riuscirono a sfuggire vennero affrontati ed uccisi spietatamente da Kripa e Kritavarma, che abbandonato ogni ritegno, non risparmiarono nessuno, nemmeno chi era disarmato ed implorava pietà. Poi diedero fuoco alle tende, stanando gli ultimi uomini che i tre Kaurava finirono rapidamente.

Alle prime luci del giorno, Ashvatthama, visto che nessun guerriero era scampato, decise di andarsene. Era tremendo a vedersi, coperto di sangue e con la spada che sembrava un'estensione grottesca del suo braccio. Finalmente sentì di avere vendicato la morte del padre.

Nell'accampamento era tornato il silenzio. Le donne e i pochi servitori che non erano stati uccisi, erano nascosti e paralizzati dal terrore e dal dolore.

Ashvatthama voleva rallegrare Duryodhana prima della sua morte, tuttavia temeva che il principe non avrebbe creduto che tutte le truppe dei Pandava ed i Pandava stessi fossero stati uccisi. Ashvatthama decise di portargli le teste dei Pandava per convincerlo. Tornò alla loro tenda e con le prime luci dell'alba Ashvatthama vide con disappunto che non aveva ucciso i Pandava, ma i cinque figli di Draupadi.

Ashvatthama lasciò cadere la spada per la delusione. Dopo un po' decise di prendere comunque le cinque teste e di spacciarle a Duryodhana per quelle dei Pandava per dargli un po' di felicità prima che morisse. Tagliò le teste e andò da Duryodhana con i suoi compagni.

Arrivarono quando il sole era appena sorto. Duryodhana era circondato dagli sciacalli e gli avvoltoi, e li teneva a bada a malapena, pallido e vicino alla morte. Ashvatthama balzò giù dal carro, scacciò i predatori e gli si inginocchiò accanto. Ashvatthama parlò con un tono gioioso, raccontando l'eccidio dei Pandava e dei loro guerrieri. "Li ho uccisi tutti, guarda le teste dei cinque fratelli, o re."

Duryodhana aprì gli occhi, si tirò su sui gomiti e disse: "O figlio di Drona, tu sei riuscito a compiere quello che nemmeno Bhishma, Karna e tuo padre sono riusciti a fare". La sua voce era poco di più di un sussurro. "Questo mi riempie di gioia. Adesso andrò in cielo dove ci incontreremo tutti."

Ashvatthama appoggiò le teste vicino a Duryodhana che le toccò, dubitoso. Gli assomigliavano, ma dovevano essere quelle dei loro figli. Duryodhana sapeva la differenza. Usando tutta la forza che gli restava le schiacciò, e capì che erano le teste dei figli adolescenti dei Pandava.

Duryodhana si lasciò andare con un sospiro. "Questi sono i figli di Draupadi, o bramino, non i Pandava. Le teste di quegli eroi sono dure come il ferro, ma io sono riuscito a schiacciare queste teste anche indebolito come sono. Hai compiuto un'azione terribile! Questi ragazzi erano la speranza del futuro del casato dei Kuru. Adesso tutto è perduto."

Duryodhana giacque lamentandosi, con gli occhi chiusi per il dolore. Pur odiando i Pandava, la morte dei loro figli lo addolorava. Chi avrebbe portato avanti adesso la stirpe? Tutti i suoi fratelli erano morti, e adesso, uccidendo i figli di Draupadi, Ashvatthama aveva praticamente estinto la dinastia dei Kuru.

Duryodhana reclinò la testa e con un lamento esalò l'ultimo respiro. Ashvatthama sprofondò nel rimorso.

I tre Kaurava costruirono un pira, vi posero il corpo di Duryodhana e fecero gli ultimi riti, lo spruzzarono di acqua consacrata del Gange, accesero la pira, e piansero mentre il fuoco lo consumava. Quando le fiamme si spensero, Kripa prese le ceneri e le portò al fiume, e le gettò in acqua cantando i mantra vedici. Poi i tre Kaurava si avviarono in silenzio verso Hastinapura.

Capitolo 77

La punizione di Ashvatthama

Nell'accampamento dei Kaurava i Pandava si erano alzati prima del sorgere del sole per le preghiere e i riti mattutini. Quando Yudhisthira ebbe completato le sue abluzioni, giunse alla sua tenda l'auriga di Dhristadyumna con le notizie degli eventi della notte.

"O re, i figli di Draupadi e di Drupada sono tutti morti. Ashvatthama, Kripa e Kritavarma hanno commesso il più orribile e crudele degli atti. Ashvatthama ha sterminato tutti con la spada. Chiunque abbia cercato di sfuggire è stato ucciso dalle frecce degli altri due. Credo di essere l'unico sopravvissuto."

Yudhisthira cadde a terra gridando, e i fratelli che avevano sentito il suo lamento si precipitarono da lui, e quando seppero l'accaduto si unirono al suo dolore. La voce di Yudhisthira si alzò sopra alle altre. "Ahi, dopo aver sconfitto il nemico, adesso siamo sconfitti anche noi. Era già una vittoria amara, ottenuta a costo della vita di tanti parenti ed amici, e adesso è ancora più amara. Che vita sarà senza figli, parenti ed amici? Sono morti come marinai che dopo aver attraversato l'oceano sono naufragati in un fiumiciattolo. Che ne sarà di Draupadi quando saprà che i suoi figli sono stati brutalmente uccisi?".

I Pandava e Satyaki, che aveva passato la notte con loro, si prepararono subito a recarsi al loro accampamento, e Yudhisthira disse a Nakula di andare a prendere Draupadi.

Quando arrivarono videro il terreno cosparso di guerrieri smembrati. Entrarono nella tenda dei loro figli e trovarono i cinque cadaveri decapitati. Inorriditi, piansero e si lamentarono, e Yudhisthira, che si sentiva responsabile per la loro morte, cadde al suolo tremando.

I fratelli cercarono di consolarlo, e poco dopo Nakula entrò nella tenda con Draupadi che svenne alla vista dei figli morti. Bhima le spruzzò dell'acqua fresca sul viso, e la sostenne mentre lei tremava senza controllo. Il suo viso delicato era incupito per il dolore come un sole coperto da nuvole di tempesta.

La principessa Panchala disse: "Per buona fortuna, o re, tu hai riconquistato la terra dopo aver sconfitto i nemici. Per buona fortuna i tuoi pensieri non indugiano sul figlio di Subhadra, quell'eroe dalle forti braccia così crudelmente ucciso dai Kaurava. Adesso è toccato ai miei figli di morire, e brucio dal dolore e dalla rabbia vedendo il modo con cui sono stati uccisi nel sonno dal crudele figlio di Drona. Se quel disgraziato non pagherà per questo crimine, io non potrò più vivere, e con il voto Praya digiunerò fino alla morte".

Draupadi si sedette in una posizione di yoga, con le gambe ripiegate a fianco e le braccia protese. "Non mi muoverò di qui fino a che non mi porterete la gemma scintillante che è sul capo di Ashvatthama, dopo averlo ucciso come una bestia."

Poi guardò Bhima con occhi imploranti. "Ricordati dei doveri degli kshatriya, o Bhima, e uccidi quel disgraziato come Indra ha ucciso Shambara. Nessuno al mondo vale quanto te, e tu sei sempre stato il mio protettore."

La voce di Draupadi si spense in un lamento. Si coprì il volto rigato di lacrime con le mani, la testa le cadde sul petto e pianse disperatamente, non riuscendo a togliersi di mente l'immagine dei figli uccisi. Si percosse il petto e riempì la tenda dei suoi singhiozzi.

Bhima guardando la carneficina causata da Ashvatthama venne preso da una tremenda furia, e con gli occhi iniettati di sangue agitò la mazza, ancora sporca del sangue di Duryodhana. Poi chiese a Nakula di fargli da auriga, uscì dalla tenda e balzò sul suo carro. In pochi istanti uscì dall'accampamento, sapendo che Ashvatthama sarebbe prima andato da Duryodhana, e poi a Hastinapura. Nakula guidò il carro come il vento sulla strada di Hastinapura.

Poco dopo arrivò Krishna e dopo aver saputo che Bhima era partito all'inseguimento di Ashvatthama, disse: "O Yudhisthira, Bhima ti è più caro della vita, perché resti qui senza far nulla? Sappi che Drona ha dato ad Ashvatthama il Brahmashira, che può distruggere i tre mondi. Benché suo padre gli abbia ordinato di non usarlo mai contro gli uomini, sono sicuro che nella disperazione lo userà contro Bhima. Solo Arjuna , che ha ricevuto da Drona la stessa arma lo può fermare. Non indugiare, ordinagli di seguire il fratello, e io andrò con lui".

Krishna ricordò a Yudhisthira un episodio accaduto a Dwaraka molti anni prima che rivelava la natura maligna e sfacciata di Ashvatthama. Sapendo che non esisteva arma più potente del disco Sudarshana di Krishna, era andato da lui per scambiarlo con il Brahmashira. Krishna gli aveva detto sorridendo: "Il disco, o eroe, è qui al mio fianco. Puoi prenderlo e non voglio in cambio la tua arma". Tuttavia Ashvatthama, malgrado ci avesse provato con tutta la sua forza, non riuscì a smuovere il disco. Si arrese e Krishna gli chiese perché lo volesse. Ashvatthama rispose: "Se fossi riuscito a prenderlo, ti avrei sfidato, o eroe Yadu, e dopo averti sconfitto, con il tuo disco sarei diventato l'uomo più potente della terra".

Yudhisthira diede l'ordine, Krishna disse delle parole di consolazione a Draupadi, e con un inchino a Yudhisthira, uscì dalla tenda. Arjuna, prima di seguirlo, disse a Draupadi: "O gentile signora, decapiterò il bramino e ti riporterò la sua testa. Poi asciugherò le tue lacrime e ti consolerò".

Arjuna sapeva che era proibito uccidere un bramino, ma con il suo comportamento, Ashvatthama aveva mostrato di avere abbandonato la via della vita braminica.

Krishna e Arjuna salirono sul carro di Krishna, guidato da Daruka e con i quattro cavalli, Shaibya, Sugriva, Meghapushpa e Balahaka, che li attendeva fuori della tenda. Il vessillo celeste con l'emblema di Garuda decorato di oro e gemme, sventolò nell'aria e il carro si gettò all'inseguimento di Ashvatthama.

In poco tempo raggiunsero Bhima che non volle desistere dalla caccia ad Ashvatthama. I due carri volarono verso il Gange, e quando raggiunsero le sue rive videro Ashvatthama seduto in mezzo ai rishi. Sapeva che non c'era luogo al mondo, anzi nei tre mondi, dove si sarebbe potuto nascondere da Krishna e Arjuna, e si era messo nel mezzo dei bramini, contando sul rispetto che i Pandava avevano per loro.

Bhima corse verso di lui con un ruggito. Ashvatthama alzò lo sguardo e vide il furioso Pandava che lo caricava e Krishna e Arjuna nelle vicinanze. Lo straordinario potere di Shiva lo aveva abbandonato non appena era uscito dall'accampamento dei Pandava, ed era terrorizzato. Pensò al Brahmashira, quell'arma micidiale era la sua unica speranza. Prese un filo d'erba *kusha* e recitò i mantra del Brahmashira. Krishna gridò a Bhima di fermarsi, e il Pandava gli obbedì.

Mentre Ashvatthama invocava l'arma si sprigionò una luce abbagliante. Arjuna pregò Krishna: "Mio adorato Signore, tu sei la Persona Suprema, e le tue diverse energie non hanno limite. Solo tu puoi dare coraggio ai tuoi devoti, e solo in te i tuoi devoti possono trovare la strada per la liberazione quando sono nel fuoco delle miserie terrene. Tu sei al di là delle illusioni di questo mondo, e nulla ti è sconosciuto. Ti prego, dimmi cos'è questa luce abbagliante che minaccia di consumare ogni cosa?".

"È il potentissimo Brahmashira. Quel malvagio ha usato quell'arma nel terrore della morte, e oltre a tutto non sa come ritirarla."

Krishna sapeva che Drona non aveva dato l'insegnamento completo dell'arma a suo figlio, temendo che ne potesse abusare. Infatti adesso l'aveva lanciata senza curarsi del pericolo di distruggere il mondo, se stesso incluso.

Krishna spiegò ad Arjuna come contrastare l'arma. "Manda anche il tuo missile di Brahma, o Partha, e si combinerà con quello di Ashvatthama. Poi li potrai ritirare entrambi."

Arjuna toccò i piedi di Krishna, e pensò ai mantra per richiamare l'arma. Rilasciò il missile che si scontrò in cielo con quello di Ashvatthama, con un immenso cerchio di luce accecante. Sembrava che fosse nato un secondo sole pronto a ridurre in cenere l'universo.

Vyasadeva era seduto sulla riva del fiume insieme ai rishi, e si allarmò. Corse da Ashvatthama e disse: "O bramino, cosa stai facendo? Perché hai scagliato quell'arma? Distruggerà il mondo, ritirala subito".

Ashvatthama non sapeva come ritirare l'arma, ma solo come ridirigerla verso un altro bersaglio. Il suo attacco a Krishna e Arjuna era stato fermato dall'abilità superiore di Arjuna.

Ashvatthama si rese conto che la morte gli era ormai vicina, i Pandava non gli avrebbero mostrato pietà. Era frustrato e disperato, e si ricordò che Uttara, la moglie di Abhimanyu era incinta di un figlio concepito prima della morte del principe, l'ultimo discendente dei Kuru. I Kuru avevano ucciso suo padre e i Kuru stavano per ucciderlo. Decise di portare con sé nella morte l'ultima speranza del casato dei Kuru, e si concentrò su Uttara e in particolare sul bimbo nel suo grembo, e mormorò i mantra per ridirigere il Brahmashira verso l'accampamento dei Pandava.

Inconsapevole delle perverse intenzioni di Ashvatthama, Arjuna intonò i mantra per ritirare la sua arma, e la luce brillante nel cielo si spense lentamente. Vedendo che il pericolo era passato, Vyasadeva tornò a sedersi fra i saggi che stavano officiando un sacrificio a Vishnu.

Nell'accampamento, Uttara si sentì improvvisamente in pericolo. Non ne sapeva la ragione, ma sentiva una minaccia. La bellissima principessa, ancora giovanissima, cadde a terra tremando, in preda a una terribile ansia. Pregò Krishna, che per lei era l'unico rifugio. "O Signore dei signori, o Signore dell'universo! Ti prego, proteggimi, perché in questo mondo duale, nessun'altro mi può strappare dalle grinfie della morte".

Pur essendo sul carro di Arjuna, Krishna sentì la preghiera e avendo capito le intenzioni di Ashvatthama, espanse la sua energia ed entrò nel grembo di Uttara nella sua forma mistica e coprì il bambino. Quando il Brahmashira arrivò venne neutralizzato da Krishna e rispedito spento in cielo. Uttara e le altre donne dei Pandava guardarono sbalordite il missile che si innalzava come una cometa scintillante.

Dopo aver ritirato il suo missile di Brahma, Arjuna scagliò un'altra arma che immobilizzò Ashvatthama con delle solide funi, poi scese dal carro, corse da lui e lo afferrò per i capelli trascinandolo sul carro. Avrebbe potuto ucciderlo, ma era riluttante perché era figlio del suo precettore.

Allora Krishna disse: "O Partha, non avere pietà. I suoi peccati sono terribili, e dovresti ucciderlo per il suo bene. Altrimenti andrà all'inferno. Inoltre hai promesso a Draupadi di portarle la testa dell'assassino dei suoi figli. Non esitare, si merita la morte. Ha infangato il nome della sua famiglia. Uccidilo subito!".

Arjuna, caricò Ashvatthama sul carro e replicò: "Non sono capace di ucciderlo, o Krishna, perché è il figlio del mio maestro Se si tratta di un tuo ordine, lo farò, ma preferirei portarlo da Yudhisthira per sentire il suo giudizio. Anche Draupadi potrà decidere cosa fare di questo disgraziato".

Krishna assentì, e con Bhima tornarono al campo. Arjuna trascinò Ashvatthama davanti a Yudhisthira e Draupadi e disse: "Ecco l'assassino dei nostri figli: cosa devo fare di lui?".

Draupadi, che aveva il cuore tenero, sentì compassione per Ashvatthama. Siccome era un bramino, lei giunse le mani in segno di rispetto e disse: "Lascialo andare, o Arjuna, perché è il figlio del tuo maestro d'armi marziali. Si dice che il figlio è come il padre, quindi è come se avessimo davanti Drona. La moglie di Drona non è salita sulla pira del marito perché ha ancora un figlio. Uccidere Ashvatthama causerebbe a lei, che è nostra anziana, un dolore inammissibile per i principi della religione. Mio signore, non farla piangere come me. Inoltre non possiamo macchiarci del peccato di uccidere un bramino, che può ridurre in cenere una casa reale".

Yudhisthira approvò le parole di Draupadi e aggiunse: "Eccellente, ben detto. O gentile signora, le tue parole sono in piena armonia con i Veda".

Anche Arjuna e i gemelli erano d'accordo, ma non Bhima. "Non dobbiamo avere pietà per quest'uomo, che ha ucciso spietatamente uomini nel sonno. La morte è l'unica punizione possibile."

Vedendo il conflitto, Krishna si fece avanti e mise la mano sulla spalla di Bhima dicendogli di calmarsi. Poi si rivolse ad Arjuna e disse: "Un bramino, anche quando si macchia di un peccato, non deve essere ucciso, ma quando si trasforma in aggressore allora si deve ucciderlo. Tutte queste regole si trovano nelle scritture sacre. Tu devi adempiere alla promessa a tua moglie, e devi agire anche per dare soddisfazione a Bhimasena e a me. Noi due vogliamo che sia ucciso".

Arjuna guardò Krishna, che sembrava avere quattro braccia mentre teneva calmo Bhima e dava conforto a Draupadi. Poteva capire le istruzioni equivocabili di Krishna: Ashvatthama doveva essere ucciso e non ucciso. Arjuna prese la sua spada affilata come un rasoio afferrò la crocchia di capelli di Ashvatthama e la recise insieme al gioiello splendente che la teneva legata. Il gioiello conteneva il potere mistico di Ashvatthama, e quando gli venne tolto lui si accartocciò e collassò.

Arjuna diede il gioiello a Draupadi dicendo: "Ecco la gemma che desideravi, o bellissima signora. Ashvatthama è come se fosse morto, perché tagliare i capelli di un guerriero equivale ad ucciderlo. I Veda prescrivono questa punizione per i bramini che peccano".

Bhima lodò Arjuna per questo atto geniale, che aveva soddisfatto tutti.

Krishna parlò con Ashvatthama. "O figlio di Drona, tutti i saggi d'ora in avanti ti reputeranno codardo e peccatore. Dovrai patire le conseguenze delle tue azioni. Per tremila anni vagherai per la terra, con ogni genere di malattia, solo, senza poter parlare con nessuno, disgraziato e maleodorante, e vivrai nelle foreste e nelle paludi. Alla fine di questo periodo, finalmente purificato dai tuoi peccati, salirai in cielo."

Arjuna e Bhima slegarono Ashvatthama, e lo scacciarono. Così cominciò il suo esilio, maledetto da Krishna, privato del suo gioiello e del suo potere.

Yudhisthira chiese a Krishna: "Non riesco a capire come è stato possibile che Ashvatthama da solo abbia potuto uccidere Dhristadyumna e così tanti altri guerrieri. Dimmi, o Keshava, quale forza l'ha posseduto?".

Krishna disse che Ashvatthama aveva adorato Shiva ed aveva ottenuto da lui la forza per uccidere tutti i guerrieri. "Sappi però che il loro tempo era finito, avevano portato a compimento la mia volontà e adesso hanno raggiunto le regioni dell'eterna felicità. Quindi, o re, non piangere per loro."

Krishna consolò Yudhisthira con la saggezza dei Veda, e i Pandava e le loro donne lo ascoltarono. Il sole si stava avvicinando allo zenit, e Yudhisthira, sentendosi sollevato, ordinò di andare al Gange per gli ultimi riti per i figli e tutti gli altri guerrieri. I corpi, coperti di semplice stoffa di cotone, vennero portati al fiume seguiti dalla processione dei Pandava, con le donne davanti, seguite da centinaia di bramini che recitavano mantra vedici e spargendo in terra erba *kusha*.

I servitori prepararono delle grandi pire sulla riva del fiume e vi deposero sopra i cadaveri. I bramini fecero i dovuti rituali, e le pire vennero accese fra i lamenti delle donne. Poi tutti entrarono nell'acqua pregando per le anime dei defunti.

A riti terminati, Krishna e i Pandava si misero in viaggio per Hastinapura.

* * *

Dhritarastra e Gandhari sedevano da soli nella loro sala. Dopo che Krishna li aveva lasciati, si abbandonarono nuovamente al dolore. Sanjaya entrò e Dhritarastra si alzò per salutarlo e cadde a terra.

Sanjaya lo aiutò a rialzarsi e disse: "Perché ti lamenti, o re? Il dolore non serve. Sono state sterminate diciotto *akshauhini*, e la terra è stata spogliata dei suoi re. Tutti i tuoi figli sono stati uccisi, con parenti, amici e consiglieri. Adesso dovresti officiare i riti funerari. Cosa serve restare qui a piangere?".

Sanjaya aprì le pesanti tende ed il sole inondò la sala. Il re e la regina erano scarmigliati, con le vesti in disordine e avvizziti dal dolore. Non avevano dormito per giorni.

Il vecchio re si abbandonò sul suo trono e con voce soffocata disse: "Privo di figli, amici e consiglieri, dovrò vagare come un mendicante. Ahi, non ho ascoltato i miei consiglieri e mi lamento. Krishna mi ha detto di fare pace con i Pandava e di governare la terra senza nemici, e Vidura e Bhishma erano dello stesso parere. Ho scelto di seguire il mio perfido figlio. Adesso lui è morto e io sono in un mare di dolore. Devo aver peccato gravemente nelle mie vite passate per soffrire così. Chi mai su questa terra soffre più di me? Il destino mi ha dato un colpo insopportabile, mi toglierò la vita. Che i Pandava vengano e mi vedano deciso a fare il grande viaggio per il Brahman".

Sanjaya scosse la testa, aveva sentito troppe volte i vuoti lamenti di Dhritarastra. Lo prese per mano e disse: "Metti da parte il tuo dolore, o re. Conosci bene ciò che insegnano i Veda riguardo all'inevitabilità della morte e l'immortalità dell'anima. Tutto accade come deve, e tutti gli uomini raccolgono i frutti delle loro azioni. Per colpa tua i tuoi figli sono morti, per cupidigia hai seguito Duryodhana, che era consigliato da esseri malvagi. E la tua intelligenza corrotta dall'avarizia ti ha tagliato come una spada. In tanti hanno provato a farti seguire la strada della virtù, e tu non hai ascoltato. Sei colto e intelligente, ma non hai le qualità per essere imperatore, perché manchi di discernimento".

Adesso, disse Sanjaya, era il tempo del pentimento. "Colui che tiene in mano un carbone acceso e poi si ustiona, è uno sciocco se si lamenta. Tu e tuo figlio avete alimentato con parole ed azioni il fuoco dei Pandava. Adesso i tuoi figli sono bruciati come insetti nelle fiamme, perché piangi?".

Da quando Vidura aveva lasciato il palazzo per andare in pellegrinaggio, Sanjaya aveva assunto sempre di più il ruolo del consigliere, e come Vidura, parlò con franchezza e senza timore. "Alzati, o monarca, e fai il tuo dovere. Tutti gli esseri che sono stati creati saranno distrutti, tutto ciò che è alto eventualmente cadrà, l'unione porta con sé la separazione e la vita finisce sempre con la morte. Tutte le creature sono nella stessa carovana che va nello stesso posto, e la morte incontra tutti senza eccezione. Non è rilevante chi va per primo. I tuoi figli hanno avuto una morte gloriosa sul campo di battaglia, e sono sicuramente andati nelle regioni più alte, come dicono le scritture sacre. Per uno kshatriya non c'è morte migliore. Il dolore per i tuoi figli è privo di significato, e non farà che aumentare se tu vi indulgerai. Solo chi ha poca intelligenza si lascia vincere dal dolore, che non dà alcun beneficio a chi ne soffre; anzi lo distrae dai suoi doveri e mina gli scopi della sua vita."

Sanjaya non aveva mai cessato di dare buoni consigli a Dhritarastra, anche se lui li aveva sempre ignorati. Adesso che il re aveva perso tutto, forse lo avrebbe ascoltato.

"O re, tutti raccolgono i frutti delle loro azioni. Quando si agisce per desiderio di profitto, si ottiene soltanto di rinascere di nuovo in questo mondo con le relative sofferenze. I saggi agiscono solo per raggiungere la liberazione. Dedicano le loro azioni al Supremo, e si liberano dai legami creati dall'agire, e chi fa il suo dovere solo come un sacrificio per compiacere Vishnu, andrà nelle regioni di vita eterna, dove si gode di felicità illimitata. Coloro invece il cui cuore è dominato dalla lussuria e dal desiderio dei piaceri materiali, continuerà a soffrire."

Dhritarastra accettò i rimproveri di Sanjaya, e pentendosi della sua stoltezza perse di nuovo i sensi. Gandhari pianse silenziosamente, mentre il vecchio auriga spruzzava acqua fresca e profumata sul viso del monarca.

In quel momento arrivò Vyasadeva, splendente per le sue qualità spirituali.

Dhritarastra si alzò per salutarlo, e disse: "Ahi, o signore, sono finito. Che questo mondo sia dannato con tutta l'umanità. Tutti i dolori hanno origine nella condizione dell'esistenza umana. Come si può sopportare il dolore di perdere tutta la ricchezza e tutti coloro che si amano? La calamità che mi ha colpito cesserà soltanto con la mia vita".

Dhritarastra si lasciò cadere a terra singhiozzando, e Vyasadeva disse: "O potente monarca, ascolta le mie parole. Fai ricorso alla tua saggezza. Quando tutto in questo mondo è temporaneo, perché ti duoli di ciò che hai perso? Il tempo stesso, rendendo tuo figlio la causa di ogni cosa, ti ha portato questa disgrazia. Nessuno può cambiare il destino, e io ho saputo dagli esseri celesti qual'era il suo corso".

Vyasadeva raccontò che tempo prima vi era stata un'assemblea alla corte di Indra in cui partecipavano i grandi rishi con a capo Narada, con la presenza dell'onnipotente Vishnu. La devi della terra lo aveva implorato. "Mio amato Signore, mi hai promesso di sollevarmi dal mio fardello. Fai sì che questo accada presto."

Vishnu le aveva risposto: "Il maggiore dei cento figli di Dhritarastra esaudirà il tuo desiderio, e grazie a quel re, accadrà ciò che desideri. Tutti i re che stanno sfruttando le tue risorse si scontreranno in una feroce battaglia e si uccideranno l'un l'altro. O bella fanciulla, torna a sostenere il peso di tutte le creature, e presto sarai accontentata".

Vyasadeva disse anche che Duryodhana era un'incarnazione di Kali, la divinità che presiedeva sull'era ormai imminente di dispute e sofferenze, e aveva causato la carneficina con il suo oscuro influsso. Dhritarastra non doveva biasimare i Pandava, che addolorati per dover essere coinvolti nella strage, avevano tentato di evitarla, ma non erano riusciti a distogliere Duryodhana.

Vyasadeva concluse. "Così ti ho rivelato il segreto divino, o re. I guerrieri uccisi adesso vivono in gioia e beatitudine nei pianeti superiori. La terra non sente più il loro peso, ed un giusto monarca ha preso il loro posto nella persona di Yudhisthira. In questo modo il mondo sarà riportato sulla strada della virtù. Metti da parte il tuo dolore. Se il compassionevole Yudhisthira ti potesse vedere in questo stato, si toglierebbe la vita. Ricomponiti, riprendi possesso dei tuoi sensi, e trascorri gli ultimi giorni della tua vita nell'ascesi."

Dhritarastra sospirò, e alzandosi con l'aiuto di Sanjaya, rispose: "O eccellente rishi, pensando ai miei figli provo un dolore devastante e quasi svengo, ma le tue parole mi hanno persuaso a continuare a vivere. Capisco che tutto è stato voluto e preparato dalle divinità, e mi sforzerò di mettere da parte il mio dolore, e di continuare a vivere".

Vyasadeva svanì, e Dhritarastra e Gandhari si ritirarono nei loro quartieri privati per riposare.

Capitolo 78

Il dolore di Yudhisthira

Appena prima di mezzogiorno, Dhritarastra chiamò i suoi servitori e chiese di essere portato in riva al Gange per i riti funebri per i suoi parenti. Volle che anche le donne fossero presenti, e mandò i servitori a farle preparare.

Le donne salirono sui carri piangendo e percuotendosi il petto e invocando i nomi dei congiunti morti. Dhritarastra e Sanjaya le seguirono con molti altri servitori. Dopo due miglia incontrarono Kritavarma e Kripa, che raccontarono il duello di Bhima e Duryodhana, e del massacro notturno di Ashvatthama.

Kripa concluse dicendo: "Adesso stiamo fuggendo. Ashvatthama è stato catturato e poi rilasciato da Arjuna, e Krishna lo ha maledetto per cui dovrà vagare sulla terra per tremila anni in esilio. Dacci il permesso, o re, di tornare alle nostre case".

Dhritarastra si sentì ancora peggio, diede licenza ai due uomini di tornare a casa e ordinò alla processione di proseguire. In poco tempo raggiunsero il Gange.

Yudhisthira venne a sapere della loro processione, e decise di andargli incontro al fiume con Krishna, Draupadi e le altre donne Panchala.

Quando giunsero al fiume videro migliaia di donne Kuru che si lamentavano, e quando Yudhisthira si avvicinò lo circondarono, e alcune di loro gli dissero: "Dov'è la tua rettitudine, o re? Dov'è la tua compassione? Hai spietatamente ucciso mariti, fratelli, precettori, figli e amici. Cosa ti serve regnare adesso che anche i tuoi figli e alleati sono morti? Ahi, la guerra ha portato soltanto dolore per tutti".

Yudhisthira passò tra loro tacendo, si avvicinò a Dhritarastra e si prostrò ai suoi piedi. I suoi fratelli lo imitarono e offrirono la loro obbedienza. A malincuore Dhritarastra abbracciò Yudhisthira e benedisse i fratelli. Tuttavia, quando vide Bhima, il suo cuore si riempì di rabbia. Nascose la sua emozione e lo chiamò per poterlo abbracciare come aveva fatto con Yudhisthira.

Krishna capì le intenzioni di Dhritarastra, e toccò Bhima sulla spalla per comunicargli di aspettare. Usando il suo potere mistico *prapti*, trasportò il manichino di ferro di Bhima dalla palestra di Duryodhana e lo spinse nelle braccia di Dhritarastra. Il re cieco aveva la forza di diecimila elefanti, e con la rabbia che lo bruciava stritolò la statua con tutta la sua forza e la ridusse in mille pezzi.

Nel fare questo si ferì al petto, vomitò sangue e cadde a terra. Sanjaya lo aiutò a rialzarsi dicendogli: "Non comportarti così, o re".

Dhritarastra, pensando di aver ucciso Bhima, fu colto dal rimorso.

Krishna, visto che la rabbia del re si era placata, disse: "Non dolerti o Bharata, ti ho lasciato distruggere solo un manichino. Chi avrebbe potuto sfuggire al tuo abbraccio mortale? Tuttavia a cosa ti avrebbe giovato uccidere Bhima? Non avrebbe ridato la vita ai tuoi figli. Lascia andare il tuo odio".

Dhritarastra abbassò la testa per la vergogna. I servitori lo accompagnarono al fiume per lavarlo e cambiargli le vesti, e poi lo fecero sedere su di un tappeto in riva al fiume. Krishna proseguì. "Tu che conosci le scritture sacre e la morale, come puoi nutrire rancore per i Pandava? Tutto ciò che è accaduto è stato provocato dalla tua follia. Io stesso ho tentato di avvisarti prima della battaglia, ma non è servito. Tu hai ripetutamente ignorato i consigli di Vidura, Bhishma, Drona e Sanjaya. Solo il re che riconosce le proprie debolezze potrà vivere nel successo, tuttavia se agisce solo secondo i propri giudizi senza ascoltare i buoni consiglieri, soffrirà. Bhima ha ucciso rettamente il tuo figlio disonesto, quel disgraziato che ha fatto trascinare Draupadi nell'assemblea. Tieni presente il suo e il tuo comportamento verso i Pandava, e controlla la tua rabbia".

Dhritarastra rispose: "È come dici tu, o Madhava. Mi sono allontanato dalla virtù per amore paterno. Adesso non sono più arrabbiato, lasciami abbracciare con amore Arjuna e Bhima. Tutti i miei figli sono morti, e la mia felicità ormai dipende soltanto dai Pandava, che sono come figli miei. Ahi, invece di nutrirli e proteggerli, sono stato il loro nemico".

Dopo averli abbracciati tutti, Dhritarastra chiese ai Pandava di andare da Gandhari. Vyasadeva li precedette, e potendo leggere nel cuore e nella mente di tutti, sapeva che la regina voleva maledire Yudhisthira. "Non fare del male ai Pandava, o Gandhari. Cogli invece l'occasione per praticare il perdono. Ricordati, o regina, che sei tu che hai benedetto Duryodhana con l'affermazione 'la vittoria si accompagna sempre alla rettitudine.'

"Le tue parole si sono provate vere. I Pandava hanno tutte le virtù. Desisti dal tuo desiderio malvagio."

I Pandava offrirono i loro rispetti alla regina, toccandole i piedi uno dopo l'altro.

Gandhari, con le lacrime in volto, disse a Vyasadeva: "O saggio, non ho sentimenti ostili per i figli di Pandu, tuttavia il dolore mi ha scosso il cuore. I Kaurava, gonfi di orgoglio e arroganza, sono morti per la follia di Duryodhana e la stoltezza dei loro consiglieri. Non biasimo i Pandava, ma hanno fatto qualcosa che non posso accettare. Bhima ha ucciso Duryodhana con un colpo basso, cosa sicuramente non virtuosa".

Bhima, che aveva saputo da Krishna che Gandhari aveva reso invulnerabile suo figlio, replicò: "Che il colpo fosse leale o no, era il solo modo di uccidere tuo figlio, e tu, o regina, lo devi sapere. Quel peccatore di tuo figlio ha agito numerose volte in modo sleale verso di noi senza alcun riguardo per la virtù, e si meritava di essere ucciso con qualunque mezzo. Se io non l'avessi ucciso, Yudhisthira non avrebbe potuto regnare. Quindi ho fatto quello che potevo e lo ho abbattuto sul campo esattamente come avevo promesso. Se Yudhisthira non me lo avesse impedito, lo avrei fatto molto tempo fa, il giorno in cui lui insultò Draupadi".

Bhima sentiva che la vera ragione per cui uccidere Duryodhana con un colpo basso non era peccato, era l'ordine di Krishna. Dopo tutto, la virtù aveva le sue radici in Krishna, ed era concepita soltanto per compiacerlo. Bhima però sapeva che la sua fede in Krishna non era come quella di Gandhari, e quindi non le disse questa ragione, che avrebbe solo diminuito il suo rispetto per Krishna.

La voce di Gandhari tremò. "Tu sei stato disumano, Bhima. Come hai potuto bere il sangue di Dushashana? Solo un Rakshasa farebbe una cosa del genere."

Bhima non provava alcun rimorso, ma rassicurò la regina. "O casta signora, sappi che non ho lasciato che il suo sangue passasse oltre i miei denti. Quando Dushashana compì quell'azione abominevole contro Draupadi, io feci un terribile voto sotto l'influenza dell'ira. Se non avessi rispettato il mio voto, la mia reputazione sarebbe stata macchiata, e la mia rettitudine compromessa. Non mi puoi dare alcuna colpa, o Gandhari. Non avete fermato prima i vostri figli, e non dovreste biasimare noi che siamo innocenti."

Gandhari pianse silenziosamente, pensando ai suoi figli. Il suo fragile corpo tremava, e le damigelle vennero a sostenerla. Dopo un po' si riprese e disse: "O Bhima, non potevi risparmiare almeno uno dei nostri figli? Come sopravviveremo senza sostegno?".

Le salì di nuovo la rabbia, e chiese: "Dov'è Yudhisthira? Voglio rivolgermi al maggiore di voi".

Yudhisthira, tremando e con le mani giunte, venne davanti alla regina e disse: "Eccomi, o Gandhari, il crudele assassino dei tuoi figli. Mi merito la tua maledizione perché sono la causa di questa grande sciagura. Maledicimi subito, o regina. Non mi importa del regno, della ricchezza e nemmeno della mia vita. Avendo provocato la morte di parenti ed amici mi sono provato uno stolto, uno che odia la sua stessa famiglia".

Gandhari lottò per controllare la sua rabbia. Era consapevole della debolezza di suo marito e della malvagità dei suoi figli, e pensando alle parole di Vyasadeva, si trattenne dal maledire i Pandava. Era chiaro che Yudhisthira pativa di dolore e rimorso, tuttavia non avrebbe dovuto permettere a Bhima di perpetrare i suoi voti crudeli contro ai suoi figli. Dietro la benda, Gandhari sentiva la rabbia che le bruciava gli occhi. Benché avesse usato gran parte dei suoi poteri ascetici per rendere invulnerabile Duryodhana, non li aveva consumati del tutto. Alzò la benda solo un poco, e guardò i piedi di Yudhisthira. Le dita dei piedi di Yudhisthira si ustionarono e le sue unghie divennero marroni.

Yudhisthira non reagì, e Gandhari riprese il controllo di sé e rassicurò i fratelli. Disse loro di andare da Kunti, che desiderava rivederli.

Allora i fratelli raggiunsero la madre. Kunti, che li vedeva per la prima volta dopo il loro esilio, pianse coprendosi il volto. Dopo un po' li abbracciò ripetutamente e li carezzò, lamentandosi per le cicatrici delle loro ferite.

Draupadi si prostrò davanti a lei, e le sue lacrime le bagnarono i piedi. "O venerabile signora, dove sono tutti i tuoi nipoti? O madre, come posso vivere, e cosa me ne importa di regnare? Ahi, tutti i miei figli sono morti."

Kunti fece alzare Draupadi e la consolò. Gandhari la sentì piangere, e pensando a Krishna sentì nuovamente montare la rabbia. Benché Krishna avesse provato a fare pace senza riuscirvi, se lo avesse desiderato avrebbe potuto imporla. Nulla doveva essere al di là delle sue possibilità. Gandhari pensò che alla fine, la responsabilità era tutta di Krishna. Persino i rishi avevano detto che lo sterminio di tutti i guerrieri era accaduto per il suo volere divino.

Gandhari chiese di vedere Krishna e gli disse: "I Pandava e i Kaurava sono stati sconfitti davanti ai tuoi occhi, o Krishna. Perché sei rimasto indifferente? Avresti potuto impedire la carneficina, o Madhava, e dato che deliberatamente hai permesso questo sterminio, ne dovrai patire le conseguenze. Per quei pochi meriti che ho acquisito servendo mio marito, io ti maledico, o eroe del disco. Come hai spietatamente lasciato che i Pandava e i Kaurava si uccidessero tra loro, così tu sarai colui che distruggerà la tua gente. O Govinda, nel trentaseiesimo anno da adesso ucciderai i membri della tua famiglia in una lotta fratricida, morendo tu stesso ucciso in modo sleale. Le donne della tua famiglia piangeranno come oggi piangono le donne dei Kuru".

Krishna fece un inchino col capo. "Le tue parole si avvereranno, o casta signora. Nessuno a questo mondo potrebbe sterminare i Vrishni e gli Yadava. Nel darmi questa maledizione mi hai servito, perché non sapevo come far uscire da questo mondo i miei parenti. Né i deva, né i Gandharva o gli Asura avrebbero potuto ucciderli. Quindi si ammazzeranno tra loro."

I Pandava che avevano sentito si guardarono tra loro con sgomento. Il pensiero della dipartita di Krishna, anche se a trentasei anni di distanza, gli riusciva insopportabile. Come avrebbero potuto vivere senza di lui? Lo guardarono tra le lacrime.

Krishna guardò i Pandava con affetto e proseguì: "Alzati o Gandhari, e metti da parte il tuo dolore. Tuo figlio Duryodhana, che non avete fermato, era malvagio, invidioso e arrogante. Perché biasimate gli altri per le sue colpe? Fin dall'inizio non avreste dovuto permettergli di vivere. Era l'incarnazione dell'ostilità e disobbediva agli anziani. Ha avuto la fine che si meritava. Mettete da parte il vostro inutile dolore, perché se lo nutrite non farà che aumentare. Una donna bramina mette al mondo dei figli che faranno pratiche di austerità, una vaishya avrà figli mandriani, e così i figli di una kshatriya saranno partoriti per morire in battaglia, e per nessun'altra ragione".

Quando Krishna ebbe finito, Gandhari tacque. Allora Dhritarastra chiese a Yudhisthira dove pensava che andassero i guerrieri morti in battaglia. Yudhisthira rispose: "Per grazia del rishi Lomasha, ho avuto la visione di dove vanno gli eroi. Tutti loro hanno raggiunto la dimora delle divinità celesti. Anche quelli che sono caduti mentre fuggivano o evitando la battaglia, sono saliti nelle regioni della felicità eterna. Sono infatti morti in presenza di Krishna, e quindi sono stati benedetti".

Dhritarastra, rassicurato dalle parole di Yudhisthira, diede ordine di iniziare i riti funebri. Migliaia di bramini cantarono gli inni del Sama e Rig Veda, e le pire funerarie illuminarono tutta la riva del fiume. I Kuru entrarono nell'acqua fino alla cintola ed offrirono oblazioni di acqua sacra ai parenti scomparsi.

Quando i Pandava stavano per entrare anche loro nel fiume, Kunti gli si avvicinò quietamente e sussurrò: "O eroi, fate offerte anche per Karna. Quell'eroe luminoso che amava combattere, e lo faceva in modo sublime, era il figlio di Surya e mio primogenito. Era il vostro fratello maggiore".

I cinque fratelli erano sbalorditi. Yudhisthira lanciò un grido. "O nobile signora, tu sei la madre di quel Karna che era come un oceano le cui frecce erano i marosi, le sue braccia tremendi squali e il suono della corda del suo arco il suo ruggito? Eri tu la madre di colui che giurò eterna inimicizia ad Arjuna? Perché hai nascosto questo fatto come una brace nella tua veste? Dicci come fu che tu avesti quel figlio. Provo un dolore ancor più grande di quando ho saputo della morte di Abhimanyu."

Yudhisthira pianse, perché oltre a tutte le persone di cui aveva causato la morte, adesso si aggiungeva anche il suo fratello maggiore.

Tremando, Kunti disse: "Ahi, caro figlio, ho mantenuto a lungo questo segreto perché non ero ancora sposata quando ho dato alla luce quel figlio. Ho pensato di dirvelo, ma c'è sempre stato qualcosa che mi ha fatto esitare. Adesso nessuno potrebbe fare gli ultimi riti per lui e non posso più nascondere la verità".

Kunti si ricordò di quel giorno fatale in cui Surya era entrato nella sua stanza. Guardò il Gange che scorreva tranquillo come il giorno in cui vi aveva affidato il cesto che conteneva Karna. Cadde a terra in singhiozzi, e Yudhisthira la aiutò a rialzarsi posandole sulla fronte la sua mano fresca. "O madre, quanto devi aver sofferto! O Karna, dove sei andato senza che i tuoi fratelli minori ti potessero salutare?".

Yudhisthira guardò Krishna che stava in acqua immerso fino alla cintola offrendo le sue oblazioni ai defunti. Chissà quali ragioni imperscrutabili aveva per non avergli rivelato la verità su Karna. Tuttavia se Kunti si fosse fidata di loro, rivelando a suo tempo la vera identità di Karna, si sarebbe evitato tutto lo spargimento di sangue.

Kunti raccontò la storia della nascita di Karna, e i Pandava ascoltarono sgomenti. Era uno strano destino che aveva fatto sì che il maggiore dei Pandava, figlio della potente divinità del sole, venisse separato alla nascita dalla sua famiglia e proiettato nel ruolo di nemico dei suoi stessi fratelli. Quando Krishna fu uscito dall'acqua Yudhisthira gli chiese: "O Signore, perché non siamo mai stati informati?".

Krishna rispose: "Non ho mai rivelato il segreto per amore di mia zia. Tuttavia, o re, Karna sapeva la verità, e malgrado questo è rimasto leale a Duryodhana, pur essendo consapevole delle conseguenze. Adesso fate per lui gli ultimi riti".

Kunti e i suoi figli entrarono nel fiume facendo silenziosamente le loro offerte a Karna e agli altri parenti morti. Secondo i precetti delle scritture sacre, Yudhisthira ordinò che tutti rimanessero al fiume per trenta giorni a fare offerte per i defunti.

Quella sera, i Pandava si sedettero con Krishna e con molti rishi fra cui Narada. Yudhisthira fece a Narada delle domande su Karna. Voleva conoscere la sua vita in ogni particolare. Narada raccontò la sua infanzia, allevato da Adhiratha e Radha. Disse che, vista la sua poderosa natura, aveva avuto la migliore istruzione nelle arti di guerra. Il suo odio per Arjuna era nato quando Drona si era rifiutato di insegnargli per la sua casta. Karna aveva lasciato Drona e aveva deciso di tornare ad umiliarlo sconfiggendo il suo discepolo migliore. Era divenuto discepolo di Parasurama, che infine lo aveva maledetto per i suoi inganni.

Dopo aver saputo della sua promessa a Kunti di non uccidere altro fratello che Arjuna, Yudhisthira pianse. Si rivolse a Kunti e disse: "Se solo Karna fosse venuto da me come un fratello, io gli avrei dato la terra ed avrei impedito la catastrofe. Sarebbe stato il capo dei Pandava, ed avrebbe illuminato questo mondo come Indra illumina il cielo".

Kunti si tirò sulla testa il lembo del suo sari bianco, e con le lacrime che le scorrevano abbondanti, disse: "Caro figlio, e grande eroe, non avere di questi pensieri. Ho cercato di fare il mio meglio per convincere Karna a venire da te, ma lui non mi ha ascoltato. Anche suo padre Surya andò da lui in sogno e cercò di persuaderlo senza riuscirvi. Se vi avessi informato della sua identità, avrei solo peggiorato le cose".

Yudhisthira si coprì il volto con le mani sospirando. "O madre, non ti biasimo per il tuo silenzio. Tuttavia penso che avresti dovuto confidarti con me. Dichiaro allora che da oggi in avanti nessuna donna riuscirà mai a mantenere un segreto."

Narada, provando compassione per Yudhisthira, disse: "O re, non ti abbandonare al dolore. Tu hai guadagnato questa terra rettamente con la forza delle tue braccia. Hai sempre rispettato i tuoi doveri, sei uscito dalla guerra vivo e adesso sei il capo indiscusso di tutto il mondo. Perché non ne gioisci? Alzati e prendi il posto che ti spetta. Fai gioire i tuoi fratelli e conduci questo mondo sulla strada della virtù".

Yudhisthira era abbattuto, e le parole del rishi non lo rallegrarono. La rivelazione di sua madre su Karna gli aveva moltiplicato i rimorsi. Certo, i guerrieri erano felicemente andati in cielo, ma che dire dei milioni di vedove e orfani? Yudhisthira amava la gente come un padre, e adesso il mondo era pieno di donne colpite dal dolore e di bambini privi di protezione.

Disse con calma: "O grande saggio, ho conquistato il mondo affidandomi a Krishna, con il favore dei bramini e la forza di Bhima e Arjuna. Tuttavia ho un grande peso sul cuore e sulla mente. Ho ucciso tutti i miei parenti per desiderio del regno. Ho causato la morte dell'amato figlio di Subhadra e dei figli di Draupadi, e la mia vittoria o saggio, è quasi peggio di una sconfitta. Il dolore di queste dolci donne mi strazia il cuore, e a causa mia milioni di donne sono in questo stato. Come posso godermi il regno della terra?".

Yudhisthira dette sfogo alla sua angoscia. Lodò il perdono e il controllo dei sensi e criticò la vita ed i modi degli kshatriya, sempre violenti ed irosi. Pur avendo scrupolosamente atteso ai suoi doveri, la sua natura era più simile a quella di un bramino che a quella di un guerriero. Disse a Krishna e ai fratelli che intendeva passare il resto della sua vita in penitenza.

"Abbiamo combattuto una guerra come cani che lottano per un pezzo di carne, io non desidero più quella carne, la rifiuto. Lo sforzo è stato inutile. Nessuno ha raggiunto il proprio scopo. I malefici Kaurava, viziati dallo stolto re Dhritarastra, sono stati distrutti, e a noi sono rimaste le ceneri fumanti. Me ne andrò nella foresta, rinunciando ad ogni attaccamento materiale. Che Bhima divenga re, oppure tu Arjuna, con Krishna come amico potresti governare la terra. Io rinuncio."

Yudhisthira tacque, e Arjuna guardò Krishna e poi di nuovo Yudhisthira. Era caduta la notte e le fiamme dei fuochi sacri davano dei riflessi arancioni al suo bel viso. "Come puoi, o signore, parlare così? Hai vinto i tuoi nemici, e adesso sei l'indiscusso re della terra. Sei uno kshatriya, ed è il tuo dovere proteggere la gente. La povertà si addice ai rishi, non ai re. I re devono fare sacrifici e poi distribuire la carità a coloro che ne hanno bisogno. I re giusti esaltano la loro virtù e fama usando bene la propria ricchezza. Il mondo ha bisogno di un capo, e ricoprire quel ruolo è il tuo dovere religioso. Seguendo la strada di Dilipa, Nahusha e Ambarisha e molti altri monarchi del nostro casato, devi diventare imperatore della terra."

Yudhisthira rimase in silenzio. Non era convinto, e infine disse: "Non posso accettare le tue lodi della ricchezza e degli attaccamenti materiali. Se focalizzi la mente dentro di te, capirai cosa sto dicendo. Il mio solo desiderio è di rinunciare alla vita materialistica e prendere la via del mendicante. Questo mondo è illusorio, e solo gli sciocchi vogliono rimanerci. D'ora in poi userò soltanto lo stretto necessario per sopravvivere, e trascorrerò il mio tempo facendo pratiche di ascesi e meditazione. Solo quel genere di vita mi può dare serenità. Voglio andare nella foresta alla ricerca della dimora eterna dello Spirito Supremo".

Allora Bhima prese la parola. Come Arjuna, era frustrato dalla riluttanza di Yudhisthira a governare dopo gli enormi sforzi per riconquistare il regno. La sua voce risuonò nel silenzio della notte.

"O re, mi sembri uno sciocco che recita i Veda senza capirne il significato. Criticando i doveri dei re, tu aspiri ad una vita oziosa. Se avessimo saputo le tue intenzioni, non avremmo combattuto. Se tu adesso non fai il tuo dovere, l'uccisione dei figli di Dhritarastra è stato un atto privo di senso".

"Tuttavia i saggi affermano che abbiamo il dovere di uccidere i nemici e governare con giustizia. Il perdono ed il controllo di sé sono qualità degli kshatriya. Se tu ti ritiri adesso fai come uno che si arrampica su un albero in cerca di miele e cade prima di averlo potuto assaggiare, o come uno che muore di fame e dopo essersi procurato il cibo si rifiuta di toccarlo."

Bhima sottolineò che i doveri degli kshatriya facevano parte dell'ordine voluto dal Signore Supremo, e quindi non erano condannabili. La rinuncia per i re era accettabile soltanto dopo la sconfitta o con la tarda età. Fintanto che ne aveva la forza e le capacità, uno kshatriya virtuoso doveva impegnarsi a governare e proteggere il popolo.

Bhima concluse: "O re, la vera rinuncia consiste nel fare il proprio dovere secondo la volontà del Signore Supremo. Il mondo si muove con tutti i suoi esseri che agiscono secondo la natura che gli è stata data".

Yudhisthira rimase in silenzio. Arjuna disse: "O re, nei Veda c'è un antica storia che parla dei meriti relativi della rinuncia e dell'azione. Ascolta".

La storia narrava di alcuni giovani bramini che erano andati nella foresta per una vita di rinuncia. Gli si era presentato Indra nella forma di uccello che gli aveva chiesto cosa facessero. Quando glielo dissero, lui rispose: "Questo comportamento non è approvato dalle scritture. I Veda definiscono i doveri dei bramini, e coloro che li trascurano sono da condannare. D'altro canto, colui che fa il proprio dovere solo perché dev'essere fatto, e vive dei resti dei sacrifici dopo aver fatto le sue offerte al Supremo, ai parenti, agli antenati, ai deva e agli ospiti, ottiene risultati altrimenti difficili da raggiungere".

Arjuna aggiunse che i bramini ritornarono ai propri doveri ed ebbero successo nella loro vita.

Yudhisthira ancora non disse nulla. Anche Nakula cercò di incoraggiarlo ad accettare il suo dovere. Citò i Veda, e descrisse i sacrifici che gli kshatriya devono compiere. Se un re non si dedica ai propri doveri di fare sacrifici per il bene del popolo e per proteggerlo, provoca disastri e sventure per sé e i suoi soggetti. La vera rinuncia è un fatto interiore, e agisce giustamente chi compie il proprio dovere in uno spirito di rinuncia.

Poi parlò Sahadeva ribadendo quello che avevano già detto i fratelli. Yudhisthira rimase seduto silenziosamente in mezzo ai rishi che curavano il fuoco sacrificale. Sahadeva disse: "O re, la parola *mama*, che significa mio, è la morte; e il suo opposto, *nama*, è l'eterno Brahman. La Morte e il Brahman inducono l'uomo all'azione. Il saggio, libero dai falsi concetti del sé, è consapevole di essere uno spirito eterno, agisce senza essere attaccato ai risultati, e in questo modo il suo lavoro è spirituale e raggiunge il Brahman. Invece colui che ancora desidera i frutti del proprio lavoro, anche se vive nella foresta, è nelle fauci della Morte. In verità, o re, anche l'inazione è azione se si vuole un risultato".

Yudhisthira non disse nulla. Sapeva bene che tutto ciò che i fratelli avevano detto era vero, ma in cuor suo non se la sentiva di regnare. Rimase a fissare il terreno, pensando a Bhishma, che ancora giaceva sul suo letto di frecce sul campo di battaglia, a Drona ucciso grazie al suo inganno, e a Karna, il fratello ucciso ancor prima di conoscere la sua identità. Yudhisthira pensò ad Abhimanyu e ai figli di Draupadi e alle loro giovani mogli in lutto. Se avesse rinunciato a regnare, nessuno di loro sarebbe morto. Duryodhana, con tutte le sue colpe, era stato un buon governante. Che bisogno c'era di distruggere tutte quelle vite?

Draupadi, vedendo la tristezza di Yudhisthira, disse con dolcezza: "O re, i tuoi fratelli stanno sgolandosi per il tuo bene, e tu taci. O signore, quando eravamo nella foresta patendo per il freddo ed il vento, hai detto loro: 'Presto sconfiggeremo Duryodhana e riconquisteremo il regno'. O re virtuoso, dopo che le tue parole si sono avverate tu ci getti nella disperazione con la tua riluttanza. Sei posseduto da una forma di pazzia, altrimenti perché vorresti tirarti indietro dai tuoi doveri? Prendi lo scettro di comando e la staffa della giustizia! Governa questa divina terra con rettitudine e giustizia, adora le divinità con i sacrifici, pratica la carità e sottometti i malvagi. In questo modo, mio signore, avrai la felicità e soddisferai i tuoi fratelli".

Yudhisthira non diede segno di aver sentito. Nel silenzio generale si sentivano i grilli dal bosco vicino. Nell'area sacrificale i bramini mormoravano i mantra e cantavano i nomi del Supremo. Krishna guardò Yudhisthira compassionevolmente, ma tacque. Bhima divenne impaziente e parlò ancora cercando di fargli cambiare idea. "Ti prego di perdonarmi, o re, ma non posso tollerare in silenzio la tua debolezza. Tutto ciò per cui abbiamo lottato duramente viene minacciato dal fatto che tu sei sconvolto. Sembra che tu abbia perso il buon senso. Dovresti saper distinguere il giusto dallo sbagliato, e allora perché esiti a fare il tuo dovere? Non hai mai mostrato prima una simile debolezza, lasciandoti sopraffare dai sentimenti. Ti sei scordato dei peccati dei Kaurava? Ti sei dimenticato dai torti inflitti a Draupadi e a noi? Non ti ricordi delle sofferenze dell'esilio, in attesa di questo giorno? Hai vinto una guerra, o re, e adesso ne affronti una ancor più grande, la guerra alla tua mente. Se morirai prima di averla vinta, dovrai rinascere per riprendere questa battaglia fino a vincerla."

Yudhisthira si irrigidì. L'insinuazione di Bhima sulla sua incapacità di controllare la mente lo feriva. Fece un profondo respiro e disse: "O Bhima, penso che sia tu quello che è dominato dalla mente. Tu soffri del peccato della scontentezza, dell'attaccamento alle cose di questo mondo, dell'ingordigia, la vanità e l'ignoranza. Mi inciti ad accettare la terra, ma come potrei così soddisfare la mia anima e persino i miei sensi? I desideri materiali non possono mai venire soddisfatti, e sono di ostacolo nella via spirituale. Solo coloro che possono rinunciare a quei desideri possono raggiungere la perfezione. Colui che è privo di desideri può accedere alle regioni dell'eterna felicità, ma coloro che rimangono impegolati nella vana ricerca dei piaceri mondani sono costretti a rimanere in questo mondo di sofferenza".

Bhima, ferito dal rimprovero, non replicò. Arjuna parlò di nuovo, citando un antica storia dei Veda sul famoso re Janaka. Anche lui aveva deciso di abbandonare il regno e le ricchezze per una vita di ascesi nella foresta. Allora sua moglie gli disse che, benché avesse desiderato lasciare il regno con uno spirito di rinuncia, se fosse stato veramente distaccato non gli sarebbe importato nulla di essere un re piuttosto che un mendicante.

C'erano molti insegnamenti diversi nei Veda, ciascuno valido in varie situazioni particolari. Considerando la situazione specifica, per Yudhisthira la rinuncia era l'unica strada possibile. Guardò Arjuna con affetto: "So che parli per il mio bene, caro fratello, ma le tue parole non mi toccano il cuore. Tu sei esperto nelle scienze militari, ma non sei altrettanto competente per le sottili questioni spirituali. Come Bhima tu consideri la ricchezza ed i valori materiali superiori all'ascesi. Tuttavia, è vero che la strada dei doveri nel mondo ha il suo posto, però serve soltanto come un mezzo per raggiungere la strada più elevata della rinuncia. Si deve cercare l'anima, e infine l'Anima Suprema, entrambe totalmente separate dalla materia. Ecco perché bisogna rinunciare alle cose materiali".

I rishi, affascinati da questi scambi fra Yudhisthira e i suoi fratelli, sorridevano apprezzando ogni discorso. Krishna si godeva anche lui la discussione, tuttavia rimase in silenzio. Uno dei rishi, Devasthana, descrisse a Yudhisthira la vita dell'asceta. Disse che anche quella vita non era priva di azione. Gli asceti nella foresta devono lavorare duramente per fare i sacrifici ed adorare le varie divinità, senza la certezza di raggiungere la perfezione con il loro lavoro. Devasthana disse che un re pio che fa i sacrifici e compie scrupolosamente i propri doveri, non è meno religioso di un asceta bramino, ed ha le stesse probabilità di raggiungere la perfezione.

Yudhisthira non rispose. Anche Vyasadeva parlò a lungo dei doveri e delle glorie degli kshatriya, e condannò i re che non compiono il proprio dovere. Se un regno resta senza protezione ed i cittadini ne soffrono, il re commette peccato, essendo addirittura incolpabile dei crimini che vengono commessi nel suo regno. Il giusto comportamento per un re è di svolgere le funzioni di governo e di protezione, arrivando alla rinuncia solo alla fine della sua vita.

A Yudhisthira non piaceva disobbedire a Vyasadeva o agli altri rishi, ma non sentiva attrazione per il ruolo del re. Giunse le mani e replicò: "Mio signore, l'idea di regnare con tutti i relativi piaceri materiali, non mi dà alcuna gioia. Sono ancora in lutto, e non ho pace ascoltando i lamenti di tutte le donne che hanno perduto i loro uomini".

Il saggio immortale sorrise. "Non preoccuparti della felicità o del dolore, che sono entrambi effimeri. Per effetto del tempo si incontrano gioia e sofferenza una dopo l'altra. Il piacere genera dolore, e dal dolore rinasce il piacere. A questo mondo ci sono solo due tipi di uomini permanentemente felici: coloro che sono completamente stolti, e coloro che hanno posto sotto controllo i propri sensi. Coloro che sono in mezzo a questi due estremi soffrono. Quindi il saggio rinuncia ai suoi attaccamenti e alle sue repulsioni, e si limita a fare il suo dovere per compiacere il Supremo. Il tuo dovere, o Bharata, è di governare la terra, e compiendo questo dovere guadagnerai una fama e una virtù immortale, arrivando quindi alle più alte regioni del cielo."

Yudhisthira si sentiva dilaniato, era contro la sua natura rifiutare il consiglio dei saggi, ma i suoi dubbi restavano. Come accettare il trono dopo aver causato così tanta distruzione? Le lacrime gli scorrevano sulle guance quando rispose a Vyasadeva. "Io sono il peggior peccatore! Questo corpo che mi è stato dato per servire gli altri, ha portato alla morte di uomini. Direttamente o indirettamente, ho ucciso ragazzi, bramini, amici, alleati, parenti, precettori e fratelli. Anche se io dovessi vivere per milioni di anni non potrò sfuggire all'inferno che mi merito per questi peccati. Benché non sia peccato per un re uccidere per salvare i propri sudditi o per una causa religiosa, questo non si può applicare a me in questo caso."

Yudhisthira sapeva che non è peccato per un re uccidere durante il compimento del proprio dovere, tuttavia durante la guerra egli non era re. Tutti gli eccidi erano accaduti per consentirgli di diventare re al posto di Duryodhana. Un tale egoismo era sicuramente peccato.

Krishna, vedendo Yudhisthira devastato dal rimorso, gli si avvicinò, lo prese per mano e sorrise. "Non dolerti così, o re, perché ti ammalerai. Con il dolore non riporterai in vita nessuno. Tutti i morti sono come oggetti visti in sogno che scompaiono quando ci si sveglia. Tu li hai privati del loro corpo purificandoli con le armi e loro sono saliti in cielo. Perché lamentarsi? Hai il dovere di governare."

Poi parlarono Narada e Vyasadeva. Tuttavia dopo tutto quello che fu detto, Yudhisthira non era ancora convinto. Prese un pugno di terra e la lasciò scorrere tra le dita. Voleva compiacere Krishna e soddisfare i rishi, ma si sentiva macchiato dal peccato.

Si rivolse a Vyasadeva. "O grande saggio, è vero che se uno adempie al proprio dovere secondo i precetti delle scritture non commette peccato. Lo capisco, tuttavia sono i peccati che ho già commesso che mi bruciano e mi consumano. Ho commesso genocidio, e andrò sicuramente all'inferno."

Vyasadeva replicò: "Uomini come te non vanno all'inferno.Talvolta la virtù sembra un peccato, altre volte è il peccato che appare come virtù. non devi temere, anche se ci sono state delle irregolarità sul campo di battaglia. Soltanto colui che pecca deliberatamente senza rimorso va all'inferno. Non è il tuo caso, tu hai combattuto con riluttanza, ed ora te ne penti. Questo pentimento ti purificherà, e se lo desideri potrai compiere atti di espiazione. Tuttavia la tua convinzione di aver peccato è illusoria".

Infine Yudhisthira chiese: "O saggio, ti ringrazio per i tuoi insegnamenti. Comunque ho ancora dei dubbi. Come posso essere certo di non peccare ancora? Parlami dei doveri dei re. Devo sapere come quei doveri possano essere sempre compatibili con la virtù".

Dopo aver dato uno sguardo a Vyasadeva rispose. "Per conoscere la morale ed i doveri dei re in dettaglio, dovresti andare da Bhishma. Non penso che ci sia nessuno che ne sappia più di lui. In cielo lo ha istruito Brihaspati, e sulla terra i rishi Vasishtha e Chyavana. Ha anche imparato da Sanat Kumara, Markandeya, Parasurama e persino da Indra. Lui potrà chiarirti ogni dubbio. Va' da lui, perché non è ancora giunto il momento della sua morte."

Solo a sentir nominare Bhishma la sofferenza di Yudhisthira divenne più acuta. "Come posso andare dal nonno dopo averlo colpito con l'inganno?"

Krishna mise la mano sulla spalla di Yudhisthira. "Smetti di indulgere nel dolore, o grande re. Vai da Bhishma e chiedigli dei tuoi doveri. Quando avrai chiarito i tuoi dubbi potrai compiacere i bramini e soddisfare i tuoi fratelli divenendo re."

Le discussioni erano andate avanti tutta la notte, e le prime luci dell'alba rischiararono l'orizzonte. Yudhisthira si risolse ad accogliere il consiglio di Vyasadeva, si alzò, e per il bene del mondo disse: "Così sia. Che i bramini mi consacrino imperatore, e poi andrò dal nobile nonno Kuru".

Si fecero tutti i preparativi per la cerimonia di incoronazione. Yudhisthira venne accompagnato da Krishna e dai suoi fratelli a Hastinapura, lodato dai bardi e dai cantori, a bordo di un carro bianco tirato da sedici buoi bianchi. Bhima teneva le redini, Arjuna reggeva uno splendido parasole bianco e i gemelli lo rinfrescavano con dei piumini dal manico d'oro.

Yudhisthira volle che Dhritarastra fosse alla testa della processione, ed il vecchio monarca sedette con Gandhari su un carro d'oro. Subito dopo Yudhisthira seguiva Krishna con Satyaki seduto al fianco sul suo carro. Lasciarono la regione boschiva sulla riva del Gange e si mossero lentamente sulla liscia strada per Hastinapura. Entrando in città vennero accolti dal suono delle conchiglie e dei tamburi e dalle grida di gioia di tutti i cittadini.

Capitolo 79

Gli insegnamenti di Bhishma

Quando seppero che i Pandava stavano tornando, i cittadini di Hastinapura addobbarono rapidamente la città con ghirlande e festoni colorati. Poi, dalle strade e dalle case lanciarono riso e petali di fiori sulla processione, e alla vista dei cinque fratelli ebbero la sensazione che la coscienza rientrasse nel loro corpo.

Mentre la processione avanzava le donne abbienti gettarono dai balconi dei loro palazzi sete preziose e gemme, gridando a Draupadi che era su di un cocchio coperto da una tenda di seta dietro al carro dei fratelli: "Ti meriti ogni lode, benedetta principessa, che servi quei cinque eroi come Gautami serviva i sette divini rishi. La tua religiosità e i tuoi voti hanno portato i loro frutti".

Yudhisthira si avviò verso il palazzo dei Kuru, dove fu accolto da discorsi di benvenuto dai cittadini più importanti. "Per nostra fortuna sei tornato, o migliore fra i re. Hai riconquistato il regno con la virtù ed il valore. Che tu possa conservarlo per un secolo, proteggendo i tuoi sudditi come Indra protegge i deva."

Il carro di Yudhisthira attraversò le porte del palazzo dove i bramini lo accolsero cantando i mantra vedici. Yudhisthira scese dal carro ed entrò nel tempio dove si inchinò alle divinità e le adorò con offerte di gemme, ghirlande ed incensi. I bramini lo attesero in uscita con gli oggetti sacri, lo benedirono mentre lui si avviava verso la sala delle assemblee.

Fra i bramini c'era un Rakshasa travestito da bramino di nome Charvaka, un vecchio amico di Duryodhana, che insultò Yudhisthira. "O figlio di Kunti, parlo a nome di tutti questi asceti. Dicono: 'Vergognati! Sei un re malvagio che ha ucciso i suoi parenti. Sarebbe meglio che ti togliessi la vita'."

I bramini urlarono di rabbia, e dissero vergognandosi: "Queste non sono le nostre parole, O re. Non abbiamo mai detto niente del genere. Che la prosperità ti accompagni sempre".

Yudhisthira chinò la testa e disse: "O bramini, state tranquilli. È vero quello che dice. Non insultatemi, perché presto mi toglierò la vita".

Alcuni saggi con la loro visione spirituale scoprirono la vera identità di Charvaka, e con il filo sacro fra le dita, pronunciarono la sillaba vedica "Hun!". Charvaka cadde come un albero colpito alle radici dal fulmine di Indra.

Yudhisthira, rassicurato dai bramini, entrò nella sala delle assemblee e prese posto su di un trono d'oro. Krishna e Satyaki si sedettero di fronte a lui, mentre Bhima e Arjuna gli sedettero ai fianchi. Kunti andò su un trono d'avorio con i gemelli ai fianchi.

La sala si riempì dei suoni dei canti sacri, e la cerimonia ebbe inizio. Yudhisthira venne asperso con acqua consacrata, latte, miele, yoghurt e ghee, e indossò vesti di seta bianca con ghirlande e gioielli. Dhaumya lo fece sedere su di un seggio coperto di pelli di tigre con Draupadi al suo fianco, e fece le offerte nel fuoco sacrificale. Krishna concluse la cerimonia versando acqua consacrata da una grande conchiglia bianca sulla testa incoronata di Yudhisthira.

Yudhisthira si alzò re dei Kuru. Migliaia di tamburi rullarono e la sala si riempì di grida di gioia. Yudhisthira distribuì mucchi d'oro e di gemme in carità ai bramini, cominciando da Dhaumya e dai sacerdoti che avevano officiato la cerimonia.

Poi si sedette sul trono reale e parlò. "Colui che riceve queste lodi e queste adorazioni da tutti questi colti bramini, dev'essere davvero un grand'uomo. Io non mi sento di meritare queste parole. Il re Dhritarastra è il nostro divino padre, e se volete compiacere me, obbeditegli sempre. Non trattatelo in modo diverso da come avete fatto per tanti anni."

Yudhisthira elesse i suoi ministri. Bhima divenne principe reggente, Arjuna comandante dell'esercito, e i gemelli gli amministratori della giustizia. Dhaumya fu fatto il capo sacerdote, e Sanjaya consigliere reale. Yudhisthira poi disse a Yuyutsu di occuparsi di Dhritarastra e di far eseguire i suoi ordini.

Yudhisthira disse ai bramini di fare la cerimonia *sraddha* per i defunti, e ordinò che le vedove avessero adeguate ricchezze. Poi fece erigere nel nome dei guerrieri morti delle case per l'elargizione del cibo, dei bagni pubblici e dei monumenti.

A Bhima fu assegnato lo splendido palazzo di Duryodhana, dove entrò festoso e felice come un leone di montagna che entra nella sua caverna. Il palazzo ancor più bello di Dushashana andò ad Arjuna, e lui e Krishna vi si recarono per riposare dopo la cerimonia. Nakula e Sahadeva ricevettero i palazzi di Durmarshana e Durmukha.

*   *   *

La mattina seguente, Yudhisthira decise che era il momento di tornare a Kurukshetra per visitare Bhishma, ed andò a cercare Krishna nel palazzo di Arjuna. Krishna, dalla carnagione blu scura e vestito di seta gialla, adornato di gioielli divini, sembrava uno zaffiro incastonato in oro. Yudhisthira disse: "Hai riposato bene o eccelso? Hai recuperato il pieno delle tue forze? O divino Signore, ti prego, dimmi cosa dobbiamo fare ora".

Krishna non rispose subito, sembrava assorto in meditazione. Sorpreso, Yudhisthira disse: "È meraviglioso vedere te, con il tuo immenso potere, assorto nella meditazione, ed io sono pieno di ammirazione al vederti ritirato dal mondo avendo adottato il quarto stato di assorbimento nel sé. Sei calmo come la fiamma di una lampada nell'aria immobile, fermo come una roccia, con i peli del corpo diritti".

Krishna uscì da quello stato e rispose: "L'eccellente Bhishma, che si sta spegnendo sul suo letto di frecce, pensa solo a me. Pertanto la mia mente è concentrata su di lui. Pensavo a lui che rapì le principesse di Koshala dopo aver sconfitto i re di questo mondo. Ero assorbito nel pensiero di colui che dopo ventitré giorni di duello con il suo maestro Parasurama lo costrinse ad ammettere che non avrebbe potuto sconfiggerlo. Il figlio di Ganga, controllando i suoi sensi e concentrando la sua mente su di me, mi sta chiedendo rifugio. Per questo la mia mente era concentrata su di lui".

Krishna disse che Bhishma avrebbe presto lasciato il corpo, e quindi i cinque Pandava dovevano andare subito a visitarlo. "Quando quel grande sarà morto, tutte le sue conoscenze della morale e dei doveri se ne andranno con lui."

Yudhisthira cacciò indietro le lacrime e rispose: "Sarei felice se tu ci vorrai accompagnare. Fra qualche giorno, quando il sole sarà rivolto a nord, lui partirà per il cielo. Che ti possa vedere un'ultima volta, caro Krishna, tu che sei il rifugio dell'eterno Brahman ed il luogo di riposo finale per tutti gli esseri".

Yudhisthira toccò i piedi di Krishna che si alzò e lo abbracciò. Poi insieme a Krishna e a tutti i fratelli, ciascuno sul suo carro, si diressero a Kurukshetra. Il campo mostrava ancora le rovine del diciottesimo giorno di battaglia, cosparso di rottami di carri, armi distrutte, teschi bianchi come conchiglie e ossa di animali.

Bhishma era circondato da un gruppo di asceti, e il suo corpo era luminoso come il sole al tramonto. I Pandava e Krishna si avvicinarono a piedi e si sedettero attorno a Bhishma che giaceva immobile sul suo letto di frecce.

Krishna, con le lacrime che gli solcavano le guance, disse: "O eroe, la tua mente e la tua comprensione sono chiare come sempre? Spero che tu non sia sopraffatto dal dolore e dalla pena. È davvero mirabile che tu sia riuscito e rimanere in vita così a lungo in queste condizioni. Nessun altro al mondo avrebbe potuto farlo. O Bhishma dalle forti braccia, i bramini dicono che sei un Vasu, ma io penso che tu sia ancora più potente. Tu sei come lo stesso Vasava, il grande re dei deva".

Krishna aveva detto ai Pandava che Bhishma in una vita precedente era stato Dyau, il capo dei Vasu. Per una maledizione di Vasishtha, che era stato offeso dai Vasu, loro erano stati costretti a reincarnarsi sulla terra per un breve tempo. Tuttavia Dyau, che era il loro capo, dovette restare per più tempo. I Vasu erano nati come figli di Ganga che li aveva affogati alla nascita nelle sue acque per farli tornare subito in cielo. Bhishma invece non fu gettato nel fiume. Tutti gli altri Vasu gli trasmisero il loro potere, e lui ebbe la forza combinata di tutti loro.

Krishna disse a Bhishma: "Sciogli il dolore del primogenito di Pandu, che è affranto dalla colpa che prova per aver ucciso la sua gente. Tu che sei vissuto soltanto per il bene degli altri, sei l'unico che possa dissipare i suoi dubbi".

Bhishma alzò un poco la testa e guardò Krishna in volto. "Ti offro i miei rispetti, o divino Krishna. Tu sei il creatore e distruttore di ogni cosa, ed ogni cosa materiale e spirituale emana da te e resta in te in eterno. Sto vedendo la tua forma universale con tutti i suoi attributi divini. Prendo rifugio in te, o Signore, e ti chiedo misericordia."

Krishna accarezzò dolcemente la testa di Bhishma. "So quanto mi sei devoto. Per questo ti ho permesso di vedere la mia forma divina, che viene rivelata solo ai miei devoti servitori. Il tuo cuore è puro e la tua fede non ha mai vacillato. Quindi raggiungerai quella dimora da cui non vi è ritorno. Quando il sole si volgerà a nord tu lascerai il corpo, portando con te la tua immensa conoscenza. Ecco perché siamo venuti ad ascoltarti."

Bhishma lasciò cadere la testa e chiuse gli occhi. Il suo volto era coperto di lacrime, e i Pandava erano in pena a vederlo soffrire così, seduti a mani giunte e a capo chino. Bhishma rispose: "O grande Narayana, Signore di tutti i mondi, il mio cuore si riempie di gioia alle tue parole, ma come posso parlare in tua presenza? Tu sei la sorgente ed il depositario di ogni conoscenza. Inoltre, o Keshava, soffro troppo, sono debole e riesco a stento a parlare. Le forze mi stanno abbandonando, la mia intelligenza è appannata e sono vivo solo per grazia tua. Sei tu quindi che dovresti parlare a Yudhisthira per aiutare sia lui che il mondo. Come posso farlo io, semplice discepolo davanti al suo maestro?".

Il sole dell'autunno era caldo, e Bhishma era all'ombra di un grande parasole. I canti dei mantra dei bramini sovrastavano le strida degli avvoltoi e i latrati delle iene che ancora vagavano fra i cadaveri. Il nonno dei Kuru sentì un amore straripante alla vista di Krishna.

Krishna gli sorrise. "Queste parole ti si addicono, o grande anima, eccelso fra i Kuru. Ti darò il dono per cui da adesso alla tua morte sarai libero dal dolore, dalla fame e dalla sete. I tuoi sensi e la tua memoria saranno chiarissimi, e la tua mente avrà pace. La tua coscienza sarà limpida come un lago cristallino, e così potrai rispondere a tutte le domande di Yudhisthira."

Soffiò una fresca brezza e tutto si acquietò. Perfino gli animali e gli uccelli tacquero.

Il sole stava tramontando. Krishna disse a Bhishma che lui e i Pandava sarebbero ritornati l'indomani. Dopo essersi inchinati al loro nonno andarono all'accampamento sul fiume per trascorrere la notte.

* * *

Il giorno seguente Dhaumya condusse Krishna e i Pandava da Bhishma. I bramini li seguirono con Dhritarastra e Gandhari e migliaia di altri sudditi desiderosi di rivedere Bhishma un'ultima volta prima che lasciasse il corpo. Quando raggiunsero Bhishma, i bramini che lo accudivano si fecero da parte per permettere a Krishna e ai Pandava di avvicinarsi. Erano presenti quasi tutti i grandi saggi della terra. C'erano Parvata, Narada, Vyasadeva, Bharadvaja, Asita, Gautama, Atri, Kashyapa Anghirasha e molti altri.

Bhishma adorò i saggi a parole e diede il benvenuto ai Pandava e a Krishna, che gli si sedettero attorno. Krishna gli chiese come stava, e Bhishma disse che non aveva più dolore o stanchezza. "Anzi, o Madhava, per grazia tua la mia mente è limpida e perfettamente calma. Vedo ogni cosa passata, presente e futura, altrettanto bene di quanto vedrei un frutto nella mia mano."

I figli di Pandu sedettero in silenzio pieni di amore per il loro nonno morente, che Bhishmadeva ricambiava. Disse con voce tremante: "O caro Yudhisthira, figlio mio, quali tremende ingiustizie e sofferenze avete patito, benché tu sia figlio della religione personificata. Siete riusciti a sopravvivere solo perché vi hanno protetto i bramini, la religione e il Signore Supremo".

Bhishma parlò in modo rassicurante, cercando di sciogliere l'afflizione di Yudhisthira, sottolineando il fatto che era sotto protezione divina, che tutto procedeva secondo la volontà del Signore Supremo, e nessuno doveva dolersi per i fatti inevitabili.

Bhishma proseguì. "Le molte miserie che tua madre e mia nuora Draupadi hanno sopportato, sono particolarmente esecrabili. Dopo la morte del re Pandu, Kunti, rimasta vedova con molti figli, ha sofferto molto e in seguito ha patito ancora di più per le vostre sofferenze. Tutto ciò era inevitabile a causa del tempo che trasporta ogni creatura dei pianeti, così come il vento porta le nuvole in cielo. Gli effetti del tempo sono onnipotenti e irreversibili. Altrimenti come avrebbero potuto esserci tutte queste difficoltà per Yudhisthira, il figlio di Dharma e per gli invincibili Bhima e Arjuna? E soprattutto come è possibile che soffra colui che è sotto la protezione del Signore Supremo?".

Bhishma girò appena la testa fissando Krishna. "È questo divino e inscrutabile Krishna che controlla ogni cosa, e il tempo è semplicemente la sua energia. Persino i più grandi rishi e veggenti non possono capire i suoi disegni malgrado ogni studio e ricerca. O Yudhisthira, eccelso fra i Bharata, io affermo che tutta questa distruzione è un disegno del Signore Supremo. Accetta la sua inconcepibile volontà. Adesso sei il capo amministrativo eletto e quindi devi avere cura dei sudditi che hai reso deboli e derelitti."

Bhishma sapeva che questo era l'argomento più potente che avrebbe convinto Yudhisthira. I Pandava erano devoti a Krishna, tuttavia per il loro intenso e intimo rapporto d'amore, talvolta scordavano che lui era il controllore supremo di tutto l'universo. Bhishma si limitò a ricordare a Yudhisthira quello che lui già sapeva. Se il Pandava si fosse convinto che la guerra e le sue conseguenze erano state volute da Krishna, non avrebbe esitato a dedicarsi ai suoi doveri di re.

Grazie al dono di Krishna la voce di Bhishma aveva recuperato tutta la sua potenza. Tenendo fisso lo sguardo su Krishna, proseguì: "Govinda non è altro che l'incredibilmente potente Persona Originale. Da lui discendono Narayana e tutte le altre divinità, e tuttavia lui si è manifestato come discendente del re Vrshni e si comporta come noi in questo mondo, e ci stupisce con la sua energia auto generata".

Bhishma rivolse lo sguardo a Yudhisthira. "O re, solo i grandi come Shiva, il divino rishi Narada, e il divino saggio incarnato Kapila, conoscono le glorie segrete di Krishna. Caro figliolo, quella persona che per ignoranza credevi tuo cugino materno, il tuo amico, sostenitore, consigliere, messaggero e benefattore è di fatto il Signore Supremo di tutto il creato materiale e spirituale."

Bhishma aggiunse che egli era presente nel cuore di ognuno come Anima Suprema. Parimente gentile verso tutti, libero dal falso concetto di differenziazione, non vedeva le creature nei termini del corpo che abitavano. Ogni sua azione era libera da ogni considerazione materiale.

Bhishma si fermò per un momento, preso da un'estasi spirituale. Le lacrime gli scorrevano abbondanti, e Yudhisthira le asciugò gentilmente con un soffice panno. Riprendendosi, Bhishma concluse. "Tuttavia, benché lui sia equanime verso tutti, Krishna in persona mi ha fatto la grazia di venire da me alla fine della mia vita perché io sono suo servitore convinto. La Persona Suprema, che si manifesta nella mente con attenta devozione e meditazione, libera il devoto che lascia il suo corpo materiale dal legame del karma. Nel momento finale della vita sono con il mio Signore dalle quattro mani, dal volto di loto e dagli occhi del colore del sole nascente."

Le parole di Bhishma toccarono il cuore di tutti i presenti. Krishna lo guardò con affetto ed alzò la mano per benedirlo, poi diede un'occhiata a Yudhisthira e fece un cenno per comunicargli che era il momento di esprimere i suoi dubbi.

Allora Yudhisthira chiese che gli venissero illustrati i principi essenziali dei doveri religiosi. Bhishma rispose dettagliatamente, illustrando le conoscenze vediche che aveva appreso dai rishi celesti e che egli stesso aveva realizzato. Citò molti esempi delle storie antiche per descrivere i vari punti, incantando chi lo ascoltava. Persino i deva si erano riuniti per ascoltare i suoi insegnamenti, e la giornata trascorse rapidamente.

Al tramonto tutti si ritirarono all'accampamento, e tornarono all'alba del giorno seguente. La conversazione proseguì per più di cinquanta giorni. Bhishma definì per prima cosa la classificazione e i doveri delle quattro caste nei termini delle qualità individuali. Poi spiegò come ci si può liberare dai coinvolgimenti materiali pur essendo impegnati nel proprio lavoro. Parlò della carità, dei doveri pratici dei re, e delle attività che conducono alla liberazione.

Bhishma rispose alle domande di Yudhisthira soddisfacendolo completamente. Alla fine dei cinquanta giorni i dubbi e le incertezze di Yudhisthira erano completamente chiariti. Il sole entrò nell'emisfero settentrionale, il tempo preferito dagli yogi per lasciare il mondo. Bhishma finì i suoi insegnamenti e decise di andare. Libero da ogni attaccamento materiale, ritrasse la mente da ogni cosa e fissò gli occhi su Krishna, che gli stava davanti con le sue quattro mani e le sue splendenti vesti gialle. Bhishma arrestò la sua attività sensoriale, e si mise a pregare il controllore di tutti gli esseri viventi.

"Che i miei pensieri, i sentimenti e la volontà, fino ad ora coinvolti in tante attività e doveri, si rivolgano all'onnipotente Krishna. Egli è sempre pienamente contento in sé stesso; tuttavia talvolta gode di piaceri trascendentali venendo nel mondo materiale, benché sia lui che lo ha creato. È apparso sulla terra con il suo corpo trascendentale, che è di colore blu come un albero di *tamala*. Che il suo volto di loto, decorato con pasta di sandalo, sia costante oggetto della mia attrazione."

Bhishma, rammentandosi dei suoi incontri con Krishna durante la guerra, continuò. "Ricordo Krishna sul campo di battaglia alla guida del carro di Arjuna, con i capelli impolverati che svolazzavano al vento, il volto coperto di sudore per lo sforzo e il sangue che gli scorreva per le ferite delle mie frecce. Che la mia memoria rimanga fissa su questa meravigliosa immagine."

Il vecchio eroe Kuru era dispiaciuto di avere attaccato Krishna, benché sapesse che le sue frecce non potevano fargli del male. Tacque per qualche istante per meditare profondamente sull'incidente. Quando Krishna lo aveva attaccato, aveva provato un'estasi profonda.

Ovviamente anche Krishna aveva provato un gran piacere, godendosi lo spirito cavalleresco creato dalla battaglia. Quello scambio con Krishna era stato un momento sublime.

Il sole stava raggiungendo lo zenit, e Bhishma sapeva che il tempo della sua dipartita era vicino. Controllò la sua mente, assorta unicamente in pensieri di Krishna. Pensando ai molti divertimenti di Krishna durante la sua presenza in terra, parlò per l'ultima volta.

"Adesso posso meditare con piena concentrazione sull'unico Signore Krishna che posso vedere davanti a me, perché ho trasceso ogni errata convinzione di dualità. Egli è presente nel cuore di tutti ed è la meta finale di coloro che cercano la trascendenza, anche di chi pensa che la verità assoluta è semplicemente il Brahman. Anche se il sole può essere visto in modo differente da gente diversa in paesi diversi del mondo, il sole è unico."

Bhishma diede l'addio a Yudhisthira e i suoi fratelli, raccomandandogli di continuare ad adorare i bramini e rimanere sulla strada della verità, poi tacque e smise di respirare. Improvvisamente la sua aria vitale uscì dalla sommità del suo capo e salì in cielo come una cometa fiammeggiante. I rishi videro che aveva lasciato il corpo con una luminosa forma spirituale ed era entrato in Krishna, andando così in quella eterna atmosfera trascendentale dove Krishna vive nell'eternità i suoi divertimenti. I rishi giunsero le mani in preghiera mormorando le lodi di Krishna, poi tacquero per rispetto di Bhishma. I Pandava piansero in silenzio.

Pochi minuti dopo i deva suonarono i loro tamburi, gli kshatriya suonarono le conchiglie, e tutti i presenti manifestarono il loro rispetto mentre dal cielo cadevano piogge di fiori.

I Pandava, ricacciando indietro le lacrime, andarono di persona a raccogliere la legna per costruire la pira funeraria. Il corpo di Bhishma, avvolto in una seta bianca, decorato di ghirlande e cosparso di profumi e pasta di sandalo, venne deposto sulla pira. Yuyutsu era alla sua testa con un parasole bianco, Bhima e Arjuna gli stavano ai fianchi facendogli vento con i *chamara* e Yudhisthira e Dhritarastra erano ai suoi piedi.

I bramini celebrarono gli ultimi riti, offrendo libagioni nel fuoco sacro e cantando inni del Sama veda. Poi diedero a Yudhisthira una torcia accesa con cui accese la pira.

Quando la cremazione fu terminata, i Kuru e i Pandava tornarono al Gange. Le ceneri di Bhishma vennero gettate nel fiume sacro, e tutti fecero le loro offerte.

La divina Ganga emerse dalle acque e pianse per la morte del figlio. "Ahi, dove è andato mio figlio? Era regale per portamento e condotta, dedito alla virtù e al servizio degli anziani."

Krishna la consolò, rassicurandola che Bhishma aveva raggiunto la destinazione più alta possibile, e che la sua fama in terra sarebbe stata eterna.

Ganga si consolò e cessò di dolersi. I Kuru la adorarono e con il suo permesso tornarono a Hastinapura.

Capitolo 80

Krishna ritorna a Dwaraka

Yudhisthira, signore dei Kuru, si dedicò a governare la terra così come Indra ad Amaravati. Yudhisthira aveva dato disposizioni che Dhritarastra mantenesse l'incarico di amministratore di Hastinapura. Il re cieco, assistito da Sanjaya e Yuyutsu, dava degli ordini a cui anche i Pandava obbedivano con deferenza. Draupadi, Subhadra e le altre dame trattavano Dhritarastra e Gandhari come padre e madre. Persino Kunti si rivolgeva a Gandhari come ad un'anziana. Kripa era tornato in città ed era diventato il consigliere fidato di Dhritarastra, che veniva consigliato anche da Vyasadeva e da altri saggi.

Yudhisthira comunque, sentiva ancora un profondo senso di colpa e vergogna e soffriva vedendo le moltitudini di bambini orfani e di donne rimaste sole. Krishna, che a richiesta di Yudhisthira aveva acconsentito a restare a Hastinapura per un po' di tempo, parlò al re. "Non indulgere nel dolore, o grande tra gli uomini, perché così facendo farai soffrire di più la tua gente e i tuoi parenti morti. Dovresti celebrare e fare sacrifici, con abbondanti offerte ai tuoi antenati e carità ai bramini. Così verrà lavata ogni traccia di peccato legato alla guerra. Fai il sacrificio Ashvamedha, o re, e smetti di dolerti inutilmente".

Sospirando, Yudhisthira rispose: "Ti prego, o Janardana, parlami ancora di eterne verità spirituali, perché la mia mente è pesante. Berrò le tue parole come un nettare, e così troverò l'entusiasmo per dedicarmi ai miei doveri".

Krishna sapeva che il Pandava non aveva altro rifugio che lui. Malgrado desiderasse tornare a Dwaraka per vedere i suoi parenti, aveva accolto le suppliche di Yudhisthira ed era rimasto a Hastinapura

"O re, adesso devi affrontare il nemico più forte di tutti: la tua mente. L'unica arma in questa battaglia è la conoscenza, e nessun esercito ti può aiutare. O re, tu sai bene che tutti gli esseri sono immortali, sono delle entità spirituali e che questo mondo materiale è nulla più di un illusione temporanea, e che il primo scopo della vita è la ricerca dell'emancipazione spirituale. Tienilo sempre ben presente."

Krishna affermò che chi vuole la liberazione deve liberarsi dagli attaccamenti come pure dall'avversione per le cose materiali, incluso il corpo fisico e tutte le sue implicazioni. Il dolore di Yudhisthira era causato da una visione superficiale della situazione che si lamentava per cose materiali senza vederne l'aspetto spirituale. Tutti coloro che erano stati uccisi esistevano ancora in corpi nuovi, e chi piangeva per loro, presto sarebbe morto. Il primo dovere di ognuno è di realizzare la propria identità come parte eterna del Supremo. Questa realizzazione reca con sé la liberazione completa da ogni miseria materiale causata dall'ignoranza.

"Raggiungerai questa realizzazione dedicandoti ai tuoi doveri materiali solo per compiacere Dio, perché tali azioni hanno un valore spirituale e innalzeranno la tua consapevolezza. Smetti di comportarti da ignorante, e fai ciò che va fatto. Prepara il sacrificio, compiaci tutte le divinità e Vishnu, soddisfa i bramini e governa questo mondo con giustizia e compassione."

Yudhisthira superò le sue angosce, grazie anche agli insegnamenti di Dhaumya e degli altri rishi. Ringraziò Krishna, che allora gli chiese il permesso di recarsi a Indraprastha con Arjuna per trascorrere del tempo in quella meravigliosa città.

Arjuna e Krishna rimasero a Indraprastha per alcune settimane. Al loro arrivo furono accolti da migliaia di cittadini gioiosi. Poi si ritirarono nel Mayasabha, la splendida sala delle assemblee, e si godettero anche delle bellissime giornate nelle deliziose regioni boschive vicine. Parlarono delle molte battaglie combattute e che i Pandava avevano vinto e Arjuna si consolò per il dolore della perdita dei suoi figli e amici.

Dopo alcune settimane Krishna, che desiderava tornare a Dwaraka, chiese ad Arjuna di ottenere il permesso di Yudhisthira. "Non voglio fare nulla che dia dispiacere a tuo fratello. La mia vita, la mia ricchezza e i miei seguaci sono a sua disposizione. Tuttavia desidero rivedere il mio vecchio padre Vasudeva e i miei altri parenti. La terra, con gli oceani e le montagne, le miniere e le foreste, è sotto il governo di Yudhisthira, che finalmente è pronto a fare il suo dovere. È tempo che io vada."

Arjuna, al pensiero della partenza di Krishna, si sentì il cuore sprofondare in petto. Krishna non aveva visto i suoi parenti da prima della guerra. Il giorno seguente di buon'ora si misero in viaggio per Hastinapura.

Durante il viaggio Arjuna disse: "Caro Madhava, grazie ai tuoi profondi insegnamenti del primo giorno di guerra ho compreso la tua vera identità, tuttavia, mio Signore, adesso che stai per lasciarmi, la mia mente è confusa. Ti prego, se non ti dispiace, di rammentarmi quei tuoi insegnamenti".

Krishna sorrise con affetto. "Hai proprio una memoria debole, o figlio di Pandu. Quelle verità che ti ho comunicato sono segrete e sconosciute persino ai deva. Non sono contento che te le sia scordate, e non te le ripeterò. Ti racconterò invece una antica storia che parla della stessa cosa. Stai attento, concentrati e cerca di capire, o Partha, perché questa conoscenza ti libererà dai legami materiali."

Il carro guidato da Daruka corse sulla strada liscia, attraversando villaggi e campi pieni di raccolti e di bestiame al pascolo. Quando il viaggio volse al termine, Krishna concluse la sua storia dicendo: "Se hai un po' di amore per me, o rampollo dei Kuru, vivrai secondo questi insegnamenti. Ricordati sempre della tua vera identità come anima, incrollabile nel tuo servizio all'Anima Suprema, e così eviterai di ricadere preda dell'illusione".

Arjuna rispose che per quanto lo riguardava, Krishna era l'Anima Suprema, ed il ricordo di lui era tutto ciò che gli serviva per raggiungere la perfezione in questa vita. "Sono certo delle tue glorie, o Govinda. Non riuscirei a descriverle tutte anche se le declamassi con mille bocche per mille anni. Tu sei l'unico Signore di tutte le creature, conosciuto in modo differente dalle diverse percezioni di uomini diversi."

Krishna abbracciò Arjuna che lo assicurò che avrebbe ottenuto il permesso di Yudhisthira per la sua partenza. "Benché il mio cuore si spezzi al pensiero di separarmi da te, capisco che devi tornare alla tua famiglia. Abbiamo goduto fin troppo della tua lunga presenza con noi."

Il carro entrò a Hastinapura tra schiere di cittadini osannanti che accorrevano per vederli passare. Arjuna e Krishna sorrisero alla gente adorante, mandando le loro benedizioni. Arrivati al palazzo reale, si recarono da Yudhisthira e si inchinarono ai suoi piedi, salutandolo affettuosamente. Poi offrirono i loro rispetti a Dhritarastra e Gandhari che erano seduti a fianco di Yudhisthira.

Quando i saluti formali furono completati, Arjuna e Krishna sedettero davanti a Yudhisthira, che disse: "Vedo che avete qualcosa in mente, o eroi. Parlate. Qualunque sia il vostro desiderio, io lo esaudirò".

Arjuna, che si era aspettato che suo fratello dicesse proprio questo, sorrise. "Keshava, signore dei Vrshni e degli Yadu, desidera rivedere suo padre e gli altri suoi parenti a Dwaraka. O re, se pensi che sia giusto, ti prego di lasciarlo andare. Dagli il permesso di tornare alla sua città."

Yudhisthira disse: "O Madhava dagli occhi di loto, ti permetto di andare. Vai a visitare mio zio materno e la divina Devaki. Sei stato assente per lungo tempo. Porta i miei più profondi rispetti a loro e a Balarama. Pensaci tutti i giorni, e se ti fa piacere torna quando faremo l'Ashvamedha. Tutto ciò che abbiamo è per grazia tua".

Yudhisthira mandò dei messi a Dwaraka per annunciare l'arrivo di Krishna. Poi gli donò ingenti quantità di oro e gemme, che Krishna accettò con grazia dicendo: "O eroe dalle forti braccia, tu sei il signore della terra. Tutto ciò che possiedo è tuo, e ne puoi disporre come vuoi. Parto, ma tornerò per il sacrificio".

Krishna si alzò dal suo seggio come il sole si leva al mattino dalle colline orientali e lasciò l'assemblea con Arjuna e Satyaki al fianco.

All'alba del giorno dopo Krishna si accinse a partire, montò sul suo carro ingioiellato e andò al palazzo di Yudhisthira per i saluti finali. Kunti e le altre donne Kuru uscirono per salutarlo. Le nobili donne vestite di sete luminose, avevano le lacrime agli occhi.

Kunti, memore delle molte volte che Krishna aveva protetto lei e i suoi figli, gli disse: "O Krishna, tu sei la Persona Originale, che nulla in questo mondo materiale può scalfire. Tu esisti dentro e fuori, invisibile a tutti. Gli sciocchi non riconoscono la tua identità come Anima Suprema in ogni essere, in quanto tu sei inconoscibile con i sensi materiali. Solo coloro che sono liberi dalla lussuria e dall'avarizia possono avvicinarti e conoscerti, altrimenti tu resti nascosto dalla tua energia illusoria. Tuttavia tu rispondi sempre a coloro che ti si avvicinano con amore".

Durante l'esilio dei figli, Kunti si era data al digiuno ed altre pratiche ascetiche. Era un'anima realizzata e comprendeva che lo scopo ultimo della vita era il raggiungimento della liberazione dalle reincarnazioni nel mondo materiale. Rendendosi conto che le sue miserie e difficoltà l'avevano costretta a meditare su Krishna, aveva accettato le sofferenze come una benedizione.

Kunti pregò Krishna di troncare i suoi ultimi legami con il mondo che erano l'affetto per i suoi figli e parenti. Kunti sapeva che per ottenere la liberazione completa doveva vedere tutti gli esseri viventi, inclusa la sua famiglia, come eterne entità spirituali. Nella vera conoscenza si vedono tutte le creature in egual modo, sapendo che sono parti del Supremo. Le caratteristiche del corpo sono temporanee, e quindi prive di significato.

Kunti concluse le sue preghiere con una supplica. "O Signore di Madhu, così come il Gange scorre eternamente verso il mare senza impedimenti, fai sì che il mio amore per te non venga mai distolto verso qualcun altro. Tu sei l'unico rifugio mio e dei miei figli."

Benché i Pandava avessero distrutto tutti i nemici, presto avrebbero dovuto affrontare i figli ed i seguaci dei re che avevano sconfitto, che avevano portato solo una parte delle loro forze a Kurukshetra, lasciando figli e fratelli a governare in loro assenza. Restavano quindi nel mondo molti potenti regnanti verosimilmente ostili ai Pandava.

Kunti aggiunse: "Il nome e la fama di ogni corpo materiale svanisce quando lo spirito vivente lo abbandona, e in modo simile, se tu non ci proteggerai, la nostra fama e la nostra esistenza cesseranno immediatamente. O Krishna tu hai tutti i poteri mistici, e tu sei il precettore di tutto l'universo".

Krishna alzò la mano per benedire Kunti, incantando tutti con la sua grazia ed eleganza, e le disse che come lei aveva sempre pensato a lui, così lui non aveva mai scordato lei e i suoi figli.

Era tempo di partire. Satyaki salì sul carro e Yudhisthira e i suoi fratelli abbracciarono Krishna, mentre le donne del palazzo gli lanciavano fiori dai balconi. Il carro si mosse lungo le strade affollate di gente che voleva vedere Krishna un'ultima volta. I Pandava rimasero a guardare il carro che si allontanava, poi tornarono silenziosamente nel palazzo.

* * *

Usciti dalla città, Daruka incitò i cavalli, ed il carro presto raggiunse la velocità del vento. Attraversarono in un lampo laghi, fiumi, foreste, colline, villaggi e città, e presto giunsero a Dwaraka. Krishna soffiò nella sua conchiglia, e le guardie udirono il suono e spalancarono le porte della città gridando di gioia. Poi annunciarono l'arrivo di Krishna e i cittadini gli si precipitarono incontro. Vedendo tornare Krishna dopo tanto tempo, provavano la sensazione di essersi svegliati da un lungo sonno. Gli offrirono vacche, oro e gemme, e lo osannarono con il suono dei tamburi al suo passaggio.

I palazzi erano imbandierati e le strade erano cosparse di petali di fiori. I cittadini sventolavano rami di palma, banana e mango, e in ogni porta c'erano vasi d'oro colmi d'acqua, miele, latte, succo di canna da zucchero, e cesti di frutta, e dalle case illuminate a festa uscivano volute di fumo d'incenso.

Mentre si avvicinava al palazzo del padre, Krishna notò la ricchezza opulenta della città, i frutteti ed i giardini, i bellissimi laghi coperti di loti in cui nuotavano i cigni. A tutti gli incroci c'erano arcate d'oro incrostate di gemme, e le strade erano bordate da file di palazzi bianchi.

I bramini lo adorarono e lodarono al suo passaggio, e con voci estatiche dissero: "O Onnipotente, persino i deva ti devono adorare, tu che sei la meta ultima di coloro che cercano la trascendenza. Tu sei il nostro protettore, la guida, il nostro adorato signore. Siamo fortunati di vederti ancora, tu che visiti di rado anche gli abitanti del cielo".

I bramini implorarono Krishna di non lasciare più Dwaraka, dicendo che ogni giorno della sua assenza pareva lungo mille anni.

Krishna guardava tutti con affetto, ed il carro procedeva lungo la strada aperta dalle guardie, seguito da una processione di elefanti, carri e cittadini a piedi. Finalmente il carro giunse al palazzo di Vasudeva, Krishna smontò e incontrò i personaggi più importanti, e li salutò a seconda del loro rango, inchinandosi, abbracciandoli o benedicendoli, scambiando saluti, stringendo mani con centinaia di cittadini. Poi entrò nel palazzo del padre.

Devaki fu la prima ad andargli incontro, e Krishna, pose la testa ai suoi piedi. Lei lo abbracciò e se lo fece sedere in grembo accarezzandogli la testa benedicendolo.

Poi Krishna salutò tutte le donne anziane del palazzo che per lui erano come madri, e poi andò da Vasudeva. Dopo avergli toccato i piedi ed averlo abbracciato, gli si sedette vicino. Vasudeva chiese a Krishna di raccontargli tutto quello che era accaduto dopo la sua partenza.

In presenza degli anziani Vrshni, Krishna narrò tutti gli avvenimenti, evitando di parlare della morte di Abhimanyu.

Quando Krishna finì il racconto, Subhadra, che era vicino al padre, chiese: "Perché, o Krishna, non hai parlato della morte di mio figlio?", e cadde a terra svenuta.

Anche Vasudeva cadde a terra in preda al dolore. Krishna li rialzò entrambi e li consolò. "Mio caro padre, e amata sorella, come potevo parlare di ciò che vi avrebbe addolorato? Sappiate solo che Abhimanyu è morto in piena battaglia mentre combatteva contro numerosi potenti guerrieri, senza mai voltare le spalle. Quel formidabile eroe è caduto soltanto per l'inevitabile azione del tempo. Adesso ha raggiunto le beate regioni della felicità eterna. Mettete da parte il vostro dolore e faremo le offerte funerarie."

Si recarono in un luogo consacrato del palazzo, e Krishna con Balarama, officiò personalmente la cerimonia *sraddha* per Abhimanyu.

Alla cerimonia assistettero tutti i capi Vrshni con il loro re Ugrasena, e tutte le migliaia di figli di Krishna e gli altri parenti.

Dopo la cerimonia, Krishna si ritirò nei suoi quartieri privati nel palazzo di Rukmini, e i cittadini di Dwaraka tornarono alle loro case con sentimenti misti di dolore e gioia.

Capitolo 81

Il sacrificio Ashvamedha di Yudhisthira

A Hastinapura i Pandava iniziarono la loro vita di governo. Yudhisthira era la personificazione della giustizia. Grazie all'aiuto dei deva, che erano compiaciuti dal popolo pio sotto le cure di Yudhisthira, la pioggia non mancò mai. La terra diede abbondanti raccolti, nutrendo uno sterminato numero di vacche che bagnavano la terra con il latte che gocciolava dalle mammelle gonfie. La gente aveva tutto ciò che desiderava, era serena, senza malattie e sofferenze. I figli sopravvivevano ai padri e nessuna donna divenne vedova.

Qualche mese dopo la partenza di Krishna, Uttara diede alla luce suo figlio, e lo chiamò Pariksit. Dopo che Dhaumya ebbe celebrato le cerimonie della nascita e del nome, Yudhisthira chiese: "O bramini, ditemi se questo bambino diverrà un re santo, famoso e glorioso come i suoi nobili predecessori".

Dhaumya rispose che il bimbo, che già era stato salvato da Krishna mentre era ancora in grembo a sua madre, sarebbe certamente divenuto famoso come devoto del Signore Supremo. "Sarà conosciuto come Vishnurata, colui che è sempre protetto dal Signore. Sarà dotato di ogni buona qualità di governo come Iksvaku, il figlio più famoso di Manu. Per quanto riguarda i principi religiosi e la rettitudine, sarà come Rama, il figlio di Dasarath. Farà la carità e proteggerà i deboli. Come guerriero sarà irresistibile come l'oceano, e pari ad Arjuna come arciere. O re, lui contribuirà alla fama della famiglia quanto lo stesso Bharata."

Yudhisthira ne fu felice. I Pandava erano ancora tristi per la perdita dei loro figli, e la nascita di Pariksit li consolò. I saggi che avevano celebrato le cerimonie di nascita ricevettero molti doni che diedero via per tornare sulle montagne e dedicarsi alle loro pratiche ascetiche.

Poco dopo la nascita di Pariksit, Yudhisthira cominciò a pensare al sacrificio Ashvamedha, come espiazione per l'eccidio di Kurukshetra. Come per il Rajasuya, il sacrificio gli avrebbe ridato l'opportunità di rafforzare la sua posizione di imperatore del mondo.

Avrebbe mandato il cavallo sacrificale in tutte le parti della terra, e chi non avesse accettato il suo dominio avrebbe dovuto combattere.

Yudhisthira non aveva un'ambizione personale per governare la terra, tuttavia voleva assicurarsi che il mondo seguisse la strada della pace e della religione. Non avrebbe più dovuto esserci un'altra Kurukshetra, ed era desiderio di Krishna che Yudhisthira e i suoi fratelli avessero una supremazia indiscussa.

La celebrazione dell'Ashvamedha richiedeva immense ricchezze, ed il tesoro era stato svuotato per la guerra. Il Pandava parlò del problema a Vyasadeva. Il saggio disse a Yudhisthira che un antico imperatore di nome Marutta aveva un tesoro praticamente illimitato perché aveva ricevuto da Shiva in dono una montagna d'oro. Con quella montagna, Marutta aveva fatto fare degli altari d'oro, e un numero incredibile di piatti e recipienti, che adesso si trovavano in una grotta dell'Himalaya. Vyasadeva spiegò ad Arjuna come trovare la grotta, e Arjuna partì subito, e tornò dopo un mese con una fila interminabile di carri ed elefanti carichi di immense ricchezze.

Yudhisthira invitò i re della terra a presenziare al sacrificio. Voleva stabilire delle relazioni amichevoli con tutti i regni, pur sapendo che rimanevano ancora dei sentimenti ostili a causa della guerra. Molti re che non avevano partecipato alla battaglia di Kurukshetra, avrebbero voluto continuare a restare neutrali, e altri erano i figli o i fratelli dei re uccisi dai Pandava. Yudhisthira chiese ad Arjuna di seguire il cavallo sacrificale. Chiunque avesse visto il cavallo e non avesse voluto Yudhisthira come imperatore avrebbe dovuto affrontare Arjuna.

Il Pandava si preparò alla spedizione e indossò la sua armatura d'oro.

Arjuna, benedetto dai bramini, si mise al seguito del cavallo, seguito da un vasto gruppo di guerrieri. Yudhisthira chiese ad Arjuna di evitare di uccidere a meno che fosse assolutamente indispensabile. Arjuna, tenendo a mente la raccomandazione, cercò di stabilire relazioni amichevoli con la diplomazia; tuttavia in qualche caso dovette usare le armi. Combatté contro i Trigarta che gli erano personalmente ostili per l'uccisone del loro re e dei suoi fratelli. Dopo averli sottomessi, si scontrò in una violenta battaglia di tre giorni contro il re Vajradatta, il figlio di Bhagadatta, cui Arjuna risparmiò la vita. Il re accettò di pagare tributo per il sacrificio di Yudhisthira, e il Pandava continuò verso sud.

In seguito lottò contro i Sindhu, ostili per la morte di Jayadratha, che lo affrontarono con una forza di diecine di migliaia di guerrieri. Con le frecce del Gandiva, Arjuna fece a pezzi le loro armi e li mise in fuga.

Nella capitale di Sindhu viveva Dushala, la sorella di Duryodhana. Quando vide che Arjuna stava sterminando le truppe, uscì in fretta dalla città con un bambino in braccio. I guerrieri abbassarono le armi, e lei si gettò ai piedi di Arjuna gridando. "Fermati o eroe! Non uccidere l'ultimo della nostra razza. Guarda questo bimbo, tuo parente, figlio di mio figlio. Il padre di questo bambino si è tolto la vita per il dolore della morte di suo padre, e adesso tu, che già hai ucciso Jayadratha, stai massacrando il resto della famiglia. O Arjuna, ti prego, perdona i peccati del nonno di questo bimbo, ed abbi pietà di lui."

Per Arjuna, Dushala era come una sorella. Abbassò l'arco e scese dal carro per consolarla, ed ella fece deporre le armi ai suoi guerrieri per far pace con Arjuna.

Arjuna proseguì per Manipur, dove venne accolto pacificamente da suo figlio Babhruvahana, che aveva concepito con la principessa Chitrangada. Come era stato stipulato al tempo della sua nascita, Babhruvahana era rimasto a Manipur e non aveva partecipato alla guerra.

Babhruvahana si presentò ad Arjuna con offerte di oro e di gemme, ma Arjuna era palesemente scontento, e gridò a suo figlio: "Perché, figlio mio, vieni da me in pace quando un nemico è entrato sulla tua terra? È un comportamento da donna, disdicevole per uno kshatriya! Avresti dovuto sfidarmi con parole dure e coraggiose. O disgraziato, prendi le tue armi e combatti".

Babhruvahana era sorpreso e provò a placare Arjuna, ma senza successo. In quel momento apparve dalla terra Ulupi, la figlia del re Naga e moglie di Arjuna, che disse a Babhruvahana: "Ascolta, o principe, io sono Ulupi, tua matrigna, e sono venuta qui per il bene tuo e di tuo padre. Combatti con lui, lo compiacerai ed acquisirai dei meriti".

Il principe si lasciò convincere. Indossò l'armatura e salì su di un carro, e affrontò il padre. Vedendo nelle vicinanze il cavallo sacrificale, ordinò ad alcuni dei suoi uomini di catturarlo e portarlo in città. Arjuna si infuriò e lanciò un diluvio di frecce contro il figlio.

Ci fu una furiosa battaglia senza quartiere. Ad un certo punto Arjuna venne colpito da una freccia d'acciaio che penetrò profondamente nella spalla, facendogli perdere quasi completamente i sensi. Si appoggiò all'asta della bandiera, e quando si riprese lodò il figlio. "Bravissimo! Bel colpo! O figlio di Chitrangada, sono contento di te, del tuo valore e della tua forza. Adesso preparati, che userò i miei colpi più terribili."

Arjuna combatté ferocemente, fracassando l'armatura del figlio ed uccidendo i suoi cavalli. Il principe balzò a terra, prese una lunga freccia ingioiellata e con piume di *kanka* e la scagliò tendendo l'arco al massimo. La freccia colpì Arjuna al petto trapassando l'armatura, e il Pandava cadde a terra come morto.

Babhruvahana pure lui ferito dalle frecce di Arjuna, pensando di aver ucciso suo padre, cadde a terra per il dolore.

Quando Chitrangada venne a saperlo, si precipitò sul campo di battaglia e quando li vide, svenne. Quando si riprese vide Ulupi e le disse: "O Ulupi, nostro marito è morto perché hai chiesto a mio figlio di combatterlo. Non sai come si deve comportare una donna rispettabile? Non ami tuo marito? Perché non sei triste? Ti imploro, o signora-serpente, tu che sei un essere divino, resuscita nostro marito".

Chitrangada si accostò ad Arjuna e cadde a terra piangendo. La freccia era conficcata nel petto ed il sangue sgorgava dalla ferita. La principessa prese in grembo i suoi piedi e pianse sconsolatamente.

Babhruvahana riprese conoscenza, si alzò e corse da suo padre. "Ahi cosa ho fatto! Come può espiare un figlio che ha ucciso il padre? Dovrò patire ogni sorta di sofferenza per questo peccato. Non posso più vivere, mi siederò qui, a fianco di mio padre senza mangiare né bere finché mi coglierà la morte."

Il principe pianse, e dopo un po' di tempo tacque e si sedette in posizione yogica preparandosi ad osservare il voto del Praya.

Ulupi con i suoi poteri mistici, prese dal regno dei Naga una gemma che aveva il potere di resuscitare i morti. Porgendo a Babhruvahana la gemma che brillava con colori di cento sfumature diverse, disse: "Alzati, figliolo. Non hai ucciso Arjuna, che non può essere ucciso né da uomo né da un deva. La sua morte è pura illusione. Posa questa gemma sul petto di tuo padre, e lui si rialzerà".

Il principe fece come gli fu detto e Arjuna riaprì quasi subito gli occhi. La ferita guarì, egli si mise a sedere e si guardò intorno. Babhruvahana sospirò di sollievo e si gettò ai piedi del padre chiedendo perdono, mentre in cielo suonavano i cimbali e le voci divine esultavano.

Arjuna si alzò ed abbracciò suo figlio e chiese la ragione di quei segni. "Come mai tua madre Chitrangada è venuta qui? E perché vedo anche la principessa Naga?"

Arjuna le chiese: "Cosa ti porta qui, o figlia dei Naga? Sei venuta per il nostro bene? Spero che né io né mio figlio ti abbiamo insultato."

Ulupi sorrise e rassicurò Arjuna dicendo che non era offesa, anzi aveva esortato il principe a combattere per il bene suo e di Arjuna. "Ascoltami, o Arjuna dalle forti braccia, hai ucciso Bhishma con l'inganno, mettendoti dietro a Shikhandi per poterlo avvicinare. Per quel peccato avresti dovuto andare all'inferno, ma il tuo peccato è stato espiato dalle azioni di tuo figlio."

Ulupi disse che dopo la caduta di Bhishma aveva visto i Vasu parlare con la divina Ganga. "Arjuna ha ucciso slealmente tuo figlio. Per questo lo malediciamo, così che lui morrà". Ulupi, disperata, era corsa da suo padre. Il re dei Naga andò dai Vasu e chiese misericordia per suo genero. Loro risposero: "Dhananjaya ha un giovane figlio, il re di Manipur. Quel figlio abbatterà Arjuna in battaglia, e lo libererà dalla nostra maledizione".

Ulupi proseguì. "Per questa ragione sei stato ucciso da tuo figlio. Nemmeno Indra avrebbe potuto ucciderti, ma si dice che un figlio è una parte del sé. In seguito ti ho resuscitato con questa gemma".

Ulupi mostrò la gemma e Arjuna replicò allegramente: "Approvo ciò che hai fatto, o divina principessa".

Babhruvahana chiese ad Arjuna di passare la notte con le due mogli in città, ma Arjuna disse che non poteva riposare fino a quando il cavallo non fosse tornato a Hastinapura. Prese licenza dalle mogli e dal figlio che gli assicurarono che sarebbero venuti al sacrificio di Yudhisthira.

Arjuna continuò per la sua strada combattendo altri re, fino a quando il cavallo riprese la strada per Hastinapura.

Capitolo 82

Gli insegnamenti di Vidura a Dhritarastra

A Hastinapura Yudhisthira venne a sapere che Arjuna era di ritorno, e si dedicò con gioia ai preparativi per il sacrificio. I sacerdoti avevano scelto il giorno del plenilunio nel mese di Magha. Consacrarono con i rituali vedici un luogo di buon auspicio in una pianura vicina alla città, costruirono l'altare d'oro e numerosi palazzi per gli ospiti, e i messaggeri partirono verso ogni luogo della terra per invitare i re.

Quando gli ospiti regali cominciarono ad arrivare insieme a migliaia di asceti, i Pandava li accolsero calorosamente, offrendo ospitalità sontuosa. Qualche giorno prima del sacrificio, Yudhisthira si trasferì nel padiglione reale. L'arena sacrificale sembrava la capitale celeste di Indra, con i suoi archi di trionfo, il terreno lastricato di mattoni d'oro e gli altari del fuoco sacrificale. Ogni cosa era di oro puro, e gli ospiti erano meravigliati dall'opulenza.

Yudhisthira ordinò di suonare cimbali e tamburi dopo aver offerto cibo a centomila bramini, cosa che accadde parecchie volte nell'arco della giornata. Gli abitanti di Hastinapura erano venuti gioiosamente a partecipare al sacrificio, vestiti di sete sgargianti. Le donne erano ingioiellate e i loro volti erano splendenti come la luna.

Arrivò anche Krishna con suo figlio Pradyumna, Satyaki, Balarama e molti Yadu e Vrshni. Yudhisthira e i suoi fratelli adorarono Krishna e Balarama e gli offrirono i migliori palazzi per residenza.

Krishna disse che Arjuna sarebbe tornato dalla sua spedizione il giorno seguente.

I Pandava e i loro ospiti si recarono ad accoglierlo, insieme a numerosi bramini. Presto apparve il cavallo sacrificale, bello come il divino cavallo Ucchaisravas, seguito da Arjuna sul suo carro fiammeggiante.

Yudhisthira e i fratelli accolsero Arjuna con affetto, lodandolo per le sue imprese e per aver riportato indietro il cavallo. Krishna lo abbracciò e trascorsero insieme una piacevole serata.

Il giorno del sacrificio, Vyasadeva si presentò a Yudhisthira e disse: "O re, il tempo è giunto, i sacerdoti ti attendono. Fai offerte tre volte superiori a quelle che sono richieste dalle regole. In questo modo acquisirai i meriti di tre Ashvamedha, e ti libererai da ogni peccato che la guerra ha portato con sé".

Il sacrificio venne consumato secondo le istruzioni di Dhaumya e di Vyasadeva, e non fu meno splendido del Rajasuya celebrato anni prima. Alla fine venne il tempo della *dakshina*, e Yudhisthira offrì a Vyasadeva la terra intera dicendo: "O grande saggio, questa è la giusta *dakshina* per questo sacrificio. Prendi la terra, conquistata da Arjuna, e dividila tra i rishi. Io andrò nella foresta perché non posso prendere la proprietà dei bramini".

Fra la folla ci fu un brusio di eccitazione, e tutti applaudirono Yudhisthira, persino i deva. Vyasadeva, soddisfatto disse: "Bene, la terra adesso è mia, o re, e io te la dono. Che bisogno ha un asceta di possedere il mondo? Come possono governarlo i bramini? Riprenditelo e governa secondo le sacre scritture".

Krishna approvò e Yudhisthira rispose: "Che così sia". Donò ai bramini tutti gli strumenti d'oro dei sacrifici insieme a mucchi di gemme e milioni di vacche da latte. I frugali bramini accettarono solo quello che gli serviva per vivere, e rimasero grandi quantità di ricchezze che Yudhisthira distribuì agli kshatriya, ai vaishya e ai sudra. Nessuno dei presenti al sacrificio rimase a mani vuote, e tutti tornarono alle loro case lodando Yudhisthira.

Krishna e i suoi rimasero per qualche giorno godendosi la compagnia dei Pandava, e poi tornarono a Dwaraka.

Finalmente Yudhisthira si sentì libero dal peccato, e dopo aver organizzato il governo della terra con re giusti e religiosi, visse felice a Hastinapura con i fratelli.

* * *

Gli anni trascorsero rapidamente per i Pandava, che pur pensando spesso alla maledizione di Gandhari, la trattavano con il più alto rispetto. Dhritarastra si sentiva come il signore della terra. Aveva migliaia di servitori che gli fornivano tutto quello che poteva desiderare. Tutti i re che venivano da Yudhisthira per offrire tributo venivano mandati ad offrire i loro rispetti a Dhritarastra. Il re cieco, trattato come Indra in cielo, dimenticò il suo dolore ed era felice. Anche Gandhari era rispettata e servita devotamente da Kunti e Draupadi, Ulupi, Chitrangada e le altre donne Pandava.

Ad eccezione di Bhima, Yudhisthira e i fratelli si comportavano con Dhritarastra come discepoli col loro maestro, e Dhritarastra, vedendo la loro obbedienza ai suoi voleri li considerava come figli suoi. Bhima tuttavia non poteva perdonare i torti subiti per mano dei Kaurava. Con riluttanza mostrava rispetto a Dhritarastra, ma dentro di sé ribolliva vedendo il trattamento regale che gli offriva Yudhisthira. Anche Dhritarastra non provava affetto per Bhima che aveva ucciso i suoi figli.

Bhima fece molti dispetti a Dhritarastra, chiedendo ai servitori di disobbedire agli ordini del vecchio capo Kuru, e cercando ogni occasione per dispiacerlo. Quando era a portata d'orecchio di Dhritarastra diceva parole che lo ferivano. Per esempio: "Con queste due braccia ho ucciso i figli del re cieco. Quando i malvagi Kaurava mi sono venuti a tiro li ho spediti al regno della morte", e altre frasi offensive. Dhritarastra, benché ferito dalle parole di Bhima, non si lamentò con Yudhisthira, sentendosi troppo in debito per disturbarlo. Anche Gandhari sopportò le frasi cattive di Bhima considerandole la reazione inevitabile alle azioni passate sue e di suo marito.

Trascorsero venticinque anni sotto il regno di Yudhisthira. I Pandava pensavano sempre a Krishna sempre più tristi per il momento in cui la maledizione di Gandhari si sarebbe avverata. Pariksit era ormai cresciuto, diventando un potente principe con tutte le qualità, e i Pandava cominciarono a pensare di ritirarsi. Sapevano che, benché fosse preferibile per uno kshatriya morire in battaglia, era altrettanto desiderabile morire nella foresta praticando l'ascesi. I re pii avevano sempre passato gli ultimi anni nella foresta alla ricerca della perfezione spirituale.

Un giorno Vidura tornò a Hastinapura. Il ministro Kuru era stato in un lungo pellegrinaggio compiendo pratiche di austerità. In varie occasioni i Pandava avevano avuto sue notizie, ma non l'avevano visto fin dalla sua partenza. Ricordavano lo zio con affetto, e quando tornò gli corsero incontro, colmi di gioia e felicità, gettandosi ai suoi piedi uno dopo l'altro.

Vidura venne accolto da Dhritarastra, Kripa, Sanjaya, Gandhari Kunti, Draupadi e tutti i residenti del palazzo. Vidura aveva un aspetto emaciato, ma splendeva di luce spirituale. Aveva trascorso molto tempo con i bramini, ascoltando gli insegnamenti del potente rishi Maitreya. Era tornato a Hastinapura desiderando vedere per l'ultima volta Dhritarastra e i Pandava.

Yudhisthira e i fratelli lo adorarono con offerte di *arghya*, gli offrirono cibi sontuosi e lo fecero accomodare nella sala delle assemblee, nel posto che occupava quando era il primo ministro di Dhritarastra.

Yudhisthira si rese conto che lo zio aveva raggiunto un livello altissimo di realizzazione spirituale. Al pari di lui, Vidura aveva sempre apprezzato le parole dei rishi e degli asceti, e non si era dispiaciuto di lasciare la città, considerandolo come un'occasione provvidenziale per la sua ricerca.

Yudhisthira gli disse congiungendo le mani: "Mio signore, i santi come te trasformano ogni posto in cui passano in luogo di pellegrinaggio".

Vidura disse che si era realizzato provando la più alta felicità trascendentale, ed era pronto a lasciare il corpo per assumere la sua eterna identità spirituale. Tuttavia, per compassione per il fratello, che aveva ancora degli attaccamenti materiali, aveva deciso di rimanere in città per aiutarlo. Si rendeva conto che il re cieco si avvicinava alla fine, vivendo nell'ignoranza spirituale.

Pochi giorni dopo, Vidura ebbe l'occasione di parlare con Dhritarastra e gli parlò con durezza davanti ai Pandava e alle loro mogli. "Mio caro re, devi andar via di qui immediatamente. Non indugiare, guarda quanto sei spaventato."

Adesso, nei suoi ultimi anni di vita, Dhritarastra cominciava ad avere paura. La morte lo avrebbe privato di ogni potere, e dove sarebbe andato? Sotto il suo regno erano stati commessi troppi peccati. Vidura fu franco: "Questa terribile situazione non può venire rimediata nel mondo materiale. Il mio signore, la Persona Suprema nella sua forma di tempo, ci si è avvicinato, e dobbiamo lasciar andare la vita, per non parlare della ricchezza, l'onore, i figli, la terra e la casa. Tuo padre, tuo fratello, i tuoi figli e i tuoi sostenitori sono tutti morti, e tu hai vissuto la maggior parte della tua esistenza. Sei un invalido e vivi nella casa di un altro. La vecchiaia ti sta finendo rapidamente, e tu cerchi ancora di godertela, a spese di Bhima".

Vidura aveva notato la tensione fra Dhritarastra e Bhima, e ne parlò per dare lo stimolo necessario al fratello per rinunciare alla sua posizione e iniziare le pratiche di ascesi.

Vidura provocò la dignità del fratello. "La tua vita è poco meglio di quella di un cane domestico. Che bisogno hai di vivere della carità di coloro che hai tentato di bruciare e avvelenare? Hai insultato la loro moglie, usurpato le loro ricchezze e il loro regno, e adesso vivi della loro carità. O Bharata, malgrado la tua paura di morire ed il desiderio di vivere a costo del tuo onore, il tuo corpo si sta deteriorando come un abito vecchio. Nulla a questo mondo è eterno."

I Pandava ascoltarono in silenzio. Vidura era preciso più che mai. Yudhisthira rifletté sul suo discorso. Se anni prima Dhritarastra fosse stato abbastanza saggio da ascoltare Vidura, le cose sarebbero andate in modo diverso. Adesso Dhritarastra, non avendo più nulla per cui vivere, avrebbe forse ascoltato le parole del fratello.

"Si dice libero colui che va in un posto lontano e sconosciuto, privo di ogni attaccamento, e lascia il suo corpo materiale quando diventa inutile. È un essere elevato colui che si risveglia e comprende, da solo o grazie ad altri, la falsità e le miserie del mondo materiale, e quindi se ne va da casa affidandosi totalmente alla Persona Suprema che si trova nel suo cuore. Parti subito per le montagne del settentrione. Presto inizierà l'era del ferro di Kali, e l'atmosfera non sarà più favorevole alle pratiche spirituali."

Le parole di Vidura colpirono profondamente Dhritarastra, e il re accolse i suoi insegnamenti in silenzio. Che scopo c'era di continuare la sua inutile vita spezzata? Colui che cerca di godersi i piaceri dei sensi fino all'ultimo, non raggiunge una buona destinazione dopo la morte. Aveva ragione Vidura chiedendogli dove fosse finita la sua vergogna. Come aveva potuto continuare a vivere nella casa dei Pandava malgrado Bhima non perdesse occasione per ricordarglielo?

Dhritarastra sentì che i suoi attaccamenti e le sue paure si stavano sciogliendo, e decise di partire per la foresta. Non rispose a Vidura perché temeva che Yudhisthira non avrebbe consentito facilmente alla sua partenza. Giunse le mani, si inchinò al fratello e chiamò i servitori per farsi riportare nelle sue stanze.

Vidura lo seguì accompagnando Gandhari, e insieme fissarono un giorno per partire.

Anche Vidura voleva lasciare il corpo praticando l'ascesi, e desiderando evitare scene di dolore e di addii, decisero di partire in segreto al prossimo plenilunio.

* * *

Dopo alcuni mesi, in occasione della cerimonia di *shradda* per i figli di Dhritarastra, Yudhisthira decise di andare a chiamare il vecchio re. Dhritarastra e Vidura avevano chiesto di non venire disturbati, curati solo da Sanjaya ed altri due servitori intimi. I Pandava si recarono ai quartieri di Dhritarastra, e quando entrarono nelle sue stanze trovarono Sanjaya solo e triste. Yudhisthira comprese subito che Dhritarastra se ne era andato. "O Sanjaya, dov'è il nostro vecchio zio? Dove sono il nostro caro zio Vidura e mia madre Gandhari?"

Il fatto che Dhritarastra se ne fosse andato senza dire niente lo addolorò. Essendo umile, il re Pandava pensò di averlo offeso. Con le lacrime agli occhi guardò Sanjaya che taceva col volto coperto dalle mani. Il vecchio auriga era pietrificato dal dolore perché il suo signore era partito senza dire nulla neppure a lui.

Sanjaya si calmò e si asciugò le lacrime e disse: "O discendente dei Kuru, non so nulla dei tuoi due zii e di Gandhari, che hanno ingannato anche me. Benché io lo abbia servito fedelmente e intimamente per tutta la vita, se ne è andato senza dirmi nulla".

L'altare di Dhritarastra, dove lui si era seduto ogni notte con Gandhari per fare offerte alle divinità, era vuoto, con il fuoco spento e le statue rimosse.

Mentre Yudhisthira consolava Sanjaya, apparve il rishi Narada. Il Pandava e Sanjaya si prostrarono ai suoi piedi. Ovviamente doveva avere un messaggio per loro. Yudhisthira lo onorò e lo fece accomodare. "O essere divino, dimmi dove sono andati i miei zii, tu che sai tutto, inclusi i piani del Signore."

Narada rispose: "O pio re, non piangere mai per nessuno, perché tutti sono sotto il controllo del Signore Supremo. Come il toro è legato al suo anello, così tutti gli uomini sono legati alle leggi divine. Come un bimbo dispone i suoi giocattoli e poi li disperde come vuole, così il Supremo avvicina gli uomini e poi li allontana. O re, in ogni circostanza, sia che tu pensi che l'anima sia eterna o mortale, o che tutto esista in un qualche assoluto impersonale oppure sia un'inesplicabile combinazione di spirito e materia, i sentimenti di separazione sono solo dovuti all'illusione e nulla più".

Narada disse di non preoccuparsi per Dhritarastra, non avrebbero più potuto far niente per lui. Ogni essere vivente era mosso da forze divine, e alla fine nessuno poteva essere aiutato e protetto a meno che il Signore lo volesse. Anche colui che dà rifugio agli altri ha bisogno di protezione, essendo nelle fauci di una morte inevitabile. Così tutti gli uomini saggi adorano il Signore come unica via di salvezza.

Narada proseguì: "Krishna, la Persona Suprema, sotto l'aspetto del tempo che divora ogni cosa, è venuto al mondo per eliminare i demoni atei. Il suo lavoro è quasi terminato, e presto se ne andrà. Voi Pandava potete attendere fin tanto che il Signore rimane su questa terra".

Poi disse che Dhritarastra, con sua moglie e Vidura, era andato sul versante meridionale dell'Himalaya su una montagna dove c'erano molti ashram. Si era messo a praticare lo yoga, per mettere sotto controllo i sui sensi. Presto avrebbe raggiunto il *samadhi* lasciando il corpo, riducendolo in cenere con gli elementi di fuoco interiori. Gandhari sarebbe entrata in quel fuoco per seguirlo alla sua prossima destinazione. Anche Vidura stava per terminare i suoi giorni.

Narada tacque, poi si alzò in cielo e scomparve. Yudhisthira meditò sulle sue parole, felice che Dhritarastra avesse quella fine. Come aveva chiaramente detto Narada, Dhritarastra stava meditando sulla sua pura identità spirituale, libero da ogni attaccamento terreno.

I Pandava tornarono al palazzo, e sulla strada incontrarono Vyasadeva, che disse loro che Kunti era partita con gli zii. I fratelli si dolsero per la notizia, pur non essendone sorpresi. Per lungo tempo la madre si era ritirata dal mondo, e dal giorno in cui aveva salutato Krishna il giorno in cui era partito per Dwaraka, aveva trascorso i suoi giorni in meditazione e preghiera. Aveva mangiato pochissimo, giungendo al punto di prendere cibo solo ogni trenta giorni. Adesso era andata. I Pandava, ricordando le parole di Narada, controllarono la mente. Kunti aveva agito correttamente. Era una consuetudine accettata di partire per la foresta senza annunciarlo. Dopo tutto neanche la morte si annuncia mai.

Capitolo 83

Il ritiro dei Pandava

Quando si avvicinò il trentaseiesimo anno del regno di Yudhisthira, Arjuna andò a Dwaraka. Sapeva che la partenza di Krishna era vicina, e voleva vederlo un'ultima volta. I suoi fratelli speravano che lui potesse persuaderlo a fare un'ultima visita a Hastinapura, o forse addirittura ad opporsi alla maledizione di Gandhari rimanendo al mondo, cosa che aveva certamente il potere di fare.

Dopo alcuni mesi Yudhisthira notò dei segni di cattivo auspicio. Le stagioni sembravano irregolari e gli uomini trascuravano i loro doveri, con frequenti liti e inganni fra loro. La gente era dominata dall'orgoglio, dalla rabbia e dall'avidità.

Yudhisthira parlò con Bhima. "Mio caro fratello, Arjuna è via da molto tempo. Vedo segni che mi fanno pensare che è accaduta una tragedia. Che sia arrivato il tempo della dipartita di Krishna? Cos'altro potrebbe giustificare il deterioramento dei valori religiosi che vediamo? Tutta la nostra fortuna ed ogni buona cosa ci è venuta da Krishna, e adesso che se ne è andato, tutto è perduto."

E concluse: "Il mondo era fortunato per il passaggio del Signore. Questi segni indicano che non sarà più così".

In quel momento un messaggero annunciò il ritorno di Arjuna. Yudhisthira chiese di farlo entrare subito, e dopo poco Arjuna fu ai suoi piedi. Arjuna aveva un'aria distrutta, pallido e con le lacrime che gli rigavano il volto.

Yudhisthira chiese ad Arjuna se stava bene. Il re Pandava sospettava che Krishna e la sua famiglia se ne fossero andati, però sperava che ci fosse un'altra ragione per la tristezza del fratello.

"Caro fratello, sembra che tu abbia perso il tuo splendore. Ti senti vuoto per sempre perché hai perso Krishna, il tuo più intimo amico?".

Arjuna non riusciva a rispondere. Aveva la bocca secca e tremava, si coprì il volto con le mani e pianse. Appena riuscì a parlare disse: "O re, Krishna mi ha lasciato solo. E il mio inarrivabile potere che stupiva persino i deva, non c'è più. Ho appena perso colui che se si separa dagli universi per un solo attimo, li rende vuoti e desolati, come corpi senza vita".

"La forza militare dei Kaurava era come un mare infestato da terribili animali. Era impossibile da varcare, ma ce l'ho fatta grazie all'amicizia di Krishna. Grandi generali come Bhishma, Drona, Karna e tutti gli altri mi hanno affrontato, ma per la grazia del Signore non mi hanno torto un capello".

"O re, amavo i suoi scherzi e le sue schiette parole accompagnate dai suoi splendidi sorrisi. Mi chiamava Partha, amico, e tutti quegli appellativi intimi che ora ricordo, e mi sento sconvolto. Dormivamo insieme, sedevamo a fianco e passavamo insieme il nostro tempo."

Arjuna si interruppe, incapace di continuare. L'impensabile era accaduto e Krishna se ne era andato. Arjuna raccontò che era stato sconfitto da una banda di mandriani mentre cercava di proteggere le mogli di Krishna.

Arjuna si guardò le mani. "Dove è andata la mia meravigliosa forza? Ho lo stesso Gandiva, le stesse frecce, lo stesso carro e cavalli, e li uso come quell'Arjuna a cui si sono inchinati tutti i re."

Yudhisthira lo abbracciò, lo fece sedere su di un trono e chiamò dei servitori per assisterlo. Arjuna bevve un sorso d'acqua e narrò gli avvenimenti. "O re, i parenti e gli amici di Dwaraka sono stati tutti colpiti da un'antica maledizione. Si sono ubriacati di vino e hanno lottato fra loro con i bastoni. Adesso sono tutti morti."

Arjuna raccontò il terribile evento. Molti anni prima dei giovani a Dwaraka avevano fatto uno scherzo a dei potenti rishi che erano venuti in città al seguito di Narada. I ragazzi avevano travestito da donna Samba, un figlio di Krishna, e gli avevano messo una palla di ferro sotto ai vestiti per simulare una gravidanza. Poi avevano chiesto ai saggi: "Questa signora darà alla luce un maschio o una femmina?". I rishi, irati per l'insolenza dei giovani, avevano risposto: "Costui darà alla luce una palla di ferro che distruggerà la vostra dinastia. Solo Krishna e Balarama sopravvivranno".

Ugrasena, il re degli Yadu, saputo della maledizione, fece ridurre in polvere la palla di ferro e la fece gettare in mare. Più tardi gli Yadu videro la forma del Tempo personificato, nero e terribile che camminava per la città. I poderosi arcieri Yadu e Vrshni gli lanciarono contro milioni di frecce senza riuscire a colpirlo. Di giorno in giorno soffiavano venti sempre più violenti, e le strade pullulavano di ratti e topi. Le anfore di terracotta si rompevano senza causa apparente, i pozzi eruttavano acqua maleodorante e gli uomini tremavano. Gli animali di cattivo augurio, corvi, gufi e sciacalli, riempivano l'aria con le loro grida. Dalle vacche nascevano asini e dagli elefanti muli. Il cibo pulito e ben cotto quando arrivava a tavola era coperto di vermi. Si sentiva costantemente il rumore di passi di corsa, ma non si vedeva nessuno correre. I cittadini peccavano svergognatamente, disprezzando i bramini, scordandosi di adorare le divinità nei templi e insultando anziani e precettori.

Solo Krishna e Balarama non si comportavano in questo modo. Quando videro i segni convocarono un'assemblea.

Krishna disse: "Avete tutti visto i terribili segni di cattivo auspicio che sono apparsi come avvisi di morte. Non possiamo più restare qui. Le donne, i bambini e i vecchi devono partire per Sankhoddara, e noi dobbiamo andare al sacro luogo di Prabhasa dove il fiume Sarasvati scorre verso occidente. Ci purificheremo nelle sue acque, digiuneremo e mediteremo. Adoreremo le divinità con ricche offerte e faremo la carità ai bramini. In questo modo forse potremo neutralizzare ciò che i segni stanno indicando".

Si fecero i preparativi. I guerrieri Yadava montarono sui loro carri e si diressero verso Prabhasa, con le donne che viaggiavano in mezzo a loro. Quando giunsero a Sankhoddara, che era a metà strada, lasciarono le donne.

Gli Yadava raggiunsero Prabhasa, che era sulla riva del mare, e si dedicarono ai sacrifici e all'adorazione delle divinità. Alla fine del secondo giorno, sotto uno strano influsso del destino, bevettero il vino di maireya, che era destinato ai sacrifici, e si ubriacarono.

Satyaki insultò Kritavarma, che aveva aiutato Ashvatthama ad uccidere le truppe addormentate dei Pandava. Con voce di scherno gli disse: "Uno kshatriya onesto non ucciderebbe mai i nemici nel sonno. O figlio di Hridika, hai compiuto un'azione esecrabile".

Kritavarma avvampò di rabbia, e tuonò: "E tu allora, come hai potuto uccidere Bhurisrava, mutilato di un braccio, mentre era disarmato e assorto in meditazione?".

Krishna diede un'occhiataccia a Kritavarma e Satyaki balzò in piedi sguainando la spada e urlando. "Giuro che ti spedirò sulla strada di Shikhandhi."

Satyaki si gettò su Kritavarma, i cui riflessi si erano rallentati per il vino, e con un fendente lo decapitò. Gli amici di Kritavarma assalirono Satyaki con delle pentole di ferro. Pradyumna venne in suo aiuto e i due, schiena a schiena si difesero coraggiosamente, ma vennero sopraffatti e uccisi.

Krishna si infuriò per la morte di suo figlio, e prese un fascio di canne che erano cresciute lì vicino nutrite dalla polvere di ferro che Ugrasena aveva fatto gettare in mare. Erano diventate degli steli d'acciaio, e Krishna ne fece delle armi mortali, con cui sterminò tutti coloro che avevano ucciso suo figlio.

Molti altri guerrieri Yadu e Vrshni si gettarono nella mischia ed in breve si scatenò un'intensa battaglia. Ebbri di vino e sotto l'influsso delle maledizioni di Gandhari e dei rishi, si uccisero tra loro senza ritegno. Il padre uccise il figlio, il fratello il fratello, il figlio il padre, e come insetti che volano nel fuoco si distrussero a vicenda. In meno di un'ora erano morti a milioni. Solo Krishna e Balarama sopravvissero insieme a Daruka che riportò le notizie a Dwaraka.

Arjuna fece una pausa. Sapeva che tutto era accaduto per volontà di Krishna che desiderava che la sua famiglia ed i suoi lasciassero il mondo. Con l'arrivo dell'era di Kali avrebbero potuto creare più disturbo dei demoni atei. Nessuno avrebbe potuto fermarli, a meno che non si fossero uccisi tra loro.

Con un gran sospiro Arjuna riprese la sua storia, narrando la partenza di Krishna. Quando tutti i guerrieri furono morti, Balarama si sedette in meditazione sulla riva del mare, e Ananta-sesha, il divino serpente dai molti cappucci, uscì dalla sua bocca ed entrò nel mare e scomparve.

Krishna dopo aver assistito alla partenza di suo fratello, entrò nella vicina foresta, e si sedette in meditazione vicino ad un albero di *pippala*. Tutti i deva gli si avvicinarono volendo assistere al suo ultimo divertimento sulla terra. Poco lontano si trovava un cacciatore che aveva pescato un grosso pesce, nel cui ventre aveva trovato un grumo di ferro, l'ultimo rimasuglio della polvere di ferro gettata in mare. Ne fece una punta di freccia, e per i poteri di illusione di Krishna, vedendo da lontano il suo piede fra i cespugli, lo scambiò per un animale, e lo trafisse con la freccia. Il Signore lasciò così questo mondo, adorato dai deva con Brahma alla loro testa.

Daruka nel frattempo era andato a Dwaraka con l'ordine di trovare Arjuna per chiedergli di portare le donne a Indraprastha. Poi era andato da Vasudeva con le strazianti notizie. Vasudeva e Devaki caddero a terra e lasciarono il corpo.

Arjuna era arrivato a Dwaraka da poco, e benché sconvolto dal dolore cercò di eseguire gli ordini di Krishna. Per prima cosa si occupò dei riti funerari per Vasudeva e Devaki, e quando la pira prese fuoco le altre mogli di Vasudeva vi si gettarono, nell'estasi del pensiero di Krishna.

Poi Arjuna andò a Prabhasa per gli ultimi riti per i guerrieri uccisi. Erano milioni di morti e ci vollero alcune settimane per fare tutti i funerali.Molte vedove venute da Sankhoddara si gettarono nel fuoco abbracciando i loro signori, per accompagnarli nell'al di là.

Poi Arjuna trovò i corpi di Krishna e di Balarama. I corpi avevano ancora la stessa luminosità di quando erano in vita. Arjuna comprese che non era possibile che loro morissero, e la loro morte apparente era solo una prova del potere di illusione di Krishna. Arjuna concluse che i loro corpi materiali erano intesi a confondere coloro che erano privi di fede. Il Signore era misericordioso anche verso gli atei. Arjuna, sconvolto dal dolore, vagò come un burattino di legno e trovò dei sacerdoti per cremare i corpi dei due Signori. Rukmini e le altre regine di Krishna salirono sulla pira.

Quando tutti i funerali furono completati, Arjuna tornò a Dwaraka, per evacuare le donne e i bambini rimasti, assieme ai bramini, ai vaishya e ai sudra, e scortarli a Indraprastha. Krishna aveva detto a Daruka che presto la città sarebbe stata sommersa dal mare, e Arjuna voleva salvare tutti. Era una processione di dolore, fra pianti, lamenti e invocazioni di tutti i nomi di Krishna. Mentre uscivano da Dwaraka il mare cominciò a sommergere il terreno, con le onde che scorrevano nelle strade.

La processione si diresse lentamente verso Indraprastha. Dopo qualche giorno raggiunsero la provincia di Panchajala. Arjuna decise di fermarsi per far riposare i viaggiatori. La regione era infestata da briganti che vedendo tutte quelle migliaia di donne ricche di ornamenti decisero di attaccare il campo. Si vestirono da mandriani e attaccarono in massa con grandi urla. Erano armati di archi e bastoni, e si gettarono sulle donne e le trascinarono via con il bottino. Arjuna salì sul suo carro e li caricò gridando: "O disgraziati peccatori, fuggite se avete cara la vita, altrimenti vi farò a pezzi".

I briganti ignorarono Arjuna e continuarono il saccheggio. Arjuna alzò il Gandiva, ma con stupore si rese conto che quasi non riusciva più nemmeno ad incordarlo. A fatica incoccò le sue frecce e le scagliò, ma non raggiunsero il bersaglio. Il Pandava nella sua frustrazione provò ad invocare le armi divine, ma queste non risposero. Furioso, corse verso i briganti colpendoli con l'arco, tuttavia malgrado i suoi sforzi non riuscì ad impedir loro di rapire molte donne Yadu.

Sospirando per la pena, Arjuna accettò la volontà del Signore. Ora che Krishna era partito, la sua forza era svanita. In uno stato di profonda depressione riprese la marcia per Indraprastha. Quando arrivarono, Arjuna insediò come re Vajra, il figlio del figlio di Krishna Aniruddha. Il giovanissimo principe si accinse a governare la città, consigliato da saggi bramini.

Quando ogni cosa fu in ordine, Arjuna si recò a Hastinapura per vedere Yudhisthira. Vyasadeva si trovava in un eremo sulla sua strada e Arjuna andò a visitarlo e si gettò ai suoi piedi piangendo a dirotto.

Vyasadeva gli chiese: "O figliolo, come mai tanto dolore? Hai per caso ucciso accidentalmente un bramino, o sei stato sconfitto in battaglia? Hai conosciuto una donna intoccabile o hai trasgredito a qualche altra regola religiosa? O figlio di Pritha, dimmi cosa ti tormenta".

Arjuna si inginocchiò davanti al rishi. "O grande saggio, colui che per la sua carnagione pareva una nuvola scura, i cui occhi erano come petali di loto, ha lasciato questo mondo insieme al nobile Balarama. A Prabhasa, tutti gli eroi Vrshni si sono sterminati fra loro in una ventata di rabbia e nessuno è sopravvissuto."

Arjuna scoppiò in singhiozzi. L'eccidio di Prabhasa gli faceva venire in mente quella terribile notte in cui Ashvatthama aveva sterminato i Pandava nel sonno.

"O bramino, pensando a questa tragedia non riesco a trovar pace. La morte di Krishna è incredibile quanto il prosciugamento dell'oceano, il crollo del cielo o il disfacimento del monte Himavat. Senza di lui non riesco più a vivere."

Arjuna raccontò anche di non esser riuscito a proteggere le donne Yadu dai briganti."Proprio davanti ai miei occhi sono state rapite migliaia di donne dai briganti della tribù degli Abhira. Non ho potuto fare nulla. Come posso trascinare la mia esistenza senza Krishna? Quell'essere divino dotato di splendore e forza incrollabile non sarà mai più al mio fianco. Sono disperato. Quando ho saputo che se ne era andato, i miei occhi si sono oscurati e non ho più visto nulla. O grande saggio, dimmi cosa fare."

Vyasadeva replicò: "Non dolerti, Krishna se l'avesse voluto, sarebbe stato facilmente in grado di impedire l'eccidio. Govinda potrebbe alterare il corso dell'universo, che dire di una semplice maledizione? Ha voluto alleggerire il peso della terra, e adesso ha terminato i suoi divertimenti terreni. Grazie a te e ai tuoi fratelli è riuscito nel suo compito. Il successo ti ha arriso perché hai soddisfatto l'immortale e inconcepibile Keshava. Non lamentarti, o eroe, è giunto il tempo per voi Pandava di raggiungere la vostra meta più alta".

Arjuna, consolato da queste parole, prese licenza e proseguì per Hastinapura.

* * *

Quando Arjuna finì il racconto, i quattro fratelli erano impietriti. Nessuno di loro concepiva di vivere senza Krishna. Yudhisthira, sconvolto, disse: "O amato fratello, il tempo cucina tutte le creature in un calderone. Gli invincibili Vrshni sono estinti, e persino Krishna è partito. Non serve a nulla restare qui. L'era oscura di Kali sta arrivando e i cittadini, travolti dall'influsso del tempo, cedono al peccato. Possiamo partire, perché il potente Pariksit, protetto dal Signore, è perfettamente in grado di governare la terra".

I fratelli di Yudhisthira erano d'accordo. Sapevano che era giunto il momento di ritirarsi. Yudhisthira parlò con i bramini per stabilire il giorno adatto. Quando i cittadini vennero a sapere della decisione di Yudhisthira cercarono di persuaderlo a rimanere, ma Yudhisthira fu irremovibile. In un giorno di buon auspicio incoronò Pariksit, e fece di Kripa il suo consigliere.

I cinque fratelli distribuirono le loro ricchezze ai bramini, e donarono mucchi d'oro e di gemme in nome di Krishna. Alla fine delle cerimonie Yudhisthira si spogliò dei suoi abiti regali e degli ornamenti, e si vestì di cortecce d'albero. I fratelli seguirono il suo esempio, e tutti e cinque uscirono dal palazzo con l'aspetto di asceti. La gente piangeva di dolore. Yudhisthira, ignorando i lamenti del popolo, si incamminò verso la porta settentrionale della città seguito dai fratelli, e Draupadi li seguì. Draupadi non si era mai separata dai mariti, nemmeno quando erano andati nella foresta, e se fosse stata lasciata indietro sarebbe morta dal dolore. Come i suoi mariti, la sua mente era colma di gioia mentre lasciava la città per il viaggio finale verso settentrione.

I fratelli e Draupadi, cibandosi e bevendo solo una volta al giorno, camminarono verso l'Himalaya. Non parlarono con nessuno, sempre assorti nel pensiero di Krishna. Dopo molti giorni di viaggio raggiunsero un grande lago ai piedi delle montagne. Avvicinandosi videro la forma luminosa di Agni. L'essere divino si rivolse a Yudhisthira con voce tuonante. "O eccelso fra i Kuru, ascoltami. Io sono il deva del fuoco che Arjuna ha servito a Khandava, Allora gli diedi il Gandiva, e adesso me lo deve restituire. Digli di gettarlo insieme alle faretre inesauribili nelle acque del lago, e Varuna lo riprenderà."

Arjuna si inchinò ad Agni, si tolse dalle spalle arco e faretre e li gettò in acqua. Agni scomparve, e i fratelli continuarono, vedendo in lontananza la cima annuvolata del monte Himavat. Oltrepassarono la montagna, attraversarono un deserto e giunsero infine al monte Meru dove si trova la dimora dei deva.

Si unì a loro un cane che rimase sempre con loro. In breve raggiunsero le pendici del monte Gandhamadana, dove avevano trascorso gran parte del loro esilio. Si inchinarono, offrirono le loro preghiere alla montagna sacra e cominciarono l'ascesa.

Avevano camminato per mesi, e i loro corpi erano emaciati. Erano stanchi e indeboliti, e salivano a stento. Ad un certo punto mentre salivano verso un passo, Draupadi cadde e morì. Bhima che camminava dietro a Yudhisthira disse: "O re, la fragile principessa che non ha mai commesso un peccato, è caduta. Dimmi perché ha dovuto morire qui". Yudhisthira rispose senza fermarsi e senza voltarsi indietro: "Benché fosse sposata a tutti noi cinque, Panchali ha sempre preferito Arjuna, ecco perché".

Dopo che furono saliti un altro po', Sahadeva cadde e morì: Di nuovo Bhima chiese a Yudhisthira la ragione della morte del fratello. Yudhisthira rispose: "Aveva il dono della conoscenza, però riteneva che la sua saggezza fosse senza pari. Per questa ragione è caduto".

I quattro fratelli continuarono a salire, seguiti dal cane. Dopo poco cadde Nakula, affranto dal dolore della morte di Sahadeva e Draupadi. Bhima ne chiese ancora la ragione e Yudhisthira la spiegò. "Il nostro fratello era il più intelligente fra gli uomini. Tuttavia pensava di avere un corpo di bellezza incomparabile, e così è caduto."

Arjuna fu il prossimo a cadere, nel dolore della morte dei fratelli e Draupadi. Bhima chiese la ragione della caduta di quell'eroe sempre veritiero. "Subito prima della guerra, Arjuna aveva promesso di uccidere tutti i Kaurava in un solo giorno. Ha mancato a questa promessa che era nata dal suo orgoglio."

Gli ultimi due fratelli ed il cane continuarono a salire. Prima di raggiungere la vetta, Bhima cadde. Mentre giaceva a terra in punto di morte, chiese a Yudhisthira quale fosse la sua colpa. Yudhisthira rispose: "O Vrikodara, tu sei sempre stato un mangione, e mentre mangiavi non pensavi mai agli altri. Per questo sei caduto".

Yudhisthira continuò da solo in meditazione yogica. Quando si avvicinò alla vetta udì un rumore che squassava il cielo. Guardò in alto e vide il carro di Indra che scendeva verso di lui. "Sali sul mio carro, o Bharata, e ti porterò in cielo."

Yudhisthira si inchinò. "Non ho alcun desiderio di paradiso, o Shakra, e non posso lasciare i miei fratelli e la casta Draupadi. Sono tutti caduti su questa montagna."

Indra gli assicurò che avrebbe presto rivisto sua moglie ed i fratelli, tuttavia Yudhisthira non voleva ancora andare. "Vedi questo cane," disse indicando l'animale che lo seguiva sempre da vicino, "ha cercato rifugio da me, e non posso abbandonarlo. O grande deva, verrò con te solo se lascerai venire anche lui."

Indra disse che i cani non potevano andare in cielo. Disse a Yudhisthira che non avrebbe peccato a lasciarselo dietro, ma il Pandava non era d'accordo. "Ho fatto il voto di non abbandonare mai chi è spaventato, chi cerca protezione da me, chi è devoto, chi è debole o malato, o chi implora per la sua vita. Non posso lasciare qui questa creatura."

A quel punto, davanti agli occhi di Yudhisthira, l'animale si trasformò nel deva della giustizia, Dharmaraja. Yudhisthira gli si gettò ai piedi, e Dharmaraja lo fece alzare dicendo: "O re dei re, nessuno sulla terra sarà mai virtuoso come te. Ti ho messo alla prova a Dwaitavana, e ancora oggi ho verificato la tua incrollabile morale. Non c'è nessuno come te, in terra o in cielo. O re, ti aspettano regioni di beatitudine eterna. Monta subito sul carro di Indra".

Yudhisthira obbedì, e mentre il carro saliva in cielo vennero avvicinati da esseri celesti che lodavano sia lui che Indra. Vide anche il divino saggio Narada che si librava nello spazio. Il rishi disse: "Il saggio reale Yudhisthira ha trasceso ogni livello raggiunto da tutti i re in cielo. Ha coperto il mondo della sua fama e splendore, e nel suo corpo umano ha raggiunto le più alte regioni. Chi altro è riuscito in una simile impresa?".

Il carro entrò nei pianeti celesti, e scese su di un palazzo splendente. Yudhisthira vide Duryodhana seduto su di un trono d'oro. Sorpreso, si girò verso Narada e il rishi disse: "Questo re ha raggiunto il cielo per merito delle sue pratiche di kshatriya. Ha combattuto senza paura, ed è morto in battaglia. Quindi è stato accettato in questa dimora dove rimarrà per qualche tempo".

Yudhisthira chiese dove fossero i suoi fratelli. Non aveva alcun desiderio di restare in cielo, non essendo attratto dai piaceri celestiali. Anche sulla terra aveva rinunciato ai suoi attaccamenti materiali e al desiderio dei piaceri dei sensi, preferendo il servizio al Signore Supremo, Krishna. Quel servizio gli aveva dato un piacere divino, migliaia di volte superiore alla felicità materiale. Yudhisthira guardò con spregio l'opulenza celeste con cui Duryodhana se la stava godendo. Desiderava soltanto restare legato a Krishna con i suoi fratelli e Draupadi. Anche loro erano devoti all'amorevole servizio di Krishna, e anelava ad essere di nuovo con loro. Che Duryodhana si tenga il paradiso, pensò Yudhisthira, senza Krishna e i suoi devoti, sarebbe come essere all'inferno.

Indra diede ordine ai deva di portare Yudhisthira dai suoi fratelli, e loro lo condussero in una regione completamente avvolta nell'oscurità. Nel buio Yudhisthira riuscì a scorgere una terra desolata costellata di cadaveri in putrefazione, e l'aria era fetida, densa di mosche, vespe e zanzare. La regione era avvolta dalle fiamme, affollata di corvi ed avvoltoi col becco di ferro e di spiriti maligni con bocche a spillo. Vide un fiume di acqua bollente pieno di gente che urlava, ed un altro di feci e muco. Degli alberi con foglie taglienti come rasoi fiancheggiavano il sentiero che si faceva sempre più caldo mentre Yudhisthira lo percorreva. Intorno vi erano uomini sottoposti ad ogni genere di tortura.

Yudhisthira era sbalordito, e chiese alle sue guide: "Che razza di posto è mai questo? Perché mi avete portato all'inferno? Io voglio vedere Draupadi e i miei fratelli".

I messaggeri risposero: "Ti abbiamo portato qui per ordine di Indra, o Bharata, per esaudire il tuo desiderio. Se vuoi, ce ne andiamo".

Mentre si giravano per tornare, Yudhisthira sentì delle voci. "O re, non ci lasciare! Grazie alla tua presenza la nostra sofferenza si è alleviata. Sta spirando una fresca brezza, e la pace è venuta nelle nostre menti."

Yudhisthira gridò: "Chi siete, e perché siete qui?".

"Sono Bhima!", "Sono Arjuna!", "Sono Sahadeva!", "Sono Nakula!", risposero le voci, e Yudhisthira udì anche quella di Draupadi, Dhristadyumna, e degli altri virtuosi re e principi che lo avevano seguito sulla terra. Attonito, chiese alle guide: "Quale perverso destino è questo, per cui tutti i virtuosi sono finiti all'inferno? Non credo ai miei occhi! Dev'essere un'allucinazione o un sogno. Sono impazzito? O esseri divini, non posso lasciare questo luogo, mi hanno chiesto di restare per dargli conforto. Tornatevene alla vostra dimora e lasciatemi qui".

Le guide scomparvero e lo lasciarono ai suoi pensieri. Yudhisthira non riusciva a capire perché i suoi fratelli fossero finiti all'inferno. In quel momento Indra e gli altri principali deva gli si avvicinarono, illuminando la regione con lo splendore dei loro corpi. Le macabre scene dell'inferno scomparvero, rimpiazzate da paesaggi celesti. Yudhisthira si ritrovò in un bellissimo giardino di fiori ed alberi lussureggianti, con una leggera brezza carica di fragranze squisite.

Indra si rivolse a Yudhisthira. "O essere eccelso, tranquillizzati. Né tu né i tuoi fratelli siete all'inferno. Questa regione vi è stata mostrata con un illusione. Ogni re, e in realtà ogni essere vivente vedrà l'inferno, perché nessuno può compiere soltanto buone azioni. Coloro che sono meritevoli per la loro pietà prima raccoglieranno i frutti dei loro peccati e poi si godranno la felicità per lungo tempo. Quando hai mentito per uccidere Drona, o re, una piccola macchia di peccato ti ha toccato. Per questo hai visto l'inferno, così come i tuoi fratelli ed amici. Adesso ti potrai godere la felicità eterna."

Indra disse a Yudhisthira che compiendo il sacrificio Rajasuya si era guadagnato un posto in cielo pari a quello di Harischandra, il famoso re dei tempi antichi che adesso condivideva l'opulenza dello stesso Indra.

Yudhisthira salì sul carro di Indra, ed andarono nella sua sala delle assemblee.C'erano i suoi fratelli, esattamente come li aveva conosciuti, in mezzo ai Marut, i Vasu, gli Ashvini e i Rudra, e Draupadi luminosa come Lakshmi.

Vennero mostrati a Yudhisthira tutti i guerrieri morti a Kurukshetra che avevano raggiunto il cielo. Karna era felicemente riunito a suo padre Surya, e persino i Kaurava avevano raggiunto delle buone posizioni per aver compiuto i loro doveri religiosi.

Indra condusse i Pandava ad un fiume bellissimo, con le acque limpide e tranquille. "Qui scorre il Gange, che in cielo è chiamato Mandakini. Bagnati nelle sue acque, o re, ed assumerai una splendente forma divina."

Yudhisthira entrò in acqua e ne uscì con una forma luminosa come un deva, e tutto il dolore e le ansie svanirono. I Siddha e i Charana lo onorarono e adorarono. Poi vide Krishna seduto nel palazzo di Indra in una forma con quattro braccia di bellezza sbalorditiva, adorato da Arjuna. Quando vide Yudhisthira, Krishna sorrise ed alzò una mano per benedirlo.

Yudhisthira chiese a Narada per quanto tempo sarebbe rimasto in cielo con i fratelli. Il saggio rispose che per le loro encomiabili azioni, i Pandava si erano guadagnati una permanenza quasi senza fine. "Tuttavia voi fratelli siete legati all'onnipotente Signore Krishna per l'eternità. Quindi ogni volta che lui andrà per i suoi divertimenti, voi lo seguirete. Krishna, per il bene di tutte le creature, appare sempre in qualche mondo per mostrare le sue attività con un aspetto umano. Così come voi non potete restare senza di lui, anche lui desidera stare con voi. Non resterete a lungo in queste regioni, che ti sono state mostrate solo per farti vedere dove sono andati coloro che hai conosciuto sulla terra. Le anime pure come voi rimangono eternamente con il Signore, e solo per la forza della sua illusione talvolta sembra il contrario. Come un mago lui crea l'universo materiale, e vi entra per qualche tempo."

Narada concluse dicendo che il solo scopo del Signore è di ricondurre tutte le anime sofferenti a divenire suoi devoti per l'eternità. Nell'illusione, gli uomini si confondono ed indulgono nei piaceri materiali, credendosi esseri indipendenti, mentre sono parti del Supremo, dipendenti completamente da lui. Si può trovare la vera felicità solo rinunciando al concetto di essere indipendenti dal Supremo. La sua comparsa nel mondo serve a liberare l'uomo dalle sue convinzioni errate per riportarlo a sé.

"Coloro che sono troppo attaccati alle cose materiali non possono capire. Devono restare nelle sfere mortali, talvolta salendo in paradiso e talvolta precipitando all'inferno. Fino a che non si risveglia la propria coscienza originale, realizzandone la natura spirituale, si rimane legati ai cicli delle morti e delle rinascite. Voi Pandava, totalmente dediti al servizio di Krishna, siete liberati, e il Signore, portandovi al mondo, vi ha semplicemente usato come strumenti."

Yudhisthira provò gioia, guardò Krishna, e nulla in cielo era paragonabile alla sua vista. Yudhisthira, nell'estasi trascendentale non riusciva a distogliere lo sguardo da Krishna. Quali mondi lo attendevano? Non aveva nessuna importanza, era pronto ad andare dovunque purché Krishna fosse presente.